U0620987

一代宗师

严恺院士诞辰100周年纪念文集

● 严恺院士诞辰
100周年纪念文集编委会 编

河海大学出版社

图书在版编目(CIP)数据

　　一代宗师:严恺院士诞辰 100 周年纪念文集 /《一代宗师:严恺院士诞辰 100 周年纪念文集》编委会编.—南京:河海大学出版社,2014.10
　　ISBN 978-7-5630-3811-4

　　Ⅰ.①一… Ⅱ.①一… Ⅲ.①严恺(1912～2006)—纪念文集 Ⅳ.①K825.16-53

中国版本图书馆 CIP 数据核字(2014)第 233866 号

书　　名 /	一代宗师——严恺院士诞辰 100 周年纪念文集	
书　　号 /	ISBN 978-7-5630-3811-4	
编　　者 /	严恺院士诞辰 100 周年纪念文集编委会	
责任编辑 /	魏　连	
特约编辑 /	张　砾　顾　翔	
装帧设计 /	黄　炜	
出版发行 /	河海大学出版社	
地　　址 /	南京市西康路 1 号(邮编:210098)	
电　　话 /	(025)83737852(总编室)　(025)83722833(发行部)	
排　　版 /	南京新翰博图文制作有限公司	
印　　刷 /	南京工大印务有限公司	
开　　本 /	787 毫米×1092 毫米　1/16	
印　　张 /	42	
插　　页 /	12	
字　　数 /	1000 千字	
版　　次 /	2014 年 10 月第 1 版　　2014 年 10 月第 1 次印刷	
印　　数 /	1～2000 册	
定　　价 /	150.00 元	

严恺院士

严恺先生是我国著名的水利专家、教育家，终生致力于我国大江大河的治理和海岸带的科研发和人才培养工作，培养了大批水利科技人才，为同济大学的建立与发展作出了重要贡献，把毕生精力献给了祖国的水利事业和教育事业。先生一生执着追求，治学严谨，他的人生经历本身就是一部生动形象的教科书。希望学校以先生百年诞辰为契机，弘扬先生乘承自己身实践的"吃苦耐劳，实事求是，严格要求，勇于探索"十六字校训，激励广大同济学子以他为榜样，励志图强，立志献身祖国水利事业，为实现社会现代化和中华民族伟大复兴努力。

刘延东
二〇一二年七月

中共中央政治局委员、国务委员刘延东题词

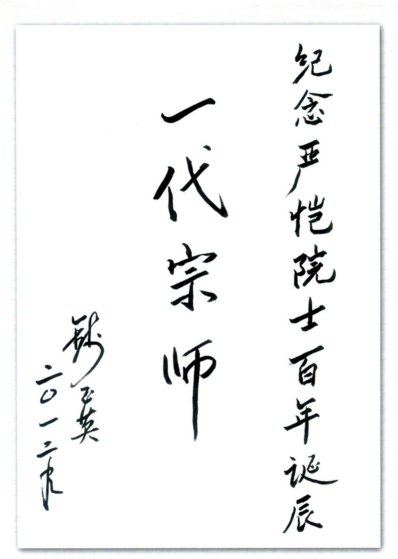

纪念严恺院士百年诞辰

一代宗师

钱正英
二〇一二年

全国政协原副主席、中国工程院院士钱正英题词

追颂师泽
固本荣枝

纪念严恺院士百年诞辰
韩启德敬书

十一届全国人大常委会副委员长、九三学社中央主席韩启德题词

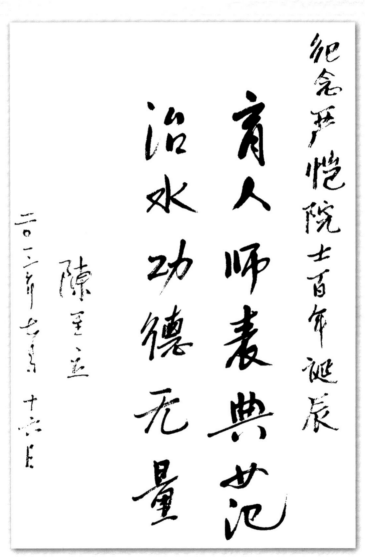

纪念严恺院士百年诞辰

育人师表典范
治水功德无量

陈至立

二〇一二年七月 十六日

十一届全国人大常委会副委员长、党组成员、全国妇联主席陈至立题词

大师风范

汪洋浩博

二〇一二年X月 白春礼

中国科学院院长、党组书记白春礼题词

学习和弘扬严恺先生的科学精神

河海大学:

今年8月10日,是我国著名的水利工程专家、教育家严恺先生诞辰100周年纪念日。我们共同缅怀严恺先生为我 国水利教育、水利科技与建设事业的杰出贡献,继承和弘扬他的科学精神,对于引导和激励广大科技和教育工作者更好地服务国家造福人民,具有十分重要的意义。

严恺先生是中国共产党的优秀党员,他热爱祖国,忠于人民,自觉把个人的发展同祖国和人民的需要联系在一起,把毕生精力献给了我国的水利建设事业。

严恺先生是我国水利工程的一代宗师。他主持或参与了黄河治理、钱塘江治理、天津新港回淤工程、淮河治理、长江口及太湖治理、长江葛洲坝及三峡枢纽工程、珠江三角洲治理,主持或参与了全国海岸带资源综合调查和连云港、长江口深水航道、南水北调等重大工程建设项目,为我国水利建设事业做出了重大贡献。

严恺先生是著名的科学家和教育家。他严谨治学,勇于创新,学术成果丰厚,在海内外享有盛誉。他教书育人,为人师表,以精湛的学术造诣和崇高的人格魅力,为国家培养了大量水利人才。

严恺先生一生倡导"艰苦朴素,实事求是,严格要求,勇于探索"。他廉洁奉公,严于律己。他的高尚品德,赢得了科技界和教育界的广泛尊重。

当前,党和人民对科技和教育事业的发展寄予厚望。我们深切缅怀严恺先生,就是要继承和发展他未竟的事业,实施创新驱动发展战略,培养德才兼备的高素质创新型人才,用科技引领和支撑我国的可持续发展;就是要学习和发扬他毕生倡导的实事求是的科学精神、严格要求和勇于探索的治学思想,严瑾、朴素、一身正气的高尚品德;就是要深入贯彻落实科学发展观,解放思想、改革开放、凝聚力量、攻坚克难,为中华民族的伟大复兴做出新的更大的贡献!

中国工程院 周济

二〇一二年八月一日

中国工程院院长、党组书记周济题词

严师楷模

终生榜样

纪念严恺先生诞辰百周年

学子陆佑楣

壬辰龙年八月

中国长江三峡工程开发总公司原总经理、中国工程院院士陆佑楣题词

贺　信

河海大学、南京水利科学研究院、江苏省水利厅：

值此严恺先生诞辰100周年纪念活动隆重举行之际，我谨代表中国科学院技术科学部并以我个人的名义向活动表示热烈的祝贺！并向严恺先生的亲友和参加活动的社会各界朋友致以美好的祝愿！

严恺先生是我国著名的水利和海岸工程专家、教育家，是我国水利建设事业的奠基人和开拓者之一。先生早年为振兴中华远赴欧洲留学，历经艰辛。抗日战争爆发后，先生满怀爱国热忱，辗转万里，毅然回国，共赴国难。回国后的六十余年来，先生为我国水利建设和科教事业栉风沐雨、呕心沥血，奉献了毕生精力，做出了卓越的贡献！

严先生一生严谨治学、求真务实，研究工作始终与国家建设紧密结合，取得了丰硕的成果。先生开创了我国淤泥质海岸的研究工作，创建了海岸动力学和海岸动力地貌学，为研究解决塘沽新港的严重回淤问题做出了突出的贡献。先生亲自主持和参与了黄河、长江口、淮河、钱塘江等多条江河的治理工作，以及葛洲坝和三峡工程中复杂科技问题的研究论证工作，取得了许多重要成果。先生多年致力于珠江三角洲综合治理和全面规划工作，亲自率队深入调研，提出的《关于珠江三角洲整治规划报告》对珠江三角洲的开发利用具有重要指导意义。先生以爱国的精神、渊博的学识和不懈的奋斗为我国水利建设事业的创新和发展做出了重要贡献。

严先生是教育界的楷模。他一生热心教育，情系河海，教书育人，桃李芬芳。他参与创办了河海大学的前身—华东水利学院，并长期担任学校的主要负责人。他言传身教，管理有方，提出并率先垂范"艰苦朴素、实事求是、严格要求、勇于探索"的河海大学校训，形成了优良的校风，为河海大学及我国高等教育事业的发展做出了重要贡献。

严先生为人正直，一丝不苟，身体力行，抵制不正之风。数十年来，严于律己，廉洁奉公，以高尚的品德和大师的风范为科技工作者树立了榜样。

我们今天在这里纪念和缅怀严恺先生，就是要继承和弘扬严恺先生严谨治学、唯实求真的科学精神，就是要学习和传承严恺先生爱国奉献、淡泊名利的高尚品德，让我们在新的历史时期，坚持解放思想，开拓创新，不断提升我国科技自主创新能力，培养德才兼备的高层次人才，为加快建设国家创新体系、建设创新型国家做出科技工作者应有的贡献。

衷心祝愿纪念活动圆满成功。

中国科学院技术科学部主任　顾秉林

二〇一二年八月十日

中国科学院技术科学部主任顾秉林题词

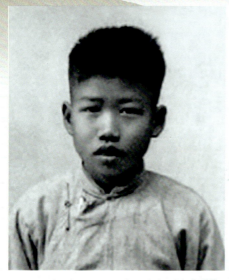

1923 年严恺（右一）同兄姊合影

1938 年 7 月严恺在荷兰

1937 年严恺在昆明与家人合影

唐山交大 1921 年校址

1937 年严恺在荷兰学习

创建华水 献身河海

严恺与苏联专家在一起

艰苦朴素 实事求是
严格要求 勇于探索

严恺

1982 年华东水利学院建院 30 周年之际
严恺提出的《十六字校训》

1978 年严恺在第二期洪水预报讲习班　　　　严恺指导博士研究生

严恺关心学校事业发展　　　　严恺听取江宁校区建设工作汇报

严恺在华水建院 50 周年庆祝大会上讲话　　　严恺参加河海大学建校 90 周年庆典

1989 年严恺在长江三峡考察　　　　1990 年 7 月 3 日严恺出席长江三峡工程论证汇报会

1994 年 12 月 14 日严恺在三峡工程开工典礼上　　　严恺与中国工程院院士陆佑楣在一起

1997 年 12 月 8 日严恺做长江三峡经济可持续发展有关交通基础设施建设咨询报告

1958 年严恺与专家研究长江口治理问题　1960 年严恺在苏联与专家研讨天津新港回淤问题

　　1960 年起，严恺担任长江口整治研究领导小组组长，负责研究长江口航道改善问题，后因"文革"中断；1980 年初，严恺担任国务院长江口航道治理工程领导小组成员兼科研技术组组长，负责长江口航道治理科技工作。图为 1991 年与部分专家学者讨论长江口整治问题

1983 年严恺主持召开中国水利学会常务理事会议

严恺在宁波北仑港考察

1998 年 4 月严恺陪同钱正英考察长江口深水航道整治工程

1986 年严恺在连云港考察

1987 年严恺在钱塘江考察

1986 年严恺在广东检查海岸调查工作

1989 年严恺在海口考察

1992 年严恺获国家科学技术进步奖一等奖

《中国海岸工程》获第二届全国高等
学校出版社优秀学术著作特等奖

1997 年严恺获何梁何利基金科学与技术进步奖

1945 年冬严恺陪同美国黄河顾问团在宁夏　　　　1958 年严恺在波兰考察

1960 年严恺在莫斯科大学访问　　　　1973 年严恺率中国水利考察组在美国考察

1983 年 10 月严恺参加第二次河流泥沙国际学术讨论会

1996 年 6 月严恺获中国工程科技奖

1987 年严恺率团在香港访问

严恺担任联合国教科文组织水文
计划政府间理事会亚州地区副主席

1995 年 9 月严恺在英国伦敦参加国际水利研究会
（IAHR）并被授予荣誉会员

中国科学院荣誉章

钱正英院士看望严恺

1989 年 11 月，严恺等人在参加第四届河流泥沙国际学术讨论会期间在天安门合影

严恺与张光斗院士在一起

严恺与徐芝纶、左东启在一起

2001 年严恺在严恺馆落成典礼上与钱正英院士合影

严恺参加水文和海岸工程学术研讨会

严恺参加在宁院士大会

1984 年严恺在第一届中德水文及海洋工程联合研讨会上

1987 年严恺在第二届中德水文及海洋工程联合研讨会上

1939 年严恺与陈芳芷女士合影

全家福

各界人士沉痛
悼念严恺院士

2012 年 8 月 10 日 河海大学纪念严恺院士百年诞辰

2012 年 8 月 10 日 在南京水利科学研究院举行严恺院士铜像揭幕仪式

严恺院士诞辰 100 周年纪念邮折

一代宗师

——严恺院士诞辰100周年纪念文集

编审委员会

总　顾　问：钱正英

顾　　　问：严以新

主　　　任：朱　拓　徐　辉　张建云　李亚平

副　主　任：（按姓氏笔画排序）

王　超　左其华　朱跃龙　李　云

陆桂华　陈星莺　郭继超　唐洪武

窦希萍　鞠　平　戴济群

委　　　员：（按姓氏笔画排序）

万国彤　王义刚　王泽华　朱宏亮

陈志昌　郑金海　赵　坚　胡忠华

姚纬明　钱恂熊　钱朝阳　诸裕良

薛鸿超

编辑工作组：朱宏亮　郑金海　胡忠华　诸裕良

季小梅　陶爱峰　魏　连

在纪念严恺院士诞辰 100 周年座谈会上的讲话(代序)

水利部部长　陈　雷

尊敬的学勇省长、连珍主席、占元副部长、代明副院长,

尊敬的各位领导,各位院士、专家,各位严老亲友,各位来宾:

今天我们怀着十分崇敬的心情,在这里召开座谈会,纪念严恺诞辰 100 周年,深切缅怀他为我国水利事业做出的突出贡献,追思和学习他的崇高品德和风范,进一步激励广大水利干部职工深入贯彻落实中央加快水利改革发展的决策部署,为推进中国特色水利现代化事业而努力奋斗。

严恺同志是中国共产党的优秀党员,中国知识分子的杰出代表,是我国著名的水利学家、教育学家,是享誉国际的海岸工程专家,中国科学院、中国工程院院士。他赤诚爱国,献身科学,毕生奋斗,无私奉献,为我国水利事业和教育事业贡献了全部才智和心血,他的光辉业绩将永载中华民族的治水史册。

严恺同志 1912 年 8 月 10 日出生于天津,1929 年考入交通大学唐山工学院,1935年大学毕业并经过两年工作锻炼后以优异成绩考取公费留学生,赴荷兰德尔夫特大学求学,1938 年取得土木工程师学位。回国后他先后任中央大学、河南大学、交通大学教授,并在云南省农田水利贷款委员会、黄河水利委员会任职。1951 年,任塘沽新港建港委员会委员,1952 年受命组建河海大学前身——华东水利学院,并长期担任主要负责人。1955 年兼任江苏省水利厅厅长,1956 年兼任南京水利科学研究所所长。严恺同志1956 年 2 月光荣加入中国共产党,是中国共产党第十次、第十一次全国代表大会代表,第三届全国人民代表大会代表。他曾担任中国水利学会理事长、中国海洋学会副理事长、中国海洋工程学会理事长、国际大坝会议中国委员会主席、联合国教科文组织国际水文计划政府间理事会副主席、中国委员会主席。

严恺同志为我国河口海岸科学研究奠定了重要基础。他主持了国家重点项目——天津新港回淤研究,有效地解决了天津新港严重回淤难题,开辟了中国淤泥质海岸研究工作新领域,使我国在这方面的科学技术一直居于国际先进地位。他长期致力于长江口深水河道治理和珠江三角洲整治的研究,推动了相关整治工程顺利实施。他牵头对我国海岸带和海涂资源开展综合调查,取得了重要研究成果,促进了我国海岸带的开发

利用。他首创了钱塘江斜坡式海塘和海堤，显著提高了海堤抗浪挡潮的能力。

严恺同志为我国江河治理和重大水利工程建设做出了突出贡献。他参与黄河治理、淮河治理、太湖治理以及葛洲坝、三峡枢纽、南水北调等重大工程的技术咨询和论证工作，为我国大江大河治理和大型水利工程建设提供了技术支撑，特别是他在担任三峡工程论证生态环境组副组长和泥沙组顾问期间，通过深入研究、反复论证，力主三峡工程宜早不宜迟，为中央决策提供了重要科学依据。

严恺同志为新中国水利高等教育事业倾注了毕生心血。他在多所高校教授水利，与水利教育事业结下了不解之缘。他不畏困难，艰苦创业，创建了新中国第一所水利高等学校——华东水利学院，为学校发展壮大呕心沥血，使学校逐渐成为我国水利人才培养的摇篮和重要科研基地，为我国水利事业发展输送了大批优秀人才。他先后组建了上海交通大学、南京大学、浙江大学、同济大学等高校的水利专业，为我国水利学科建设奠定了坚实的基础，他还捐款设立严恺教育科技基金，激励广大师生和科技人员勇于探索、不断创新。

严恺同志为新中国治水事业留下了宝贵的学术成果。1992 年他主持的《中国海岸带和海涂资源综合调查研究》获得国家科技进步一等奖，1995 年专著——《中国海岸工程》获得第二届高校出版社优秀学术著作特等奖，2001 年主编出版的《海洋工程》被中国水利协会授予功勋奖。他还曾获得中国工程院首届中国工程科技奖，何梁何利基金技术科学奖，被国际水利研究协会授予荣誉会员。

严恺同志的一生是为国家富强、民族振兴和水利发展不懈奋斗、无私奉献的一生，是革命的一生、战斗的一生、光辉的一生。他的崇高品德和精神风范永远值得我们学习和纪念。

纪念严恺同志就要学习他赤诚报国、热爱人民的崇高信念。严恺同志出生在积贫积弱、内忧外患的旧中国，他在青年时期就把个人抱负和国家民族的命运紧密相连，满怀振兴中华的远大理想，立志学习水利，造福人民。他刻苦学习钻研，取得优异成绩。国外学成后，毅然放弃优越的学习和生活条件，辗转万里回到祖国，与广大仁人志士，担负起救国、救民、复兴河山的重任。新中国诞生后，他把全部心血和智慧倾注在祖国的水利建设和教育事业上，无论遇到多少艰难困苦，始终保持对祖国、对人民的无限热爱，即便是在耄耋之年，依然奔走在水利建设一线，用一生践行了"为祖国四化大业献我余生"的诺言。

纪念严恺，就是要学习他实事求是、科学严谨的优良作风。严恺同志为河海大学提出的"艰苦朴素、实事求是、严格要求、勇于探索"的十六字校训，既是他一生办学育人的经验，也是他一生求学和实践的真实写照。他的足迹遍及祖国的江河湖泊、山川峡谷、海岸滩涂，特别是他用 8 年时间对我国 18 000 公里的海岸带进行了综合调查，研究成果为我国海涂资源开发利用提供了重要科学依据。他治学严谨，精益求精，对起草的每一份文件报告反复推敲，对项目咨询、成果鉴定等工作中的每一个问题都不放过，对学校机构设置、人才引进、干部调配、教学科研、学生培养的要求都十分严格。他治学、治校的态度，赢得了广大师生和水利科技工作者的尊重和爱戴。

纪念严恺,就要学习他敢为人先、勇攀高峰的创新精神。严恺同志敢于研究别人没有研究过的科学前沿,孜孜不倦地攀登科学高峰。不论是在国内学习还是在国外求学,不论是从事技术工作还是担任领导职务,不论是在水利科研领域还是在水利教育领域,他总是以执著的追求进行潜心研究和创造。他一生致力于我国大江大河治理、海岸防护、河口整治、海港建设等领域的研究和实践,提出了许多富有创造性、前瞻性的学术思想和有重大价值的建议,解决了一系列关键技术难题,实现了一系列重要突破。

纪念严恺,就要学习他严于律己、清正廉洁的高贵品格。严恺一生担任了许多领导职务,取得了很多学术成果,但他从不以权威自居,从不以名望压人,始终谦虚谨慎,戒骄戒躁。他为人师表,率先垂范,几十年如一日,堪称教书育人的典范。他廉洁自律,生活简朴,处处严于律己,以身作则,对不良现象坚决予以抵制,充分展示了一名党员领导干部和优秀知识分子的崇高品德。

百年沧桑映江湖,一生情怀寄海洋。严恺同志离开我们已经 6 年了,但他的音容笑貌、崇高风范仍然留存在我们的心里。当前和今后一个时期,是我国全面建设小康社会的关键时期,也是推进传统水利向现代水利、可持续发展水利加快转变的关键时期。2011 年中央一号文件和中央水利工作会议,从治国安邦和实现中华民族伟大复兴的战略着眼,从党和国家事业发展的全局出发,对水利改革发展做出了全面的部署,绘就了中国特色水利现代化的宏伟蓝图。在新的征程上,我们要继承严恺同志等老一辈水利工作者的优良工作传统,深入贯彻落实科学发展观,积极践行可持续发展的治水思路,承前启后,继往开来,锐意进取,扎实工作,不断谱写水利改革发展的新篇章,以优异的成绩迎接党的十八大胜利召开。

目　　录

纪 念 篇

领导及代表讲话

师泽追忆

论 文 篇

严恺院士生平

严恺,男,汉族,1912 年 8 月生,福建闽侯人。1933 年毕业于交通大学唐山工学院；1935 年赴荷兰德尔夫特科技大学攻读土木水利专业,1938 年获工程师学位并回国；1939 年起,先后在云南省农田水利贷款委员会、中央大学、黄河水利委员会、河南大学、交通大学任职任教。新中国成立后,他于 1952 年参加华东水利学院筹建工作并任建校委员会副主任,后任副院长,同年被政务院任命为江苏省人民政府委员；1955 年被国务院任命为江苏省水利厅厅长,同年当选为中国科学院首批学部委员(院士)；1956 年兼任水利部交通部南京水利科学研究所所长；1958 年被国务院任命为华东水利学院院长；1977 年受命组建南京水文研究所并任所长；1991 年当选为墨西哥科学院外籍院士；1995 年当选为中国工程院院士。

严恺名誉校长是我国著名的科学家、教育家,把毕生精力献给了祖国的水利建设和教育事业。他出生在贫穷落后、内忧外患的旧中国,大学毕业后,抱着振兴中华的宏大志愿远赴欧洲留学,历经艰辛,刻苦学习,不仅专业成绩优异,而且精通英、荷、德、法多国语言。在他荷兰学成之时,正值日本帝国主义侵略中国的危难之际,他毅然辗转万里回到祖国,与广大仁人志士共赴国难。在祖国的大西南和大西北,他踏勘高山峡谷,测量荒漠激流,探求大江大河的治理开发。自 1940 年他受聘担任中央大学水利工程系教授,开始了 66 载的教育生涯,培育桃李满天下。1952 年,他受命组建新中国第一所水利高等学校——华东水利学院,并长期担任学校的主要领导职务。清凉山下,他身先士卒,率领师生员工平地起家,艰苦创业,一手开创了华东水利学院。1982 年,在华东水利学院建院 30 周年之际,他提出了 16 字校训:"艰苦朴素,实事求是,严格要求,勇于探索",这既是他从教数十年以及严谨治学、严格治校的经验总结,也是学校和全体师生员工宝贵的精神财富。历经数十年的努力,华东水利学院及河海大学成为一所在国内外有较大影响、水利特色和优势明显的全国重点大学,严恺本人也受到全校师生的敬慕与爱戴。

严恺名誉校长是中国及国际著名的水利工程专家,学术成果丰厚,在海内外享有盛誉。他的学术研究紧密结合我国国民经济及社会发展需要,主持或参与了黄河治理、钱塘江治理、塘沽天津新港回淤工程、淮河治理、长江口及太湖治理、长江葛洲坝及三峡枢纽工程、珠江三角洲治理、全国海岸带资源综合调查以及连云港、长江口深水航道、南水北调等重大工程建设项目,先后被任命或受聘为塘沽新港建港委员会委员、天津新港回淤研究工作组组长、长江葛洲坝水利工程技术委员会顾问、全国海岸带和海涂资源综合调查领导小组成员兼技术指导组组长、长江口及太湖流域综合治理领导小组成员兼科技组组长、长江三峡工程论证领导小组泥沙专家组顾问和生态环境专家组副组长、中国长江三峡工程开发总公司技术委员会顾问，为中国水利建设事业做出了重大贡献。他对科学的严谨和对事业的执著得到了国内外同行的尊重，曾先后当选为中国水利学会理事长、中国海洋学会副理事长、中国海洋工程学会理事长、国际大坝会议中国委员会主席、联合国教科文组织国际水文计划政府间理事会副主席兼中国委员会主席、发展中国家海岸与港口工程国际会议顾问委员会委员、河流泥沙国际学术会议顾问委员会主席。1992年80岁高龄后，他仍坚持教学与科研工作，其本人及其学术成果仍屡获大奖：1992年，主持的《中国海岸带和海涂资源综合调查研究》获国家科技进步一等奖；1995年，被国际水利研究协会授予荣誉会员，专著《中国海岸工程》获第二届高校出版社优秀学术著作特等奖；1996年，获中国工程院首届中国工程科技奖，主编的《海港工程》出版；1997年，获何梁何利基金技术科学奖；1998年，主编的《中国南水北调》出版；2001年，主编的《海洋工程》出版，同年他被中国水利学会授予功勋奖。

严恺名誉校长是中国共产党的优秀党员，是中国优秀知识分子的杰出代表。他数十年如一日，一丝不苟地做学问，一丝不苟地工作，一丝不苟地做人，为祖国富强、民族复兴而不懈奋斗；他一生追求进步，热爱党、热爱祖国、热爱人民，爱憎分明，刚正不阿，在1956年就光荣地加入了中国共产党；他人品卓越，道德高尚，对中国水利事业、对河海大学有着深厚的感情和深切的期盼。他对名利看得很淡，生活俭朴，身体力行，抵制不正之风。他于1995年捐款设立了"严恺教育科技基金"，奖励学校教学、学习成绩突出的师生以及全国水利系统的优秀科技人员，以后又多次将稿费、咨询费投入基金。耄耋之年，他仍十分关注并尽力支持学校的建设与发展。2004年10月，他满怀对学校、对师生的深情与眷恋立下了遗嘱。他在遗嘱中表示完全赞同学校第十一次党代会提出的建设具有国际一流水利学科的高水平研究型大学的新世纪奋斗目标，决定再从日常积蓄中拿出20万元投入到严恺教育科技基金中，他向党组织、向学校提的唯一要求就是丧事从简，充分展示了严恺院士严以律己、无私奉献的崇高情怀与高风亮节。

严恺名誉校长的逝世，是河海大学以及中国水利界、教育界的重大损失，使我们失去一位好领导、好师长。我们一定要化悲痛为力量，学习他献身科学、追求真理、教书育人的执著精神，学习他忠于祖国、倾心事业、热爱学校的诚挚情感，学习他率先垂范、清正廉洁、淡泊名利的崇高品格，弘扬他倡导的艰苦朴素、实事求是、严格要求、勇于探索的优良校风，努力把河海大学的宏伟事业不断推向前进。

严恺院士年谱

严恺 1912 年 8 月 10 日诞生于天津,旋随父母移居北京。小学就读于北京第三十九小学,起名严钰。父母相继去世后,与二姊一起投奔当时正在沪杭甬绍段铁路任见习工程师的二哥,就读于宁波敬崇小学。1925 年毕业后考入四明中学,1926 年秋曾一度就读于上虞春晖中学。1927 年考入浙江省第四中学(现宁波中学)。1929 年高中未毕业即考入交通大学唐山工学院(现西南交通大学),1933 年毕业。

1933 年,21 岁

7 月,毕业于唐山交通大学(现西南交通大学),被分配到沪宁沪杭甬铁路杭州工务段任实习员。

10 月,到湖北武昌,任省会工程处工程员,参加武昌城市建设和防汛等工作,曾为当地设计了一座新颖别致的钢筋混凝土钢架桥。

1935 年,23 岁

7 月,考取中央研究院用庚款选送赴荷兰学习土木、水利工程专业的研究生。

10 月,到荷兰,经甄别测验,入德尔夫特(Delft)科技大学直接攻读工程师学位,并利用假期学习德语和法语,同时到工程单位和水工试验所等处实习。

1938 年,26 岁

7 月,获土木工程师学位。

8 月,离开荷兰,在德国、瑞士短时逗留后到法国。

10—11 月,在法国格林诺布(Grenoble)学习法语。

11 月,赴马赛,搭法国邮轮回国。

12 月初到达昆明,患猩红热住院治疗。

1939 年,27 岁

2 月,任云南省农田水利贷款委员会工程师,跑遍云南省勘察可供开发的农田水利工程,其中弥勒县的竹园坝工程得到实施,发挥了效益。

1940 年,28 岁

2 月,离开云南,至四川重庆沙坪坝,受因抗日战争内迁的中央大学聘请,任水利工程系教授。

7 月,在成都与西南联大经济系毕业生陈芳芷结婚。

9 月,回到沙坪坝,经刘宅仁教授介绍,陈芳芷到重庆金城银行工作,不久调至沙坪坝支行。

1941 年,29 岁

7 月 25 日,长子严以强出生。

1942 年,30 岁

9 月,受行政院水利委员会聘请,在中央大学开设水利讲座。

1943 年,31 岁

9 月,应黄河水利委员会副委员长李书田邀请,到当时因抗战迁至西安的黄河水利委员会,担任简任技正兼设计组主任,完成了"黄河下游治理""宝鸡峡水电站工程""渭河治理"等规划设计项目。

1944 年,32 岁

8 月,发表《黄河下游各站洪水流量计算方法之研究》一文,刊登在行政院水利委员会季刊第 1 卷第 8 期。

1945 年,33 岁

2 月,调任黄河水利委员会宁夏工程总队长,开展宁夏灌区的地形测量和水文测验,并完成《宁夏河东河西两区灌溉工程计划纲要》。

1946 年,34 岁

6 月,回到迁回开封的黄河水利委员会,任研究室主任,兼河南大学水利工程系教授、系主任。在《水利》第 14 卷第 4 期上发表《河槽过渡曲线之规划》。

1948 年,36 岁

2 月,赴上海,任交通大学水利工程系教授,并被上海市公用局聘为港工讲座。

受命治理钱塘江北岸倒塌的海堤,突破传统的立壁式堤坝,设计出斜坡式海塘,以"软对抗"方式对抗海潮,抗涌潮效果好,至今仍屹立在杭州湾北岸。

1949 年,37 岁

1 月 31 日,次子严以新在上海出生。

数次赴山东、苏北勘察沂河、沭河和淮河入海水道。

1950 年,38 岁

11 月,作为高校代表参加上海市抗美援朝人民代表大会。

这一年继续多次赴山东、苏北勘察沂河、沭河和淮河入海水道。

1951 年,39 岁

被政务院任命为塘沽新港(后更名为天津新港)建港委员会委员,参加新港的恢复、改建和扩建工程。

在《华东水利》第 1 卷第 1 期上发表《潮汐问题》一文。

11 月,再次作为代表参加抗美援朝代表大会。

1952 年,40 岁

8 月,到南京,负责筹建华东水利学院,任建校委员会副主任委员,旋任副院长。

11 月,被中央人民政府任命为江苏省人民政府委员。

1953 年,41 岁

7 月,赴北京参加"全国高等工业学校行政会议"。

1955 年,43 岁

4 月,被国务院任命为江苏省水利厅厅长。

5 月,当选为中国科学院科学部委员(院士)。

1956 年,44 岁

1 月 14 日,小女严以方出生。

2 月,加入中国共产党。

7 月,兼任南京水利科学研究所所长。

1957 年,45 岁

在《华东水利学院学报》第 1 期创刊号上发表《水利科学研究的几个方向》一文。

1958 年,46 岁

3 月,被国务院任命为华东水利学院院长。

9 月,当选为中国科学技术协会全国委员会委员。担任天津新港回淤研究工作组组长。应邀到波兰讲学,并访问苏联。

1960 年,48 岁

8—10 月率天津新港回淤研究专家组到苏联访问。担任长江口治理研究领导小组组长。

1962 年,50 岁

受水利部委派,率专家组到福建沿海视察遭受台风严重损坏的海堤,设计斜坡式海堤。

1963 年,51 岁

率专家工作组到福建沿海考察,在福建莆田建立海堤实验站,在浙江慈溪建立保滩促淤实验站。率专家工作组赴广州解决白藤堵海工程善后工作问题。在《新港回淤研究》第 1 期上发表《天津新港回淤问题》。

1964 年,52 岁

11 月,当选为第三届全国人民代表大会代表。

1965 年,53 岁

4 月,到金沙江考察通航问题。

6—8 月,赴荷兰和法国考察海岸工程。

1966 年,54 岁

"文化大革命"期间,一度停止工作,接受审查。

1971 年,59 岁

4 月,恢复工作,任教育革命组副组长。

1972 年,60 岁

9 月,任华东水利学院革命委员会副主任。

1973 年,61 岁

4—6 月,率中国水利考察组出访美国。

6 月,担任长江葛洲坝工程技术委员会顾问。

6 月，当选为中国共产党第十次全国代表大会代表。

11 月，任华东水利学院革命委员会主任。

1975 年，63 岁

4—5 月，再次赴广东，会诊珠江三角洲。提出《关于珠江三角洲整治规划问题的报告》，上报水利部。

1976 年，64 岁

3—5 月，率代表团赴墨西哥出席第十二届国际大坝会议，并考察墨西哥的水利建设。当选为国际大坝会议中国委员会主席。

1977 年，65 岁

7 月，当选为中国共产党第十一次全国代表大会代表。

9 月，到连云港参加有关连云港回淤和建设问题的会议。

1978 年，66 岁

作为江苏代表参加全国科学大会，与二哥严铁生（湖北代表）相遇。

1979 年，67 岁

7 月，到大连参加中国海洋学会成立大会，当选为学会副理事长。旋即参加中国海洋工程学会成立大会，当选为理事长。

11 月，赴巴黎参加联合国教科文组织（UNESCO）国际水文计划（IHP）政府间理事会会议，当选为理事会副主席，担任 IHP 中国委员会主席。

经国务院批准，成立长江口航道治理工程领导小组，任领导小组成员兼科研技术组组长。

1980 年，68 岁

2 月，任全国海岸带和海涂资源综合调查领导小组成员兼技术指导组组长。

3 月，率领海岸工程代表团赴澳大利亚参加第十七届国际海岸工程会议。

6—7 月，到印度参加 IHP 亚洲地区会议后，赴巴黎参加 IHP 第八次执行局会议。

10—11 月，率中国水利科研教育代表团访美，并与美国四所大学签订合作协议。

1981 年，69 岁

2 月，在中国水利学会第三次全国会员代表大会上当选为中国水利学会理事长。

3 月，赴巴黎参加 IHP 第九次执行局会议。

8 月，赴巴黎参加国际水资源大会第四届理事会会议。

1982 年，70 岁

3—4 月，赴巴黎参加 IHP 第十次执行局会议，并访问联邦德国。

8 月，在上海水利座谈会上提出对长江口治理和上海市防洪问题的意见。

11 月，赴巴黎参加 IHP 第五届理事会会议，并访问爱尔兰。

1983 年，71 岁

3—4 月，率中国海洋工程代表团赴斯里兰卡参加第一届发展中国家海岸与港口工程国际会议（COPEDEC），被聘为顾问委员会委员。

6 月，赴巴黎参加 IHP 第十一次执行局会议。

12 月,被国务院任命为华东水利学院名誉院长。

1984 年,72 岁

3—4 月,赴巴黎参加 IHP 第六届理事会会议,并访问荷兰。

6 月,被任命担任长江口及太湖流域综合治理领导小组成员兼科技组组长。

8—9 月,率代表团赴美参加第十九届国际海岸工程会议。

南京水利科学研究所改名为南京水利科学研究院,任名誉院长。在南京主持第二次河流泥沙国际学术讨论会。

1985 年,73 岁

再赴福建,考察闽江流域。

华东水利学院恢复"河海"之名,任名誉校长至今。

被英国传记出版社收入《国际当代名人录》。

8 月,在中国水利学会第四次全国会员代表大会上连任学会理事长。

9 月,到郑州,在黄河水利委员会做《有关水资源的几个问题》的报告。

1986 年,74 岁

3—4 月,赴美国参加第三次河流泥沙国际学术讨论会,任顾问委员会主席,并发表《中国海岸与河口的泥沙问题》。

6 月,应邀担任三峡工程论证领导小组泥沙专家组顾问和生态环境专家组副组长。从此,参加或主持重要论证工作,并力促三峡工程尽快上马,直到三峡工程开工建设。

10 月,赴荷兰出席三角洲工程暨东斯赫尔特防风暴大闸落成典礼。大闸巨型闸墩之一以严恺的名字命名。

被英国剑桥国际传记中心收入《国际传记辞典》。

在中国科协第三次全国代表大会上做《希望全国关注的几个水利问题》的报告。该报告刊登在《现代化》1986 年第 7 期。

1987 年,75 岁

5—6 月,赴丹麦访问,后到西德参加第二次中德水文与海岸工程双边学术讨论会。赴青海、甘肃、宁夏、陕西考察黄河上中游。

9 月,在北京主持第二届 COPEDEC 会议,并做《中国海岸与港口工程》的主题报告。

11 月,世界文化理事会(World Cultural Council)授予科学成就证书。在《中国科协三届二次会议全委会论文集——科学发展若干问题探讨》发表《发展海洋工程,为开发海洋资源服务》。

1988 年,76 岁

6 月,到西班牙参加第二十一届国际海岸工程会议,在会上做《在不同情况下岸滩演变》的学术报告。

8 月,主持长江三峡工程对中游平原湖区的影响、对河口的影响两个座谈会。主持长江三峡以上地区历年来沙变化趋势讨论会,对许多问题取得一致认识,明确了今后研究方向。被美国传记协会收入《国际杰出领导人名录》，获该协会颁发的水利海岸工程杰出成就奖，并被聘为协会的顾问委员会成员。

1989 年,77 岁

2 月 27 日,参加三峡工程论证领导小组第十次会议,并做重要发言。

3 月,赴海南、广东和广西考察。

1990 年,78 岁

1 月 7 日—14 日及 3 月 30 日—4 月 1 日,两次主持《全国海岸带和海涂资源综合调查报告》审查会。

2 月 19 日—21 日,主持黄河壶口航运工程科研成果评审会。

4 月,参加"港口发展及中国现代化"学术研讨会筹备工作。

6 月,赴荷兰参加国际海岸工程会议(ICCE)。

7 月 12 日,参加长江三峡工程论证汇报会,获江泽民等党和国家领导人接见。

8 月,为《三峡工程论文集》做序。

9 月,到高栏港等海港考察港口建设。

1991 年,79 岁

1 月,主编的《中国海岸带和海涂资源综合调查报告》由海洋出版社正式出版。

4 月,主持中国水利学会成立 60 周年纪念活动。

5 月,参加唐山交通大学 95 周年校庆活动。

6 月,主持泥沙基本理论指导委员会第一次会议。

9 月,赴肯尼亚参加第三届发展中国家海岸及港口工程国际会议(COPEDEC)。

9 月,当选为墨西哥科学院外籍院士。

10 月 17 日,在实验室跌伤骨折卧床,至翌年 1 月基本好转。卧床期间仍继续工作和接受记者采访。

1992 年,80 岁

1 月 15 日,在《人民日报》发表《从生态与环境角度看三峡工程》。

2 月 12 日,赴广东参加西江崖门出海航道工程审查会。2 月 21 日赴福建闽江马尾港和莆田海堤实验站考察。

3 月 4 日,主持泥沙基本理论指导委员会会议。

4 月 13 日 9 时 10 分,妻陈芳芷逝世。

6 月,参加上海交通大学国家重点试验室——海洋工程实验室验收工作(1985 年主持实验室建设方案;1991 年基建完成,投入使用)。

9 月 12 日—10 月 3 日,赴美国讲学。

10 月,主编的《中国海岸工程》由河海大学出版社正式出版。

10 月 12 日,中央大学水利工程系第二届(1942 届)毕业 50 周年纪念会在河海大学召开。"18 罗汉 1 观音"共 19 人有 12 人返校,作为唯一当时任教的老师参加了纪念会。

10 月,做《关于海平面上升问题》的报告。

10 月 15 日—24 日,赴澳门参加学术会议并参观访问。

11 月,主持的"中国海岸带和海涂资源综合调查研究"获国家科技进步一等奖。

1993 年,81 岁

4 月 20 日—5 月 3 日,应邀到广西考察,并做考察报告。

10 月 26 日—30 日,参加唐山交通大学 1933 级同学毕业 60 周年聚会。

11 月,到珠海、深圳考察,主持第七届海洋工程学术讨论大会。

11 月,在中国水利学会"六大"做学术报告《中国海岸带的开发利用》。

1994 年,82 岁

2 月 25 日—3 月 4 日,偕金忠青到长江三峡工程工地,受聘为中国长江三峡工程开发总公司技术委员会顾问。

6 月 4 日,参加国家计划委员会召开的南水北调中线工程听证会,并发表对这项工程的意见,文章刊登于 1994 年 6 月 13 日《中国科学报》。

8 月 22 日—25 日,连云港西大堤竣工,前往参加竣工典礼。

12 月 14 日,参加三峡工程开工典礼。

1995 年,83 岁

5 月,当选为中国工程院院士。

9 月 7 日—19 日,赴伦敦参加国际水利研究协会(IAHR)大会,被授予荣誉会员称号。

9 月(以及 1996 年 5 月),到钱塘江考察治江围垦工程。

10 月,参加南京水利科学研究院成立 60 周年活动。

11 月,到台湾访问,进行学术交流。

11 月,专著《中国海岸工程》获第二届高校出版社优秀学术著作特等奖。

1996 年,84 岁

3 月,参加长江口深水航道整治工程汇报会。邹家华、吴邦国副总理,钱正英副主席以及交通部、水利部、上海市和江苏省领导参加,一致同意这项工程早日上马。

3 月,参加"百名院士科技报告"活动,并在南京做《中国的水利建设》报告,该报告被收入《共同走向科学——百名院士技术系列报告集》(新华出版社 1997 年 3 月出版)。

6 月 7 日,在两院院士大会上接受首届"中国工程科学技术奖"。

6 月,主编的《海港工程》由海洋出版社出版。

7 月 15 日,在南京城市规划和建设问题座谈会上发表《关于南京沿江地带开发建设问题的意见》。

10 月,参加"长江三角洲经济与社会可持续发展"咨询工作,并担任交通运输基础设施组组长。

12 月 3 日,主持长江口深水航道治理工程专家顾问组第一次会议。

1997 年,85 岁

1 月 29 日,向李鹏总理汇报长江口深水航道治理工程。

9 月,获何梁何利科技进步奖。

12 月 18 日,参加"长江三角洲经济与社会可持续发展咨询报告会",在会上做《交通运输基础设施组咨询报告》。

1998 年,86 岁

1 月 27 日,参加长江口深水航道治理工程开工典礼。

6 月,参加两院院士大会。

9 月、10 月,分别在河海大学和九三学社做《从 1998 年抗洪抢险看我国的防洪和水利建设》的报告。文章登载在《水利水电科技进展》第 19 卷第 1 期。

4 月 13 日,在南京大学浦口校区做《水利与生态环境》报告。

4 月 19 日—22 日随同钱正英副主席率领的院士、专家考察组考察长江口深水航道治理工程。

6 月—11 月,因坐骨神经痛接受治疗。

9 月,主编的《中国南水北调》由浙江科学技术出版社出版。

12 月,到上海分别参加长江口航道试验中心和上海航道勘测设计研究院的学术委员会会议。

12 月,撰写《开辟长江口深水航道,建立上海国际航运中心》,载于《中国工程科学》第 1 卷第 2 期。

2000 年,88 岁

4 月,为国际水利工程及研究协会于 2001 年 7 月在北京举行第 29 届会员大会作准备,在南京召开会议商讨大会的准备工作。

6 月 1 日,到上海长江口航道试验中心和工地指导工作,中央电视台"东方时空——东方之子"栏目拍摄严恺专题片。

12 月,为"钱塘江河口尖山河段整治规划"座谈会提出书面意见。被评为第五届全国健康老人。

2001 年,89 岁

1 月 11 日—12 日,中国教育电视台连续播放《百年中国教育历程》之"世纪寻访——十位老人的世纪人生——两院院士严恺话教育"。

8 月,主编的《海岸工程》由海洋出版社出版。

8 月,河海大学举行严恺 90 华诞庆祝会,严恺铜像落成。

2005 年,93 岁

10 月 26 日,与钱正英院士为"严恺院士工作成就室"开馆剪彩。

10 月 27 日,出席河海大学建校 90 周年庆祝大会。

2006 年,94 岁

5 月 7 日,凌晨 4 时,因病医治无效,在南京逝世。

严恺院士主要论著

一、主要论文及报告

1.《黄河下游的治理计划》,黄河水利委员会,1944 年。

2.《黄河下游各站洪水流量计算方法之研究》,《水利委员会季刊》第 2 卷第 2 期,1945 年。

3.《河槽过渡曲线之规划》,《水利》第 14 卷第 4 期,1945 年。

4.《潮汐问题》,《华东水利》第 1 卷第 1 期,1951 年。

5.《水利科学研究的几个方向》,《华东水利学院学报》第 1 期,1957 年。

6.《天津新港回淤问题的研究》,《新港回淤研究》第 1 期,1963 年。

7.《关于珠江三角洲整治规划问题的报告》,1975 年。

8. Some Aspects of Coastal Research Work in China. Proceedings of the 17th International Conference on Coastal Engineering. Sydney,Australia,March 1980.

9. Die Forschungs and Entwicklungs—arbeit des Kustenbaues in China, March 1982,在德国汉诺大学的学术报告。

10. Coastal and Estuarine Sedimentation Problems in China. Proceedings of the 3rd International Symposium on River Sedimentation,Jackson. Miss,U. S. A, March 1986.

11. Development of Harbour Engineering in China. Proceedings of the 2nd Chinese German Symposium on Hydrology a Coastal Engineering. Hanover, June 1987.

12. Coastal and Port Engineering in China. Proceedings of the 2nd International Conference on Coastal and Port Engineering in Developing Countries. Beijing,September 1987. 刊登在 China Ocean Engineering Vol. 3,No. 1,1988.

13.《发展海洋工程,为开发海洋资源服务》,《中国科协三届二次会议全委会论文集——科学发展若干问题探讨》,1987 年。

14. Beach Profile Change under Varying Wave Climate. Proceedings of the 21st International Conference on Coastal Engineering. Malaga,Spain,June 1989.

15. Some Sediment Problems of Silty Coast and Estuaries. Proceedings of 4th International Symposium on River Sedimentation. Beijing, June 1989.

16. Investigation on the Improvement of the Yangtze Estuary. Proceedings of the 22nd International Conference on Coastal Engineering. Delft, the Netherlands July 1990.

17. Port Site Selection along Coast with Radial Sandbanks. Proceedings of the 23rd International Conference on Coastal Engineering. Venice, Italy, October 1992.

18. The Three Gorges Project: A Multipurpose Project for the Rational Management of Water Resources. Denver, Colorado. U. S. A., September 1992.（在美国内务部垦务局做的学术报告）

19.《三峡工程——一项功在当代、利在千秋的宏伟工程》，向海外华人介绍三峡工程。

20.《中国海岸带的开发利用》，在中国水利学会"六大"做的学术报告，1993 年11 月。

21. Study on the Behaviors of Cohesive Sediment in the Yangtze River Estuary. Proceedings of 24th International Conference on Coastal Engineering. Kobe, Japan, October 1994.

22.《中国的水利建设》，《共同走向科学——百名院士科技系列报告集》（上），1997 年 3 月。

23. Water Resources Development in China, Bulletin of the Academy of Sciences, Vol. 11 No. 4, 1997.

24.《从 1998 年的抗洪看我国的防洪和水利建设》，《水利水电科技进展》第 19 卷第 1 期，1999 年 2 月。

二、主要专著

1.《中国海岸带和海涂资源综合调查报告》，严恺主编，海洋出版社，1991 年 1 月出版。

2.《中国海岸工程》，严恺主编，河海大学出版社，1992 年 10 月出版。

3.《海港工程》，严恺主编、梁其荀副主编，海洋出版社，1996 年 6 月出版。

4.《中国南水北调》，严恺主编、刘国纬副主编，浙江科学技术出版社，1999 年 9 月出版。

5.《海岸工程》，严恺主编、梁其荀副主编，海洋出版社，2001 年 8 月出版。

河海大学隆重纪念严恺院士
诞辰100周年

2012年8月10日是中国共产党优秀党员、我国著名水利专家和教育家、中国科学院院士、中国工程院院士、华东水利学院主要创建人及负责人之一、河海大学名誉校长——严恺教授诞辰100周年纪念日,河海大学与南京水利科学研究院、江苏省水利厅、中国水利学会联合举办纪念严恺院士诞辰100周年系列活动。

8月10日,纪念严恺院士诞辰100周年座谈会在河海大学隆重举行。水利部部长陈雷,江苏省省长李学勇,江苏省政协主席张连珍,教育部副部长杜占元,中国工程院副院长樊代明,江苏省副省长徐鸣,江苏省副省长曹卫星,水利部副部长胡四一,国务院三峡工程建设委员会副主任、中国长江三峡集团公司董事长、党组书记曹广晶,中国大坝协会理事长、中国长江三峡工程开发总公司原总经理陆佑楣,中国水力发电工程学会理事长、国务院南水北调工程建设委员会办公室原主任张基尧,中国节水协会理事长、水利部原副部长翟浩辉,全国人大常委、水利部原副部长、民盟中央副主席索丽生,清华大学党委书记胡和平,江苏省政协副主席、南京市副市长、九三学社江苏省主委许仲梓等领导和嘉宾出席活动。

中共中央政治局委员、国务委员刘延东同志为纪念活动题词:严恺先生是我国著名的水利专家、教育家,终生致力于我国大江大河的治理和海岸带的综合开发利用,培养了大批水利科技人才,为河海大学的建立与发展做出了重要贡献,把毕生精力献给了祖国的水利事业和教育事业。先生一生执著追求,治学严谨,他的人生经历本身就是一部生动形象的教科书。希望学校以先生百年诞辰为契机,秉承先生亲拟并躬身实践的"艰苦朴素、实事求是、严格要求、勇于探索"十六字校训,激励广大河海学子弘扬前辈优良传统,立志献身祖国水利事业,为实现社会主义现代化和中华民族伟大复兴贡献力量。

陈雷部长发表讲话。他说,今天我们怀着十分崇敬的心情,纪念严恺诞辰100周年,深切缅怀他为我国水利事业做出的突出贡献,追思和学习他的崇高品德和风范,进一步激励广大水利干部职工深入贯彻落实中央加快水利改革发展的决策部署,为推进中国特色水利现代化事业而努力奋斗。陈雷部长高度评价了严恺院士辉煌的一生和光辉的业绩,他指出,严恺同志为我国河口海岸科学研究奠定了重要基础,为我国江河治理和重大水利工程建设做出了突出贡献,为新中国水利高等教育事业倾注了毕生心血,为新中国治水事业留下了宝贵的学术成果。他赤诚爱国、献身科学、毕生奋斗、无私奉献,为我国水利事业和教育事业贡献了全部才智和心血,他的光辉业绩将永载中华民族的治水史册。严恺同志的一生是为国家富强、民族振兴和水利发展不懈奋斗、无私奉献的一生,是革命的一生、战斗的一生、光辉的一生,他的崇高品德和精神风范永远值得我们学习和纪念。陈雷部长指出,纪念严恺同志就要学习他赤诚报国、热爱人民的崇高信念,纪念严恺同志就是要学习他实事求是、科学严谨的优良作风,纪念严恺同志就要学习他敢为人先、勇攀高峰的创新精神,纪念严恺同志就要学习他严于律己、清正廉洁的高贵品格。陈雷部长强调,当前和今后一个时期,是我国全面建设小康社会的关键时期,也是推进传统水利向现代水利、可持续发展水利加快转变的关键时期。在新的征程上,我们要继承严恺同志等老一辈水利工作者的优良工作传统,深入贯彻落实科学发展观,积极践行可持续发展的治水思路,承前启后,继往开来,锐意进取,扎实工作,不断谱写水利改革发展的新篇章,以优异的成绩迎接党的十八大胜利召开。

李学勇省长高度评价了严恺院士为江苏、为全国水利建设和教育事业发展做出的重大贡献。他指出,纪念严恺院士诞辰100周年,缅怀他为中国水利和教育事业建立的光辉业绩,学习他为国家富强、民族振兴不懈奋斗的崇高风尚,这对于我们深入贯彻落实科学发展观,加快水利事业的发展具有十分重要的意义。纪念严恺院士就是要学习他忠于祖国、忠于人民、忠于水利事业的优秀品质,学习他尊重科学、敢为人先、勇攀高峰的创新精神,学习他襟怀坦荡、淡泊名利、一身正气的崇高风范,学习他严谨治学、崇尚实干、艰苦奋斗的工作作风。面对新时期新任务,我们要更好地继承和发扬严恺院士的爱国思想、奉献精神和科学品质,积极践行可持续发展的治水思路,率先走出一条具有江苏特点的水利现代化道路。李学勇省长指出,河海大学和南京水利科学研究院是国家重点高校和重点科研所,长期以来为江苏也为全国水利事业发展提供了有力支撑,做出了突出贡献。江苏省将按照部省共建的要求,为河海大学和南京水利科学研究院办学和科研提供有力的支持和保障。李学勇省长希望河海大学和南京水科院大力弘扬"献身、求实、负责"的水利精神,认真践行严恺院士提出的"艰苦朴素、实事求是、严格要求、勇于探索"的办学科研理念,为加快推进水利现代化,服务江苏两个率先做出新的更大贡献。

教育部杜占元副部长发表讲话,他说:"我怀着无比崇敬的心情来参加此次座谈会,与大家一起追忆严恺院士为我国水利事业毕生奋斗和杰出贡献的一生,缅怀他严谨治学、大胆创新的学术作风,学习他孜孜以求、诲人不倦的思想精神,感悟他热爱祖国、心系民生的赤诚之心,秉承他宽厚待人、节俭朴素的崇高品格。"杜占元副部长指出,严恺院士是我国著名的水利专家,一生致力于我国大江大河的治理和海岸带的综合开发利用,取得了卓越的科学成就,为河海大学、南京水利科学研究院的发展做出了重要贡献,为我国水利、交通事业做出了巨大贡献。严恺院士学术成果丰厚,荣誉等身,他最为人称道的,不仅是他对于水利科研事业的卓越贡献,更在于他教书育人、为人师表、严谨治学、一身正气的大师风范。杜占元副部长强调,今天,我们在这里隆重纪念严恺院士诞辰100周年,就是要学习他淡泊名利、为人师表、甘为人梯的高风亮节,秉承他严谨的治学作风和优良的师德风尚。

中国工程院樊代明副院长代表中国工程院、代表周济院长表达了对严恺院士的崇敬之情，并赞誉严老"与水为伴，水人交融"，严老一生都在探索水与自然之间的变化规律，将所得知识用于创新人类与水的和睦相处。他说，我们今天纪念严老的根本目的，是因为水是永恒的，水与自然界的变化也是永恒的，人类要生存和发展，要使自己永恒，就要不断地探索人与水之间的变化规律，就得不断地创新人类与水的和睦相处方式，要做好这个工作，就需要像严老这样的人。他说，毛主席说过，人只要有点精神，就是一个高尚的人、纯粹的人、脱离了低级趣味的人，一个有益于人民的人，严老就是这样的一个人。

校友代表、中国水力发电工程学会理事长、原国务院南水北调工程建设委员会办公室张基尧主任深情回顾了在河海大学求学期间在人生起点上所受的严老的影响，指出严恺教授永远是我们学习的楷模、心中的丰碑。我们纪念严恺院士就是要学习他那种爱祖国、爱人民、爱科学的精神，学习他那种严肃认真、一丝不苟的态度，学习他那种求真务实、联系实际的作风，学习他那种崇高奉献、淡泊名利的人格。在纪念严恺院士百年诞辰之际，愿我们全体河海人团结起来，为继承和发扬严恺老校长未尽的事业，为河海大学的发展壮大，为培养出更多的优秀人才，为河海大家庭的血脉传承、誉满五洲而努力！

中国水利学会常务副理事长顾浩深情缅怀了严恺院士为水利事业和科技教育事业发展不懈奋斗、贡献卓越的一生。他说，严恺院士是享誉海内外的水利学家、海岸工程学家，是中国水利学会为人景仰的老领导。先生不仅是一位杰出的科学家、教育家，还是一位有着独特人格魅力的优秀领导者。他曾长期兼任中国水利学会理事长、名誉理事长，中国海洋学会副理事长、名誉理事长，中国大坝委员会主席，联合国教科文组织国际水文计划政府间理事会副主席等职务。他那运筹帷幄的大局观念、鞠躬尽瘁的献身精神、严谨求实的工作态度永远值得我们学习。基于他的杰出贡献，中国水利学会在成立70周年时授予严恺先生功勋奖，在成立80周年时授予先生特殊贡献奖。在先生主持中国水利学会工作期间，学会各方面工作获得了快速发展，规模不断壮大，机构趋于完善，职能更加健全，更广泛地联系水利科技工作者。在他为理事长的团队带领下，学会锐意改革，开拓创新，发挥了学会在振兴中国水利事业中的作用。正是借助这一辈又一辈水利科学家和水利科技工作者们的鼎力支持，学会才能逐渐建设成为水利科技创新的推动者，水利科技普及的主力军，水利科学决策的智囊团。中国水利学会将继续发扬严恺院士等老前辈们身上所闪耀的水利精神，努力倡导优良学风，为广大水利科技工作者提供优质服务，秉承先进的治水理念，坚持实事求是的科学精神，不断为中国水利事业改革发展发挥更大作用。

江苏省水利厅吕振霖厅长在讲话中指出，严恺先生是享誉海内外的杰出水利科学家和教育家，在我国大海大江大河上，都留下了他的足迹，在许多重大水利工程上，都铭刻着他的名字，他培养的一代又一代水利人才，已经成为我国水利战线的骨干力量。1955年，正是全党全国人民集中开展治水患、兴水利的年代，组织决定由严恺先生出任江苏省水利厅厅长。在严老主政江苏水利期间，以其在水利科学上的深厚造诣和极大的工作热情,为江苏水利事业发展做了大量基础性和开创性的工作,为江苏治水事业的发展奠定了重要基础,做出了重要贡献。今天的江苏水利事业,已经进入到现代化建设的新阶段,既面临前所未有的机遇,也面临前所未有的挑战,我们要以严恺先生为榜样,解放思想、开拓创新、尊重科学、求真务实、把握机遇、克难攻坚,不断开创水利改革发展和现代化建设的新局面,为实现两个率先、建设美好江苏而不懈奋斗!

南京水利科学研究院张建云院长深情回顾了严恺院士与南京水利科学研究院半个世纪的情缘,他说,1956 年,作为华东水利学院副院长,严老被中央水利部任命为南京水利实验处处长;南京水利实验处更名为南京水利科学研究所后,严老又是华东水利学院院长和南京水利科学研究所所长;1983 年在河海大学退居二线任名誉校长后,严老一直是南京水利科学研究院的名誉院长。整整半个世纪,与河海大学一样,南京水利科学研究院的一砖一瓦无不凝聚着严老的关爱,一花一木无不凝聚着严老的深情,南京水利科学研究院的进步和发展凝聚着严老的心血与功绩。南京水利科学研究院职工永远不会忘记严院长在南京水利科学研究院发展历程中所发挥的重要作用和历史功勋,永远不会忘记严院长在重大工程技术研究中的严谨求实的学风和突出的学术成就。我们缅怀严恺先生,就是要学习他的爱国情操、崇高品德、高尚风范,使之成为推动我们科研事业发展的重要精神力量。严老在我国水利、水电、水运建设事业上的丰功伟绩人民不会忘记,他在南京水利科学研究院发展中的历史贡献,南京水利科学研究院全体职工不会忘记,严院长永远活在我们的心中!

严老亲属代表——天津化工研究院原副院长、总工严以强在讲话中追思严老自强不息、艰苦奋斗的一生,缅怀他为我国水利事业尤其是水利教育事业立下的不朽贡献,细数了严老惜时如金、廉洁奉公、淡泊名利、严以律己、严谨治学、从不以权威自立的高尚品格。他说,父亲的精神将始终与我们永远同在,父亲为我们留下了一份极其丰富、无价的、难忘的精神财富,无论我们在哪里,无论我们在做什么,我们都将永远铭记。

河海大学校长王乘在讲话中回顾了严老光辉的一生,并指出,我们举行严恺院士诞辰 100 周年纪念活动,就是要学习先生忠于祖国、倾心事业的理想信念;学习先生严以律己,无私奉献的道德高尚;学习先生严谨求实、执著创新的科学精神;学习先生率先垂范、淡泊名利的崇高品格;学习先生为水利科技和教育事业贡献全部心血和智慧的一生。当前,加快水利改革发展,深入贯彻落实科学发展观,积极践行可持续发展治水思路是事关我国社会主义现代化建设全局和中华民族长远发展重大而紧迫的战略任务。河海大学正在以"水利特色、世界一流"作为新时期的发展目标,传承以严恺先生为代表的老一代河海人的坚定信念,发扬新时期水利精神,弘扬优良校风,努力奋进,以实际行动,为培养高层次水利专业人才,为中国水利教育与科技事业,为中华民族的伟大复兴作出新的更大贡献。

河海大学党委书记朱拓主持座谈会,并指出,今天我们隆重纪念严恺院士诞辰 100 周年,追思严恺先生的辉煌业绩,缅怀这位把自己的人生价值、不朽论著写在江河湖海之上、万千桃李心中的水利泰斗、教育先贤,展现了严恺先生卓越的学识和优秀的品格。此时此刻,我们更加怀念严老,更加为自己是水利人而骄傲、自豪。他强调,"艰苦朴素、实事求是、严格要求、勇于探索"是我们共同的努力方向,缅怀严恺先生,学习他严肃的立场、严谨的态度、严密的思维、严实的考量、严明的决策、严格的要求。历史不会忘记今天,今天将汇入历史,我们作为新一代水利人,将在祖国发展的史册上,写下我们的奋斗史、奉献史,写下水利事业腾飞的新篇章。

　　教育部科技司司长王延觉,交通部徐光总工,水利部总规划师周学文,国务院南水北调工程建设委员会办公室总工沈凤生,中国电力建设集团有限公司党委书记晏志勇,中国水利发电工程学会常务副理事长李菊根,华能澜沧江水电有限公司总经理袁湘华,中国交通建设集团有限公司副总裁朱碧新,水利部水资源司司长陈明忠,国科司司长高波,建管司司长孙继昌,防办防汛抗旱督察专员邱瑞田,中国水科院院长匡尚富,长江水利委员会副主任马建华,水利部黄河委员会党组副书记、副主任徐乘,江苏省政府副秘书长杨根平,江苏省教育厅厅长沈健,中国科学院院士邱大洪、王颖、王光谦,中国工程院院士梁应辰、陈厚群、张勇传、郑守仁、吴中如、曹楚生、周丰峻、韩其为、马洪琪、孙伟、雷志栋、钟登华、李建成、王超,严恺先生长子、天津化工研究院原副院长、总工严以强和次子全国人大常委、致公党中央副主席严以新,水利部、教育部、交通部、江苏省、中科院、工程院相关领导,天津大学、武汉大学、四川大学、西南交通大学、大连理工大学、河南大学、台湾大仁科技大学的领导和嘉宾,主办单位河海大学、南京水利科学研究院、江苏省水利厅、中国水利学会的负责同志和老领导,严老弟子和生前好友,严恺工程技术奖获得者代表,学校校友和师生代表也出席了座谈会。

（河海大学宣传部）

纪念篇

领导及代表讲话

在纪念严恺院士诞辰 100 周年
座谈会上的讲话

江苏省省长　李学勇

尊敬的陈雷部长、尊敬的今天到会的全国水利战线的各位领导、各位专家：

今天还来了很多老领导、很多资深的专家教授，我们聚集在这里举行座谈会，纪念严恺院士诞辰 100 周年，缅怀他为中国水利和教育事业建立的光辉业绩，学习他为国家富强、民族振兴不懈奋斗的崇高风尚，这对于我们深入贯彻落实科学发展观，加快水利事业的发展具有十分重要的意义。

首先我代表中共江苏省委、江苏省人民政府对严恺院士的家属表示深切的慰问，对长期以来关心支持江苏发展和水利事业建设的各位领导、各位来宾表示衷心的感谢。

严恺院士是我国水利工程界的泰斗，水利高等教育的大师，他长期生活工作在这里，是河海大学的创始人，并担任过南京水利科学院院长和江苏水利厅厅长，他致力于我国大江大河治理和海岸带综合开发利用，开创了我国淤泥质海岸带研究先河，为建立海岸动力学、海岸动力地貌学打下了坚实基础。在长江、葛洲坝和三峡枢纽工程建设，长江口和太湖流域综合治理，全国海岸带海涂资源综合利用等领域取得了一大批影响深远的学术成就，为江苏也为全国水利建设和教育事业发展做出重大贡献。

严恺院士一生追求真理、造福人民、服务国家，把毕生精力献给了祖国的水利建设和教育事业，他的崇高品格和科学精神永远值得我们纪念和学习。纪念严恺院士，就是要学习他忠于祖国、忠于人民、忠于水利事业的优秀品质，学习他尊重科学、敢为人先、勇攀高峰的创新精神，学习他襟怀坦荡、淡泊名利、一身正气的崇高风范，学习他严谨治学、崇尚实干、艰苦奋斗的工作作风，进一步激发广大水利和教育科技工作者的激励性和创造性，为推动水利改革发展尽职尽责，为加快水利现代化建设共同奋斗。

水利历来是治国安邦的大事，党中央国务院高度重视水利建设，去年，中央颁发了关于加快水利改革发展的一号文件，并召开了全国水利工作会议进行动员部署。胡锦涛总书记、温家宝总理发表了重要讲话，为新时期水利改革发展指明了方向。面对新形势新任务，我们要深入贯彻落实科学发展观，加快水利改革发展的步伐，更好地继承和发扬严恺院士爱国思想、奉献精神和科学品质,积极践行可持续发展的治水思路,更加注重水安全、水资源、水环境统筹,更加注重大中小工程配套,更加注重城乡水利协调,更加注重工程措施和非工程措施的结合,不断提高水利防洪减灾、水资源保障、水环境保护和服务民生的能力,率先走出一条具有江苏特点的水利现代化道路。

河海大学和南京水利科学研究院是国家重点高校和重点科研院所,教学科研实力强,长期以来为江苏也为全国水利事业发展提供了有力支撑,做出了突出贡献。江苏省将按照部省共建的要求,为河海大学和南京水利科学研究院的办学和科研提供有力的支持和保障,希望河海大学和南京水科院大力弘扬"献身、求实、负责"的水利精神,认真践行严恺院士提出的"艰苦朴素、实事求是、严格要求、勇于探索"的办学科研理念,围绕经济社会发展的需求,发挥特色优势,积极推进产学研结合,为加快推进水利现代化,服务江苏两个率先做出新的更大贡献,在此我也祝河海大学和南京水利科学研究院的发展再上新台阶,再创新辉煌!谢谢!

在纪念严恺院士诞辰 100 周年
座谈会上的讲话

教育部副部长　杜占元

尊敬的陈雷部长,各位领导,各位来宾,各位老师、同志们:

大家好! 今年是我国著名水利专家、教育家、中国科学院院士、中国工程院院士严恺先生诞辰 100 周年,我怀着无比崇敬的心情来参加此次座谈会,与大家一起追忆严恺院士为我国水利事业毕生奋斗和做出杰出贡献的一生,缅怀他严谨治学、大胆创新的学术作风,学习他孜孜以求、诲人不倦的思想精神,感悟他热爱祖国、心系民生的赤诚之心,秉承他宽厚待人、节俭朴素的崇高品格。谨此,我代表教育部,诚挚地表达对严恺院士的深切怀念,同时,向长期支持和关心教育事业的各位领导和朋友们表示衷心的感谢!

严恺院士是我国著名的水利专家,一生致力于我国大江大河的治理和海岸带的综合开发利用,开创了我国淤泥质海岸研究事业,为建立海岸动力学、海岸动力地貌学等新学科打下了坚实基础,为河海大学、南京水利科学研究院的发展做出了重要贡献,并在国际学术界享有极高的声誉。严恺院士无惧艰险,一生奔波于祖国水利建设的一线,领导、主持或参与了黄河治理、钱塘江治理、长江葛洲坝及三峡枢纽工程、南水北调工程等一系列国家重点工程项目,取得了卓越的科学成就,为我国水利、交通事业做出了巨大贡献。严恺院士学术成果丰厚,荣誉等身,他最为人称道的,不仅是他对于水利科研事业的卓越贡献,更在于他教书育人、为人师表、严谨治学、一身正气的大师风范。

1952 年,严恺院士从上海到南京受命组建新中国第一所水利高等学校——华东水利学院,并长期担任华东水利学院院长和河海大学名誉校长。他身先士卒、率领全校师生员工平地起家,艰苦创业,历经数十年的努力,把学校办成了一所在国内外具有较大影响的水利特点和优势十分明显的全国重点大学,为国家培养了一大批高层次的专门人才。严恺先生做学问实事求是,勇于探索创新,他的学术研究紧密结合我国国民经济建设的实际需要。他献身教育,淡泊名利,严于律己,不要特殊待遇,不计个人得失,对自己苛严节俭,却毫无保留地把自己的全部传授给年轻人,教导与支持了几代人的发展。严恺院士于 1995 年捐献设立了"严恺教育科技基金",奖励学校教学、学习成绩突出的师生以及全国水利系统的优秀科技人员,之后又多次将稿费、咨询费等投入基金。

作为教育家,严恺先生用一生践行了他在华东水利学院建校 30 周年时提出的十六字校训:艰苦朴素,实事求是,严格要求,勇于探索。

教育是民族振兴、社会进步的基石,是提高国民素质、促进人的全面发展的根本途径,发展教育事业,要坚持育人为本、德育为先。今天,我们在这里隆重纪念严恺院士诞辰 100 周年,就是要学习他淡泊名利、为人师表、甘为人梯的高风亮节,秉承他严谨的治学作风和优良的师德风尚。让我们紧密团结在以胡锦涛总书记为核心的党中央周围,深入贯彻落实教育规划纲要,切实提高我国高等教育质量,提高高校科技创新能力,以更加优异的成绩迎接党的十八大的胜利召开。

谢谢大家!

在纪念严恺院士诞辰 100 周年
座谈会上的讲话

中国工程院副院长　樊代明

各位领导、各位院士、尊敬的严老的亲属、同志们：

首先我代表中国工程院、代表周济院长，对严老表达我们的崇敬之情，对严老的全体亲属表示亲切的问候，为这个纪念会，我们周院长专门写了一份纪念电文，由于时间关系就不全读了。相关人员也为我写好了发言稿，我也不想念，因为这不完全代表我的心情，我想说说我自己想说的话。我今天早上凌晨赶到这里，由于专业关系，我不认识严老，所以来了后我翻看了相关的材料，我个人觉得非常感动，根据刚才大家的发言，我觉得再好再多的词语来追思我们严老的风范都不为过。但是我自己，如果来评价严老，我觉得学历不够、资历不够、能力不足，但是我在想两个问题：一是严老为什么能得到大家的尊重，二是我们究竟学习严老什么东西。这是我从昨晚到现在一直在考虑的问题。人人都有自己的一生，人的一生是三十而立，四十不惑，五十知天命，年过半百能够儿孙满堂，后继有人，这是常人的一生。那对圣人而言，七十三、八十四则是圣人年龄上的最高境界，有一些少数的伟人可以活千岁、万岁，但那是凤毛麟角，真正的一般的大家来说，与世长辞，盖棺定论，我们在百年之后，没有百年。唯有一些人在诞辰百年的时候，我们还会缅怀他，因为人民、或者说后人怀念他、想念他、留恋他，于是纪念他，这是为什么？一个科学家，如果在诞辰一百年的时候，还有人在纪念他，我总觉得这是有他的独到之处，特殊之处。第二个是，向严老学习什么。我们缅怀先人，其实他自己是不知道了，缅怀先人，是为了后人。为了活着的人，我们应该有什么样的风范，应该有什么样的道德，以什么为精神丰碑，以什么来受人尊敬。我觉得是为了这个。我经常看到，有很多英雄人物的事迹，包括报纸，也包括最近宣传很多的科学家和院士，我觉得从科学角度，我们学到的东西，可能和一般的英雄人物应该有区别。有人把院士和科学家，写成什么光明磊落、助人为乐、知足常乐、艰苦奋斗、自强不息、鞠躬尽瘁等，这些很重要，是我们重要的精神，但是我觉得对科学家的宣传和学习，更重要的要学习他们为人类在知识传承创新等方面所起到的重要作用，最近胡锦涛总书记和党中央也在提这个。那是不一样的。一般的英雄人物能成为我们的丰碑，但他们所做的，我想科学家只要愿意，只要有时间去学，去做，我想应该不是难事，但是科学家对人类的贡献，那不是一般人想做就能随便做，就能做到的，所以我觉得我们的媒体应该更多的从这些方面去总结去提高。我们严老，究竟做了什么，我看了看报纸等资料。我觉得，严老是不是可以说，与水为伴，水人交融，他一辈子与水为伴，我想他对水是刻骨铭心的，这种爱，是一种人水交融。总结严老的一生，我觉得他做的事就是，一生在探索水与自然之间的变化规律，于是，得到的知识用于创新人类与水的和睦相处。我个人觉得就是这两点，不一定对。有了规律就可以指导我们的行动，而我们和水，说是治水，但治水到一定时候就是另外一种情况了，他倡导的治水是一种人与水的和睦相处。

人类是跟着水走的，人类发展的历史是跟着水走的历史，哪里有水，哪里就有人类的活动，水用完了，没水了，污染水了，就走，哪里有清水就去，所以说水是双刃剑，养人也害人，害人就成了洪水猛兽了。所以，科学家要知道水什么时候养人，什么时候害人。所以我们今天在此，我们缅怀严老，因为水是永恒的，水与自然界的变化也是永恒的，人类要生存和发展，要使自己永恒，就要不断地探索人与水之间的变化规律，就得不断地创新人类与水的和睦相处，要管好这个工作，一般人是做不到的，需要科学家，需要像严老这样的人，这个是我们今天纪念严老的根本目的。一个人能力有大小，毛主席说过，人只要有点精神，就是一个高尚的人、纯粹的人，一个脱离了低级趣味的人，一个有益于人民的人，我觉得严老就是这样的一个人。

在纪念严恺院士诞辰 100 周年
座谈会上的讲话

中国水力发电工程学会理事长　张基尧

尊敬的各位领导、各位院士、各位嘉宾、同志们：

今天，河海大学隆重聚会，纪念华东水利学院的主要创始人、著名的教育家，中国科学院、中国工程院两院院士、新中国水利及港口工程的先驱严恺校长诞辰 100 周年并为其铜像揭幕。这对传承优良传统、弘扬河海学风、凝聚河海学子共创河海未来，教育广大河海学生务实创新敢担当、尊重科学讲贡献具有重大意义。我真诚感谢母校邀请我参加这次集会，共同见证这一历史时刻。

严恺教授是享誉海内外著名的教育家。毕生致力于我国大江大河治理和海岸带的综合开发利用。他凭借满腔的爱国热情和振兴中华民族的心愿从海外学成回国，又以他的真诚和学识凝聚了一大批国内外知名专家学者筹建华东水利学院，并将其发展为全国唯一以水利为中心的高等学府。几十年来严恺教授着力师资、校风、校址建设，既领导规划全校的各项工作，又深入校园、课堂，教书育人，既主持水利、海岸等涉及国计民生的重大科研，又具体指导一个又一个工程建设，他的足迹遍布大江南北，长城内外，他的学识和人格受到国内外的广泛赞誉。

我就读于华东水利学院，正值国家三年困难时期刚刚过去，教育在经济恢复中艰难前行。面对困难和压力，严恺校长提出"艰苦朴素、实事求是、严格要求、勇于探索"的十六字校训，坚持质量第一，全面发展，既教书又育人，不断完善学校管理体系和规章制度。教育引导我们爱祖国、爱人民、爱科学、勤奋学习，增长为国家服务的本领；安排我们深入工地接近工农，加深与劳动群众的感情；要求我们深入实践培养理论与实践结合的能力；开展多种讲座、活动，让我们有更多的机会接触社会了解人生，学会分析判断问题的方式方法。在严恺教授创造并坚持的"严"字当头，求真务实的学风下，一代一代河海学子走出校门，融入社会，为祖国人民做出了贡献，但学校的学习生活无疑是我们人生的起点，老师们的谆谆教导是我们人生的坐标，严恺教授永远是我们学习的楷模、心中的丰碑。

我们纪念严恺教授，就是要学习他那种爱祖国、爱人民、爱科学的精神。任何时候都置国家和人民的利益高于一切，即使有前进中的困难、工作中的挫折，坚信社会要发展,国家要强盛,人民要幸福。

我们纪念严恺教授,就是要学习他那种严肃认真,一丝不苟的态度。科学的道路上来不得半点虚假和浮躁,只有脚踏实地,埋头苦干,摒弃私念,勇敢攀登的人才有可能攀上科学的高峰,为人类做出更大的贡献。

我们纪念严恺教授,就是要学习他那种求真务实,联系实际的作风。要使理论与实践相结合,在实践中得到验证和完善并用于指导实践,就必须深入基层尊重工农,勇于探索,敢于创新,只有能承受成功及失败的压力,经历身体和精神的煎熬,忍受寂寞而坚持到底的人才可能学有所成,体现人生价值。

我们纪念严恺教授,就是要学习他那种崇高奉献、淡泊名利的人格。教授一生名声显赫,研究规划成果丰硕,但仍平易近人,谦虚包容。在当今社会浮躁、利欲横流之际尤显可贵可敬。作为河海人应以教授品格为鉴,不耻于浮躁、虚伪、奢华,修身养性,洁身自好,以此影响更多的朋友和同仁,为营造严谨、求实、创新、清正的河海学风作出努力。

在纪念严恺教授百年诞辰之际,愿我们全体河海人团结起来,为继承和发扬严恺老校长未尽的事业,为河海大学的发展壮大,并培养出更多的优秀人才,为河海大家庭的血脉传承、誉满五洲而努力!

在纪念严恺院士诞辰 100 周年
座谈会上的讲话

中国水利学会常务副理事长 顾 浩

尊敬的各位领导,各位专家,各位来宾:

大家好!

严恺院士是享誉国内外的水利学家、海岸工程学家,是中国水利学会为人景仰的老领导。在他诞辰 100 周年的日子,我们深切缅怀他为水利事业和科技教育事业发展不懈奋斗、贡献卓越的一生。我谨代表中国水利学会向严恺先生表示崇高的敬意和最深切的怀念,向工作在国家水利建设、管理和科技、教育事业上的同仁们表示最诚挚的问候。

严恺院士长期不懈地为中国水利建设事业和教育事业倾注了毕生心血。他在内忧外患的年代海外学成归来,一直致力于我国大江大河的治理和海岸带的资源综合开发利用,主持和参与了黄河治理、钱塘江治理、天津塘沽新港回淤工程、淮河治理、长江口及太湖治理、长江葛洲坝及三峡枢纽工程、珠江三角洲治理、全国海岸带资源综合调查以及连云港、长江口深水航道、南水北调等一系列关乎国计民生的重大工程建设。同时,在他秉持的"艰苦朴素、实事求是、严格要求、勇于探索"的教育思想指引下,培养造就了一大批高级水利科技人才。

先生不仅是一位杰出的科学家、教育家,还是一位有着独特人格魅力的优秀领导者。他受命组建了河海大学的前身——华东水利学院,并长期担任主要领导,他还曾长期担任南京水利科学研究院院长,兼任中国水利学会理事长、名誉理事长,中国海洋学会副理事长、名誉理事长,中国大坝委员会主席,联合国教科文组织国际水文计划政府间理事会副主席等职务。他那运筹帷幄的大局观念、鞠躬尽瘁的献身精神、严谨求实的工作态度永远值得我们学习。基于他的的杰出贡献,中国水利学会在成立 70 周年时授予严恺先生功勋奖,在成立 80 周年时授予先生特殊贡献奖。

在先生主持中国水利学会工作期间,学会各方面工作获得了快速发展。在严恺担任理事长的第三届理事会的带领下,学会有了很大发展,全国各省、自治区、直辖市水利学会都召开会员代表大会,健全了机构,增强了凝聚力,在理事中增补了中青年科技人员。会员大幅增加并开始发展团体会员,中国水利学会专业委员会由 7 个发展到 14

个。学术交流和各种培训活动十分活跃。全国会员人数发展到近 3 万人。先生连任第四届理事长后,地方水利学会建立了各级学术机构和工作机构,全国会员人数又增加逾万人并开始吸收外籍通讯会员,根据水利蓬勃发展的需要,专业委员会增加到 21 个。学会工作机构在原有的科技咨询工作委员会、科普工作委员会、《水利学报》编委会外,又成立了国际合作交流工作委员会、水利优秀学生奖学基金委员会。学会的规模不断壮大,机构趋于完善,职能更加健全,更广泛地联系水利科技工作者。

2011 年,中国水利学会隆重召开了成立 80 周年纪念大会,这是一次继往开来的盛会。我们一道回顾了中国水利学会的发展历程和取得的光辉业绩,深切缅怀老一辈水利科技工作者的杰出功勋。严恺院士就是最杰出的代表之一,在他为理事长的团队带领下,学会锐意改革,开拓创新,发挥学会在振兴中国水利事业中的作用。正是借助这一辈又一辈水利科学家和水利科技工作者们的鼎力支持,学会才能逐渐建设成为水利科技创新的推动者,水利科技普及的主力军,水利科学决策的智囊团。当前,中国水利正在经历面向现代化的跨越式发展。中国水利学会将继续发扬严恺院士等老前辈们身上所闪耀的水利精神,努力倡导优良学风,为广大水利科技工作者提供优质服务,秉承先进的治水理念,坚持实事求是的科学精神,不断为中国水利事业改革发展发挥更大作用。今天,我们在此追思先生的一生,他的业绩和风范永远铭记在我们心中,将激励我们不断努力,为开创现代水利、可持续发展水利的新局面,作出更大的贡献。

谢谢大家!

在纪念严恺院士诞辰 100 周年
座谈会上的讲话

江苏省水利厅厅长　吕振霖

尊敬的陈雷部长,尊敬的李学勇省长,

尊敬的严恺先生的亲属,尊敬的各位领导、各位专家和同仁:

今天,我们怀着无比崇敬的心情在这里隆重聚会,共同纪念和追思我国水利史上的一代宗师严恺先生诞辰 100 周年,追思他追求知识、追求科学的探索精神,追思他严谨、认真、执著、负责的科学品质,追思他对中国水利事业的重大贡献!

严恺先生是享誉海内外的杰出水利科学家和教育家,我国大海大江大河上留下了他的足迹,许多重大水利工程上铭刻着他的名字,他培养的一代又一代水利人才,已经成为我国水利战线上的骨干力量。

60 年前,严恺先生受命来到南京筹建华东水利学院。刚刚步入不惑之年的他,不负使命,艰苦创业,他出色的学术知识和组织能力,得到各方面的充分肯定。1955 年,正是全党全国人民集中开展治水患、兴水利的年代,组织决定由严恺先生出任江苏省水利厅厅长。在严恺先生主政江苏水利期间,以其在水利科学上的深厚造诣和极大的工作热情,为江苏水利事业发展做了大量基础性和开创性的工作。他率领水利科技人员深入一线调查研究、考察论证,对长江、淮河下游治理、太湖和沿海水利规划建设提出了一系列重大设想和治水决策建议,为江苏治水事业的发展奠定了重要基础,做出了重要贡献! 他是一位科学家,也是一位实干家,他对知识的虔诚,对事业的执著,对社会的奉献,做人的品质,永远都是我们学习的楷模。

尽管严恺先生后来专注于水利教育和科研事业,但他仍然始终关注和支持江苏水利事业的发展,他不仅身体力行,组织水利专家教授,帮助解决江苏水利发展中的许多重大课题,而且为江苏输送了一批又一批优秀水利人才,尤其是他所倡导的"艰苦朴素、实事求是、严格要求、勇于探索"的工作精神和作风,影响和激励着一代又一代江苏水利人。

今天的江苏水利事业,已经进入到现代化建设的新阶段,特别是江苏的工业化、城市化、农业现代化发展,对加强水利基础支撑和保障能力建设提出了新的要求,发展安全水利、资源水利、环境水利、民生水利,江苏水利既面临着前所未有的机遇,也面临着许多新的挑战。我们纪念严恺先生，就是要以严恺先生为榜样，解放思想、开拓创新、尊重科学、求实奋进、把握机遇、克难攻坚，不断开创水利改革发展和现代化建设的新局面，为实现江苏两个率先、建设美好明天而不懈奋斗！

严恺先生的学术思想和科学精神永垂不朽！

谢谢大家！

在纪念严恺院士诞辰 100 周年
座谈会上的讲话

南京水利科学研究院院长　张建云

尊敬的陈雷部长,尊敬的李学勇省长,

尊敬的严老的各位亲属,尊敬的各位领导、各位嘉宾:

大家上午好!

严院长离开我们已经 6 年,今天是严老的百年诞辰。刚才,在严老亲手创建的我院铁心桥水科学实验基地,我们隆重举行了严恺先生铜像揭幕仪式,以表达南京水利科学研究院全院职工对严老的爱戴和敬意。现在,我们又怀着无比崇敬的心情参加严老百年诞辰纪念座谈会,共同缅怀严老为中国水利事业毕生奋斗、做出杰出贡献的一生,感悟严老赤诚的爱国之心和为人为学的崇高精神。

1956 年,作为华东水利学院副院长,严老被中央水利部任命为南京水利实验处处长;南京水利实验处更名为南京水利科学研究所后,严老又是华东水利学院院长和南京水利科学研究所所长;1983 年在河海大学退居二线任名誉校长后,严老一直是南京水利科学研究院的名誉院长。整整半个世纪,与河海大学一样,南京水利科学研究院的一砖一瓦无不凝聚着严老的关爱,南京水利科学研究院的一花一木无不凝聚着严老的深情,南京水利科学研究院的进步和发展凝聚着严老的心血与功绩。

南京水利科学研究院职工永远不会忘记严院长在南京水利科学研究院发展历程中所发挥的重要作用和历史功勋。严院长到任的第一年就制订了《1956 年至 1967 年科学研究工作远景规划》,他主持确定了南京水利实验处的科研定位,明确了全处 11 个研究方向,要求将淤泥质海岸建港研究、河口淤积及整治研究等 4 个专题研究建成国家研究中心,并要求在通航水力学等 3 个学科专题研究上形成自己的特色,显示了严院长高瞻远瞩的发展眼光和领导水平。严院长上任的第二年,一次性征地 116.5 亩,实现了实验场地由广州路向虎踞关为主的转移。1983 年,在改革开放新形势下,为谋求南京水利科学研究院的新发展,严院长高瞻远瞩,以战略家的发展眼光,力排众议,英明地决定在南京郊区铁心桥征地 266 亩,建设了大型水利科学实验基地,实现了大型实验场地从城内向城外为主的转移,为南京水利科学研究院的长期可持续发展奠定了坚实的基础。

南京水利科学研究院职工永远不会忘记严院长在重大工程技术研究中的严谨求实

的学风和突出的学术成就。严老是水利工程和海岸工程领域国际著名专家,他先后主持或参与了黄河治理、钱塘江治理、塘沽天津新港回淤工程、淮河治理、长江口及太湖治理、长江葛洲坝及三峡枢纽工程、珠江三角洲治理、全国海岸带资源综合调查以及连云港、长江口深水航道、南水北调工程等重大工程建设项目。学术成果丰厚,在海内外享有盛誉,为中国的水利建设事业做出了重大贡献。

我们缅怀严恺先生,就是要学习他的爱国情操、崇高品德、高尚风范,使之成为推动我们科研事业发展的重要精神力量。严院长在我国水利、水电、水运建设事业上的丰功伟绩人民不会忘记,他在南京水利科学研究院发展中的历史贡献,南京水利科学研究院全体职工永远不会忘记,严院长永远活在我们的心中!

谢谢大家!

在纪念严恺院士诞辰 100 周年
座谈会上的讲话

河海大学校长　王　乘

尊敬的陈部长、尊敬的李省长、尊敬的各位领导、各位来宾、老师们、同学们：

大家好！

今天，我们怀着十分崇敬的心情，在此纪念严恺院士诞辰 100 周年。首先，我代表河海大学，向参加今天纪念活动的各位领导、院士、水利界的前辈、同行及各界来宾、朋友们，表示诚挚欢迎和衷心感谢！

严恺院士是中国共产党的优秀党员，九三学社优秀社员，中国知识界的杰出代表，享誉海内外的水利和海岸工程专家，新中国第一所水利高等学府——华东水利学院的主要创办者；严恺先生，1912 年 8 月生，福建闽侯人；1933 年毕业于交通大学唐山工学院；1935 年赴荷兰德尔夫特大学攻读土木水利专业，1938 年获工程师学位。在学成之时，正值日本帝国主义侵略中国的危难之际，他毅然辗转万里回到祖国，与广大仁人志士共赴国难。1940 年受聘担任中央大学水利工程系教授，开始了他 66 载的教育生涯。

严恺先生是新中国水利教育和科技事业的重要开拓者和奠基人。清凉山下，他身先士卒，率领师生员工平地起家，艰苦创业，开创了新中国水利教育事业的新局面，曾经担任华东水利学院建校委员会副主任、华东水利学院院长、华东水利学院名誉院长、河海大学名誉校长、中国科学院首批学部委员（院士）、墨西哥科学院外籍院士、中国工程院院士等，深受全校师生与水利同行的敬慕与爱戴。

严恺先生曾经担任塘沽新港建港委员会委员、长江葛洲坝水利工程技术委员会顾问、全国海岸带和海涂资源综合调查领导小组成员兼技术指导组组长、三峡工程论证领导小组泥沙专家组顾问和生态环境专家组副组长、三峡工程开发总公司技术委员会顾问、江苏省水利厅厅长、水利部交通部南京水利科学研究所所长、中国科学技术协会全国委员会委员、南京水文研究所所长等重要职务。严恺先生是海内外享有崇高声誉的水利和海岸工程技术专家，他主持解决了一系列重大水利科技和建设难题，其中，在天津新港修复和扩建工作中，开创了我国淤泥质海岸研究事业，为建立海岸动力学、海岸动力地貌学新学科打下了基础；在三峡工程论证与建设过程中，发挥了举足轻重的作用，为党中央、国务院、全国人大的宏观决策提供科学依据；在负责指导全国海岸带资源综合调查研究工作，主编完成《中国海岸带和海涂资源综合调查报告》，为我国海岸带资源的开发利用提供了科学依据。鉴于先生在技术领域做出的突出贡献，他先后获国家科技进步一等奖、国际水利研究协会荣誉会员、中国工程院首届中国工程科技奖、何梁何利基金技术科学奖和中国水利学会功勋奖、交通部"长江口深水航道治理工程建设杰出人物"、"江苏省 10 大杰出科技人物"、"50 位新中国成立以来感动江苏人物"和"20 名新中国成立 60 年江苏教育最有影响力人物"等崇高荣誉。

严恺先生是卓越的学术活动家，他对科学的严谨态度和对事业的执著精神得到了国内外同行的广泛尊重。1973 年，严恺先生作为团长，率领新中国成立后的第一个水利考察团成功访美，几十年间，他的足迹遍布五大洲。他曾先后当选为中国水利学会理事长、中国海洋学会副理事长、中国海洋工程学会理事长、国际大坝会议中国委员会主席、联合国教科文组织国际水文计划政府间理事会副主席兼中国委员会主席，为水利与海岸工程学科发展做出了重大贡献。为彰显他的杰出成就，荷兰政府将 1986 年建成的举世闻名的东斯赫尔特防风暴潮大闸的巨型闸墩之一以他的名字命名。

各位领导、各位来宾，老师们，同学们！

今天，我们在这里举行严恺院士诞辰 100 周年纪念活动，就是要学习先生忠于祖国、倾心事业的理想信念；学习先生严以律己，无私奉献的道德风尚；学习先生严谨求实、执著创新的科学精神；学习先生率先垂范、淡泊名利的崇高品格；学习先生为水利科技和教育事业贡献全部心血和智慧的一生。

当前，加快水利改革发展，深入贯彻落实科学发展观，积极践行可持续发展治水思路是事关我国社会主义现代化建设全局和中华民族长远发展重大而紧迫的战略任务。河海大学正在以"水利特色、世界一流"作为新时期的发展目标，传承以严恺先生为代表的老一代河海人的坚定信念，发扬新时期水利精神，弘扬优良校风，努力奋进，以实际行动，为培养高层次水利专业人才，为中国水利教育与科技事业，为中华民族的伟大复兴做出新的更大贡献。

谢谢大家！

在纪念严恺院士诞辰 100 周年
座谈会上的讲话

严恺院士长子　严以强

尊敬的陈部长、李省长,尊敬的各位领导、各位来宾:

首先请允许我代表出席今天纪念活动的亲属向参加我父亲严恺先生诞辰 100 周年纪念活动的各位领导和来宾表示最衷心的感谢!

刚刚我们参加了在南京水利科学研究院举行的父亲塑像揭牌仪式,站在他的半身铜像前,追思他自强不息、艰苦奋斗的一生,缅怀他为我国水利事业尤其是水利教育事业立下的不朽贡献。爸爸离开我们已经 6 年多了,此情此景,追忆父亲光辉的一生,不由得心潮澎湃。100 年前的今天,父亲出生在天津,1938 年父亲从荷兰学成后回到祖国,从此,父亲与祖国的江河结下了不解之缘。父亲曾说过,我的前半辈子生活在内忧外患、贫穷落后的旧中国,一心想振兴中华,报效祖国,但有志难展。新中国成立了,旭日东升,无限光明,夙愿得偿。1952 年,他受命从上海交大到南京,组建新中国第一所水利高校——华东水利学院,父亲在华东水利学院建校 30 周年之际,曾提出了十六字的校训——"艰苦朴素、实事求是、严格要求、勇于探索"。这是他几十年治学经验的总结,是他一生的座右铭,也是他一生经历的写照。全国政协副主席钱正英曾赞扬父亲一生都在身体力行地实践这十六个字,父亲一丝不苟地求学问、一丝不苟地工作、一丝不苟地做人,几十年如一日。不仅为河海大学,也为中国的水利界树立了一个光辉的榜样。

我们和父亲常年生活在一起,他对衣食住行从来没有特别的要求,惜时如金,廉洁奉公,最反感迎来送往的客套形式和大吃大喝的公款应酬,为此落下一个爱吃面条的名声,其实他最不爱吃面条。就在他最后住工人医院期间,清醒时还问"党费交了吗? 这次医疗费花了多少钱,我岁数太大了,不要再治疗了,不要再浪费医药费了"。穿的方面,父亲十分朴素,只有几套衣服,有的穿了几十年还一直穿。他只喜欢干净。出国给他的置装费,他很少花,很少用。父亲一生淡泊名利,我记得 1992 年,他组织带领了许多人,参加一个项目,叫全国海岸带和海涂资源综合调查,曾经获得国家科技进步一等奖,奖金是我到北京西路邮局去取的,那时北京寄来的奖金不到 40 块,大概 30 多块,他也交给了我。父亲在美国讲过一次课,大概是关于葛洲坝,讲课费大约 800 美金,回来就交给了水利部。生活简朴的父亲在工作中却兢兢业业,严以律己。父亲严肃认真的治学和研究态度,值得我们敬重。据学校外事办公室讲,十几年前给父亲打印的外文稿件从来没有发现过一处错误,包括标点符号都没有错。父亲一生严谨、思维清晰,却从不以权威自立,从不擅自发表观点,最痛恨那些有了一点成绩便信口开河,不懂装懂,以为自己是无所不知的完人。当他还在进行科研的时候,他从不对自己研究领域外的事情发表意见,晚年,他觉得自己消息来源不是很丰富,思维也大不如前,就连水利领域内的问题,也不再轻易开口,经常说,没有调查就没有发言权,并再三嘱咐我们,对此类来人,一律婉拒。父亲1995年捐款设立了严恺教育科学基金,以后又多次将稿费、咨询费和出差补助费投入基金,他在遗嘱中又交代,从他积蓄中拿出20万元,再投入到严恺教育科技基金中,我们整理老人留下的书稿时,发现多张资助失学贫困孩子的汇款证明,父亲还经常与资助儿童通信,鼓励他们好好学习,报效祖国。父亲生前有块老怀表,一直伴随他60多年,怀表在2006年5月7日停止了转动。他离开了我们,但他的精神却始终与我们同在,父亲为我们留下了一份极其丰富的、无价的、难忘的精神财富,无论我们在哪里,无论我们在做什么,我们都将永远铭记,再次谢谢大家!

在纪念严恺院士诞辰 100 周年
座谈会上的主持词

河海大学党委书记　朱　拓

尊敬的各位领导、专家,老师们,同学们:

时逢我国著名的水利专家、教育家严恺先生诞辰 100 周年之际,我们在这里隆重集会,深切缅怀严恺先生的光辉业绩,这是全国水利界的盛事,具有重要意义。

现在,请允许我介绍今天到会的领导和来宾,他们是:水利部陈雷部长;江苏省政府李学勇省长;江苏省政协张连珍主席;教育部杜占元副部长;中国工程院樊代明副院长;江苏省政府徐鸣副省长;江苏省政府曹卫星副省长;水利部胡四一副部长;国务院三峡工程建设委员会副主任、中国长江三峡集团公司董事长、党组书记曹广晶;中国大坝协会理事长、中国长江三峡工程开发总公司原总经理陆佑楣;中国水力发电工程学会理事长、国务院南水北调工程建设委员会办公室原主任张基尧;中国节水协会理事长、水利部原副部长翟浩辉;全国人大常委、水利部原副部长、民盟中央副主席索丽生;清华大学党委书记胡和平;江苏省政协副主席、南京市政府副市长、九三学社江苏省主委许仲梓;教育部科技司司长王延觉;交通部总工徐光;水利部总规划司兼规划计划司司长周学文;国务院南水北调工程建设委员会办公室总工沈凤生;中国电力建设集团有限公司党委书记晏志勇;中国水利发电工程学会常务副理事长李菊根;华能澜沧江水电有限公司总经理袁湘华;中国交通建设集团有限公司副总裁朱碧新;水利部水资源司司长陈明忠;水利部国科司司长高波;水利部建管司司长孙继昌;水利部防办防汛抗旱督察专员邱瑞田;中国水科院院长匡尚富;长江水利委员会副主任马建华;水利部黄河委员会党组副书记、副主任徐乘;江苏省政府副秘书长杨根平;江苏省教育厅厅长沈健。

热烈地欢迎你们!

出席纪念大会的还有中国科学院院士:邱大洪、王颖、王光谦;中国工程院院士:梁应辰、陈厚群、张勇传、郑守仁、吴中如、曹楚生、周丰峻、韩其为、马洪琪、孙伟、雷志栋、钟登华、李建成、王超。

同时,出席纪念大会的还有:严恺先生的家属,长子天津化工研究院原副院长、总工严以强,次子全国人大常委、致公党中央副主席严以新等;水利部、教育部、交通部、江苏省、中科院、工程院相关领导;天津大学、武汉大学、四川大学、西南交大、大连理工、河南大学、台湾大仁科技大学的领导；主办单位河海大学、南京水利科学研究院、江苏省水利厅、中国水利学会的负责同志和老领导；严老弟子和生前好友；严恺工程技术奖获得者代表；学校校友和师生代表。

让我们以热烈的掌声对大家的到来表示诚挚的欢迎和衷心的感谢！

国务委员刘延东同志为此次纪念活动特别来函，全文如下：

严恺先生是我国著名的水利专家、教育家，终生致力于我国大江大河的治理和海岸带的综合开发利用，培养了大批水利科技人才，为河海大学的建立与发展做出了重要贡献，把毕生精力献给了祖国的水利事业和教育事业。先生一生执著追求，治学严谨，他的人生经历本身就是一部生动形象的教科书。希望学校以先生百年诞辰为契机，秉承先生亲拟并躬身实践的"艰苦朴素，实事求是，严格要求，勇于探索"十六字校训，激励广大河海学子弘扬前辈优良传统，立志献身祖国水利事业，为实现社会主义现代化和中华民族伟大复兴贡献力量。刘延东，二○一二年七月。

钱正英副主席一直关心和支持这次纪念活动，她表达了不能亲临会场的遗憾，为本次活动题词"一代宗师"，并对我们提出了"保持严恺传统"的要求。全国人大副委员长、九三学社中央主席韩启德同志题词"追颂师泽，固本荣枝"。全国人大副委员长陈至立同志题词"育人师表典范，治水功德无量"。中国科学院院长白春礼、中国工程院院长周济、中国长江三峡工程开发总公司原总经理陆佑楣、中国科学院科学技术部主任顾秉林专门为纪念活动题词来信，这些题词来信已收录于纪念画册，我们将积极组织学习，认真领会贯彻，同时向各位领导对本次活动的重视与关心表示衷心的感谢。

现在，纪念大会正式开始。

首先，请河海大学王乘校长讲话。

谢谢王校长。

下面请南科院张建云院长讲话，大家欢迎。

谢谢张院长。

现在请江苏省水利厅吕振霖厅长讲话，大家欢迎。

谢谢吕厅长。

现在请中国水利学会常务副理事长顾浩讲话，大家欢迎。

谢谢顾理事长。

现在请校友代表——原国务院南水北调工程建设委员会办公室张基尧主任讲话，大家欢迎。

谢谢张主任。

现在请严老亲属代表天津化工研究院原副院长、总工严以强同志讲话，大家欢迎。

谢谢严院长。

现在请中国工程院樊代明副院长讲话，大家欢迎。

谢谢樊院长。

现在请教育部杜占元副部长讲话，大家欢迎。

谢谢杜部长。

现在,让我们以热烈的掌声欢迎江苏省李学勇省长讲话。

谢谢李省长。

最后,让我们以热烈的掌声欢迎水利部陈雷部长讲话。

谢谢陈部长。

刚才,各位领导、专家都从不同的角度介绍和评价了严恺先生的辉煌业绩,缅怀这位把自己的人生价值、不朽论著写在江河湖海之上、万千桃李心中的水利泰斗、教育先贤,展示了严恺先生卓越的学识和优秀的品格,再次感谢各位领导和专家。此时此刻,我们更加怀念严老,更加为自己是水利人而骄傲、自豪。

"艰苦朴素,实事求是,严格要求,勇于探索"是我们共同的努力方向,缅怀严恺先生,学习他严肃的立场、严谨的态度、严密的思维、严实的考量、严明的决策、严格的要求。历史不会忘记今天,今天将汇入历史,我们作为新一代水利人,将在祖国发展的史册上,写下我们的奋斗史、奉献史,写下水利事业腾飞的新篇章!

纪念大会到此结束,谢谢大家。

师泽追忆

学术哲人论证导师
——纪念严恺先生百岁诞辰

中国工程院院士　陈吉余

　　今天是我国水利工程一代宗师严恺院士诞辰100岁生辰纪念的日子,我们以崇敬的心情致以至诚的敬礼,缅怀先生的教导,受益于一生。

　　我虽没有作为先生课堂教学的学生,却是先生一名及门弟子。在1999年的冬天,我以将近耄耋之年的老学生,前往先生的居室,向他恭恭敬敬地鞠了三鞠躬,行了拜师礼,先生含笑地收下我这个老学生。

　　为什么我要在随同先生一道从事河口海岸研究工作的40年之后来行这个拜师礼呢?这就要从我的学术成长过程说起。我是浙江大学史地系毕业,获得的学位是文学士。我从事的专业、所教的科目是地貌学,是理学课程。一生从事的科研工作是河口海岸学,实际接触的多与工程有密切联系,是一门应用基础的科学,解决了一些工程实际问题,取得了一些成果。这是多少年来,在具体研究的实际应用中所取得的。而实际锻炼又与严恺先生多年的熏陶和指导分不开。饮水思源,所以我要拜先生为老师。

　　中国河口和海岸研究之始,先生都是前辈。1957年中国河口学报告会在南京召开。先生是这个报告会领导组的组长,中国科学院郭敬晖为副组长,施成熙、吴泳如和我等为组员,萨莫依洛夫是苏联河口学专家。1958年天津新港回淤邀请了苏联专家组,中国专家组组长是严恺先生,我也作为一名组员参加工作。此后跟着先生研究论证于中国各个河口,18 000公里的中国海岸线上,前后40余年。这40余年是我研究中国河口海岸的主要工作年份,也是跟随先生学习的40多个年头。

　　先生对于研究论证工作,首在于抓住纲领,然后就是纲举目张。塘沽新港回淤非常严重。1958年新港港口全年吞吐400万吨,而全年疏浚土方也是400万吨。先生担任中国专家组组长与苏联专家组讨论,首抓泥沙来源问题。根据这个主题,布置了潮汐流场的泥沙运动,波浪设站观测,海岸动力地貌调查研究。我所在的单位华东师大承担了渤海湾南段黄河口至海河口调查研究工作。长江口1959年成立河口研究专家组,推举先生为组长,先生到来之前,讨论了河口研究工作,范围甚为广阔。1963年先生到会,以长江口研究为重点进行指导性讲话,明确了"长江口研究从江阴以下着眼,河口拦门沙着手",既抓住了全局又抓住了重点,为长江河口研究定了基调。由于徐六泾节点的形成,20世纪70年代以后,长江口研究着眼点也就下移至徐六泾了。

先生对于工程问题讨论都是发挥专家们的才智,充分讨论,也是一种科学民主风格,从来不以一己之见表述。遇到问题,先生总是冷静听取大家意见。有时争论激烈,面红耳赤,议论纷纷。大家总是围绕中心问题,各抒己见,或则意见渐趋一致,或则显见矛盾焦点。先生最后总结,集中集体智慧,对于矛盾之处,常见先生独具慧眼,提出问题所在,如此解决之道,总是令大家信服。

先生有时采用解决问题之道,摆出不同观点,让大家讨论然后取得共识。20世纪90年代,一次为着港口选址有关问题,意见不能集中。在会场,由两位不同意见代表各自说出自己的见解,然后由大家论证,一位是薛鸿超教授,一位是我。两人各站一方,在各自论述后,听取讨论,而后由先生作最后结论。结论总是展现先生的睿智,令人信服。

在关于钱塘江海塘多年失修,需要中央投资,尽快修复,以保太湖流域之安全的问题上,浙江邀请了专家,集中讨论。其时,水利部领导也莅临浙江。钱正英政协副主席到会,严恺校长主持。先生指令我退出会场,进行准备,代表专家组向领导汇报,这是先生又一次对我的锻炼。

此后,有关福建、广东海港建设,先生也多次给我工程建设知识锻炼的机会,使我在宏观上对于海岸工程多方面的认识获得了运用的机会,使我对河口海岸科学在理论研究和工程实践相结合方面取得了一定的进展。

河口海岸学得先生的支持,而今得到了发展,不忘先生的恩泽。

长江河口的治理,从20世纪50年代起,经过技术资料收集、三沙治理、河口深水航道治理,确定了"限流、挡沙、减淤"双导堤治理原则。而今12.5 m航道开通,并且向上游延伸。在这项工程技术指导上,先生是第一人。

全国海岸带调查,先生受命为领导组成员,技术顾问组组长。以70岁高龄,对全国海岸自北向南,跑了全片,认真调查研究。对技术组工作认真负责,技术督导,严格要求,沿海各省综合报告、调查图集、资料汇编,按国家规范全面审查验收。我记得在上海市调查审查时,先生就曾提出报告中提出的"经济密度"一词是一个新的概念,可见先生审阅的细微认真,为验收工作做出榜样。

先生为人自律严谨,工作过程中,常见地区或责任部门每于工作过程中,设宴招待。常见杯盘齐集,座已客满,唯独作为主客的先生不见其人。他只是1碗清面,或是一般工作餐而已。先生从不饮酒,只有一次例外,那就是长江口深水航道项目得到中央领导部门认可之日。共同庆祝之时,先生破例举杯,感慨于40年研究长江口,整治拦门沙,建设深水航道指日可待了,满饮此杯,以此为庆,与研究者同乐。

40年伴随先生调查研究、项目论证,工作中所受教益,讨论中所受启发,诚然为学术进程,非以师名为师,必然拜先生为师。这是40年实践使然。韩愈《师说》有云:"师者,所以传道授业解惑也。"其实,这只是课堂教学,授业,遇到问题向老师请教,传道当然是夫子的忠恕之道,为人之道,也应是老师应做的为人师表,这也是教育的重要一环。

然而学术的成长除了课堂教学之外，还有一个在实践过程中具体研究论证的过程，如何从宏观到微观，从全局到局部，问题认识的程序，思维的启发，真实的历练，这是一个非常重要的教学过程，但它并非以教育方式而存在。我们应该把它看作是一个教育过程，所以孔子曰：三人行，必有我师。学是无止境的。

其实，先生于水利之学大矣哉，河口海岸只是其中一个部分而已，先生的教育成就也是大矣哉。他为华东水利学院院长、河海大学校长数十年，培养水利学生数千万，桃李遍布全球。先生还执掌南京水利科学研究所（院）数十年，是水利科学的哲人。能受益于先生的教导，感受先生研究论证的方法，我感到非常的荣幸，先生的道德文章，永世景仰。

高风亮节兆学界

——缅怀严恺院士

中国科学院院士　王　颖

　　严恺院士毕生致力于祖国的水利与海港建设,功勋昭著;他高风亮节,言传身教,科教育人,其形象与影响,至今铭记于心。

　　我认识严恺院士始于1958年,参加"塘沽新港泥沙来源与回淤研究"的系列活动。严恺教授是我国水利学界泰斗,主持新港泥沙回淤研究工作,组织了一系列有关海港回淤的学术报告。我当时是北京大学地质地理系海洋地貌与沉积学研究生,是随导师王乃樑教授赴天津听第一次学术报告。报告人为3位苏联专家:苏联科学院院士海岸学家 B. Л. 曾柯维奇教授,海岸地貌学家 B. Г. 列别杰夫教授及海洋水文学家涅维斯基教授,翻译是请的北京大学韩慕康先生。在这次报告中,我们深受启发,学习了海陆交互作用过程新概念,重视从海洋动力与泥沙运动的作用结果,研究海岸地貌的发展变化,根据海岸海洋地貌的发展选取相宜的海港港址。这次报告会与新港回淤研究始建了我国在海岸研究中将海洋动力与海岸地貌、沉积结合为建港应用的新途径。当年,新的海岸科学体系激励着我们年轻一代,献身于祖国的海岸研究、教学与海港建设事业。从那时起,我们就深深地敬佩以严恺教授为代表的前辈科学家,他们高瞻远瞩地指导着我国海岸建设与新科学领域的发展。他当年担任华东水利学院院长之职,以致多年以来,我们始终尊敬地、亲切地称他为"严院长"。

　　继新港回淤研究工作会议后,开始了港域南北全范围的海洋动力地貌调查。由中科院海洋研究所尤芳湖先生与新港回淤研究站徐选主任负责,领导着对新港泥沙来源的海、陆双栖的调查研究工作。青岛海洋研究所负责海上调查;陈吉余先生(当年是讲师)组织华东师大从事从黄河口至新港的动力地貌的南队调查;北队从滦河口到新港调查,由我任队长,北师大张如意老师为副队长,福建师院席廷山老师任党小组组长。北队由北大、南大、北师大、山东师院、福建师院及华南师范师生共同组队,我记得有:任明达、高善明、濮静娟、陈刚、俞锦标、张丽君、苏玉玲、李凡、李本川、吴幼恭及华南师大的刘南威、周楠生两位教师等。调查结果了解到:古滦河的泥沙,最西到达曹妃甸,而未越过南堡岬;现代滦河泥沙,达不到曹妃甸。嗣后,当年参加新港回淤海岸动力地貌调查的成员,均锻炼成长为新中国海陆交互带研究的骨干。

　　通过新港回淤研究工作,我了解到严恺教授是福建人,早年与南京大学教授、中科院院士任美锷是中学同学，留学荷兰归国后，致力于水利与海洋工程建设，诗书传家，他儒雅和蔼，学风严谨，深具学者风度。终身致力于河海水利科学，教书育人，兢兢业业，数十年如一日，领导研究，解决一个又一个复杂的淤积问题，以致建立于淤泥潮滩上的天津新港跃居为华北第一大港口；江潮双向水流与泥沙运动复杂多变的长江口被治理开辟为国内最大的河—海联运港口，使最难治理的港口，跃居为世界大港行列，严恺院士及他所联系的老一代专家功不可没。通过选建海港工程，他推动建立了新型的海洋动力与海岸地貌交叉的新学科，培养了一代又一代的专家与工程师，成为我国海岸开发建设的骨干。严恺教授当选为中国科学院院士与中国工程院院士，是瓜熟蒂落的必然结果。

我经历中，深感严恺院长的高风亮节，平易待人与严于律己，却深为我身不经事而惭愧。有两件事，至今仍萦回于脑际：一次是在1963年，因参加新港回淤研究赴天津开会，会议由华东水利学院严院长主持，与会者多青年人。会址是天津利顺德大饭店，著名的百年老店，规格高，出席会议者只有我是一位女性。而住房只有大房间合住，没有普通单间，仅有严院长住一设备高档的单间套房。我去后住房有困难，住一单间贵，不能报销，华东水利学院财务负责人执行规定很严格，一丝不苟。最后，问题解决是严院长决定的：他搬到男代表的统间，让我住单间。当时，严院长尚坐在沙发上看文件。我一再说不能住，而严院长说："就这么换，否则，我也无法报销另一个单间！"我听从搬入，进室后，深为室内的吊灯、沙发设备而惊讶！当晚，我遇到著名歌唱家王昆，她说："你怎么住单间？科技界太惯你了。"至今我仍深感内疚！我怎么那么幼稚，会搬入，为什么不去住哈尔滨道的港务局招待所？现在后悔，已无法挽回了，这件事，可看出当年严院长的领导风度，严于律己，爱护青年，平等待人。

另一件事是，当年实行体育锻炼劳动卫国制，年近50岁的他竟获得劳卫制二级奖章，而20多岁的我却因100米跑了16.1秒成绩而未通过，仅0.1秒之差，差之千里。所以，我特别敬佩他，但又心有不服，在新港码头上提出和他比赛谁走得快！我想以自己长期跑野外能走路之长与之比赛，没想到，严院长走的比我快！后来，在"文革"期间，在南大看大字报，我碰到了严院长，心想，现在你年纪大了，肯定比不过我，我又提出比谁走得快！结果，还是我落后，走不过他。我心服口服，真是因为长年锻炼，才使他多年保持着瘦长体型与动作迅捷。

20世纪70年代以后，接触较少，仅在科协开会时遇到他，他仍是和蔼长者待人，但时不时地提醒我，"不能急躁，你怎么比我还急？"令我铭心感谢。记得曾参加他组的团赴海南岛考察，每餐他均点面条并送到房间中吃。在石碌铁矿参观时，我问他"为什么爱吃面条，是否有胃病？"他回答："我并不爱吃面条，只是不喜欢处处宴请。"这些点点滴滴的日常小事，足见他高风亮节，严于律己的作风。

严院长对子女是爱护培养又严格要求，二公子严以新留美深有造诣，但遵父命返回祖国报效，在河海大学从事教育与科学研究，成果昭著，后来担任科研副校长，又被调到北京从事致公党中央的政务工作，兢兢业业，继承了家传父风。我们在江苏海岸海洋调查与海港选建工作中，多次合作，建立了两代人深厚友谊。严家以科学、爱国之风传家，值得我们学习与发扬，特此撰写铭记。

严师楷模终生榜样

——纪念严恺先生诞辰 100 周年

中国工程院院士　陆佑楣

　　严恺先生是我国杰出的教育家、水利海港工程科学家,他毕其一生为我国的教育事业和水利海港工程做出了重要贡献。"艰苦朴素,实事求是,严格要求,勇于探索"是他毕生的信念,一身正气、以身作则的人格魅力教育和引导了一代又一代的青年人,为我们树立了终生的榜样。

　　1952 年是河海大学校史中一个重要的里程碑。时值新中国成立伊始,百废俱兴,我国的高等教育出现了重要转折,全面地引进了前苏联高等教育的模式,实行了较为专业化的大学体系。这一变化不论在今天或是未来有何等是非评说,但从当时的历史进程看,的确推动了我国高等教育事业的发展,连续地培养了一批又一批优秀人才,为新中国的建设发挥了重要作用。华东水利学院就是那一时代的河海大学。

　　严恺先生是华东水利学院的创始者。1952 年,严恺先生呕心沥血、白手起家,合并当时的交通大学、同济大学、浙江大学、南京大学等学校的水利工程学科,成立了华东水利学院,同华东航空学院一起,借教于南京工学院,并于 1954 年在清凉山创建了自己的校舍。校园的规划、学科的设置、教师队伍的组建都是在严恺先生的精心策划和组织运作下诞生的。特别重要的是,严恺先生以其优秀的学术水平和独特的人格魅力,聚合了一批当年一流水平的教师队伍。其中,有著名的力学大师徐芝纶教授、岩土力学黄文熙教授、陆地水文刘光文教授、流体力学梁永康教授、水工结构顾兆勋教授、水能利用伍正诚教授、农田水利张书农教授等,为当年的华东水利学院(河海大学)奠定了扎实的学术基础。严恺教授和这批学术精英近距离地教育学生,亲自授课,以他们的科技知识和人格品德,熏陶着一代代年轻人,为祖国的水利海港工程培养了大批的人才。如今在广阔的江河湖海治理开发建设中,到处有河海人的足迹。

　　今天的河海大学与时俱进地走上了现代高等教育的行列,秉承严恺院士"艰苦朴素、实事求是、严格要求、勇于探索"的校训,正努力创造河海大学更加辉煌的明天。

　　让我们把严恺先生的高尚品德作为我们终生的榜样,来纪念他的 100 周年诞辰。

海岸工程的泰斗

——怀念严恺院士

河海大学教授　薛鸿超

2006 年 5 月 7 日凌晨,敬爱的严老离开了我们。严老一生与水相伴,耕耘于那片蓝色的海洋。寓情于水,生命便有了永恒的流动。我相信,对于爱水的人,每一次面对着波纹的盈动,都会柔情万种,这是心与水的深切交融。虽然严老"严"字当头,但无论何时何地,只要与水相处,他的热切与光华便毫无保留地显现出来。作为跟随严老多年的学生兼同事,对此我体会甚深。2000 年 6 月 6 日,中央电视台《东方之子》为了配合两年一度的中国科学院和中国工程院两院大会,播出了院士专访系列节目,被首位推出的严老情不自禁地吟到"甚哉,甚哉,水之为利害也"。若非胸怀水利,是难以出口成诵的。严老是中国海岸工程学科的奠基人,从事水利水运和海洋工程事业近 70 年,为我国的海洋工程事业发展做出了巨大贡献。追思不足为念,我仅从其蓝色情怀忆述点滴往事。

一、开山之作于天津新港

天津新港(原名为塘沽新港)是京津的出海口,是日军侵华期间为了将掠夺来的物资运往日本国内而于 1939 年修建的。因为急于求成,在港址选择、水文和地质资料搜集以及规划与设计施工等方面都缺乏认真的论证,加上港口未建成就急于投入使用,所以工程漏洞百出。到了解放前夕,由于泥沙淤积,航道水深已经不足 3m,基本瘫痪。但作为北京的东大门,天津新港有其特殊的价值,再加上天津作为我国重要的工业基地与港口大都市本身发展的需要,在此重建一个大港势在必行。

1951 年 8 月 25 日,上海交通大学收到中国科学院副院长吴有训发来的一份急电,署名要严老先生收。电文内容欲聘严老为塘沽新港建港委员会委员,全面负责新港的科研技术工作。接到电报后,严老的心一下子就从长江之口飞到了渤海之滨。这项严老回国后负责的第一项重大研究课题,成为他日后常被人提及的代表作之一。

天津塘沽新港建在黄河口以北渤海湾顶的平坦潮滩上,是世界上水域面积最大的人工港。建设初期港口年淤积泥沙 500 万 m³ 以上,成为港口发展的主要障碍,1956 年被列为国家重点与中苏合作研究项目。严老组织和领导国内 10 多个单位进行大规模、多学科现场测验与调查,开展了大量专题研究。在此过程中,他创立了"理论指导、科学实验、现场观测三结合"的学术指导原则。这是天津新港回淤问题研究取得成功的学术原则,也是严老坚守终生的学术原则。在严老的主持下,弄清了泥沙主要来自外海浅滩,新港南侧海河口年输沙 600 万 m³,入海泥沙对港口的影响显著,由于浅滩泥沙被波浪掀起后由涨潮带进港内,98% 回淤在港池与航道内(约占水域面积 14%),因此减少回淤的关键是控制纳潮量,处理港内多余水域面积,堵北缺口,修复防波堤断面,提高疏浚效率等。研究成果对新港发展提供了科学依据,也论证了淤泥质岸滩仍可建深水港,对国内外建港都有重要指导意义。

中国沿海淤泥质海岸分布广,河口类型多,潮滩发育全,台风暴潮强,为世界少有。"我国海岸线长达 18 000 余公里,有很大一部分是淤泥质海岸。"严老在天津新港回淤研究取得重大成果的基础上,针对中国海岸特点,提出了开展淤泥质海岸的研究,包括在各种海岸动力和地貌形态条件下,细颗粒泥沙运动、沉积、淤泥质岸滩发育、演变规律的研究。这是一项在理论和实践上都有重大意义的方向性基础研究课题。

二、规模宏大的海岸带调查

面对浩瀚大海,亲近者不限于望洋兴叹。我国既是一个大陆国家,也是一个海洋国家。东南周边连接着一望无际的渤海、黄海、东海、南海,18 000 km 的海岸线,16 000 km 的岛屿岸线,涉及 10 个省、市、自治区。200 海里大陆架和漫长的海岸线,为我们提供了无尽想象空间。海岸带的开发利用对我国的经济发展和国防建设具有十分重要的意义。1980 年,受国务院等有关部门委托,严老组织带领全国 500 多家单位的近两万科技人员,耗资亿元,历时 8 年进行了"全国海岸带和海涂资源综合调查",对沿海 10 个省、市、自治区海岸带进行了多学科、多专业的综合调查,调查面积达 35 万 km²。严老担任技术指导组长,主持了综合调查全过程,审定规划、制定技术规程、检查科研质量和审查技术成果。全国海岸带和海涂资源综合调查,既要掌握天高气爽、风和日丽时的数据,更要了解风狂雨骤、惊涛拍岸的各类资料。这 8 年里,他跋山涉水,北上黑龙江,南下海南岛,足迹可达祖国每一处海岸。正是靠双脚,他勾勒出了博大祖国优美的海岸带曲线。这次综合调查取得了极为丰硕的成果:编写了全国综合调查报告一套,全国分项报告 13 种,各省、市、区综合报告和专题报告多种,调查图集 15 册,整理成册的资料汇编 3 900 多卷。查清了我国海岸带资源的数量、质量,修订大陆海岸线长度为 16 134 km,并根据海岸带开发利用类型,全国划分为 3 片 23 段。沿海各省、区、市都获得十分珍贵的第一手资料,经济和社会效益显著。如此大规模、综合性的海岸带调查在世界上尚属首次。对于严老而言,这是一次摸索的过程,也是一次梦想中的旅程,激情与感动时时萦绕着他。1990 年,他主持了《中国海岸带和海涂资源综合调查报告》审查会并通过了报告,这份由他主编的报告由海洋出版社 1991 年 1 月出版,1992 年 11 月获得国家科技进步一等奖。1992 年严老亲自主持编写了《中国海岸工程》,倾注了他毕生心血的这本学术专著一出版就引起海岸工程界的巨大反响,获得全国高校出版社优秀学术著作特等奖。

三、心中永系的长江口

长江口是中国经济巨龙之口,然而长江口的泥沙淤积却日益严重,上海港的吞吐能力受到严重威胁。1958 年,几位苏联专家应水利部、交通部之邀到长江口等地考察,他们看到中国的河口如此之多,却都没有很好地利用感到惊讶,而更让他们惊讶的是,我们根本拿不出一本像样的河口资料。几位专家遗憾地说:"中国的河口是世界上最多的,掌握的河口资料却是世界上最少的。"其实,苏联专家的忧虑严老早就注意到了。早在 1948 年他担任交通大学水利系教授期间,就参加了上海港的扩建工作,并对长江口做了较为系统的研究,河口与海岸一直是他学术关注的重点。1957 年 1 月,他又在《华东水利学院学报》第一期上发表了题为《水利科学研究的几个方向》,结合中国国情,高屋建瓴地提出水利科学研究 21 个方面的研究课题,这篇论文对港口建设、航道维持以及海岸防护等方面提出了指导性意见。

中国河流具有开发的巨大优势,特别是长江、黄河、珠江等大江大河是中华民族繁衍的源泉,同时大江大河也带来了洪水灾害。严老走遍了我国不少大江大河及其河口地区,深刻了解洪水危害和河口地区台风暴潮灾害,十分关心沿江沿河经济发展和河口开发利用。被认为重要性和迫切性并不亚于三峡工程的长江口深水航道建设,是严老直接努力的结果。长江口深水航道治理工程是建国以来最大的一项水运工程,其规模之大和技术之难,在世界上没有先例可循。它对长江"黄金水道"功能的发挥,上海国际航运中心地位的确立,都具有直接而关键性的作用。严老从 1960 年起,就担任了长江口整治研究领导小组组长。1980 年初,严老担任国务院长江口航道治理工程领导小组成员兼科研技术组组长,全面负责长江口航道治理的科技工作。对于长江口治理问题,严老不只从一个工程专家眼光来看待,更多的是从一个水利学家乃至战略家的角度立意。严老反复强调大河河口必须"综合治理、综合开发",长江口应以航运为主,统筹兼顾灌排、渔业、供水等要求,要认真研究台风暴潮、盐水入侵、泥沙淤积等复杂技术难题。严老在 1996 年给李鹏总理的信中写到:"长江口深水航道的打通直接关系到发挥上海浦东的龙头作用,关系到长江沿岸城市的进一步开放,关系到长江三角洲和整个长江流域的经济腾飞。这样,以上海港为核心的长江三角洲体系可以形成。"正如天津新港回淤问题研究是最能反映严恺先生治学原则("三结合"原则)一样,长江口深水航道治理工程是最能反映他水利思想的工程。他的水利思想十分丰富、博大和深刻,应该是一个专门的课题。但有一点是我们可以肯定的:他水利思想的底色中折射着独特的人格光彩,他的征服欲与创造性使他更像一个元帅,一个具有最清醒的头脑与最冒险的心灵的指挥家。1998 年 1 月 27 日,也许这是严恺一生中最为幸福的日子之一,这一天,他怀着无比激动的心情参加了长江口深水航道治理工程的开工典礼。从 1958 年致力于长江口深水航道的研究,到 1998 年工程的开工典礼,40 年潜心于此,40 年风雨兼程。

40 年啊！40 年成就一部《资本论》,40 年打造一部《浮士德》,40 年呱呱孩童长成壮年。而对于严老,40 年迎来的是一声开工的礼炮,40 年凝成这位披肝沥胆、豪情一生的伟大科学家眼角一颗晶莹的泪珠。

据严老家属说,在他弥留之际,口中叨念的仍然是长江口航道之事。

水利事业非常艰苦,而艰苦的事业更能锻炼人,更能实现人的价值。严老为我们打下了坚实的基础。如今,严老虽然走了,但他的精神永存,事业永存。

谦谦君子　德音孔昭

——谨以此文纪念严恺先生诞辰 100 周年

中国长江三峡集团公司董事长、党组书记　曹广晶

1980 年 9 月,我带着新奇与期许,从山东老家来到了位于南京市清凉山下、石头城边的华东水利学院求学。那时,严恺先生是院长。学校的教师们说起严先生,都充满了自豪:严先生是我们国家水利界的泰斗,名门之后,精通几门外语,学校有 2 名中科院学部委员(现在叫院士),3 名一级教授,严院长既是学部委员,也是一级教授,而且是我们系出去的(水港系)⋯⋯对于我这样一个从农村走出来的新生娃,严先生在我们的心目中,确实是高山仰止般的感觉。

在学校学习的几年中,我一心读书,社交活动较少,见到严老的机会并不多。听过几次报告,浑厚的男中音,语速不紧不慢,但逻辑清晰,很有条理。有时在路上碰到了,消息灵通的同学指一下,说那就是严院长,远远地望上几眼。所以印象中的严老,戴着一副大边框眼镜,儒雅的学者风度。后来,当我读到"言念君子,温其如玉"这句话时,总是不由自主地想起老院长的风姿。

我在校求学期间,恰逢学院建院 30 周年庆典,看到老院长挥毫写下的校训:艰苦朴素,实事求是,严格要求,勇于探索。以及严老关于河海大学校训之释义:"学校的创业史就是艰苦奋斗史,我们从事水利事业更是艰苦事业,在生活上也必须艰苦奋斗,只有能吃苦的人才能在事业上有所作为。"我体会这十六个字是严老毕生从事水利工作经历的提炼,是对所有水利人的要求与勉励。但对于在校生的我而言却是"当时只道是平常",理解并不深刻,孰料后来却成了我在人生道路上艰苦行进的动力,也成了所有三峡建设者们的真实写照。

严老的一生虽然以学校工作为主,但国家的许多重点工程项目都凝聚着严老的心血与无私奉献。20 世纪 70 年代,国家的头号工程,万里长江第一坝——葛洲坝工程,严老不仅是技术顾问,而且很多事情都亲历亲为。我亲耳听到严老讲过这样一个故事:1973 年,严老率"中国水利考察组"到美国进行了为期 8 周的技术考察,这是尼克松访华后中国派出的第一个科学家代表团,旨在借鉴美国船闸建设的经验,解决葛洲坝在设计施工过程中遇到的技术难题。严老讲故事,既带着科学家严谨的一面,也有他诙谐智慧的一面,因为此行主要是考察船闸,美国人不知道我们在建葛洲坝,对中国及中国人

充满了好奇,中国人的行踪是美国人关注的焦点,美国的报纸上说:这些中国人好奇怪,纽约、华盛顿这些大城市不去,到处看船闸,而且一呆半天不走!严老这一代水电人,都受孙中山先生建国方略的影响,都怀着要建设世界上最大大坝的梦想,学习水利的他站在著名的胡佛大坝前,久久凝视,一个更大的渴望在他的心底强烈地萌动——什么时候才能让三峡工程由蓝图变为现实?然而,他又清楚地知道,当时祖国的实力仅是修建一座葛洲坝就已经要举全国之力,更何况三峡?修建三峡的梦想能在这一代中国水电人手中变为现实吗?已逾花甲的严老打心眼儿里着急——他是替自己着急,替中国水电人着急,更是替这个多灾多难的国家着急。

三峡工程论证期间,严老是泥沙专家组顾问和生态环境专家组副组长,也就是在这个时候,我和严老才有了近距离的接触。当时论证组的成员虽然也是全国范围内挑选出来的知名专家,但是学识、声望和严老比起来那也是差别巨大。令人钦佩的是每次严老参加会议,都认真准备、认真发言,平等跟大家讨论,没有一点学术权威的架子,所以专家们都非常尊重严老,不仅为他的学识,也为他那谦和的态度和人品。

工程开工后,耄耋之年的他更是欣然受命,担任中国长江三峡工程开发总公司技术委员会顾问。之后,他又多次赴三峡工地参与技术及审查工作,也为工程建设提出了不少好建议。这样算来,他于我既是师长,亦属同事,我们都有一个共同的名字——三峡建设者。

严老曾在《人民日报》海外版上深情地写到:"举世瞩目的长江三峡工程,这一座世界最大的水利枢纽……对中国国民经济发展都有十分重大的意义,给予我们莫大的鼓舞,特别是作为水利工作者,更是大显身手的难得机遇。"言语朴实,自豪与欣喜之情浸透纸背。我印象最深的一幕就是在三峡工程的开工典礼上,严老看着摩拳擦掌的建设者们,听着奔腾澎湃的长江水声,不住地擦拭着眼角的泪水。是什么能让一个八旬老科学家老泪纵横?那是发自内心的高兴的喜泪呵!

如今三峡大坝已巍峨屹立长江之上,成功拦蓄了2010年的特大洪水,2012年更是已拦截了峰值达7.12万 m^3/s 的洪水——为1981年以来的最大洪水。功在当代,利及千秋,有了三峡工程,曾经肆虐的洪水变得驯服,化作宝贵资源,为民造福。我在接受记者采访时曾说:"三峡工程各项指标都达到甚至超过了设计预期。也可以说,三峡工程已经由过去的'孩子'变为了'成人',她是国家新时代的长城,已经可以在我国的经济建设、防洪减灾等各方面发挥巨大作用。"而这个"孩子"的成长则凝集了包括严老在内的无数水利工作者的心血与寄托。

高峡平湖,安静祥和,神女无恙,举世无双。每当我站在大坝极顶,会思绪万千,会想起那些一起奋斗的战友,那些难忘的峥嵘岁月,会想起那些包括严老在内的教育我、启迪我的老师和前辈,谦谦君子,德音孔昭。在三峡工程建成且日益发挥巨大综合效益之际,行此小文,以纪念严老对三峡工程的贡献,纪念严老之精神对河海人、三峡人,以及对水电人的深远影响。

深切怀念中国水利学会好理事长——严恺院士

原水利部科教司司长　戴定忠

　　严恺教授离开我们已经6年了,他的音容形象时常浮现在脑海中,我虽不是他的学生,但他是我的良师益友。从1981年在北京京西宾馆召开中国水利学会第三次全国会员代表大会,至1985年第四次全国会员代表大会,严老院长连任两届学会理事长。至1989年第五次全国会员代表大会,他被选为学会名誉理事长,历时12年。这期间我很荣幸的担任学会秘书长,直接在严院长的领导下,开展学会工作。得益于他的言传身教,受益匪浅。严院长对学会工作尽心尽力,认真负责,为学会的发展做出了巨大贡献。

　　1981年2月13日召开第三次全国代表大会。这次代表大会是在"十年浩劫"后召开的首次盛会,同行知己久别重逢,各地代表开怀畅叙,格外亲切。大会经过民主选举产生了新的理事120名,常务理事32名,严恺教授当选理事长。在闭幕会上新任理事长严恺教授发表了重要讲话。学会从"文革"后恢复工作,可以讲是百废待兴。严院长在这4年中,使学会工作有了很大发展。"三大"时期的会员由1.5万人发展到1985年的3万人,专业委员会由7个发展到14个,重新成立了科普委员会。他代表"三大"作了题为《锐意改革,开拓前进》的工作报告,受到与会代表的赞许。他在报告中,特别强调3个文件是我们学会工作改革的基本依据。这3个文件是《中共中央关于经济体制改革的决定》《中共中央关于科学技术体制改革的决定》,以及《中共中央关于教育体制改革的决定》。还引用了时任国务院总理赵紫阳在全国六届人大二次会议报告中有关科技改革中的一段话:"要突出解决的几个问题:一是科技工作怎样真正做到面向经济建设,急国家建设之急;二是如何打破部门和地区的界限,使科技人员合理流动,让他们各展所长;三是怎样打破科研单位的'大锅饭'和'铁饭碗',充分调动科技人员的积极性。"这是严院长在27年前的心声,他是积极表明科教政策的。在此重新引用,仍有现实指导作用。

　　在1989年中国水利学会召开第五次全国代表大会上,严院长又做了题为《深化改革,努力奋进,发挥学会在振兴水利事业中的作用》的工作报告。此间学会会员已达5.4万人,还发展了10个国家的25名外籍通讯会员。专业委员会增加到21个,组建了5个国际学术组织,如国际大坝委员会中国大坝委员会、国际水资源协会中国地区委员会、国际灌排委员会中国国家灌排委员会、国际水文科学协会中国委员会以及国际水力学研究会等。在他的报告中,特别提到"由我会发起的'河流泥沙国际学术讨论会',从 1980 年开始,至今已举行 4 次,其中第一、第二、第四次在中国。第三次在美国召开"。时至今日这个系列会已召开了十一次,2013 年将在日本京都召开第十二次会议。特别值得一提的是,首届会议促成了联合国教科文组织同中国政府达成协议,1984 年在北京成立了"国际泥沙研究培训中心"。严院长曾亲自率团在巴黎教科文总部出席会议,向总干事提出建议,敦促教科文组织尽快做出决定。此建议获得大会认可,表明严院长积极推动国际交流和合作做出了贡献。

严院长工作严谨,平易近人,处处体现一位长者的风范。尽管他身兼数职,日常工作很忙,但对学会工作非常重视,非常关心,非常支持,充分信任我们的工作。在我担任两届多的秘书长,9 年学会工作相处中,得益于严院长教诲,让我永生难忘。严院长为人很耿直,处处为我们做出表率,不唯上,不唯书,实事求是。今天纪念严院长诞辰 100 周年,我们要继承发扬严院长一身正气,敢讲真话,严格要求,勇于探索的精神。

纪念严老诞辰 100 周年

原河海大学副校长 黄 瑾

今年是华东水利学院建院 60 周年,在河海大学 97 周年中华东水利学院占了 60 周年,可见华东水利学院在河海大学历史发展中的分量,对老河海的了解多数是间接的,在老河海学习或工作过的一些老教师也已相继谢世,唯华东水利学院是看得见摸得着的实体。在华东水利学院学习和工作过的大有人在,所以纪念严老诞辰 100 周年和庆祝华东水利学院(以下简称华水)建院 60 周年对继承河海大学的优良传统有着特殊的意义。

(一)

华东水利学院继承发展了老河海优良传统和学风。我校的前身是河海工程专门学校,这是我国历史上第一所培养水利技术人才的高等学府。河海工程专门学校于 1915 年 3 月 15 日在南京创办,1924 年 7 月改名为河海工科大学,1927 年 9 月并入第四中山大学(原中央大学前身)。河海工程专门学校有着优良的校风和革命传统,曾为我国培养了许多优秀高级水利技术专家,成为我国水利事业的中坚,还哺育了一批坚强的无产阶级革命先驱,为民族解放事业做出了贡献。这所学校在中国历史上存在了 12 年多(即 1915 年 3 月 15 日至 1927 年 9 月),从此老河海作为组织实体不复存在,在它存在的 12 年多时间里毕业了 232 人,还有 90 人转到别校毕业,加进来共 323 人。

华东水利学院的建立和发展,把河海教育事业推进到崭新的阶段。

在老河海组织实体不复存在的 25 年后的 1952 年,新中国在高校院系调整中第一所社会主义水利大学——华东水利学院在南京清凉山麓建立,她不是老河海组织实体和物质形态的继承,完全是新中国党和国家投资兴建的新型大学。原来这地方是乱坟头,据说先后推倒了 2 500 个坟头,还吸收了一些菜农转为学校后勤职工。从 1952 年到传统校名恢复之前,学校面貌发生了深刻的变化。①经过 30 多年建设,形成以水利为中心的理工科大学,为进一步发展打下了坚实的基础。②经过 30 多年建设,形成了完整的水利高等教育体系,有预科、专科、本科和研究生。重点抓好本科教育,接受留学生和培养研究生,开办函授教育我校也起步早。③经过 30 多年建设,形成了严恺、徐芝纶、刘光文等大师级以及顾兆勋、伍正诚、张书农、俞家询、梁永康、施成熙等一批重量级教授为首的老中青三结合的学术梯队。20 世纪 50 年代初,全国有一级教授 58 位,我校有 4 位,即:严恺、徐芝纶、刘光文、黄文熙(黄文熙后调清华大学);二级教授 3 位;三级教授近 10 位。在此期间,学校采取措施,培养各门学科的骨干教师是十分成功的。④经过 30 多年努力,广大教师用自己的心血铸就了华东水利学院品牌——华东水利学院的毕业生质量得到社会和用人单位的认可。学校先后在 20 世纪 60 年代和 80 年代两次组织全国性的毕业质量调查,华东水利学院毕业生得到社会和用人单位的高度肯定和好评。华东水利学院毕业生在学术界、工程界、教育界、科技界、军界都有杰出的代表。⑤经过 30 多年的努力,继承发扬老河海团结爱国、严谨朴实的传统,广大华东水利学院教师用血汗凝结形成了"艰苦朴素,实事求是,严格要求,勇于探索"的优良学风,学风是无形的力量,体现在华东水利学院人们的学习、工作和言行中。

几十年来我校一直位居全国较好大学之一,20 世纪 50 年代全国 100 多所大学有 28 所更有名,华东水利学院是其中之一。1960 年 6 月 17 日水利电力部确定我校为部属重点高校,1961 年 5 月 8 日,水利电力部教育司通知:"高教部确定华东水利学院为全国重点高校",1964 年高教部在天津会上公布全国有 64 所重点高校,我校名列其中;1978 年小平同志重新工作又抓重点大学建设,全国有 88 所重点大学,我校仍列其中。

在华东水利学院建院 30 年前夕,一批老河海校友相约来华水,他们当中有中科院院士黄文熙、中科院院士、原华北水利水电学院院长汪湖桢、黑龙江省水利厅前总工戴祁、前黄委负责人、河南大学校长许心武,新疆人大副主任原水利厅厅长王鹤亭等。他们基本上都年逾古稀,来一次学校很不容易,他们参观了学校还听取了严老的情况介绍,又进行了座谈讨论,一致认为:华东水利学院把老河海的教育事业推进到崭新的阶段。一致认为华东水利学院的品牌,华东水利学院的治学作风和态度是老河海传统的继承和发展,同时他们一致确认华东水利学院就是他们的母校。

(二)

恢复传统校名"河海大学"是华东水利学院的延伸。有人说:"20 世纪 20 年代李仪祉等一批教师搞了一个老河海,20 世纪 50 年代严老他们搞了个华东水利学院,现在我们搞了一个新河海。"这样的说法并不完全符合河海历史发展的客观事实,因为老河海在 1927 年 9 月作为组织实体已不复存在,25 年后院系调整中建立华东水利学院,在华东水利学院建立 33 年后恢复传统校名河海大学,是在华东水利学院这个实体基础上恢复,这个实体没有变化,只是赋予新的名称——河海大学,没有另起炉灶。1952 年建立的华东水利学院,很显然这所高校是面向华东地区的,因为北京和武汉都设水利水电学校。关于校名问题,早在 1957 年整风大鸣大放时有人在校门口贴大字报要求把华东水利学院改为"中国水利科技大学",1957 年 6 月 8 日人民日报社论"这是为什么?"后,很少有人再提改校名问题。一直到"文革"后改革开放浪潮席卷全国,一度出现大学易名热潮。由于事业的发展,华东水利学院这个名称已不能正确反映学校的客观存在,我校早已越出华东地区面向全国,专业设置有的也超出水利范畴了,所以也需要有个合适名称,大家觉得老河海是一所中国历史上的水利高校,是一所进步学校"红帽子"大学。革命先驱邓中夏、肖楚女、恽代英、张闻天、沈泽民等都在这个学校开展过马列主义的革命宣传活动。当时我党尚未建立,这所学校的教育方针现在看来也是正确的。例如:"注重学生道德思想,以养成高尚之人格,注重学生身体健康,以养成勤勉耐劳之习惯","教授河海工程必须之学理技术,注重自学辅导,实地练习,以养成切实应用之知识"。这所学校的办学模式也很有借鉴意义。李仪祉等教授都是从德国等留学回来的,开始都用西方教材,英语教学,后来逐步中国化,自编汉语教材,教学计划、课程设置、教学环节都从国情出发,招收的学生要有为河海工程的献身精神,并且数、理、化成绩要好,教学过程考勤、考绩比较严格,学生淘汰率在25%。如特科40人,毕业了30人。同时李仪祉等一批教授循循善诱、一丝不苟,形成了团结爱国,严谨扎实的良好学风和传统。

在20世纪80年代初,国家教委决定全国有7所高校进行校长负责制的试点,我校是试点高校之一。经过最后研究确认恢复传统校名河海大学比较好,校长办公会议责成校办主任王长远起草向国家教委的报告,由左东启校长定稿签发,与此同时专报水电部钱正英部长,由钱部长出面请小平同志题写校名。当时有两个方案:"河海大学"和"中国河海大学",一直到1985年11月21日水电部办公厅接到中共中央办公厅给水电部电话,11月20日小平同志为河海大学题写校名,水电部办公厅当即派人骑自行车到中共中央办公厅把题字请回。水电部同时电告南京华东水利学院,小平同志已为你们题写新的校名,你们要研究一下,小平同志题写校名后,学校应该如何办。经过研究形成了小平同志题写校名的办学方案,基本是建设以水利特色理工文管兼有的多科性综合大学,尤其要加强机电专业建立建设,华东水利学院饱尝了富水无电的痛苦,并派副院长黄瑾到部报告。决定12月18日借南京五台山体育馆召开庆祝小平同志为河海大学亲笔题写校名,庆祝恢复传统校名河海大学,庆祝河海大学建校70周年。在我们去火车站接专程前来参加庆祝大会的钱正英部长一行时,钱部长高兴地对我说:原以为小平同志题字会在10月27日前批下来,但一直等到10月底仍无动静,原以为小平同志不题了。

全校7 000多师生和全国各地,尤其是上海、浙江、江苏的校友代表纷纷前来参加大会。参加大会的有江苏省省长顾秀莲、中顾委委员、原江苏省委书记江渭清,中顾委委员、原江苏省省长惠浴宇,南大校长匡亚明,江苏省副省长林启鸿、杨泳沂,黄委主任龚时扬,水电部教育司司长许其才等。

(三)

严老是在党和人民政府领导下华东水利学院的创建者、策划者、组织者、实践者,是建国后河海教育事业的第一传人。

严老经历了华东水利学院建立、发展、曲折、改革开放和走向国际的全过程,始终起着主导作用。

严老从荷兰学成回国正是"七七"事变后,他怀着一颗报国之心,投入当时的基层水利工作和水利教育工作。

1952年华东军政委员会高校院系调整委员会,决定成立华东水利学院筹建委员会,由华东军政委员会水利部第一副部长刘龙光任主任,严老任副主任。1952年8月8日严老主持了第一次筹建委员会,会上宣布了筹建委员会名单,并进行了分工。会后,严老为了网罗人才,在上海、杭州亲自与上海交通大学、浙江大学水利系、组教师谈心,进行动员组织工作。8月20日在上海交通大学召开了上海人员座谈会,筹建委员会主任刘龙光到会介绍了筹建工作各方面情况,动员教师到南京参加建立华东水利学院工作,并请家属按照专长担任各部门职员,这样即解决部分建院干部奇缺的问题,又解除了一部分教师搬迁的困难。9月下旬沪杭两地教师先后到达南京,其中前水港系系主任刘宅仁教授(留学德国)把在上海的洋房和汽车卖掉来华东水利学院工作。严老举家从上海迁来南京,主持建院工作。当时条件相当艰苦,几乎是白手起家。严老从筹建委员会副主任起,后被任命为副院长、院长、名誉院长和河海大学名誉校长,一直到2006年谢世,他50多年从未离开过华东水利学院。几十年来为国家培养了10万以上的河海子弟,战斗在祖国的各条战线和山山水水。严老始终引领着华东水利学院的走向,起着不可替代的作用。

严老在50多年的生涯中始终坚持在探索水利科技攻关克难的第一线,发挥勇于探索的战斗精神。

严老1951年参加塘沽新港的修复和搬迁工作,1958年担任国家科研重点项目——天津新港回淤问题研究工作组组长,为研究解决天津新港的严重回淤问题做出了贡献,并开创了我国淤泥海岸的研究工作。1960年担任长江口整治研究领导小组组长,负责研究长江口航道改善问题,后因"文革"中断。1980年初为解决宝山钢铁厂大吨位矿石船进长江口和停靠码头问题,国务院批准严老担任长江口航道治理工程领导小组成员兼科研技术组组长,负责长江口航道治理科技工作。

1962年严老受水电部委托率领工作组到福建,协助该省规划设计遭受台风严重破坏的沿海堤防,并在莆田县建立海堤试验段,研究风浪与海堤的相互作用,为制定有关这方面国家规范提供依据。

1963年、1975年严老曾两次率领工作组到广东参与珠江三角洲的全面综合治理,进行长期的调查研究并提出报告。

1973年为解决葛洲坝水利枢纽工程的设计科技问题,根据周总理的指示,严老率领中国水利考察组到美国考察并一直参与该项工程的重大科技问题的探讨。

1986年6月起严老担任长江三峡工程论证泥沙专家组顾问和生态与环境专家组副组长,参与这项工程的论证工作。

同时,严老还担任国内和国际的专业技术领导工作和参加许多国际学术会议。

在严老的亲自主持下编写了《中国海岸工程》,在严老的倡议和关心下,我校1980年编写出版了我国第一本《海岸动力学》,1996年严老、梁其尚主编的《海岸工程》出版。

严老用50多年的时间,在理论与实践结合上,以身垂范,继承、弘扬、发展河海学风。

河海学风之所以为人称道,是老一辈河海人在长期的实践中付出的艰辛劳动而形成的。在她的熏陶下,成千上万河海学子在祖国现代化建设中立下了丰功伟绩。一个学校学风直接影响所培养人的质量,学风是一种特定的精神、状态、传统,是一个学校特有的气质。学风是无形的力量,反映在华东水利学院的产生和发展过程中和学校的教学、科研、管理、服务工作及各行各业的实践中,更体现在严老自我要求和治学的一切领域。

1982年,在华东水利学院建院30周年大会上总结办学经验时,严老第一次将学风理论性地概括为"艰苦朴素,实事求是,严格要求,勇于探索"(这个概括是经校长、党委办公会讨论一致同意的)。

1985年在河海大学建校70周年大会上,严老在严格要求,勇于探索,多做贡献的开幕词中,总结了学校过去的办学传统,他强调:在河海工程专门学校和河海工科大学的历史阶段,我们既涌现了张闻天那样坚持真理、严以律己、诲人不倦的老一辈革命家,又有我国近代水利科学技术奠基人李仪祉先生,树立了严谨、朴实的优良学风。1952年华东水利学院建院伊始,我们就坚持党教导我们的艰苦朴素,实事求是的作风。30多年来,我们一直把"艰苦朴素,实事求是,严格要求,勇于探索"十六字作为我们的校训,在面临学校事业大发展的今天,要办好河海大学,我们仍然要继承和发扬过去的优良传统,牢记这十六字,它永远是我校立业、守业和创业之本。

其后,严老不断地倡导河海学风,1986年3月严老为校史题词"发扬艰苦朴素,实事求是,严格要求,勇于探索",为我国的四化建设大业多做贡献。1987年、1988年严老分别为河海大学福建校友会、厦门校友会、西安校友会的成立题词,都是倡导发扬我校"艰苦朴素,实事求是,严格要求,勇于探索"优良传统,为我国社会主义现代化建设做出新贡献。1998年6月严老为水港68届学生毕业30年返校纪念题词"发扬优良传统,献身港航事业"。1999年10月,严老为水港69届学生毕业30年题词"面向21世纪,开拓前进,为发展水利事业,做出新的贡献"。2000年10月,严老为水港70届学生毕业30年题词"努力发展港航事业,全力服务改革开放"。

(四)

严老的教育思想是河海的宝贵精神财富,我们要善于开发,为振兴河海服务。

严老的教育思想史是和华东水利学院的发展史紧紧联系在一起的,严老的教育思想,实际上是我们党的教育思想在严老身上个性化的体现。

严老生于1912年8月10日,1933年毕业于交通大学唐山工学院。他抱着振兴中华的宏大志愿于1933年赴欧洲荷兰留学,历经艰辛,经过刻苦学习,不仅学业成绩优异,而且还精通英语、法语、荷兰语、德语等多国语言,于1938年获得荷兰莱德尔夫特大学土木工程师学位。回国当时正值抗日战争的危难时刻,严老辗转万里回到祖国,与广大爱国仁人志士共赴国难。在祖国大西南、大西北,他踏勘高山峡谷,测量荒漠激流,探求江河治理开发。1940年受聘担任中央大学水利系讲座教授,开始了他高等水利教育的生涯。新中国成立后的 1952 年,在我国高等院校院系调整中,他参与创建华东水利学院,历经艰辛、复杂、曲折工作,为华水的建立、发展提高、改革开放、走向国际,做出了不可磨灭的贡献。培育桃李遍布天下,由此可见严老教育思想发展的关键时段是在华东水利学院时期。

严老教育思想不是军事教育思想,不是政治专业教育思想,也不是文学艺术教育思想,而是高等水利专业教育思想。严老十分强调水利的特点,严老学习和从事研发的都是水利专业理论和实践,严老是我国高等水利专业教育的创建者、开拓者、改革探索者。

水利工作环境、工作条件和生活条件比较艰苦,常在人烟稀少的地方进行,又常需要在雨、雪、风、沙、冰、暴、潮等挑战下从事勘探、规划、设计、施工运行管理,往往晴天一身水,雨天一身泥,所以严老强调要有艰苦朴素的精神,历史上有夏禹治水三过家门而不入的故事,拿现在的话讲一心扑在工作上。同时水利工程都有投入,这都是人民的血汗成本,所以十分强调百年大计,质量第一。因此,必须有严格、严谨的治学作风,一丝不苟。如果差之毫厘,将要失之千里。水利工程时间性很强,争分夺秒,建立科学时间观,时间是生产力,时间是无形的财富,时间是世间一切事物存在的形式,所以,严老惜时如金,对不爱惜时间的行为进行无情的批评。一切水利工程有它自然的规律,人们只能认识它、掌握它、利用它,而不可抗拒它,只能实事求是按水利规律办事,拍脑袋、盲目蛮干,历史上那种唯意志论,"人有多大胆,地有多大产"的错误决定,不知造成了多少巨大的损失,人们记忆犹新。同时,严老十分强调勇于探索,他本身以身作则,踏遍江河湖海调查研究。水利工作各地条件千差万别,南方和北方有差别,新疆和海南就有许多不一样的自然条件,所以不能墨守成规要改革创新。

"艰苦朴素,实事求是,严格要求,勇于探索"是严老教育思想的核心,意义很大,继承了人类治水,特别是夏禹治水、李冰父子治水以来的治水经验和历史教训,也继承发展了老河海教育思想的优良传统。同当前发扬党的光荣传统,反对各种各样学术腐败,开展评选创优活动,有着极大的现实意义。

我所接触的严院长二三事

原华东水利学院、河海大学党委书记　李法顺

　　过去为严院长祝寿写过文章，这次却是追思。30 多年的学校生活，接触的人、亲历的事至今难以忘怀。严院长等老一辈学校党政和学术领导人的事业追求，就是一例。

　　新中国成立初期，受前苏联学术体制影响，科研主要依靠专职科研机构，不少科研人员调自高校，或者由高校教师兼职。1963 年开始在重点高校内新设科研机构、下达科研任务和科研经费，1963 年的华水水利研究室，就是在这一背景下成立的。之后才有了高校科研方面军、生力军，以及有条件的高校既要办成教育中心又要办成科研中心的提法。当时，从全院各教研室调集的区区 20 多人组成的小单位，初期组长级的干部却是刘光文、叶秉如、顾兆勋、左东启、薛鸿超、龚崇准、赵光恒、傅作新等名教授，严院长亲任研究室主任。这算是笔者在严院长直接领导下工作的开始。记得学校的学报创刊于 1957 年，与南大、南工一样都属于院系调整后的第一批高校学报，而不少高校 20 世纪 80 年代才办学报，对比之下，反映了严院长等老一辈学校领导人对科研在高校中重要地位的前瞻性认识。学校专业设置从 20 世纪五六十年代的数学师资班、物理师资班、力学师资班，到数学专业、力学专业、无线电专业等新专业的建立，农水系恢复，无不凝聚着严院长等老一代学校领导人的心血。虽然"三年困难"时期一些专业下马，却培养并保留了一大批优秀基础课教师，为学校之后的大发展创造了条件。同时师资班学生毕业恰值南京炮兵工程学院、镇江农机学院等易地新建，到校外任教的毕业生，受到欢迎，有的担任了基础课部主任、甚至所在市的市级领导。

　　1983 年中央下达了关于加速发展高等教育的决定，教育部在武昌洪山宾馆开了 20 多天（包括参观葛洲坝、武大、华工）的重点高校会议来落实。会上得知天大李曙森、南大匡亚明、浙大刘丹、大连工学院屈伯川等四位老教育家建议从第七个五年计划起，重点投资建设 50 所左右重点高校，使之成为教育、科研两个中心，成为高级人才立足于国内培养的主要基地的消息，后来被看作是"211 工程"的先声。其实，在此之前严院长已经认识到高教大发展的趋势，为拓展学校生存发展空间，他带领领导班子从铁心桥到河西四处找地；城西干道建设时，胡畏书记率队到南京市委要求征用曾列入学校远景规划，未曾征用的路西跳伞塔区块的土地；听到城西干道以东还有小块空地（即现在新疆馆周边三角地的地方，当时地处院墙与干道新筑路基之间，地势低洼积水很深，学校西门也被堵住）可以争取，便停下办公会转道虎踞关，党政一把手带头骑自行车前往查勘；

之后省市在江浦规划大学城,接到通知后便派人赴京,成为拿到征地批文的第一所高校,后来规划变动,也只能不了了之;20世纪80年代还曾为了院内一个废弃游泳池土地打笔墨官司,持续数月之久……当时谁也不曾想到,随着改革开放深入,学校会有机会在常州建设分院,新系、新专业、新的大型试验场地陆续投入使用,学校从单科向综合发展,直至恢复传统校名。不过这已是曾任农水系、理电系、力学系系主任,经常处在学校发展第一线的左东启院长(校长)任上的事。不过,比起上述每人相差1岁的4人中最小的一位,左先生也小一轮,已不算同代。

说起严院长严谨治学,还得从重视基础理论学习、基本技能训练说起。我与严院长相差二十五六岁,应该说是两代人;1983年换届时他退居二线,以我为例,不到10年,新一届学校领导也大都离开岗位或离开学校,彼此接触少了;不过从1971年筹备招生,组建办事组、教育革命组起,密切接触也有20年,加上他被"解放"后,自愿来研究室参加"活动",一起到金湖开挖入江水道挑土等,自然有彼此相处的感受。在我印象中,在这20多年里,无论形势任务怎样变化,从未动摇他打基础的信念,也未听见他应时的豪言壮语,学校工作因而少走了不少弯路。在重要业务会议上,如在本校主持制订全国水工专业指导性教育计划、在上海主持长江口航道整治技术决策时,也从未听见他讳莫如深的言辞,简单、平实而不失诙谐的结论性意见却经常得到一致拥护。我想这不能完全归因于他的崇高威望,实在是源于他深厚的专业功底和对问题的深思熟虑。

记得20世纪70年代学生对学校提意见,说到测量讲义中仪器插图不清,他回答说老教材不能用,手刻讲义难免质量不济,接下来用几句话把游标原理和读法讲得一清二楚,使坐满二三百人的水利馆101大教室参加"路线分析会"、喧嚣不止的会场顿时安静下来,接下来他还不失时机地进行了专业基本功重要性的教育。严院长语言能力强,为人们熟知,年轻时的经历使他晚年连有些地方方言也能模仿得惟妙惟肖。记得解放初"学苏联",大、中学都学俄语;教师职称考试要考俄语;来自边疆地区的学生也习惯用俄语参考工具书(为河川65届新疆班带钢筋混凝土课程设计时,所见如此)。当我们这一批毕业后从俄语转学英语的人叫苦时,他会帮我们分析英语与俄语拼写和读音不同和容易发生错误的原因,经常说的一句话是:"学外语没有什么,一是不要脸,二是不要命。"追溯到1935年他借助荷兰"退还庚款"留学,史料记载他以第一批第一名录取,总分318分,高出第二名40分;留学假期里去德国速成学习德文,同样取得好成绩。难怪原中央研究院留学派遣工作负责人之一的傅斯年致信原全国经济委员会委员长翁文灏,以及原驻荷公使金问泗多次致信中研院,都对他的学习能力赞赏有加(见"二史馆"中研院档案,全宗号393,案卷号77)。大家也会记得1987年1月徐芝纶副院长在河海会堂做《五十年教学的回顾与体会》报告时,引用过"三更灯火,五更鸡,正是男儿励志时"的谚语。徐老是我的任课教师、曾经共用一个卫生间的邻居,班上班下所见,我想用这一谚语概括他的勤奋和治学体会,是确切的。联想到应约为刘光文先生纪念文集写稿时,读到刘先生"当年幸得去美游,水利读两洲。返乡奔赴国难,坎坷数十秋。身已老,业未就,泪空流。此生谁料,心在水文,颗粒无收"的词作,自认不能妄评他的学术成就,但或许这正是刘先生永不满足的事业追求的反映。

有道是"古人学问无遗力,少壮工夫老始成。纸上得来终觉浅,绝知此事要躬行"。说起严院长的科学实践,便会想到他对规划设计、工程前期研究和基础资料积累的重视。他所主持的天津塘沽新港、连云港、长江口深水航道等项目的关键技术研究,都曾作过几年、十几年,甚至几十年的试验研究,为工程实施、运行并取得效益提供了保障。他所领导的华水水利研究室,从积累基础资料入手,各组分别进行了福建莆田、浙江慈溪为海涂围垦服务的风浪等建站观测;在宜兴水文实验站开展茗岭小流域建站观测;苏北平原水闸调查及南通闸、运东闸驻点闸下消能防冲现场测验,并从模型选砂开始,作室内动床模型试验,以此与现场对比等。20 世纪 60 年代中期"科研革命化"提出,研究室政治学习听从学校布置,记忆中也未曾具体操作过"科研革命化"的专题学习,但研究室科技人员下现场早已习惯。室里为大家配备了雨衣、长筒胶鞋、电筒,有的站点还配了摩托车,科技人员驾车、驾船技术日渐长进。严院长不止一次讲到他年轻的时候,在西北黄河流域搞测量,天当房子,地当床,一张毛皮垫身下,起床后自行车上一放就转移等,以此教育鼓励大家。

为南京水利科学研究院编"院史",搜集史料得知:20 世纪二三十年代世界范围内兴起江河全流域多目标开发的热潮,我国选定的目标是黄河。1946—1947 年黄河流域多目标初步规划工作,积聚了全国与水利有关的几十位专家,出版了名为 Studies on Yellow River Project——全英文的黄河研究资料汇编共 17 册。在这项由中央水利实验处具体负责协调的工作中,除去外籍专家和实验处本部人员外出现过 3 位 1912 年出生的科技骨干,依出生月份排列是张光斗、阎振兴和严恺。3 位都高寿,后来分别成为中科院、工程院和台湾中央研究院院士(见南京大学 1999 年版《中国留学生大辞典》)。所不同的是,张光斗当时在资源委员会全国水电工程总处设计组工作,阎振兴虽做过中央水利实验处昆明水工试验室主任,此时担任的却是黄河堵口工程局工务处处长,而严院长当时作为黄河水利委员会的简任技正,责任不同,也是当时在册实地考察的主要中方人员。这次规划对三门峡建坝以淹没大、泥沙问题难以解决、使用寿命必短为由,提出了否定意见。建议大型水库放到兰州、保德一线。向下则对比三门峡,更看好八里胡同坝址(现八里胡同和小浪底、任家堆一起已作为一级开发),并对其主要参数、预期效益作了估算。这项工作过去很少人提起,时隔几十年后却有许多评说,不断见诸书刊报端。查考黄河研究资料汇编第九册(Regulation of the Lower Yellow River),还可以看到黄河水利委员会以下游治理为重点,提出上中游干流及主要支流建坝,可以减少下游水患。惟因水流含沙量极大,建坝后水库淤积严重,不容忽视。明确指出建坝前必须进行模型试验(Therefore in the design of such projects model tests must be made to study the silting condition of the reservoir and its effect on the river channel below it. 见该册第 3 页)。对陕县建坝的不同意见也作了充分反映,黄河水利委员会对上游提出的坝址是:据最近调查,兰州附近之刘家峡可发电 50 万匹马力;朱喇嘛峡(位于刘家峡下游,作为坝址现已经与盐锅峡、八盘峡合并开发——笔者注)可发电 1 万匹马力。还提出了在渭河、湟水、大通河、洮河等支流上建坝的意见(见该册第 104—106 页)。说明了那次黄河流域多目标规划,没有中国科技人员长期研究积累,仅靠"顾问团"几个外籍专家,短期取得成果是难以想象的,这一点在外籍专家的报告中已经做了清楚说明(见黄河研究资料汇编第十、十一册序言部分)。

出生在 19 世纪末、20 世纪初的高级知识分子总量不多,成功者不少;他们中多数家庭条件优越,而所处社会环境艰苦;经历过辛亥革命及其后的军阀混战、抗日战争、解放战争,在社会大变动中彼此经常要做出不同的政治选择;他们是一批各行各业、各学科最早"睁眼看世界的人",向西方学习,又率队参与国际竞争;新中国建国为他们提供了施展才华的广阔舞台,使他们的名字与共和国翻天覆地的变化联系在一起,但贡献也各有不同。特殊的历史环境造就了他们一代人,100 多年过去了,人们还在缅怀他们的业绩、总结他们的经验、学习他们的优秀品质,那是因为"成于忧患毁于安乐",处在新时代、活跃在当前一线的新一辈,仍然面临着许多人生选择,肩上的担子更重。

心 曲 缅 怀

——缅怀严恺院士百年诞辰

南京水利科学研究院教授级高级工程师 余广明

先生之德，高山仰止。

先生之行，景行行止。

文章专著，其书满家。

治河驯海，饮誉华夏。

巍巍门墙，桃李芬芳。

宗师一代，弦歌颂扬。

笔者曾将此短歌在祝贺严恺院士 90 寿辰文集中发表。光阴荏苒，于今 10 年。遥望严师驾鹤凌云，俯瞰大地，海涛汹涌，大江奔流，必将心潮澎湃，壮志仿佛当年。先生胸怀宽博，业绩辉煌。百年千载，自当永垂史册，为世人所敬仰，为后学之楷模。

缅 怀 严 师

南京水利科学研究院教授级高级工程师　陈志昌

我国水利界一代宗师、长江口综合治理开山鼻祖严恺院士诞辰 100 周年之际,我作为他的老学生之一,长期在他的直接领导下从事河口海岸研究工作,深受其教诲和熏陶,思绪万千。

他严于律己。年轻时立志为国学习,成绩优异,得到许多嘉奖。在黄河水利委员会工作期间,常带领属下骑自行车进行现场勘查和测量,风餐露宿,踏遍大河上下,完成若干治河规划、设计工作。新中国成立后他急国家之所急,参与主持华东水利学院的创建,先后担任副院长和院长 30 余年,并于 1956 年至 1984 期间兼任南京水利科学研究所所长,为院、所建设做出了重大贡献。他善于兼听,对自己的缺点从不掩饰。

他不畏权势、刚直不阿。在旧社会敢于抨击权贵,为此他的名字上了特务机关的黑名单。对国家重大建设项目的决策,他勇于向中央领导直抒己见。实践也证明了他的真知灼见。他从来不参加自己专业以外的各种论证和评审活动,对于非本专业大牌专家的某些偏见,能够直接善意进言。

他治学严谨。他直接领导下的国家重大科研项目,如塘沽新港回淤研究、苏北挡潮闸下游淤积研究、长江口综合治理研究及全国海岸带调查等。必先从现场调查研究开始,博采众长,组织力量强大的多学科研究团队联合攻关。这些项目中的许多重要研究成果,大部分已经在工程建设中实现,转化为强大的生产力,为国家做出了杰出贡献;部分正由其后继者们不断深入研究和开拓。

他施教严格。建院初期为讲授《港口工程学》,他亲自编写教材。20 世纪 60 年代初开始招收研究生,每年招收 2 名。录取中坚持标准,无合格者少招甚至缺招,宁缺毋滥。我们每周都必须将学习或研究情况向导师汇报一次,然后听取他的指导。他的教导循循善诱,知识与做人并重,身教重于言教。许多精心点拨使我铭记在心、终身受用。例如:研究江河湖海,并对其实施治理工程,最重要的是掌握和吃透现场第一手资料,这既是研究工作的科学依据,也是工程设计的重要基础;不同的潮波性质对河口、海岸的造床作用各异,治理工程对策一定要有针对性,因势利导,不断优化;对不同的学术观点要格外细心听取,扩大视野,吸收其合理部分以丰富研究成果等。

他爱惜人才。他的记事本中,记载着许多人才资料。在主持学校和研究所工作期间,吸纳了大量优秀人才,并能够量才使用,为他们在各自的岗位上发挥才能创造条件。

对于有缺点错误的同志，评价时能坚信其基本点，不仅不予歧视，而且给他们在工作中改正错误的机会。

我心目中的严师，不是因为他姓严，而是他一辈子对己、对事、对人，都是"严"字当头。一切以国家和人民的利益为重，在成就和荣誉面前从不自傲，为我们树立了道德高尚、事业奋进的光辉榜样。

怀念严恺院士

南京大学教授 朱大奎

严恺院士是我国杰出的教育家、海洋学家、海洋工程学家,严恺院士的学生、弟子遍天下,我是未入室的弟子,几十年来有较多机会跟随严恺院士一起工作,一起旅行,他是我最敬重的老师。

一、天津新港是所大学校

新中国成立初期,国家决定要扩建天津新港,交通部成立专门的"天津新港回淤研究组",请华东水利学院老校长严恺教授担任研究组组长。汇集国内海洋工程、海洋学界各方人士共同努力攻关,解决天津港的回淤问题。我是 1961 年起从陆地工作转向海洋,当时王颖同志从北京大学研究生毕业,分到南京大学,在南大组建海洋研究队伍,继续她在北大已开始的天津新港回淤工作。开始新的 3 年"天津新港泥沙来源及减轻回淤措施"的研究。我也开始做海洋调查。从黄河口到天津港,一直在船上工作,测海流、取水样、采底质、测地形,研究黄河入海泥沙的运移及沿岸输沙运动……这样就有机会在严校长领导下的回淤研究组工作,开始在开会时见到严恺教授,后来听说他是名门之后,清朝晚年首批留学生,严复是他叔父,更使我十分惊讶,肃然起敬。

当时新港回淤研究中,他有 2 位得力助手,南京水利科学研究所的刘锦潮工程师、陈子霞工程师。刘工陈工都是人高马大、体魄魁梧,但办事细微、待人和蔼。回淤工作会议各组汇报时,他们均在场。遇事都会很细微地传达严校长的指示意图,都是与人商量的口吻,使工作意见一一落实。当时给我很深印象。我亦从他们两人中学到工作方式,待人接物方式方法。另位一位天津港的徐选总工程师,也是干事雷厉风行,工作努力的"拼命三郎",徐总常带个布袋(简易书包),什么东西放在里面,他戏称随身带的八宝袋。整天忙忙碌碌,各单位来新港工作,要船、要车、要测工,他都热心安排解决。天津港回淤研究班子不大,但效力很高,每年有年度计划,团结了全国海洋工程界、海洋学界的科技人员,也从中培养了一大批人才。当时常讲:天津新港是所大学校,培养了我国一大批海洋工程科技人才。另外,严院长几次谈到,在国家的重大任务项目中,要带动发展两个学科——海洋动力学与海岸动力地貌学,他希望华东水利学院、南京大学能在这两个学科上多起作用。我从天津港回淤研究开始,一直做海洋工程有关的海洋学研究,成为了我一辈子的工作。

二、长江三角洲的调查咨询

20世纪90年代,中国科学院组织几十位中科院院士参加大型研究咨询工作——"长江三角洲社会经济可持续发展研究",分4个组,严校长负责"交通与基础设施组",另有新兴工业、农业、城市建设组。交通基础设施组有五位中科院院士及一些专家,大家一起在浙江、上海、江苏十几个城市现场调查,开各种座谈会等。严校长总是非常认真细致作好准备,事先作好调查问询提纲,而且常常关照薛鸿超、朱大奎,要我们分别注意提问,调查了解,严校长每到一城市都会对地方建设提出中肯的建议。在南通市,他一再提出,发展港口要注意内河航运,利用河渠解决集疏运问题。严校长每次开会都很守时,开会时取出一块表放在桌上,准时开会,准时结束,一分不差。他讲过,这还是他年轻时留学荷兰时买的,用了一辈子。严校长在任何时候都是衣衫整齐,仪表端庄,开会讨论交谈总是等对方讲完,再说自己看法,总是平心静气,温厚敦实,具独特的风韵。有时严校长也会高兴地与我们一起起哄,凑热闹。记得在宁波调查时,讲起他与任美锷院士都是宁波中学的同学,他讲,你们任先生一直喜欢读书,只知道读书,下课了,我们都去踢足球,他总是在看书,严校长一边说还做了一个有趣姿势,学着任美锷院士少年时歪着身子缩个头在看书的样子,还真有几分神似。任先生笑着说,是、是的(他讲话常有口吃),他身体壮,是我们中学的足球名将。2位老院士在宁波高兴地有说有笑回忆少年时光。

三、中国海岸带海涂资源调查

20世纪90年代我随严校长等人一起去台湾,两岸海洋工程界聚会。也随严校长、薛鸿超老师、严以新教授等人去海南岛海岸港口调查,海南省的交通厅长、港务局长是华东水利学院的毕业生,力邀老师去指导工作。那时每天跑许多路,现场考察讨论,也很忙碌劳累,严校长都热心地、很认真地观察讨论。有时晚上,主人准备了晚餐宴请,严校长总是谢绝,要一碗面条就可以了。野外调查最多的是1980—1990年。全国海岸带与海涂综合调查。严校长是这项国家重大项目的技术顾问组组长。事先组织各学科组制定工作规范,工作方案……工作时亲自跑遍整个中国海岸,亲自到各省市现场指导工作。当时我是江苏海岸带综合调查的技术负责人,亦有几次向全国专家组汇报介绍江苏工作进展,严校长总是认真听取情况,细心询问具体详情,共同讨论下一阶段工作。严校长对江苏海岸带调查工作特别满意,说江苏预先制定合理计划,调查工作规范。他说:"你们要强调突出两点:一是要突出查明可围垦滩涂有150万亩,滩涂围垦开发以平均高潮位作起围高程,这是合理的;二是辐射沙洲区的调查发现、对江苏省有重大意义可深入做这工作。"一再强调要注意做江苏岸外辐射沙洲的研究。

严恺院士一生,正直质朴,刚毅清健,为人平和沉稳,端庄大度,为我国大学的教育事业、海洋科技事业做出巨大贡献,确是我国学术界的楷模。

榜 样 楷 模

——记亲历严院长二三事

华东师范大学教授　虞志英

　　1957年我从华东师范大学地理系毕业,留校当助教,跟随老师陈吉余搞河口海岸动力地貌研究。1958年在陈先生带领下,赴天津参加塘沽新港回淤研究,主要对渤海湾的淤泥质海岸进行动力地貌和沉积物调查。在此期间,才第一次听到严恺的名字,当时他是新港回淤研究组除苏联专家外少数的几位中国顶尖专家之一。他是国内外知名的海岸工程专家,是华东水利学院院长,人们都尊称他为严院长。由于我是一个小助教,又不是学工程的,对他望而生畏,除尊敬外,不敢冒然向他请教。数年后,有多次机会参加严院长主持的河口海岸工程有关的会议,作为年轻人,会议期间多半是坐在后排,但能听得到严院长的发言,从中吸取知识营养,已是十分幸运的了。直到20世纪70年代,周总理提出3年改变全国港口面貌的号召,连云港的扩建亦列其中,当时我们华东师大亦作为连云港回淤研究的主要单位之一,参与了海州湾海岸动力地貌的大规模调查工作,我与同事王宝灿负责此项工作,连续数年,深入野外实际工作,基本摸清了连云港与海州湾淤泥质海岸的形成演变和泥沙运移规律,是与历史上1128—1855年间

严恺(中)与黄胜(右)和陈吉余(左)在一起

黄河夺淮入海有着极为密切关系,当1855年黄河仍北归山东入海后,黄河在苏北入海泥沙枯竭,连云港的泥沙来源骤减,经过100多年的冲淤调整,连云港地区海域已处在"泥沙来源减少,冲淤相对平衡,局部略有冲刷"的自然环境之中,从而否定了"连云港淤泥质海港回淤严重"的错误论调,为连云港深水港的扩建提供了宏观环境上的科学认证。这项成果,在1973年及以后召开的连云港一、二、三次回淤会议上作了介绍和讨论,取得了一致共识,亦得到当时亲临会议的严院长的充分肯定。严院长在1977年连云港第三次回淤座谈会和1979年交通部召开的港址座谈会上均作了总结性发言,发言中讲道:"……自1973年以来,在连云港进行了大量的现场观测、室内试验和分析研究工作,对这个港口的泥沙来源和回淤问题越来越清楚了,在金镠同志关于连云港回淤问题研究成果情况介绍和虞志英等同志发言均作了详细介绍……通过这些工作,对连云港回淤问题已有了基本认识……"严院长的这番话,是对我们参与连云港回淤研究的华东师大、华东水利学院和南京水科所等单位科研成果的充分肯定,1984年华东师大顾问教授出任仪式后扫清了连云港回淤问题严重的障碍。这对我们来讲,既高兴又激动,想不到严院长对我们所从事非工程学科即地貌学研究领域是这么的了解、尊重和鼓励,更加强了我们从事的地貌学科为工程应用服务的信心和决心。

20世纪80年代,严院长与陈吉余教授分别担任全国海岸带资源综合调查技术指导组正、副组长,共同负责指导全国海岸带调查技术工作,后经陈先生提请我校校长,聘任严院长为我校顾问教授,推动了我校与华东水利学院、南京水利科学研究所3个单位,在河口海岸领域许多重大项目中的亲密合作,关系已经几代传承至今。

1990年11月23日严恺(右)与陈吉余(左)和石衡(中)在连云港工地机帆船上

严院长一生,淡泊名利、朴实无华、一身正气,在我与严院长有限的几次接触中,每次我参加由严院长与会的会议期间,很少见到他的秘书随员,都是轻车简从。1990年11月23日严院长在连云港开会,在会议间隙提出要去看现场,严院长一行人至新建粮食筒仓附近工地,提出要上船看施工现场,陪同的金镠同志要去调拖轮,严院长阻止,就近找了 1 条运输施工人员的老旧小机帆船使用,当时与严院长一起的有交通部规划院的石衡总工、陈吉余教授和三航院韩增寿总工及指挥部人员等 7～8 位,上船时又无码头,只能顺栈桥边垂直而下,由几位年轻人帮着将这几个均已七八十岁的老人拉上船,陪同人员甚为紧张,但几个"老头"上船后蹲在驾驶舱前的甲板上,有说有笑地认真完成了一次现场考察。当时我在场见此情景十分感动,当即用相机摄入这难得的镜头,这照片让不认识他们的人看了,怎么也不相信是 2 位院士。

严院长平时严以律己、宽以待人、作风正派,我常听人家说,他在参加会议期间从不接受宴请和送礼,我听后似信非信,在当今社会上,无论由政府官员、企业家及科学家参加各类会议,会议主办方按惯例宴请和赠送一些礼品,这是常情,像严院长等参加的高级别会议,主办单位宴请或送礼品是少不了的。有一次我参加的一个港口城市召开的会议上,会后亦有宴请,大家一身轻松去市府所在地的高级宾馆参加宴请,开车时间已过仍不见开车,一打听是市领导正邀请严院长同往,但严院长不领情,要留下吃面条,结果留下 1 位副市长陪严院长,我们则高兴赴宴去了。另外一例,是我校聘严院长为教授时,校长要宴请,同样被严院长婉拒,结果只能陈先生和我陪同在学校大食堂一菜一汤2 块大饼解决问题,他边吃边说"节省时间,多做工作、多休息"。这是我亲身经历的事,在当今社会上不正之风有愈演愈烈之势时,重温严院长一身正气抵制不良风气的崇高品质,将给予我们很大的警示作用。

严院长给我们留下的不仅仅是科学财富,更是他作为一名科学家崇高品质和一身正气的高贵品质,是留给后代们宝贵的精神财富。榜样和楷模的力量是无穷的。

遥寄追思严恺校长

中交第四航务工程勘察设计院有限公司董事长　朱利翔

有一种笑容，超凡脱俗，"出淤泥而不染，濯清涟而不妖"，圣洁，清澈，是尘世间功利权势沾染不上的，它是期颐之年回首望去，对卓越成就的淡然和欣慰。

有一种人格，崇高伟岸，"拳拳精忠报国乡，赫赫长剑铸辉煌"，忠贞，无私，是身处异乡、年华迟暮也动摇不了的，它是穷尽一生费尽心力，为祖国建设的挂心和努力。

有一种品行，冰魂素魄，"长于河海共魂魄，心系水利数十载"，正直，求实，是数十年如一日的坚持，是一丝不苟的做人做事，践行"为祖国四化大业献吾余生"之诺言。

他，长方脸，中等个，总是不苟言笑。尽管他吃过3年洋面包，虽然他的成就蜚声中外，尽人皆知，可他看上去就跟寻常百姓那样普通。常年穿着的一件老羊皮布面大衣，佩戴那块形影不离的旧怀表成为他艰苦朴素一生的诠释。在他那满月似的面颊上，虽然皱纹和斑点刻下了道道年轮，但依旧笑容满面、精力充沛，透过鼻梁上架着的厚厚镜片，那双睿智深邃的眼睛里依旧充满着深情。在中国水利界，他的名字家喻户晓！

当今中国水利事业之发展，离不开严恺校长的毕生努力。他不仅仅为中国的水利建设和教育事业做出贡献，更重要的，是为当代的我们作出榜样，以己为表率，摒弃浮华，潜心钻研，用质朴和辛勤，铸造了精神的丰碑。

于我，作为一名河海人，能以"校长"来称呼严恺大师，真是莫大的荣幸和骄傲。

至今，严恺校长已诞辰100周年，而他留给我们的期望和指引，却冲破时间的界限，难以忘怀。

一、治学

"艰苦朴素，实事求是，严格要求，勇于探索"。

1982年，华东水利学院迎来了建院30周年庆典，严恺校长挥毫写下了十六字校训："艰苦朴素，实事求是，严格要求，勇于探索。"他多次在不同场合阐述其含义："水利是艰苦的事业，所以，在生活上一定要艰苦朴素；作为一名科技工作者，要坚持实事求是的原则；科学是严肃认真的，不能马虎，所以要严格要求；还要有勇于探索和创新的精神，才能取得独特成就。"

严恺校长是老河海人的缩影和代表，他们求学刻苦，作风严谨，志向远大，民族责任感让他们懂得自己求学的来之不易,所以能视祖国的未来为己任,自强不息,正是这种不竭的动力让他们充满求知欲,刻苦钻研,最终成就大师的一番伟业。

在河海这一高等学府读书,是一种荣誉,更是一种责任,耐得住寂寞,不为世俗所纷扰,专心治学,是每个河海人所应有的责任感与使命感。严恺校长是中国水利史上不可多得的科学巨匠,或许我们达不到他的科研高度,但他的精神和思想是值得我们学习、传承的。严恺校长诞辰100周年之际,我们所需要学习的不仅仅是他过去的事迹,更重要的是反思自己离他的高度还有多远。

二、风骨

"高风亮节道德文章和日月同辉,真知灼见等身著作与天地长存"。

河海是开放而自由的,这里充满了机遇和挑战。校园里的横幅,宣传栏上的传单,网页中的信息,每一个人都可能握住改变人生的契机,顷刻拥有辉煌壮丽的人生蓝图。

通过不懈努力,相信大多数的学子都能在此扬帆起航后,获得自己想要的人生。那么,在功成名就之时,莫忘严恺校长的谦逊和报国,莫忘"艰苦朴素,实事求是,严格要求,勇于探索"的校训。

国为重,家为轻,科学最重,名利最轻。名利如云烟,科研如山岳,专心于科学之中,借此来报效祖国。严恺校长的这种精神品格,是中华民族知识分子的典范,"踏勘高山峡谷,测量荒漠激流",他是先行人,劈荆斩棘,把智慧锻造成阶梯,留给后来的攀登者。

对科研,他无私无畏,耐得寂寞;对成就,他谦逊淡然,报效祖国。严恺校长的质朴情怀,值得每一个人去借鉴。

学术,难免寂寞,然,耐得寂寞,走得天涯路。相信,在严恺校长的指引下,代代河海人终将"长河奔涛,五湖四海,全纳入赤子心胸"!

回忆导师严恺院士

重庆交通大学教授 周华君

博士研究生毕业已经 20 年了,导师严恺院士的音容笑貌、谆谆教诲和言传身教,依然历历在目,犹如昨天。严老高洁的品格、完美的人格、深邃的智慧,对祖国水利事业的深厚情感和严谨求实的精神对我的启迪教育和影响很大,让我终身受益。

在我读大学本科和硕士研究生的时候,严恺院士在我心目中的形象是"严师",是我国淤泥质海岸科学的开创者、著名的科学家,内心充满了对老师的敬畏。1989 年我有幸成为严老的博士研究生,得以经常聆听他的教诲,对严老的了解和尊敬也与日俱深。心灵间的距离更近了,严老在我心目中的形象成了"严师加慈父",可敬可亲可爱。怀念严老,引我想起和严老接触的几个片段。

严老师尊重他人、尊重规则,是一个非常守时的人。实在不能准时,哪怕只是几分钟,也会提前告之。1989 年,严老要参加我的硕士学位论文答辩会,在答辩会开始前,严老亲自打电话来,说明因事要迟到 5 分钟,表示歉意。严老尊重他人的品格令我感动不已。

严老的严格要求是出了名的,但平时与严老接触中,更多感受到的是慈爱。第二外国语我选修了德语,有一次汇报学习情况时,严老从书架上拿下 1 本德语学术书籍,要我读一段并翻译出来。严老听了我的翻译后,不太满意,但没有说重话。他耐心细致地指出我的问题,谈了掌握多种外语对于科研工作和学术交流的重要性。严老熟练掌握英、德、荷、法、俄等多国外语,一直关注国际河口海岸科学的研究动态,也要求学生开阔视野,关注学科前沿。严老经常把出国学术交流和访问后带回的最新书籍和研究报告,例如国际海岸工程会议论文等,要求我阅读,使我接触到国外学者最新研究成果。

严老治学严谨,在审阅我的博士学位论文初稿时,不时要求我提供相关参考文献,并指出论文章节结构安排方面的问题,指导我修改论文。在 30 份学位论文评阅意见返回后,严老都一一仔细阅读,对答辩汇报提出建议。

与严老谈话,你会感受到严老的亲切和诲人不倦。听严老的报告更是一种享受,你会真切感受到大师的智慧和魅力。1991 年我跟随严老去上海参加有关长江口深水航道整治的一次学术研讨会,记得我和严老、薛鸿超教授同乘 1 辆车去火车站。在这次会上,我听到了许多专家的精彩发言。影响最深、获益最多的是严老的总结发言。严老的发言清晰流畅、逻辑严谨、富有哲理。严老对前面多位专家的发言一一做了评述,对长江口深水航道治理工程做了全面分析。他站在全局的高度,用科学的态度、确凿的数据,阐述了长江口深水航道治理研究工作的重点,应该怎么做,并指明了研究工作的方向。严老的发言,高屋建瓴,极为精辟,教会你如何从小见大,通过局部看整体,使人深受启发。

博士毕业后我到了重庆交通大学工作,每次到南京看望严老,他都十分关心我的工作生活情况,问我在做什么研究,上什么课,最近有什么新的进展等。有一次,当我表示想要老师的亲笔签字留作纪念时,严老赠给我由他主编的《海港工程》等著作,亲自写上赠言。

有一次得知我正忙于学院的学科专业和平台建设工作时,严老鼓励我要把学院的发展当作自己的事业,做出成绩来。在我工作遇到困难时,严老给了我很多指导,给了我宝贵的支持。严老和母校河海大学,对于毕业学生的爱护关心和支持,令我深受感动,永生难忘。

师恩难忘,我非常缅怀和严老相处的日子,严老不仅是我可亲可敬的导师,更是我做人的表率,严老那种追求卓越、精益求精、实事求是、严以律己的品德永远值得我学习。

长与河海共魂魄

——纪念两院院士、河海大学名誉校长严恺诞辰 100 周年

原河海大学党办副主任　钱恂熊

依然是那严肃而又慈祥的面容,依然是那深邃而又睿智的目光,依然是那一头饱经风霜的白发,仿佛是在祖国的江河湖海考察,又仿佛是登临他钟情的河海大学讲坛,但相框上方悬挂着的黑色挽幛在告诉人们:他已经离去。

今年,是中国科学院院士、中国工程院院士,我国著名的科学家、教育家和水利工程专家——严恺诞辰 100 周年。他为中国水利奉献了近 70 年,为河海大学服务了 54 年。他的精神和品质影响着一代又一代河海人,在这样特殊的日子里,更让我们深深地缅怀,无限地追思。

一、为治理河海刻苦求学

严恺于 1912 年 8 月 10 日出生在天津。1929 年,高中尚未毕业的他考上了交通大学唐山工学院备取生,并于同年 11 月递补入学。4 年后,他以各门功课 90 分以上、全班第一名的优异成绩毕业,获得学士学位。

1935 年,严恺进入荷兰最著名的国立大学德尔夫特科技大学土木水利专业,并直接攻读工程师学位。1938 年,严恺顺利获得工程师学位,此时正值抗战,他毅然辗转万里回到祖国,与广大仁人志士共赴国难。在祖国的大西南和大西北,他踏勘高山峡谷,测量荒漠激流,探求大江大河的治理开发。1940 年,28 岁的严恺受聘担任中央大学水利工程系教授,开始了他 66 载的教育生涯,培育桃李满天下。

二、在借来的校舍里创办河海

新中国成立之初,国家就将水利建设放在恢复和发展国民经济的重要位置,但水利专业技术人员的严重不足。即使在高等教育相对先进的华东地区,力量既薄弱又分散,各校的水利专业教师多数不到 10 人,学生亦仅数十人。1952 年,全国高等学校院系调整,国家决定在南京组建华东水利学院,点名严恺参与筹备工作并担任建校委员会副主

任。严恺以巨大的热情,过人的胆识和魄力,开始了华东水利学院的建校历程,并长期担任副院长、院长、名誉院长、河海大学名誉校长。

江苏省档案馆的一份《华东水利学院建校委员会第一次会议记录》,说明了华东水利学院筹建时的艰难情况。资料显示,当时的华水,建校时期办公地址拟设于南京大学内,建校初期仅有 16 名教授、5 名副教授、8 名讲师、17 名助教;"办公室及实验室在南大配备 240 英方,勉强可以应用。南京工学院尚余 300 人宿舍,请拨给水利学院,即可以解决本院 950 人的宿舍问题。否则租赁民房或搭建临时宿舍"。

为建设一支过硬的师资队伍,严恺凭借自己在水利界多年的影响力,在各个名校多方游说,登门拜访。只有好的教学、生活条件才能吸引到更多的名教授,但当时的华水校园,从校舍到教室都是"租借"来的。严恺力排众议,买下了 20 栋民国时期的花园洋房,这一举措解除了教授们的后顾之忧,吸引了更多的名师来到华东水利学院。

三、亲笔写下河海校训

1982 年,华东水利学院迎来了建院 30 周年庆典,严恺挥毫写下了十六字校训:艰苦朴素,实事求是,严格要求,勇于探索。他多次在不同场合阐述其含义:"水利是艰苦的事业,所以,在生活上一定要艰苦朴素;作为一名科技工作者,要坚持实事求是的原则;科学是严肃认真的,不能马虎,所以要严格要求;还要有勇于探索和创新的精神,才能取得独特成就。"

在华东水利学院,严恺的朴素和严格是出了名的。严恺有块老怀表,是他大学刚刚毕业时买的,已经跟随他多年,无论走到哪儿,要做的第一件事就是取出怀表,放在桌子上,看着表,听取工作汇报,安排自己的事情。他还有一双老式皮鞋,穿在他的脚上,从陆地到船上,从中国到外国,一再修补,连他自己也不知有多少年头了。别人劝他重新买一双新鞋。他抬了抬脚,看看皮鞋,笑着说,鞋子没有问题,还能穿两年。据严恺家人介绍,那双皮鞋估计穿了 20 年。

严恺不管是外出工作,还是访问,一切从简,坚决抵制铺张浪费。有一次,他到地方指导水利建设,地方摆了一桌酒菜招待他,谁知严恺一看桌上的饭菜,便皱起了眉头,拿了两个馒头便回宿舍啃去了,一时传为佳话。

四、祖国的河海里流淌着他的智慧

作为蜚声全国的水利工程专家,严恺先后主持或参与了黄河治理、淮河治理、三峡工程、长江口深水航道治理、全国海岸带资源综合调查等一系列国家重大建设项目,为中国水利建设事业做出了重大贡献。

三峡工程上马前,各方专家意见不一。作为国内顶尖水利专家,严恺积极发表自己的看法,认为三峡工程利大于弊,早开工早受益,主张尽快启动工程建设,并在泥沙和生态环境两个领域为国家决策提供了翔实的科学依据。

年过 80 岁,严恺仍坚持教学与科研,并屡获大奖:1992 年,他主持的《中国海岸带和海涂资源综合调查研究》获国家科技进步一等奖;1996 年,获中国工程院首届中国工程科技奖;1997 年,获何梁何利基金技术科学奖;1999 年,主编的《中国南水北调》出版;2001 年,主编的《海洋工程》出版,同年被中国水利学会授予功勋奖。2002 年 9 月,他以 90 岁高龄赴上海参加长江口深水航道整治工程验收,2011 年被追授"长江口深水航道治理工程建设杰出人物"荣誉称号。

五、他融入了浩瀚的河海

严恺是中国共产党的优秀党员、中国优秀知识分子的杰出代表。他数十年如一日,一丝不苟地做学问,一丝不苟地工作,一丝不苟地做人,为祖国富强、民族复兴而不懈奋斗;他一生追求进步,热爱党、热爱祖国、热爱人民,生活俭朴,身体力行抵制不正之风。

2004 年 10 月,他满怀对学校、对师生的深情与眷恋立下了遗嘱,决定再从日常积蓄中拿出 20 万元投入到严恺教育科技基金中,"使之能在培养国家的水利教育和水利建设人才中继续发挥作用,也算我实践'为祖国四化大业献吾余生'之诺言"。

严恺毕生的人生追求和科学贡献赢得了国内外的广泛敬重,严恺是江苏省至今为止唯一的中科院、工程院两院院士,先后担任中国水利学会理事长、国际大坝会议中国委员会主席、墨西哥科学院外籍院士、第三届全国人民代表大会代表、中国共产党第十次和第十一次全国代表大会代表等职务。

六、9 400 只纸鹤送别河海之子

严恺逝世后,为悼念和缅怀他,河海大学在校内严恺馆设立了严恺灵堂,开放了严恺工作成就室,布置了严恺生平图片展,制作了悼念严恺专题网站。

2006 年 5 月 13 日上午,南京石子岗殡仪馆告别大厅及广场花圈似海,挽联如潮,来自河海大学以及全国各有关单位的 1 300 余人站满了大厅、站满了广场,向严恺做最后告别。"毕生献科教,改造山川功勋益华夏永泽后世;博学名中外,培育桃李芳香传寰宇常沁人间";"水利学家教育学家,高风亮节道德文章和日月同辉;科学院士工程院士,真知灼见等身著作与天地长存",告别大厅悬挂着的两副巨幅挽联是严恺一生的真实写照。

河海学子也来为老校长送行,他们叠了 9 400 只纸鹤象征严恺 94 岁,学子们手捧千纸鹤,打出了"严老,一路走好,我们永远怀念您"等标语。尽管大多数学生与老校长接触并不多,也没有直接受教于老校长,但都钦佩和敬畏老校长的为人和治学态度。

斯人已逝,精神永存。今天纪念和缅怀严恺这位将毕生精力献给了祖国水利建设和教育事业的大家,就是要继承和发扬他的品质和精神,投身当今的伟大水利事业。新一代的河海人必将秉承"艰苦朴素,实事求是,严格要求,勇于探索"的校训,走向五湖四海。

回忆和严恺院士在一起的难忘时光

河海大学文天学院副院长、党委副书记　张建民

在严恺院士百年诞辰到来之际，即便有关部门不约我写稿件，我早就想着要抽时间写点东西，以表达我对严恺院士的怀念之情和崇敬之意。从认识他、熟悉他，我的入党问题受到他的关心，到兼任他的部分秘书工作，与他经常有较为深入的交谈，他的人格魅力、品德境界与治学精神始终让我万分感佩，无限受益。

一、和严恺院士一起做广播操

我自 1982 年 1 月毕业留校在党委宣传部工作。当时许多部门都在现在校办所在的老的行政办公楼里，宣传部办公室就在一楼，因此我非常荣幸，几乎可以天天见到严恺院士来办公楼上班。

每天到了上午两节课后，办公楼里会传出一阵阵哨子声，大家都知道，那是严恺院士亲自吹的，督促大家都下楼集中在办公楼前的一块空地上，即使在开会也得停下来。他站在前面台阶上，一招一式，认认真真，带领机关人员做广播体操。做完以后，他会利用短暂的时间，与大家亲切交谈。此时，如果有领导借口开会或工作忙不愿下来做操，他会马上批评，难道你们比我还忙吗？

在他的影响下，办公楼的工作人员多年一直坚持做广播操。后来，他觉得自己年龄太大，带操不合适，就提议让我带操。这是我最初受到严恺院士的注意。

我有感于他关心属下的所为，当年曾写了一篇文章发表在校报上，介绍了严恺院士带领大家做广播操的事迹。

严恺院士后来告诉我，他一生很喜欢体育。20 世纪 30 年代他到荷兰留学，曾经专门去德国奥运会现场观看各类比赛。他也喜欢世界杯足球赛，80 岁的时候，有时也像年轻人一样，半夜爬起来看自己拥趸的球队比赛。

更难能可贵的是，他自己还发明了一套模仿禽类动作的运动操，在他 80 多岁的时候，每天早晨在自家的院子里，进行锻炼，坚持不懈。有时我因事到他家，他还会问起现在是否还在做广播操，我告诉他几乎无人做操时，他不由地叹叹气，一言不发。

二、伴随严恺院士广西考察

1992 年 4—5 月间，受交通部委托，严恺院士当任组长，带领近 8 个国内知名专家赴广西考察海岸带规划利用情况。幸运的是，我被他点名做随组秘书。

走之前，他把我叫到办公室，递给我一张用废旧日历纸写的条子，让我立即与广西方面联系落实。我接过条子一看，原来是"约法三章"，他明确交代，考察组到广西以后，广西有关方面不要隆重迎送，不要大吃大喝，不要送礼送钱。

到了广西以后，每次考察组出行，还是前呼后拥，他很不以为然，希望轻车简从，但是没有实效。主要一点是，到了吃饭时候，坐下来就是好几桌，菜肴丰盛，举杯推盏，这令他很不习惯。没有办法制止，他只好简单要点面条或者馒头，快速吃完离开饭厅。我看见他走了，也急忙离开，陪他回房间。他却平静地对我说，你回去继续吃饭吧。

令我感到惊讶的是，在广西考察期间，每天要坐车 200 多公里，从北海到钦州湾，海岸线并不平坦，一般人都会感到有点累，可是 80 岁的他，所到之处，听汇报，看现场，精神一直很好。他出门总提着一个公文包，那时，我想帮他提包。他不愿意，并且严肃地对我说，一个人什么时候如果连包都提不动，就不要出来工作了。

考察结束之前，按照日程安排，要向广西自治区政府做一个工作汇报。开始，有人建议让我为他写个初稿；后来，严恺院士看看我，想了一下，说这是专家组的事情，还是由他自己来写。他利用晚上休息时间，在笔记本上草拟了汇报提纲。

到了汇报那天，本来定为下午 4 点，我们一行 3 点 50 就到了明园宾馆，与先来的几位自治区的副主席见了面。结果时任自治区主席成克杰 5 点 05 分才到。这期间，从来守信准时惜时如金的严恺院士感到十分不爽，几次提出离开明园，不汇报了。有其他领导告诉他，明园有毛泽东主席来广西时的住处，要陪他去看看，消磨时间。他挥挥手，说睡觉地方有什么好看的。成克杰到后，要与严恺院士握手，严恺院士板着脸不响应，不伸手，成克杰只好抓住严恺院士的手臂摇了摇，当时的情形十分尴尬。汇报开始后，严恺院士看看手表说："本来我想讲一个半小时，因为白白浪费了一个小时，我只讲 45 分钟。"

他对我说，成克杰解释迟到的原因是省委书记找他谈事后，路上堵车。这是骗人的。自治区主席的车子出行，警察都认识，怎么可能堵车呢？

三、与严恺院士在一个支部过组织生活

由于我自己身上存在的不足，我的组织问题直到建党 70 周年前夕，在严恺院士及其他同志关心下才得以解决。他参加了讨论我入党的支部大会，勉励我加强学习，不断进步。让我开心的是，在相当长一段时间内，能和严恺院士在一个党支部共同过组织生活。

严恺院士处处以共产党员标准要求自己，不摆资格，没有架子，党性和组织观念很

强,严格遵守组织纪律。每个月,他拿到工资以后,都及时把党费交上,从来不会忘记。我记得,当时校办党支部考虑到他年龄大了,一般性的支部活动就叫他不必要参加了。而他对支部书记说,无论党支部什么时间开会,一定要事先通知他,他有时间就来,没有时间就不来。他一般会提前5分钟,准时参加支部会议,注意聆听他人的发言,也会根据支部会议主题,结合学校及个人实际,谈感想与体会,言辞真切,没有半句废话与套话。到了年终党员组织生活会提交小结时,他会认真写上一份书面材料交给支部,绝对不要人代笔。

四、听严恺院士说坚持原则

不要以为严恺院士不苟言谈,其实他还是一位健谈的人。有了合适的对象和时机,他愿意与你交流很多。

他曾经告诉我,有一年参加全国人大会议,有位副总理在记者会上说,三峡工程暂时不会上马。主张三峡工程尽快上马的他,在人大代表小组讨论会发言时,批评这位副总理的讲话是未事先征求专家意见,不尊重科学家长期所做的论证工作。当小组发言整理出来将要发简报时,副总理的秘书过来找他,问他是否要修改部分发言内容时,他说,修改什么? 就这么发!

还有一次,他在北京主持召开中国水利学会会议,事先通过部长秘书邀请某部长参加会议。结果,临到点开会时,等待某部长到来足足有一刻钟。他很生气。部长来了以后,他没有好气地说,浪费了15分钟,现在开会。事后,他说,部长告诉他,上午刚刚知道开会的信息,所以迟了。这怎么会呢? 这个重要会议几天前就发出通知了,部长难道不知道吗?

还有令我记忆犹新的另外一件事。有一年,学校领导知道严恺院士去北京开会,请他到某部委说情,关照学校某个部门,这个领导还说了某个部门的一堆成绩。他到北京办完自己的事情后,去了某部委。部领导见到严恺院士出面,马上答应对河海某个部门给予关照,但同时告诉他,希望学校要对某个部门的问题予以整改。听到还有问题,严恺院士闷闷不乐。原来是某个部门出了一些问题,学校把关也不严格,学校领导有所顾忌,才叫严恺院士去说情的。回到学校以后,他把校领导喊到办公室,批评了一通。

当我去他的办公室办事的时候,他对我说,你知道吗,刚才我把某领导批评了一通,接着说明了为什么批评。他还说,在学校,这些事情我不批评,就没有人敢说。严恺院士坚持原则,胸怀坦荡,让人肃然起敬。

五、最对不住严恺院士的事

我在校办工作了12年,后来调到学校新闻中心工作。因为对内对外宣传报道需要,与严恺院士打交道的机会仍然不少。每次事关他的电视片,在编辑过程中,他会亲自到新闻中心来审查。他不愿意对他的介绍夸大其词或添枝加叶,要求实事求是。他的严谨由此可见。

有一次,他从北京开院士大会结束回到南京。刚巧我们正在制作一个关于他的电视片。我们早早赶到机场迎接他。为了追求一个所谓的视觉效果,我们设想了一个镜头,请他手捧鲜花从台阶电梯慢慢下来。谁知,有位陪同他的人,上电梯以后,平衡不好,人没站稳一屁股坐在电梯上,出于本能,抓住了严恺院士,当时严恺院士一手捧鲜花,一手抓电梯扶手,因为年龄大力量不够,不小心被拖住摔了一跤,把右手臂碰伤了,鲜血直流。我赶紧把他扶起来,连声说对不起。可他却说,没有关系。还问,拍好了吗?令我感动。但同时,此事一直让我内心纠结,是我考虑欠妥,让令人尊敬的他在近 90 的高龄吃了皮肉之苦。

时光短暂,回忆幸福。或许有人认为我写的都是琐碎事情,而于我却是真切实在的感受。从这些层面,使得我们能细微地了解严恺院士真正不平凡的一生。

大师风范　后学楷模

台湾成功大学副校长　欧善惠

　　我早期比较有交流的大陆资深院士,有今年百岁诞辰的河海大学严恺院士、清华大学张光斗院士及中国海洋大学文圣常院士。其中张光斗院士曾由成功大学工学院李克让前院长邀请访问台湾,因为当时两岸交流尚不热络,张院士学术地位崇高,申请来台湾耗时甚久,等张院士1993年来到台湾时,李克让院长已卸任,由我接任成功大学工学院院长职务,大部分访问行程仍由李克让院长陪同,但由我出面接待张光斗院士。之后,也在三次的海峡两岸三峡工程技术研讨会与张院士见面,并在1995年北京举行的国际水理会议与很多水利界前辈认识。张院士虽然年纪已长,演讲时仍然铿锵有力,析论精辟,令人敬佩。文圣常院士则于1995年我第一次到中国海洋大学访问时前往拜会,他研究海洋波浪,并自创有名的文氏海洋波谱,因属相同研究领域,之后几次拜会都相谈甚欢。这3位资深院士中认识最早,交流最多,影响最深的就是河海大学严恺院士。

　　第一次见到严恺院士是1988年在西班牙南部度假圣地马拉加举行的第二十一届世界海岸工程会议,该次会议办得非常成功,广受大家称许,因为是西班牙第一次主办该研讨会,国家特别重视,由卡罗斯总统担任大会荣誉主席,相关部门首长担任荣誉会员。该次研讨会我与严院士发表的论文有相同的主题,严院士的论文题目为“不同波候条件下之海滩断面变化”,我的论文题目为“斜向波浪作用下之海滩断面”,被安排在同一会场,当时只知道严院士是大陆海岸工程的鼻祖,没有做更多的交流,但觉得严院士是位谦谦学者,有长者风范。

　　第二次与严院士见面,是1993年在南京河海大学举行的首届“两岸港口及海岸开发研讨会”,该次会议由美国佛罗里达大学王象教授促成,会议期间有较长时间与严院士接触,也感受到严院士的大师风范。参加会议有来自各地代表120人,其中大陆代表102人,台湾代表16人,美国代表2人,会议上共宣读论文74篇,互相进行了交流,双方也认为应以此次两岸间交流为契机,进一步促进两岸从事港口及海岸开发从业人员的交流,为建立两岸交流的渠道,决定由河海大学及成功大学作为双方的联系单位,并指定河海大学严以新教授及本人分别为大陆方面及台湾方面的联系人,双方决定1995年在台湾举行第二届两岸港口及海岸开发研讨会,以后每两年轮流在双方举行。会议期间与会代表参观了河海大学、南京水利科学研究院、南京港及新港工业区,会后去张家港、杭州、上海等地参观,此行让台湾代表印象深刻,除看到各地建设正蓬勃发展外,感觉上,大陆的研究方向较为务实,产官学的联系甚佳,全力投入生产建设。大陆代表对会议的参与也相当认真,与会者均为年高德劭,且热心参与讨论。严院士每场论文发表一定准时到场并仔细聆听,用心参与,让人印象特别深刻。

之后第二届两岸港口及海岸开发研讨会如期于1995年11月在台湾成功大学举行,与台湾第十七届海洋工程研讨会合并举办,由本人担任筹备委员会主任委员,大陆代表团原拟派25名代表参加,结果来了34位产官学代表,包括河海大学严恺院士、姜弘道校长、大连理工大学邱大洪院士、南京水利科学研究院窦国仁院士及产官学单位资深教授主管,可谓阵容坚强。会后并赴台湾各港口及大学参观访问,广受各界重视。严院士随代表团赴各地参访,这应该是严院士第一次访问台湾,因严院士曾担任中央大学教授,在台北访问期间,多位早期中央大学校友,包括前台湾大学校长虞兆中,前台湾电力公司总经理朱书麟,新亚工程股份有限公司董事长邹祖琨等,特别设宴款待这位师长,场面特别温馨。经由两岸正式轮流主办的研讨会,两岸同行互访更加频繁,我每次去大陆访问,都会受邀顺道访问河海大学,与师生做专题演讲,后来并被聘为河海大学兼职教授,这一切都因严院士的促成。

严院士出身书香门第,虽年幼失怙,在教育不普及的年代,仍能接受完整的教育,毕业于交通大学唐山工学院,并赴荷兰留学,攻读最著名的水利工程。学成后任教于重庆中央大学、上海交通大学、南京水利科学研究院及华东水利学院,造就人才无数,并成为南京水利科学研究院院长及华东水利学院的院长,为两个单位的发展奠定深厚的基础。严院士一生与江海为伍,主导钱塘江之工程设计、塘沽港开发、长江口航道整治、珠江三角洲规划,负责最艰难的塘沽港回淤问题、中国海岸带综合调查及三峡工程生态环境等科研工作,并当选为中国科学院及中国工程院双院士,是终身致力于中国水利教育及建设事业的巨人。

在有机会与严院士接触的过程中,常感受到他从事学术的严谨态度、高瞻远瞩的真知灼见,提出并身体力行河海大学的校训"艰苦朴素,实事求是,严格要求,勇于探索",作为青年学子活生生的典范。严院士能将科学技术与工程实务结合,运用在经济建设,一生贡献国家,富国利民,努力不懈。足迹遍及大江南北及海内外,其丰功伟绩实为教育界、工程实业界之楷模。我个人能有机缘向大师请益并蒙指导提携,铭感五内,在严院士百年华诞,谨致个人最诚挚的敬意与怀念。

一位门外弟子对严恺教授的怀念

国家实验研究院台湾海洋科技研究中心教授　高家俊

　　和严老师结缘是 1982 年他到德国汉诺威大学访问期间,那时候我是德国政府奖学金生,在佛兰休斯水利研究所 Franzius Institute 攻读博士学位。这个研究所与中国有很深的渊源,创办人 Prof. OttoFranzius 是抗战前黄河治理委员会的德籍专家。

　　当天严老发表了一场 40 分钟公开的学术演讲,用德文! 不但发音清晰,用字高雅,而且演讲一气呵成,平顺流畅。德国听众在得知他 20 世纪 30 年代留学德国,学成回国 40 年没有再造访过德国后,对他优雅的德语都惊羡赞叹不已,我更是佩服得五体投地。在那个年代,大陆的外语环境应该是俄语,他需要多大的毅力与努力,才能保持德语能力啊!

　　严老当年已年近七旬,仍为了提升水利教育水平,不辞辛劳风尘仆仆地远赴海外寻求学术合作,令人敬佩。出门在外,无法好好吃饭,是很辛苦的,为此陪同他到访的梁瑞驹教授要我帮忙找一家中国餐厅。汉诺威是有好几家中国餐厅,但为了适合德国人口味,菜色都不太适合咱中国人胃口。我临时起意,要内人准备几道粗菜招待。家里来了尊贵的客人,内人和我都很紧张,但是严老和蔼可亲的长者风范,很快就解除了我们的顾虑。我们从水利谈到国家发展战略,言谈中让我对严老作为知识分子先天下之忧而忧的情操肃然起敬。那晚我们谈兴高昂,待我恭送严老回旅馆时已过了午夜。临别时严老说:"欢迎你回祖国看看。"我顺口应了一句:"欢迎老师来台湾走走。"我心里想,哪有可能,我们是敌人耶! 然而世事难料,谁会知道当年的应酬话后来都实现了呢!

　　20 世纪 80 年代后期两岸之间开启了一扇小门,我们可以赴大陆出席国际学术会议。因此我 1990 年得以借出席在北京举行的国际水理学会亚太年会(IAHR_APD)之便,顺道访问河海大学。犹记得飞机在大连落地的刹那时,严老"欢迎你回祖国看看"的那句话让我情绪如此激动。我特别花 21 个小时从大连搭火车到北京,为的就是达成严老"看看祖国"的约定。会后我搭飞机到上海,又花 4 个钟头搭"游二"火车到南京,一路上真是"故国风云"在眼前,心潮澎湃。梁瑞驹校长贴心地为我安排访问行程,让我感动与感谢。在办公室敲门拜见严老前,我深吸一口气让自己镇定,男儿是有泪不轻弹的。他的书案井然有序,才寒暄两句,他就谈起长江口整治、南水北调的工程概念,他从大战略规划到设计细节都如数家珍般地通晓,让我望其项背。谈起学术他目光炯炯有神,滔滔不绝,完全不像是年将八十该含饴弄孙的老人。

1993 年在严老主持下，严以新和欧善惠教授共同筹办了第一届两岸海岸与港口开发研讨会。那时我是团员中唯一访问过大陆的人，台湾代表团的出入境申请手续自然成为我光荣的职责。研讨会期间严老全程坐在听众席，全神贯注地聆听，一丝不苟。时而虚心提问，向年轻学者吸取经验，时而提出深入见解，让我们有醍醐灌顶般的收获。他的向学精神让我自惭形秽，当他为国家水利建设大战略劳心劳力时，我却埋头写点小文章，汲汲于争取那一点点出国开会的经费呢。

1995 年第二届会议在成功大学召开，严老率团来台湾。在桃园机场下机时他紧紧地握着我的手，我们没有说话，但是从他紧握的手中我能体会他心中的激动。才不过10 余年间，当年我们在德国第一次见面留下的约定居然都实现了！

1997 年我们在西安第三届会议中再次见面，欧善惠教授和我从严老手中接下河海大学客座教授聘书，这是我人生中少有的光荣之一。由着这些因缘，2002 年我和严以新联合德国柯哈瑟教授（Prof. S. renKohlhase）共同举办中国大陆、德国、中国台湾三方海洋工程研讨会，约定每两年由三方轮流主办。2012 年第六届会议将在基隆台湾海洋大学举行，我的学生董东璟和严以新的学生周晓艳都是重要筹备人员，这是后话。

后来有好几年我每次去大陆都设法到南京拜见严老，不敢说是拜访老朋友，更重要的是借着拜访严老提醒自己作为知识分子的责任。我无缘在课堂上向严老学习，做他的入门弟子，而他作为中国传统士大夫，以天下为己任的崇高情操却是我终身的座右铭。

In memoriam of Prof. Yen Kai

Prof. Yen Kai would have celebrated his 100th birthday.

Sören Kohlhase

This is an excellent reason to remember this brilliant person who was not only renowned in China but in many countries over the world. For me it is a great honor and pleasure being allowed to write some sentences of memory.

During my career I got the chance to attend various international conferences and to be involved in several interesting projects of hydraulic engineering at many places of the world mostly planned and executed in a beautiful natural environment. Without any personal merit, I learned a lot of leading persons. "Whom don't you know" my students asked me sometimes during an excursion. Considering Prof. Yen Kai this makes me very proud.

I must not remind the outstanding merits of Prof. Yen Kai as the president of the East China Technical University of Water Resources (ECTUWR), the name of the Hohai University in 1984 when I travelled to China the first time as a little squirt. I must not mention his outstanding career both as a hydraulic engineer and a scientist. Recognition of those aspects should be done by other colleagues being better informed than I am. On the occasion of the 100th birthday the respective brochure of the Hohai University will certainly reflect all his merits.

I want to restrict myself to outline a little personal side and the importance for my own career. In this respect it is only natural that I will touch on the co-operation between China and Germany in the field of hydraulic engineering which wouldn't have existed without Prof. Yen Kai.

There are many wonderful experiences and stories which I remember very often. Some of them I have used in my lectures to demonstrate problems and solutions in the fields of inland navigation and hydroelectric power plants respectively.

Prof. Yen Kai was a person of authority. I would like to mention one simple sentence only which is still in my mind after many years of my own retirement.

During the closing dinner of our first Chinese-German Symposium，in 1984 in Nanjing，it was eleven o'clock and very early for a German party，Prof. Yen Kai got up suddenly and stated.

"Party is over."

Everybody understood this clear request. Chinese and German participants followed him in single file，some of the German guests having problems with balance due to beer and a lot of Mau Tai.

It was a wonderful，great party and I will never forget the nice atmosphere between the German delegates and our hosts. Since Germans like to drink and to prolong a party incredibly this kind of control was just the right way. Later on，I have often used Prof. Yen Kai's simple order to come to a clear end of a dinner party. All my German colleagues know this story.

How did the story start in 1984?

My supervisor at that time in the Franzius Institut in Hannover was Prof. Partenscky. He offered me the chance to join the German delegation arranged by him to travel to China and to attend the "Seminar on Hydrology and Coastal Engineering" in Nanjing and a subsequent Technical Excursion.

I'll never forget my first impression of Prof. Yen Kai who was leading the Chinese hosts. Prof. Yen Kai started talking with me in the German language. Asking him how he learned German so fluently he gave away that he stayed in Germany in 1936 for a while and learned some basics. Later，using independent studies at home，he continued his learning.

Many years later，in 2004，his son Prof. Yen Yixin，who was the vice president of the Hohai University at that time succeeding to his famous father told me that his father was able to speak the Dutch language，too. I don't know whether Prof. Yen Kai had finished his education in the Netherlands which would explain something. There are indeed a lot of similarities between the languages but Dutch and German are quite different even for European people.

Between our meeting in Nanjing in 1984 and his visit to Germany in 1936 there was a time difference of nearly 50 years and Prof. Yen Kai was more than 70 years old!

We talked in German only also on later occasions. He spoke German fluently. It was never necessary for me to use my "broken English" in a personal talk.

Prof. Yen Kai reminds me very much of my former boss and "Doctor-father" Prof. Hensen，predecessor of Prof. Partenscky. Anybody was suddenly impressed by him and engaged by his personality and aura. There was no snootiness or aloofness which one can find so often with high ranked persons. This is one of the reasons that I admired him and remember him very well.

In my personal photo-book I found the annexed photos of Prof. Yen Kai and his delegation writing into the guest book of Prof. Partenscky and some photos of the visit of the Chinese delegation in Hannover-Marienwerder where the major part of hydraulic experiments are still carried out. The second seminar was held in 1987 here.

I asked one of the secretaries of the Franzius Institut to look for existing documents, and she mailed me the annexed names of the Chinese delegation together with an interesting note of Prof. Yen Kai to Prof. Partenscky. The written dates are from March 1982 and October 1983 respectively indicating probably another visit (other visits?) of a Chinese delegation connected with the first steps of our fruitful co-operation. Unfortunately, I cannot ask anybody anymore to give me a clear answer about the dates.

The real initiator of the Chinese-German Seminar in 1984 considering the German part was Prof. Zehle, University of Applied Sciences in Suderburg. Scientific and technical contacts are, however, much older and are also connected with the name Franzius. I was told that there exists still a movie of a common investigation of the Yellow River training works; but I didn't have the chance to see this old film.

I would like to add a few words to the first seminar in Nanjing in 1984 which was organized by Prof. Yen Kai and his colleagues. I feel the urgent need to mention also Prof. Liang Rui-Ju personally who died so early from cancer. One of the annexed photos shows him together with Prof. Partenscky holding a gift to the institute.

The seminar in Nanjing was held in a time of a very rapid economic development in China and far-reaching political changes. Many things are falling in oblivion in these fast moving times and are remembered becoming older only and thinking about one's own life.

During our visit to China I made remarks to Prof. Partenscky about the rapid development we observed everywhere. Europeans would dream about the progress, soon.

We got the opportunity to visit various factories and manufacturing plants and we learned about the knowledge and diligence of the Chinese people.

Thinking back about the Chinese-German Seminar on Hydrology and Coastal Engineering Prof. Yen Kai initiated a fruitful co-operation in the field of hydraulic engineering which is continued successfully up to now. After my appointment by the University of Rostock Taiwan is also included into the Chinese-German co-operation and various universities of the countries. I have written a special report on this after the symposium in 2004 in the German magazine "Die Küste". The symposium in 2004 was chaired by Prof. Yen Yixin. I would have been very happy to meet his father Prof. Yen Kai again but his son told me that his health wouldn't allow that.

Hydraulic engineers form a great family and hydraulic engineers like to hold a celebration. The closing dinner together with Prof. Yen Kai is an unforgottable memory for me.

I was sitting at one of the typical Chinese round tables together with the Vice President of the university and some of his colleagues. I was the only German at our table. Conversation was great, mostly in Chinese because of very limited knowledge of English at that time (the BBC course "Can I help you" had just started. I noted that during my walks through the city of Nanjing many children asked me "Can I help you?").

My Chinese colleagues at our table were really amused about my helplessness using the sticks to handle the exquisite dishes. In regular intervals one of them stood up and held a speech on the Chinese-German friendship by holding a glass of Mau Tai. All speeches ended with "gan bei". After several speeches it was my turn: short speech in English ending with "gan bei". I don't think that anybody understood what I talked to them. I think, however, the meaning was clear.

"Chinese-German co-operation and friendship"

Nowadays, considering events like our first seminar toasts like those in Nanjing in 1984 is a matter of course for us. During my professional life I have always preached

"No speech without 'prost.'"

Prost is similar to 'gan bei'.

This is a direct output of Prof. Yen Kai and his first seminar in Nanjing in 1984.

A reader of this report may come to the conclusion that parties are the most important component of a Chinese-German Seminar. This is, of course, not true but communication in a relaxed atmosphere is indeed helpful to understand each other and to establish an unconstrained partnership.

My colleague in Taiwan, Prof. Chia Chuen Kao, and myself rearranged the Chinese-German co-operation. We have consciously used the title for our seminar in Rostock 1997 "Joint Chinese-German Symposium" being fully aware that the word "joint" contains two completely different meanings.

The expression symposium was chosen by us to express that we wanted to combine officially a seminar with the technical excursion. By no means should the symposium be similar to a conference and the number of participants should be restricted to a small number of persons representing universities of each country.

A basis for our consideration has been the Technical Excursion following the seminar in Nanjing in 1984. Our group was given the opportunity to visit research facilities both in Nanjing and Wuhan where we have had an excellent insight into ongoing projects. In addition, we have seen many nice places in the area of the city. The highlight of the Technical Excursion was, however, the boat trip on the Yangtze River and the visit of the Gezouba barrage. We have also seen the area of the Three Gorges and we got an impressive insight into the planning components of this gigantic project. Prof. Yen Kai had a remarkable influence and again and again we felt clearly his importance as a planner and engineer.

The first Chinese-German symposium in Nanjing in 1984 was an incomparable and everlasting event for me, giving a lot of impulses for my professional time in Hannover and Rostock. Besides influences on research and education many personal relations are very important results of our co-operation. In this respect I should mention the fact that two of my students married Chinese Girls and one of my former colleagues is just planning his marriage. Could one find a better example for a fruitful co-operation?

When I think about Prof. Yen Kai I see him in front of me. With great pleasure and gratitude I often reflect on the impressive and friendly days together with him.

Remembrance of the Early Years of Cooperation Between East China Technical University of Water Resources and University Institutes in Northern Germany

Karl-Friedrich Daemrich

（Technical College North-East-Saxony，Franzius-Institut and Institute of Water Recorces and Hydrology of the University of Hannover and Leichtweiss-Institut of the Technical University of Braunschweig）

My remembrance of Hohai University goes back to the year 1982 and is related closely to Prof. Yen Kai. It was with his letter of December 20th，1982 that I as a member of the Franzius-Institut was invited as a visiting professor for about one month to give lectures on the graduate level in wave theory and related subjects.

Finally the stay was from mid-October to mid-November in 1983. At the same time Dr. Lehmann of the Institute of Water Resources and Hydrology of the University of Hannover was invited. The journey to Nanjing and the first two weeks of the stay were a joint experience.

Our travelling started with a flight to Shanghai via Hongkong. It had been organized that we were cared for by colleagues from Water Conservancy. We had the chance to get a first impression of a big Chinese city，of a fascinating historic downtown.

The destination Nanjing was reached by train on October 18th. We were accommodated in Nanjing Hotel. Meetings to fix the time-schedule and to agree on the structure of the lectures were on October 19th. I became acquainted with vice president Prof. Liang Rui-ju，my supervisor Prof. Xue Hong-chao and colleagues of the Faculty Waterway and Harbour Engineering. Prof. Gu Jia-Long and Prof. Zhang Dong-Sheng，were helping and translating the lectures and discussions. I specially remember the invitation to a great Chinese dinner in the evening by Prof. Yen Kai. It was my first time to enjoy the richness of Chinese meals，and it was an impressive evening with pleasant conversation，and at 21. 30 h sharp "party was over".

The official program consisted of 2 series of lectures for students and colleagues，and several meetings to exchange experience. In the introducing lecture I could remind of old connections between China and Franzius-Institute. The name giver of the Institute Prof. Hans Otto Ludwig Franzius had been a consultant of the National Government of China in Nanjing in 1929 and 1930. He dealt with the design for the regulation of Hwang Ho and Hwai Ho，with the channel of the emporer and the East Harbour Hangtschow. On June 27th，1933 the Chinese doctor Li Futu got his doctor's degree for his thesis "The regulation of Hwang Ho" after working at Franzius-Institute with thesis supervisor Prof. Franzius.

Besides the scientific program it was also a time for sightseeing with and without guidance in and around Nanjing and a journey to Yangzhou（Jiangdu Key Water Conservancy Project）. As there are so many things that I was allowed to experience there is no chance to recite here all；so I just pick out a few photos to remember good old days.

Lectures for students in Nanjing，1983   Participants of students course，1983

I stayed in Nanjing until November 8th. For the last week of my stay in China a tour to Hangzhou，Suzhou and Shanghai had been organized. I was guided by my interpreter for German language，"Xiao" Liang. It was a marvellous journey，worth an entire book.

On November 8th I had to say farewell to Nanjing and my colleages. At this time we could only hope to meet again "somewhere along the line". I was lucky to return to Nanjing for the CG Joint 2004.

Already in April 1984 I had the chance to meet Prof. Yen Kai and Prof. Liang

Rui-ju again, this time during their stop-over in Frankfurt, Germany. The meeting occurred to prepare organisation and scientific topics of a First Chinese German Symposium to be held in Nanjing in autumn 1984. The following Photos are from this meeting.

Prof. Yen Kai and Prof. Liang Rui-ju in Frankfurt, 1984

Prof. Yen Kai in Frankfurt, 1984

It was our great pleasure to host the Second Chinese-German Symposium on Hydrology and Coastal Engineering and to welcome Prof. Yen Kai and other nine colleagues from Nanjing in Hannover, Germany.

Second Chinese-German Symposium on Hydrology and Coastal Engineering
Prof. Yen Kai and other nine colleagues from Nanjing in Hannover, 1987

Although the symposium took most of the time, there was a bit of free-time to have a walkabout in Hannover. Fortunately a street festival was held and we had a chance to acquaint our colleagues with a very special Hannover custom of enjoying beer and schnapps simultaneously: "Luettje Lage". Luettje Lage has to be drunk with two filled glasses on top of each other. It needs some training to get the liquid into the throat.

I was happy also, to kidnapping two of my colleagues to my home to get a free lecture in table tennis. Of course the Chinese team was the winner.

Enjoying Luettje Lage in Hannover, 1987   Table tennis in Hannover, 1987

Acknowledgements

It was a great honour, chance and experience to participate in the cooperation between our countries and universities. I am thankful to be included in a brilliant group of scientists and friends and happy, that the Chinese-German cooperation is continuing so successfully.

论文篇

波流共同作用下高桩码头上的作用力

过 达 钟瑚穗

(河海大学海岸及海洋工程研究所,江苏 南京 210098)

摘 要:本文分析了波浪、水流和桩基结构相互作用的机理和计算模式,根据试验资料推求了波流通过桩基时的速度衰减系数,并在此基础上提出了计算高桩码头上总波流作用力的方法。

关键词:桩基码头;波浪水流;波流作用力

1 前言

在开敞海域中的桩基码头,波流力是作用于结构上的主要荷载,但我国现行的港工技术规范及国外有关计算手册中,关于如何确定高桩码头上波流共同作用的荷载问题尚无明确规定,各有关设计和研究部门都是在某些假设条件下,通过一定的理论分析或模型试验来建立波浪、水流与高桩码头相互作用时结构上所受荷载的计算模式,这些基本假设主要有:

(1)若波面不触及码头上部结构而穿透桩基码头时,水面仍保持原波动水面曲线,码头前后波浪质点运动轨迹相同。

(2)水平波浪力的计算仍可采用 Morison 关于孤立桩柱上波力的计算模式,但须根据试验结果进行修正。

(3)波浪在同向稳定水流中传播时,仅有波浪要素改变,而流中的波浪性质仍与静水中一样,故波流理论在流场中仍然适用。

河海大学曾结合我国北仑港 10 万 t 级深水桩基码头的模型试验研究,在分析波、流与码头相互作用机理的基础上提出了一套与试验结果相吻合的计算模式,可作为计算类似深水桩基码头上波流作用荷载的参考。

2 波浪、水流与桩基结构作用机理和计算模式

2.1 波浪、水流同向作用

考虑到北仑港深水码头水域中的最不利荷载条件,本文仅探讨浪、流同向作用的情

形,包括水流对波要素的影响及波浪对水流影响两个方面。

根据河海大学的研究成果[1],波浪进入同向的均匀稳定流后,波浪周期保持不变,波高减小,波长增大,其变化规律可以用如下的线性关系式确定:

$$\frac{L_v}{L} = 1 + \xi\left(\frac{V}{C}\right) \tag{1}$$

$$\frac{H_v}{H} = 1 - \mu\left(\frac{V}{C}\right) \tag{2}$$

式中:H,L,C 分别为静水中波高、波长和波速;H_v,L_v,C_v 分别为原始稳定流速 V 中的波高、波长和波速;ξ,μ 分别为与相对水深 d/L 有关的系数,见图 1。

相应波浪质点水平运动速度按二阶近似理论为:

$$u_v = \frac{\pi H_v}{T}\frac{\text{ch}k(d+z)}{\text{sh}^4 kd}\cos(kx - \sigma t) +$$

$$\frac{3}{4}\frac{(\pi H_v)^2}{L_v T}\frac{2\text{ch}k(d+z)}{\text{sh}^4 kd}\cos 2(kx - \sigma t) \tag{3}$$

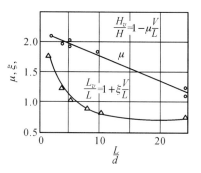

图 1 波高和波长修正系数

其中 T 为波长周期,$k = 2\pi/L_v$,$\sigma = 2\pi/T$。水质点的运动轨迹取决于波流共同作用下的流速 V_v 和波动水质点最大水平速度 u_{vm}。若 $u_{vm}/V_v > 1$,表明质点波动的最大水平速度大于波流场的流速,此时有往复流存在,质点轨迹为长椭圆余摆线(图 2);若 $u_{vm}/V_v < 1$ 水质点只有向前移动,没有向后摆动,质点轨迹为短椭圆余摆线(图 3);当 $u_{vm}/V_v = 1$ 则轨迹是圆余摆线,见图 4 中位于中部的质点轨迹。从图 4 还可看出,即使在同一波流要素时,随着水深的不同也会同时出现这 3 种不同的质点轨迹。

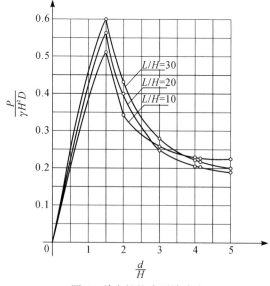

图 2 单个桩柱水平波浪力

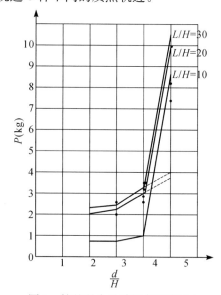

图 3 桩基码头承受的水平波浪力

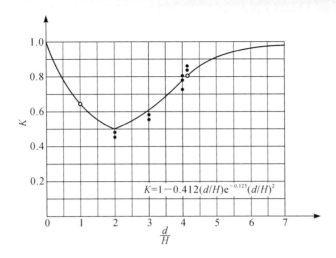

图 4　波动水体质点速度衰减系数与相对水深关系

除水流对波浪作用而使波要素出现相应改变外,波浪也将对水流起作用,从而改变流速分布。流速的上部比原始稳定流上部的流速大,下部比原来的流速小,而且上部增加的流速面积与下部流速减少的面积大致相当,即流量没有变化,只是流速沿水深重新分布。这种流速分布存在明显的原流场 V 与波浪传质速度 U 的线性迭加关系[2],即

$$V_v = V + U \tag{4}$$

其中波浪传质速度包括 2 项:

$$U = U_0 \left(K_z - \frac{\mathrm{th}2kd}{2kd} \right) \tag{5}$$

式中:
$$U_0 K_z = \left[\frac{1}{2} \left(\frac{\pi H_v}{L_v} \right)^2 C_v \frac{\mathrm{ch}2kd}{\mathrm{sh}^2 kd} \right] \cdot \left[\frac{\mathrm{ch}2k(d + z_0)}{\mathrm{ch}2kd} \right] \tag{6}$$

一个波周期内的平均漂流速度:

$$U_0 \frac{\mathrm{th}2kd}{2kd} = \frac{1}{d} \int_{-d}^{0} (U_0 K_z) \, \mathrm{d}z_0 \tag{7}$$

式(7)代表漂流速度沿水深平均值,按连续条件相当于补偿流速。因此,U 是考虑了漂流与补偿流平衡的波浪传质速度。

从以上对已有研究成果的分析可知,波浪与水流共存时所形成的综合流场并不是原始波动场与原始水流场的简单迭加,而是一个经过相互作用形成的新波流场。在应用 Morison 公式计算波流作用力的过程中,若分别计算原始波和流产生的作用力进行迭加作为波流共同作用条件下的结果显然不正确,因为它忽略了波与流互相影响而产生的波要素及流场变化。对于孤立的桩柱而言,流的存在将使桩柱上的作用力显著增大,因为流对波浪力的影响主要是通过速度力来体现,所以 Morison 公式中的速度项应是 u_v 和 V_v 的迭加,即:

$$p = p_D + p_I = \frac{1}{2}\rho C_D D \,(u_v + V_v)^2 + \rho C_m A \,\frac{\partial(u_v + V_v)}{\partial t} \tag{8}$$

式中：D 和 A 分别为桩柱的直径和断面积；C_D，C_m 分别是速度力系数和惯性力系数；ρ 为水的密度。

然而，在计算波流共同作用下的深水桩基码头上的作用力时，由于波流在穿过桩群时桩群将对波流产生衰减影响，波流速度愈大则衰减现象愈明显，若完全套用孤立桩柱上作用力的计算方法，试验表明计算结果将有所偏大，因此有必要对速度项进行修正。

2.2　波流通过桩基时流速的衰减

当波浪行近到桩基码头时，因为码头前沿的水深 d、波坦度 L/H、码头宽度 B、码头面板离静水面高度 Δh、桩数 n 和布置的方式不同而呈现不同的波浪状况，即：

$$波况 = f\!\left(\frac{d}{H},\ \frac{L}{H},\ \frac{B}{H},\ \frac{\Delta h}{H},\ n,\ \cdots\right)$$

码头前沿的波况不同，则码头上所承受的波浪作用力亦随之变化。为此，在计算桩基码头上波浪力时，首先要了解波浪和桩基码头相互作用的状况。试验研究表明，码头前沿的波况大致可分为两类：

（1）当码头前水位较高，波浪峰面触及到码头面板及上部纵横梁结构时，由于建筑物的挡浪面积较大，码头结构对波浪有明显的反射现象，波高明显增大，码头前出现部分立波。这时码头的受力情况既不同于直墙式建筑物，也不同于孤立桩柱建筑物，整个码头承受较大的波浪上托力及波浪水平力。

（2）当码头前水位较低，波峰触及不到码头上部的梁格部件时，码头前的波浪反射现象大大减少，而桩群对水体的阻滞现象相对增强。此时主要通过波能在码头下桩群中的损耗，使码头承受波浪水平力。

在波流共存的条件下，波动水体穿过桩基时的流速场比较复杂，波浪力如何计算目前还没有一个合理、满意的方法。根据我国港工规范中关于孤立桩上水平波浪力的计算条文，可得到如图 5 所示的波浪力变化曲线。

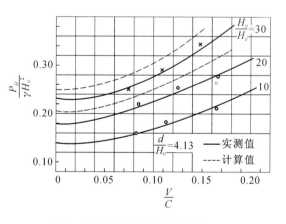

图 5　水位较低时波流总水平力

当相对水深 d/H 不断减小时，水质点的水平分速度相应增大，使按 Morison 公式计算的水平波浪力也显著增大。图中假定在 $d/H = 1.5$ 时波浪破碎，波浪力随即变小。

试验结果表明,当 d/H 减小时作用于桩基建筑物上的波浪力随之减小,表现出与单桩相反的变化趋势,如图 6 所示,这正是因为波动水体进入群桩水域后,波流与群桩相互作用增强的结果。关于群桩效应已有若干研究成果,当桩柱间距小于 4 倍桩径时,群桩对流场将产生显著影响[3]。在流速较小情况下,用桩柱间的相对几何尺度来反映群桩遮帘效应的影响是可行的,但对于大型高桩码头往往处于波流较强的开敞水域,尤其是码头前相对水深 d/H

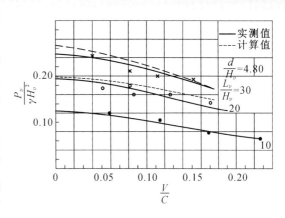

图 6 水位较高时的波流总垂直力

较小的条件下,不仅桩列间水体的混掺和紊动增强,加大了能量的损耗,而且桩列影响到水体分离和波流场重新分布,即使桩柱间距较大,仍然存在着流速明显的衰减。因此,如果计算桩上波流荷载采用 Morison 公式,则必须对公式中按平方关系变化的流速项进行修正才符合实际情况。波动质点水平速度可用下式表示:

$$u_v = K u_v \tag{9}$$

式中:u_v 为波动质点实际水平速度,是群桩水域中质点速度衰减系数。

将式(9)代入 Morison 公式,则群桩水域中单位桩长单桩上的作用力为:

$$p' = \frac{1}{2}\rho C_D D \, (u_v')^2 + \rho C_m A \, \frac{\partial u_v'}{\partial t} = K^2 p_D + K p_I \tag{10}$$

沿桩长积分,可得不同相位时作用于整个桩长上的波浪水平力为:

$$P' = \int_{-d}^{0} (K^2 p_D + K P_I)\mathrm{d}z = K^2 p_{D\max}\cos \sigma t \, |\cos \sigma t| - K p_{I\max}\sin \sigma t \tag{11}$$

作用在整个码头上的总波浪力 P_H' 可视为由同时承受波浪力的各单桩上的作用力迭加而成。这些桩的数目称为有效计算桩数 n。当波长较大时($L/H = 30$),整个码头全部处于正波压力区,且各桩所承受作用力的相位差比较接近。在码头总波浪力出现最大值的相位,可近似地假定:

$$P_{H\max}' \approx \sum_{i=1}^{n} P_{\max i}' \approx n \cdot P_{\max}' \tag{12}$$

通过试验实测码头最大总力 $P_{H\max}'$,再通过现行港工规范计算 $p_{D\max}$ 和 $p_{I\max}$,就可以推算出衰减系数 K(图7):

$$K = 1 - 0.412\left(\frac{d}{H}\right)\exp\left[-0.125\left(\frac{d}{H}\right)^2\right] \tag{13}$$

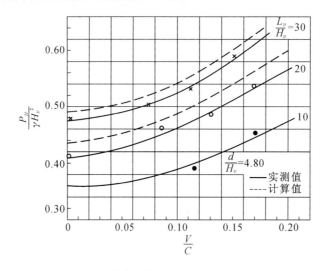

图 7 水位较高时的波流总水平力

波流同向作用时,码头上总波浪力合理的计算模式是首先用 K 值修正过的波浪质点速度 u'_v 代入 Morison 公式计算波浪作用力,然后再迭加上波流场中流速 V_v 对码头的作用力。

3 码头上波流作用力计算方法

3.1 码头前水位较高时的作用力

1. 波浪上托力计算方法[4]

若码头前水位较高而使波峰触及到码头上部结构,作用于码头上部结构的波浪上托力有时比水平力更剧烈,属于作用时间短、强度高的冲击压力。这种冲击压力随着水流流速增大而逐步降低,因为在顺向水流作用下将使垂直分速减小。波流共存时波浪上托力的相对压强公式如下:

$$\frac{p_v}{\gamma H} = K_1 \left[K_2 \frac{\eta}{H} - \frac{\Delta h}{H} - K_3 \frac{V}{C} \right] \exp \left[-3.5 \left(\frac{\Delta h}{H} - 0.4 - K_3 \frac{V}{C} \right)^2 \right] \qquad (14)$$

式中:$K_1 = \left(1 + 0.67 \frac{d}{H}\right) \text{th}\left(0.063 \frac{L}{H}\right)$;$K_2$ 为与波坦有关的波峰超高系数,如表 1 所示;K_3 为水流力修正系数,取 $1.0 \sim 0.7$;η 为波峰顶点到静水位的高度,如下式得出:

$$\eta = \frac{H_v}{2} + \frac{\pi H_v^2}{2L_v} \frac{\text{ch}kd\,(\text{ch}2kd + 2)}{4\text{sh}^3 kd} \qquad (15)$$

Δh 为码头面板底面与水面高差。

表 1 波峰超高系数

$\dfrac{L}{H}$	30	20	10
K_2	1.27	1.30	1.33

若 $V = 0$，式(14)反映水流影响的相对流速项 $K_3 \dfrac{V}{C} = 0$，且波要素为无流时的原始波要素，则式(14)成为无水流时的波浪上托力计算式。

作用于码头单宽面板上的总垂直力为：

$$P_v = 0.75 l_0 p_v \tag{16}$$

式中：l_0 为作用力计算长度，取 $L/8 \sim L/9$。

2. 波浪水平力计算方法

如前所述，此时码头承受波浪力情况介于立波与推进波作用之间，属部分立波波况。为简化计算，用反射波波高值 H_{rv} 按推进波压力公式计算垂线波压强 p_w，求出沿水深的压强分布图。

波峰顶 $\left(\eta = \dfrac{H_{rv}}{Z} + \xi_0 \right)$：$p_w = 0$

水中任一深度的波压强为：

$$\frac{p_w}{\gamma H_{rv}} = \frac{1}{2} \frac{\operatorname{ch} k(d+z)}{\operatorname{ch} kd} + \frac{3}{8} \frac{\pi H_{rv}}{L_v} \frac{\operatorname{th} kd}{\operatorname{sh}^2 kd} \left[\frac{\operatorname{ch} 2k(d+z)}{\operatorname{sh}^2 kd} - \frac{1}{3} \right] - \frac{1}{8} \frac{\pi H_{rv}}{L_v} \frac{\operatorname{th} kd}{\operatorname{sh}^2 kd} \left[\operatorname{ch} 2k(d+z) - 1 \right] \tag{17}$$

式中：H_{rv} 为有流时码头前反射波高，$H_{rv} = K_r H_v$；K_r 为反射系数，部分立波时取 $1.4 \sim 1.6$；z 轴零点在静水面，向上为正。

水面超高时：

$$\xi_0 = \frac{\pi H_{rv}^2}{4 L_v} \left(1 + \frac{3}{2 \operatorname{sh}^2 kd} \right) c \operatorname{th} kd \tag{18}$$

将沿水深的波压强分布乘以实际挡浪面积即得到作用在码头上的波浪总水平力。实际挡浪面积为面板、纵横梁等挡浪面积加上第一排桩的垂直投影面积，亦即迎波向的建筑物最前沿的沿水深的实际面积。

以上是单独波浪作用的部分，尚应加上水流作用部分的水平力 P_c：

$$P_c = K_4 \left(\frac{\gamma V^2}{2g} \right) \cdot A_c \tag{19}$$

式中：K_4 为水流力压强系数，由试验确定，如表 2 所示。

表 2　水流力压强系数

V (m/s)	1.0	1.5	2.0
K_4	0.92	0.85	0.75

A_c 为码头构件以及桩基中各桩在与流向垂直平面上的投影面积。

码头承受总作用力应是波浪力和水流力两部分迭加,无流时只需将以上各式中的波要素改为原始波要素即可。

3.2　码头前水位较低时的作用力

码头前水位较低时,波流不触及上部结构而穿过桩基,这时应按本文 2.2 节所述计算模式求作用力:

(1) 按港工技术规范计算 P_{Dmax} 和 P_{Imax};

(2) 按式(13)计算速度折减系数 K;

(3) 计算群桩水域中,同一时刻位于不同相位的各桩水平波浪力 P'_i [式(11)];

(4) 将一个波周期内的 P'_i 值绘成 P'_i—σt 过程线;

(5) 把 P'_i—σt 曲线图同码头断面图迭合,确定有效计算桩数 n;

(6) 码头承受的总水平力为 $P'_H = \sum\limits_{i=1}^{n} n P'_i$;

(7) 为获得 P'_H 的最大值,应根据 P'_i—σt 曲线调整的零点与各桩的位置,用试算法确定 P'_H 的最大值。

以上计算结果仍需加上按式(19)计算的水流作用力。

4　结语

(1) 波浪和水流共同作用时,受水流的影响波要素会改变,但水流中的波浪性质仍与静水中一样,同时,水流受波浪影响,流速场重新分布。

(2) 波流与桩基相互作用时,不仅桩与桩之间的相对几何尺度会影响桩基上的作用力,而且波流质点的速度大小直接影响到群桩之间相互干扰程度和群桩水域中流速场的分布。在相对水深小或流速较大时,应对计算桩力 Morison 公式中的速度项进行修正。

(3) 高桩码头波浪力计算必须按码头结构形式和水位高低,区分建筑物前的波况。当波面触及码头上部结构时应分别计算垂直力和水平力,这是码头上出现最不利荷载的情形。当水位较低,波面不能触及码头上部结构,应采用修正过的流速方可按 Morison 公式计算。

参考文献:

[1] 白辅中. 水流中波要素的预报[J]. 山东海洋学院学报,1983,13(1):53-59.

［2］渠时勤.同向波—流场中水质点轨迹和速度的试验研究［D］.南京:华东水利学院,1982.

［3］薛鸿超,顾家龙,任如述.海岸动力学［M］.北京:人民交通出版社,1980.

［4］过达,蔡保华.透空式建筑物面板波浪上托力计算［J］.华东水利学院学报,1980,8(5):60-65.

错口丁坝在水流中的相互作用

冯永忠[1]　常福田[1,2]

(1. 河海大学海岸及海洋工程研究所,江苏 南京　210098;
2. 河海大学航运及海洋工程系,江苏 南京　210098)

摘　要:通过水槽实验和理论上的分析推导,得到了错口丁坝的主流流场和压强场变化规律,导出了丁坝错口布置状态下,上游坝的最小回流长度,从而揭示了错口丁坝间相互作用、相互影响的机理。为进一步探讨丁坝群的回流尺度提供了一个基础性的方法和思路。

关键词:对口丁坝;错口丁坝;回流长度

1　前言

丁坝对岸滩的整治主要是利用丁坝坝后的回流,因此,对其回流尺度的估计直接关系到工程效果和造价。具有对称关系的对口布置,可转化为只在单侧存在丁坝的情形进行研究,或者说单丁坝的研究成果和方法可以推广到对口丁坝。南京水利科学研究院三三〇泥沙模型试验组窦国仁等在1978年完成的单丁坝回流尺度研究成果,已被当今工程所采用。但是,还不能将其直接应用到具有非对称关系、丁坝间存在着相互作用和相互影响的错口丁坝或丁坝群。目前在国内外针对错口丁坝或丁坝群回流尺度的计算方法尚未多见,问题在于丁坝之间相互影响和相互作用的关系尚未清楚,本文在实验和分析的基础上对这个问题做了一些尝试性的工作。

2　错口丁坝间主流流场的研究

2.1　实验概况

本文实验是在一长20 m、宽1 m的矩形截面水槽中进行,流量用三角堰上水位控制,水深用尾门控制。根据主流区流量等于来流流量,回流区流量为零这一方法确定回流边界线。

2.2 错口范围内主流的断面流速分布

均匀来流 U_0 一旦进入丁坝的错口范围,受到上游错口丁坝的挑流以及下游错口丁坝的壅水作用,主流流速的均匀分布被破坏。实验过程中,我们采用变化流量、水深、丁坝坝长、错口距离的方法进行多组实验,总结出以下规律:

(1) 当错口距离小于单丁坝坝后回流长度 L_d 时,错口范围内主流的断面流速分布近似为直线分布(见图1),即 $\frac{\partial u}{\partial y} \approx c$,这里的 u 为 x 的方向,或水流主流流动方向上的流速,y 为河槽宽度方向;当 $\Delta L < L_d/5$,在 $0 \leqslant x < \Delta L$ 范围内近似有 $\frac{\partial}{\partial x}\left(\frac{\partial u}{\partial y}\right) \approx 0$,在 $x = \Delta L$ 断面,水流受到下游错口坝的挑流作用,水流趋向均匀分布,[图1中,(a),(b),(c),(d) 4个试验断面分别是距上游错口坝 $\Delta L/5$, $2\Delta L/5$, $3\Delta L/5$, $4\Delta L/5$ 的断面,ΔL 为错口距离]。根据势流理论,丁坝坝头处为流速奇点,即流速无穷大,而真实流体具有粘性,表现为丁坝坝头小范围内流速的局部增大现象,而在 $0 \leqslant x < \Delta L$ 区间,$\frac{\partial u}{\partial y}$ 的沿程变化值在 5% 之内,试验数据为 $H = 22.88$ cm, $D = 12.00$ cm, $Q = 20\ 300$ cm³/s, $\Delta L = 39.4$ cm, $L_d = 134.8$ cm。

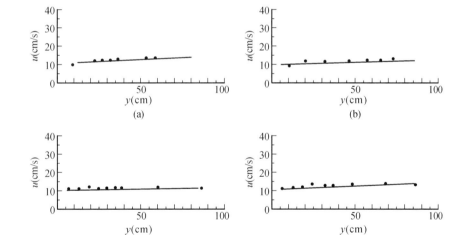

图1 错口丁坝间主流断面流速分布

(2) $0 \leqslant x < \Delta L$ 中某一断面上主流的 $\frac{\partial u}{\partial y}$ 随错口距离 ΔL 而变化,ΔL 逐渐增大,$\frac{\partial u}{\partial y}$ 逐渐减小;ΔL 逐渐减小,$\frac{\partial u}{\partial y}$ 逐渐增大;特别是当 $\Delta L \to L_d$ 时,$\frac{\partial u}{\partial y} \to 0$。参考图2,试验断面是距上游错口坝 $L_d/10$ 的断面,其中 Q 为流量(cm/s),D 为丁坝坝长(cm),H 为水深(cm),ΔL 为错口距离(cm),L_d 为单丁坝坝后回流长度(cm),实验数据为:

$$Q：20\ 300 \qquad D：25 \qquad H：23.12$$
$$\Delta L_1：10.5 \qquad \Delta L_2：16.8 \qquad \Delta L_3：20$$
$$\Delta L_4：25.9 \qquad \Delta L_5：30.9 \qquad \Delta L_6：39$$
$$\Delta L_7：50.3 \qquad \Delta L_8：60.1 \qquad \Delta L_9：75.6$$
$$\left(\frac{\partial u}{\partial y}\right)_1：0.25 \qquad \left(\frac{\partial u}{\partial y}\right)_{10}：0.03 \qquad L_d：95$$

图 2　错口丁坝间主流流速随错口距离的变化

3　错口丁坝的相互作用研究

3.1　上游错口坝回流长度的极值现象

　　图 3 所示的实测曲线表明，下游错口丁坝存在显著影响着上游错口丁坝的回流尺度，当错口距离 ΔL 为零时，即丁坝对口布置时，回流长度具有最大值，随着 ΔL 的逐渐增大，回流长度逐渐减小，可以预测，存在着一个等于错口距离 ΔL 的回流长度 L_0。实验发现，当 ΔL 大于 L_0 时，回流长度也大于 L_0，且随 ΔL 的增大而逐渐增大；当 ΔL 趋向于无穷大时，回流长度也逐渐增大趋向单丁坝的回流长度。所以 L_0 是上游错口坝回流长度的最小值，它是上下游错口坝相互作用、相互影响的反映，是一个特征长度。

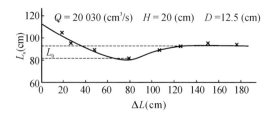

图 3　上游错口坝回流长度与错口距离的关系

3.2　水面坡降引起的压强梯度

　　根据本文 3.1 中对 L_u 的讨论，可将水面坡降写成：

$$i_x = f(u,\ H,\ C_o,\ \Delta L,\ B,\ D,\ L_u,\ x)$$

式中：C_0 为无尺度谢才系数，即 $C_0 = \dfrac{C}{\sqrt{g}}$。水位落差一般与流速的平方成正比，所以进一步认为其比例系数沿回流长度内的平均值为 $1^{[1]}$，因而有：

$$\frac{1}{L}\int_0^{L_u} f(u,\ H,\ C_0,\ \Delta L,\ B,\ D,\ L_u,\ x)\,\mathrm{d}x = 1 \tag{1}$$

然而 f 函数在回流长度范围内是沿程变化，且逐步减小，采用直线变化描述为：

$$f(u,\ H,\ C_o,\ \Delta L,\ B,\ D,\ L_u,\ x) = 2a_1\left(1 - \frac{x}{L_u}\right) + a_2$$

a_1，a_2 为与 u，H，C_0，B，D，L_u，ΔL 有关的参数，将上式代入式（1）得 $a_1 + a_2 = 1$，所以有：

$$i_x = \frac{u^2}{gL_u}\left[2a_1\left(1 - \frac{x}{L_u}\right) + a_2\right]$$

则由水面坡降引起的压强梯度为：

$$\frac{\partial p_{ix}}{\partial x} = \rho g\,i_x = \rho\frac{u^2}{L_u}\left[2a_1\left(1 - \frac{x}{L_u}\right) + a_2\right] \tag{2}$$

3.3　错口丁坝压强场的研究

1. 错口丁坝主流区压强的构成

主流区应用势流理论来处理，设无穷远处的均匀来流为（$\vec{u}_0$），错口范围的流速可表示为 $\vec{u}_0 + \vec{v}$，其中 $\vec{v}$ 为速度的扰动值，由 Bernoulie 方程有：

$$\rho g z_0 + p_0 + \frac{1}{2}\rho \vec{u}_0^2 = p + \rho g z + \frac{1}{2}\rho\,(\vec{u}_o + \vec{v})^2$$

式中：p_0 为均匀来流压强；p 为错口范围主流压强；z_0 为来流水位；z 为错口范围水位；ρ 为水密度。

因为 $\dfrac{1}{2}\rho\vec{v}^2$ 是 $\rho\vec{u}_0 \cdot \vec{v}$ 的高一阶小量，可略去，则有：

$$\rho g z + p + \rho\vec{u}_0 \cdot \vec{v} = p_0 + \rho g z_0$$

考虑主流方向（x 方向）的形式得：

$$\frac{\partial p}{\partial x} = \frac{\partial}{\partial x}[p_0 - \rho u_o v_x + \rho g\,(z_0 - z)] = -\frac{\partial}{\partial x}(\rho u_0 v_x) + \rho g\,i_x \quad (0 \leqslant x < \Delta L) \tag{3}$$

由式（3）可知，错口范围内主流的压强梯度分别由水位坡降项 $\rho g\,i_x$ 和速度扰动

项 $-\dfrac{\partial}{\partial x}(\rho u_0 v_x)$ 构成，因而在水流流动方向上有：

$$\frac{\partial p}{\partial x} = -\frac{\partial}{\partial x}(\rho u_0 v_x) + \rho g i_x \quad (0 \leqslant x \leqslant \Delta L)$$

$$\frac{\partial p}{\partial x} = \rho g i_x \quad (x > \Delta L)$$

2. 错口丁坝间主流压强梯度性质

错口范围主流的断面流速分布近似为直线分布，可将其写成 $u = c - \dfrac{\partial u}{\partial y} \cdot y$（$c$ 为常数），则速度扰动值为：

$$v_x = u_0 - u = u_0 - c + \frac{\partial u}{\partial y} \cdot y$$

考虑当 $\Delta L < \dfrac{L_d}{5}$ 时有 $\dfrac{\partial}{\partial x}\left(\dfrac{\partial u}{\partial y}\right) \approx 0$ 及主横流比降 $\dfrac{\partial}{\partial x} i_x = 0$，则

$$\begin{aligned}
\frac{\partial}{\partial y}\left(\frac{\partial p}{\partial x}\right) &= -\frac{\partial}{\partial y}\left[\frac{\partial}{\partial ux}(\rho u_0 v_x) - \rho g i_x\right] = -\rho u_0 \frac{\partial}{\partial y} \frac{\partial}{\partial x} v_x = \\
&-\rho u_0 \frac{\partial}{\partial x}\left[\frac{\partial}{\partial y}\left(u_0 - c + \frac{\partial u}{\partial y} \cdot y\right)\right] = \\
&-\rho u_0 \frac{\partial}{\partial x} \frac{\partial u}{\partial y} \approx 0
\end{aligned} \tag{4}$$

上式表明，错口范围内主流的 $\dfrac{\partial p}{\partial x}$ 沿河槽宽为常数，则下游错口坝所在侧边壁（认为是主流的一条流线）上的 $\dfrac{\partial p}{\partial x}$ 值等于内部的 $\dfrac{\partial p}{\partial x}$ 值。

3. 压强梯度速度扰动项公式

错口丁坝间速度的变化会引起压强变化，在主流区对下游错口坝应用平板扰流模型，且假设水位与来流一致，建立如图 4 所示的 $x'O'y'$ 坐标系，由 S-C（schwarts-christoffc）定理，得其复势为：$W = \bar{u}\sqrt{z^2 + D^2}$，$z = x' + iy'$，则速度场为：

$$\hat{u} - i\hat{v} = \frac{\mathrm{d}W}{\mathrm{d}z} = \frac{\mathrm{d}}{\mathrm{d}z}(\bar{u}\sqrt{z^2 + D^2}) = \frac{\bar{u}z}{\sqrt{z^2 + D^2}}$$

式中：$\hat{u}$，$\hat{v}$ 为 x，y 方向上流速；$\bar{u}$ 为下游丁坝前来流平均流速。

考虑速度模为：

$$|\hat{u} - i\hat{v}| = \left|\frac{\bar{u}(x' + iy')}{\sqrt{x'^2 - y'^2 + D^2 + 2x'y'i}}\right| = \frac{\bar{u}(x'^2 + y'^2)^{\frac{1}{2}}}{[(x'^2 - y'^2 + D^2)^2 + 4x'^2 y'^2]^{1/4}}$$

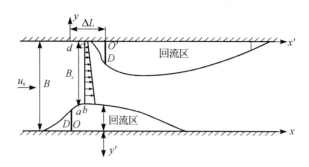

图 4 错口丁坝流动模式

根据 Berrnoulie 方程(不考虑水位项),有

$$\frac{p_v}{\rho} + \frac{1}{2} \mid \hat{u} - i\hat{v} \mid^2 = \frac{p_0}{\rho} + \frac{1}{2} u_0^2 = C \quad (C \text{ 为常数})$$

所以

$$p_v = c\rho - \frac{\rho}{2} \frac{\bar{u}^2 (x'^2 + y'^2)}{\left[(x'^2 - y'^2 + D^2)^2 + 4x'^2 y'^2 \right]^{\frac{1}{2}}}$$

令 $y' = 0$,得边壁上压强为:

$$p_v \Big|_{y'=0} = c\rho - \frac{1}{2}\rho \frac{\bar{u}^2 x'^2}{x'^2 + D^2}$$

利用 xOy 和 $x'O'y'$ 坐标系之间的变换关系 $x = x' + \Delta L$,$y = -y' + B$(B 为河槽宽度),得:

$$\frac{\partial p_v}{\partial x} \Big|_{y=B} = \frac{-\rho \bar{u}^2 D^2 (x - \Delta L)}{\left[(x - \Delta L)^2 + D^2 \right]^2} \quad (0 \leqslant x \leqslant \Delta L)$$

考虑式(4)得:

$$\frac{\partial p_v}{\partial x} = \frac{\partial p_v}{\partial x} \Big|_{y=B} = \frac{-\rho \bar{u}^2 D^2 (x - \Delta L)}{\left[(x - \Delta L)^2 + D^2 \right]^2} \quad (0 \leqslant x \leqslant \Delta L) \tag{5}$$

3.4 上游错口坝最小回流长度的求解

对上游错口坝最小回流长度 L_0 的求解可以获得错口丁坝回流遮掩岸滩的下限范围,此时错口距离为 L_0。参考图 4,取微元体 $abcd$ 进行受力分析,列出沿水流方向(x 方向)动量守恒方程和连续方程

$$dp + dT_r + dT_w + dT_b = dK$$
$$Q = B_x H \bar{u} \quad (B_x \text{ 为主流宽度})$$

(1) dK 为动量变化率,$dK = \rho B_x H \bar{u} d\bar{u}$;

（2）dp 为水体所受压力差，$dp = \dfrac{\partial p}{\partial x} HB_x dx = \left[\rho g i_x - \dfrac{\partial}{\partial x} (\rho u_0 v_x) \right] HB_x dx$，根据式（5）有：

$$dp = \rho g B_x H i_x dx + \dfrac{\rho^2 \bar{u}^2 D^2 (x - \Delta L)}{\left[(x - \Delta L)^2 + D^2 \right]} HB_x dx$$

（3）$d\tau_r$ 为主流与回流交界面处的紊动阻力，$dT_r = -\tau_r H dx$（τ_r 为紊动切应力）；

（4）dT_w 为侧壁阻力（因侧壁阻力很小，可以略去）；

（5）dT_b 为床面阻力，$dT_b = -\tau_b B_x dx$（τ_b 为床面切应力）。

将以上物理量的表达式代入连续方程和动量守恒方程，得：

$$\rho B_x H \bar{u} d\bar{u} = \rho g B_x H i_x dx + \dfrac{H \rho D \bar{u}^2 B_x (x - \Delta L)}{\left[(x - \Delta L)^2 + D^2 \right]^2} dx - \tau_b B_x dx - \tau_r H dx \qquad (6)$$

式中：河底切应力 τ_b，$\tau_b = \rho \bar{u}^2 / C_0^2$。

主流与回流交界面的紊动切应力 τ_r 反映了主流与回流的动量交换，τ_r 为 $\rho \varepsilon_m \dfrac{\partial \bar{u}}{\partial y}$，$\varepsilon_m$ 为紊动交换系数，根据窦国仁的研究，得：

$$\dfrac{\partial \bar{u}}{\partial y} = \alpha_3 \dfrac{\bar{u}}{\alpha_2 D} \left(1 - \dfrac{x}{L_u} \right) \qquad \varepsilon_m = K \bar{u} B_x \left(1 - \dfrac{x}{L_u} \right) \qquad （\alpha_2, \alpha_3 \text{ 为系数}）$$

则：

$$\tau_r = \rho \varepsilon_m \alpha_3 \dfrac{\bar{u}}{\alpha_2 D} \left(1 - \dfrac{x}{L_u} \right) = \dfrac{K_1 \alpha_3}{\alpha_2} \dfrac{\bar{u}^2}{D} \left(1 + \dfrac{x}{L_u} \right) \left(1 - \dfrac{x}{L_u} \right)$$

分别将 τ_b，τ_r 表达式代入式（6），考虑式（2）得：

$$\rho B_x H \bar{u} d\bar{u} = \rho B_x g H i_x dx + \dfrac{H \rho \bar{u}^2 D^2 (x - \Delta L) B_x}{\left[(x - \Delta L)^2 + D^2 \right]^2} dx - \rho \dfrac{\bar{u}^2}{C_0^2} B_x dx -$$

$$\alpha \rho \left(1 + \dfrac{x}{L_u} \right) \left(1 - \dfrac{x}{L_u} \right) B_x \dfrac{\bar{u}^2}{D^2}$$

方程两边同除以 $\rho B_x H \bar{u}^2$，并积分得：

$$\ln \bar{u} = \left(\dfrac{2a_1 x}{L_u} - \dfrac{a_1 x^2}{L_u} \right) - \dfrac{x}{C_0^2 H} - \alpha \left(\dfrac{x}{L_u} - \dfrac{1}{3} \dfrac{x^3}{L_u^3} \right) \dfrac{L_u}{D} - \dfrac{D^2}{2 \left[(x - \Delta L)^2 + D^2 \right]} + C$$

考虑连续方程，当 $x = \Delta L$，$\bar{u} = \dfrac{Q}{\left[(B - b_x^0) H \right]}$，以它确定常数 C，有：

$$\ln \dfrac{B - b_x^0}{B - b_x} = a_1 \left[\left(1 - \dfrac{\Delta L}{L_u} \right)^2 - \left(1 - \dfrac{x}{L_u} \right)^2 \right] + a_2 \left[\left(1 - \dfrac{\Delta L}{L_u} \right) - \left(1 - \dfrac{x}{L_u} \right) \right] +$$

$$\dfrac{1}{C_0^2 H} (x - \Delta L) - \dfrac{D^2}{2 \left[(x - \Delta L)^2 + D^2 \right]} + \dfrac{1}{2} -$$

$$\dfrac{L_u}{D} \left[\dfrac{2}{L_u} (x - \Delta L) - \dfrac{\alpha}{3 L_u^3} (x^3 - \Delta L^3) \right]$$

式中：$\alpha = 1/8$；b_x 为回流宽度。

当 $x = 0$，$b_x = D$，有：

$$\ln \frac{B - b_x^0}{B - D} = -\left[\left(2a_1 \frac{\Delta L}{L_u} - a_1 \frac{\Delta L^2}{L_u^2} + a_2 \frac{\Delta L}{L_u}\right) - \frac{\Delta L}{C_0^2 H} - \alpha\left(\frac{\Delta L}{L_u} - \frac{1}{3} \frac{\Delta L^3}{L_u^3}\right)\frac{L_u}{D} - \frac{1}{2}\right] - \frac{D^2}{2(D^2 + \Delta L^2)} \tag{8}$$

令 $\Delta L = L_0$，这时 $L_u = L_0$，$b_x^0 = 0$，则式(8)为：

$$\ln \frac{B}{B - D} = -\left[\frac{1}{2} - \left(\frac{1}{C_0^2} + \frac{2\alpha}{3D}\right)L_0\right] - \frac{D^2}{2(D^2 + L_0^2)} \tag{9}$$

在不受丁坝影响的区域有 $C_0^2 H = \dfrac{\bar{u}^2}{(gi)}$，$\bar{u}$ 为断面平均行近流速，i 为均匀流比降，则式(9)又可写成：

$$\ln \frac{B}{B - D} = -\frac{1}{2} + \left(\frac{gi}{\bar{u}^2} + \frac{3D}{2\alpha}\right)L_0 - \frac{D^2}{2(D^2 + L_0^2)} \tag{10}$$

式(10)即为上游错口坝最小回流长度所满足的方程式，可用迭代法求解。由式中看到 L_0 的大小与来流的状态、河槽宽及错口坝的坝长有关。

4　实验验证

采用变化上游的来流状态、水深和丁坝坝长条件，在水槽上实测了受下游坝影响下上游错口坝最小回流长度值 L_p，并与式(10)的计算结果 L_c 相比较，点绘相关图(图5)，相关点分布于45°斜线两侧。

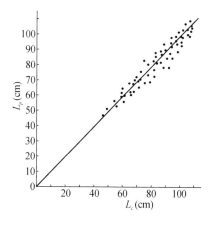

图 5　错口丁坝最小回流长度计算值与实测值相关图

5 结论

（1）错口丁坝间主流断面流速近似呈线性分布，而且随错口距离的变化而变化，当错口距离逐渐增大，断面流速沿河宽的变化率逐渐减小。

（2）错口丁坝的压强梯度沿程发生变化，在错口丁坝之间，主流压强梯度由坡降项和速度扰动项构成，在错口距离之外，压强梯度仅有坡降项。

（3）上游错口坝回流长度随错口距离的变化而变化，它具有最小值，而最小值可看成是上、下游丁坝相互作用的一个特征长度。

（4）错口丁坝间相互作用的研究为进一步解决错口丁坝或丁坝群的流场和回流尺度起到基础性的作用。

参考文献：

［1］窦国仁. 丁坝回流及其相似律研究［J］. 水利水运科技情报，1978(3)：1-14.

［2］BRADAY J N. Hydraulics of bridge waterways［M］. Hydraulics Design Series，No1，U. S Goverment Printing Offices，1970：200-212.

［3］夏振寰. 现代水力学一［M］. 北京：高等教育出版社，1990：232-236.

［4］夏振寰. 现代水力学二［M］. 北京：高等教育出版社，1990：352-35，316-336.

人工水草缓流和消波研究

周家苞　陈德春

(河海大学港口航道及海岸工程学院,江苏 南京　210098)

摘　要:根据室内水流试验和波浪槽试验资料,详细分析了人工水草的缓流和消波特性,研究表明:人工水草草屏的疏密度、排距、相对草高和草场长度对缓流和消波效果有明显影响;适当提高水草疏密度,减少排距,增加草场长度,可获得较好的缓流及消波效果,研究成果为现场布置人工水草场提供了设计依据。

关键词:人工水草;缓流;消波

1　前言

　　人工水草由聚乙烯、聚丙烯丝制成,比重小于水,浮力大,能随潮流及波浪起伏。人工水草的安置不受自然条件限制,不仅能安置于潮间带浅滩,甚至能安置在受冲刷的深海床上(用以固滩护岸,加快泥沙淤积)。由美、英、荷兰等国20多次不同规模的试验资料可知,此法能降低近岸泥沙流的强度,具有缓流及消波作用。

　　本文探讨了人工水草的缓流效果和消波效果,同时介绍了人工水草室内水槽缓流试验和波浪槽消波试验结果,还研究了人工水草草屏在不同疏密度、相对草高、排距以及草场长度情况下,对水流或波浪的影响。本试验采用的人工水草是由聚乙烯发泡塑料制成的为光滑封闭的圆型断面,平均直径约 3 mm,表观密度为 0.58 g/cm³,抗拉强度 4.29 MPa。

2　人工水草缓流效果研究

2.1　试验设备和试验方法

　　试验在长 35 m,宽 0.5 m,高 0.6 m 的玻璃水槽中进行。人工水草扎结在钻孔塑料薄板上,与水流正交,并固定在水槽底坡上。

　　影响水草缓流效果的主要因素有水深、流速、水草疏密度、相对草高、排距和草场长度等。为便于分析,试验中研究某一因素影响时,其他因素均采用某一定值。

人工水草的缓流效果以缓流系数 $\phi_{0.8}$ 表示:

$$\phi_{0.8\text{有草}} = \frac{V_{0.8\text{有草}}}{V_{0.8\text{无草}}}$$

式中:$V_{0.8\text{有草}}$ 为观测断面中垂线上水深 $0.8H$ 处有草时的流速;$V_{0.8\text{无草}}$ 为观测断面中垂线上水深 $0.8H$ 处无草时的流速。

缓流系数 $\phi_{0.8}$ 的大小可表示布置草屏后流速的变化与缓流程度。当 $\phi_{0.8} < 1$ 时,表示该测点因设置草屏而减小了流速;当 $\phi_{0.8} > 1$ 时,表示增大了流速。

2.2 水草疏密度对缓流效果的影响

试验和实践经验表明,人工水草成丛布置时,丛间水流紊动剧烈,影响缓流效果。因此,试验中将散草成排布置成屏栅状。屏栅中水草疏密度以 β 表示,$\beta = d/a$,d 为水草直径,a 为水草直线排列时的中距。

试验时,水槽水深 $H = 40$ cm,断面平均流速 $V = 77$ cm/s,草高 $h = 30$ cm;草丝中距 a 分别为 1.8 cm,1.0 cm,0.5 cm,0.25 cm,相应的疏密度 β 为 0.17,0.3,0.6,1.2。不同疏密度 β 的单排水草缓流系数 $\phi_{0.8}$ 沿程变化值见表 1。

表 1　不同疏密度的单排草屏缓流系数 $\phi_{0.8}$ 沿程变化值

β	x/h										
	0	3.33	6.66	10.00	13.33	16.66	20.00	23.33	26.66	30.00	33.33
0.17	1.005	0.991	0.993	0.994		0.996		0.979			
0.30	0.992	0.987	0.992	0.990		0.994		1.007			
0.60	1.010	0.869	0.889	0.905		0.930		0.947	0.969		1.000
1.20	0.960	0.684	0.705	0.775		0.860	0.897	0.930	0.960	0.987	1.000

注:x/h 为水草屏栅下游缓流距离/水草草高,$x/h = 0$ 为水草安置位置。

由表 1 可看出,水草疏密度 β 对水草屏栅的缓流效果 $\phi_{0.8}$ 影响较大,当 $\beta \leqslant 0.3$ 时,屏栅后的缓流效果远不如 $\beta \geqslant 0.6$ 时的缓流效果。通过分析水草屏栅对下游缓流的影响范围可知,虽然草丝中距 $a = 0.5$ cm,$a = 0.25$ cm 时缓流影响范围均可达 33 倍草高,但从 $\phi_{0.8} < 0.9$ 的范围来看,$a = 0.5$ cm 时为 10 倍草高,而 $a = 0.25$ cm 时为 20 倍草高,两者相差 1.0 倍。由此看来,为了使水草屏栅能达到较好的缓流效果,宜采用水草较为密集的草屏。因此,在进一步研究其他因素对人工水草的缓流效果影响时均采用疏密度 $\beta = 1.2$ 的草屏。

2.3 相对草高对缓流效果的影响

相对草高定义为草高 h 与水深 H 之比 h/H,试验时采用单排草屏,水槽水深 H 为 40 cm,30 cm,20 cm 3 种,相应的断面平均流速 V 为 77 cm/s,87 cm/s,95 cm/s。

同一水深下采用 2 种相对草高,h/H 为 0.75,0.50,单排水草相对草高不同时,缓流系数沿程变化见表 2。

表 2　单排水草相对草高不同时缓流系数 $\phi_{0.8}$ 沿程变化值

H (cm)	h/H	x/h										
		0	3.33	6.66	10.00	13.33	16.66	20.00	23.33	26.66	30.00	33.33
40	0.75	0.960	0.684	0.705	0.775		0.860	0.897	0.930	0.960	0.987	1.000
40	0.50	0.967	0.660	0.717	0.779		0.879	0.925	0.945	0.986		
30	0.75	0.954	0.718	0.731	0.804	0.865	0.928	0.967	0.976	0.990	1.002	
30	0.50	0.977	0.700	0.739	0.810	0.870	0.929	0.961	0994		1.004	
20	0.75	0.970	0.748	0.818	0.871	0.910	0.960	0.987	0.992		0.990	
20	0.50	0.978	0.728	0.821	0.896	0.926	0.972	0.990	1.000			

从表 2 可知,在同一水深、流速时,水草在草屏下游经过短距离调整后,相对草高越高,缓流系数 $\phi_{0.8}$ 也越小,说明缓流效果越好;而当相对草高 h/H 一定时,缓流效果则随流速增大而减弱;相对草高和水深越大,草屏下游缓流范围也越大。试验发现,相对草高和水深越大时,水草的倒伏角也相应加大,草屏的抗倒伏能力减弱。

2.4　排距对缓流效果的影响

排距指 2 排水草屏栅间的距离,以 b 表示。实验时水深 $H = 40$ cm,草高 $h = 30$ cm,相对草高 $h/H = 0.75$。2 排草屏间排距 b 为 0.25 m,0.5 m,0.75 m,1.0 m,…,8.0 m 等 10 种。图 1 为 2 排草屏在不同排距 b 时草场后 1.0 m 处缓流系数 $\phi_{0.8}$ 的变化曲线。

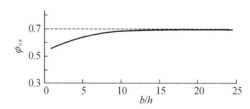

图 1　不同排距 b 时草场后 1.0 m 处缓流系数变化曲线

由图 1 可知:$b/h \geqslant 7$ 时,缓流系数 $\phi_{0.8}$ 变化较小,曲线较平坦,尤其 $b/h \geqslant 13$ 时,$\phi_{0.8}$ 变化甚微,$b/h < 7$ 时,曲线变率较大。这说明缩小排距对缓流影响较大,可获得较好的缓流效果。如 $b/h = 0.83 \sim 2.5$ 时,最小缓流系数小于 0.6。

2.5　草场长度对缓流效果的影响

以一定的排距布置多排草屏而形成草场。增加草屏排数,即增加草场长度 l。试验时水深和草高与排距均相同,排距 b 均为 0.5 m,排数有 2,3,5,7,9 排 5 组,相应的

草场长度 l 为 0.5 m，1.0 m，2.0 m，3.0 m，4.0 m。图 2 为不同排数（长度）的草场缓流系数 $\phi_{0.8}$ 沿程变化过程线。图中零点为草场起点即第一排草屏的位置。图 3 为不同草场长度最小缓流系数 $\phi_{0.8\,min}$ 关系曲线。

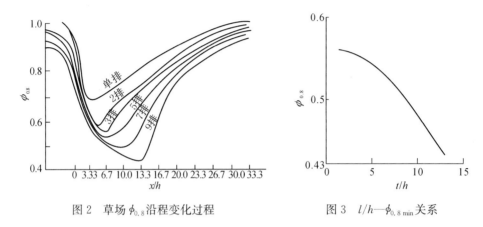

图 2　草场 $\phi_{0.8}$ 沿程变化过程　　　　　图 3　l/h—$\phi_{0.8\,min}$ 关系

分析图 2 和图 3 可知，由于草场内各排草屏的共同作用有多排草屏组成的草场，其缓流作用明显优于单排草屏；在试验的条件与范围内，排数越多，草场长度越长，缓流效果也越好。具体有：

（1）草场排数对草场上游流场的影响随排数增多而加大，3 排以上影响已较明显，9 排草屏的草场，草场长度 $l=4.0$ m（相当于 13.3 倍草高），从草场起点往上游 5 倍范围内 $\phi_{0.8}\leqslant0.9$。

（2）单排草屏时沿程最小缓流系数 $\phi_{0.8\,min}$ 位于下游 3.33 倍草高处，但在 2 排以上草场，$\phi_{0.8\,min}$ 所在处的断面位置有向草场靠拢趋势，5，7，9 排草屏其位置均在草场末端附近。

（3）草场排数增加，$\phi_{0.8\,min}$ 变小。草场为 9 排草屏时（相当于 13.3 倍草高）的 $\phi_{0.8\,min}$ 可为 0.5 以下，比 2 排草屏（相当于 1.67 倍的草高）减少约 22%。

3　人工水草消波效果研究

3.1　试验设备与试验方法

人工水草消波试验在规则波条件下进行，试验用波浪槽长 40 m，宽 50 cm，高 80 cm，人工水草屏栅固定在薄铁板上，置入水槽中，与波向正交，波浪由槽端悬吊推板式生波机生成。

影响水草消波效果的主要因素有波高 H_w、波长 L、相对草高 h/H、排距 b、草场长度 l 及水草疏密度 β 等。试验中，当研究某一因素对水草的消波效果时，其他各因素均采用某一定值。

人工水草的消波效果以波浪衰减系数 R 表示。设 H_w 为槽内无水草时的测点处来波波高,H_{w1}为有水草时草屏后测点处波高,则$R = H_{w1}/H_w$。此值越小,消波效果越佳。单排草屏试验表明,单排消波效果甚差。因此,在研究水草屏栅的消波效果时,均采用多排水草进行试验研究。

3.2 排距对消波效果的影响

试验条件:水深$H = 40$ cm,草高$h = 40$ cm,水草疏密度$\beta = 1.2$,波高$H_w = 16.6$ cm,波长$L = 1.93$ m,波周期$T = 1.2$ s。试验变换排距时,草场长度固定为一个波长,排距以草高倍数计,试验结果如图4所示。

图4表明,排距越小,消波效果越好;排距近1.0倍草高时,波浪衰减系数$R = 0.85$;排距在1.0倍草高以内时,随排距减小波浪衰减较快;排距为2.0倍草高时,$R = 0.92$,排距大于2.0倍草高,消波效果甚微。

3.3 相对草高和草场长度对消波效果的影响

试验条件:水深$H = 40$ cm,波周期$T = 1.3$ s,波高$H_w = 15$ cm,波长$L = 2.16$ m,排距$b = 40$ cm。共做了3种草高和13组草场长度l的试验,相对草高h/H为0.75,1.0,1.25,草场长度以波长L的倍数计。试验结果如图5所示。

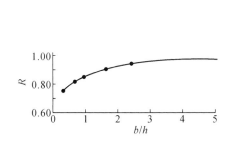
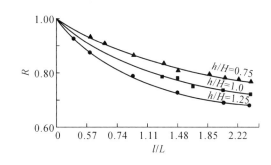

图4　排距b与波浪衰减系数关系　　图5　相对草高h/H、草场长度l与衰减系数R关系

图5反映了相对草高、草场长度对波浪衰减系数的影响。具体影响情况如下:

(1)因为波能集中在水面附近,所以在试验范围内,草越高消波越佳。对草场相对长度l/波长$L = 1.0 \sim 1.5$而言,相对草高每增加一级,即从0.75加大到1.0,或从1.0加大到1.25时,消浪效果可增加4%左右。

(2)在相对草高为0.75,1.0,1.25的情况下,草场长度越长波浪通过它时所消耗的能量也越大,因而草后波高越小,消波效果越好。当$l/L < 1.5$时,随草场长度的增加,波浪衰减较快;当$l/L = 1.5$时,$R = 0.73 \sim 0.82$,波浪通过草场后,波高衰减了18%~27%;当$l/L > 1.5$时,随草场的加长,波浪衰减较慢,l从1.5L加长到2.4L时,草场加长了近一个波长,而R只减少了4%~5%。

4 结论

(1) 采用聚乙烯发泡塑料草丝做成草屏所构成的人工水草草场,具有一定的缓流、消波作用,其中缓流作用非常显著。

(2) 单排人工水草草屏的缓流范围主要在草屏下游,其缓流范围约达33倍草高,最小缓流系数为0.7左右;多排草屏构成的草场,由于多排草屏的共同作用,其缓流作用大大增强,缓流影响范围主要在草场内部和草场下游,对下游的缓流影响范围基本上与单排草屏时接近,而最小缓流系数可为0.5以下。为提高缓流效果,人工水草最好布置成多排草场。

(3) 单排水草屏栅的消波作用较小。多排水草时,草场内部和下游消波作用明显。

(4) 人工水草草屏疏密度、排距和草场长度等参数对缓流、消波效果有较明显的影响,为了获得较好的缓流效果,可适当提高疏密度,减小排距,增加草场长度。相对草高对缓流效果和消波效果的影响比较复杂。相对草高增大对缓流和消波效果虽有所提高,但水草自身抗倒伏能力减弱。

(5) 本次试验用聚乙烯发泡塑料草丝抗拉强度较大,且具有耐老化、耐海水和耐油等优点,但草径较粗(3 mm),表观密度较大(0.58 g/cm³)。为了提高水草缓流和消波效果,应进一步研制出表观密度较小、草丝更细、抗倒伏能力更强的中空发泡塑料人工水草。

长江口深水航道治理与河床演变关系初探

严以新[1]　高　进[2]　诸裕良[1]　郑金海[1]

(1. 河海大学交通与海洋工程学院，江苏 南京　210098；

2. 湘潭工学院土木系，湖南 湘潭　411201)

摘　要：本文简要分析了北槽具有优良河势的各种因素，并根据长江口深水航道治理工程一、二、三期及远景规划实施后北槽分流比的数模计算结果，初步研究了深水航道治理与河床演变之间的关系。物理模型试验结果显示，在分流河口由于边界层脱离而产生一个立轴旋涡——兰金涡，因而引发横向流，借此可以解释底沙偏向南槽的输移问题。

关键词：长江口；航道治理；北槽；河床演变

1　前言

长江口深水航道治理是我国经济建设中的一件大事，意义重大，为世人所瞩目。治理工程由分流口、南导堤、北导堤、丁坝群及航道疏浚 5 部分组成，第一期工程航道浚深至 8.5 m(通航基面，下同)，第二期工程航道浚深至 10 m，第三期工程航道浚深至 12.5 m，远景规划为航道浚深至 15 m。第一期工程已于 1998 年 1 月 27 日开工，2000 年 4 月竣工。三期工程实施后，将从根本上解决制约上海航运事业发展的拦门沙航道水深严重不足的问题，满足第三代、第四代集装箱船全天候通航及第五代、第六代集装箱船乘潮进出港，同时可兼顾 10 万 t 级散装货船也能乘潮进出长江口，以带动长江三角洲和整个长江流域的经济发展并把上海建成国际航运中心，从而有力地促进国民经济的持续发展。

长江河口是一个分汊型河口，是在径流量大、泥沙丰富、潮流亦强的特定条件下形成的。长江口在徐六泾以下，由崇明岛分隔为南支和北支，南支河段在浏河口以下又被长兴岛和横沙岛分隔为南港与北港，南港在九段以下再被九段沙分隔为南槽与北槽，形成三级分汊四口入海的格局(图 1)。

长江平均径流量约 3 万 m³/s，洪季可达 5.62 万 m³/s，最大洪峰流量超过 9 万 m³/s，而最小枯季流量仅为 4 620 m³/s。洪季的大、小潮涨潮潮棱体分别为 53 亿 m³ 和 16 亿 m³，而对应的枯季的大、小潮涨潮潮棱体分别为 39 亿 m³ 和 13 亿 m³。长江

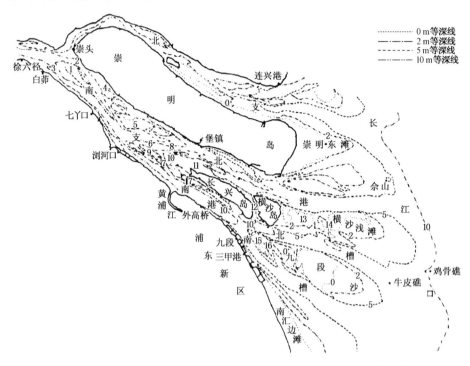

1—白茆沙; 2—白茆沙北水道; 3—白茆沙南水道; 4—东风沙; 5—扁担沙; 6—南沙头通道上段;
7—南沙头通道下段; 8—新桥通道; 9—新浏河沙; 10—中央沙; 11—青草沙; 12—横沙通道;
13—横沙东滩沙; 14—横沙东滩窜沟; 15—江亚南沙; 16—江亚北槽; 17—瑞丰沙

图 1　长江口河势图(1997 年)

口的泥沙主要来自上游。水体平均含沙量为 0.55 g/L,年均输沙量达 4.86 亿 t,其中洪季占总量的 87.2%,推移质约占输沙总量的 1/10。

长江口航道自外海经北槽与南港进上海港,航道天然水深为 6.0 m,依靠疏浚维持在 7.0 m,年维护量约为 700 万 m³。目前大型集装箱船与矿石散货船仅能候潮或卸载进出上海港,严重地制约了上海及长江沿岸经济的发展。

为此,本文首先分析长江口深水航道整治工程所在河段——北槽的优良河势,然后利用数学模型预测深水航道治理一、二、三期工程及远景规划实施后,在不同疏浚深度下北槽的正常分流比,并探讨治理工程对河床演变的影响及河床演变对长江口治理工程的反作用。

2　北槽优良河势

2.1　河势顺直

北槽自 1954 年正式形成以来,分流比从 1964 年的 32.45% 增至 1983 年的 50.2%。

分流比迅速增大的原因是因为它的主槽(指进口段的 10 m 深槽)与南港主槽(10 m 深槽)两者的轴线衔接较为顺直的缘故。

从 1998 年海图上量得南港主槽与北槽进口段主槽轴线间的夹角仅 7°,而南港主槽与南槽进口段河道的中轴夹角为 21°,两者相差 3 倍。在北槽形成之初,那时它的过水断面显然要比南槽为小,由于它与南港主槽衔接较为顺直,才得以发育。为什么会顺直?因为它是在 1954 年特大洪水期形成的,河流有"大水趋直"的特性。一般来说,长江河口的各个通道在其形成之初都比较顺直,否则就不会形成北槽至今历史还不长的状况,1998 年洪水期其分流比曾达到 67.3%,又体现了"趋直水大"的特性。河道顺直是形成北槽河势优良的一个极为重要的内边界条件。

2.2 南北槽的分流角呈锐角状

可以证明,冲积河流的分流与汇合角参与河流的自动调整[1]。自然界不存在大于 90° 的分流与汇合角。南、北港与南、北槽演变的一个特点是分流口上提下挫。当分流口的沙洲被落潮流冲刷下挫时,分流角将增大,当增大到一定程度(接近于 90°)时,由于阻力过大,必然会在其上游的某个薄弱环节发生切滩,形成新的分流口并具有较小的锐角状分流角及较直的通道,重新开始又一轮演变过程,1918 年和 1978 年北港分流口切开扁担沙和 1963 年南港分流口切开浏河沙咀即是如此。对南、北槽分流口而言,由于它形成的时间还不长,这种周期性的演变还未显示出来。目前其分流角为 65°,但若不加控制而任其发展下去,则必然要发生重大变化。

当分流角趋近于 90° 时,分流口上游将要发生切滩,形成新的分流口,这是南、北港分流口发生交替变更的机制。有些切滩发生时,老分流口的夹角还不到 90°,那是在上游的某个薄弱环节处已被切开。这就是说,老分流口的分流角趋近于 90° 时,预示着其上游的某处要发生切滩,但切滩不一定都在分流角趋近于 90° 时发生,需视具体情况而定。当分流口通道中有一支趋于衰亡时,分流角必然要增大,要趋近于 90°。南支与北支的分流角已近于垂直,故北支淤废。如今南、北槽的分流角为 65°,河势正处在优良时期,这也是北槽具有生命力的又一个重要的内边界条件。

2.3 南北槽分流口流场的水动力特征有利于南槽排沙

在分流口,岸边呈喇叭形,河道放宽,河水流到此处,发生边界层分离现象,产生旋涡。旋涡产生后顺势进入偏转汊道,随后由于粘性扩散而消失。此旋涡属立轴旋涡——兰金涡,是一种组合涡[2]。根据理论分析,长江口南、北槽分流口存在此种旋涡,并由此而形成有利于南槽排沙的水动力特征。

从河海大学进行的水槽试验可观察到,在分汊口上游的主槽中放置一层底沙,放水后在分汊口形成一个接着一个的立轴旋涡,进入支汊后因粘性扩散而消失。旋涡通过时,水面呈漏斗状。放置在主槽中的底沙,向下输移过分汊口时,几乎是垂直地进入偏转支汊,表明在分汊口底部存在横向流,使主槽中的底沙过分汊口时偏转进入支汊。试验还表明,当流速增大到一定值时,进入顺直水槽中的底沙才逐渐增多。

根据水槽试验的结果,可以分析南北槽分流口的水动力特征与泥沙运动的关系。由图 1 可以看出,从南港下泄的落潮流,在 10 m 深槽东端,由于河道放宽,发生边界层分离,形成兰金涡,此涡顺势进入南槽,并引发横向流,吸引底沙进入南槽。南、北槽分流口流场特定的水动力条件,决定了南槽多排底沙的机制。1963 年南港分流口发生切滩,大量底沙进入南港,这些底沙大多经南槽输移入海,进入北槽的并不多。正因为如此,才使得在南支河段未整治之前先行实施北槽拦门沙深水航道的治理成为可能。但一般认为,南槽之所以成为底沙下泄的主要通道,是由于南槽与邻近南岸的南港落潮主槽顺直贯通,南港主槽中的底沙必然径直向下输移进入南槽。事实上,正如前文所指出的,按 10 m 深槽轴线的顺直程度(图 1),应优先进入北槽;再有,南港主槽的北侧为瑞丰沙咀,从这里冲刷下来的泥沙(底沙)向下输移时偏北,显然也应进入北槽,然而却是大部分底沙进入了南槽。这表明,在分流口有一个力把底沙引入南槽,这只能是涡流所致。尽管上述分汊水槽的输沙试验与南、北槽的情况不尽相同,但两者的输沙机制却是一致的。

2.4　北槽口门外鸡骨礁海域的旋转流有利于北槽宣泄

在长江口门外,发育有一个水下三角洲,近百年来,10 m 等深线有进有退,显示了水下三角洲沉积的不均一性。1879—1980 年水下三角洲 10 m 等深线推进速度如表 1 所示。

表 1　1879—1980 年长江水下三角洲 10 m 等深线推进速度

地点 (纬度)	南汇咀 (31°00′N)	南槽口 (31°03′N)	北槽口 (31°10′N)	横　沙 (31°15′N)	北港口 (31°20′N)	余　山 (31°25′N)
推进速度 (m/年)	134	106.5	−38.1	−5.9	10.3	45.1

由表 1 可知,由于北槽口门外 10 m 等深线推进速度为负值,因此为冲刷区,而南汇咀与南槽口门外 10 m 等深线向海推进最快,故为强烈沉积区。

陈吉余[3]认为,北槽口门外鸡骨礁水域为潮流旋转最强区,M_2 分潮的旋转率为 0.7,物质难于在此沉积。由于北槽口门外沉积缓慢,使北槽纵剖面保持较大的比降,水流宣泄得以通畅,可以说这是北槽保持优良河势的重要外边界条件。

3　治理工程后的北槽分流比预测

长江口深水航道治理工程的平面图如图 2 所示。该工程由建在北槽南、北两侧的 2 条导堤、丁坝群,建在江亚南沙顶端的分流口工程,以及航道疏浚 5 部分组成。河海大学建立了长江口三维数值模型[4],用以分析研究工程前后长江口流场变化。一、二、三期及远期工程后北槽落潮流分流比计算结果见表 2[5]。

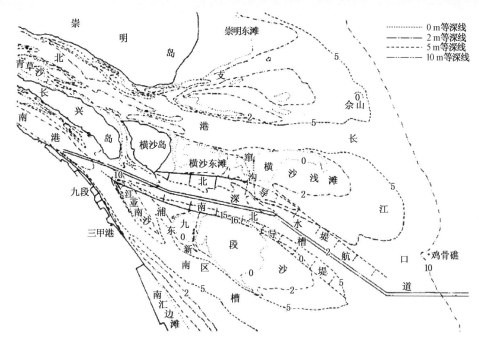

图 2　长江口与整治工程平面图

表 2　长江口数值模拟计算的北槽落潮流分流比　　　　　　　　　　　（％）

工程前		一　期		二　期		三　期		远　景	
洪季	枯季	洪季	枯季	洪季	枯季	洪季	枯季	洪季	枯季
60.15	59.81	48.67	49.97	47.28	46.74	47.95	49.10	48.36	47.49

4　深水航道治理与河床演变的关系

深水航道治理与河床演变的关系包括两部分内容：一是航道整治对河床演变的影响；二是河床演变对航道治理产生的后果。

4.1　深水航道治理对河床演变的影响

整治工程的影响最明显的表现是丁坝的阻水作用。从以上的预测可以看出，一、二、三期工程和远景规划实施后，北槽的分流比要比工程前减少 9.84% ～ 13.07%，但所有的预测值都小于 50%。这与 20 世纪 80 年代初以后南北槽的实际分流比各占 50% 的状况接近。经验表明，当北槽的分流比略小于 50% 时，对河势稳定和航槽维护是有利的。分流比过大，带来的泥沙就较多；分流比小，河道又容易淤积，其结果不是分流口通道不畅就是口门淤浅。

由于南导堤建在江亚南沙与九段沙北侧的滩面上，使河水对九段沙的绕流加长，也即人为地增大了九段沙的长度,这会不会增加水流的阻力?实际上影响不大。因为即使没有南导堤,进入南港下段的水流仍然要在江亚南沙和九段沙产生绕流。在这里,南导堤的作用是把河水对两个沙洲的绕流变成对一个沙洲的绕流。而且,工程的作用消除了水流在江亚南沙尾部和九段沙头部漫滩流所消耗的能量。当然,导堤上的丁坝群会对进入北槽的水流产生阻力,南槽是否就增大分流比,从而发生冲刷?另外,从大的方面看,由于丁坝群在南港,是否北港的分流比增大,影响到南支下段的河床演变?我们认为是不会发生实质性变化的。这是因为,第一,南导堤挡住了江亚北槽、九段沙窜沟及滩面上原来汇入南槽下段的落潮流,使其改由北槽下泄,增强了北槽落潮流的动力,这在某种程度上抵消了由于丁坝群所增加的北槽水流的阻力;第二,丁坝群的阻水作用,虽会增加北槽乃至南港的水流阻力,但北导堤挡住了横沙东滩滩面上由于风浪掀沙进入北槽的泥沙以及横沙东滩窜沟由落潮流带进北槽下段的大量泥沙,使这部分泥沙复归北港,这部分泥沙进入北港下段河道所增加的水流阻力与丁坝群所增加的北槽乃至南港水流的阻力,在某种程度上也可以平衡。丁坝群的阻水作用限制了目前北槽分流比不断增大的趋势,使之保持在一个较为适当的比例上,这对河势稳定与航槽维护是有利的。

由于南、北导堤在平面上布置成弯道形式,有利于底沙沿东南方向输移出海,避免在东偏北的出口航槽处堆积,但却失去了北槽原先入海口门正对鸡骨礁海域优良的外边界条件。在整治工程控制下,北槽的入海口门向南偏转,这会不会影响北槽的宣泄?至少在短期内不会。因为丁坝有束水增大流速的作用,可以抵消由于偏离鸡骨礁海域而产生的负面影响。这种影响要较长时间才能显现出来,在河口地区落潮流情况下,这种作用也成立,物模与数模均可证明,因此最不利的情况是,口门外的沉积速度加快,增大了航槽的疏浚量。

4.2　长江口河床演变对治理工程的影响

要知道长江口河床演变对治理工程有些什么影响,首先要知道河床演变的规律。在20世纪80年代以前的100多年中,长江口河势多次发生变化,原因是徐六泾以上河段江岸崩塌,长期失守,导致大量底沙进入河道并以淤积体的形式缓慢下移,其结果对北支而言是进入河道的泥沙难以输移入海,因其落潮流的分流比较小,遂使河床淤浅,至1958年,北支的排泄能力几乎降为零。1958年以后,进潮量已大于落潮量,至20世纪70年代大量底沙被涨潮流推入南支上口堆积。对于南支,由于大量底沙充塞河道,使主泓大幅度摆动,引起冲刷,迫使沙洲动荡不定,即所谓一沙动,诸沙皆动。被冲散的泥沙在下移的过程中,堵塞于南北港分流口,致使南北港分流口多次发生交替性切滩和南北港的阶段性淤浅。由于北支的淤浅,排泄能力丧失,在大洪水年代,为满足排洪要求,河势必然要发生变化,于是在1954年特大洪水期间,长江口三级分汊四口入海的格局得以形成。进入南北港的大量泥沙,经河口拦门沙河段,逐渐推移入海,至20世纪80年代初期以后,长江口的河势已相对稳定[6],其原因在于产生大量泥沙进入南支的外部因素已经消除。徐六泾以上河段岸边已在20世纪40年代末期得到整治,而徐六泾自 20 世纪 50 年代江心洲围垦成陆以后,江面束窄,由 13 km 减至 5.8 km,已成为节点河段。徐六泾上游河势对下游已不产生直接影响。到 20 世纪 80 年代初,北支由于进一步淤浅,使涨潮流的阻力增大,底沙倒灌南支的现象已经消除。长江口南、北两岸坚固的堤防及横沙岛、长兴岛先后形成,为南支及南北港提供了稳定的边界条件,长江口河势已进入相对稳定的发展阶段,各河段将按其自身的条件,在不同的来水来沙条件下进行调整,以维持平衡,并使水流达到最小阻力状态。所谓稳定,只是相对于 20 世纪 80 年代以来的径流量而言的,长江口泥沙堆积仍然偏多,只要大通洪峰流量超达 7 万 m³/s 时,长江河口就要发生变化便是证明①。长江口大的格局稳定,是指它三级分汊四口入海的格局稳定,因为它是在百年一遇的大洪水(1954 年)期正式形成的。这不等于没有局部的变化。近期长江口河床演变的主要特点是:分流河口的周期性上提下挫,分流口通道的交替性兴衰,分流河道的阶段性淤浅,南、北支,南、北港如此,南、北槽也将如此,其根源即在于长江口泥沙堆积偏多,是以前江岸长期失守时留下的"后遗症"。这一规律还将在相当长时间内起作用。

1954 年特大洪水,白茆沙大量被冲失,底沙下移,引发了 1963 年南港分流口切滩,大部分底沙进入南港;20 世纪 70 年代淤积南港中央沙脊(瑞丰沙咀下延),80 年代中央沙脊为南港主泓所切,切断下的沙体即江亚南沙;90 年代江亚南沙下移与九段沙头部相连,南、北槽分流口上提到江亚南沙头部,目前正处于下挫阶段;由于治理工程,分流口鱼咀控制了这一下挫之势,但仍在缓慢的下移之中。

自 1963 年南港分流口发生切滩以来,至今已有 37 年,南港分流口又要发生切滩,南北港分流角已趋近 90°,南港分流口通道———南沙头通道下段已经萎缩,新浏河沙被切,一分为二已成定局,新的南港分流口通道即将形成。1998 年特大洪水加速了这一进程。新浏河沙被切断的沙体将下移与中央沙合并(图 1),届时南北港分流口将上提到新浏河沙头部,新的一轮演变周期又将开始。本次南港分流口切滩(过程尚未完成)将没有 1963 年切滩那样严重,原因在于白茆沙北水道稳定畅通,加上 1998 年的洪水比 1954 年的为小(1998 年大通流量为 8.17 万 m³/s ,1954 年大通流量为 9.26 万 m³/s),1998 年洪水期白茆沙基本未被冲失。几年后,当南港新分流口正式形成时,会有一定量的泥沙进入南港,但对北槽、对整治工程不会构成威胁,原因是沙量不大,不会造成严重淤浅。

未来,若遇 1954 年那样的洪水,情况会如何? 可以肯定的是,白茆沙的冲失量不会超过 1954 年,因此南、北港的淤积量也不会超过 1963 年南港分流口切滩后下移的泥沙量,但毕竟会有大量的泥沙进入南、北港。那么进入南港的泥沙会不会再一次淤积中央沙脊、被切,并使南北槽分流口上提? 答案是肯定的,河床演变的规律将会继续起作用,那时,瑞丰沙将下延,园园沙航道将淤浅,南、北槽,尤其是南槽会发生淤积,到时只有采取工程措施处置。不过,这只是设想,像 1954 年那样百年一遇的洪水发生的几率并不大。

---

① 长江口航道治理工程领导小组科技组.长江口航道治理研究(第一集).1981.

至于大量底沙进入北港,这并不会给北槽带来什么不利影响。进入北港的泥沙向下输移,唯一可能进入北槽的通道是横沙通道(又名小港),因为经横沙东滩窜沟或越滩进入北槽的通道已被北导堤挡住。由于北港主槽是一微弯河道,青草沙位于弯道凸岸,进入北港的挟沙水流流经北港主槽时,大量泥沙首先落淤青草沙,经横沙通道进入北槽的落潮流含沙量就不会高,因此,对北槽河势不会产生不良影响。事实上,北港的阶段性淤浅,还有助于南港和北槽分流比的增大。

一期工程已告完成,并经受了 1998 年特大洪水的考验。检测证明,长江口及北槽河势基本稳定,北槽分流比和分沙比继续保持良好状态,已建工程进一步稳定了分流口和北槽边界,治理功能已经显现①。

5　结语

(1) 本文分析表明,北槽河势正处于优良阶段。因此现阶段进行长江口深水航道的治理是十分有利的。

(2) 利用已建的长江口数学模型,预测了一、二、三期及远期工程后北槽落潮流分流比。计算结果表明,工程后北槽分流比要减少 $9.84\%\sim13.07\%$。

(3) 治理工程对河势的稳定是有利的,河床演变的趋势也不会对工程形成大的威胁。

参考文献:

[1] 高进. 冲积河流的汇合与分流[J]. 地理学报,1994(5):429-439.

[2] 清华大学水力学教研室. 水力学(上册)[M]. 北京:人民教育出版社,1981:185-193.

[3] 陈吉余. 长江口拦门沙及水下三角洲的动力沉积[J]. 华东师范大学学报,1995(3):1-22.

[4] ZHU Yuliang, ZHENG Jinhai, MAO Lihua, et al. Three-dimensional nonlinear numerical model with inclined pressure in the Yangtze river estuary[J]. Journal of Hydrodynamics, 2000, 12(1): 57-66.

[5] 王谷谦,周海,季岚. 长江口河床演变及北槽 12.5 m 深水航道治理工程[J]. 水运工程,1999 (10):52-56.

[6] YAN Yixin, GAO Jin, MAO Lihua, et al. Calculation of diversion ratio of the north channel in the Yangtze estuary[J]. China Ocean Engineering, 2000, 14(4):525-532.

---

① 上海航道勘测设计研究院. 长江口深水航道治理工程二、三期工程可行性研究报告. 1999.

桩基透空堤的透浪系数

钟瑚穗　徐　昶　过　达

（河海大学交通与海洋工程学院，江苏 南京　210098）

摘　要：本文根据对桩基透空堤的试验研究，分析了小间距直桩式、栅栏式和直立挡板式 3 种不同形式桩基透空堤的特点及其所具有的不同透空率与透浪系数间的联系，比较了几种透浪系数的计算结果，并提出了挡浪效果和消能效果都比较好的新桩基透空堤断面的设想，以供进一步研究。

关键词：透空式防波堤；透空率；透浪系数

1　前言

　　桩基透空式防波堤适用于水深较大、地基承载能力较差而波浪作用不是十分强烈的水域。它容许部分波浪能量随同水体通过堤身传输到堤后，因此，同实体堤比较堤身承受的波浪作用力相应减小，对周围动力环境的影响也有所减少。近年来随着人们环境保护意识的增强，桩基透空堤在海岸工程中愈来愈受到重视。

　　桩基透空堤在我国的工程实例并不多，相关文献资料也较少，大致可归纳成三大类。第一类纯粹由密集的桩基排列而成，为达到一定的消浪效果，桩基间距一般很小。有时只有一排桩，有时需要二排桩交错排列方能满足消浪要求。如果建堤的目的是为了消浪，且水域环境对堤身的透空程度并无更高要求，那么这类堤在适合桩基的水域是一种可行的选择。日本大阪已有此类透空堤的工程实例。第二类除桩基本身以外，桩间还布置有横向挡浪板等构件形成类似栅栏的结构。这一类透空堤为获得一定的透空率而加大了桩间距，并且在前后两排桩之间还可根据需要布置多排由挡浪板构成的栅栏平面。若要求防波堤的布置对水域的流场、泥沙场等动力环境的影响尽可能减小，又要起到一定程度的防浪作用，可考虑采用这类透空堤。如浙江省洞头已有此类透空堤的工程实例。第三类是在高桩台结构的迎浪侧或迎浪、背浪两侧布置直立墙板挡浪，水体上部完全被直墙板遮挡，透空部分集中在一定水深之下。从增强挡浪效果的角度来看，这类透空堤具有最合理的挡浪布置形式，但也承受较大波浪作用力。上海吴淞口已有此类透空堤的工程实例。

2　小间距直桩透空堤

早期的桩基透空堤由小间距的刚性垂直桩组成[1-3]，其特点是透空率 p 比较小。若以静水面以下沿波浪传播方向结构的透浪面积与总面积（透浪面积加挡水面积）之比来反映结构的透空率，对于小间距直桩可表示为 $p = b/(b+D)$，其中 b 为桩间距，D 是桩的直径。或者根据需要也可用 b/D 来反映结构透空的程度。依此衡量，日本大阪港的桩基透空堤 $D = 2$ m，平均为 0.05 m，则 $b/D = 0.025$ 或 $p = 0.0244$；美国密西西比的克里斯蒂安混凝土管桩防波堤 $D = 1.4$ m，$b = 0.152$ m，即 $b/D = 0.108$ 或 $p = 0.098$。

Hayash[2] 利用桩缝间水体射流的原理，给出了小间距直桩透空堤的透浪系数公式：

$$\frac{H_t}{H_i} = 4\left(\frac{d}{H_i}\right)E\left(-E + \sqrt{E^2 + \frac{H_i}{2d}}\right) \tag{1}$$

$$E = C\left(\frac{b}{b+D}\right)\bigg/\sqrt{1 - \left(\frac{b}{b+D}\right)^2} \tag{2}$$

式中：H_t 为透射波高；H_i 为入射波高；$K_t = H_t/H_i$ 即定义为透浪系数；d 为堤前水深；C 为考虑桩缝摩阻以及射流收缩影响使过水流量减小的系数，$C = 0.9\sim1.0$。

若假设 $d/H_i = 2.5\sim3.0$ 来估算一下上述 2 个防波堤实例的透浪系数 K_t，则由式（1）和式（2）可知，大阪防波堤的 $K_t = 0.094\sim0.102$，克里斯蒂安防波堤的 $K_t = 0.326\sim0.350$。大阪防波堤的 K_t 虽然很小，但这是在 p 也非常小的条件下得到的结果。如果把 $\lambda = K_t/p$ 定义为单位透空率的透浪系数，则大阪防波堤的 $\lambda = 3.85\sim4.18$，克里斯蒂安防波堤的 $\lambda = 3.33\sim3.57$，愈大说明单位透空率条件下的透浪系数愈大，或者说相对于同样透空率时结构的挡浪效果较差。小间距直桩透空堤利用密集的直桩布置和较小的桩间距来获得足够的挡浪效果，这显然不是一种很有效的挡浪方式，因为小间距桩透空堤的挡浪面积分布不合理，它平行于桩轴线，从水面到水底均匀分布，而波浪能量却主要集中在水体的上层。把桩间距布置得很小或许能满足对透浪系数的要求，但有时却难以满足堤身需要保持足够透空率的要求。作为改进措施，在具有一定间距的直桩之间加设了横向挡浪板，既保持了挡浪面积不致因桩距增大而明显减小，又增强了结构的整体性，这就形成了栅栏式桩基透空堤。由于增加的挡浪面积大多靠近水面波能比较集中的区域，所以栅栏式桩基透空堤的挡浪面积分布更趋合理，在同样的透空率时，它的透浪系数一般小于小间距直桩透空堤的透浪系数。

3　栅栏式透空堤

图 1 所示的栅栏式透空堤经波浪模型试验测定，设计高水位时的透浪系数 $K_t =$

$0.57^{[4]}$,其对应波周期 $T = 7.1$ s,相对水深 $d/H = 2.7$ 和波坦度 $L/H = 20$。图1所示方案的桩径 $D = 1.0$ m,$b = 2.0$ m,就桩柱本身的透空率而言 $b/(b+D) = 0.667$。同时它布置了横向挡浪板和基床,在设计高水位时仅计及挡浪板和基床的透空率为 0.368,因此该结构迎浪面实际的透空率 p 只有 0.245。在相同的 $d/H = 2.5 \sim 3.0$ 的范围内,此透空率比上述大阪或克里斯蒂安透空堤的透空率大 $2.5 \sim 10$ 倍。由于栅栏式透空堤通常都有2排以上的挡浪板,其中迎浪面是最主要的消浪平面,其余各排挡浪板消浪所占的百分比尚不明确,所以,严格说来很难将栅栏式透空堤同小间距直桩透空堤的消浪效果进行定量比较。若考虑到图1所示的只有2排桩的栅栏式透空堤主要依靠迎浪面的挡浪板、桩基和抛石基床来消浪,因此近似地仍然用该栅栏式透空堤的透浪系数除以迎浪面的透空率得到 $\lambda = 2.33$,它只是大阪或克里斯蒂安防波堤 λ 值的 $56\% \sim 70\%$。但若考虑到实际结构是2排挡浪板,根据下文中4排挡浪板与2排挡浪板试验结果的比较可知,每增加1排挡浪板估计可降低透浪系数平均不超过 10%。因此,图1所示结构仅考虑迎浪面这一排挡浪板的 K_t 值将可能由试验得到的 0.57 最多增大到 0.63,相应的 λ 值增大到 2.57。即使如此,该 λ 值也仅仅是大阪或克里斯蒂安防波堤 λ 值的 $61\% \sim 77\%$。可见,一般情况下栅栏式透空堤的相对挡浪效果好于小间距直桩透空堤。

图2所示的栅栏式透空堤在不同波周期的条件下实测了其透浪系数$^{[5]}$。该结构桩基本身的透空率为 0.733,校核高水位 $(d/H = 2.41)$ 时仅计及挡浪板和基床的透空率为 0.450,故迎浪面的实际透空率 $p = 0.330$。波周期从6s至13.5 s对应的 K_t 如表1所示。

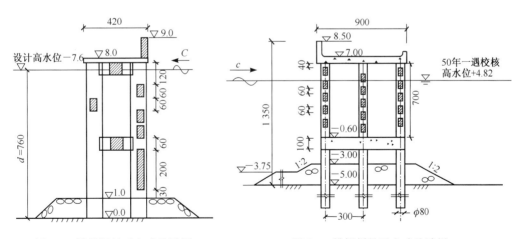

图1 2排栅栏的透空式防波堤　　　　图2 3排栅栏的透空式防波堤
　　（长度 cm,高程 m）　　　　　　　　（长度 cm,高程 m）

表 1　图 2 所示结构的透浪系数（$d/H=2.41$）

波周期 T(s)	13.5	10.0	8.0	6.0
L/H	35	22	17	12
K_t 平均值	0.72	0.63	0.66	0.53

　　表 1 说明，透浪系数随波周期增加而增大的趋势十分明确，式（1）未能反映波周期的影响是一个较大的缺陷。此外，图 2 结构迎浪面的透空率大于图 1 结构，但两者的 K_t 值十分接近（均在 $T=7$ s 的条件下比较），这是因为图 2 的结构有 3 排桩和 3 排挡浪板。通常都希望用增加桩和挡浪板的排数来提高栅栏式结构的挡浪效果。如图 3 的结构有 4 排挡浪板[6]，它在中水位（$d/H=2.32\sim2.86$）时的透浪系数如表 2 所示。

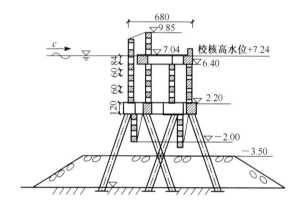

图 3　4 排栅栏的透空式防波堤（长度 cm，高程 m）

表 2　图 3 所示结构的透浪系数（$d/H=2.32\sim2.86$）

波周期 T(s)	8.0	7.0	6.0
L/H	17	15	15
K_t	0.50	0.46	0.42

　　图 3 所示结构迎浪面的桩柱本身的透空率为 0.88，中水位时仅计及挡浪板和基床的透空率为 0.284，迎浪面实际透空率 $p=0.25$。

　　图 3 结构与图 1 结构迎浪面的 p 值相当，但因前者有 4 排挡浪板，同样在 $T=7$ s 时的 K_t 值就比后者降低了 19%；或者在 L/H 较为接近的条件下（其值分别等于 20 和 18），前者的 K_t 值比后者降低了 12%。从这一试验结果的比较也可以估计出，在迎浪面之后每增加一排挡浪板可降低透浪系数平均不超过 10%。若要靠再增加挡浪板的排数来进一步减小 K_t 值，结构上、经济上也不一定很合理。因此，根据波浪能量集中于水面附近的原理，将挡浪的面积完全集中于水深的上部，而透浪面积完全布置在水深的下部，应是更为合理的透空堤形式。

4 直立墙板式透空堤

图 4 所示为垂直插入水中的挡板,在不考虑挡板引起的波浪反射的条件下,板后的透浪系数可以按波能流守恒的原理来确定[7]:

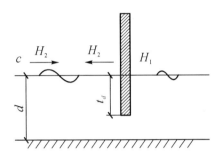

图 4 插入波浪场中的垂直挡板示意图

$$\frac{1}{T}\int_0^T\int_{-d}^0 P_t u_t \mathrm{d}z\mathrm{d}t = \frac{1}{T}\int_0^T\int_{-4}^{-t_0} P_t u_t \mathrm{d}z\mathrm{d}t \tag{3}$$

式中:p_i, p_t 分别为入射波和透射波的动水压强,p 由下式得出:

$$p = \rho g \eta \frac{\mathrm{ch}\,k(d+z)}{\mathrm{ch}\,kd} \tag{4}$$

u_i, u_t 分别为入射波和透射波的水平速度,u 由下式得出:

$$u = \frac{H}{2}\sigma \frac{\mathrm{ch}\,k(d+z)}{\mathrm{sh}\,kd}\cos(kx-\sigma t) \tag{5}$$

积分结果得:
$$K_t = (T_F)^{1/2} \tag{6}$$

其中传输函数 T_F 为:

$$T_F = \frac{2k(d-t_0)+\mathrm{sh}\,2k(d-t_0)}{2kd+\mathrm{sh}\,2kd} \tag{7}$$

式中:t_0 为挡板入水深度。

Kriebel 和 Bollmann[8]法进一步计及挡板产生的反射,仍然按波能流守恒得:

$$K_t^2 = (1-K_r^2)T_F \tag{8}$$

或:
$$K_t = \frac{2T_F}{1+T_F} \tag{9}$$

式中:K_r 为挡板的反射系数。

此外,我国的防波堤设计和施工规范[9],以及模型实验的验证结果[10],也给出了单侧或双侧挡板桩基透空堤近似计算公式,将这些计算公式在相同的条件下对其求得的 K_t 值进行比较,结果见表 3 所示。可见 Kriebel 法的结果比 Wiegel 小,但因考虑了反射而更为合理,同时 Kriebel 法的结果与规范法的结果在透空率 0.2～0.3 之间十分接近,只有在透空率较小(例如 0.1)或较大(例如 0.7)时才有 10%～20% 的差别,如图 5 所示 Kriebel 法的计算公式较为简单,但不适于计算两侧有挡板的情况。

表 3　不同计算方法或模型试验得到的 K_t 值

透空堤形式		d/H	L/H	p							
				0.10	0.20	0.25	0.30	0.33	0.40	0.50	0.70
小间距直桩	Hayashi 公式[2]	3.0		0.355	0.582	0.661	0.742		0.831	0.898	0.960
		2.5		0.331	0.551	0.631	0.714		0.883	0.883	0.935
栅栏式	2 排挡浪板试验	2.7	20			0.57					
	3 排挡浪板试验	2.41	22					0.63			
			35					0.72			
	4 排挡浪板试验	2.32	18			0.50					
直立墙板式	低桩承台模型试验	2.41	22.5			0.35					
			34.8			0.46					
	Wiegel 计算公式[7]	2.41	22.5	0.293	0.416	0.466	0.511		0.593	0.668	0.804
			34.8	0.306	0.434	0.485	0.532		0.616	0.690	0.823
	Kriebel 计算公式[8]	2.41	22.5	0.158	0.294	0.357	0.414		0.520	0.618	0.786
			34.8	0.172	0.317	0.381	0.441		0.550	0.646	0.807
	防波堤规范公式[9]	2.41	22.5	0.205	0.304	0.348	0.389		0.469	0.547	0.705
			34.8	0.221	0.327	0.373	0.416		0.499	0.579	0.735

注:①表中 L/H＝22.5 和 34.8 分别对应波周期 T＝10 s 和 13.5 s。
②表中防波堤规范法为只有一侧挡板的情况。

按防波堤规范的计算方法,在单侧挡板的条件下,其适用范围宜在 t_0/d＝0.3～0.5,相当于透空率,p＝0.7～0.5。实际上表 3 的计算条件大多在此适用范围之外,但规范法 和 Kriebel 的计算结果两者十分一致(p＝0.1 除外)。由此可见,就透空率而言将规范法的适用范围适当延伸到 $p<0.5$ 是完全可能的。笔者在波浪水槽中对图 6 所示结构的透浪系数进行测定(图中挡浪板尺寸厚度为 0.3 m,桩为 600 mm×600 mm×2 600 mm 的预测桩),该结构同垂直插板式透空堤不同之处在于,在插板的底端为一水平承台板,构成类似于低桩承台式的透空堤。由于承台板本身也有一定的抑波消浪作用,所以该结构具有良好的消浪特性。该结构的桩柱本身透空率 为 0.80,校核高水位(d/H＝2.41)时仅计及挡板和基床的透空率为 0.244,实际透空率 p＝0.20。实测透浪系数在 T＝10 s 和 T＝13.5 s 时分别为 0.35 和 0.46。对于该试验结果与表 3 中规范法的计算值进行了比较,尽管试验中采用了承台式而不是单侧挡板式的挡浪结构,结果试验的 K_t 值仍然大于相同 p 值对应的计算 K_t 值。尤其在 T＝13.5 s

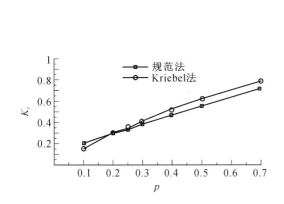

图5　垂直挡板后侧的透浪系数

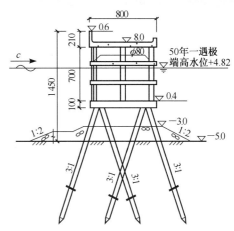

图6　直墙低承台透空式防波堤(长度 cm,高程 m)

的长周期波作用时,两者相差更大。这是因为试验中 $d/L \leqslant 0.1$,而 规范法的适用范围是 $d/L \geqslant 0.25$(规范法验证的模型试验中,两种不同透空堤试验的 d/L 分别是 $0.25 \sim 0.57$ 以及 $0.45 \sim 0.72$)。因此长周期波作用下的 K_t 值计算方法还需进一步研究。同表1和表2中栅栏式透空堤比较,低桩承台式透空堤的 K_t 值明显小得多。但问题是由此而产生的副作用为结构上的受力也大得多。在水深 9.82 m、$T=13.5$ s、$H_{1\%}=5.46$m 时,图2的栅栏式结构承受的正向总水平力实测最大为 340 kN/m,但相同条件下图6的直墙式结构按远破波计算总水平力可达 687 kN/m,按立波计算也有 465 kN/m。透浪系数的减小是以结构受力增大作为代价的。在表3中不仅列举了直立墙板式透空堤透浪系数的计算结果,同时也将 d/H 和 L/H 相近的小间距直桩和栅栏式堤的计算或试验结果一并列出,以便对它们透浪系数的差异进行比较。

5　结语

(1) 小间距直桩透空堤在桩间距较小之时才有较好的消浪效果。栅栏式透空堤在增大透空率的同时,增加挡浪板的排数,改善了挡浪面积的分布,可以提高消浪效果。直立墙板式透空堤将波能最集中的水体上层完全遮挡住,因此在相同的透空率条件下有可能获得最小的透浪系数,同时结构的受力将显著增大。

(2) 根据对已建桩基透空堤或相关试验结果的分析,可以考虑将栅栏式结构同直墙低承台结构相结合,即图6中直墙低承台式结构的迎浪面用栅栏式挡浪板代替,而将迎浪面的直墙后移到低承台的背浪一侧,同顶板、承台板一起构成一个封闭的消浪室。为增强消能效果,消浪室内的水平隔板上应上下交错开孔,这样,该结构由于遮挡了水体上层 大部分的波能,又利用消能结构和前后挡板(墙)上波浪力相位差等途径尽量减小结构的受力,有可能在透空率相同的桩基透空堤中取得透浪系数较小,同时承受波浪力也不太大的效果。

参考文献:

[1] WIEGEL R L. Closely spaced piles as a breakwater [J]. Dock and harbour authority, 1961,42(491).

[2] HAYASHI T et al. Hydraulic research on close spaced pile breakwaters [A]. Proc. of the 10th coastal eng. conf. ,Vol. Ⅱ[C]. 1996.

[3] HERBICH J B, DOUGLAS B. Wave transmission through a double row pile breakwater [A]. Proc. of the 21st intel. Conf. on coastal eng[C]. ASCE,1988.

[4] 钟瑚穗. 嵊泗县中心渔港防波堤消浪研究特性报告[R]. 南京:河海大学,1990.

[5] 钟瑚穗. 苍南县炎亭渔港二期工程透空式防波堤断面波浪模型实验[R]. 南京:河海大学交通与海洋工程学院,2002.

[6] 钟瑚穗. 福建黄岐渔港多层挡浪板桩基透空式防波堤断面波浪实验报告[R]. 南京:河海大学海岸及海洋工程研究所,1995.

[7] WIEGEL R L. Transmission of waves past a rigid vertical thin barrier [J]. J. of the Waterways and Harbours division,1960,86(WW1).

[8] KRIEBEL D L, Bollmann C A. Wave transmission past vertical wave barriers [A]. Proc. of the 25th coastal eng. conf. , ol. 2[C]. 1996.

[9] 中华人民共和国交通部. JTJ 298—98 防波堤设计与施工规范[S],北京:人民交通出版社,1998.

[10] 麻志雄,等. 透空式防波堤消浪性能试验研究[R]. 南京:南京水利科学研究院. (10),1990:1-6.

长江口南、北港分汊口演变与治理

薛鸿超

（河海大学海岸及海洋工程科学研究所，江苏 南京　210098）

摘　要：按输水输沙特征，中等潮汐长江口多年来保持"三级分汊，四口入海"地貌形态格局。第二级南、北港分汊口问题已成为当今发展重要障碍之一。近百年来南、北港分汊口呈周期性冲淤演变，1971年前后共约10年，中央沙头石头沙西10 km左右的分汊口位置最佳，河势归顺，河床稳定，南、北港都畅通。现今分汊口正处于剧烈变动时期，分汊口治理，南支及其下游河段的开发与工程须认真考虑其影响与对策。

关键词：长江口；南支；南、北港分汊口；河口演变；河口治理

1　前言

为了宝山钢厂建设，采用大型散货船从国外输入矿石和研究长江口南支石洞口河段航道问题需要，1980年作者曾对南、北港分汊口进行过专题探讨分析[1]。当时，南支及其下游河段，除黄浦江内上海港和南槽通海航道外，尚无其他大型开发工程。20余年来，宝山钢厂、外高桥码头、浦东和长兴岛船舶基地、大型电厂、深水航道整治工程、浦东机场、跨江桥隧工程等开发令人瞩目，特别是长兴岛西端中央沙围涂工程和青草沙水库工程准备上马，南、北港分汊口问题十分突出且十分艰难，须给予严重关注。本文将在上述专题分析的基础上，对南、北港分汊口的演变与治理做进一步论述。

2　长江口三级分汊、四口入海

入海河口及其发育是河流与海洋相互作用的产物。多年河口发育过程常具有相对稳定的地貌形态格局 和周期性的河床演变特征。两者主要受河流下泄径流和浅海上溯潮流相互作用及其挟带物质相互交换的影响，也与咸、淡水混合、台风暴潮、波浪场和近岸海流密切相关。

关于中国河口分类的模式[2]，1993年作者建立了河口地貌形态要素和输水输沙因素之间的两个基本关系，平均口门放宽率（OER）或 $\overline{R}_E$ 与平均潮、径流量比 $a(=\overline{Q}_T/\overline{Q}_R)$ 的关系和淤积前沿幅度（SFA）或 F_S 与平均潮、径含沙量比 $\beta(=\overline{S}_T/\overline{S}_R)$ 的关

系如下：

$$\overline{R}_E = 0.100\,5\alpha^{0.004\,4} \approx \frac{1}{10}\alpha^{\frac{1}{10}} \tag{1}$$

$$F_S = 10.38\beta^{-0.729} + 1 \tag{2}$$

式中：$R_E = \dfrac{B_O - B_R}{L}$（单口门）；$B_O$ 为口门宽度；B_R 为潮流界下限处河宽；L 为潮流界下限与口门距离，多口门时取平均值 $\overline{R}_E$；$F_S = \dfrac{B_F}{B_O}$（多口门）；B_F 为整个河口或三角洲的前沿宽度；$\overline{B}_O$ 为平均口门宽度；$F_S = \dfrac{B_F}{B_O}$（单口门），通常 $B_F = N_O \cdot \overline{B}_O + B_S$，$B_S$ 为两侧高滩宽度和口门间间隔，N_O 为口门数，经验取 $N_O = \dfrac{2}{3} \cdot F_S$。

根据中国沿海河口的动力环境和河口输水与输沙联系，可获得如下经验关系式：

$$\alpha = 1.016\left[\exp\left(4.458\,9 \times 10^{-11}\,\frac{\overline{\Delta H}}{g \cdot T^2}\right) - 1\right] \tag{3}$$

$$\beta = 0.484a^{0.751} \approx \frac{1}{2} \cdot \alpha^{\frac{3}{4}} \tag{4}$$

式中：$\overline{\Delta H}$ 为平均潮差（m），T 为潮周期（半日潮 $T = 44\,700$ s），$g = 9.81$ m/s^2。

显然，平均潮、径流量比 α 是河口分类的第一个重要指标，相应地 $\overline{\Delta H}$ 可作为分类界限的主要指标，分成极强潮、强潮、中潮、弱潮、极弱潮 5 类河口。按上述关系可计算得河口分类临界特征值（见表 1）和中国大、中河口有关特征值（见表 2）。长江口、黄河口、珠江口、钱塘江口与实际资料吻合甚好。

表 1　河口分类临界特征值

序号	河口类型	$\overline{\Delta H}$ (m)	α	β	$\overline{R}_E$	F_S	N_O
1	极强潮	5.0	79.3	12.92	0.152	2.61	1.5
2	强　潮	3.5	20.6	4.70	0.134	4.36	3.0
3	中　潮						
4	弱　潮	2.0	4.82	1.58	0.117	8.45	5.5
5	极弱潮	0.5	0.557	0.312	0.095 1	25.3	17.0

表 2　河口特征值

序号	河口	$\overline{\Delta H}$ (m)	α	β	$\overline{R}_E$	F_S	N_O
1	钱塘江	5.45	118.0	17.33	0.158	2.30	1.53
	鸭绿江	4.60	55.6	9.86	0.146 9	2.95	1.97
	瓯　江	4.59	55.1	9.79	0.146 7	2.97	1.98
2	闽　江	4.53	52.2	9.40	0.146 0	3.03	2.02
	椒　江	4.01	32.8	6.63	0.139 7	3.61	2.41
	灌　河	3.08	13.98	3.50	0.128 9	5.17	3.46

续表

序号	河口	$\overline{\Delta H}$ (m)	α	β	$\overline{R}_E$	F_S	N_0
3	长 江	2.66	9.37	2.59	0.124 1	6.19	4.13
	辽 河	2.30	6.57	1.986	0.120 1	7.30	4.87
4	甬 江	1.77	3.76	1.307	0.113 9	9.54	6.36
	小清河	1.44	2.56	0.980	0.109 8	11.53	7.69
	珠 江	1.26	2.04	0.826	0.107 5	12.93	8.64
	韩 江	1.003	1.42	0.631	0.103 9	15.52	10.35
5	黄 河	0.20	0.194	0.141 5	0.086 1	44.20	29.50

长江口徐六泾下游,崇明岛将长江分成北支与南支,长兴岛、横沙岛又将南支分成北港与南港,九段沙再将南港分北槽与南槽,多年来保持相对稳定的"三级分汊、四口入海"地貌形态格局。表2中计算获得的长江口特征值与实际状况甚为吻合。

河口演变也会受到人类活动,包括各治理与开发工程的影响和制约。如长江"南水北调"东、中、西线工程初步规划调水总量约每年 850 亿 m^3,使长江入海径流平均减少 9.39%,平均年输沙量也相应地减为 3.94 亿 t,其河口特征值为 $\alpha=10.5$;$\beta=3.53$;$\overline{R}_E=0.125\,5$;$F_S=5.14$,估计最多口门数 $N_0=3.43$ 个。今后三入海汊道可能就满足输水输沙需求,北支急剧衰亡也无需新汊道替代。

3 分汊口周期性演变

多年的河床演变过程,分汊口的周期性冲淤摆动是长江口又一重要特征。第一级南、北支分汊口历史上冲淤演变剧烈,与周邻的江心沙、圩角沙、白茆沙不断变化密切相关,也与大量的人类活动密切相关。19 世纪中叶以来,北支从主汊到入海,其径流占 25%(1915 年),后减为 10%(1958 年),至今仅为 5% (1984 年)或更少,河槽萎缩,上口淤积迅速,输水输沙作用甚小。第三级南、北槽分汊口 40 余年来演变频繁,常与瑞丰沙、江亚浅滩变化伴随在一起。21 世纪始九段沙西端完成了鱼嘴及分流口工程,分汊口输水输沙基本上得到控制。

第二级南、北港分汊口至今仍完全处于自然发育状态,其冲淤变化能反映出较好的客观规律性。分汊口处于长江口南支石洞口河段,多年的演变总是和中央沙,扁担沙、浏河沙或称三沙的互动分合联系在一起,显示出周期性的冲淤进退与上下摆动规律性。图1给出了1915—2004 年南、北港分汊口位置的历史演变过程。进退摆动轴线 OO' 为 1953 年和 1980 年的分汊口位置连结的直线,OO' 轴线长 28 km,方向为 118.5°~298.5°,O 和 O' 分别为浏河口和石头沙断面位置或在轴线上投影,偏离轴线的垂直距离分别为 3.40 km 和 1.80 km。多数分汊口密集在轴线上或近处,少数分汊口在轴线两侧,主要在北侧,偏离最大幅度近 6 km。实测地形图表明,分汊口下移时期经 34 年,而上移时期约 26 年,摆动周期 60 年左右。分汊口或其投影在轴线上,

1953年为西端,离浏河口断面2 km,1927年为东端,离石头沙断面4 km,摆动幅度22 km(见表3)。

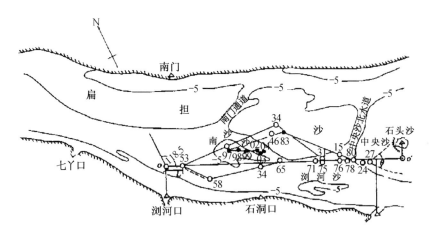

图1　南、北港分汊口历史演变

表3　摆动距离和分汊角

年份	1915	1924	1927	1931	1934	1946	1953	1958	1965	1971
L(km)	20.8	23.6	24.0	19.8	12.6	12.2	2.0	5.5	13.8	18.0
θ(°)	48.6	63.8	63.5	32.5	41.0	38.0	36.5	16	42.2	72.4
年份	1973	1976	1977	1978	1980	1983	1997	1998	2002	2004
L(km)	18.8	20.8	21.0	21.5	22.3	14.0	7.9	8.9	11.2	11.7
θ(°)	79.0	92.5	89.0	92.5	108.0	81.0	56.0	65.0	68.0	77.0

在长江主流的顶冲下分汊口持续、大体上沿轴线下移,下移速度平均每年650 m,开始阶段较快,每年可达1 km以上,最后阶段较慢,每年不到300 m。与分汊口移近石头沙相应,通北港汊道泄流不畅日益淤浅,扁担沙腰部发生切滩,接着通北港汊道逐步改换河槽,形成新分汊口,分汊口上移,新分汊口很不稳定,常常出现多股分流,主汊道摆动,分汊口不断上移。位置仍大致沿轴线方向,有的偏北,最大约5 km。上移速度平均每年850 m,最快每年达2 km以上。扁担沙切滩后,随着分汊口上移,石洞口前沿南支通南港汊道迅速淤积并不断缩窄。分汊口上移接近浏河口期间,通北港新汊道形成,而通南港汊道却被严重封堵不畅,但新分汊口趋于稳定。较稳定的分汊口在主流顶冲下又开始持续地下移,通南港汊道逐步恢复,经10余年后,会出现南、北港都顺流畅通的优良河势,以后分汊口又将移近石头沙,扁担沙将出现切滩的周期性演变过程。

文献[1]认为,分汊口上移(1927—1953年)为剧烈变动时期,分汊口下移(1915—1927年和1953—1980年)为恢复稳定时期。河床演变特征,前者分汊口动荡多变,通南、北港汊道封堵改槽,水下滩沙分割合并和位移摆动异常活跃;后者分汊口稳定单一,南、北港趋于通畅,滩槽演变缓慢。实际上,石洞口河段60年周期性演变中,河床稳定,河势归顺,南北港分流都畅通的良好时期仅仅是 1971 年前后共 10 年,1971 年分汊口(即中央沙头)位于石头沙断面以西 10 km($L=18$ km)即 E 121°29.05′,N 31°38.27′处,其分汊角为 73.4°,这也是南、北港最佳分汊口的位置,对分汊口整治工程有重要参考价值。

4 摆动距离和分汊角

以浏河口断面为起点 O,分汊口或其投影在轴线 OO' 上的摆动距离 L 和南、北港主流的分汊角 θ 其多年变化可用图 2 表示,该图将更清楚地反映出分汊口周期性演变的特征。图 1 中分汊口出现为 1980 年,通北港汊道,中央沙北水道扭曲缩窄,泄水不畅,在扁担沙腰部,发生切滩距沙尾 14 km,约全长 1/3 处,已形成一新的南门通道来替代过渡。实际上扁担沙切滩 1978 年就出现,轴线在南门通道上游 0.8 km 处,而历史上 1924 年地形图上也出现类似切滩,部位接近,轴线偏下游 1.3 km 处,可以推断开始发生切滩时间会更早。根据图 2 曲线(1),按 1978 年分汊口 L 值平移,在 15~24 连线上得到,1918 年切滩同 1978 年相应,周期为 60 年,与水文年有关。按此推断,与 1927 年相应,分汊口从下移急剧转为上移的年份将发生在 1987 年。文献[1]预测:"石洞口河段,包括宝山钢厂码头前沿,最迟将在 1987 年再度开始进入变动阶段。"由于 1980 年分汊角 $\theta=108°$,为 1918 年的 2 倍,"扁担沙可能频繁切割,开始变动的时间可能提前,必须予以足够的重视。"

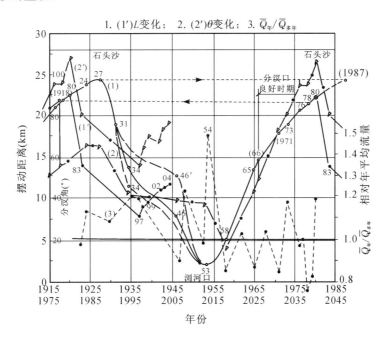

图 2　摆动距离 L 和分汊角年变化

与摆动距离 L 的周期性变化相应,分汊角 θ 于 1924 年达最大值 63.8°,分汊口上移后 θ 减小,但 1958 年 θ 为最小值 16.0°;以后分汊口下移 θ 增大,1980 年达很大值 108°。虽然变幅差别大,θ 仍具有周期性变化特征。

图 2 曲线(3)还给出了长江口潮区界末端大通站 1923—1980 年期间长江径流年平均流量 $\overline{Q}_{多年} = 29\ 103\ \text{m}^3/\text{s}$。此相对值反映出近 60 年长江流量变化,具有水文年的特征。以 1954 年大洪水为界,前 30 年径流量偏丰沛,后 30 年径流量偏平枯。径流平枯时,河床冲淤变化较缓和,分汊口受长江主流顶冲后退下移。而径流丰沛时,河床变动剧烈,分汊口上游滩沙频繁切割、持续下移与并靠,形成上移的新分汊口和通南、北港新汉道。径流平枯转向丰沛时,与摆动距离 L 接近最大值相应,长江主流通北港汊道不顺畅,扁担沙开始切割,河床开始剧烈变动。而径流丰沛转向平枯时,与摆动距离 L 接近最小值相应,通北港新汉道出现,通南港汊道上口聚集多个新滩沙,出现几个通道且不稳不顺,1954 年大洪水打通并形成长江主流通南港新汉道,分汊口开始持续下移。

5 分汊口近 20 年演变

宝山钢厂创建和文献[1]对宝钢码头前沿河床演变的预测已 20 余年,1983—2004 年覆盖近 20 年的 7 份地形图表明,南、北港分汊口演变完全进入剧烈变动的上移时期。图 1 给出了分汊口的位置,都在 OO' 轴线北侧,也都包含在前 60 年演变周期的范围内。

1983 年分汊口比 1980 年上移了 8.3 km,分汊角减小了 27°。正如文献[1]所预测,1987 年以前分汊口会上移。按周期 60 年,1975 年相应于 1915 年,将近 20 年分汊口的 L 和 θ 值也标于图 2。1980—1983 年同 1927—1931 年线梯度相近,1983—1997 年同 1931—1946 年线梯度也相近,可认为 1980 年与 1927 年相应,分汊口从下移转为上移。1980—1983 年扁担沙尾发生了剧烈变化,南门通道下游沙尾中部又发生切割,形成新桥通道,切割下来的巨大沙尾下扁担沙同中央沙头并靠,新桥通道完全替代中央沙北水道,成为通北港的主汉道。1978 年南门通道形成时,上口就出现约 10 km² 大的南沙头,当时还与沙尾"茎"连,1983 年被长江主流切断南移,与下扁担沙之间形成南沙头通道作为通南港暂时汊道。下扁担沙头为分汊口,向北偏离 OO' 轴 4 km。

在长江主流顶冲下,下扁担沙头后退下移,同时扁担沙切割、冲刷下来的沙体仍不断并靠,使下扁担汊头下移减缓。1983—1997 年分汊口下移 1.3 km。南沙头同周邻沙体并聚形成新浏河沙且向分汊口靠近,南沙头通道萎缩扭曲,通南港汊道改走北宝山水道,新浏河沙头成为 1997 年分汊口,比 1983 年上移了 6.1 km。在长江主流顶冲下,新浏河水头也后退下移,1997—2002 年共下移 3.3 km,每年 660 m,至今下移仍在继续但有所减缓。

6 分汊口问题与对策

现阶段长江口南支石洞口河段的河势十分严峻,南、北港分汊口及其周围滩沙处于剧烈变动、不稳定的状态。图3为石洞口河段水下地形图(2002年)南、北港分汊口位置 $L=11.2$ km,轴线北偏约 1.3 km,分汊角 $\theta=68°$。图中也标出了分汊口摆动轴线 OO'。根据2002年分汊口及其背景的新浏河沙、中央沙和周邻的扁担沙、新浏河沙包等滩沙分布现状,参照文献[1]和本文分析的南、北港分汊口历史演变特征,可以预测石洞口河段河床演变趋向和可能带来的影响与问题,提出如下几点看法和对策设想。

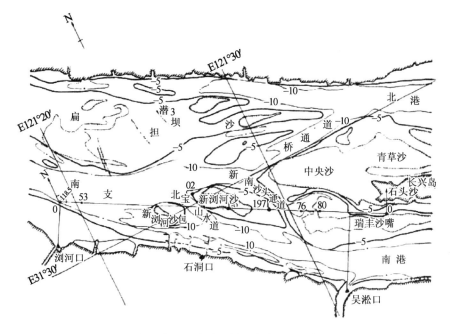

图3 长江口南支石洞口河段(2002年)

6.1 南、北港分汊口是稳定长江口河势的关键

南、北港分汊是长江口"三级分汊"中最重要的,是能对石洞口河段及其下游各河段能发挥控制河势作用的分汊口。长江口南支下段如能建成一抗击主流顶冲的稳定分汊口,并且有分流到南港和北港都顺畅的良好分汊口工程方案,那么相关的开发、治理就会得到重要保障。必须尽早落实分汊口布局规划和分汊口工程方案,正确处理分汊口工程和相关开发、治理项目的相互关系。分汊口工程未建设时,相关开发、治理项目须认真考虑分汊口演变,特别是现阶段石洞口河段处于剧烈变动时期的显著影响,还须认真考虑开发或治理工程对分汊口布局与工程实施的影响。

6.2 分汊口布局应遵循其历史演变规律

1971 年南、北港分汊口(E 121°29.05′,N 31°28.27′)是最佳位置,分汊角为 72.4°。其前后共 10 年,即 1966—1976 年,为分汊口的良好时期,相应的 $L=14.6\sim20.8$ km 和 $\theta=58.4°\sim92.5°$,见图 3。1966 年和 1976 年分汊口分别位于新浏河沙和瑞丰沙嘴的高滩上,工程条件还是较好的,需抓住时机做好准备。1966—1971 年分汊口的位置可能更适当、更有利些,其分汊角更归顺,时机也较早。

6.3 分汊口工程实施要适应河床演变发展趋向

现阶段分汊口仍处于剧烈变动时期,新浏河沙头和中央沙头持续侵蚀后退。扁担沙尾切滩−5 m 线贯通,出现−10 m 线深槽,被切割尾角部−10 m 线近靠中央沙,使新桥通道阻缩,又将出现更替过程。沙尾角部−10 m 以上体积 1 亿 m³ 以上,切割后会加速下移,向中央沙并靠和向北港输移,给通北港汊道和北港河床带来显著影响。新桥通道更替使南沙头通道进一步扭曲与萎缩,新浏河沙有同中央沙并靠可能。1971 年最佳分汊口位置在新浏河沙上,要注意保护并防止南沙头通道扩大。现今新浏河沙包南压,使宝钢码头前沿−10 m 线宽度显著缩窄,影响值得严重关注,而靠南岸南支去南港的通道−10 m 线已近阻断。南支去南港 3 通道中,北宝山水道成为主汊道,但进水断面不足且不甚顺畅。北宝山水道发展对新浏河沙西侧侵蚀加强。显然,现今还不是实施分汊口工程的时机,但为治理规划研究留下一定时间。

6.4 控制分汊口通南港汊道的研究

现今宝钢码头前沿通航态势严峻,对长江出海通航的影响也甚显著。根据分汊口历史演变(见图 2),还需近 10 年分汊口才能走出剧烈变动时期,现今的分汊口仍将上移,通南港汊道的稳定性没有保障,态势会更严峻。分汊口从上移转向下移曾遭受 1954 年大洪水的冲击作用,而冲击带来的河床变化和沙体下移对南港影响严重。按照长江水文年的特点(图 2 也表明),2014 年可能再度出现大洪水,三峡枢纽也不能完全控制,可能对宝钢码头前沿和南港带来极为严重的影响。分汊口转为下移时期后,还需 10 余年恢复期才能趋于稳定,按图 2 所示,2026 年分汊口才能进入良好时期。根据分汊口合理布局和可行的工程方案,须研究采用整治工程设施控制分汊口大幅度上移、预防大洪水冲击严重影响、控制通南港汊道的平稳过渡与稳定性等重大课题。

6.5 分汊口上游控制工程的研究

石洞口河段河床演变及南、北港分汊口的摆动是潮流与径流相互作用的结果。除了要重视外海来潮汐和台风暴潮的强烈作用外,要密切关注上游徐六径"节点"和白茆沙河段,包括北支"倒灌"等变化给分汊口带来的影响。徐六径要兴建控制工程才能真正形成节点,白茆沙河段需要用整治工程来限制中水道扩展,稳定南、北水道。南、北港分汊口的长期稳定还要依靠这些上游的控制工程,宜尽早研究上游控制工程对分汊口的重要性、必要性。

7 结语

石洞口河段处于天然状态,15 km 河宽给河床演变"充裕的自由度",须研究掌握其发展规律,进行必要治理,才能保障已有的和将进行的开发安全运行。本文给水利、交通等有关部门和研究单位提供参考。

参考文献:

[1] 薛鸿超,钟修成. 长江口南支石洞口河段的演变分析[R]. 南京:河海大学,1980.

[2] XUE Hongchao. Classification of river mouth. Proceedings of the 1993 PACON China Symposium,Beijing China [C]. 1993.

[3] 钟修成,呼延如琳. 长江口南支分汊口河段整治规划意见. 长江口综合治理研究(第三集)[C]. 南京:华东水利学院,1987.

河口海岸近底层潮流速分布模式初步研究

郝嘉凌　宋志尧　严以新

（河海大学海岸及海洋工程研究所，江苏 南京　210098）

摘　要：许多现场实测资料表明，潮流近底流速剖面偏离传统的对数分布。虽然偏离值可能不大，但利用对数剖面去计算河底粗糙长度和剪切应力时会引起较大的误差。有研究者的数值试验表明，如果通过流速是对数分布来估计粗糙长度和底部切应力，偏差可能超过100%（Kuo 等，1996）。本文从流体动力学原理出发，利用 Prandtl 混合长度和 Von Karman 自相似理论，建立河口海岸近底层潮流速分布的对数线性模式。通过对英国大陆南部西 Solent 水道实测水流垂向分布进行枚举粗糙长度 z_0 结合最小二乘法拟合，并将计算结果与传统的对数模式的结果比较，表明本文模式有以下优点：①精度高，计算值更接近实测值；②所确定的粗糙长度 z_0 和摩阻流速 u_* 的相关系数更高，且两者在相位上更趋一致。

关键词：近底水流结构；对数线性流速分布；粗糙长度；摩阻流速

1　前言

由于河口区地理位置的特殊性和对国民经济发展的重要性，河口的开发和利用步伐逐步加快，随之产生的一些问题，如河口区污染物的迁移扩散、泥沙和沉积物的输运造成的岸滩演变、盐淡水混合等问题受到众多科研工作者的重视。由于河口地区与河道相比水流条件更为复杂，受潮汐和潮流的影响，再加上海洋对河口的作用，其流场相当复杂。对河口流场及相关问题的研究方兴未艾。

在沿岸水域尤其是在浅海陆架和近岸区，潮流在水流运动中起着主导作用，近底水流因底床摩擦而产生的紊动和边界层内水流的滞后对近底泥沙的侵蚀和输送、污染物的迁移扩散以及底床管线冲刷等产生重要影响。因此正确预测近底水流的垂直结构及其相应的底床剪切应力对河口海岸工程的研究具有重要意义和应用价值。

由于底床的摩擦作用及海面升降引起的水压传递作用，河口海岸近底层的流动与远离海底的上层水体的流动产生很大的差别，形成重要的底边界层。在短周期的波浪水流中，水流在很短时间内正负交变，边界层得不到充分发育，只有在床面附近很薄的一层受到床面摩擦影响而存在剪切应力,形成近底边界层。而潮汐水流的边界层和明渠单向水流的边界层都有一个共同点就是得到充分的发育,扩展到整个水深,因而在全水深上水流流速垂向分布受剪切应力的控制。

河口泥沙运动是河口地区可持续发展中的重要科学问题之一,如长江口的航道整治、黄河口造陆过程和湿地演变、海河口的河道萎缩等,尤其是近年来关于河口生态环境与泥沙输运过程的关系问题,都需要对河口泥沙输运的基本规律进行深入的研究。归纳起来,泥沙研究的对象主要分为推移质和悬移质两大类,而在大多数实际问题中,悬移质泥沙更为重要。悬移质泥沙运动的研究内容主要包括边界层内的水流行为、泥沙沉降的机制、泥沙扩散的规律、泥沙起动以及底沙与悬沙交换的机理等[1],而且近底泥沙含量相对较高,水层和底床存在频繁的物质交换。因此,近底层水流结构及底床摩阻对水沙及温盐的垂向混合、底沙运动等物质过程和近海底栖食物链的生存、迁移等生态过程有着重要的作用。

Soulsby R. L. & Dyer K. R. 指出在加速潮流中近底流速剖面偏离常用的对数流速剖面[2]。通过引入加速长度 $\Lambda = \dfrac{u_* \mid u_* \mid}{\mathrm{d}u_* / \mathrm{d}t}$,得到流速分布 $u = \dfrac{u_*}{\kappa} \left[\ln\left(\dfrac{z}{z_0}\right) - \dfrac{z - z_0}{\gamma\Lambda} \right]$。Kuo A. Y 等通过理论分析,得出了非恒定潮流模型底部剪切力边界条件的公式。使用常规摄动法求解非恒定流边界层方程可得出邻近边界层的对数线性流速分布[3]。但以上二者研究引入的加速长度和摄动量缺乏明确的物理意义,所以本文从流体动力学原理出发,利用 Prandtl 混合长度和 Von Karman 自相似理论,建立河口海岸近底层潮流速分布模式。并通过对英国大陆南部西 Solent 水道实测水流垂向分布进行枚举粗糙长度 z_0 结合最小二乘法拟合,发现本文所提出的对数线性流速分布模式与实测数据拟合比传统的对数分布更为合理。

2 潮流近底层控制方程

假定水体均质不可压,关于水流间的紊动应力采用 Boussinesq 假定,即可类比于层流的粘性应力。近底部流速较小,忽略对流项和水平扩散项之后,就形成潮流边界层型方程[4]:

$$\frac{\partial u}{\partial t} = fv - \frac{1}{\rho} \frac{\partial P}{\partial x} + \frac{\partial \tau_x}{\partial z} \tag{1}$$

$$\frac{\partial v}{\partial t} = -fu - \frac{1}{\rho} \frac{\partial P}{\partial y} + \frac{\partial \tau_y}{\partial z} \tag{2}$$

式中:x, y, z 分别为直角坐标系的 3 个方向;t 为时间;u, v, w 分别为速度在 3 个方向上的分量;P 为压强;f 为 Coriolis 参数;g 为重力加速度;τ_x, τ_y 分别为 x, y 方向的剪切应力。

3 紊流模型的选取

紊流是自然界中流体运动的主要形态,是一种高度复杂的非稳态三维流动。在紊流中流体的各种参数,如速度、压力、温度等随时间与空间发生随机变化。从数学上看,研究紊流的主要困难在于其控制方程的非线性,非线性方程的解在数学上是一个没有解决的问题。

所谓紊流模型就是把紊动粘滞系数 E_v 与紊流时均参数联系起来的关系式。依据确定 E_v 的微分方程数目的多少,又可分零方程模型、一方程模型和双方程模型等。

Boussinesq 于 1877 年第一次引入涡粘性概念希望找到处理雷诺切应力的模型,他假设紊流应力与粘性应力类似,即紊流应力正比于速度梯度,其比例系数叫做涡粘性系数,定义为 $-\rho\overline{u'v'} = \rho A_v \frac{\partial U}{\partial z}$,其中 A_v 为垂向涡粘系数[5]。关于潮汐水流垂向结构的早期研究大多采用线性层流模型,线性模型揭示了底部摩擦对潮汐水流垂向结构的影响,但所取得的速度剖面在近底部与观测值不相一致。20 世纪 60 年代起引入了涡粘系数:Kargan(1964)的线性涡粘系数,Johns(1966)和 Iamiello(1977)引入了涡粘系数的二次分布,大大地改进了理论结果[6]。

根据普朗特的混合长度理论

$$-\rho\overline{u'v'} = \rho l^2 \left| \frac{\partial U}{\partial z} \right| \frac{\partial U}{\partial z} \tag{3}$$

Bakker & van Doorn(1978,1981)成功使用普朗特混合长度模型计算了正弦波与流联合下的流速剖面。方国洪和 Takashi Ichiye 将混合长理论应用于潮流垂直分布的数值计算,计算结果定量地与 Bowden & Fairbairn 在爱尔兰海的实测数据拟合[4]。

根据 Von Karman 的自相似性假设:

$$l = \kappa \left| \frac{\partial U/\partial z}{\frac{\partial^2 U}{\partial z^2}} \right| \tag{4}$$

因此:

$$-\rho\overline{u'v'} = \rho\kappa^2 \frac{|\partial U/\partial z|^3 \partial U/\partial Z}{(\partial^2 U/\partial z^2)^2} \tag{5}$$

式中:κ 为 Von Karman 常数,实验表明约为 0.4~0.41。

4 近底潮流速分布模式

在理论研究上,根据海底($z=0$)不可滑动边界条件,假设 x 为潮流运动方向,由近底层的潮流运动方程可知:

$$\frac{\partial}{\partial z}\left(A_v\frac{\partial u}{\partial z}\right) = \frac{1}{\rho}\frac{\partial P}{\partial x} \quad z = 0 \tag{6}$$

其中 A_v 为垂向涡粘性系数。根据先前研究者的数值模型计算结果[7]，一般而言，$\frac{\partial \eta}{\partial x}$ 数值差不多是 $\frac{u}{g}\frac{\partial u}{\partial x}$ 和 $\frac{1}{g}\frac{\partial u}{\partial t}$ 的 10 倍，所以式（6）忽略了 $\frac{\partial u}{\partial t}$。

由数学分析可知，在 $0 \leqslant z < \delta\,(\delta < 1)$ 的区间内，下式近似成立：

$$A_v\frac{\partial u}{\partial z} - \left(A_v\frac{\partial u}{\partial z}\right)\bigg|_{z=0} = \left(\frac{1}{\rho}\frac{\partial P}{\partial x}\right)\bigg|_{z=0} \tag{7}$$

因 $\left(A_v\dfrac{\partial u}{\partial z}\right)\bigg|_{z=0} = |\,u_*\,|\,u_*$，并记 $a = -\dfrac{\left(\dfrac{1}{\rho}\dfrac{\partial P}{\partial x}\right)\bigg|_{z=0}}{|\,u_*\,|\,u_*}$，则有：

$$A_v\frac{\partial u}{\partial z} = |\,u_*\,|\,u_*\,(1 - az) \tag{8}$$

根据普朗特混合长理论和 Von Karman 自相似理论：

$$\kappa^2\left[\left(\frac{\partial u}{\partial z}\right)^2\Big/\frac{\partial^2 u}{\partial z^2}\right]^2 = u_*^2\,(1 - az) \tag{9}$$

若记 $b = 1 + \dfrac{au_*}{2\kappa}\left(\dfrac{\partial u}{\partial z}\right)^{-1}\bigg|_{z=0}$，则：

$$\frac{\partial u}{\partial z} = \frac{au_*}{2\kappa}\frac{1}{b - \sqrt{1 - az}} \tag{10}$$

$$u = \frac{bu_*}{\kappa}\left(\ln\frac{b - \sqrt{1 - az}}{b - 1} + \frac{\sqrt{1 - az} - 1}{b}\right) \tag{11}$$

上式可写为：

$$u = \frac{bu_*}{\kappa}\left[\ln\left(\frac{b + 1}{b + \sqrt{1 - az}}\frac{z + z_0}{z_0}\right) - \frac{1 - \sqrt{1 - az}}{b}\right] \tag{12}$$

$$u = \frac{bu_*}{\kappa}\left[\ln\left(\frac{z + z_0}{z_0}\right) + \ln\left(\frac{b + 1}{b + \sqrt{1 - az}}\right) - \frac{1 - \sqrt{1 - az}}{b}\right] \tag{13}$$

令 $g(z) = \ln\left(\dfrac{b + 1}{b + \sqrt{1 - az}}\right) - \dfrac{1 - \sqrt{1 - az}}{b}$，在 $z = 0$ 处对 $g(z)$ 进行泰勒级数展开得：

$$g(z) = g(0) + g'(0)z + \frac{1}{2}g''(0)z^2 + \cdots \tag{14}$$

当 $z < 1$ 时取 $g(z) \approx g(0) + g'(0)z = -\dfrac{az}{2b(b + 1)}$

则：
$$u = \frac{bu_*}{\kappa}\left[\ln\left(\frac{z+z_0}{z_0}\right) - \frac{az}{2b(b+1)}\right] \tag{15}$$

其中 $z_0 = \frac{b^2-1}{a} = \frac{u_*}{\kappa}\left(\frac{\partial u}{\partial z}\right)^{-1}\bigg|_{z=0}$。

由流速分布公式可得混合长 l 和紊动涡粘系数 A_v 的表达式：

$$l = -\kappa\frac{\partial u}{\partial z}\bigg/\frac{\partial^2 u}{\partial z^2} = \frac{2\kappa}{a}\sqrt{1-az}\,(b - \sqrt{1-az}) \tag{16}$$

$$A_v = l^2\left|\frac{\partial u}{\partial z}\right| = \frac{2\kappa u_*}{a}(1-az)(b - \sqrt{1-az}) \tag{17}$$

因为 z_0 量值很小，满足 $b = \sqrt{1+az_0} \approx 1 + \frac{az_0}{2} \approx 1$（通过后面进行的优化拟和得出的 a 值也可以证明该表达式成立），故式(15)进一步简化可得近底层潮流速的对数线性分布模式：

$$u = \frac{u_*}{\kappa}\left[\ln\left(\frac{z+z_0}{z_0}\right) - \frac{az}{4}\right] \tag{18}$$

混合长 l 和紊动涡粘系数 A_v 的表达式也简化为：

$$l = \frac{2\kappa}{a}\sqrt{1-az}\,(1 - \sqrt{1-az}) \tag{19}$$

$$A_v = \frac{2\kappa u_*}{a}(1-az)(1 - \sqrt{1-az}) \tag{20}$$

5 物理量的确定方法

对于对数线性流速分布 $u = \frac{u_*}{\kappa}\left[\ln\left(\frac{z+z_0}{z_0}\right) - \frac{az}{4}\right]$，采用枚举法结合最小二乘法[8]进行求解，目标函数 $f = \sum_{i=1}^{n}(u(z_i)-u_i)^2 = \sum_{i=1}^{n}\left\{\frac{u_*}{\kappa}\left[\ln\left(\frac{z_i+z_0}{z_0}\right) - \frac{az_i}{4}\right] - u_i\right\}^2$。具体步骤如下：

(1) 枚举 z_0，范围从 0.000 1 到 0.05，增量为 0.000 1，共计 500 组。

(2) 针对每一个 z_0 枚举值，目标函数取极小值时满足：

$$\frac{\partial f}{\partial a} = 0 \Rightarrow a = \frac{\sum_{i=1}^{n} z_i\left[\frac{u_*}{\kappa}\ln\left(\frac{z_i+z_0}{z_0}\right) - u_i\right]}{\sum_{i=1}^{n}\frac{z_i^2}{4}\frac{u_*}{\kappa}} \tag{21}$$

$$\frac{\partial f}{\partial u_*} = 0 \Rightarrow u_* = \kappa \frac{\sum_{i=1}^{n} u_i \left[\ln\left(\frac{z_i + z_0}{z_0}\right) - \frac{a z_i}{4} \right]}{\sum_{i=1}^{n} \left[\ln\left(\frac{z_i + z_0}{z_0}\right) - \frac{a z_i}{4} \right]^2} \tag{22}$$

预设一个 u_* 值,计算出 a,再代入计算 u_*,循环迭代直至计算出的 a,u_* 稳定,之后计算目标函数 f,式中 n 代表垂线用来拟合的点数。

(3) 计算 500 组 z_0 对应的 500 个 f 的最小值,得出根据近底层 n 个点拟合出来的 z_0,a,u_*。

为了与传统的流速对数分布形式做比较,对于对数流速分布 $u = \frac{u_*}{\kappa} \ln\left(\frac{z + z_0}{z_0}\right)$,采用枚举法结合最小二乘法进行求解,目标函数 $f = \sum_{i=1}^{n} (u(z_i) - u_i)^2 = \sum_{i=1}^{n} \left\{ \frac{u_*}{\kappa} \ln\left(\frac{z_i + z_0}{z_0}\right) - u_i \right\}^2$,满足 $\frac{\partial f}{\partial u_*} = 0$。因此,类似于上面的求解过程,也计算出 500 组 z_0 对应的 f 最小值,得到 z_0 和 u_*。

6 应用

6.1 区域概况[9]

West Solent 是将 Wight 岛从英格兰大陆分离的狭窄水体,从东部的 Southampton 水体延伸到西部的 Hurst Narrows,见图 1 所示。

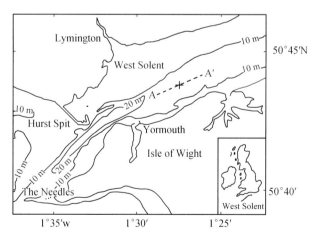

图 1 测点位置图("+"为测点)

水道大约 4 km 宽,水深一般小于 20 m。西部宽度减少至 1.5 m 左右,水深增加到 60 m。大潮潮差约 2.5 m,水流流速 1.75 m/s,最大流速 3.0 m/s 发生在 Hurst Narrows。因为进入 Solent 的西部入口很窄,所以该区域得到很好保护不受波浪活动的影响,因此该区域的泥沙运动和分布反映了潮流为主的环境。West Solent 海底主要由该区广泛分布的第四纪高原砾石沉积形成的燧石砾石平铺形成。

测量主要是平底区域,测量装置配备了 6 个 Ott 回转水流仪(Ott rotor current meter),分别安放在离底床 0.1 m,0.25 m,0.4 m,0.65 m,1.0 m 和 1.8 m 的高度。测量时间 1982 年 9 月 18 日 21:27 至 21:56。

6.2 计算结果与比较分析

虽然 3 层就可以确定流速分布的系数,但为保证精度,而且第 4 层 0.65 m 小于 1 m,在模式适用的条件内,所以本文采用近底 4 层(0.1 m, 0.25 m, 0.4 m, 0.65 m)的数据计算了对数线性流速分布的粗糙长度 z_0、摩阻流速 u_*、参数 a 和对数流速分布的粗糙长度 z_0、摩阻流速 u_*。

1. 近底层流速比较

图 2 是距离底床 0.1 m, 0.25 m, 0.4 m, 0.65 m 高度的流速实测值、对数分布计算值和对数线性分布计算值的对比图。

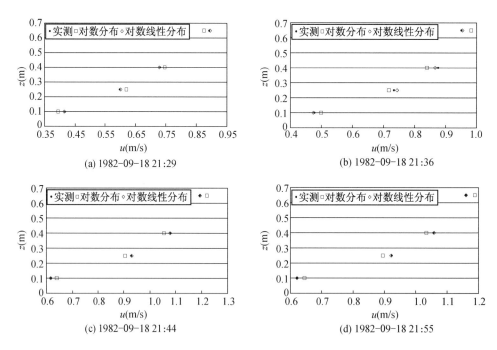

图 2　近底层流速比较图

从图 2 的近底 4 层流速分别可看出,对数线性分布的计算值比对数分布的计算值更接近实测值,说明前者精度更高。

2. 目标函数的比较

从图 3 可知,利用优化方法计算对数线性的目标函数比对数线性要小,也说明对数线性分布与实测值更接近。

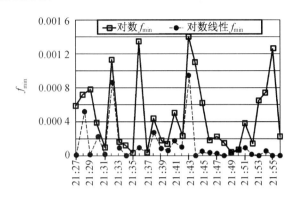

图3 对数分布与对数线性分布计算的 f_{min} 的比较

3. 粗糙长度与摩阻流速一致性分析

由图4和图5可以看出,对数线性计算出的粗糙长度随摩阻流速的变化规律比对数分布计算出的一致性更高,对数线性计算值更能反映出二者之间的物理意义。

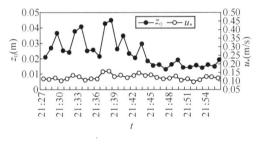

图4 对数分布计算的 z_0 和 u_* 比较

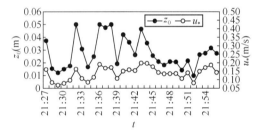

图5 对数线性分布计算的 z_0 和 u_* 比较

关于 z_0 和剪切应力的关系在草地和海洋表面空气紊动的许多研究中被探讨[10],Monia和Yaglom提出 $z_0 = b(u_*^2/g)$,其中 b 为常数。有学者也提出在大气-海洋边界层中 $z_0 = a_1(u_*^2/g)$,a_1 近似可看作常数[11]。因为二者具有相同的量纲,所以本文参考了大气边界层的例子,计算了底部边界层 z_0 与 u_*^2/g 的相关关系。对数分布计算的 $z_0 - u_*^2/g$ 相关系数 $r=0.58$(图6),对数线性分布计算的 $z_0 - u_*^2/g$ 相关系数 $r=0.78$(图7)。

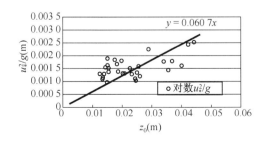

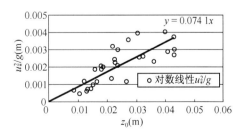

图6 对数分布计算的 $z_0 - u_*^2/g$ 的相关图   图7 对数线性分布计算的 $z_0 - u_*^2/g$ 的相关图

7 结论

根据以上计算结果以及图形分析,可得到如下结论:

(1)West Solent 区域对数线性流速分布比对数流速分布更接近实测近底流速分布,精度高。

(2)对数线性流速分布计算的摩阻流速和粗糙长度在相位上具有比对数流速分布计算的结果更好的一致性和相关性,这在物理意义上更能反映出对数线性分布的合理性。

(3)因该模式对资料的要求较高,所以后一步正在研究如何将模式框架结构进行拓展使之能进一步应用到整个水深,从而大大减低对实测资料的要求,可以通过传统的 6 点法获得的实测资料来确定参数 u_* 及 α 值以及 z_0 值。

参考文献:

[1] 周济福,曹文洪,等. 河口泥沙研究的进展[J]. 泥沙研究,2003(6):75-81.

[2] SOULSBY R L, DYER, K R. The Form of the Near-Bed Velocity Profile in a Tidally Accelerating Flow[J]. J. of Geophysical Research,1981. 86(C9):8,067-8,074.

[3] KUO A Y, SHEN J. & HAMRICK J M. Effect of acceleration on bottom shear stress in tidal estuaries[J]. J. Waterway, Port, Coastal and Ocean Engineering, 1996,122(2):75-83.

[4] FANG G H & ICHIGE T. On Vertical Structure of Tidal Currents in a Homogeneous Sea[J]. Geophys, J. R. Astr. Sc. 1983,73:65-82.

[5] 刘光宗. 流体力学原理与分析方法[M]. 高等教育出版社,北京:1992.

[6] 刘宇陆. 潮汐水流的垂向结构与剩余环流研究[J]. 水动力学研究与进展, Ser. A. ,1995,Vol. 10(4):371-380.

[7] RICHARD N W. Resistance coefficient in a tidal channel, Proceedings of the Estuarine & Coastal modeling conference[C]. Edited by Spaulding M. L. , 1989;123-131.

[8] 孔俊,宋志尧,等. 挟沙能力公式的最佳确定[J]. 海洋工程,2005,23(1):93-96.

[9] HEATHERSHAW A D, LANGHORNE D N. Observations of Near-bed Velocity Profiles and Seabed Roughness in Tidal Currents Flowing over Sandy Gravels[J]. Estuarine, Coastal and Shelf Science,1998,26:459-482.

[10] SUKHODOLOV et al. Turbulence structure in a river reach with sand bed[J]. Water ResourcesResearch, 1998, 34(5):1, 317-1,334.

[11] 莱赫特曼. 大气边界层物理学[M]. 濮培民,译. 北京:科学出版社,1982:143.

基于系统动力学的港口吞吐量预测模型

许长新[1]　严以新[2]　张　萍[2]

（1. 河海大学商学院，江苏 南京　210098；

2. 河海大学交通学院，江苏 南京　210098）

摘　要： 将系统动力学方法应用于港口吞吐量预测模型，考虑了各种主要因素对港口吞吐量的影响，较好地解决了港口吞吐量预测方法中考虑系统因素较少的问题以及经济、社会发展水平的不确定性等影响港口吞吐量预测所产生的误差问题。采用宁波市港口各相关统计数据对模型进行了仿真和验证，结果证明该模型有效、可行。

关键词： 港口吞吐量；系统动力学；模型预测

1　前言

港口吞吐量的预测结果是港口进行决策的重要依据，预测方法的选取将直接影响预测结果。目前国内预测港口吞吐量的常用方法有时间序列法、线性回归法、弹性系数法以及灰色系统法等。这些方法多以单个因素为变量进行计算，很少能够对港口和城市进行系统、准确的描述。

采用系统动力学方法建模[1]，能较全面地考虑一个动态的、复杂系统的各种主要影响因素，可以对系统进行比较充分的分析，结论也更符合实际情况。作者将系统动力学方法应用于港口吞吐量的预测中，首先分析了港口吞吐量的主要影响因素及其因果关系，然后建立了港城系统动力学模型，最后使用宁波市港口吞吐量的相关数据进行验证。

2　港口吞吐量预测模型构建

2.1　港口吞吐量预测模型流程图

根据系统动力学解决问题的几个步骤建立港口吞吐量预测系统动力学模型，流程如图 1。

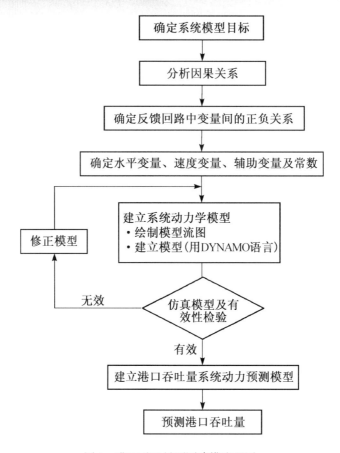

图 1　港口吞吐量预测建模流程图

2.2　港口吞吐量预测系统基本因果关系图

经过系统分析,建立港口吞吐量预测系统基本因果反馈图(图 2),它能够直观反映系统动态发展的内在机制,其核心为港口吞吐的需求与供给子系统,其他运输方式的运输需求与供给、人口、经济水平、产业生产总量、科技进步及岸线资源承载力等都是系统发展的外部影响因素。

2.3　港口吞吐量预测系统因果反馈环[2]

因果反馈环能够清楚地表达系统中各要素之间的定性关系,因此,因果反馈环的确定是系统动力学研究中的关键,此处仅分析几个主要的因果反馈环[3-4]。

反馈环 1:经济水平提高→+产业发展和人均消费水平提高→+运输需求增加→+港口吞吐量需求增加→+港口运输能力短缺增加→+货物积压→-社会经济水平下降。此反馈环为负反馈环,反映了港口吞吐量需求与社会经济间的因果反馈机制。

反馈环 2:社会经济水平提高→+交通运输投资增加→+港口运输供给能力增加→+港口吞吐短缺减少→+货物积压减少→+经济水平提高。该反馈环为正反馈环,

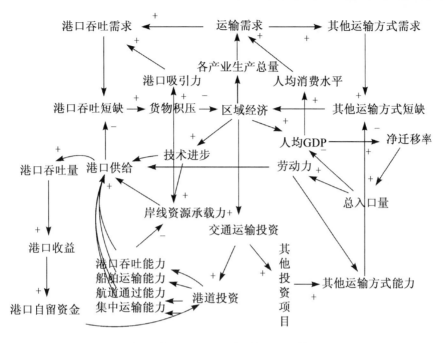

图 2　港口吞吐量预测系统因果反馈图

反映了港口通过能力供给与社会经济间的相互作用机理。

反馈环 3:港口供给增加→＋港口吞吐量增加→＋港口收益增加→＋港口自留资金增加→＋港口供给增加。此反馈环为正反馈环,反映了港口运输系统的自我发展机制。

反馈环 4:港口吞吐需求增加→＋港口吞吐短缺增加→＋其他运输方式需求增加→＋其他运输方式短缺增加→＋港口吞吐需求增加。此反馈环为正反馈环,反映了港口系统与其他运输方式的发展亦有互相影响、互相协调的关系,整个综合运输网络成为一个系统。

反馈环 5:港口收益增加→＋港口投资增加→＋港口吞吐能力提高→＋岸线资源占用量增加→－岸线、资源的承载力降低→＋港口供给降低→＋港口收益降低。此反馈环为负反馈环,反映了港口岸线资源以及环境保护的重要性,起着调节港口城市协调发展的作用。

2.4　模型的构建

与因果关系相比,流图能够清晰地描述影响反馈系统动态性能的积累效应,能区别物质流与信息链。本文根据港口吞吐量预测系统的因果关系和系统内部结构,构建了港口吞吐量预测系统的动力学模型图(图 3)。

流图中的水平变量 GDP、港口综合通过能力、人口总数以及可利用岸线长度是反映系统状态的变量,是反馈回路中的积累环节。状态变量的定义遵守 2 个原则:在任何

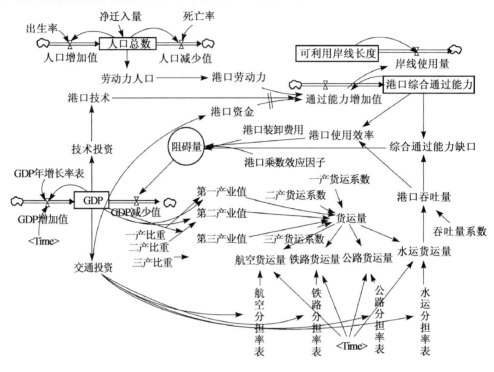

图 3　港口吞吐量预测系统动力学模型

时间上有意义；必须在构成模型的时间框架内发生较快变化。流图中的速率变量有 GDP 增加值、GDP 减少值、通过能力增加值、人口增加值等，它们是改变系统状态即水平变量的量，反映水平变量的变化率。流图中的辅助变量包括相关政策，如 GDP 增长率表、各产业比重、各种运输方式分担率表、港口资金、港口劳动力、港口技术、出生率、死亡率、净迁移量以及岸线使用量等，其数值由外生设定。

3　案例分析

宁波港由北仑港区、镇海港区、宁波港区、大榭港区以及穿山港区 4 个港区组成，是 1 个集内河港、河口港和海港于一体的多功能、综合性的现代化深水大港。改革开放以来，港口吞吐量上升很快，2004 年货物吞吐量突破 2.2 亿 t，集装箱吞吐量超过 400 万 t，其增长幅度连续 6 年列我国大陆沿海港口第一，集装箱吞吐量中国大陆排名第四，进入全球 20 强。

3.1　模型的检验

系统动力学模型检验的目的是验证所建立的模型是否较好地反映宁波港与宁波市协调发展的本质特征和某些主要特征。首先，从所建立的系统动力学模型来看，它是建立在系统分析港口吞吐量影响因素基础上的系统动力学模型，能反映各因素之间动态制约关系;其次,检验宁波港吞吐量预测系统动力学模型的正确性,检验结果完全满足要求;最后,通过对宁波市以及宁波港 2000—2004 年 5 年的系统状态变量的仿真值与历史统计数据的比较,得到二者拟合程度较好的结论,从而验证了模型的有效性,如表 1 所示。

表 1　港口吞吐量系统动力学模型预测误差分析

特征年	宁波市货运量			宁波港吞吐量		
	实际值	仿真值	误差(%)	实际值	仿真值	误差(%)
	万 t	万 t		万 t	万 t	
2000	10 819	10 717.95	−0.93	11 547	11 519.15	−0.24
2001	11 283	11 696.23	3.66	12 852	13 655.91	6.26
2002	12 431	12 831.04	3.22	15 398	16 134.56	4.78
2003	13 919	14 147.41	1.64	18 543	19 009.78	2.52
2004	15 824	15 674.41	−0.95	22 600	22 345.04	−1.13

3.2　参数选择

(1) 根据 1996—2004 年宁波市以及宁波港口有关历史统计数据以及中长期规划,如平均出生率,平均死亡率、年港口岸线使用速度、GDP 年均增长率。

(2) 根据参数的性质,选定不同类型的公式按比例推算。对各产业货运系数、各产业产值的初值、港口单位吞吐量装卸费用,港口乘数效应等参数,选用不同类型的公式按比例递推。

(3) 用回归法确定参数和方程,模型中用一元线性回归确定劳动力与总人口的关系;用非线性回归确定港口吞吐量与水运货运之间的关系等。

3.3　宁波港吞吐量预测

采用 Vensim 软件包计算上述港口吞吐量预测模型,2005—2015 年宁波港吞吐量如表 2 所示。可以看出 2005—2010 年间宁波港吞吐量以年均 15.6% 的速度增长,2010 年宁波港吞吐量将突破 5 亿 t;2010—2015 年期间宁波港吞吐量以年均 12.4% 的速度增长,2015 年宁波港吞吐量将达到 9.7 亿 t。

表 2　2005—2015 年宁波港吞吐量　　　　　　　　　　　　　　　(万 t)

特征年	宁波市货运量	宁波港吞吐量
2005	17 509.29	26 352.78
2006	19 445.12	30 581.04
2007	21 671.34	35 443.53

续表

特征年	宁波市货运量	宁波港吞吐量
2008	24 231.48	41 035.40
2009	27 175.65	47 466.05
2010	30 413.30	54 537.73
2011	33 510.45	61 302.53
2012	36 979.26	68 879.10
2013	40 864.33	77 364.88
2014	45 215.61	86 868.93
2015	50 089.04	97 513.48

4 结语

本研究将系统动力学方法用于港口吞吐量的各种影响因素及其内在关系的定性分析中,并建立系统动力学模型对港口吞吐量进行动态预测和定量分析。与传统方法相比,该模型不仅考虑经济、人口等常规因素,而且考虑资源及综合运输网等更多的影响因素,能较系统地反映出系统各影响因素间的相互关系。通过对宁波港口吞吐量预测系统进行仿真分析,验证了该模型的实用性和有效性。

参考文献:

[1] 张国伍. 交通运输系统动力学[M]. 成都:西南交通大学出版社,1993.

[2] 王其藩. 系统动力学[M]. 修订版. 北京:清华大学出版社,1994.

[3] 王云鹏,杨志发,李世武,等. 基于系统动力学的道路运输量预测模型[J]. 吉林大学学报(工学版),2005,25(4):426-430.

[4] 钟昌标,林炳耀. 一种港口社会效益定量分析方法的探讨——以宁波港为例[J]. 经济地理,2000,20(3):70-73.

长江口入海泥沙通量初步研究

吴华林[1,2]　　沈焕庭[3]　严以新[2]　王永红[4]

(1. 上海河口海岸科学研究中心　交通部河口重点实验室,上海　201201;

2. 河海大学海洋学院　江苏 南京　210098;

3. 华东师范大学河口海岸国家重点实验室,上海　200062;

4. 中国海洋大学,山东 青岛　266003)

摘　要:作者将历史海图的基准面进行统一换算,采用 GIS 技术,实现了长江口及杭州湾 DEM,作为长江口及杭州湾冲淤分析及通量计算的基础。通过百年时间尺度的大范围冲淤分析,结合泥沙动力学、沉积学方法,建立了长江口泥沙收支平衡模式,以此为基础,计算了长江河口若干重要界面的泥沙通量。

关键词:长江口;GIS;泥沙冲淤;计算;通量

1　前言

外力作用或边界条件变化对海洋物质通量的影响是 LOICZ 4 项研究重点之一,也是与略早提出的 IGBP 另一个核心计划——全球海洋联合通量研究(JGOFS)[1]密切相关的研究课题。据 Garris & Mackenzie(1971)估算,由陆地进入海洋的物质约 85% 是经河流搬运入海,因此河流的入海物质通量在陆地入海物质通量中占有重要地位,大河河口及其陆架颗粒物质输移过程是揭示陆海相互作用和估算河流入海物质通量的重要标志,研究陆海相互作用选择河口地区比选择一般海岸地区更具重要意义。其中,河流泥沙通量在不同地球化学循环(如全球碳循环)中起重要作用[2],由于污染物与泥沙有吸附效应,泥沙输移对污染物的迁移和循环也起重要作用[3],此外,入海泥沙通量直接对河口海岸地区港口、航道、环境、围垦、渔业和水资源产生影响。因此,研究河口入海泥沙通量及河口泥沙运动规律,不仅是河口学和泥沙运动学发展的需要,同时也是沿海地区经济发展的需要。

2　研究区域与研究资料

长江来水来沙进入河口以后,由于边界条件和动力条件的改变,会使泥沙发生淤积或引起河床冲刷。泥沙冲淤的结果往往通过地形变化来反映,地形图是研究泥沙冲淤情况的原始资料。长江口地区有丰富的水下地形资料,从开始用仪器测量出版海图至今已有 150 余年的历史,以前多用来分析局部地形冲淤。由于缺乏有效手段,很少将整个河口作为对象进行系统的分析研究,未能给出定量的比较精确的河口泥沙收支平衡模式。我们借助地理信息系统等现代化工具,将数字高程引入地貌分析,在获取泥沙沉积量的基础上研究河口入海泥沙通量。本次研究主要目的在于弄清楚百余年来长江口和杭州湾泥沙冲淤及收支情况,从而给出相应时间尺度下的泥沙入海通量。海图资料选择要考虑充分利用长江口的历史测图,尽可能将时间跨度取得最大,因此,长江口各区域相应最早测绘的海图肯定被选择,其他海图的选择,按根据工作量适当和时间间距基本均匀分布的原则进行确定,同时兼顾考虑长江口地形演变重大事件发生时期。具体海图资料情况见表 1~表 3。

表 1　南支海图资料一览表

序　号	年　份	范围	比例尺	说　明
1	1861	吴淞—徐六泾	1∶10 万	原图系英国海军测量
2	1900	吴淞—徐六泾	1∶10 万	原图系英国海军测量
3	1926	吴淞—徐六泾	1∶10 万	旧中国海关海道测量资料
4	1941	吴淞—徐六泾	1∶10 万	旧海军水道图
5	1958	吴淞—徐六泾	1∶10 万	航保部长江下游航行图
6	1980	吴淞—徐六泾	1∶10 万	上海航道局

注:1~6 号海图系华东师范大学河口海岸研究所于 20 世纪 80 年代将不同比例尺海图统一转化而成的 1∶10 万海图。

表 2　拦门沙海图资料一览表

序号	年　份	范　围	比例尺	说　明
1	1842	吴淞—鸡骨礁	1∶10 万	原图系英国海军测量
2	1880	吴淞—鸡骨礁	1∶10 万	原图系英国海军测量
3	1908	吴淞—鸡骨礁	1∶10 万	原图系英国海军测量
4	1927	吴淞—鸡骨礁	1∶10 万	旧海军水道图
5	1945	吴淞—牛皮礁	1∶10 万	伪海军水道图
6	1965	吴淞—牛皮礁	1∶10 万	上海航道局资料
7	1980	吴淞—鸡骨礁	1∶10 万	上海航道局
8	1995	浏河口—横沙岛 横沙岛—鸡骨礁	1∶7.5 万	交通部安全监督局

注:1~7 号海图系华东师范大学河口海岸研究所于 20 世纪 80 年代将不同比例尺海图统一转化而成的 1∶10 万海图。

表 3　长江口或口外大范围海图资料一览表

序号	年 份	范 围	比例尺	说 明
1	1840—1909	长江口与杭州湾		系英国海军测量
2	1980	长江口与杭州湾(2 张)	1：25 万	中国人民解放军航海保证部
3	1997	杭州湾(4 张)	1：10 万	交通部安全监督局
4	1997	徐六泾—鸡骨礁(4 张)	1：10 万	上海海上安全监督局

3　研究方法

3.1　基准面换算关系研究[4]

　　为充分利用诸多历史海图资料,需要研究历史海图采用的多种基准面与目前使用的理论深度基准面的换算关系。用 Matlab 语言可实现对海图理论深度基准面的人机交互式计算,验证表明,计算结果可靠,精度大幅提高。基于 1977 年实测潮位资料计算获得的调和常数,我们研究了长江口 10 个验潮站(图 1)的深度基准面,探讨了不同深度基准面之间的换算关系(图 2),为冲淤量的精确计算打下基础。

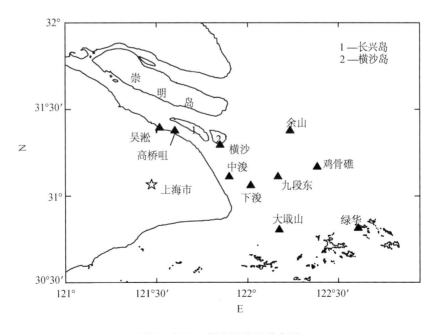

图 1　长江口部分潮位站分布图

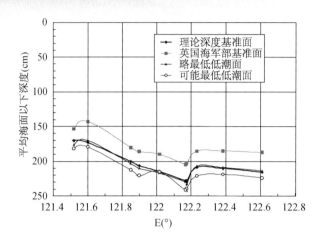

图 2   长江口各验潮站不同深度基准面比较

3.2   海图处理

海图处理采用美国环境系统研究所（Environment System Research Institute，简称 ESRI）的地理信息系统产品 ARC/INFO 软件的 ADS 模块，结合手扶跟踪式 Cal-comp 9100 A0 幅数字化仪，将海图水深点和边界线（岸线）输入计算机，将 ARC/INFO 数据文件转换成 E00 文件，在 MAPINFO 平台中打开检查和订正数字化结果，再调用 ARC/INFO 中 ARC 模块的 Clean、Build 和 Addxy 命令，形成基础数据文件。美国 GOLDEN 软件公司的 SURFER 是一个功能比较完善而且所占空间较小的三维图形分析软件包，非常适合于处理一般范围的数字地形模型分析。将数据文件输入 SURFER 后，采用一定的内插方法将离散数据网格化。SURFER 提供的内插方法达 8 种，用户可根据不同的情况选用不同的内插方法，经过多次试验，我们认为采用 Kriging 方法精度较高，与实际地形比较内插结果非常逼真。考虑基准面的差异，将水深统一订正至理论深度基面，建立不同时期的长江口水下数字高程模型（DEM），从 DEM 库可以输出等深线图和三维地形图，并可进行任何方向的剖面分析[5]，计算研究区域的容积，从而得到冲淤量（图 3）。

将表 1～表 3 所列地形图按图 3 所示流程实现地形数据数字化，分南支（包括南支上段、南北港、拦门沙）、南支口外、北支口外及杭州湾 4 个区

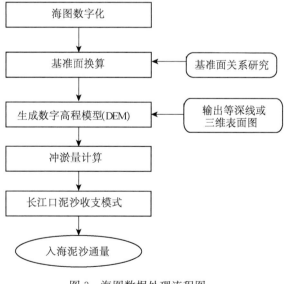

图 3   海图数据处理流程图

域计算泥沙冲淤。

4 长江口泥沙收支平衡模式

4.1 大通至徐六泾河道淤积

河流动力学悬移质理论一般将悬沙分为两部分,其中悬沙粒径较小的部分不参与造床,在床沙中含量极微,始终随水流运动,称为冲泻质。另外部分悬沙粒径较粗,与床沙交换频繁,随动力条件的改变或成为悬沙或成为床沙,称为床沙质。上游流域来沙进入下游后,因水面纵向坡降变小,流速趋缓,悬沙中较粗的床沙质会逐渐落淤,使悬沙粒径沿程逐渐减小。分析悬沙和床沙的沿程变化,可以估算泥沙的淤积情况。江阴悬沙与床沙颗粒组成差别较大,床沙中小于 0.03 mm 的颗粒仅占 2%,悬沙中大于 0.03 mm 的颗粒仅占 3%,因此,悬沙基本属冲泻质性质,河口铜沙地区的悬沙组成与江阴基本相同也证实了这一点(图 4)。大通站却有相当部分泥沙在床沙和悬沙中均存在,说明悬沙中床沙质明显存在,而下游河口区悬沙颗粒变细,因此悬沙总的趋势是其粗颗粒逐渐淤积。根据泥沙组成和床沙质含量分析,文献[6]推断约有 10% 左右的悬沙在大通至徐六泾河段落淤。

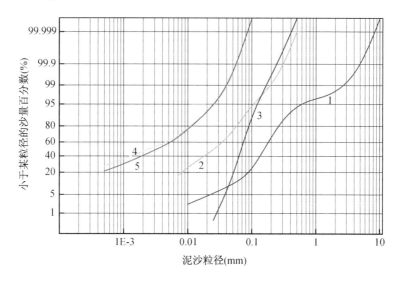

1—大通床沙;2—大通悬沙;3—江阴床沙;4—江阴悬沙;5—河口铜沙悬沙

图 4 泥沙级配曲线图

4.2 长江口北支冲淤

长江口北支是长江入海河道的一级汊道,位于崇明岛以北,西起江心沙,东至连兴港,全长 80 km。历史上北支进口以下曾直达东海,为向外敞开的喇叭形海湾。自 7 世纪至 17 世纪在喇叭形海湾中逐渐淤涨出崇明岛后才将长江口分为南北两支。由于科氏力的长期作用,长江口自 618 年形成南北支的分汊河势以来,落潮主流逐渐南移[7],至 18 世纪初长江口落潮主流进入南支,南北支河槽均做出相应的调整,北支萎缩南支扩大,1915 年北支径流量分配仅为 25%[7],1959 年以后测验表明涨潮流均大于落潮流,至 1984 年实测径流分流比仅占 1.5%。随着径流量的减少,北支涨潮流量相应增加,逐渐转变为涨潮流占优势的涨潮槽。涨潮带进的泥沙不能全部带出,以致河床逐渐淤浅,淤积速率早期较慢,以后逐渐加快,从 1915—1958 年,北支年平均淤积率为 $33.8 \times 10^6 \text{ m}^3$[7],但从 1958—1970 年平均淤积速率为 $64.8 \times 10^6 \text{ m}^3$,增加近 1 倍,5 m 等深线内水域面积从 1958 年的 23.9 万亩①,缩小为 1970 年的 9.4 万亩,减少 60.7%。故自 20 世纪以来,北支已明显趋向萎缩,由于北支涨潮主流北靠,引起北岸的崩塌和南岸的淤涨。1915—1970 年北支北岸共塌失 27.7 万亩,而北支南岸即崇明北沿已围垦高滩地 36.6 万亩[8]。张长清等(1997)[9]也研究了北支的这一趋势,他们在北支切割 30 个断面,计算理论深度 0 m 以下河槽容积及淤积量,河槽容积 1907—1991 年减少了 71.6%,水域面积共减少了 44.9%。全河段累计淤积量 19.486 亿 m^3,平均淤厚 4.5 m,平均年淤积厚度 0.058 m/年。若取泥沙的干容重为 1.22 t/m^3,则平均年淤积量为 0.283 亿 t,约占大通泥沙通量的 6.3%。

4.3　造陆泥沙

尽管长期以来长江口不断向海延伸,造陆规模巨大,但实际上用来塑造陆地和岸线的泥沙只占长江来沙的极小部分[10]。在过去的 2000~3000 年以来,长江河口增加陆地面积 9 300 km^2 (Ren and Tseng,1980)[11],其中一大半位于北岸,而北岸沉积泥沙中有相当部分来自黄河,由苏北沿岸流向南输送至北岸,假定造陆的泥沙平均淤积厚度为 4 m,估算得长江来沙造陆的沉积量约为 2 700 亿 m^3[10] (Milliman et al. 1985),若取干容重为 1.6 t/m^3(泥沙比较密实),那么用来造陆的泥沙平均每年在 0.14~0.22 亿 t 左右。假定在近代长江泥沙用来造陆的规模基本不变,则造陆泥沙仅占大通泥沙通量的 3.1%~4.88%。

4.4　长江口泥沙冲淤全貌

根据 1953—1993 年大通站实测泥沙资料统计,平均输沙量多年为 4.51 亿 t,通过地形冲淤计算并结合上文分析,可以得到长江口泥沙冲淤量明细情况见表 4。

表 4　长江口泥沙冲淤量分布

序号	区　域	计算资料（年份）	年均冲淤量（亿 t）	占大通泥沙通量比重（%）	备　注
1	北　支	1907—1991	0.283	6.3	文献[9]
2	南支上段	1861—1997	−0.09	−2.0	本文计算

---

①　1 亩 $= \dfrac{1}{15}$ hm^2。

序号	区　域	计算资料（年份）	年均冲淤量（亿 t）	占大通泥沙通量比重（%）	备　注
3	南北港	1842—1997	−0.022	−0.5	本文计算
4	拦门沙	1842—1997	0.305	6.8	本文计算
5	南支口外近口门区	1890—1980	0.326	7.23	本文计算
6	南支（徐六泾至口门）		−0.129	−2.86	2＋3＋4−5
7	南支口外	1890—1980	0.841	18.65	本文计算
8	北支口外	1890—1980	0.539	11.95	本文计算
9	杭州湾及其近海	1840—1980	1.802	39.97	本文计算
10	塑造陆地及岸线		0.14～0.22	3.1～4.88	本文估算
11	大通至徐六泾河段			10	本文计算
12	其　他			11.11～12.89	按沙量平衡计算

注：负值表示冲刷。

依据表 4,得到长江口泥沙收支平衡及沉积情况如图 5 所示。从大通至徐六泾长达 528.2 km,仅有约 10% 的泥沙在此区间淤积,长江下游水沙基本与河道相适应,大部

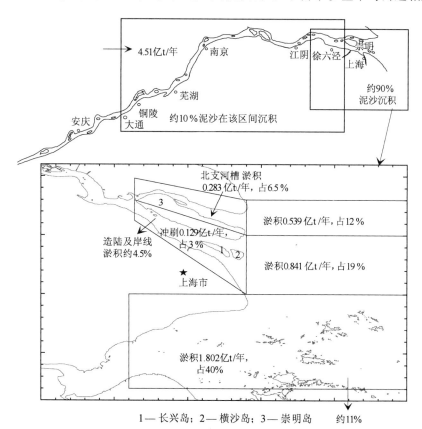

1—长兴岛；2—横沙岛；3—崇明岛　　约11%

图 5　长江口泥沙收支平衡模式示意图

分泥沙属过境性质,只有较粗的床沙质部分由于动力减弱沉降下来。北支汊道淤积严重,平均每年淤积 0.283 亿 t,占大通泥沙通量的 6.3%,平均每年淤厚为 5.4 cm。从徐六泾至口门的南支汊道基本上保持稳定,略有冲刷。南支汊道为长江口主泓通道,且由于北支萎缩,分流比逐渐减小,导致南支分流比逐渐增大,由于泄流的需要,南汊河槽容积有扩大也是河床与水沙条件相适应的表现,是河道自动调整作用的体现。显然,长江口来沙主要淤积在口外,来沙的 19% 淤在南支口外的水下三角洲,12% 淤积在北支口外的水下三角洲,40% 淤积在杭州湾及其近海,说明长江口泥沙出口门后主要是向东南方向输移,在潮流的作用下有相当部分泥沙淤积在杭州湾,淤积量比以往估算的或想象的要大。其他的泥沙占 11% 左右,主要沉积在浙闽沿海近岸区域,极少量扩散至深海。

5 长江河口典型断面的泥沙通量

要计算物质通量,必须先要确定断面位置,要计算入海泥沙通量,必须要先确定河海分界断面。然而,这一界面显然不易确定,河海的连接有较长的过渡段,突变不明显,是渐变过程,因此从不同的角度出发可以确定不同的断面作为入海断面,这是一个存在争论的问题。但是,从河流与海洋相互作用及地貌形态上看,在长江口起码有这样几个断面是非常重要或者是值得注意的:大通、徐六泾、口门。从动力学角度分析,它们也代表重要的意义,大通代表潮区界,徐六泾是盐水入侵界,口门是最大浑浊带盐淡水混合最充分处同时又是拦门沙滩顶位置,还是涨落潮流优势转换带。若认为口门是长江与东海界面的话,那么从表 4 和图 5 可以知道,长江年平均入海泥沙通量约为 3.70 亿 t,约占大通断面年均泥沙通量的 82%,说明过大通断面的泥沙约有 4/5 输送入东海,淤积在长江现代水下三角洲和邻近的杭州湾及浙闽沿海,剩余的 1/5 在大通至口门之间沉积,主要淤在河道、北支和塑造陆地和岸线。大通、徐六泾、口门、长江口与杭州湾分界面等几个重要断面年平均泥沙通量见图 6。

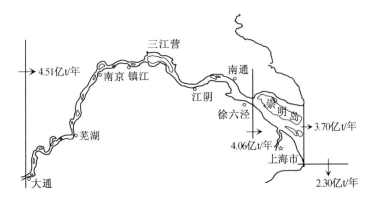

图 6 长江口主要界面年均泥沙通量

6 结论

入海泥沙通量是 IGBP 两个核心计划 LOICZ 与 JGOFS 的重要研究内容之一,在研究河口区泥沙收支平衡基础上计算入海泥沙通量是可行的方法之一。在对长江口南北支及近海百余年来泥沙冲淤量进行定量计算的基础上,构建了长江口泥沙收支平衡模式。长江来沙 10% 左右淤积在大通至徐六泾河道,6.5% 左右淤积在北支,徐六泾至口门的南支汊道略有冲刷,约 31% 淤积在口门以外的水下三角洲,40% 淤积在杭州湾及其近海,4% 左右泥沙用来塑造陆地和岸线,其他的泥沙主要沉积在浙闽沿海近岸区域,极少量扩散至深海。通量与断面位置密切相关,考虑不同的时间尺度可分为年通量、月通量、日通量等。若以口门作为河流与海洋的作用界面,那么长江入海年均泥沙通量为 3.70 亿 t,其他几个重要断面通量分别为:大通——4.51 亿 t,徐六泾——4.06亿 t,长江口与杭州湾界面——2.30 亿 t。

参考文献:

[1] 胡敦欣. 我国海洋通量研究[J]. 地球科学进展,1996,11(2):227-229.

[2] LUDWIG W, and PROBST J L. River sediment discharge to the oceans: Present-day controls and global budgets[J]. American Journal of Science, 1998, 298: 265-295.

[3] WALLING D E. Estimating the discharge of contaminants to coastal waters by rivers: some cautionary comments[J]. Marine Pollution Bulletin, 1985,16:488-492.

[4] 吴华林,沈焕庭,吴加学. 长江口海图深度基准面换算关系研究[J]. 海洋工程,2002,20(1): 69-74.

[5] 吴华林,沈焕庭,胡辉,等. GIS 支持下的长江口拦门沙泥沙冲淤定量计算[J]. 海洋学报,2002, 24(2):84-93.

[6] 李九发,沈焕庭,徐海根. 长江河口底沙运动规律[J]. 海洋与湖沼,1995,26(2):138-145.

[7] 黄胜. 长江口演变特征[J]. 泥沙研究,1986(4):1-11.

[8] 邹德森,黄志良. 长江口北支近期演变. 泥沙研究[J]. 1984(2):11-21.

[9] 张长清,曹华. 长江口北支河床演变趋势探析[J]. 人民长江,1998,29(2):32-34.

[10] MILLIMAN J D, SHEN Huanting, YANG Zuosheng et al. Transport and deposition of river sediment in the Changjiang estuary and adjacent shelf[J]. Continental Shelf Research, 1985, 4: 37-45.

[11] REN M and C. TSENG. Late Quaternary continental shelf of East China[J]. Acta Oceanologica Sinica, 1980, Vol. 2:1-9.

对长江口北槽分流比的分析研究

高　敏　范期锦　谈泽炜　郑文燕

(交通运输部长江口航道管理局,上海　200003)

摘　要:本文指出了长江口汊道分流比概念与平原河流的不同,分析了治理工程以来北槽落潮分流比减少的主要原因。根据对北槽河槽容积和断面落潮量变化的具体分析,得出了"迄今为止北槽分流比的减小是可以接受的"结论。

关键词:分流比;长江口;北槽;河槽容积;落潮量

1　前言

　　1958 年以来,严恺院士组织领导和系统地开展长江口航道治理研究工作。在本工程的前期治理研究中,严恺院士倾注了大量心血,促成了这一举世瞩目工程的开工建设。工程实施过程也得到了严恺院士的悉心指导和帮助,目前长江口深水航道治理三期工程已经竣工并进入常年运行维护阶段。

　　作为一名伟大的水利科学家,严恺院士的水利思想、智慧和对技术问题的深刻认识指导着这一工程的建设,解决了大量的技术和工程问题。现择取在本工程前期研究中一个存在着极大技术争议的问题,即"河口治理汊道分流比问题"做一例证。

　　1997 年,由时任国务院副总理邹家华和吴邦国主持召开、钱正英副主席等一批水利交通专家参加的"长江口深水航道治理工程汇报会"上,确定了本工程的治理方案。在会上,严恺院士对河口治理分流比问题做出了深刻的阐述。

　　严恺院士谈到:"……对于南港北槽的整治方案,……顾虑主要有二点:一是怕河势多变、不稳定;二是双导堤和丁坝阻水,会减少北槽的分流比,束水而难以攻沙。……关于第二点,用双导堤或双导堤加丁坝调整水流,导流攻沙以加深航槽乃是行之有效的河口整治方法,国内外都有先例。……其实,我们也不必过分强调分流比,即使整治后分流比发生变化,只要河槽以及上下游河势能与之相适应,同时航槽也能满足航运的需要就行了。讲到这里,我想起了德国和法国的一些著名的河口治理专家,如德国的 L. Franzius 和法国的 Vernon Harcourt 等,他们总结了欧洲若干条河口治理的经验,对我们有启发,其中一条就是,对三角洲分汊河口的治理,选槽时,如其他条件相同,选择一条较小的,但可以满足航运需要的汊槽进行整治。另一条是,整治三角洲航道,不宜将汊槽合并。因此,不见得分流比大了就好。只要整治后的航槽可以满足通航要求并能保持相对稳定就可以了。关于分流比和分沙比问题还可以进一步研究……"

长江口深水航道治理工程的实践证明,北槽分流比的减小,并未导致北槽的萎缩,北槽仍是一条具有强大生命力的汊道。严恺院士当年的认识是具有前瞻性的、是正确的。

长江口三级分汊,深水航道治理工程选择第三级分汊的北槽作为整治汊道(图1)。从工程前期论证开始,北槽落潮分流比的变化一直备受关注。较普遍的一种疑虑是担心由于北槽大规模建设整治建筑物(特别是丁坝群),会增大北槽对水流的阻力,使北槽落潮分流比下降,甚至导致南槽发育、北槽逐渐萎缩。

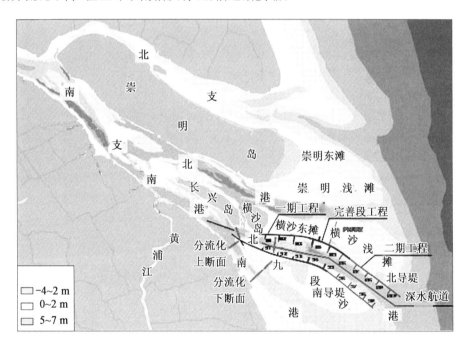

图1　长江口深水航道治理工程平面图

但是,对于径、潮流交汇的河口区的汊道分流比与河床演变,特别是由于整治工程建设造成的汊道分流比的变化与汊道生命力的关系,尚缺乏理论研究成果,也缺乏可资借鉴的河口汊道自然演变或整治的实践经验。因此,自1998年长江口深水航道治理工程开工以来,随着北槽落潮分流比的不断减少,对丁坝的建设方案一直存在争议就是很自然的了。

本文首先分析了10年来北槽分流比减少的主要原因,进而据实测资料分析了不同高程下北槽河槽容积的变化,利用数模分南北导堤间和丁坝坝头连线间,对北槽沿程各断面落潮量的变化做了分析,得出了治理工程以来北槽分流比的减小是可以接受的结论。

2 北槽的落潮分流比

2.1 北槽落潮分流比的定义

南、北槽分流分沙比测验断面如图 1 所示,自 1998 年以来,一直采用 ADCP 测验。北槽的落潮分流比是指在一个落潮全过程中通过南北导堤之间,含边滩和深槽在内全部断面(此处指下断面,下同)的落潮量占同步测得的南北槽落潮总量的百分比。

显然,长江口深水航道治理工程中所说的汊道分流比的概念与一般冲积平原河流中分汊型河段的分流比是不同的。冲积平原河流中的"分汊型河段水流运动最显著的特征是具有分流区和汇流区"[2],因此,平原河流汊道分流比可表示为

$$n_m = Q_m/(Q_m + Q_n) \tag{1}$$

式中:Q 表示汊道径流量,下标 m 和 n 分别表示主、支汊。分流区和汇流区之间的汊道全程,径流量 Q 是一常量,而在长江口,南、北槽进口处尚可认为存在一分流区,但出口却不存在类似平原河流汊道那样的汇流区。特别是河口区既有上游下泄的径流,又有外海潮波产生的涨落潮流,落潮流量中既包含了径流量,也包含了随涨潮进入上游,在落潮时下泄的潮流量,通过北槽沿程各断面的落潮量并非常量,在南、北导堤建成后,自上游向下是沿程增加的。这就提醒我们,仅据北槽进口断面落潮分流比的变化来分析北槽的水动力或河床变化至少是不充分的。

2.2 北槽落潮分流比的变化及原因

1998 年以来,北槽上、下断面落潮分流比的变化见图 2。由图 2 可知,1999 年 8 月以来北槽落潮分流比总体呈减少趋势。以下断面为例,至 2008 年 8 月,9 年间分流比

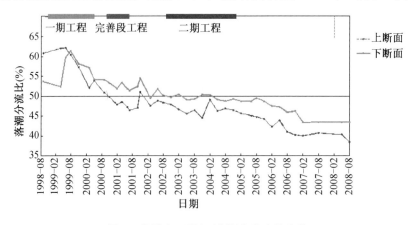

图 2　北槽上、下断面落潮分流比的变化

从 61.4％下降到 43.6％,减少了 17.8 个百分点,其中 1999 年 8 月—2001 年 2 月减少了 9.5 个百分点;2005 年 8 月—2007 年 2 月减少了 6.1 个百分点,是减幅和减小速率最大的两个时段。前一个时段内,完成了一期 N1-S1~N3-S3 3 对丁坝的建设。但 2001 年上半年建设了完善段 N4-S4 和 N5-S5 两对丁坝,而同期北槽分流比却只下降了 1.4 个百分点;二期工程自 2002 年 9 月—2004 年 12 月延长了 N1~N5 5 座丁坝,又增建了下游 N6~N10,S6~S9 共 9 座丁坝,但分流比也只下降了 1.5 个百分点。2005 年 8 月—2007 年 2 月,北槽内未新建任何整治建筑物但分流比却有 6.1 个百分点的降低。究其原因,发现该时段正好对应着北槽+2.0 m 以下河槽总容积的急剧减少(图 3)。可以认为,距分流比测验断面较近的丁坝建设和北槽总容积的减少是导致北槽进口处落潮总流量和落潮分流比减少的主要原因[3]。

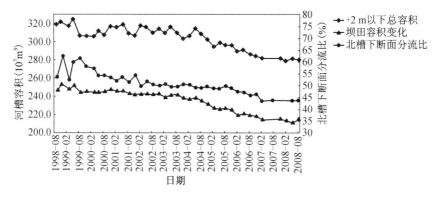

图 3 北槽+2.0 m 以下河槽容积及落潮分流比的变化

3 河槽容积的变化

3.1 北槽河槽容积的变化

整治建筑物的建设必然会调整河床地形,从而改变河槽容积。河槽容积的变化又必然改变河槽阻力,从而影响涨落潮量。因此,对北槽河槽容积的变化做了进一步的分析研究。图 3 是自 1998 年以来实测北槽+2.0 m(导堤顶高程)以下及丁坝坝田区容积的变化,图 4 则给出了−5.0 m 以下河槽总容积的变化。由图 3 可知,+2.0 m 以下河槽的总容积和坝田区的容积(反映了坝田区的淤涨)均呈持续减小的趋势,且各期的减小幅度大体一致,与北槽落潮分流比的减小趋势也基本一致。据实测地形资料统计,+2.0 m 以下的河槽总容积 9 年间减小了 2.6 亿 m³,其中 2005 年 8 月—2007 年 2 月分流比减少了 6.1 个百分点,河槽总容积也大减了 1.46 亿 m³,这充分说明了北槽落潮分流比的减少主要是河槽总容积的减小所致,而坝田区的淤涨则为河槽容积的减少做出了决定性的贡献。

但图 4 给出的−5.0 m 和−7.0 m 以下的深槽区,河槽容积却是缓慢但持续增加。

由于各期工程地形调整后,丁坝坝头基本处于 5 m 等深线处,所以 5 m 线以下的河槽容积大致代表了坝头连线间的主槽容积。经计算,5 m 以下的总容积 9 年间扩大了 0.74 亿 m³,这就说明,北槽整治工程在促使丁坝坝田区淤涨的同时,也扩大了南、北坝头连线之间河床深槽区的容积,这种对河床地形的调整效果,正是整治工程所希望实现的。

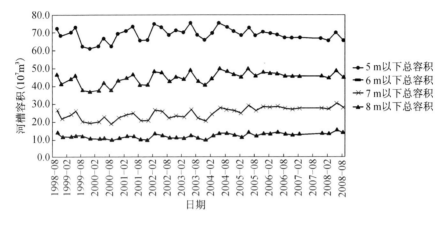

图 4　北槽−5 m 以下河槽容积的变化

3.2　南槽河槽容积的变化

随着北槽整治工程的实施和河床地形的调整,北槽河槽总阻力增大,进口段分流比减小,相邻的南槽进口段分流比相应增大,在南槽发生了一定程度的冲刷。

图 5 是自 1998 年以来实测南槽+0.0 m 以下南槽上段、下段和全槽河槽容积的变化。由图 5 可知,从 1998 年 8 月到 2008 年 11 月,南槽上段 0 m 以下河槽容积增加了 1.17 亿 m³,但南槽下段淤浅了 0.51 亿 m³,南槽 0 m 以下河槽总容积仅增加了 0.66 亿 m³(增加了约 4.8 个百分点),河槽总容积基本稳定,这说明了南槽分流比的增加促使上段河槽容积扩大,北槽整治工程建设并没有使相邻的南槽全槽发育,南槽全槽总体稳定。

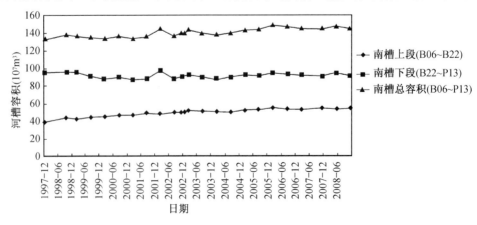

图 5　南槽 0 m 以下河槽容积的变化

4 北槽沿程落潮量的变化

图 6 和图 7 分别为一期、二期工程前后南北导堤之间和丁坝坝头连线之间的主槽区北槽沿程各断面落潮量的变化[4]。由图 6 可知,导堤间的落潮量,自一期工程前→一期工程后→完善段工程后→二期工程后,随着丁坝的不断增建和地形的调整,总体上落潮量一直呈减少趋势,其中,横沙断面落潮量的持续减小与北槽下断面落潮分流比的减小趋势是完全对应的。南北导堤及 19 座丁坝全部建成,且北槽河床地形因整治建筑物的建设而产生的调整也已基本完成后的 2008 年,自圆圆沙断面至 S9-N9 断面,北槽沿程落潮量呈较规律的沿程增加态势。

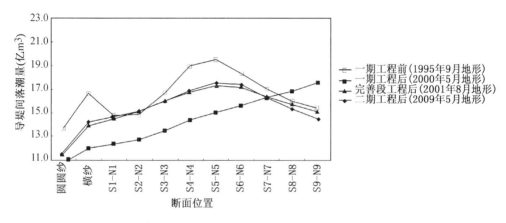

图 6 一期、二期工程前后导堤间落潮量变化

但从图 7 则可以看出,不同时期在不同区段建设丁坝,对北槽丁坝坝头连线之间的沿程各断面落潮量变化的影响则有明显的不同。

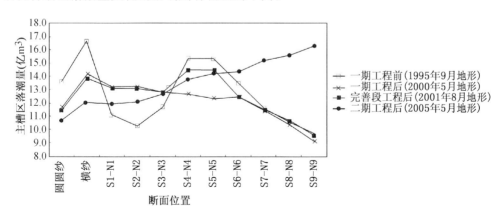

图 7 一期、二期工程前后坝头连线范围内落潮量变化

比较图 7 中一期工程前后的 2 条曲线可知,由于一期工程建设了 S1-N1~S3-N3

共 3 对丁坝,一期工程后,在此区段内深槽区的落潮量明显增大,而其上、下游各段则均减少;同样,完善段工程建设了 S4-N5 2 对丁坝,此后,此范围内的落潮量又明显增加;二期工程后,由于增建了 S6-S9 和 N6～N10 共 9 条丁坝,故 S6-N6 以下各断面的落潮量较完善段后明显增大,而 S6-N6 以上各断面的落潮量则均较完善段后减少,而且,即使是对坝头连线间深槽区的落潮量分析,图 7 中横沙断面的落潮量也是持续减少的。

由此可以认为,我们所采用的北槽落潮分流比这一指标,主要反映北槽进口断面落潮量的变化。丁坝群的建设固然会导致进口断面分流比的减少,但促使分流比减小的更直接原因,还是河槽总容积减少,使北槽的总阻力增大所致。具体到沿程各断面,某一区段丁坝的建设会显著改变该区段内落潮量的断面分布,使坝田范围的落潮量锐减和南、北坝头间的落潮量增加,从而使整治段的河槽由宽浅向窄深方向调整。从对断面水流动力的调整而言,这也是建设整治建筑物所希望实现的目标之一。

5 结论

在长江口北槽实施治理工程以来,按照设定的观测断面测得的落潮分流比虽然已累计减少了近 18 个百分点,但 2007 年 8 月以后,分流比已稳定在 43.5％左右;北槽分流比的减少主要是整治工程促使坝田区落潮量锐减,坝田的大量淤积导致北槽河槽总容积减少所致,但整治工程调整了北槽动力的断面分布,使深槽区落潮量增加,河槽冲刷,正是整治工程所希望实现的效果。同期,南槽分流比虽相应增大了 18 个百分点,但主要是上段河槽容积扩大的结果,南槽全槽并无持续向深槽发展的迹象。而在 2009 年 4 月三期减淤 YH101 工程实施后,北槽分流比先有所减少但逐步恢复至 43％左右,北槽继续呈新坝田区淤积、深槽冲刷的变化。综上所述,北槽仍是一条有足够发展潜力的汊道,北槽已出现的进口分流比的变化总体上是正常的、可以接受的。今后对北槽做进一步整治时,应当注意对全槽各断面的地形调整和沿程落潮量的合理变化。

参考文献:

[1] 严恺. 长江口深水航道治理工程汇报会会议发言[R]. 北京:长江口深水航道建设领导小组,1997.

[2] 谢鉴衡. 河床演变及整治[M]. 北京:中国水利水电出版社,1990:79.

[3] 交通部长江口航道管理局. 北槽航道回淤原因及减淤方案效果分析[R]. 上海:交通部长江口航道管理局,2008.

[4] 中交上海航道勘察设计研究院有限公司. 长江口深水航道治理三期工程减淤工程措施深化研究综合分析报告[R]. 上海:中交上海航道勘察设计研究院有限公司,2008.

波生流垂向结构研究综述

张　弛[1]　王义刚[2]　郑金海[1]

(1. 河海大学水文水资源与水利工程科学国家重点实验室，江苏 南京　210098；
2. 河海大学海岸灾害及防护教育部重点实验室，江苏 南京　210098)

摘　要：波生流是海岸工程和海岸演变非常重要的动力因素之一，水深平均的平面二维波生流目前已有大量的研究成果且广泛应用于工程实践中，但其垂向变化往往对建筑物的稳定和海岸地貌的变化造成显著影响，例如堤前冲刷和岸滩蚀退。本文回顾了国内外对波生流垂向结构的研究与进展，从实验室与现场观测、理论分析以及数值模拟3个方面概述了该领域的研究现状与发展趋势，总结了已有研究存在的不足，提出需要进一步研究的课题。

关键词：波生流；垂向结构；波浪破碎；研究综述

1　前言

破波带是近岸水动力变化十分剧烈的区域，波浪破碎带来质量、能量和动量的传输以及水体的紊动，伴随着复杂的波生近岸流系。波生流是海岸工程和海岸演变非常重要的动力因素之一，特别在海岸建筑物附近，波生流引起的局部地形变化往往会影响到建筑物的安全和稳定。目前，基于水深平均的平面二维波生流模型或波流相互作用模型已经在工程中得到较为广泛的应用[1-4]。然而在破波带中，水流在垂向上并不是均匀分布，其垂向变化会对建筑物稳定性和海岸地形演变造成显著影响。研究波生流的垂向结构，对深入理解近岸泥沙运动，尤其是向、离岸输沙的机理，乃至研究岸滩蚀退、沙坝迁移和堤前冲刷等问题，都具有十分重要的意义。

对波生流垂向结构的研究，国外已有较长时间的研究历史。随着观测技术的不断进步，人们可以更精细地观察破波带内的水动力情况，在这个基础上，对破波带水动力机制的认识和数值模型的建立也得到了快速的发展。但一些问题仍然没有得到完全解决，例如破波带内的紊动机制及其描述、底部边界层内的测量等。国内在这方面的研究起步较晚，无论是基础研究或数值模拟都与国外存在一定差距，加强这方面的研究也是合理设计海岸工程建筑物和海岸区域经济可持续发展的需要。本文在回顾国内外波生流垂向结构研究进展的基础上，从实验室与现场观测、理论分析、数值模拟3个方面概述了该领域的研究现状和发展趋势,总结并提出已有研究存在的不足及今后需要进一步研究的课题。

2 实验室与现场观测

实验室与现场观测的发展依赖于量测技术的进步。最初,学者们还只是依靠简单的波高计来获得波高、波速等波参数,无法了解破波带的内部流场。随着光学测量技术的大力发展,一些更先进的测量仪器在破波带水动力观测中得到应用,获得了更精细的观测结果。

1978 年,Mizuguchi 等[5]首次测量了实验室中沿岸流的垂向分布,发现时均沿岸流沿水深方向的速度大小基本保持不变。1982 年,Wright 等[6]率先在实际海滩中观察到破波带内靠近底床处的离岸回流。Nadaoka[7]使用 LDV 技术观测破波带内的水质点流速,发现在破波带中波谷上方的水体主要是向岸运动,而波谷下方的水体则以离岸运动为主。Roelvink 等[8]的实验表明,规则波作用下的底部回流在破波点处最大,向岸沿程减小;不规则波作用下,破波带开始的地方底部回流最小,向破波带中部逐渐增大至最大值,随后又向岸迅速减小。Thornton 等[9]对 DUCK94 测量结果的分析表明,当底部边界层中的紊动占主导作用时,沿岸流速的垂向分布接近于对数剖面,而在波浪破碎产生的紊动比较强烈的地方如沙坝上方,沿岸流速沿水深变化不大。Masselink[10]在 2个天然海岸测量距海底 0.25m 处的近底回流,发现在破波带内外都存在离岸的近底回流,且其流速随入射波高的增大而增大。Reniers 等[11]对 Sandy Duck 现场观测结果的分析指出,破波带内回流最大值出现在水体下层,而破碎带外回流最大值则出现在临近水面处;沿岸流垂向分布在未破碎条件下呈对数型,而在破碎条件下趋于均匀。在国内,邹志利[12]、金红[13]和唐军等[14]通过沿岸流物理模型,测量坡度为 1∶100 和 1∶402 种平直海岸上的沿岸流和波浪增减水,研究波生流对海岸污染物输移的影响。

许多实验研究集中在波浪破碎时紊动的产生和传输机制以及内部紊动流场。1989年,Nadaoka 等[15]在实验室中观察卷破波条件下的紊动流场,在波峰附近和波峰后分别发现大尺度水平漩涡和斜向下降漩涡。Fredsøe 等[16]发现,除了波浪破碎,底床上的剪切应力也会在振荡边界层中产生强度较小的紊动。Pedersen 等[17]测量破波带内的紊动掺混长度,发现随着底部边界层影响的减小,掺混长度在水体中部趋向一个定值。Ting 和 Kirby[18-20]在水槽中研究卷破波和崩破波下的底部回流和水体紊动,结果表明,卷破波紊动强度较崩破波大但回流较弱,卷破波的紊动能量向岸输送而崩破波向海输送。2002 年,Okayasu 等[21]使用高速摄像机记录大尺度漩涡悬浮起泥沙的图像,发现大尺度漩涡引起近底流速的强烈振荡,漩涡运动速度在水平方向上指向破波带外,在垂向上指向水体下部。Serio[22]在波浪水槽中进行 3 种不同类型的规则波破碎试验,结果表明崩破波和卷破波的最大紊动强度分别出现在水面和底床附近。Ting[23]在坡度为 1∶50 的水槽中进行孤立波破碎实验,观察到水体中部的斜向下传播的漩涡和底床附近较大的紊动流速,紊动的传输与漩涡向三维水流紊动的消散和底部边界层的影响有关。

量测技术的进步为更深入了解破波带内水动力结构提供了条件。值得注意的是，大多数的定量观测都集中在波谷下方的区域中，这是因为波谷上方的水体暴露在空气中，气泡的进入使现有的光学测量技术受到较大干扰，另外，临近底床处的测量精度也有待改善。目前得到大多数观测结果证实的现象是：在破波带外，沿岸流速垂向分布接近于对数剖面，中部水体做向岸运动而上下部水体做离岸运动，离岸流最大值出现在临近水面处；在破波带内，沿岸流速的垂向分布趋于均匀，波谷上方水体做向岸运动而下方水体做离岸运动，离岸流最大值出现在靠近底床处。表层波浪破碎产生的漩涡和振荡边界层中的剪切应力是水体紊动的主要来源，这 2 种紊动的传输及其之间的相互作用是影响内部流场的重要因素。在不同波浪条件或破碎条件下，波生流的水流结构和紊动机制也会有较大差异。

3　理论分析

20 世纪 60 年代初，Longuest-Higgins 和 Stewart[24]将作用于单位面积水柱体的总动量流时均值减去没有波浪作用时的静水压力定义为波浪剩余动量流，又称辐射应力，这个概念为解释近岸波流体系、增减水等水动力学现象奠定了理论基础，迄今为止仍被众多学者用来研究波浪引起的近岸水流。

波浪破碎会造成波高衰减和破波带内的增水现象，引起向岸的辐射应力梯度和向海的水位压力梯度。一个公认的观点是，破波带内的向岸辐射应力梯度与增水产生的向海水位压力梯度相互平衡。然而，所谓的平衡指的是水深平均的概念上，水位压力梯度在任意水深处都是相等的，而辐射应力在垂向上却不是均匀分布，所以在不同水深处存在着水位压力梯度和辐射应力梯度的差值，引起水流的垂向变化。1970 年，Dyhr-Nielsen[25]认为，考虑任意水深处的一个流体单元，在一个波周期平均的概念上，应该再引入一个表面剪切应力以达到动力平衡。而剪切应力只有当水体发生流动时才会存在，于是，辐射应力梯度和水位压力梯度的局部不平衡驱动破波带内波谷上方的向岸质量流和波谷下方的离岸底部流。事实上，之后大多数发展的理论研究几乎都把这个垂向上作用力的不平衡当成水流的直接驱动力。

根据 Stokes 非线性波理论，波浪在向岸传播过程中，水质点相位速度在一个周期内并不对称，波峰时水平速度较大且历时较短，波谷时水平速度较小且历时较长。非线性波的这个特性使得水质点在一个波周期内具有一个向前的净水平位移，造成波浪传播方向上的质量输移，特别在波谷上方，这种现象尤为显著。然而实际海岸为一个封闭的区域，质量不可能一直由海向岸输送，必须同时存在向海的水流来补偿波浪驱动的向岸质量流。从质量守恒的观点出发，通常认为在一个波周期内波谷上方的净向岸质量流与下方的净底部回流相等，且在破波带内，向岸质量流包含 2 个部分：一是波浪的非线性运动，又称 Stokes 漂流；二是破碎时波峰前方一股向前旋转翻滚的漩涡，又称波面水滚[26]。

一些国内外的学者研究了三维辐射应力的不同表达形式。Borekci[27]提出辐射应力向岸方向主分量的沿水深分布公式,并用于求解破波带内的时均剪切应力和欧拉速度分布。Herman[28]研究波浪在二维复杂地形上传播的波生动量流三维结构,与传统辐射应力理论的区别在于其只是一个波能和水深梯度的函数,而与波向无关。Wang等[29]应用完全非线性 Boussinesq 模型的计算结果,推导出高阶的辐射应力和波生质量流表达式。国内,夏华永[30]提出了 σ 坐标系下的辐射应力垂向分布表达式。朱首贤[31]通过周期平均的 N-S 方程推导出辐射应力的三维表达式,从理论上分析其三维特性。郑金海[32-33]将垂向水体分为 3 个部分,分别建立了微幅波理论和斯托克斯二阶波理论下任意波向角时波浪辐射应力各分量沿水深的计算表达式。

波浪破碎是驱动破波带水动力机制的最重要因素,许多学者研究了波浪破碎时的能量耗散方式以及紊动的产生机制。Battjes[34]认为破碎损耗的波能转化为波谷下方水体的紊动能量,应研究破波能量损失和紊动能量增长之间的关系。Roelvink 等[35]认为波浪破碎损失的能量首先转化为漩涡的紊动动能,然后再消散为小尺度的水体紊动。Deigaard[36]认为波能耗散和紊动产生源自波面水滚对下层水体施加的剪切应力。目前得到广泛应用的观点是,破碎损失的能量首先转化为波峰前方的漩涡紊动动能,然后再向下消散为小尺度的水体紊动。

波生紊动有 2 个来源,一是波浪在表层的破碎;二是底部边界层中的振荡运动。通常将水体分成 3 层:介于水面和波谷中间的表面层、中间层和底部边界层。在表面层,波浪破碎产生强烈的漩涡和紊动,继而向下层水体掺混扩散;在中间层,离岸水流和前进的波浪之间产生动量交换,并与底部边界层相互作用。波浪破碎时,底部边界层中的紊动往往要比破碎产生的紊动小得多,通常认为它不会影响到中间层。然而当波浪没有破碎时,边界层中的紊动会显著影响中间层。

研究破波带水流垂向结构时,需要求解紊流闭合模型。其中,如何确定涡粘的垂向分布尤其是破碎和底部边界层产生的紊动对涡粘垂向分布的影响是关键。Peregrine[37]利用破波带水流和水跃之间的相似性研究波浪破碎条件下的涡粘分布。Deigaard 等[38]认为破碎产生的涡粘源项从瞬时水面到波谷呈抛物线型分布。Svendsen 等[39]假定边界层中的涡粘系数小于中间层,边界层中的涡粘系数在底床处为零,从底床向边界层上界呈线性增长。Roelvink[40]使用抛物线型的涡粘垂向分布考虑波浪破碎对涡粘的影响。Walstra 等[41]在 $k-\varepsilon$ 方程中采用的涡粘源项从平均水面到水面下方半个波高处呈线性分布。时钟[42]使用雷诺方程和 $k-\varepsilon$ 紊流闭合模型,研究波流共同作用下底部边界层中的流速剖面。

需要指出的是,在研究沿岸和向、离岸 2 个方向的流速剖面时,经常使用不同的涡粘垂向分布。求解向、离岸流速剖面时使用的涡粘垂向分布,有沿水深不变[39],也有沿水深成线性关系[43],或抛物线型[40]和指数型[44]等关系。求解沿岸流速度剖面时,通常假设涡粘的垂向分布为抛物线型[45],这样可以得到实际观察到的对数型流速剖面。然而,在沿岸和向、离岸方向上应用不同的涡粘垂向分布,目前还缺乏明确的物理意义,对涡粘垂向分布仍有待更深入的研究。

4 数值模拟

求解波生流垂向结构的数值模型主要可分为两大类：相位平均模型和时域模型。相位平均模型描述一个波周期平均的物理量；时域模型解析物理量随时间和空间的变化，根据控制方程的不同又可分为 2 种，一种基于 Boussinesq 方程，另一种基于 N-S 方程。

相位平均模型通常包含一个基于周期平均波浪运动方程的波浪模型（如波能守恒方程或波作用量守恒方程）和一个水流模型。水流模型通常基于水深积分的水平动量方程和求解水流垂向结构的垂向一维雷诺方程。在相位平均模型中，波浪模型和水流模型往往是相互独立求解的，对波流相互作用的考虑一般采用迭代计算的方法直至两者达到相互稳定。大多数相位平均模型在求解水流垂向结构时都是基于这样一个定解条件：假定在一个波周期上，一个断面水深平均的净流量为零，即波谷下方的离岸流与波谷上方的波生向岸质量流相等。除了涡粘的垂向分布以外，这些模型的主要差别在于对边界条件的确定：有给定近底流速[39]，也有给定底部边界层上边界处的自由流速[46]，或表面上的剪切应力[47]。

自从 Peregrine[48] 在 1966 年首次使用 Boussinesq 方程来描述破波带水动力现象，Boussinesq 方程被越来越广泛地应用在近岸水波的研究中。与相位平均模型不同的是，Boussinesq 类模型可以直接得到相位解析的波要素，以及水位和流速等物理量的时空分布。Boussinesq 类模型的一个困难是对波浪破碎及其引起的能量耗散的描述。一种做法是在动量方程中添加人工涡粘项[49]，另一种做法利用波面水滚的概念，认为破碎时的能量耗散与波峰前的滚动漩涡有关[50]。李绍武等[51] 提出一种紊动源项计算公式，通过求解 k 方程紊流模型确定涡粘系数，建立了基于完全非线性 Boussinesq 方程的波浪破碎模型。Musumeci[52] 建立了一个完全非线性 Boussinesq 模型模拟破波带内的三维水流情况，用水滚概念描述波浪破碎。

1992 年，Lemos[53] 第一次用雷诺平均的 N-S 方程（RANS）模拟破波带内的水流和紊动，应用 VOF 方法求解自由表面和一个 k-ε 模型来描述紊动现象。林鹏智[54] 使用相同的手段模拟崩破波和卷破波条件下的破波带水动力，验证结果表明，波浪破碎处和破波带内部的紊动强度计算值分别比实测值大出 2～3 倍和 25%～50%，且崩破波条件下的底部回流比实测值偏小或者方向相反。Bradford[55] 的研究也发现了同样的问题。还有许多学者[56-57] 的研究也基于 N-S 方程，但紊流闭合模型有所不同。林鹏智等人[58] 认为，底部回流的模拟误差可能是因为计算时间的不足导致流场未达到稳定，但是他们同时也发现，即使流场达到稳定，紊动强度还是明显偏大。由此他们得出一个结论，所有现有的紊流模型在模拟破波带内的紊动时都未能给出令人满意的结果，原因是在紊流模型中应用的参数来自于稳定流而非振荡流的物理实验。Mayer[56] 认为这个问题源自于紊流闭合模型在波生振荡运动中的不稳定性。Christensen 等[59] 认为，破波带上层水体中的气体掺混可能是导致数值模型高估紊动强度最重要的原因。Sana 等人[60]修正了低雷诺数 $k\text{-}\varepsilon$ 模型,求解振荡边界层中的流速剖面、紊动能量和雷诺应力。

基于 N-S 方程,许多学者发展了三维模型。1994 年,Pechon 等[61]应用雷诺平均的 N-S 方程,建立了完全三维波生流模型。荷兰 DELFT 水工试验所开发了 DELFT3D 模型[62],把水体分为多层并分别求解时间平均的雷诺方程,$k\text{-}\varepsilon$ 紊流模型被用来求解涡粘的影响。Zhao 等人[63]在三维 N-S 方程的基础上结合多尺度紊流模型与大涡模拟(LES)方法,模拟破波带内的波高、水位和水质点振荡速度。Watanabe 等[64]在他们的三维模型中研究崩破波和卷破波下的三维紊流结构,模拟出 Nadaoka[15]在实验中观察到的斜向下降漩涡。Christensen 等[65]的三维 N-S 模型使用 LES 方法模拟破碎紊动和三维 VOF 方法求解自由表面。

三维波生流模型目前仍处于发展阶段,这主要是受制于计算机内存的不足和对计算时间的要求,尤其在大时空尺度的计算中。为了能在目前的计算机性能条件下研究水动力的三维结构并应用在工程实际中,许多学者在传统的平面二维波生流模型中考虑水流的垂向分布,发展了准三维模型。1987 年,De Vriend 等[66]把水深积分的平面二维波生流模型与一维垂向水流求解模型相结合,建立了一个准三维近岸流模型。Sanchez-Arcilla 等[67]的研究也遵循了类似的途径。Svendsen 等[68]的准三维模型把沿岸流和向、离岸流分开考虑,推导出沿岸流垂向变化的动量方程。Okayasu 等[69]考虑波面水滚引起的附加质量流对水深平均流速的影响。由 Svendsen 等[70]开发的 SHORECIRC 模型将流速分解为水深平均和随水深变化 2 个部分,且上部边界并不和其他模型一样定在波谷处,而是定在平均水位处。史峰岩等[71-72]拓展了 SHORECIRC 模型使之适用于正交曲线网格,并应用了改良的数值计算方法。Tajima 等[73]提出一个理论模型考虑了水滚-水流相互作用和波流共同作用的底部边界层,给出垂向流速剖面的解析解。2008 年,郑金海等[74]发展了基于 N-S 方程的准三维近岸波生流模型,在自由表面剪切应力表达式中引入了波面水滚的作用项,较好地复演了垂直于岸线方向上的沿岸流速最大点和破波点之间的空间不同步现象。

相比于相位平均模型,解析物理量时空变化特性的时域模型可以给出更精细的描述,例如基于 N-S 方程的模型已经可以非常精确地模拟破波带内的波高衰减、增水以及底部回流等现象,但它们最主要的局限性在于需要较大的计算机内存和较长的计算时间,这也限制了在实际应用中的拓展。而相位平均模型的主要优点是实用、计算简单、节省机时,可以应用到较长时间尺度或较大范围的计算中。

5 结论与展望

随着观测技术与计算机性能的进步,实验室和现场观测获得了更精细的破波带内水流结构,同时也有力促进了理论研究和数学模型的发展。当前,在波生流垂向结构研究方面存在的不足以及今后需要进一步研究的课题包括:

(1)观测仪器的一些缺陷在一定程度上限制了对破波带内水流、漩涡垂向结构的认识,尤其在表面层和底部边界层,量测仪器的准确性和适用性仍然有待提高。

（2）虽然当今已有很多模型被用来研究近岸波浪引起的水流,但大多数都是针对某一特定的问题而对模型做了若干简化。更复杂更具物理意义的模型如基于 N-S 方程的模型已经被证明可以得到十分精确的结果,尽管这类模型目前还主要应用在实验室或理论研究中,但随着计算机性能的快速提高,发展这类模型将是今后的主要趋势。

（3）紊流模型仍不足以给出令人满意的结果,其中值得更深入研究的主要问题是涡粘系数和边界条件的确定,以及表面层和底部边界层中产生的紊动对流速剖面的影响,这也有赖于对破波带内各种复杂水动力机制及其之间相互作用更深入的认识。

（4）目前对于波浪和波生流的研究都以规则波为主,然而实际波浪都是不规则波,许多试验结果也表明,不规则波作用下的水动力现象和规则波有较大的差别。研究不规则波条件下的波生流应该是将来发展的重要方向。

参考文献:

[1] 李绍武,柴山知也.近岸区人工岛周围波生流系统数学模型的验证[J].天津大学学报,1998,31(5):582-587.

[2] 包四林,西村仁嗣.近岸波生流数值计算的一种新方法[J].海洋学报,2000,22(5):115-123.

[3] 李孟国.波生近岸流的数学模型研究[J].水道港口,2003,24(4):161-166.

[4] 郑金海,Hajime Mase.波流共存场中多向随机波浪传播变形数学模型[J].水科学进展,2008,19(1):78-83.

[5] MIZUGUCHI M, HORIKAWA K. Experimental study on longshore current velocity distribution[J]. Fac Sci Engineering, 1978, 21: 123-150.

[6] WRIGHT L D, GUZA R T, SHORT A D. Dynamics of a hight energy dissipative surf zone[J]. Mar Geol, 1982, 45: 41-62.

[7] NADAOKA K, KONDOH T. Laboratory measurements of velocity field structure in the surf zone by LDV[J]. Coastal Engineering Jpn, 1982, 25: 125-146.

[8] ROELVINK J A, STIVE M J F. Bar-generating cross-shore flow mechanisms on a beach[J]. J Geophys Res, 1989, 94(C4): 4785-4800.

[9] THORNTON E B, SOARES C. Vertical structure of mean current profile over a barred beach[C]// Coastal Dynamics'95. Gdansk: ASCE, 1995.

[10] MASSELINK G, BLACK K P. Magnitude and cross shore distribution of bed return flow measured on natural beaches[J]. Coastal Engineering, 1995, 25: 165-190.

[11] RENIERS A J H M, THORNTON E B, STANTON T P, et al. Veritcal flow structure during Sandy Duck: Observations and modeling[J]. Coastal Engineering, 2004, 51: 237-260.

[12] 邹志利,常梅,邱大洪,等.沿岸流的实验研究[J].水动力学研究与进展,2002,17(2):174-180.

[13] 金红,邹志利,邱大洪,等.波生流对海岸污染物输移的影响[J].海洋学报,2006,28(6):144-150.

[14] 唐军,邹志利,沈永明,等.海岸带波浪破碎区污染物运动的实验研究[J].水科学进展,2003,14(5):542-547.

[15] NADAOKA K, HINO M, KOYANO Y. Structure of the turbulent flow field under breaking waves in the surf zone[J]. J Fluid Mech, 1989, 204:359-387.

[16] FREDSØE J, DEIGAARD R. Mechanics of coastal sediment transport[M]. Singapore: World Scientific, 1992:17-52.

[17] PEDERSEN C, DEIGAARD R, SUTHERLAND J. Turbulence measurements under broken waves[R]. Lyngby: Tech Univ Denmark, 1993:81-97.

[18] TING F C, KIRBY J T. Observation of undertow and turbulence in a laboratory surf zone[J]. Coastal Engineering, 1994, 24(1/2): 51-80.

[19] TING F C, KIRBY J T. Dynamics of surf-zone turbulence in a strong plunging breaker[J]. Coastal Engineering, 1995, 24(3/4): 177-204.

[20] TING F C, KIRBY J T. Dynamics of surf-zone turbulence in a spilling breaker[J]. Coastal Engineering, 1996, 27(3/4): 131-160.

[21] OKAYASU A, KATAYAMA H, TSURUGA H, et al. A laboratory experiment on velocity field near bottom due to obliquely descending eddies[C]// Proceedings of the 28th International Conference on Coastal Engineering. New York: ASCE, 2002: 521-531.

[22] SERIO F D, MOSSA M. Experimental study on the hydrodynamics of regular breaking waves [J]. Coastal Engineering, 2006, 53: 99-113.

[23] TING F C. Large-scale turbulence under a solitary wave[J]. Coastal Engineering, 2006, 53: 441-462.

[24] LONGUET-HIGGINS M S, STEWART R W. Radiation stresses in water waves: A physical discussion with application[J]. Deep Sea Res, 1964, 11(5): 529-562.

[25] DYHR-NIELSEN M, SORENSEN T. Sand transport phenomena on coasts with bars[C]// Proceedings of the 12nd International Conference on Coastal Engineering[C]. New York: ASCE, 1970: 855-866.

[26] SVENDSEN I A. Wave heights and setup in a surf zone[J]. Coastal Engineering, 1984, 8(4): 303-329.

[27] BOREKCI O S. Distribution of wave-induced momentum fluxes over depth and application within the surf zone[D]. Newark: University of Delaware, 1982.

[28] HERMAN A. Three-dimensional structure of wave-induced momentum flux in irrotational waves in combined shoaling-refraction conditions[J]. Coastal Engineering, 2006, 53: 545-555.

[29] WANG B, CHADWICK A J, OTTA A K. Derivation and application of new equations for radiation stress and volume flux[J]. Coastal Engineering, 2008, 55: 302-318.

[30] XIA H Y, XIA Z W, ZHU L S. Vertical variation in radiation stress and wave-induced current [J]. Coastal Engineering, 2004, 51: 309-321.

[31] ZHU S X, DING P X, ZHANG W J. The mathematical and parameterized expressions for wave induced excess flow of momentum[J]. China Ocean Engineering, 2007, 21(1): 137-146.

[32] ZHENG J H, YAN Y X. Vertical variations of wave-induced radiation stress tensor[J]. Acta Oceanologica Sinica, 2001, 20(4): 597-605.

[33] ZHENG J H. Depth-dependent expression of obliquely incident wave induced radiation stress [J]. Progress in Natural Science, 2007, 17(9): 1067-1073.

[34] BATTJES J A. Modelling of turbulence in the surf zone[C]// Proceedings Symposium on Modeling Techniques. New York: ASCE, 1975: 1050-1061.

[35] ROELVINK J A, STIVE M J F. Bar-generating cross-shore flows mechanisms on a beach[J]. J Geophys Res, 1989, 94(C4): 4785-4800.

[36] DEIGAARD R, FREDSOE J. Shear stress distribution in dissipative water waves[J]. Coastal Engineering, 1989, 13: 357-378.

[37] PEREGRINE D H, SVENDSEN I A. Spilling breakers, bores and hydraulic jumps[C]// Proceedings of the 16th International Conference on Coastal Engineering. New York: ASCE, 1978: 540-550.

[38] DEIGAARD R, FREDSOE J, BROKER HEDEGAARD I. Suspended sediment in the surf zone [J]. J Waterw, Port, Coastal, Ocean Engineering, 1986, 112(1): 115-128.

[39] SVENDSEN I A, SCHAFFER H A, BUHR HANSEN J. The interaction between undertow and the boundary layer flow on a beach[J]. J Geophys Res, 1987, 92: 11845-11856.

[40] ROELVINK J A, RENIERS A J H M. Upgrading of a quasi-3D hydrodynamic model[R]. Gregynog: Abstracts in depth, MASTG8-M overall workshop, 1994.

[41] WALSTRA D J R, ROELVINK J A, GROENEWEG J. Calculation of wave-driven currents in a 3D mean flow model[C]// Proceedings of the 27th International Conference on Coastal Engineering. New York: ASCE, 2000: 1050-1063.

[42] SHI J Z, WANG Y. The vertical structure of combined wave-current flow[J]. Ocean Engineering, 2008, 35: 174-181.

[43] OKAYASU A, SHIBAYAMA T, HORIKAWA K. Vertical variations of undertow in the surf zone[C]// Proceedings of the 21st International Conference on Coastal Engineering. New York: ASCE, 1989: 478-491.

[44] SVENDSEN I A. Mass flux and undertow in a surf zone[J]. Coastal Engineering, 1984, 8: 303-329.

[45] GARCEZ FARIA A F, THORNTON E B, STANTON T P, et al. Vertical profiles of longshore currents and related bed shear stress and bottom roughness[J]. J Geophys Res, 1998, 103: 3217-3232.

[46] DALLY W. A numerical model for beach profile evolution[D]. Newark: University of Delaware, 1980.

[47] STIVE M J F, WIND H G. Cross-shore mean flow in the surf zone[J]. Coastal Engineering, 1986, 10: 325-340.

[48] PEREGRINE D H. Calculations of the development of an ondular bore[J]. J Fluid Mech, 1966, 25: 321-331.

[49] ZELT J A. The run-up of nonbreaking and breaking solitary waves[J]. Coastal Engineering, 1991, 15: 205-246.

[50] SCHAFFER H A, MADSEN P A, DEIGAARD R. A Boussinesq model for waves breaking in shallow water[J]. Coastal Engineering, 1993, 20: 185-202.

[51] 李绍武,李春颖,谷汉斌,等. 一种改进的近岸波浪破碎数值模型[J]. 水科学进展,2005,16(1): 36-41.

[52] MUSUMECI R E, SVENDSEN I A, VEERAMONY J. The flow in the surf zone: A fully nonlinear Boussinesq-type of approach[J]. Coastal Engineering, 2005, 52: 565-598.

[53] LEMOS C. Wave breaking-a numerical study[J]. Lecture Notes in Engineering, 1992, 71: 257-271.

[54] LIN P, LIU P L. A numerical study of breaking waves in the surf zone[J]. J Fluid Mech, 1998, 359: 239-264.

[55] BRADFORD S F. Numerical simulation of surf zone dynamics[J]. J Waterw, Port, Coastal, Ocean Engineering, 2000, 126(1): 1-13.

[56] MAYER S, MADSEN P A. Simulation of breaking waves in the surf zone using a Navier-Stokes solver[C]// Proceedings of the 27th International Conference on Coastal Engineering. New York: ASCE, 2000: 928-941.

[57] EMARAT N, CHRISTENSEN E D, FOREHAND D I M, et al. A study of plunging breaker mechanics by PIV measurements and a Navier-Stokes solver[C]// Proceedings of the 27th International Conference on Coastal Engineering. New York: ASCE, 2000: 891-901.

[58] LIN P, LIU P L. Discussion of "Vertical variation of the flow across the surf zone"[J]. Coastal Engineering, 2004, 50: 161-164.

[59] CRISTENSEN E D, WALSTRA D J R, EMERAT N. Vertical variation of the flow across the surf zone[J]. Coastal Engineering, 2002, 45: 169-198.

[60] SANA A, GHUMMAN A R, TANAKA H. Modification of the damping function in the $k-\varepsilon$ model to analyse oscillatory boundary layers[J]. Ocean Engineering, 2007, 34(2): 320-326.

[61] PECHON P, TEISSON C. Numerical modelling of three-dimensional wave-driven currents in the surf-zone[C]// Proceedings of the 24th International Conference on Coastal Engineering. New York: ASCE, 1994: 2503-2512.

[62] WALSTR D J R, ROELVINK J A, GROENEWEG J. Calculating of wave driven current in a 3D mean flow model[C]// Proceedings of the 27th International Conference on Coastal Engineering. New York: ASCE, 2000: 1051-1063.

[63] ZHAO Q, ARMFIELD S, TANIMOTO K. Numerical simulation of breaking waves by a multi-scale turbulence model[J]. Coastal Engineering, 2004, 51(1): 53-80.

[64] WATANABE Y, SAEKI H, HOSKING R J. Three-dimensional vortex structures under breaking waves[J]. J Fluid Mech, 2005, 545: 291-328.

[65] CHRISTENSEN E D. Large eddy simulation of spilling and plunging breakers[J]. Coastal Engineering, 2006, 53: 463-485.

[66] DE VRIEND H J, STIVE M J F. Quasi-3D modelling of nearshore currents[J]. Coastal Engineering, 1987, 11: 565-601.

[67] SANCHEZ-ARCILLA A, COLLADO F. Another quasi 3D model for surf zone flows[C]// Proceedings of the 22nd International Conference on Coastal Engineering. New York: ASCE, 1990: 316-329.

[68] SVENDSEN I A, LORENZ R. Velocities in combined undertow and longshore currents[J]. Coastal Engineering, 1988, 13: 55-79.

[69] OKAYASU A, HARA K, SHIBAYAMA T. Laboratory experiments of 3-D nearshore current and a model with momentum flux by breaking waves[C]// Proceedings of the 24th International Conference on Coastal Engineering. New York: ASCE, 1994: 2461-2475.

［70］ SVENDSEN I A，PUTRERV U. Surf-zone modelling［C］// Coastal Dynamics'95. Gdansk：ASCE，1995：13-32.

［71］ SHI F，SVENDSEN I A，KIRBY J T,et al. A curvilinear version of a quasi-3D nearshore circulation model［J］. Coastal Engineering，2003，49：99-124.

［72］ SHI F，KIRBY J T，HANES D M. An efficient mode-splitting method for a curvilinear nearshore circulation model［J］. Coastal Engineering，2007，54：811-824.

［73］ TAJIMA Y，MADSEN O S. Modeling near-Shore waves, surface rollers, and undertow velocity profiles［J］. J Waterw，Port，Coast，Ocean Engineering，2006，132(6)：429-438.

［74］ ZHENG J H，ZHANG C M，MASE H. Incorporation of surface rollers in modeling wave-driven coastal currents［C］// Proceedings of the 4th Chinese-German Joint Simposizm on Hydraulic and Ocean Engineering. Darmastadt：TU Darmastadt，2008：571-578.

基于 DEM 的珠江河口滩涂湿地
资源量动态分析

陈小文[1, 4]　赵　慧[2]　徐辉荣[3]

(1. 河海大学港口海岸与近海工程学院,江苏 南京　210098;

2. 北京师范大学环境学院,北京　100875;

3. 广东省水利电力规划勘测设计研究院,广东 广州　510635;

4. 广东省西江流域管理局,广东 珠海　519090)

摘　要:将实测地形资料与GIS技术相结合,建立了珠江河口大范围、多时段的水下地形数字高程模型(DEM),对珠江河口近30年来的滩涂资源量变化进行了研究,并对导致滩涂动态变化的主要因素进行了分析。结果表明:从20世纪70年代初至2000年前后,珠江河口的滩涂总资源量呈明显减小趋势;滩涂围垦集中在-2 m以上浅区域,因此-2 m以上浅滩涂总面积明显减小,而-2～-5 m、-5～-7 m之间的滩涂总面积变化较小,-5 m以浅的滩涂主要分布在伶仃洋西滩、鸡啼门西滩和黄茅海西侧。

关键词:珠江河口;DEM;滩涂资源量;动态变化

1　前言

滩涂湿地是多功能共存的生态体系,在蓄水、调节径流、均化洪水、净化与过滤、保护海岸线、调节气候、提供动植物栖息地以及维持区域生态平衡等方面发挥着不可替代的作用[1-4]。河口滩涂湿地是河口淤泥质型湿地,它的自然特性和生态特点为河口生物资源多样性提供了生存和繁衍的基础条件[5-6]。同时,河口湿地也是经济发展迅速、城市集中的地区,滩涂围垦作为实现耕地占补平衡和耕地总量动态平衡的有效手段,是许多国家(日本、荷兰等)的沿海地区解决人多地少、土地资源缺乏的重要途径。随着滩涂围垦技术日益成熟,河口滩涂围垦面积、规模也处于不断扩大的状态[7-11]。滩涂湿地资源既是河口生态系统得以维持的必要条件,也是河口地区经济发展的基础条件,其变化发展受到广泛的关注[12-14]。掌握河口区域滩涂湿地的分布状况、变化规律和发展趋势,是制订滩涂湿地可持续利用方案的科学基础。

从自然属性来看,滩涂湿地是海岸带的重要组成部分,河口滩涂湿地的范围主要包括低潮线和高潮线之间的地带即潮间带,以及向海和岸两侧自然延伸的部分,如高潮线以上的滩地以及低潮线以下水中的海滩,是常规调查方法难以涉及的区域[15-16]。利用地形数据对滩涂湿地资源量进行较精准的动态统计分析,有助于为潮滩湿地的开发利用和湿地保护提供依据。本研究结合不同时段的卫星影像图及水下地形数据,建立大范围、多时段的水下地形数字高程模型(DEM),对珠江河口20世纪70年代以来滩涂湿地资源的时空分布特征和演变规律进行探讨,以期为河口地区滩涂湿地资源量的测算提供可行的方法,为河口湿地的可持续利用提供决策依据。

2 研究区概况

珠江河口呈"三江汇流、八口出海"格局。珠江河口八大口门区是自虎门黄埔(东江北干流大盛、南支流泗盛、北江干流沙湾水道三沙口水位站)、蕉门南沙、洪奇门万顷沙西、横门水位站、磨刀门灯笼山、鸡啼门黄金、虎跳门西炮台、崖门黄冲水位站以下至伶仃洋赤湾半岛、内伶仃、横琴、三灶、高栏、荷苞、大襟岛赤溪半岛间的连线之间的河道、水域及岸线。珠江河口上承西江、北江、东江的来水来沙,在河流和海动力作用下,泥沙不断落淤,逐渐发育演变成珠江河口滩涂湿地[6]。据统计,进入珠江三角洲的年均输沙总量达8 872万t,每年约有80%的泥沙输出口门外,约20%留在网河区内。由于大量的泥沙输出口门,因此口门外滩涂湿地发育迅速,滩涂湿地资源量丰富。

本研究范围是上述八大口门区范围内的滩涂湿地,即低潮线和高潮线之间的潮间带,以及向海和岸两侧自然延伸的部分,如高潮线以上的滩地以及低潮线以下水中海涂。

3 研究方法

3.1 数据来源

地形资料主要采用珠江河口不同时期的水下地形图、海图、航测图等资料,并以20世纪70年代、1980—1990年初、2000年前后三大时段来进行整理、分析。遥感资料包括美国Landsat Mss、TM(部分ETM)、中国国土卫星、法国SPOT卫星等的遥感数据,成像时间1973—2007年作为海岸线的提取参照。

珠江三角洲及口门外海地形图勘测成图和分析计算中所使用的高程基准面较多,包括珠江基面、国家黄海56基面、国家黄海85基面、当地理论最低潮面、理论深度基准面等。本研究按沿用最广泛的基面换算公式,将各个水下地形高程数据统一到珠江基面。

3.2 研究分区

研究区域涉及面大,对滩涂资源量按分区、分级原则统计,即按区域将整个珠江河口划分为伶仃洋、磨刀门、黄茅海、鸡啼门 4 个大区,其中伶仃洋又根据槽道细分为西滩、中滩、东滩 3 个小区,各个大区又按不同深度等深线所涵盖的不规则多边形范围进行分级统计。

3.3　珠江河口 DEM 的建立

采用将实测地形资料与 GIS 技术相结合建立水下 DEM 的办法,分别建立 20 世纪 70 年代、20 世纪八九十年代初、2000 年前后三大时段的珠江河口 DEM,具体流程见图 1。

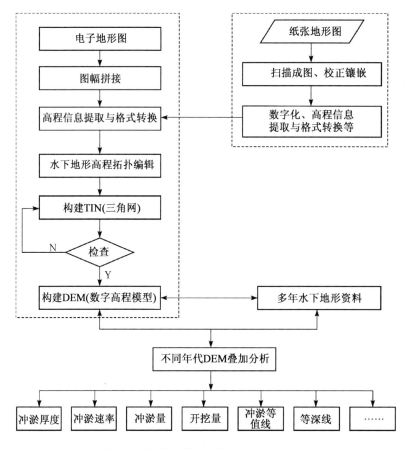

图 1　滩涂资源量调查的 DEM 分析流程

4　结果与讨论

4.1　不同年代珠江河口滩涂资源量的分析

1. 20 世纪 70 年代滩涂资源量

20 世纪 70 年代珠江河口区的人为活动干扰较少,该时期珠江河口滩涂广布,以自

然演变为主。从表 1 可知,珠江河口 20 世纪 70 年代的滩涂资源量比较丰富,0～−7 m
之间的滩涂总储量为 2 504.68 km^2,各区域滩涂储量顺序为伶仃洋(60.97%)＞黄茅海
(20.81%)＞磨刀门(11.88%)＞鸡啼门(6.34%)。其中,−2 m 以上浅滩总面积为
668.8 km^2,−5 m 以上浅滩总面积为 1 631.07 km^2。

表 1　珠江河口 20 世纪 70 年代滩涂资源面积　　　　　　　（km^2）

等深线	伶仃洋西滩	伶仃洋中滩	伶仃洋东滩	磨刀门	鸡啼门	黄茅海	总计
0～−1 m	117.73	7.47	55.27	38.73	9.33	4.47	233.00
−1～−2 m	237.87	2.40	46.47	70.67	23.40	55.00	435.80
−2～−3 m	110.20	2.87	35.00	41.13	34.40	134.87	358.34
−3～−4 m	74.20	5.20	42.60	35.20	44.33	85.33	286.87
−4～−5 m	84.40	9.67	35.27	47.13	17.13	123.53	317.07
−5～−6 m	154.80	39.53	30.73	41.80	17.80	74.93	359.60
−6～−7 m	284.80	132.40	18.33	23.00	12.40	43.07	514.00
0～−7 m	1 063.94	199.47	263.60	297.60	158.80	521.27	2 504.68

2. 20 世纪八九十年代初滩涂资源量

该时期珠江河口经过大规模整治,各口门进行了围垦建设,河口各大区浅滩面积均有
减小。从表 2 可知:0～−7 m 之间的滩涂总量为 2 276.21 km^2,各区域滩涂储量顺序为伶
仃洋(59.01%)＞黄茅海(22.11%)＞磨刀门(12.56%)＞鸡啼门(6.32%)。−2 m 等深线
以上的滩涂总计为 612.14 km^2,−5 m 等深线以上的滩涂总计为 1 480.67 km^2。

表 2　珠江河口 20 世纪八九十年代初滩涂资源面积　　　　　　（km^2）

等深线	伶仃洋西滩	伶仃洋中滩	伶仃洋东滩	磨刀门	鸡啼门	黄茅海	总计
0～−1 m	88.13	1.27	37.67	51.07	11.20	58.53	247.93
−1～−2 m	170.07	1.47	30.07	56.80	24.80	81.00	364.20
−2～−3 m	112.80	3.33	20.73	41.53	40.07	80.40	298.80
−3～−4 m	93.20	5.87	23.27	33.47	22.27	73.93	251.93
−4～−5 m	99.13	14.27	27.00	44.20	20.53	112.67	317.80
−5～−6 m	134.20	72.53	29.00	36.60	14.53	59.93	346.80
−6～−7 m	260.13	103.47	15.53	22.27	10.47	36.93	448.80
0～−7 m	957.74	202.20	183.27	285.93	143.80	503.34	2 276.21

3. 2000 年前后滩涂资源量

从表 3 可知,该时期珠江河口 0～−7 m 之间的滩涂总量为 1 976.88 km^2,各区域
滩涂储量顺序为伶仃洋(62.16%)＞黄茅海(20.32%)＞磨刀门(10.88%)＞鸡啼门
(6.63%)。−2 m 等深线以上的滩涂总计为 301.53 km^2,−5 m 等深线以上的滩涂总
面积为 1 238.07 km^2。

表3　2000 年珠江河口滩涂资源面积　　　　　　　　　　　（km²）

等深线	伶仃洋西滩	伶仃洋中滩	伶仃洋东滩	磨刀门	鸡啼门	黄茅海	总计
0～−1 m	18.40	2.67	6.07	30.73	9.67	4.93	72.40
−1～−2 m	96.20	7.40	17.87	44.00	25.00	38.73	229.13
−2～−3 m	99.87	12.93	28.80	34.33	38.93	74.27	289.13
−3～−4 m	82.13	26.33	27.93	28.73	16.40	77.87	259.33
−4～−5 m	160.33	41.80	29.00	28.33	17.07	111.47	388.07
−5～−6 m	197.53	67.40	28.13	26.53	14.13	60.73	394.47
−6～−7 m	186.60	70.07	21.53	22.40	9.87	33.80	344.20
0～−7 m	841.00	228.60	159.27	215.07	131.07	401.80	1 976.88

4.2　珠江口滩涂资源量动态变化分析

珠江河口 3 个历史阶段各区域滩涂面积对比见图 2。从 20 世纪 70 年代初至 2000 年前后珠江河口的滩涂总资源量呈明显减小趋势。由于 30 年来滩涂围垦主要集中在 −2 m 以上部分，以至于 −2 m 以上的滩涂总面积明显减小；而 −2～−5 m，−5～−7 m 之间的滩涂总面积变化较小，这是此区域围垦活动不强烈，泥沙淤积作用与等深线外延形成一定的稳定状态。

1. 伶仃洋

20 世纪 70 年代以来，该区 −2 m 以上滩涂一直不断萎缩，到 2000 年前后减少了 68.2%，主要是西滩和东滩进行了大规模的围垦。−2～−5 m 等深线间滩涂，20 世纪八九十年代期间有冲有淤，其中西滩向外延伸，较 20 世纪 70 年代滩涂面积增加了 36 km²，中滩基本稳定，受东滩的东槽西移及围垦等因素影响，−5 m 以上浅滩涂面积比 20 世纪 70 年代有较大幅度减少。到 2000 年前后，−2～−5 m 等深线间滩涂面积基本上呈增加趋势，其中以中滩的变化最为剧烈，主要是分布在内伶仃岛东部的浅滩，同时主要因西滩浅滩向西南外延伸，西滩 −4～−5 m 之间的面积也增大。30 年来伶仃洋 −2～−5 m 滩涂等深线的变化，反映出人为活动干扰对伶仃洋水沙动力环境变动的重要影响。

2. 磨刀门

1970—1980 年间磨刀门围垦工程较少，1980 年代初磨刀门包括内海区的 −2 m 以上浅滩面积较 20 世纪 70 年代减少了 1.47 km²；−2～−5 m 浅滩总面积较 70 年代减少了 4.2 km²，从 −3～−5 m 等深线图上可以看出，等深线的变化幅度也不大。磨刀门结合口门整治主要对洪湾南、鹤洲南、交杯沙等地进行大规模围垦后，磨刀门的滩涂资源量明显减少。到 2000 年前后，−2 m、−5 m 以上浅滩的总面积与 1980—1990 年初相比，分别减少 33.13 km²、60.93 km²，占原面积的 44.4%、36.7%，而且从 −3～−5 m 等深线图可以发现，该时段此等深线向口门外延伸很快。

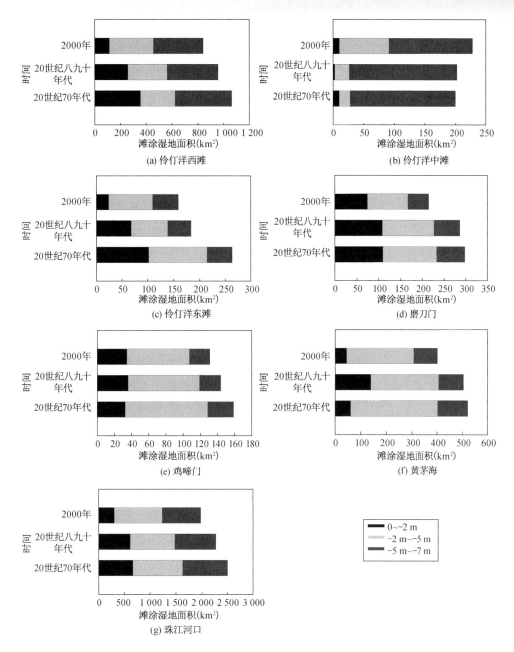

图 2　珠江河口 20 世纪 70 年代至 2000 年滩涂资源变化

3. 鸡啼门

20 世纪八九十年代初与 20 世纪 70 年代相比，−2 m 以上浅滩面积增加了 3.27 km²，−2～−5 m 浅滩总面积减少了 13.07 km²，此间鸡啼门以浅滩淤积为主，而且深滩面积较少。20 世纪 80 年代以来，鸡啼门系列开发工程建设，对大门水道两侧、大木乃及连岛大堤北部进行了围垦，到 2000 年前后，−2 m，−5 m 以上浅滩的总面积较八九十年代初分别减少 1.4 km^2 和 11.73 km^2。

4. 黄茅海

20 世纪八九十年代初－2 m 以上浅滩面积为 139.33 km^2，较 20 世纪 70 年代增加了 80 km^2，此期间口门两侧主要以淤积为主，大面积围垦较少；－2～－5 m 浅滩总面积为 266.67 km^2，较 70 年代减少了 76.67 km^2，主要是－2 m 以上滩槽冲淤演变造成的。2000 年前后，崖门口两侧的大规模围垦，浅滩面积减少较多。－2 m 以上、－2～－5 m 之间浅滩面积分别较 90 年代初减少 96 km^2 和 3.33 km^2，该时段对崖门南、赤溪、雷珠及南虎等处浅滩进行了围垦；疏浚和上游来沙量较少，因此－2～－5 m 之间的浅滩滩涂资源量变化不大。

5 结语

近 30 年来，珠江河口滩涂资源量变化很大，与围垦活动有着密切的关联，而且因各区域开发条件不同，珠江河口各区域滩涂变化呈现不同的演化趋势。区域滩涂超速围垦现象较严重，远超滩涂天然的淤涨速度，造成滩涂面积大幅减少。同时，滩涂管理问题长期得不到有效解决，基础研究薄弱，缺乏系统规划，以至于滩涂利用与保护不协调。因此，理清有关部门管理关系，加强规划管理，是目前实施珠江河口滩涂科学管理的当务之急。同时，应加大滩涂利用保护的基础研究投入，尤其是加强原型观测，系统地建立滩涂资料数据库，为科学研究、系统规划以及保护利用提供依据。

参考文献：

[1] 王汀滢,何劲,王帅.闽江口湿地资源保护利用评估[J].福建地理,2005,20(2):19-25.

[2] 俞炜炜,陈彬,张珞平.海湾围填海对滩涂湿地生态服务累积影响研究——以福建兴化湾为例[J].海洋通报,2008,27(1):88-94.

[3] 李青山,张华鹏,崔勇,等.湿地功能研究进展[J].科学技术与工程,2004,4(11):972-976.

[4] 赵其国,高俊峰.中国湿地资源的生态功能及其分区[J].中国生态农业学报,2007,15(1):1-4.

[5] 周燕,赵聪蛟,余骏,等.杭州湾滨海滩涂湿地资源现状、问题与对策[J].海洋开发与管理,2009,26(7):116-121.

[6] 崔伟中.珠江河口滩涂湿地的问题及其保护研究[J].湿地科学,2004,2(1):26-30.

[7] 宋振兰.国内外海涂围垦工程略述[J].城市道桥与防洪,1994(2):42-47.

[8] 王灵敏,曾金年.浙江省滩涂围垦与区域经济的可持续发展[J].海洋学研究,2006,24(S1):13-19.

[9] DEJONGE V N,ESSINK K,BODDEKE R. The Dutch Wadden Sea：a changed ecosystem[J]. Hydrobiology, 1993, 265:45-71.

[10] CASTELLANOS E M, HEREDIA C,FIGUEROA M E, et al. Tiller dynamics of Spaina maritime in successional and non-successional medtiterranean salt marsh[J]. Plant Ecology, 1998, 137:213-225.

[11] FINK C W,CHARLIER R H. Sustainability of subtropical coastal zones in southeastern Florida：

Challenges for urbanized coastal environments threatened by development,pollution,water supply,and storm hazards[J]. Journal of Coastal Research,2003,19(4):934-943.

[12] 韩峰,李启高,秦晓东,等. 渭河口冲淤变化规律分析研究[J]. 人民黄河,2009,31(12):32-33.

[13] 李九发,万新宁,陈小华,等. 上海滩涂后备土地资源及其可持续开发途径[J]. 长江流域资源与环境,2003,12(1):17-22.

[14] 王万战,张华兴. 黄河口海岸演变规律[J]. 人民黄河,2007,29(2):27-28.

[15] 李贵东,周云轩,田波,等. 基于遥感和 GIS 的上海市滩涂湿地资源近期变化分析[J]. 吉林大学学报:地球科学版,2008,38(2):319-323.

[16] 周维才,陈永富. 湿地资源遥感变化监测方法[J]. 世界林业研究,2007,20(2):45-49.

珠江三角洲年际潮差长期变化趋势研究

张 蔚[1] 严以新[1] 郑金海[1] 吴宏旭[2]

(1. 河海大学水文水资源与水利工程科学国家重点实验室,江苏 南京 210098;

2. 广东省水文局,广东 广州 510150)

摘 要:本文对20世纪50年代以来珠江三角洲网河内17个主要控制水文站的年际潮差变化趋势进行了显著性检验和突变点分析。首先通过 Trend Free Pre-Whitening 方法削除了水文时间序列中的自相关成分,而后利用非参数的 Mann-Kendall 检验研究了珠江三角洲年均潮差的变化趋势,指出潮差在珠江三角洲的变化趋势存在着空间变异性。在网河内的中、上游河段,潮差呈现明显的增大趋势,且越往上游,潮差的增大趋势越为显著;而在下游的口门区,由于受到围垦等人类活动影响,大部分站点的潮差表现为显著的下降趋势。Pettitt 检验的结果表明,珠江三角洲潮差发生突变的时间段主要在20世纪80年代,这基本与河网内大规模的无序采沙开始的时间是同步的,表明挖沙是引起珠江三角洲内潮差变异的主导因素。潮差显著增大的趋势表明航道网内潮流动力的明显增强,这亦是近年来珠江三角洲咸潮频发的机理原因之一。

关键词:珠江三角洲;潮差;趋势检验;挖沙;围垦

1 前言

在全球气候变暖的大背景下,加之以频繁的人类活动干预,世界上许多流域系统的自然平衡状态正在发生着改变,呈现出一种单边的渐变或突变的发展趋势,这种现象自近半个世纪以来显得尤为明显,因此引起了世界范围内学者的广泛关注。水文参数长时间变化趋势的研究,是一个非常行之有效判断流域系统变化趋势发展方向的方法,并借此分析气候变化和人类活动干预对流域系统的影响程度和影响机理,在当今已经成为一个热点的研究课题。

在国内,目前此类研究工作主要集中在长江和黄河流域[1-3],其中针对长江流域的气候变化与大型人类工程,如三峡工程和南水北调,对降雨、径流、洪水、入海流量和沙量变化趋势的影响开展了大量的工作,并取得颇为丰富的研究成果。张建云等统计了中国六大江河的年径流量变化情况,指出近50年来中国六大江河的实测径流量均呈下降趋势,其中海河、黄河、辽河、松花江实测径流量下降尤为明显[4]。但上述研究主要集中在能够反映上游来水来沙条件变化的水文参数上,而对于能够反映下游潮流动力条件变化的水文变量在流域系统中演变规律的研究却鲜有开展。而事实上,不管是气候变化还是人类活动的影响,都不仅会对上游的径流动力产生影响,亦会对下游的潮流动力的演变发生作用。如目前普遍认为,气候变暖将导致全球水循环加快,降水增加从而加大河川上游的径流,但同时,气候变暖也将引起海平面抬升,从而改变下游潮位;人类活动,如在中上游的抽引水工程,将减少入海流量,而在下游的围垦、航道整治等工程,必将引起潮波变形与传播。因此,本文将以潮差这一水文变量为切入点,通过研究珠江三角洲内潮差的长期变化趋势,反映网河内潮流动力的演变规律。

2　研究方法

2.1　Mann-Kendall 趋势检验

Mann-Kendall 检验是一种非参数的检验方法,由 Mann 在 1945 年首先提出,Kendall 在 1975 年加以改进,其优点在于不需要样本遵从一定的分布,也不受少数异常值的干扰,因此被世界气象组织高度推荐并被广泛地应用于评估水文序列中趋势项的显著性研究中。

设有一水文变量的时间序列,x_i(x_i, $i = 1$,$\cdots$, n, n 为序列长度) ,Mann-Kendall 检验统计量 S 定义如下:

$$S = \sum_{i=1}^{n-1} \sum_{j=i+1}^{n} \text{Sgn}(x_j - x_i) \tag{1}$$

其中:
$$\text{Sgn}(\theta) = \begin{cases} +1 & \quad \theta > 0 \\ 0 & \text{如果} \quad \theta = 0 \\ -1 & \quad \theta < 0 \end{cases} \tag{2}$$

当 $n \geqslant 10$,则统计量 S 近似服从正态分布,其均值和方差分别为:

$$E(S) = 0, \, V(S) = \frac{n(n-1)(2n+5)}{18} \tag{3}$$

则正态分布的检验统计量 Z 可以用下式计算:

$$Z = \begin{cases} \dfrac{S-1}{\sigma} & \text{如果} \quad S > 0 \\ 0 & \text{如果} \quad S = 0 \\ \dfrac{S+1}{\sigma} & \text{如果} \quad S < 0 \end{cases} \tag{4}$$

其中 $\sigma = \sqrt{V(S)}$,如果 $Z > Z_{(1-\alpha/2)}$,则拒绝无趋势的零假设条件 H_0,即认为在显著水平 α 下,序列 x_i 中存在有增加或减小的趋势,否则接受序列 x_i 无趋势的假设。

$Z_{(1-\alpha/2)}$ 是概率超过 $\alpha/2$ 时标准正态分布的值。

2.2 Pettitt 突变点分析

水文序列突变点的检测与识别是研究水文序列对气候变化与人类活动响应的统计方法之一。Pettitt 于 1979 年提出基于非参数检查一个水文时间序列的突变点的方法,物理意义清晰,可以明确突变的时间,能够较好地识别一个水文时间系列的突变点。该检验基于 Mann-Whitney 的统计函数 $U_{t,T}$,认为两个样本 $x_1, \cdots, x_t, x_{t+1}, \cdots, x_T$ 均来自同一序列分布。那么对于连续的序列,$U(t)$ 和 $V(t)$ 则可由下列公式计算得出:

$$U_{t,T} = U_{t-1,T} + V_{t,T}, \quad V_{t,T} = \sum_{j=1}^{T} \mathrm{Sgn}(x_t - x_j) \tag{5}$$

则最显著的突变点为:$K_T = \max |U_{t,T}|$,可能突变点的显著性水平可以通过下式计算得出:

$$p = 1 - \exp\left(\frac{-6K_T^2}{T^3 + T^2}\right)$$

2.3 自相关性分析

非参数的检验方法相对于参数检验的方法而言,不需要样本遵从一定的分布,也不受少数异常值的干扰,但 Von Storch 指出,在序列样本中如果存在自相关性,则检验的精度会下降,在数据样本较短时尤为明显。比如在使用 Mann-Kendall 检验时,若序列中存在正向的自相关性,则序列的趋势显著性将会被放大,使得原本趋势不显著的序列被误认为趋势显著,在此基础上,Von 提出了 Pre-Whitening 方法来消除序列中的自相关成分[5]。但这个方法却减弱了对序列趋势显著性的判断能力[6],Yue 也论证了 Pre-Whitening 方法会去掉序列中的部分趋势成分,而接受无趋势零假设条件,使得原本趋势显著的序列被认为趋势不显著。因此 Yue 在 Von Storch 的基础上,提出了 Trend Free Pre-Whitening 方法,在消除序列中的自相关性的同时,又保证原样本的趋势性[7-8]。

本文根据 Yue 提出的 Trend Free Pre-Whitening 方法,对要研究的年际潮差时间序列首先进行处理,将原潮差的时间序列除以样本数据的均值,得到新的样本数据 X_t,该样本数据的均值等于 1,且保持了原样本数据的特性。采用 Theil 和 Sen 提出的方法计算新样本数据的坡度 β 如下:

$$\beta = \mathrm{Median}\left(\frac{x_j - x_l}{j - l}\right) \quad \forall l < j \tag{6}$$

假定序列 X_t 中的存在趋势且是线性的,则采用下式去掉样本数据中的趋势项,形成不含趋势项的序列 X_t':$X_t' = X_t - T_t = X_t - \beta \cdot t$。计算序列 X_t' 的一阶自相关系数

r_1 ,如果 r_1 值较小,可认为序列 X'_t 是独立的,可以直接应用非参数方法对原序列 X_t 进行检验,否则认为序列是自相关的,则通过 $Y'_t = X'_t - r_1 \cdot X'_{t-1}$ 计算得到的残余序列 Y'_t 应该是独立的序列。自相关系数通过 Hann 公式计算得到:

$$r_k = \frac{\frac{1}{n-k}\sum_{t=1}^{n-k}\big[X_t - E(X_t)\big]\big[X_{t+k} - E(X_t)\big]}{\frac{1}{n}\sum_{t=1}^{n}\big[X_t - E(X_t)\big]^2} \tag{7}$$

将残余项 Y'_t 和趋势项 T_t 结合起来,重新组合成一新的序列 $Y_t = Y'_t + T_t$,则该序列将不再受自相关性的影响,可以应用非参数方法对此新序列进行趋势检验和突变点分析。

3 研究区域与数据来源

珠江三角洲位于广东省南部,是我国经济发展速度最快的地区之一,其平原河网发育,河道纵横交错,网河区面积达 9 750 km²,河道总长约 1 600 km,网河密度为 $0.81 \sim 0.88$ km/ km²,是典型的网河三角洲,同时珠江三角洲水系受到上游径流和下游潮流的影响,亦是典型的潮汐河网。此次研究范围位于西江梧州、北江石角和东江博罗以下至珠江三角洲八大口门。本文分析的年均潮差数据为分布在珠江三角洲内的 17 个主要水文站点的观测值(表1),时间自 20 世纪 50 年代开始到 2005 年前后,因建站时间早晚等其他因素,各站数据的有效序列长度不尽相同,最长有 52 年,最短也在 40 年以上。论文中的年际潮差的资料主要从中华人民共和国水文年鉴中获得。

表 1 珠江三角洲流域年际潮差 Mann-Kendall 检验和 Pettitt 检验计算结果

编号	站名	潮差序列年份	年数	Mann-Kendall 检验		Pettitt 检验			潮差均值(m)	
				Z	趋势	突变点	K_T	P	突变前	突变后
1	马口	1954—2005	52	7.33	增加	1982	−633	1	0.27	0.38
2	南华	1954—2005	52	5.32	增加	1984	−570	1	0.45	0.54
3	竹银	1959—2005	47	5.19	增加	1984	−414	1	0.65	0.72
4	西炮台	1957—2005	49	3.15	增加	1986	−308	0.99	1.18	1.20
5	黄金	1965—2005	41	−1.04	减少	1989	130	0.76	1.03	1.02
6	灯笼山	1959—2005	47	0.14	增加	1995	−192	0.88	0.84	0.87
7	三水	1954—2005	52	8.21	增加	1980	−653	1	0.27	0.41
8	紫洞	1954—2005	52	7.14	增加	1984	−654	1	0.51	0.67

续表

编号	站名	潮差序列年份	年数	Mann-Kendall 检验		Pettitt 检验			潮差均值 (m)	
				Z	趋势	突变点	K_T	P	突变前	突变后
9	大石	1965—2005	41	5.47	增加	1989	−380	1	1.47	1.51
10	容奇	1956—2005	50	−0.31	减少	1991	166	0.73	0.86	0.82
11	三善滘	1954—2005	52	−4.71	减少	1990	462	1	0.93	0.83
12	横门	1954—2005	52	−4.33	减少	1981	443	1	1.10	1.06
13	万顷沙	1954—2005	52	−6.90	减少	1981	623	1	1.22	1.15
14	南沙	1963—2005	43	−7.62	减少	1985	460	1	1.37	1.23
15	石龙	1957—2004	48	8.65	增加	1985	−569	1	0.28	0.92
16	大盛	1957—2004	48	−5.40	减少	1980	513	1	1.61	1.56
17	泗盛围	1965—2004	40	−6.26	减少	1985	397	1	1.63	1.54

注：编号 1~6 为西江河网区，编号 7~14 为北江河网区，编号 15~17 为东江河网区。

4 珠江三角洲潮差变化趋势

表 1 是 Mann-Kendall 检验和 Pettitt 检验的计算结果，为了更好地说明潮差在珠江三角洲的空间变异性，将 Mann-Kendall 检验的结果标注在珠江三角洲概画图 1 上，其中▲表示此站点潮差呈现显著的增加趋势；△表示呈现增加趋势，但不显著；▼表示显著的减少趋势；▽表示呈现减少趋势，但不显著。

4.1 长期变化趋势

从表 1 和图 1 的结果中都可以清楚地看出珠江三角洲网河内统计的大部分站点潮差都具有明显的变化趋势。在显著水平 α 取 0.1 的情况下，17 个水文站中有 14 个站的潮差趋势显著性通过了检验，结果显示该期间珠江三角洲各潮差变化趋势有以下特点。

对于西江网河区而言，从上游马口站到中游南华站至下游的竹银站，潮差都表现为显著的增加趋势，计算的统计量 Z 值分别达到 7.33，5.32 和 5.19，均远大于 $\alpha/2$ 显著性水平的临界范围（−1.96，1.96），表明潮差的增加非常明显，并且可以发现西江网河区从下游至上游 Z 值沿程增加，表明越往上游潮差的增加趋势越为显著，而在西江的口门处，除了西炮台表现为显著的上升趋势外，其他 2 个站点黄金和灯笼山的变化趋势并不明显。北江网河区的潮差变化规律同西江相比，并不完全一致，差别主要在于北江网河区的中下游河段，潮差表现为下降的趋势，这在中游的三善滘站点处表现比较显著，在口门处的 3 个站点横门、万顷沙和南沙也无一例外地呈现为显著的下降趋势，其中南沙

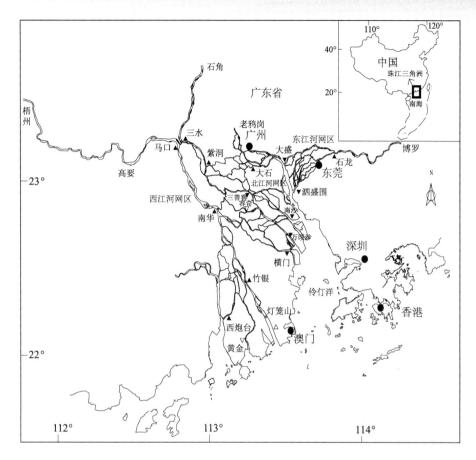

图 1　珠江三角洲水文站点和潮差升降趋势图

站计算的统计量达到-7.62,在各站中潮差减小的趋势最为明显,而对于上游3个站点,三水、紫洞和大石的潮差则呈现非常显著的上升趋势,其中上升趋势最为明显的亦是处于最上游的三水水文站。东江网河区的潮差变化规律同北江相似,在上游处,以石龙站为代表的站点潮差表现为显著的上升趋势,而在口门处的大盛和泗盛围站则表现为显著的下降趋势。

4.2　突变年份

表1同样列出了Pettitt检验的计算结果,从表中可以看出珠江三角洲内潮差变化的突变年份具有以下特点:在近50年左右的时间段内,年均潮差具有显著变化趋势的站点,基本都是在20世纪80年代期间至90年代左右发生突变,在显著水平α取0.1的情况下,亦有14个站点具有显著的突变年份,且突变概率都在99%以上,可信度水平相当高。在流域内,不同站点突变后的变化方向并不相同,比如对西江干流上的马口、南华和竹银水文站点,Pettitt检验计算出来的K_T都是负值,表明潮差突变后的发展方向是向上的,前面Mann-Kendall检验的结果指出这几个站点的潮差呈现显著的增加趋势,这种一致性表明潮差的增加趋势主要是在突变年代后,由近20年来潮差的变

化方向所决定。而北江中下游至河口区的站点计算出来的 K_T 都是正值,表明在突变年份后潮差的发展方向向下。

5 讨论

5.1 影响因素分析

影响潮差变化的主要因素包括径流动力条件,潮流动力条件和地形条件。径流动力条件主要通过上游来流量的变化来体现。我们同样通过 Mann-Kendall 检验研究了西江上游梧州、北江上游石角和东江上游博罗的年际径流变化趋势,结果显示上述 3 个站点的统计量 Z 分别为 -0.13,1.49,-0.44,都在无趋势变化假设的接受范围内,表明珠江三角洲近 50 年来的来流条件并没有发生明显的变化。而对于下游,潮差主要由海洋动力和河口形状及地貌所控制,海洋动力一般变化不大,虽然近年来海平面抬升会对潮差变化产生影响,但海平面抬升的幅度有限,有研究表明近 50 年来,珠江口的海平面抬升大约为 $1.8 \sim 2$ mm/年[9],抬升的整体幅度仅约为 10 cm,而且海平面上升不仅抬高了高潮位,也抬高了低潮位,因此对潮差的影响有限。另外,海平面上升对潮差影响范围应该主要在口门区,而在前面的研究中已指出,珠江三角洲上游的站点潮差增加趋势非常显著,为了便于说明问题,图 2 给出了三角洲上游马口,三水和石龙这 3 个主要控制站点的潮差变化趋势。从图 2 中可以看出,在突变点前后,上游几个控制站点的

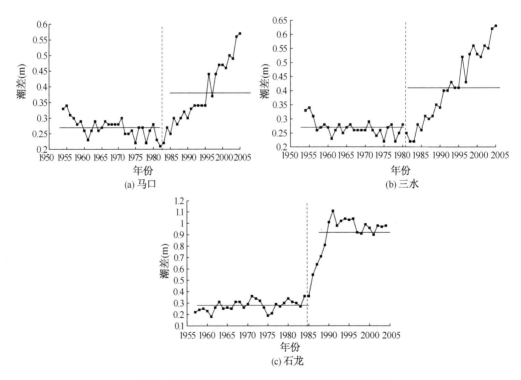

图 2 珠江三角洲上游各站点年际潮差变化趋势图

潮差都发生了显著的增加,其中以石龙站最为典型,在 1985 年后石龙站的潮差开始发生了跳跃性的变化,到 1990 年后稳定,年均潮差的平均值从突变年份前的 0.28 m 到突变年份后 0.92 m,变化幅度超过 3 倍。因此从这 3 个站点的分析可以看出,在上游径流动力变化不大,而又相对远离潮流动力的作用范围,年际潮差能够发生如此显著的单边增加趋势,地貌条件的改变必然对珠江三角洲的潮差变异起到了一定的主导作用。

5.2　河网内挖沙影响

Pettitt 检验的结果表明,几乎所有潮差发生突变的站点,突变年份大约都在 20 世纪 80 年代左右。近 20 年来,由于经济发展需要,珠江三角洲流域进行了大规模的建设,如布置桥梁、滩涂围垦、修建水库码头、沿岸抽引水以及无序采沙等,这些人类活动都对珠江三角洲网河区的水文特征变异产生了影响,但其中对珠江三角洲地貌条件产生最大作用的就是从 80 年代初在航道网内持续 20 多年的大面积、高强度的无序挖沙。由于在珠江三角洲采挖河沙是一种非政府行为,并没有官方资料来记录具体的挖沙量,因此很多学者都通过现场调研,并结合不同年代的地形图来估计珠江三角洲多年的挖沙量。最近,中山大学罗宪林教授根据多年实地调研,指出在珠江三角洲从 1986—2003 年总挖沙量达到 8.7 亿 m^3,年均采沙量达到 0.7 亿 m^3,是采沙活动前泥沙量的 7 倍。从输沙平衡来看,人为河床采沙的量值和速率都远远超过了流域来沙的总量和速率,显然这是人类活动引起的突变,自然恢复需要经历很长时间。剧烈的河床采沙直接导致了珠江三角洲流域的河床深泓高程降低,平均水深增大,宽深比下挫,河槽容积增大,河槽窄深,使得潮汐通道更加畅通,有利于潮流上溯及在河网内的传播,变相增强了潮流动力。近年来,珠江三角洲潮流界、潮区界向上游的变化发展,亦能表明航道网内潮流动力的增强。由此可见,河床采沙是引起河床地形的剧烈改变,及其导致河网内的潮差等水文变量变异等一系列链式变化的根本原因。

5.3　口门处围垦影响

珠江三角洲口门处的潮差演变趋势主要受到外海海洋动力和河口形状及地貌的影响,前面的 Mann-Kendall 检验结果表明,口门处的潮差总体上呈现下降趋势,这种趋势在东四口门尤为显著。近年来,珠江三角洲海岸线向海推进的速度加快,这一方面是由于珠江流域中上游水土流失加重,河流水沙集中于水道输出口外,加快河口向海推进和口外滩涂淤积的速度,但更为重要的一方面是由于 20 世纪 80 年代后,珠江八大口门外发生的恶性无序围垦滩涂。有研究指出明清时期珠江三角洲外伸速度每年只有数十 m,现今向海延伸的速度平均每年超过 100 m[10],而东四口门处,横门、洪奇门、蕉门外围垦滩涂使陆向海推进的年均速度更是达到了 300～700 m,为过去年均速度的 5～6 倍,而这 3 个口门处的年际潮差呈现出同步的下降趋势,潮差平均值在突变年份前后分别下降了 4 cm、7 cm 和 14 cm(表 1),另外有资料显示,1948—1987 年间珠江三角洲围垦面积约 230 km^2,年均 5.9 km^2,而 1988—1997 年的 10 年间,无序无度围垦总面积 350 km^2,年均 35 km^2,前后 6 倍的变化表明近年来集中在口门处的人类活动属于严重失控围垦。大面积的围垦使得珠江河口水道沿纵向伸长，原来口门区水文站点的口门海滨环境演变为河道环境，变相地增强了河流径流动力，使得潮差呈现显著的减小趋势[11]。

口门处大面积围垦的状况必然引发河口潮流动力快速向海推移，而河道大规模采沙造成河口潮流动力又快速向陆推进，这两个作用因素方向相反且相互制约，引起了珠江三角洲流域内的潮差长期发展趋势在空间变化上的差异。口门处，在以围垦为主导因素的作用下，年际潮差呈现显著下降趋势，在变化比较剧烈的地方，像珠江三角洲东四口门从 1978—1998 年，仅 20 年的时间内，向海推进了 8～10 km[12]，所以潮差下降趋势表现得尤为明显，且影响范围一直上溯到北江河网区的中下游河段，而进入珠江三角洲河网腹部，河口的外延作用渐渐地被影响强度更大但方向相反的河道大规模采沙所代替，因此中上游的潮差都表现为显著的上升趋势。

6　结论

在高强度人类活动的干预下，珠江三角洲地区近 30 年来地貌条件产生了剧烈改变，从而引致网河区水文特征发生了显著变异。本文以潮差这一水文变量为切入点，通过长时间序列研究，探讨了珠江三角洲潮差的变化趋势及在空间上的差异，同时分析了这种变化趋势与人类活动的响应关系。

（1）珠江三角洲网河区大部分站点的潮差具有显著增大的趋势，且越往上游表现越为明显，但在北江网河区的中下游河段及珠江三角洲口门处，大部分站点的潮差呈现了下降的趋势，这种趋势在东四口门表现尤为显著。

（2）珠江三角洲网河区潮差发生突变的时段正好和人类开始频繁活动的时间段相吻合，表明人类活动是引起珠江三角洲地区潮差变异的主导因素。在诸多人类活动中，在航道网内持续 20 多年的无序挖沙，是引起三角洲内潮差变异的主要原因，而在口门处，围垦导致的口门外延是引起潮差出现减少趋势的主要原因。

参考文献：

［1］张强,陈桂亚,许崇育,等. 长江流域水沙周期特征及可能影响原因[J]. 水科学进展,2009,20(1)：80-85.

［2］许炯心. 人类活动对黄河河川径流的影响[J]. 水科学进展,2007,18(5)：648-655.

［3］许继军,杨大文,雷志栋,等. 长江流域降水量和径流量长期变化趋势检验[J]. 人民长江,2006,37(9)：63-67.

［4］张建云,章四龙,王金星,等. 近 50 年来中国六大流域年际径流变化趋势研究[J]. 水科学进展,2007,18(2)：230-234.

［5］VON STORCH V H. Misuses of statistical analysis in climate research [M]. in H. V. Storch and A. Navarra (eds), Analysis. 1995.

［6］DOUGLAS E M, VOGEL R M, KROLL C N. Trends in floods and low flows in the United States：impact of spatial correction [J]. Journal of Hydrology, 2000,(240)：90-105.

［7］YUE S, PILON P, PHINNEY B, et al. The influence of autocorrelation on the ability to detect trend in hydrological series ［J］. Hydrological Processes，2002，16：1807-1829.

［8］YUE S, WANG C Y. Applicability of prewhitening to eliminate the influence of serial correlation on the Mann-Kendall test ［J］. Water Resource Research，2002，38 (6)：1068.

［9］黄镇国,张伟光,赖冠文,等. 珠江三角洲海平面上升对堤围防御能力的影响［J］. 地理学报，1999,54(6):518-525.

［10］李春初,雷亚平,何为,等. 珠江河口演变规律及治理利用问题［J］. 泥沙研究,2002,6(3)：44-51.

［11］贾良文,吴超羽,任杰,等. 珠江口磨刀门枯季水文特征及河口动力过程［J］. 水科学进展,2006,17(1)：82-88.

［12］CHEN S S, CHEN L F, LIU Q H, et al. Remote sensing and GIS-based integrated analysis of coastal changes and their environmental impacts in Lingding Bay, Pearl River Estuary, South China ［J］. Ocean & Coastal Management, 2005，48：65-83.

深水大跨码头结构研究

鲁子爱　翟　秋

（河海大学交通学院、海洋学院，江苏 南京　210098）

摘　要：通过对我国港口现状的分析，对高桩码头上部结构改革状况的研究，本文提出了适应深水大跨要求的悬链线拱式纵梁码头结构型式。该结构能充分利用拱结构的跨越能力和钢筋混凝土的抗压性能，大幅度增加码头的排架间距，减少水下工程量，进而降低工程造价。与上海港洋山港区三期工程的普通纵梁结构相比，该结构排架间距可增大到 28 m，基桩数量和水下施工工程量明显减少，工程造价降低 23%。

关键词：码头；结构型式；悬链线拱；内力；造价

1　前言

改革开放以来，我国航运事业有了很大发展，为航运发展服务的港口建设也取得了巨大成就。新中国成立初期，我国沿海仅有 6 个较大港口，拥有生产性泊位 161 个，无万 t 级以上深水泊位；到 2006 年为止，内地沿海港口共有亿 t 级港口 12 个，万 t 级以上生产性码头泊位 1 250 个，吞吐能力 56 亿 t，集装箱吞吐量 9 300 万 TEU，初步形成了大中小港口布局基本合理，配套设施比较完善，功能比较齐全的港口体系，一批可接卸 10 万 t 级以上大船的原油、矿石、煤炭码头以及可适应第五代、第六代集装箱船的专业化码头陆续建成投产。

尽管我国港口建设已经达到如此规模，但是港口吞吐能力仍然满足不了货运量增长的需要。沿海港口码头的吞吐能力远小于实际承担的吞吐量，港口吞吐能力与需求之比达 1∶1.2，运输总能力缺口达数亿 t。供求关系失调，需求对供给压力巨大的状况仍未得到缓解。这种失衡状况如不能较好解决，我国航运事业的可持续、健康发展将受到严重制约[1]。

我国沿海拥有 1.84 万 km 海岸线和 1.4 万 km 的岛屿岸线，但是由于持续 30 年的建港高潮，优良的近岸深水岸线资源已开发使用殆尽，自然环境与建设条件相对恶劣的岸线开发与利用成为必然，给港口建设带来一系列重大技术问题[2]。

近年来船舶大型化发展速度较快，为适应大型船舶的靠泊，对码头的建设也提出了更高要求，因此大型深水码头的设计施工将成为港口工程界的重要研究课题。作为码头主要结构型式之一的高桩码头,在结构上也需要有相应的变化。

2 高桩码头上部结构改革概况

高桩梁板式码头广泛应用于荷载较复杂的河港和海港码头工程中,到 20 世纪 70 年代初就达到较为成熟的阶段,并成为我国沿海沿江码头的主要结构型式之一[3]。我国高桩码头的建设施工已达到世界先进水平,研究人员及施工人员一直对其上部结构改革进行着探讨,并取得了一定的成就。

1975 年,为适应建港需要,中交第三航务工程局结合上海白莲泾木材码头进行了上部结构改革,取消了下横梁,改为现浇桩帽;上横梁改为预制,与纵梁同时安装;面板改为一次预制到顶,现场仅浇筑一层磨耗层,同时取消了顶层钢筋,以便混凝土翻斗车直接上码头操作[4]。

1976 年,在上海港军工路一、二、三泊位和中华南栈码头中发展了白莲泾码头的设计、施工经验,采用了横梁与靠船构件一起预制、整体安装的结构型式,在低水位附近的橡胶护舷可预先安装在靠船构件上,施工进度进一步加快。经过多次改革后,每跨码头的预制构件数量由原来的 22 件简化为 10 件,预制装配百分比由 54.5% 提高至 83.6%,每 m 码头造价降低了 13.7%,码头主体工程施工周期也减少了 50% 左右[4]。

1978 年,浙江省交通局在浙江省 6905 码头工程提出并采用了新型门型梁板和带拉杆的拱型横梁结构。由于拱型构件良好的受压性能,该码头比梁板式结构节省混凝土 10%,节省钢材 30% 以上,总的工程造价减少 20% 以上。但是这种结构施工比普通梁板式复杂,木料浪费较多,对荷载条件和码头跨度要求较高,只在 20 世纪 70 年代浙江的部分码头使用[5]。

1978 年,华东水利学院水港系双曲拱码头研究小组提出了有双曲拱板的高桩码头,并在江苏南京、浙江镇海及广西防城等地建造。这种码头的上部结构采用公路桥中常见的空腹式双曲拱结构,并且增加了拉杆。主拱圈是双曲拱板,传力路线短,所受的弯矩小,抗弯刚度大。拱型构件主要承受压应力,能较好地发挥混凝土良好的受压性能。钢筋主要按构造配置,模板用钢模或土模,三材用量大大减少。该结构在跨度较大时比较经济,适用于荷载不大的大型油码头,但其施工较麻烦,计算理论也研究不够,到目前为止仍缺乏成熟的设计和施工经验,故并未推广使用[6]。

20 世纪 80 年代后,随着码头等级的提高和施工技术的进步,基桩尺寸不断增大,承载力随之提高,尤其是大直径预应力混凝土管桩和钢管桩的研制成功,使单桩承载力可达到 1 万 kN 以上,为建设大型深水码头创造了条件。为充分发挥基桩承载力,高桩码头的排架间距也随之逐步增大,实践证明,采用大跨度、少基桩的设计方案一般可以降低工程造价,但在结构跨度超过一定范围后(一般约 10～12 m),采用普通纵梁时其应力将急剧增大,材料用量和工程造价相应增加。

对于外海深水码头,基桩往往需要有较大的尺度以满足稳定性要求,10 m 左右的码头排架间距不能使基桩承载力得到充分发挥,增大排架间距又将增加码头上部结构的造价。本文提出并研究悬链线拱式纵梁的大跨度码头结构,对高桩码头结构型式的优化设计有重要的理论意义和实际意义。

3 悬链线拱式纵梁结构

本文以洋山港区三期工程为背景,借鉴桁架拱桥的结构,提出悬链线拱式纵梁结构的新型码头结构型式。

洋山深水港[7]是距上海最近的深水港区,具备建设大型深水港的自然水深条件。三期工程位于港区的东侧,工程建设 7 个集装箱深水泊位,设计年吞吐量 500 万 TEU,远洋航线以 7 万~15 万 t 集装箱船为主。设计船型为 15 万 t 级集装箱船,船舶控制系泊风力为 9 级,风速 22.6 m/s,设计流速 1.80 m/s,系缆力标准值为 2 000 kN,撞击力标准值为 2 574 kN。岸线总长 2 600 m,设计高水位 4.51 m,设计低水位 0.53 m,码头顶面高程 8.10 m,码头前沿设计水深 18.0 m。主要设计荷载包括:①恒载:建筑物结构自重;②码头堆货荷载:标准值 30 kPa(码头岸桥两轨之间);③集装箱装卸桥荷载:轨距 35 m,基距 14 m,每只支腿 10 只轮,轮距 1.20 m,两机作业时最小中心距 27m。岸桥工作状态下,海侧最大轮压 1 070 kN/轮,陆侧最大轮压 940 kN/轮;岸桥非工作状态下,海侧最大轮压 1 220 kN/轮,陆侧最大轮压 1 640 kN/轮。作用效应组合考虑承载能力极限状态持久状况。

3.1 结构主要构件及尺度

预制钢筋混凝土悬链线拱式纵梁由拱圈梁、上弦杆、腹杆和拉杆等构件组成。悬链线拱式纵梁纵向搁置在基桩桩帽上,纵梁之间增设预制横向水平撑,横向水平撑搁置在拱式纵梁的牛腿上,与之构成梁格;面板搁置在横向水平撑上。横梁采用现浇矩形横梁,与拱式纵梁等高布置。面板采用技术成熟的迭合板。纵梁、横梁、面板之间整体连接,纵梁与基桩之间也采用整体连接,形成整体性好、刚度大的上部结构。在拱圈梁下端设拉杆承担拱推力,图 1 为结构示意图。

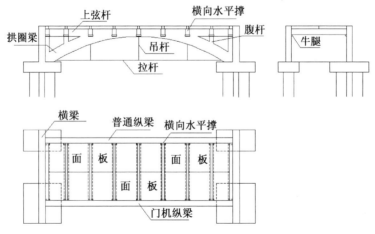

图 1 拱式纵梁结构示意图

选取码头排架间距为 28 m,拱的矢高 3.5 m,矢跨比 1/8。基桩采用直径为 1 500 mm 的钢管桩,每榀排架有 12 根钢管桩,共设 5 个桩帽节点。前后轨道梁下的桩帽节点各布置 3 根钢管桩,中间 2 个桩帽节点下各布置 2 根钢管桩。码头上部结构采用现浇混凝土横梁、预制钢筋混凝土悬链线拱式纵梁、叠合面板结构形式。横梁截面尺寸为 5.0 m×1.0 m,上弦杆 1.5 m×0.8 m,拱圈梁 1.5 m×0.8 m,横向水平撑 0.6 m×0.8 m,腹杆 0.6 m×0.8 m。两拱式纵梁横向间距为 8.75 m;纵梁之间设置横向水平撑,间距 3.5 m;预制面板每块长 4 m,宽 3.2 m,厚度 0.4 m,磨耗层厚度为 0.05 m。

拱圈梁下端拉杆采用"工"字钢,弹性模量 $E=2.1\times10^5$ N/mm^2,高度 $h=400$ mm,翼缘宽度 $b=146$ mm,腹板厚 $t_w=14.5$ mm,截面积 $A=1.02$ 万 mm^2。考虑到拉杆较长,为减小其挠度,设置吊杆,使拉杆与整个拱式纵梁形成一整体。吊杆采用热轧无缝钢管,钢管外径 $d=146$ mm,管壁厚度 $t=10$ mm,截面积 $A=4\,273$ mm^2。

3.2 拱轴线选取

拱轴线线型直接影响着拱圈内弯矩大小和主拱圈截面内力的分布,选取时尽可能降低由于荷载产生的弯矩值[8]。合理拱轴线应与拱上各种荷载作用下的压力线相吻合,使拱圈截面只受轴向压力而无弯矩作用,从而充分利用材料的抗压性能[9]。

结合工程的荷载情况和结构力学理论,经过计算比较,确定拱式纵梁的拱轴线方程为悬链线一般方程:

$$y = \frac{f}{m-1}(\operatorname{ch} K\xi - 1)$$

式中:f 为拱的矢高(m); m 为拱轴系数;K 为与 m 有关的参数,$K = \ln(m + \sqrt{m^2-1})$;$\xi$ 为横坐标参数,$\xi = 2x/L$;ch $K\xi$ 为双曲余弦,ch $K\xi = (e^{K\xi} + e^{-K\xi})$;$L$ 为拱的跨径(m)。

当拱的矢跨比确定后,拱轴线各点的纵坐标将取决于拱轴系数 m,而 m 则取决于拱脚与拱顶的恒载集度比。通过计算比选,确定拱轴系数 $m=2.566$,得到拱轴线上各点的坐标和拱轴线[9]。

3.3 内力及造价

采用洋山港区三期工程的设计条件,以一个排架为例进行分析。由于横梁断面及其所受荷载变化较小,本文只对纵梁断面荷载及内力进行分析。荷载作用于悬链线拱式纵梁时,结合结构力学理论[10]和有限元方法[11],可得出纵梁弯矩 M 的变化曲线,如图 2 所示。从图中可以看出,纵梁正弯矩从拱脚至跨中逐渐明显增大,最终在跨中产生最大弯矩 1.65 万 kN·m。洋山港区三期工程原设计方案轨道梁在设计荷载作用下,施工期按简支梁计算,使用期按弹性支承连续梁计算,跨中最大弯矩为 2.074 7 万 kN·m。由此可见,在排架间距扩大到 28 m 后,拱式纵梁在荷载作用下产生的最大弯矩依然小于原设计纵梁结构(12 m 排架间距)在相同荷载作用下所产生的最大弯矩。

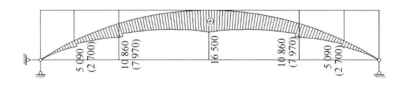

图 2　悬链线拱式纵梁弯矩图(kN·m)

拱式结构良好的抗压性能和跨越能力在该结构中得到了充分体现。

依据交通部交水发〔2004〕247 号文发布的《沿海港口建设工程概算预算编制规定》及其配套定额,采用《上海建设工程标准与造价信息》(2006 年第 8 期)公布的市场价格,对本文提出的新型结构和洋山港区三期工程码头结构原设计方案进行了造价计算,每延米码头主体部分的工程造价分别为 24 万元和 31 万元,即新设计结构比原设计结构降低工程造价 23%,如表 1 所示。

表 1　两种结构主要参数比较

项　目	码 头 结 构 型 式	
	梁板式结构 (洋山港区三期工程)	拱式纵梁结构
纵梁型式	倒 T 型	悬链线拱式
排架间距(m)	12	28
每榀排架基桩数量	15	17
跨中最大弯矩(kN·m)	20 747	16 500
每 m 造价(万元)	31	24

4　结论

外海深水码头水下施工难度大、费用高,在不增大梁断面尺寸及纵梁配筋情况下,悬链线拱式纵梁结构可使排架间距大幅度增加,既减少了基桩的数量还减少水下施工工程量,而且大型构件可以在陆上预制、现场安装,加快了施工速度。高桩码头的沉桩费用较高,在工程造价中占较大比例,悬链线拱式纵梁结构减少了基桩数量,可以降低工程造价。

悬链线拱式纵梁的码头结构型式受力性能良好,排架间距大;整个上部结构具有很大的空间刚度,构件种类和数量少,悬链线拱采用钢筋混凝土预制构件,立模和浇筑混凝土较方便;悬链线拱下部空间大,通风好,有利于提高构件的耐久性。综合而言,悬链线拱式纵梁结构是一种具有良好力学性能和经济效益,并能适应大跨度要求的新型码头结构。

参考文献:

[1] 麦远俭.关于我国港口建设中长期发展的思考[G].港口工程分会技术交流论文集,2005:3-7.

[2] 张志明.我国沿海深水港口建设技术进展和面临的重大技术问题[J].水运工程,2006(10): 31-37.

[3] 韩理安.港口水工建筑物(Ⅰ)[M].北京:人民交通出版社,2002:67-73.

[4] 中交第三航务工程局.高桩码头上部结构改革[J].水运工程,1976(5):12-13.

[5] 浙江交通局.新型的高桩梁板码头[J].水运工程,1978(3):22-25.

[6] 华东水利学院水港系双曲拱码头研究小组.高桩双曲拱码头结构几个主要问题的探索[J].水运 工程,1978(11):12-22.

[7] 李树国,程泽坤,田佐臣.洋山深水港选址及小洋山港区平面设计[J].集装箱化,2006(2):2-5.

[8] 顾安邦.桥梁工程下册[M].北京:人民交通出版社,1999:16-65.

[9] 同济大学等三校.桥梁工程[M].北京:人民交通出版社,1980:176-207.

[10] 蔡新,孙文俊.结构静力学[M].南京:河海大学出版社,2001:85-97.

[11] 卓家寿.弹性力学中的有限单元法[M].北京:高等教育出版社,1987.

冬季苏北辐射沙洲水域悬沙
分布及输运特征分析

黄惠明 王义刚 尚 进 杨海宁

(河海大学海岸灾害及防护教育部重点实验室,江苏 南京 210098)

摘 要:为揭示苏北辐射沙洲水域泥沙分布及输运的特征,利用潮流及泥沙输运数学模型,给出了辐射沙洲水域的潮平均含沙量场和对应的水质点运动轨迹。分析表明,该水域含沙量呈现以条子泥附近水域为中心,呈辐射状向外围递减的趋势,同时,潮汐通道是辐射沙洲内部水域与外部水域进行水沙交换的重要通道。

关键词:辐射沙洲;含沙量分布;泥沙输运;潮汐通道

1 前言

苏北辐射沙洲位于江苏东部黄海海域,呈辐射状分布,面积宽广,形态特殊,地形复杂,是苏北独特的地貌类型[1-3]。苏北辐射沙洲以弶港为中心,呈辐射状沙脊的形态向东、南及北方向扩展,是江苏沿海岸外滩涂资源的重要组成部分。但是,由于辐射沙脊群区域槽脊相间、汊道重生,地形地貌非常复杂;同时由于受南部东海前进潮波和北部黄海旋转潮波的共同影响[4-5],辐射沙洲区域的水动力条件极为复杂多变,潮汐通道众多[6],西洋、黄沙洋、烂沙洋等呈辐射状贯穿其南部和北部。为了合理和可持续地开发利用辐射沙洲的滩涂、航道等资源,众多学者对苏北辐射沙洲区域的水动力条件、水沙环境、地貌演变等展开了相应的研究。王艳红[7]研究了相对海面升高对苏北辐射沙洲的影响;陈君军[5,8-9]利用苏北辐射沙洲野外实地测量及历年卫片对其主要潮沟的变迁进行了研究;刘芳[10-11]研究了苏北辐射沙洲海域悬沙浓度的时空分布特征及影响因素;吴德安[12-13]对苏北辐射沙洲潮流水道悬沙输移机制和潮流水道垂线平均余流进行了研究和分析;陈可锋[3]则通过建立潮波数学模型研究和分析了苏北辐射沙洲趋势性演变的动力机制。本文则利用潮流及泥沙输运数学模型,模拟得到了辐射沙洲水域的平均含沙量场和对应的水质点运动轨迹;通过分析得出了该水域含沙量的分布特征,并论证了潮汐通道对于辐射沙洲内部水域与外部水域进行水沙交换的重要性。

2 辐射沙洲水域概况

苏北辐射沙洲位于长江口和废黄河口两大水下三角洲之间,以弶港为中心,南北长约 200 km,东西宽约 90 km,呈辐射状分布于苏北沿海岸外近 2 万 km² 的苏北海域,由近 70 条沙脊组成[14-16]。沙脊间主要靠近海滨的潮汐通道为黄沙洋、西洋及小庙洪水道等。水域内滩槽犬牙交错,水下地形复杂多变[4]。苏北辐射沙洲区域存在特殊的潮汐环境。该区域属于规则半日潮,受东海前进潮波和黄海旋转潮波系统的控制,这 2 个潮波波峰线在弶港岸外交汇[16-17]。弶港岸外区域为强潮区,潮波幅聚点位于弶港附近,平均潮差可达 3.9 m,黄沙洋主槽西尖平均潮差为 4.9 m,小洋港实测最大潮差(1981年)达 9.28 m,西洋王港和小庙洪吕泗平均潮差分别为 5.44 m 和 3.68 m,最大潮差达 6.74 m 和 6.87 m[4]。此外,苏北辐射沙洲区域潮流作用亦较强,是辐射沙洲的主要动力因素,潮能率和潮流速的分布决定了沙洲南北沙脊及深槽的空间分布和形态[16],而次生横向环流则影响了沙洲的演变和发育[18]。

以往的研究表明,辐射沙洲附近水域,悬浮泥沙颗粒较细,属于黏性细颗粒泥沙范畴,潮平均悬沙中值粒径基本在 0.007~0.015 mm 之间变化。此外,该区域冬季含沙量较夏季高,大潮平均含沙量可达 1.0 kg/m³ 以上,小潮平均含沙量则亦可达 0.7 kg/m³ 以上,总体呈现近岸含沙量较高、离岸越远含沙量相对越低的特点[19]。

3 含沙量分布特征

为了从整体上了解苏北辐射沙洲附近水域悬浮泥沙的时空分布变化情况,本文利用 2007 年冬季一个大潮及小潮期间的水文泥沙实测资料进行了苏北辐射沙洲附近水域的水流及悬沙输运数值模拟,模拟的范围和网格划分情况如图 1 所示。

在此基础上,给出了苏北辐射沙洲附近水域 2007 年冬季一个大潮和小潮潮平均含沙量场分布情况,见图 2。

由图 2 可以看出,苏北辐射沙洲附近水域含沙量呈现比较明显的时间和空间上的分布变化规律。

(1)从空间的分布来看,大潮和小潮期间潮平均含沙量场的分布趋

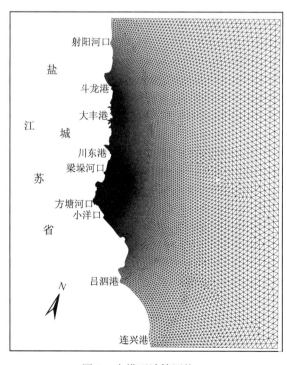

图 1　小模型计算网格

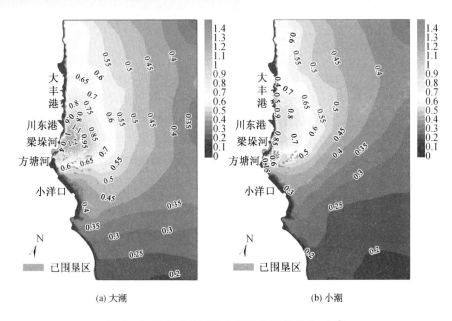

(a) 大潮 (b) 小潮

图 2 2007 年冬季潮平均悬沙浓度分布（kg/m³）

势较为相似。辐射沙洲区域的含沙量分布总体呈现由中部条子泥附近水域向东部、南部和北部逐渐降低的趋势。条子泥附近水域悬沙浓度高于其他水域的悬沙浓度，大潮潮平均含沙量可达 1.2 kg/m³ 以上。

条子泥北部水域的含沙量较南部水域高，分析原因：①主要是由于条子泥北部直接与西洋相接，西洋作为辐射沙洲水域的主要潮汐通道之一，是辐射沙洲西北部近岸水域的主要水沙输运通道。该水域潮动力强劲，床面泥沙在较强的床面切应力作用下容易再悬浮而进入水体，并随涨落潮流一起运动。②西洋水道与废黄河口水下三角洲相连，其潮流有充足的泥沙来源供给。③辐射沙洲东部深水海域虽同时受到东海前进潮波和苏北旋转潮波的影响，潮动力条件不弱，但水深较大，水体含沙量并不大，因而辐射沙洲东部海域搬运至辐射沙洲水域的泥沙不多。因此，在这 3 个方面因素的共同作用下，形成了条子泥北部近岸水域含沙量相对较高的现象。

条子泥南部水域的含沙量明显低于北部水域是因为：①辐射沙洲南部水域，虽有烂沙洋及黄沙洋水道等存在，但条子泥水域为近岸沙脊，高滩基本与岸线相连，南部仅与烂沙洋近岸水域相接，涨落潮动力较条子泥北部稍弱，因此悬沙及底沙交换的强度亦相对较弱；②辐射沙洲南部水域虽与长江口相连，但长江口的水沙以南下为主，北上的水沙并不多；③辐射沙洲南部水域东面的深水海域同样由于水深较大，水体含沙量较小，无法给辐射沙洲南部水域提供充足的泥沙来源。

（2）从时间的变化来看，大潮和小潮潮平均含沙量的差异相当明显。辐射沙洲水域的含沙量与水动力条件的变化密切相关，大潮潮平均含沙量明显较小潮潮平均含沙量高，并且总体呈现距离辐射沙洲中心条子泥附近区域越远，大潮和小潮潮平均含沙量的差异也相对越小的特征，但二者之间仍存在相当的差别。条子泥附近区域，大潮潮平

均最大含沙量可达 $1.2\ kg/m^3$ 以上,而小潮含沙量最大在 $0.9\ kg/m^3$ 左右。分析大潮和小潮整体的分布变化趋势可知,这种时间变化趋势与辐射沙洲近岸水域泥沙在水流作用下,容易发生沉降和再悬浮运动,进而导致辐射沙洲水域水下地形频繁变化的实际情况较为吻合。

4 水质点运动特征

水流作为泥沙运动的载体,对于泥沙输运特征的分析至关重要。水流运动的方向在一定程度上决定了泥沙运动的方向。鉴于此,为进一步分析辐射沙洲水域泥沙的输运路径,本文利用上述所建立的辐射沙洲水域水流数学模型进行了潮流数值模拟,并利用模拟的结果,采用拉格朗日质点跟踪法跟踪描述水质点在一个潮周期内的运动轨迹。其中,大潮和小潮潮周期内水质点的运动轨迹见图3。

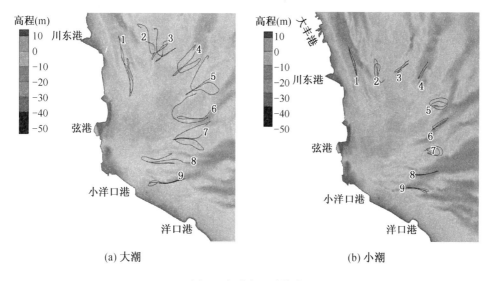

(a) 大潮　　　　　　　　　　　　　　(b) 小潮

图 3　水质点运动轨迹

由图3可以看出,在大潮或者小潮期间,水质点的运动轨迹基本相似。涨落潮期间,水质点基本沿着潮汐通道进行往复运动,运动的轨迹主要限制在潮汐通道内部。北部通道附近,由于受苏北旋转潮波的影响和西洋及陈家坞槽等潮汐通道的限制,水质点的运动轨迹基本呈西—北和西南—东北走向;而南部及东部潮汐通道附近,则由于东海前进潮波的影响和烂沙洋潮汐通道的存在,水质点的运动轨迹主要呈现东—西走向。此外,比较大潮期间和小潮期间水质点运动轨迹的差别还可知,大潮期间水质点运动轨迹受潮汐通道限制的程度相对弱于小潮期间。分析原因,主要是由于大潮期间,高潮位相对较高,高潮位时沙脊群大部分处于淹没状态,因此,相邻潮汐通道的水体可以通过沙脊之上的横向通道进行水体交换,从而使得沙脊附近的水质点运动轨迹较小潮时显得更为凌乱;而小潮期间,由于高潮位相对较低,高潮位时沙脊群仅部分淹没,一定程度上削弱了一个潮周期内相邻潮汐通道之间水体交换的时间和强度。因此,水质点的运动轨迹极大程度上受到了潮汐通道走向的限制,使得相比于大潮期间,小潮期间水质点的运动轨迹呈现更为明显的往复流运动的特点。

通过对水质点运动轨迹的分析可知,辐射沙洲区域悬浮泥沙的运动一定程度上受到了潮汐通道的限制。二分水即条子泥附近水域的悬浮泥沙主要通过西洋潮汐通道与来源于废黄河口水下三角洲的泥沙发生交换,同时,亦通过黄沙洋、烂沙洋及小庙洪等潮汐通道与长江口水域北上的泥沙发生交换。此外,由于该区域泥沙颗粒粒径不大,且由于黄海潮波和东海潮波交汇,潮汐能在条子泥附近水域幅聚,潮能量极为惊人,小洋港附近实测最大潮差甚至可达 9 m 以上。在如此强劲的潮能量及波浪等外部动力的扰动下,该水域床面泥沙亦容易发生再悬浮、输运和沉降运动,这也在一定程度上解释了含沙量平面分布呈现条子泥附近水域逐渐向辐射沙脊群外围递减变化趋势的原因。

另外,从大潮及小潮期间水质点运动轨迹呈现较为明显的半封闭形态可知,辐射沙洲水域泥沙与外部泥沙交换的速度相对较慢。在涨潮流的作用下,潮汐通道中的悬浮泥沙从沙洲外部逐渐向以条子泥为中心呈辐射状相向运动,而当落潮时,悬浮泥沙在落潮流的挟带下,以条子泥为中心呈辐射状向外部海域运动。一个完整的潮周期内,泥沙的净输运距离并不大,因此,总体而言,虽然辐射沙洲内潮汐通道众多,但内部水域泥沙与外部水域泥沙的交换速度并不快,半交换期相对比较长。

5 结语

苏北辐射沙洲水域含沙量分布以条子泥附近水域为中心,呈现较为明显的南北差异。北部含沙量明显高于南部水体中的含沙量。通过水质点运动轨迹的分析亦表明,北部水域的泥沙主要通过西洋潮汐通道与废黄河水下三角洲北下的泥沙发生交换,南部水域的泥沙则主要通过烂沙洋、黄沙洋及小庙洪等潮汐通道与长江口北上的泥沙发生交换,东部水域由于外海含沙量相对较低,因此难以给辐射沙洲内部水体提供泥沙来源。

此外,辐射沙洲水域水体含沙量与水动力条件密切相关。大潮期间含沙量明显高于小潮期间,潮汐动力的作用一定程度上决定了水体含沙量的高低,并且,由于辐射沙脊群的存在,沙洲内水域的波浪作用相对较弱,床面泥沙由于波浪作用的起动、再悬浮和输运作用相对较弱,因此水域中悬沙浓度的高低变化主要还是受潮汐能量变化的影响。

需要指出的是,本文的研究主要基于冬季期间苏北辐射沙洲水域内的实测水沙资料,而大量事实表明,该水域冬季和夏季含沙量呈现较大的差异,冬季含沙量高于夏季。因此,未来有必要在收集相应冬季的水沙资料的基础上,进一步探讨冬季和夏季辐射沙洲水域悬浮泥沙分布和输运特征的差异,从而更为深入地了解辐射沙洲水域泥沙运动的机理和规律。

参考文献:

［1］任美锷.江苏省海岸带和海涂资源综合调查报告[M].北京:海洋出版社,1986:517-519.

［2］LI Cong-xian, ZHANG Jia-qiang, FANG Dai-du, et al. Holocene regression and the tidal radial sand ridge system formation in the Jiangsu coastal zone,East China[J]. Marine Geology, 2001, 173: 97-120.

［3］陈可锋,陆培东,王艳红,等.南黄海辐射沙洲趋势性演变的动力机制分析[J].水科学进展, 2010,21(2):267-273.

［4］薛鸿超.论苏北辐射沙洲潮汐通道建港[M]//宋志尧,王义刚,徐福敏,等.海岸工程及水运经济:薛鸿超教授文集.北京:海洋出版社,2008:534-541.

［5］陈君,冯卫兵,张忍顺.苏北岸外条子泥沙洲潮沟系统的稳定性研究[J].地理科学,2004,24(1): 94-100.

［6］李孟国,李文丹.南通港洋口港区总体规划方案潮流数学模型研究[J].水道港口,2007,28(5): 305-310.

［7］王艳红,张忍顺,谢志仁,等.相对海面变化与江苏中部辐射沙洲的变化动态[J].海洋科学进展, 2004,22(2):198-203.

［8］陈君,王义刚,张忍顺,等.江苏岸外辐射沙脊群东沙稳定性研究[J].海洋工程,2007,25(1): 105-113.

［9］黄海军.南黄海辐射沙洲主要潮沟的变迁[J].海洋地质与第四纪地质,2004,24(2):1-8.

［10］刘芳,黄海军,郜昂.春、秋季黄东海海域悬浮体平面分布特征及海流对其分布的影响[J].海洋科学,2006,30(1):68-72.

［11］邢飞,汪亚平,高建华,等.江苏近岸海域悬沙浓度的时空分布特征[J].海洋与湖沼,2010, 41(3):459-468.

［12］吴德安,张忍顺,严以新,等.辐射沙洲东大港潮流水道悬沙输移机制分析[J].河海大学学报:自然科学版,2006,34(2):216-222.

［13］吴德安,张忍顺,沈永明.江苏辐射沙洲水道垂线平均余流的计算与分析[J].海洋与湖沼,2007, 38(4):289-295.

［14］王颖.黄海陆架辐射沙脊群[M].北京:中国环境科学出版社,2002.

［15］王颖,朱大奎,周旅复,等.南黄海辐射沙脊群沉积特点及其演变[J].中国科学:D辑,1998, 28(5):386-393.

［16］诸裕良,严以新,薛鸿超.南黄海辐射沙洲形成发育水动力机制研究:Ⅰ.潮流运动平面特征[J].中国科学:D辑,1998,28(5):403-410.

［17］宋召军,黄海军,杜廷芹,等.苏北辐射沙洲附近海域悬浮体的研究[J].海洋地质与第四纪地质, 2006,26(6):19-25.

［18］宋志尧,严以新,薛鸿超,等.南黄海辐射沙洲形成发育水动力机制研究:Ⅱ.潮流运动立面特征 [J].中国科学:D辑,1998,28(5):411-417.

［19］WEI Shi, WANG Menghua. Satellite observations of the seasonal sediment plume in central East China Sea [J]. Journal of Marine Systems, 2010,82(4):280-285.

国内外疏浚土综合利用现状对比分析

付 桂[1] 赵德招[2]

(1. 交通运输部长江口航道管理局,上海 200003
2. 上海河口海岸科学研究中心,上海 201201)

摘 要:本文采用国内调研、国外考察、查阅国内外文献等相结合的方法,对比分析了国内外疏浚土综合利用的现状和特点,找出了国内疏浚土综合利用存在的主要问题与差距,提出了今后我国疏浚土综合利用技术的发展方向和重点。结果表明:我国疏浚土综合利用水平远落后于国外主要发达国家,当前影响我国疏浚土综合利用除技术问题外,还存在认识理念、体制机制、法规制度建设和利益分配等非技术问题;今后我国疏浚土综合利用技术的发展方向和重点主要包括吹泥上滩新工艺、新型疏浚装备的研制和开发、疏浚土综合利用多样化处理技术、加强疏浚过程环境保护技术研究等。

关键词:疏浚土;综合利用;利用方式

1 前言

随着我国社会经济的持续快速发展,沿海、沿江各地纷纷加大、加快了水运资源开发建设的力度和进程。尤其在成功加入 WTO 后,为满足日益增长的货运量和船舶大型化的需要,港口航道建设不断地向大型化、深水化方向发展。大规模的港口和航道建设产生了大量的疏浚土。长期以来,疏浚土一直被认为是废弃物,大量疏浚土以外抛方式处理,对海洋环境及水域生态带来了一定影响。在大量科学研究和工程实践的基础上,疏浚土可看作是一种可利用资源的观点已被社会各界所接受,要求充分利用疏浚土的呼声也日益高涨。疏浚土的合理处置,不仅可减轻对环境的影响,还能增加大量的土地资源,提供工农业和生活用地,为国民经济的可持续发展做出贡献,实现人与自然的和谐发展。因此,疏浚土的综合利用正是贯彻落实科学发展观,建设资源节约型和环境友好型社会,发展低碳经济的重要切入点。

发达国家在疏浚土综合利用方面已经迈出了坚实的步伐。相对而言,我国在疏浚土综合利用的科学研究和工程实践方面仍然存在较大差距。为摸清国内外疏浚土综合利用的现状,我们先后在天津港、曹妃甸、上海地区、长江干线、广州港、深圳港、防城港和云南滇池等地进行了现场调研,与调研地有关疏浚土利用领域的专家和领导开展了较为深入的探讨和交流工作。同时,还组团赴美国、日本、英国和法国等主要发达国家进行了技术考察交流。通过广泛的国内外调研活动,我们总体了解了国内、国外主要发达国家在疏浚土综合利用方面的政策体制和工程技术经验等。在此基础上,本文对比分析了国内外疏浚土综合利用的现状和特点,找出了国内疏浚土综合利用存在的主要问题与差距,提出了今后我国疏浚土综合利用技术的发展方向和重点。

2 背景

我国疏浚土产生量巨大,主要来自水运工程领域。根据目前的港口建设规划和发展势头,我国未来沿海港航建设与维护疏浚市场将继续扩大,近几年的年基建疏浚工程量将呈上升趋势[图 1(a)]。同时,对于特定的港口或航道,回淤量受风、流、潮及洪水的影响具有周期性,每年的维护疏浚工程量相对稳定。我国沿海港口回淤强度较大的港口主要分布在渤海湾的天津港、黄骅港,长江口地区的上海港及长江口深水航道。从总体看,预计沿海港航的年维护疏浚量也呈逐年增大趋势[图 1(b)]。

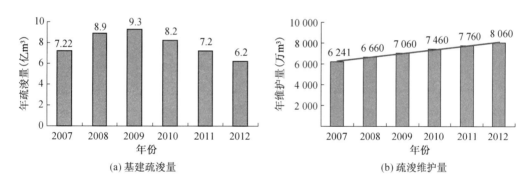

(a) 基建疏浚量 (b) 疏浚维护量

图 1 国内沿海港航年基建疏浚量与疏浚维护量预测(2010 年以后为预测值)[1]

在国内,疏浚土主要用来吹填造陆。由于新辟港口和临港工业的发展需求,带动了围海造地的建设,对吹填的需求大大增加。国内吹填造陆市场容量较大,2008 年、2009 年吹填量在 8 亿 m^3 左右,预计以后将逐年有所下降(图 2)。

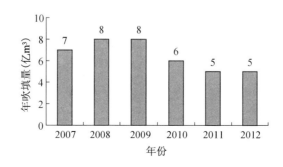

图 2 国内年吹填量现状统计及预测(2010 年以后为预测值)[1]

由此可见,国内吹填造陆的需求量变化与产生量的变化趋势基本一致,我国疏浚土的主要利用方向仍应定位在用于吹填造陆;另一方面,我国疏浚土的产生量巨大,疏浚土综合利用具有广阔的前景,在疏浚土基本用于吹填造陆且需求量减弱的情况下,应该重视疏浚土资源多渠道、综合利用的规划研究,以节约资源,降低疏浚土弃土造成的生态和环境影响。

3 国内外疏浚土综合利用对比及我国存在的问题与差距

3.1 国内外疏浚土综合利用情况对比

在疏浚土综合利用方面,美国、日本、英国和法国等国外主要发达国家总体上已经取得了许多卓有成效的成就,已具备一套较为成熟的实施体系(包括管理、设计、科研、施工等),保证了疏浚土能合理、科学和有效的利用,而我国目前仍处在发展、探索阶段。根据国内外调研结果,国内外疏浚土综合利用情况对比分析如下(表1)。

1. 国内外普遍认识到"疏浚土是一种可利用的资源"

在美国、英国、法国、日本等发达国家,疏浚土之所以能综合利用,其根源是理念的改变,公认疏浚土不是"废弃物",是不可再生的"资源"。在我国,疏浚土是一种可利用资源的观点已被社会各界所接受。因此,理念的改变导致行为的改变,对疏浚土的处置方式是以综合利用为主线,引导、支持、鼓励利用疏浚土。

2. 国外疏浚土产生量不大,国内疏浚土产生量巨大,来源以沿海港口航道疏浚为主

日本、英国、法国等主要发达国家总体产生的疏浚土数量不大。我国水运工程产生的疏浚土总量是巨大的,据不完全统计和预测,目前乃至今后数年稳居世界第一。目前我国港口建设仍处在迅速发展期,必然产生数量巨大的疏浚土并主要集中在沿海地区。根据调研粗略统计,沿海水运工程每年可产生 3 亿~10 亿 m^3 疏浚土,而内河水运工程仅在 7 000 万~9 000 万 m^3 左右。

3. 国外疏浚土的利用率普遍较高,我国疏浚土利用率总体偏低,且各地利用率的分布极不均衡,差异较大

国外发达国家疏浚土综合利用率普遍较高,比如美国有 80%,英国有 65%,日本高达 95%,荷兰也达到 90% 以上。我国水运工程疏浚土的总体平均利用率约 40%,总体偏低,且各地区利用情况差异较大,沿海地区基建性疏浚土利用率高,内陆地区疏浚土利用率偏低,维护性疏浚土利用率低。

4. 我国疏浚土利用目的和方式相对较为单一,主要大量应用于吹填造陆,国外疏浚土利用的途径和方式多样化,更侧重于生态环境的修复和保护

港口工程建设所需陆域面积较大,已经历了十几年的大建设、大发展,在土地资源日益匮乏的今天,陆域形成几乎全部利用疏浚土吹填造陆。发达国家疏浚土综合利用的领域十分广泛,已从大建设时期简单的用于吹填造陆、空港工程、建筑材料外,向用途

表 1　国内外主要发达国家疏浚土综合利用情况对比表[2]

考察地＼指标	国　外				国　内		
	美　国	日　本	英　国	法　国	沿海地区（上海、天津、曹妃甸、广州、深圳、防城港）	内河（长江干线）	湖泊（滇池）
疏浚土来源和土质类别	主要来自沿海港口航道疏浚，以粘性土为主	主要来自港口航道疏浚，以粘性土和砂质质土为主	主要来自沿海港口航道疏浚，主要成分为粘性土	主要也是来自港口航道疏浚	主要来自港口航道疏浚，以淤泥和粘性土为主	主要是内河港口航道疏浚，以砂土和粘土为主	底泥疏挖，以淤泥土为主
疏浚土产生量和利用率	年均航道疏浚量约2亿 m³；利用率为80%	港口疏浚量年均约1 800万 m³，利用率约为95%	年疏浚量约为3 000万～4 000万 m³，利用率为65%	—	年平均维护疏浚量约1.7亿 m³；平均利用率约为40%，在部分大型港口建设中可达70%以上	疏浚土产生量少，如长江干线约500万 m³/年；利用率几乎为零	年疏挖量约数千万 m³；利用率较低
疏浚土利用途径和方式	吹填造陆、改良土壤、海滩养护和海岸防护、湿地恢复、水产养殖、栖息地营造以及建筑用材等	泥沙处理厂回收、港口回填、生态湿地和人工海滩养护等	防洪和海岸防护、海岸带泥沙维护、环境保护等地息地保护等		主要用于吹填造陆，如沿海地区的大型港口、航道建设项目	几乎没有利用，基本被抛弃，极少部分用作建筑材料	基本不利用，主要被直接掩埋；部分（如填池）用于生态修复
技术与标准方面	《疏浚与疏浚物处置工程师手册》等技术指南	环保疏浚、疏浚土回填和脱水等技术研究；《水下深坑回填指南》《疏浚土有益利用和海洋处置技术指南》《海岸环境再生管理手册》等	《疏浚物有益利用指南》等		目前国内尚无相关技术规范、标准可循		

续表

指标 \ 考察地	国外				国内		
	美国	日本	英国	法国	沿海地区(上海、天津、曹妃甸、广州、深圳、防城港)	内河(长江干线)	湖泊(滇池)
政策法规方面	疏浚土管理——令后10年行动纲领;	1972年伦敦公约/1996年议定书,关于防止海洋污染及海上灾害的法律;	1972年伦敦公约/1996年议定书,1985年食物污染法,2007年海洋工程环境影响评估法	主要遵循1972年伦敦公约,欧盟废弃物指令(2008/98/EC)等	我国1985年加入伦敦公约,并于2006年10月成为该公约缔约国,但目前国家有关法规、各部委和地方政府有关规章制度都没有明确强调"疏浚土的综合利用"		
体制机制方面	成立国家疏浚小组、地方疏浚小组等协调管理机构,设有专门机构和实验室(美国陆军兵团)进行研究	由国土交通省统一管理疏浚物的处置	有MFA、SERAD、DOENI等清晰简单的管理机构;有HR Wallingford和Cefas等机构进行研究和评估	由DRIRE负责管疏浚土处置管理,且管理相对清晰简单	尚无高层次的统一的管理协调机构,也没有相应的激励机制等		
公众意识	环保意识较强	环保意识较强	环保意识较强	环保意识较强	对于"疏浚土是一种资源,疏浚土可综合利用"的观点基本能达成共识,但环保意识不强		
相关工程案例	Poplar岛生态修复工程、Jetty岛海滩维护及生态保护工程、旧金山港湿地恢复和老港池回填等	东京湾及三河湾铺沙工程、海老及百岛人工潮滩工程、东京羽田国际机场吹填工程等	Wallasea湿地建设、Wallasea岛野生海岸工程、Thames河口泥沙环境维护等		长江口航道疏浚土吹泥上滩、天津港疏浚土围海造陆、防城港港区吹填造地	重庆钢铁厂长寿码头利用炸礁回填陆域	滇池底泥吹填修复工程

多样化、工艺精细化、场地工厂化的方向发展。注重向有利于环境保护和生态修复,可持续发展,社会、经济、人与自然和谐的方面利用,诸如海滩养护、营造和恢复湿地、野生动物栖息地恢复、景观美化、土壤改良、露天矿生态恢复等。

5. 我国尚无明确的疏浚土利用技术规范可循,也缺乏相关部门协调机制和政策法规参考,国外拥有配套的政策法规、技术标准和管理机构

迄今为止,我国在疏浚土利用方面也取得了一定的成果,但如何综合利用疏浚土的技术标准或使用指南尚属空白,而且,在有关工程技术标准中也缺少针对疏浚土综合利用的条款。此外,国内涉及疏浚土管理的机构较多,部门多头管理,缺乏统一的指导协调机制,也没有专门关于疏浚土利用方面的国家法规及政策可遵行和参考。

国外主要发达国家大多拥有疏浚土利用相关的法规和技术标准[3-6],如伦敦公约、欧盟废弃物管理指令、英国的《疏浚物有益利用指南》、美国的《疏浚与疏浚物处置工程师手册》《美国未来10年行动纲领》和日本的《疏浚土有益利用和海洋处置技术指南》。对于疏浚土利用机构组织管理方面,如美国专门成立国家疏浚小组、地区疏浚小组及地方规划项目组三级组织机构,英国主要由环境、食品和农村事务部负责与疏浚土利用有关的技术指导和政策制定等管理工作。

3.2 国内疏浚土综合利用存在的问题与差距

通过国内外疏浚土综合利用情况对比可知,目前我国在疏浚土综合利用技术、政策等方面的基础和现状均落后于发达国家,而且由于区域经济发展不均衡,国内沿海和内陆之间也存在一定的差异。在我国,当前影响疏浚土的综合利用除了技术问题外,还存在认识、制度、机制和利益分配等非技术问题。

1. 认识和理念问题

疏浚土综合利用工作是复杂的,不仅仅需要宏观的统筹、规划,更需要相关单位的协调、配合,更重要的是要使"疏浚土是一种不可再生的资源"在思想上、认识上、理念上达成高度共识。虽然经过近年来的培育,特别是在国内外大量工程实例的启发下,疏浚土在我国已得到不同程度的利用,但总体上看"疏浚土是一种宝贵资源"的思想还未真正建立。

2. 法规制度建设问题

(1) 我国疏浚土综合利用的法规建设严重滞后。英国、法国、日本等发达国家较早加入《1972年伦敦公约/1996年议定书》,明确"疏浚土是一种资源",原则上禁止向海洋外抛污染疏浚物,而我国才于1985年正式加入该公约,并于2006年10月成为议定书缔约国,不论是加入公约还是成为缔约国,均滞后10年左右。

(2) 我国疏浚土综合利用现行管理法规存在分散、多头管理、相互矛盾的问题,阻碍了疏浚土的利用。疏浚土综合利用涉及多个层面和各级部门,诸如纵向涉及到中央和地方政府、相关企事业单位,横向涉及到水运、水利、国土资源、海洋、农业、渔业等管理部门,而且各部门都有相应的法律法规,现行法规条款多头管理,阻碍了疏浚土的更好利用。

（3）我国疏浚土利用的审批程序复杂。无论是倾倒疏浚土还是吹填造陆，均需进行海域使用论证、海洋环境影响评价、通航环境安全评估和环境影响评价等论证工作，涉及多个管理部门，审批程序复杂。

（4）我国现行法规中没有明确的鼓励疏浚土利用条款，导致疏浚土大量向海洋外抛。《中华人民共和国海洋环境保护法》第五十五条"任何单位未经国家海洋行政主管部门批准，不得向中华人民共和国管辖海域倾倒任何废弃物。需要倾倒废弃物的单位，必须向国家海洋行政主管部门提出书面申请，经审查批准，发放许可证后，方可倾倒。"该规定强调了"批准"和"许可"，给出了废弃物（疏浚土）海洋倾倒的控制措施，但缺少积极引导、支持废弃物（疏浚土）综合利用的首选政策和鼓励疏浚土综合利用的资金补贴政策。由此，各方积极性不高，难以推进疏浚土综合利用。

3. 体制机制问题

（1）我国缺乏国家层面的疏浚土利用指导协调机制。纵观国内外，疏浚土综合利用水平较高的国家，无一例外不是在促进疏浚土利用的协调管理机制方面形成了适合各自特点的模式。例如，美国专门成立了国家和地区疏浚小组对疏浚土综合利用进行管理。在我国没有关于疏浚土的国家法规及政策，缺乏统一的指导协调机构，在产生跨机构争端时往往也采用联合办公的形式，但并没有形成固定的争端协调解决机制，产生问题后不能及时解决，造成效率低下。

（2）我国疏浚土综合利用整体上缺少激励机制。要使疏浚土综合利用广泛推进，激励机制不可或缺。目前我国疏浚土综合利用整体上缺少激励机制。尽管如此，部分地区如天津港在疏浚土综合利用（吹填造陆）中已迈出坚实的一步，得到了地方政府的优惠政策，效果良好。上海地区利用航道疏浚土在体制、机制和利益政策方面也有突破性进展，经交通运输部长江口航道管理局与上海市发改委和造地公司多次协商，于2009年底签署了"共同协商推进长江口航道疏浚土综合利用工作备忘录"，双方确定建立"上海市滩涂造地综合利用长江口航道疏浚土的协调推进工作小组"，并以横沙东滩圈围三期工程吹填造陆工程为起步工程，利用长江口深水航道治理三期工程2 815万m^3疏浚土，造陆2.6万亩。由此产生的疏浚土超运距及由储泥坑吹泥上滩的费用由上海市出资补偿。可见通过上海市政府的鼓励及协调，疏浚土供需方再通过积极的沟通和协商，妥善解决权益和资金方面存在的现实矛盾，最终形成"双赢"模式。

（3）我国尚缺乏疏浚土供需结合机制。疏浚土是否能得到综合利用，一个重要的因素就是疏浚土供方和需方的信息沟通和联系。比如，英国政府在这中间起到了很好的沟通作用，创建了信息交流平台。在国内，疏浚土的产生量是巨大的，除天津港区、曹妃甸港区和长江口深水航道治理工程外，普遍没有得到应有的利用。由于缺乏正常的信息渠道，大量需要处置的疏浚土和需要疏浚土的工程信息难以及时、准确地为公众所知，找不到疏浚土综合利用的去向，很难在适宜的时间内找到合适项目或市场。

4. 技术与标准问题

（1）技术标准中缺少疏浚土综合利用的条款。目前水运工程技术标准和编制规定中，没有明确的针对疏浚土综合利用做出相应规定，即使稍有提及利用疏浚土的条款，在技术标准和编制规定中也不具有完整性和系统性。

（2）缺少指导疏浚土综合利用的技术指南。纵观发达国家疏浚土综合利用的成功经验之一，就是均制订了一套符合国情的、成系列的技术标准体系，指导疏浚土的综合利用。而在我国，尚无明确的疏浚土综合利用的技术规范可循，缺乏指导我国疏浚土综合利用的使用指南。为推动疏浚土综合利用，目前我国亟须在疏浚土综合利用研究的基础上，从政策法律、管理体系、施工工艺、监测评估等各方面形成建议报告或技术标准，进而形成对疏浚土综合利用具有重要指导意义的实用指南或指导手册。

（3）疏浚土综合利用的研究力量薄弱。总的来看，我国疏浚土综合利用的相关研究力量相对较为薄弱。在国内，虽然"疏浚土是一种可利用的资源"的观念已被逐渐认识，但真正将这种认识转化为实践，需要有一批专业的研究机构系统开展研究。美国、英国、法国和日本均设立了有关疏浚土利用的科研机构，且基本掌握了疏浚土综合利用的成套技术。而我国虽然对疏浚土开展了一些研究课题，但基本上是被动性的临时技术攻关，是为了解决现实工程中出现的问题而开展的研究，研究内容有其局限性。同时，国内涉及疏浚土用于吹填造陆的吹泥上滩工艺、疏浚土专用吹输泥设备及机具、疏浚施工工艺、疏浚泥沙运动监测、水沙分离等关键技术问题尚未得到解决，一定程度上影响了疏浚土的综合利用率。另外，在环保疏浚技术方面也缺乏先进的处理设备和技术工艺等。

5. 效益和利益问题

疏浚土综合利用，从环境保护、节约资源、循环经济和可持续发展的角度看，是一项公益工程，而目前我国疏浚土利用普遍着眼于经济利益，忽视生态、环境等社会效益。许多工程项目在考虑是否利用疏浚土这个问题上，只算经济账，不算综合账（含生态、环境效益等），致使疏浚土利用变得不可行。

4 国内疏浚土利用技术的发展方向和重点

在国内调研、国外考察的基础上，结合我国具体国情，我国疏浚土综合利用技术的发展方向和重点基本明确，应主要从施工工艺、疏浚装备、利用方式和环境保护等几方面进行考虑。

1. 吹泥上滩新工艺

考虑到航道疏浚工程中耙吸挖泥船运距远，可考虑开展降低疏浚土远距离运输成本的设备方案研究，如荷兰 IHC 和范诺德疏浚公司开发的耙吸船装驳、驳船运送疏浚土的新工艺，该工艺已在迪拜得到大规模应用。而且，未来疏浚土方量大、工期紧，为提高吹泥上滩效率，还应研究耙吸船直接艏吹疏浚土上滩等新型工艺。

2. 新型疏浚装备的研制和开发

结合国内疏浚土利用的现状和需求，需有针对性地开展疏浚设备的研制和开发，尤其是进一步提高疏浚设备的电子化、精确化、专业化水平。如专用绞吸挖泥船的研制开发，适用超长距离运输的"无泥舱耙吸挖泥船＋泥驳"系统研究等。此外，还应加强挖泥船配套设备的研制工作,如大型泥泵远距离输送技术、高效大功率舱内泵和水下泵;加强疏浚机具(包括耙头、绞刀、泥斗等)的试验研究和开发,提高疏浚设备和机具效率与耐久性、高精度疏浚技术等关键技术研究等。

3. 疏浚土综合利用多样化处理技术

目前国内疏浚土的利用主要以吹填造陆为主,随着泥沙资源的减少和对环境保护的重视,疏浚土将更多地用于营造湿地、改良土壤、做建筑材料等,以实现其利用形式的多样化。其中,涉及疏浚土水沙分离技术、吹填土固化与脱水技术、疏浚土用于生态保护技术(海岸防护、营造湿地、改良土质等)等。同时,可参照有关国际技术标准,加强疏浚土综合利用的科学研究,逐步建立我国疏浚土处理的评价框架和处理技术的法规。

4. 加强疏浚过程环境保护技术研究

随着对环境保护的日益重视,需加强对疏浚过程的环境保护技术的研究,包括疏浚土土质评价、疏浚吹填过程监测、湿地恢复过程监测等,以及疏浚水体周边环境监测和评估技术研究。在开展疏浚土污染机理研究的同时,逐步建立污染土的勘察和评价方法,确定疏浚过程环境保护的技术标准和要求。

5 结语

(1) 国内外疏浚土综合利用的现状和特点:国内外普遍认识到"疏浚土是一种可利用的资源";国内疏浚土产生量巨大,国外疏浚土产生量相对不大;国内疏浚土利用率总体偏低,国外疏浚土的利用率普遍较高;国内疏浚土利用目的和方式相对较为单一,国外疏浚土利用的途径和方式多样化;我国尚无明确的疏浚土利用技术规范可循,也缺乏相关部门协调机制和政策法规参考,国外则拥有配套的政策法规、技术标准和管理机构。

(2) 我国疏浚土综合利用水平远落后于国外主要发达国家,当前影响我国疏浚土的综合利用除了技术问题外,还存在认识理念、体制机制、法规制度建设和利益分配等非技术问题。

(3) 今后我国疏浚土综合利用技术的发展方向和重点主要包括吹泥上滩新工艺、新型疏浚装备的研制和开发、疏浚土综合利用多样化处理技术、加强疏浚过程环境保护技术研究等。

致谢:特别感谢课题组成员袁永华、丁健、赵德招、高敏等对本文的指导与帮助。

参考文献:

[1] 中国疏浚协会.中国疏浚业发展战略研究总报告[R]. 北京:中国疏浚协会,2009.

[2] 交通运输部长江口航道管理局,上海河口海岸科学研究中心. 疏浚土综合利用关键技术试验研究总报告[R]. 上海:交通运输部长江口航道管理局,上海河口海岸科学研究中心,2010.

[3] USACE, 1986. Beneficial Uses of Dredged Material:Engineer Manual [S]. USA:University Press of the Pacific.

［4］PIANC，1992. Beneficial Uses of Dredged Material：A Practical Guide［S］. Belgium：Permanent International Association of Navigation Congress.

［5］日本国土交通省港湾局. 关于疏浚泥土向海洋排放及有效利用的技术指南［R］. 日本，2006.

［6］PIANC，1997. Handling and Treatment of Contaminated Dredged Material［S］. Belgium：Permanent International Association of Navigation Congress.

［7］中交水运规划设计院有限公司. 疏浚土综合利用的机制和制度的政策性建议［R］. 北京：中交水运规划设计院有限公司,2010.

［8］中交上海航道勘察设计研究院有限公司. 疏浚土综合利用关键技术试验研究［R］. 上海：中交上海航道勘察设计研究院有限公司,2010.

长江口徐六泾河段洪季中
水期悬浮泥沙沉降特性

邵宇阳[1,2]　严以新[1]　马平亚[2]　张志林[3]

(1. 河海大学水文水资源与水利工程科学国家重点实验室,江苏 南京　210098;

2. 弗吉尼亚海洋研究所,美国 弗吉尼亚州　23062;

3. 长江水利委员会长江口水文水资源勘测局,上海　200136)

摘　要:2007 年 9 月 27 日至 10 月 5 日长江口洪季中水期间,在徐六泾 2 号水文平台处,结合 OBS3A、LISST100(B)和 ADCP 对该地区的悬浮泥沙在大中小 3 种不同潮型下进行观测。详细分析了洪季中水期该处悬浮絮凝体沉降特性,结果表明不同潮差会对絮凝体的特性产生较大影响。在相同絮凝体粒径下,大潮差时絮凝体有效密度和沉降速度都是小潮差时絮凝体的 1.5 倍,整个测量期间沉降速度约为 0.5~3.0 mm/s。针对目前利用分形学研究泥沙沉降特性的成果结合本文结果可知徐六泾处絮凝体质量分形维数约为 2.5,并且由于泥沙形状及分布不均的影响泥沙沉降特性的系数约为 0.43~0.5。

关键词:细颗粒泥沙;絮凝体粒径;絮凝体密度;沉降速度;长江口;现场测量

1　前言

　　细颗粒泥沙无论在淡水还是咸水的自然情况下,由于复杂的生物-物理-化学作用会产生絮凝,形成大小不等的絮凝体。通常情况下这些絮凝体的有效密度会小于组成絮凝体的泥沙单颗粒密度。由于絮凝体的粒径大小与有效密度决定着絮凝体沉降特性,所以直接针对絮凝体特性进行研究十分重要。但是这些絮凝体绝大多数非常脆弱,在经过采集水样过程后絮凝体一般都会遭到破坏(Eisma and Kalf, 1996[1]),所以许多学者都致力于在尽量不影响絮凝体的自然状态下,通过直接现场观测研究絮凝体的沉降特性。目前被广泛使用的现场测量方法有:①利用 LISST 和 OBS 相结合 (Mikklesen and Pejurp[2]);②利用 ADV(Fugate and Friedrichs[3], Maa and Kwon[4])的方法;③在恒定流条件下利用 Rouse 方程反推(Rouse[5])。

　　在上述 3 种方法中,ADV 的回声强度与泥沙浓度的关系受泥沙粒径影响很大,回声强度的紊动值尚且不能直接代表泥沙浓度紊动值,目前尚未研究出很好的方法以改进此项,但利用ADV回声强度的平均值确实可以测量悬沙浓度,且ADV可在高浓度下作业,所以利用ADV方法测量泥沙沉降速度有其优势所在,但是需要开展进一步研究。利用Rouse方程反推求解沉降速度的前提必须是恒定均一水流,而在河口处大多情况下是非恒定分层流,并且在Rouse方程中,底部摩阻流速的确定对反推沉降速度正确与否至关重要,但是目前并无资料能准确计算底部摩阻流速,所以利用Rouse方程求解沉降速度有其局限性。而LISST和OBS相结合的方法不受水流特性的影响,虽然该方法的悬浮含沙浓度上限值小于ADV方法的上限,但仍是目前最为成熟的方法。

本文采用LISST和OBS相结合的方法,在长江河口南北支分流点上游的主要水文站——徐六泾水文平台处进行大中小潮不同潮型的现场测量。虽然程江等[6]于2003年6月也在徐六泾处运用该方法对该处絮凝体粒径、有效密度和沉速进行过研究,但是本文是建立在对原方法[2]加上两项改进后的基础上进行的现场研究,同时针对不同泥沙浓度、流速以及不同潮型的状况下研究了徐六泾处絮凝体在天然条件下有效密度和尺寸以及两者的关系,并在此基础上结合分形理论对该处的絮凝体沉降特性进行了更为详实的研究。

本文是以徐六泾作为研究长江口细颗粒泥沙复杂的沉降特性为始,为今后研究整个长江口细颗粒泥沙的沉降特性奠定基础,为今后在利用数学模型模拟长江口深水航道日益严重的淤积问题寻找解决方案时确定沉降速度做正确的准备。

2 测量方法和原理

2.1 测量方法

本文测量时间从2007年9月27日至2007年10月5日,测量地点选在整个长江口多级分汊点徐六泾水文测站处。徐六泾测站离长江口门约110 km,离长江口潮汐影响的上边界安徽大通水文测站约500多km,测点的具体地理位置如图1所示。根据大通水文站日平均流量(图2),本文测量期间属于洪季中水期。本文测点徐六泾测量断面总长约5.6 km,断面深槽处有约47 m,测点位于深槽以南2号水文平台附近,水深约10 m。

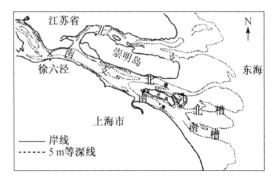

图1 测量位置示意图(图中×为测量位置徐六泾水文站)

利用LISST100(B型,光程0.5 cm,有效粒径测量范围1.30～230 μm,分32个粒径组)和OBS3A相结合对整个水深分6层在大中小不同潮时段测量悬沙沉降特性。

大潮测量时间为 2009 年 9 月 27 日 12 时至 9 月 28 日 16 时,中潮测量时间为 2009 年 9 月 30 日 12 时至 10 月 1 日 18 时,小潮测量时间为 2009 年 10 月 4 日 15 时至 10 月 5 日 23 时,在每个潮型的测量期间都包括两个潮周期。根据 LISST100 测得的每个不同粒径组悬浮物体积浓度所占整个体积浓度的百分比,可以求得悬浮物的平均粒径 $D_M = 1/3(D_{16} + D_{50} + D_{84})$。OBS3A(含 CTD 探头)用于测量水体的浊度、温度及盐度,测量期间每小时利用横式采样器同步采集水样,并将水样带回实验室后利用孔径 0.45 μm 的醋酸纤维滤膜过滤水样,经过 105℃烘干 12 h 后,称重得到悬沙浓度来率定 OBS3A 的浊度值,从而达到利用 OBS3A 测量水体含沙浓度的效果。在整个测量期间,利用 RDI 公司的宽带声学多普勒流速剖面仪 AD-CP(600 kHz)测量整个水深剖面的水流流速及流向。

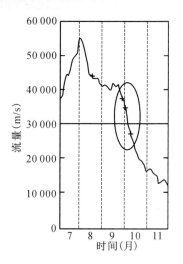

图 2　测量期间大通水文站日平均流量

LISST100 和 ADCP 的采样频率均为 1 Hz,OBS3A 的采样频率为 0.1 Hz,后期数据处理时会将 LISST100 样本进行平均以求得对应 OBS3A 取样时间的体积浓度及絮凝体平均粒径。另外,在涨落急时刻和涨落潮憩流时刻同时采集水样带回实验室解絮后利用马尔文激光粒度仪分析泥沙单颗粒粒径分布。

2.2　测量原理

Mikkelsen 和 Pejurp[2] 于 2001 年提出式(1)用于推算絮凝体的密度 ρ_F,而后再利用 Stokes 公式 $w_s = (\rho_F - \rho_w)D_F^2 g/18\mu$ 求解絮凝体的沉降速度(m/s),式中 g 为重力加速度(m/s^2);μ 为水的动力粘滞系数[kg/(s·m)];ρ_w 和 ρ_F 分别为水和絮凝体的密度 (kg/m^3);D_F 为絮凝体的粒径(μm)。

$$\rho_F = \frac{M_F}{V_F} = \frac{M_p + M_w}{V_p + V_w} = \frac{M_p}{V_p + V_w} + \frac{M_w}{V_p + V_w} \approx \frac{M_p}{V_F} + \rho_w \tag{1}$$

式中:下标 F, p, w 分别表示絮凝体、泥沙颗粒和水;ρ, M, V 分别表示密度(kg/m^3)、质量(kg)和体积(m^3),利用 OBS3A 获取泥沙总质量 M_p(kg),利用 LISST100 获取的絮凝体体积浓度(mL/L)可以得出絮凝体总体积 V_F(m^3),在本文中水和泥沙颗粒的密度分别取值为 1 000 kg/m^3 和 2 650 kg/m^3。

上述方法存在 2 个假设条件,第一个假设是忽略不计絮凝体中泥沙的体积 V_p[即忽略式(1)中倒数第三项中的 V_p];第二个假设是式(1)所得絮凝体的密度可用于不同大小的絮凝体上。目前对这 2 个假设条件的改进已经有所研究,Fettweis 于 2008 年提出了式(2)对假设条件 1 进行了改进,而假设条件 2 目前可用测量的平均絮凝体密度与絮凝体平均粒径关系来代表单一絮凝体的有效密度与单一絮凝体粒径关系并利用不同絮凝体粒径所占百分比作为平均权重 P_i 而进行改进[①]，改进后得出的有效密度再利用 Stokes 公式计算出沉降速度，即式(3)。

$$M_F = M_p + M_w = M_p + \rho_w(M_F - M_p/\rho_p) \tag{2}$$

$$w_s = \sum_{i=1}^{m} P_i \frac{\Delta\rho_F(i)D_F^2(i)g}{18\mu} \tag{3}$$

式中：m 为水体中絮凝体粒径分组数；P_i 为每个粒径组占整个水体的体积浓度百分比；$\Delta\rho_F(i)=\rho_F-\rho_w$；$D_F(i)$，$\Delta\rho_F(i)$ 分别为每个粒径组的絮凝体尺寸(m)和有效密度(kg/m^3)。

3　结果与分析

徐六泾水位[图 3(a)、图 4(a) 及图 5(a)]表明，测量期间大潮潮差为 2.94～3.28 m；中潮潮差为 2.40～3.20 m，中潮与大潮潮差相差不大；而小潮潮差为 0.4～1.5 m，与大中潮相比有显著的减小。通过进一步分析各个潮型期间的流速、含沙量、泥沙颗粒粒径及絮凝体粒径[见图 3～图 5，图 3(b)～图 5(b) 为流速变化过程图，图 3(c)～图 5(c) 为含沙浓度变化过程图，图 3(d)～图 5(d) 表示泥沙颗粒过程图，虚线表示中值粒径，柱状图表示 D_{25}～D_{75}，图 3(e)～图 5(e) 表示絮凝体中值粒径过程图]表明，在本次测量期间大潮和中潮的水动力特性及泥沙特性也很相近，涨潮和急流时刻的流速都在 1 m/s 以上，悬沙浓度变化范围为 0.1～0.4 g/L 之间，不过垂向梯度较小，尤其是流速较小的时刻，单颗粒泥沙中值粒径为 11 μm 左右，而小潮与大中潮有显著差别，涨落潮

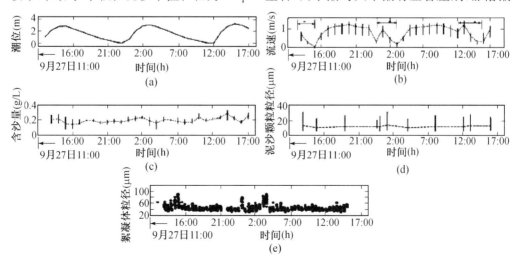

图 3　大潮期间水位、流速、悬沙浓度、单颗粒粒径及絮凝体中值粒径时间过程图

---

①　引自 In-situ Measurements of Settling Velocity near Baimao Shoal in Changjiang Estuary，Journal of Hydraulic Engineering。

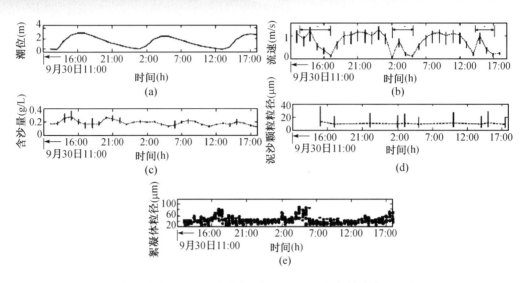

图4 中潮期间水位、流速、悬沙浓度、单颗粒粒径及絮凝体中值粒径时间过程图

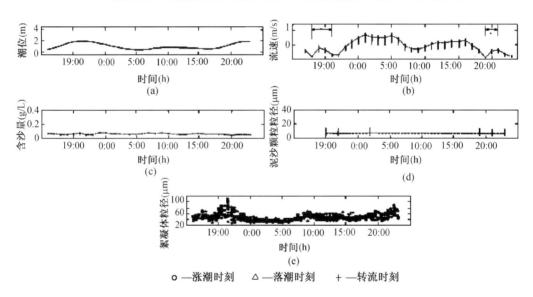

○—涨潮时刻   △—落潮时刻   ＋—转流时刻

图5 小潮期间水位、流速、悬沙浓度、单颗粒粒径及絮凝体中值粒径时间过程图

流速都有明显减少,尤其是涨潮阶段,最大流速不超过0.5 m/s,而且悬沙浓度都小于0.08 g/L,并且几乎没有垂向梯度,单颗粒泥沙粒径也有明显减少,中值粒径为8 μm左右,所以本文采取将大潮与中潮的结果进行统一分析,对小潮的结果进行单独分析,同时对两种不同涨潮强度下的测量结果进行比较,其中大中潮合称为强潮,小潮称为弱潮。

通过OBS3A得到浊度值(单位为NTU)与对应位置采集水样的含沙浓度值(单位为g/L)的关系(图6)表明,在测量期间,大潮、中潮及小潮的涨潮、落潮以及转流时刻的OBS3A的浊度值都与悬浮泥沙浓度有着良好的线性关系(图中黑色标志点为强潮,灰色标志点为弱潮)。虽然弱潮时的回归曲线斜率可能与强潮时不同,但由于弱潮时浊度值变化不大,故可以将强潮与弱潮的资料合并处理。根据曲线关系,可将 OBS3A 的资料转换成含沙量,从而有更多的悬沙样本用于研究。不同潮差下的曲线关系有所不同,其原因可能与泥沙来源等因素有关,不过这不是本文研究的内容,所以对此不做深入探讨。

根据 LISST100 的结果,徐六泾处絮凝体粒径大部分为 $30 \sim 60~\mu m$[图 3(e)、图 4(e) 和图 5(e)],同时选取不同潮型下

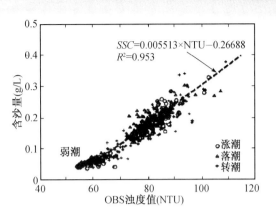

图 6　利用悬沙浓度采样率定 OBS3A

水体絮凝体粒径分布进行分析(图 7 中实线是憩流时刻,虚线是急流时刻)可知悬浮絮凝体的粒径分布基本上属于单峰结构,低流速下中值粒径要大于高流速下的中值粒径,由于仪器量程限制无法观测粒径大于 $230~\mu m$ 的絮凝体,所以可能会有一些误差,不过根据图中分布趋势大粒径絮凝体的影响应该不大。比较絮凝体平均粒径与泥沙颗粒的中值粒径可知,强潮时絮凝体中值粒径一般为泥沙颗粒的 4 倍左右,最大可达 9 倍;弱潮时为 6 倍左右,最大可达 12 倍。通过 OBS3A 的 CTD 探头测得整个测量期间水体中盐度都小于 0.2 PSU,并且徐六泾地区远离长江口最大混浊带地区[7](沈焕庭等,1992),但是由 LISST 的测量出的上述结果表明绝大多数细颗粒泥沙在水体中还是以絮凝体形式存在。本文将 LISST100 得出的絮凝体体积浓度总和(TVC)与同时刻 OBS3A 得出含沙浓度值(SSC)进行对比,利用式(1)和式(2)即可推求出水体中所有絮凝体的平均密度。通过其关系(图 8)显示出无论强潮或者弱潮,絮凝体的有效密度都随着絮凝体粒径的增大而减少,这与国内外其他研究区域的结果(Fennesy 等 1994[8]、程江等 2005[6])是一致的。Fennesy 等[8] 在 Tamer 河的絮凝体有效密度的结果是 $\Delta \rho = 8~375~D_F^{-1.084}$,与本文结果比较表明 Tamer 河絮凝体密实度要远小于长江口絮凝体,这是由于 Fennesy 等是对絮凝体在封闭的玻璃沉降管中追踪摄像以计算 w_s,该方法隔绝了水流紊动的影响,这就必然造成絮凝体较为松散,相对而言有效密度也就会小很多。根据图 8 所示,相同粒径下强潮的絮凝体有效密度是弱潮的絮凝体有效密度的 1.5 倍,这应该是由于强潮时水流紊动强造成的,一般而言水流的紊动强度与流速值呈正比关系[9](Chien and Wan,1999)。在本次测量期间,强潮流速明显大于弱潮,也一定程度上说明强潮具有强紊动,强紊动使得絮凝体更加密实。当然今后还需要加测紊动强度(如 TKE 等)以进行佐证。

从上述分析表明,不同粒径絮凝体有效密度并不是定值,而是随着粒径增加而减小。目前有部分学者利用摄像研究单个絮凝体粒径与絮凝体有效密度之间的关系,但是这些研究都局限在水流紊动弱且含沙浓度低的海区,像长江口这样含沙浓度高水体混浊且紊动很强的环境下是很难开展这样的研究。所以利用 LISST100 和 OBS3A 得出

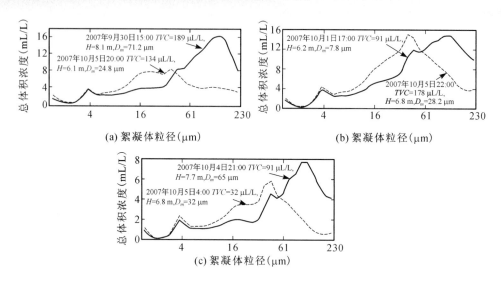

图 7 絮凝体粒径分布图（实线为涨潮时刻，虚线为落潮时刻）

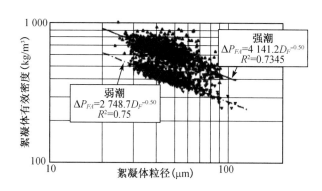

图 8 絮凝体粒径与絮凝体有效密度关系图

的絮凝体中值粒径与絮凝体平均有效密度之间的关系来代表絮凝体粒径与有效密度的关系，不失为目前最好的解决方法。根据图 8 中的强弱潮下絮凝体粒径与有效密度的关系曲线结合式(3)，可得到强弱潮下的絮凝体沉降速度(图 9)，经过前述两次修正后

的絮凝体沉降速度与絮凝体粒径有着良好的线性关系。程江等[6] 于 2003 年的研究结果表明絮凝体沉降速度与絮凝体粒径的关系较为分散，而本文得出的结果收敛性相当高，其原因将在本文讨论中详细解释。根据测量结果可知强潮的沉降速度范围 0.5～3.0 mm/s，弱潮时沉降速度范围 0.5～2.5 mm/s，虽然两者的范围相差不大，但当絮凝体中值粒径相同时，强潮时沉

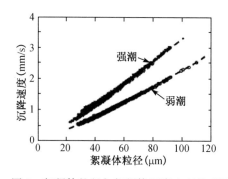

图 9 絮凝体粒径与絮凝体沉降速度关系图

降速度是弱潮时的 1.5 倍左右。

4 讨论

在测量过程中强潮时徐六泾处泥沙浓度值一般都小于 0.4 g/L,除流速大于1 m/s时,几乎垂向没有泥沙浓度的梯度,在弱潮时泥沙浓度值都小于 0.1 g/L,没有泥沙浓度垂向梯度。由于徐六泾处泥沙基本上是以过境泥沙为主,除水流较大时,河床侵蚀有轻微侵蚀外,其他情况应无侵蚀现象存在,所以此处的泥沙浓度偏小。根据现场测量出泥沙沉降速度范围大致为 0.5~3.0 mm/s,值并不大,向下的沉降通量与在水流作用下泥沙垂向向上扩散通量大致相当,且因河床几乎没有侵蚀,所以造成泥沙浓度垂向梯度也较小,同时由于目前还没有对近底处(离河床 0.5 m 内)的泥沙浓度进行测量,目前无法把握整个水深下的泥沙梯度变化,有待今后对此进行进一步研究。

根据本文研究成果表明目前已经可以建立絮凝体粒径与絮凝体的沉降速度之间有良好的关系公式,但是由于目前的数学模型尚未包含絮凝计算模块,所以无法计算絮凝体粒径,因此有必要寻找絮凝体沉速与数学模型计算中包含物理量(如流速、水位、悬沙浓度及盐度等)之间的关系。根据分析结果表明水流流速的变化对絮凝体

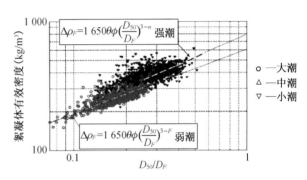

图 10 流速与絮凝体粒径关系图

粒径改变有着很明显的作用,如图 10 所示,在此图中是将同时刻和同水深下 ADCP 测得的流速平均值与 LISST100 测得的絮凝体中值粒径平均值进行比较得出的结果。图中絮凝体的平均粒径一般是随着流速增大而减少,这是由于当流速增大紊动增强时,大絮凝体较易遭到破坏,絮凝体中值粒径减小,不过当水流流速小于 20 cm/s,似乎絮凝体大小与流速无明显关系。当然图 10 中的资料点还比较分散,表示流速并非是唯一决定絮凝体粒径的因素,虽然本文也试图寻找悬沙浓度与中值粒径的关系,但是因悬沙浓度的变化范围太小目前还无法建立悬沙浓度与中值粒径的联系,这点有待今后资料更多时再对影响絮凝体特性的众多因素开展进一步研究。

图 9 结果表明絮凝体沉降速度与絮凝体粒径有着很高的收敛性,但早期的测量结果[6]并无如此高的收敛性,其中主要原因是本文计算采用相同的絮凝体粒径与絮凝体有效密度之间的代表性关系来求解的,其次是由于本文采用的絮凝体有效密度是随絮凝体粒径而改变的量,而非原方法中利用单一有效密度值代表整个水体中絮凝体的有效密度。当然这主要是建立在整个测量期间絮凝体粒径与絮凝体有效密度关系不变的理想条件所造成的结果,但是根据目前其他学者的研究成果[10]以及本文结果都可以看出絮凝体粒径和絮凝体有效密度的关系并不是固定不变的,很多因素都会造成其产生

很大的改变,但是每个单一絮凝体有效密度与絮凝体粒径的关系可能无法得知,所以本文的结果可作为目前最佳的代表性结果。图 8 同时表明本次测量期间强弱潮时絮凝体粒径与絮凝体有效密度有明显不同的代表性关系,其中还没有准确把握其中原因,这还需要今后对其开展进一步的现场研究,并加测其他可能影响絮凝体的物理量(如紊动强度)。目前 Sontek 公司的 ADVocean 可以用于测量现场水流的紊动强度[11],所以在今后的现场研究中可以利用 ADVocean 加入紊动对絮凝体沉降特性的影响研究。

本文在计算沉降速度时采用的是 Stokes 方程,该方程还不能完全反映天然情况下絮凝体的所有特性,如絮凝体形状、絮凝体内泥沙单颗粒的粒径分布等。所以 Khelifa and Hill[15]于 2006 年在运用质量分形维数 n 来表示絮凝体粒径 D_F 与其内部的泥沙组成单颗粒粒径 D_p 的关系的前提下,提出了比 Stokes 公式更为实际的泥沙沉降公式[式(5)]:

$$w_s = \frac{(\rho_p - \rho_w)\theta g\phi}{18\mu} D_{50}^{3-n} \frac{D_F^{n-1}}{1 + 0.15R^{0.687}} \tag{5}$$

式中:θ 为絮凝体形状影响因子;ϕ 为絮凝体内由于粒径不同泥沙颗粒分布的影响因子;

R 为颗粒雷诺数。这些量都为无量纲量。

由于天然絮凝体存在自相似性,所以许多学者(Kranenburg 1994[12],Winterwerp 1998[13])试图借助分形学的理论来研究絮凝体的特性,并以 n 来表示絮凝体的质量 M 与絮凝体粒径 D 的关系,即 $M \sim D^n$,因此,n 代表了絮凝体的空隙率,渗透性及密度等因素的总和,其最大及最小值为 3 和 1,其值越大代表絮凝体内泥沙颗粒越紧密[14],例如 $n=3$ 代表整个絮凝体为一个单一的沙粒。

在选取 $D_F = 100$ μm 及 $W_s = 5$ mm/s,的条件下,$R = D_F W_s/\nu = 0.56 < 1$,则满足 Stokes 层流区公式,且 $1 + 0.15R^{0.687} \approx 1$ 的条件下,若将式(5)与 Stokes 公式比较,则得出式(6):

$$\Delta\rho_F = \theta\phi\Delta\rho_p \left(\frac{D_{50}}{D_F}\right)^{3-n} = 1\,650\theta\phi \left(\frac{D_{50}}{D_F}\right)^{3-n} \tag{6}$$

式中 $\theta\phi$ 及 n 均为未知数,但 $\Delta\rho_F$ 及 D_{50}/D_F 为已知数,若将根据实际测量的 D_F、$\Delta\rho_F$ 及 D_{50} 做成图(图 11)之后,则可以利用回归线推算出本次测量絮凝体的分形维数 n 约为 2.5。在假设 $D_{50}/D_F = 1$ 的条件下,$\Delta\rho_F$ 应为 1 650 kg/m³,故可推断泥沙形状及粒径分布不均造成影响系数 $\theta\phi$ 应在 0.43~0.5 的范围内,但无法再区分 θ 和 ϕ 的个别值。

影响长江口絮凝体沉降特性的因素十分复杂,如泥沙矿物组成、泥沙颗粒粒径、悬沙浓度、水流紊动强度、盐度、温度等。

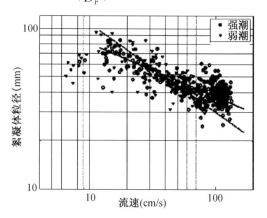

图 11　絮凝体有效密度与泥沙单颗粒中值粒径和絮凝体粒径的比值关系图

虽然洪季徐六泾的观测可以忽略盐度的影响,但仅根据本文现有的资料目前尚不能通盘了解其特性及控制因素,还需要今后针对长江口不同地点处做进一步更为广泛深入的研究,从而最终把握整个长江口悬浮泥沙的沉降特性。

5 结论

本文采用修正后更为合理的 LISST 和 OBS 相结合的方法对长江口徐六泾处在洪季中水位不同潮差下的沉降特性进行了深入的研究,具体结论如下:

(1) 徐六泾处絮凝体有效密度会随着絮凝体的中值粒径增大而减小,强潮时絮凝体中值粒径为 $25\sim90$ μm,有效密度范围在 $360\sim1\ 000$ kg/m^3 之间变化。弱潮时絮凝体中值粒径范围 $28\sim110$ μm,有效密度范围 $250\sim760$ kg/m^3。在相同粒径下,强潮时絮凝体有效密度是弱潮时絮凝体 1.5 倍左右。

(2) 强潮时沉降速度的范围在 $0.6\sim3.0$ mm/s,弱潮时沉降速度 $0.5\sim2.5$ mm/s。虽然两者范围相差不大,但在相同粒径下强潮沉降速度同样为弱潮的 1.5 倍左右。

(3) 本次测量期间絮凝体平均粒径存在随着流速增大而减少的趋势,但当流速小于20 cm/s时,并无明显关系。

(4) 目前仅能利用平均絮凝体的粒径与有效密度的关系来改进 w_s 的精确度,单一絮凝体有效密度与絮凝体粒径的关系目前还不能准确给出,事实上此关系可能永远无法得知(因为悬浮絮凝体的数量众多且其各种组合几率亦甚大),因此必须要有个代表性的关系。

(5) 引入分形理论,絮凝体质量分形维数约为 2.5,可以推断本次测量期间絮凝体较为密实,同时推算出影响沉降特性的泥沙形状与单颗粒粒径分布系数的合并值约为 0.5。

参考文献:

[1] EISMA D, KALF J, In situ particles(floc) size measurements with the NIOZ in situ camera system[J]. Journal Sea Research 1996,36(1/2),49-53

[2] MIKKELSEN O A, PEJURP M. The use of a LISST-100 laser particle sizer for in-situ estimates of floc size, density and settling velocity[J]. Geo-Marine Letters, 2001, 20: 187-195.

[3] FUGATE D C, FRIEDRICHS C T. Determining concentration and fall velocity of estuarine particle populations using ADV,OBS and LISST[J]. Continental Shelf Research 22, 1867-1886

[4] MAA J P-Y, KWON J-I, Using ADV for cohesive sediment settling velocity measurements[J]. Estuarine, Coastal and Shelf Science, 2007, 73: 351-354.

[5] ROUSE H. Experiments on the mechanics of sediment suspension. Proceedings of the 5th International Congress for Applied Mechanics, Cambridge,1938, MA: 550-554.

[6] 程江,何青,王元叶.利用 LISST 观测絮凝体粒径、有效密度和沉速的垂线分布[J]. 泥沙研究, 2005,2(1):33-39.

[7] 沈焕庭,贺松林,潘定安,等. 长江河口最大浑浊带研究[J]. 地理学报,1992,47(5):472-479.

[8] FENNESSY M J, DYER K R, HUNTLEY D A. INSSEV: An instrument to measure the size and settling velocity of flocs[J]. Marine Geology, 1994, 117: 107-117.

[9] CHIEN N and WAN Z H. 1999. Mechanisms of Sediment Transport, translated under the guidance of McNown, J. S. , ASCE Press, Reston, VA.

[10] STERNBERG R W, BERHANE I, A S. Ogston. Measurement of size and settling velocity of suspended aggregates on the northern California continental shelf[J], Marine Geology, 1999, 154: 43-53.

[11] NIKORA V and GORING D. ADV measurements of Turbulence: Can we improve their interpretation? [J]. Journal of Hydraulic Engineering, 1998, 1: 630-634.

[12] KRANENBURG C. The Fractal Structure of Cohesive Sediment Aggregates[J]. Esturaine, Coastal and Shelf Science, 1994, (39): 451-460.

[13] WINTERWERP J. C. A simple Model for turbulence induced flocculation of cohesive sediment [J]. Journal Hydraulic Research, 1998, 36(3), 309-326.

[14] KOVALSKY P, BUSHELL G. In situ measurement of fractal dimension using focused beam reflectance measurement[J]. Chemical Engineering Journal, 2005, 111: 181-188.

[15] ALI K, PAUL S H. Models for effective density and settling velocity of flocs[J]. Journal of Hydraulic Research, 2006, 44(3): 390-401.

应对超高水位的海堤加高方案
波浪模型试验研究

胡金春[1]　邵彦俊[2]　于日旻[1]

(1. 浙江省水利河口研究院,浙江 杭州　310020;

2. 湖州市水文站,浙江 湖州　313000)

摘　要:通过对波浪越浪量、波压力等要素的测定与分析,对超高水位及相应台风大浪下的海堤加高方案进行了初步探索。试验实例表明,在堤顶内侧设置一定高度的挡墙可挡住越浪水体下部的楔形连片水体,从而有效减少作用于海堤背坡的越浪量,该例中堤顶内侧挡墙的实测最大越浪压力达到 148.8 kPa,作用位置可在挡墙底部或近底部。

关键词:海堤;加高;模型试验;越浪量;波压力

1　前言

　　浙江省地处我国东南沿海,历来台风多发,进入 21 世纪,特别是 2004 年起,连续有“0414”(云娜)、“0509”(麦莎)、“0515”(卡努)3 次强台风侵袭,后又有超强台风“0608”(桑美)正面袭击浙江,“0713”(韦帕)、“0716”(罗莎)2 次超强台风影响浙江省。与此同时,2005 年 8 月 29 日美国的“卡特里娜”飓风横扫南部多个州,使新奥尔良市防洪堤缺口,80% 区域淹没,损失巨大。2008 年 5 月“纳尔吉斯”强热带风暴途径孟加拉湾袭击缅甸,使得西南部平原地区淹没,造成数万人伤亡。如何应对台风乃至超强台风引发的超高水位及相应的台风大浪是浙江省防台工作必须解决的新课题。

　　根据黄世昌等人近年来对钱塘江河口超标准风暴潮系列课题的研究[1],曾经登陆浙江省的“5612”型台风如以不利路径(北线)登陆钱塘江河口,且登陆时遭遇大潮高潮位,钱塘江北岸盐官以下堤段最高风暴潮位超过现有海堤 100 年一遇设计水位均在 2 m 以上,局部堤段超过 3 m 多,相应台风浪也大幅增强,在此极端条件下,若要使现有海堤御潮挡浪能力不下降,必须对断面进行加固加高。

　　针对超强台风引起的超高水位及相应台风大浪,选取典型海堤断面实例,开展海堤加高方案水槽波浪模型试验研究,通过波浪作用形态分析和各工况波浪越浪量、挡浪墙波压力的测定,对超高水位下的海堤加高方案进行初步探索,所得的试验数据可供海堤设计参考。

2 研究断面与水文条件

选取钱塘江北岸秦山段典型斜坡式海堤作为研究断面。该段海堤现状堤顶高程为 8.5 m,防浪墙顶高程为 9.5 m,设计 100 年一遇高潮位为 6.48 m,100 年一遇波高 $H_{13\%}$ 为 3.16 m。根据文献[1]的研究成果,该堤段遭遇"5612"型台风以不利路径登陆钱塘江河口,且登陆时遭遇大潮高潮位时,堤前最高风暴潮位可达 10.01 m(表 1),已超过现状海堤防浪墙的顶高程。

表 1 试验断面堤前水文要素

工　况	潮位 (m)	堤前波高(m)				波周期(s)
		$H_{1\%}$	$H_{5\%}$	$H_{13\%}$	$H_{平均}$	T
超高水位＋台风浪	10.01	6.66	5.80	5.14	3.63	8.5

根据浙江省钱塘江管理局勘测设计院的研究成果,对该段海堤加高方案主要考虑如下:①迎水坡挡浪墙以下部分断面形态基本保持原状,仅增大护面块体单重;②对于防浪墙及堤顶部分,考虑 2 个方案,方案 1 为挡浪墙顶高程 11.4 m,堤顶高程 10.2 m,在内侧(堤顶与内坡交接处)设挡墙,内墙高出堤顶 2 m 或 3 m;方案 2 为挡浪墙顶高程 12.4 m,堤顶高程 11.0 m,内墙高出堤顶 1 m、2 m 或 3m。方案 1 具体断面结构见图 1。

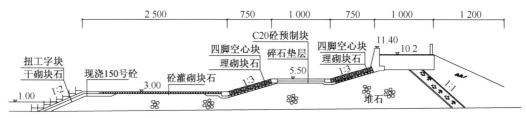

图 1 方案 1 试验断面结构示意图(长度 cm,高程 m)

3 试验设计

3.1 试验内容及组次

主要针对超高水位和相应台风浪引起的越顶水量及其破坏能力,安排试验内容为:(1)根据表 1 所列水文要素测定研究断面各加高方案的越顶水量;(2)测定各加高方案挡浪墙迎潮面波压力和内墙越浪水体作用力。

试验主要采用不规则波进行,不规则波模拟采用常用的 JONSWAP 波谱作为目标谱,其中波压力试验补充规则波组次。

3.2　试验设备与量测方法

试验在浙江省河口海岸重点实验室不规则波水槽中进行,水槽长 70 m,宽 1.2 m,高 1.7 m,首端采用液压造波机系统,可生成规则波和不规则波。为消除波浪反射,在水槽末端设置 1:7 的消波滩,滩上装有格栅及浮动泡沫板,借以吸收波浪能量。

试验中在堤后安放容器承接越浪水体,可称重得出越浪量。测力系统为中国水利水电科学研究院研制的 DJ800 型多功能监测系统,试验中在控制点位布置传感器,通过 DJ800 型多功能监测系统采集波浪力。对每个工况组合试验均重复量测 3 次,以减小偶然因素的影响。

3.3　模型制作与布置

考虑堤身高度、波浪要素、水深及水槽尺寸等因素,采用模型比尺 $M=25$,该比尺符合《波浪模型试验规程》[2]要求。

挡浪墙迎潮面共布置 5 个测压头,包括静水位处、挡浪墙顶部、迎潮面底部等位置,见表 2 及图 2。内墙基本以 1 m 高度为间隔,共布置 4 个测压头,见表 2 及图 3。

表 2　挡浪墙及内侧挡墙压力测点布置

挡　浪　墙		内　侧　挡　墙	
测力点编号	测力点高程(m)	测力点编号	离堤顶高度(m)
A	12.15	F	2.75
B	11.00	G	2.00
C	10.00	H	1.00
D	9.00	I	0.25
E	8.00		

注:内侧挡墙堤顶有 10.20 m 和 11.00 m 2 个方案。

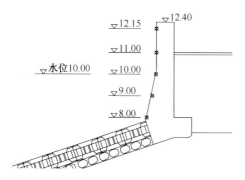

图 2　挡浪墙测力点布置图(m)

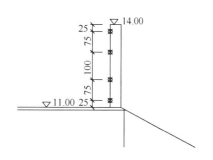

图 3　内侧挡墙测力点布置图(长度 cm,高程 m)

4 试验结果及分析

4.1 越浪量试验结果

由于试验中的超高水位远高于设计 100 年一遇高潮位,试验断面迎水面平台及上、下斜坡对波浪消减能力下降,这就造成了几乎每个波浪均能形成大片的越浪水体。不同大小的波浪破波位置可分布于镇压平台、5.5 m 高程平台、斜坡等不同位置上,或不破碎。越浪水体主要打击位置在堤顶路面,但由于越浪量很大,如在堤顶内侧不设挡墙,越浪水体打击在堤顶以后会对后坡形成明显的二次打击,同时,也有部分波浪越浪水体可直接打击在后坡中上部。部分试验现象见图 4 和图 5。

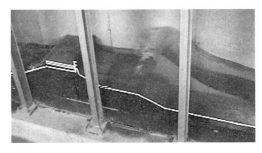

图 4 部分大波破碎于平台,上涌后大量水体越过防浪墙

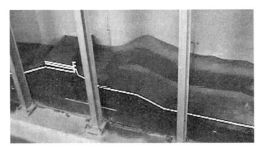
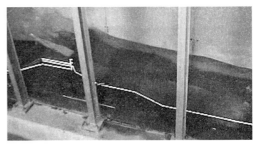

图 5 部分波浪不破碎,形成明显的楔形越浪水体

试验中观察到多数越浪水体可大致分为 2 部分,下部为楔形连片水体,有一定厚度,是越浪的主体部分;上部为成片的破碎水体,泛白色,水量相对较小。堤顶与内坡交接处设围墙后,下部越浪水体基本被挡住,但上部破碎水体仍可越过墙顶,打击位置主要在内坡中上部,个别越浪水体也可打击在整个内坡面。各加高方案测得的越浪量见表 3。可以看出,外侧挡浪墙高程为 12.4 m,且内侧围墙高度升至为 3 m 工况下,越浪量降为 0.046 $m^3/m \cdot s$,基本满足《浙江省海塘技术规定》中 0.05 $m^3/(m \cdot s)$ 限值要求。

表 3　各优化方案越浪量试验结果(基准洪水位与台风浪组合)

挡浪墙高程(m)	堤顶高程(m)	内墙高度(距堤顶)(m)	越浪量($m^3/m \cdot s$)
11.4	10.2	2	0.214
		3	0.084
12.4	11.0	1	0.181
		2	0.072
		3	0.046

4.2　波压力试验结果

试验实测挡浪墙迎潮面波压力列于表 4,表中波压力已减去测点的静水压力。可以看出,对于不同测力位置而言,静水位附近测点波压力相对最大,如表 4 中 C 点,不规则波最大值达到了 174.7 kPa,静水位上、下 1 m 处波压力稍小,分别为 160.2 kPa 和 158.5 kPa,挡浪墙顶部及底部波压力相对最小。从表 4 中也可看出,不规则波的试验结果整体要大于规则波。

表 4　实测挡浪墙迎潮面波压力表

测力点编号	测力点高程 (m)	挡浪墙波压力(kPa)	
		不规则波最大值	$H_{1\%}$规则波平均值
A	12.15	127.8	120.2
B	11.00	160.2	145.8
C	10.00	174.7	147.9
D	9.00	158.5	117.1
E	8.00	156.1	107.0

不同加高方案堤顶内侧挡墙的越浪压力列于表 5,对于挡浪墙顶高程 11.4 m,堤顶高程 10.2 m 方案,最大越浪压力出现在堤顶以上 1 m 处,为 148.8 kPa;对于挡浪墙顶高程 12.4 m,堤顶高程 11.0 m 方案,最大越浪压力出现在堤顶附近,为 125.1 kPa。2个方案比较而言,前一个方案由于挡浪墙高程较低使越浪量增大,从而导致越浪压力也相对较大。

通过测得的压力分布值并沿高度方向积分,可以计算得出各方案单位堤长挡浪墙水平总波浪力及内墙水平总越浪力,结果显示,对于挡浪墙顶高程 11.4 m 方案,单位堤长挡浪墙波浪水平力为 552 kN,单位堤长内墙越浪水平力为 246 kN(2 m 高度方案)或 325 kN(3 m 高度方案);对于挡浪墙顶高程 12.4 m 方案,单位堤长挡浪墙波浪水平力为 693 kN,单位堤长内墙越浪水平力为 119 kN(1 m 高度方案)、206 kN(2 m 高度方案)或 255 kN(3 m 高度方案)。

表 5   实测堤顶内墙越浪压力表

测力点编号	离堤顶高度 (m)	内墙越浪压力（kPa）	
		挡浪墙顶高程 11.4 m，堤顶高程 10.2 m 方案	挡浪墙顶高程 12.4 m，堤顶高程 11.0 m 方案
F	2.75	64.6	35.9
G	2.00	93.5	61.6
H	1.00	148.8	112.4
I	0.25	100.7	125.1

注：越浪压力均为不规则波最大值。

5   结语

本文超高水位及相应台风大浪的海堤加高方案，因保持挡浪墙以下部分断面形态基本不变，而仅对上部结构进行优化，经济性相对较为突出，通过对此类型加高方案波浪模型试验研究，可初步得到以下认识：

（1）在堤顶内侧设置一定高度的挡墙可挡住越浪水体下部的楔形连片水体，从而有效减少作用于断面背坡的越浪量。该例中试验超高水位为 10.01 m，比 100 年一遇设计高水位高出 3.53 m，内侧挡墙顶达到 14.00 m 高程时（即高出原断面防浪墙顶高程 4.5 m），背坡越浪量可减至 0.05 $m^3/(m \cdot s)$ 以下。

（2）对应该例中试验波高 $H_{13\%} = 5.14$ m，堤顶外侧挡浪墙最大波压力可达到 174.7 kPa，作用位置为静水位附近；堤顶内侧挡墙的最大越浪压力为 148.8 kPa，作用位置可在挡墙底部或近底部，具体应与外侧挡浪墙相对高度有关。

当然，应用文中海堤加高方案时，还需考虑地基承载能力、海堤整体稳定性等其他因素。

参考文献：

［1］黄世昌. 钱塘江北岸海塘应对超标准风暴潮研究［R］. 杭州：浙江省水利河口研究院，2009.

［2］南京水利科学研究院. JTJ/T 234—2001 波浪模型试验规程［S］. 北京：人民交通出版社，2001.

港珠澳大桥沉管隧道试挖槽回淤特征分析

辛文杰　贾雨少　何　杰

（南京水利科学研究院，江苏 南京　210024）

摘　要：本文在研究伶仃洋水沙运动规律的基础上，依据港珠澳大桥沉管隧道试挖槽现场实测的17组水下地形资料，并结合 γ-射线密度仪在试挖槽基槽及边坡进行的浮、淤泥容重探测结果，对试挖槽的泥沙回淤特征进行分析研究，获得了试挖槽回淤的速率变化及分布特征，明确了稳定边坡的坡比，区分出槽内浮泥层和淤泥层的厚度及其变化趋势。本文还分析了洪水和台风对挖槽回淤的不同影响，指出由枯转洪的首场洪水会明显增大淤积。另外，作者还对3种不同频率超声测深的对应数据进行了统计分析，发现多波束与低频所测数据之间存在 0.30 m 的水深差值，与现场实测的浮泥厚度基本吻合。

关键词：试挖槽；回淤观测；边坡；浮泥

1　前言

　　拟建的港珠澳大桥西起珠海和澳门，东至香港，所跨越的珠江口伶仃洋河口湾，是华南最重要港口广州港和深圳港大型船舶必经之地。为了满足通航要求，大桥工程采用了桥隧结合的建设方案，即在伶仃洋主通航区段采用海底隧道结构，并推荐用沉管法进行隧道施工。隧道所穿越的大濠水道水深流急，采用沉管工法，需垂直水流方向开挖长 5 400 m、深 42 m 的基槽。该基槽能否顺利开挖，成槽后淤强有多大，淤积物密度如何分布，基槽边坡是否稳定，均成为该工程特别关注的问题。

　　为回答上述问题，需开展试挖槽现场观测与分析研究。试挖槽选在桥隧人工岛西岛东侧约 10 m 深的海床上，槽底宽 21 m，槽长 100 m，底标高 −21.0 m（平均挖深11.5 m），槽型为东西走向，边坡坡比分别为 1∶5、1∶6（南侧）和 1∶8、1∶10（北侧）。试挖槽位置见图 1，槽的开挖尺度见图 2。试挖槽于 2008 年 12 月开挖，翌年 2 月成槽，此后即进行了多组次的水下地形测量和水文泥沙观测活动，获取了大量有价值的现场观测数据。本文基于这些基础资料，采用数理统计和分析归纳的手段，结合对伶仃洋动力地貌特点的认识，对试挖槽的回淤特征与影响因素、不同坡比的边坡稳定性以及槽内浮泥的密度变化等问题进行研究。

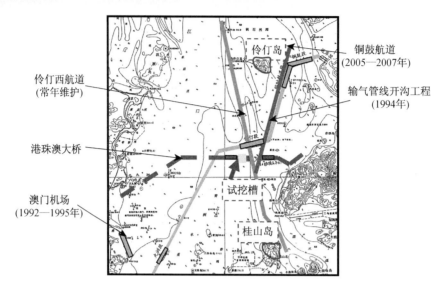

图 1　试挖槽在工程海区的概位示意

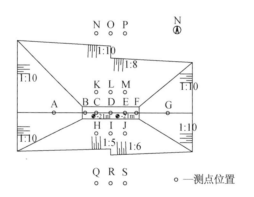

图 2　试挖槽布置与观测点编号

2　伶仃洋自然环境

2.1　地形地貌

　　伶仃洋是珠江口东四口门(虎门、蕉门、洪奇门和横门)注入的河口湾,湾形呈喇叭状。水下地形具有西部浅、东部深和湾顶窄深、湾腰宽浅、湾口宽深的分布特征,地貌呈"三滩两槽"基本格局[1](图 3)。三滩指西滩、中滩和东滩,两槽指东槽和西槽。

2.2　动力及泥沙特征

　　伶仃洋是丰水少沙的潮流型河口湾。经东四口门注入到伶仃洋的年径流量约为

1 670亿 m³,占珠江年径流总量的 55%；年输
沙量约为 3 664万 t,占珠江河口总输沙量的
42%。其中洪季径流量约占全年 80%,输沙
量约占全年 90%以上[2]。

伶仃洋虽然潮差不大(多年平均潮差
1.2 m),但由于纳潮量巨大,加上喇叭状湾形
的幅聚效应,使得潮差从湾口向湾顶逐渐增
大,潮流也随之沿程增强。受岸边界的约束,
伶仃洋湾腰以北的潮流基本为往复流,涨潮流
偏西北,落潮流偏东南；内伶仃以南开阔水域
潮流介于往复流与旋转流之间。伶仃洋涨潮
平均流速一般为 0.4～0.5 m/s,落潮平均流
速约在 0.5～0.6 m/s 之间,实测瞬时最大流
速接近 2.0 m/s。东槽涨潮势力较强,枯季尤
为明显,西槽落潮动力占优,汛期更为突出。
无论涨潮还是落潮,湾内纵向流速分布均呈由
湾口向湾顶逐渐增大的特点。

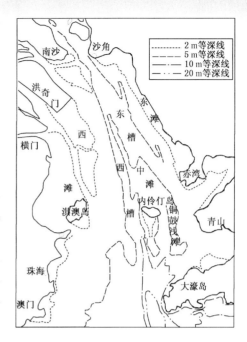

图 3 伶仃洋"三滩两槽"地貌

伶仃洋悬沙浓度具有深槽小、浅滩大、东部低、西部高、枯季清、汛期浑等主要分布
特征,多年平均含沙量在 0.1～0.2 kg/m³ 之间变化[3]。

伶仃洋水体悬移质中值粒径一般在 0.002～0.017 mm 之间,床沙以粉沙质淤泥和
淤泥质粉沙为主,中值粒径在 0.002～0.64 mm 范围,具有中滩粗、边滩细,湾顶较粗、
湾口较细的分布特点。

港珠澳大桥所在海区床沙的中值粒径一般在 0.005～0.010 mm 之间,属于黏性细
颗粒泥沙范畴。

2.3 滩槽演变规律

伶仃洋水下地形长期维持"三滩两槽"的基本格局,近百年来无大变化[4-5]。伶仃洋
具有汛期湾内淤积、湾口和湾顶冲刷而枯季相反的季节性差异,但无论冲淤变化一般都
很小。据测算[6],伶仃洋西滩的自然沉积率约为 2～5 cm/年,东滩沉积速率仅为
1 cm/年左右,湾内平均沉积率在 1.5～2.5 cm/a 之间,属微淤环境。

20 世纪 80 年代以前,伶仃洋以淤积趋势为主,西滩持续往东南延展,中滩下段明
显发育东扩,东滩沿线变化不大,西槽趋于淤浅缩窄,东槽基本保持稳定[7]。

20 世纪 90 年代以来,伶仃洋受人类活动影响加剧,大规模的填海和挖沙使伶仃洋
在水域面积缩减的同时容积却有所增大[8],"三滩两槽"形态亦发生一些改变,如西滩北
缩南伸,中滩西冲东淤,东槽趋往东移等[9]。广州港出海航道的多次浚深拓宽,使伶仃
西水道的水动力不断得到增强,西槽槽型日趋稳定[10]。

3 试挖槽现场观测

3.1 观测时段

试挖槽于 2009 年 2 月 6 日成槽,观测时段由该日起至 10 月 14 日,总计 250 天,这 8 个多月时间跨越了春、夏、秋三季,其间遭遇了 1 场较大洪水和 2 场台风。

现场观测项目所对应的测次和时间如表 1 所列。

表 1 试挖槽现场观测项目及各测次对应时间统计

测次	观测时间	水情	地形测量	容重观测	底质采样
1	2009.02.06	汛前	√	√	√
2	2009.02.15		√		
3	2009.02.23		√		
4	2009.03.02		√		
5	2009.03.10		√		
6	2009.03.26		√		
7	2009.03.31		√		
8	2009.04.11		√	√	√
9	2009.05.08		√		
10	2009.05.27	汛期	√		
11	2009.06.13		√		
12	2009.07.09		√	√	√
13	2009.07.24		√		
14	2009.08.08		√		
15	2009.09.09		√		
16	2009.09.24	汛后	√		
17	2009.10.13		√	√	√

3.2 观测内容

(1) 采用多波束和双频测深仪对试挖槽基槽及边坡进行了 17 次水下地形测量;

(2) 采用 γ-射线淤泥密度仪对试挖槽基槽及边坡进行了 4 次浮、淤泥容重探测;

(3) 在试挖槽基槽及边坡海床进行了多次底质采样并进行颗粒分析。

3.3 观测成果分析

1. 平面地形变化

图 4 给出了 8 幅试挖槽等深线分布图,顺序是从 2009 年 2 月初至 9 月中逐月 1

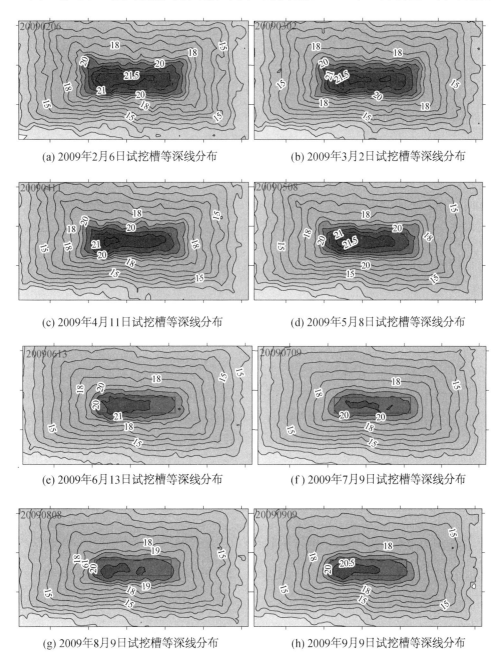

(a) 2009年2月6日试挖槽等深线分布   (b) 2009年3月2日试挖槽等深线分布

(c) 2009年4月11日试挖槽等深线分布   (d) 2009年5月8日试挖槽等深线分布

(e) 2009年6月13日试挖槽等深线分布   (f) 2009年7月9日试挖槽等深线分布

(g) 2009年8月9日试挖槽等深线分布   (h) 2009年9月9日试挖槽等深线分布

图 4   试挖槽等深线分布逐月变化对比

幅,由图中各等深线的分布变化可见,试挖槽刚成槽时,−21 m 等深线覆盖全部基槽,−21.5 m 等深线范围占了基槽的 60%[图 4(a)],此后,槽内水深逐渐变浅,到第 3 个月[图 4(d)],−21 m 等深线范围只占基槽的 70%,其余为−20.5 m 水深区域。这 3 个月属于枯水期,试挖槽总体趋于淤浅,但变幅不大。

2009 年 5 月以后进入汛期,试挖槽内淤浅速率有所加快[见图 4(e)~图 4(g)],经过 6 月、7 月、8 月,试挖槽内−21 m 线几乎完全消失,−20.5 m 等深线范围也呈明显缩小趋势。

图 4(h)是试挖槽 9 月份的等深线图,与 8 月[图 4(g)]相比,此时试挖槽内的地形变化已由快转慢,−20.5 m 线的范围开始有所扩展,表明洪季对试挖槽回淤的影响在逐渐减弱。

从各时段试挖槽内等深线的分布变化还可以发现,基槽东部淤积地形要比西部浅一些,但总体上淤积分布还比较平缓。结合槽内底质取样颗粒分析的结果,发现淤积物的中值粒径都在 0.008 mm 左右,由此可以判断,试挖槽的淤积体主体属于细颗粒悬沙落淤的产物。

比较各月份的等深线图可见,试挖槽刚成槽时各边坡的坡面并不很平整,等深线分布也疏密不均。经过几个月的水流冲蚀和泥沙淤填,无论东、西纵坡还是南、北横坡,其等深线分布均比较规整,反映出试挖槽的边坡已基本趋于稳定。

2. 断面地形变化

图 5 给出试挖槽中部横剖面地形随时间的变化结果,由图可见,试挖槽的回淤速率,非汛期(2—5 月)一直较小,汛期(5—8 月)明显增大,汛后(9—10 月)迅速回落。试

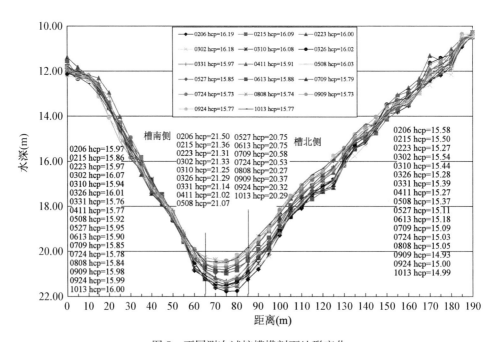

图 5　不同测次试挖槽横剖面地形变化

挖槽横向的淤积分布,总体有"北厚南薄"的差异,即靠上游一侧淤积较厚,靠下游一侧淤积较薄,反映出落潮输沙的作用比较突出。试挖槽的南边坡或淤或冲变幅不大,北边坡持续淤浅变化显著,最终稳定边坡的坡比在1∶8左右。

3. 槽内水深变化

对17个测次的地形数据进行统计,得到试挖槽基槽平均水深及最大、最小水深等特征值如表2所列。

表2 基槽水深特征值随时间变化统计　　　　　　　　　　(m)

测次	测量时间	水情	平均水深	最大水深	最小水深
1	2009.02.06		21.43	21.99	20.81
2	2009.02.15		21.28	21.79	20.62
3	2009.02.23		21.27	21.87	20.51
4	2009.03.02		21.27	21.68	20.78
5	2009.03.10	汛前	21.25	21.75	20.57
6	2009.03.26		21.18	21.74	20.44
7	2009.03.31		21.12	21.74	20.40
8	2009.04.11		21.06	21.62	20.30
9	2009.05.08		21.03	21.62	20.18
10	2009.05.27		20.76	21.35	19.87
11	2009.06.13		20.62	21.13	19.94
12	2009.07.09	汛期	20.46	20.81	19.90
13	2009.07.24		20.46	20.88	19.73
14	2009.08.08		20.30	20.64	19.55
15	2009.09.09		20.29	20.72	19.40
16	2009.09.24	汛后	20.22	20.66	19.38
17	2009.10.13		20.20	20.70	19.23

由表2可见,试挖槽基槽在非汛期3个月平均淤浅了0.40 m,汛期4个月平均淤浅了0.74 m,汛后1个多月,平均淤浅了0.09 m。观测期8个多月,试挖槽基槽平均淤浅1.23 m。

基槽初始最大水深21.99 m,到第17测次变为20.70 m,观测期8个多月,槽内最大水深减小1.29 m;基槽初始最小水深20.81 m,到第17测次变为19.23 m,最小水深减小了1.58 m。

从第9测次(5月8日)到第10测次(5月27日),在这19天时间里,试挖槽基槽的平均水深和最大、最小水深分别减小了0.27 m、0.27 m和0.31 m,其平均水深变化差不多占总观测期内基槽淤浅值(1.23 m)的 22%,而淤积时段仅占总观测时段(251 天)的 8%。由此可见,5 月份是试挖槽回淤最严重的时段。

从第 15 测次(9 月 9 日)到第 17 测次(10 月 13 日),在这 35 天时间里,试挖槽基槽的平均水深和最大、最小水深分别减小了 0.10 m、0.02 m 和 0.17 m,变化十分微小,表明试挖槽已进入汛后轻淤季节。

4. 槽内容重变化

通过 4 次对现场淤积物容重的观测,发现试挖槽内存在密度连续变化的浮、淤泥层,其中浮泥厚度平均为 0.29 m;淤泥厚度平均为 0.98 m,合计平均厚度为 1.27 m。

比较各测次试挖槽内浮、淤泥层总厚度,成槽初期平均在 0.2 m 以内,枯季 2 个月后增大到 0.5 m,洪季 3 个月后平均达 0.9 m,再过洪转枯 3 个月,总厚度接近 1.3 m。

从前后 4 次槽内浮泥与软淤泥的厚度变化来看,浮泥厚度变幅不大,软淤泥厚度随时间递增趋势十分明显,反映出槽内浮泥只是逐渐密实并最终转换成软淤泥的一种现象或过程。图 6 是试挖槽内 B 点和 C 点各次观测到的泥层容重分布曲线。

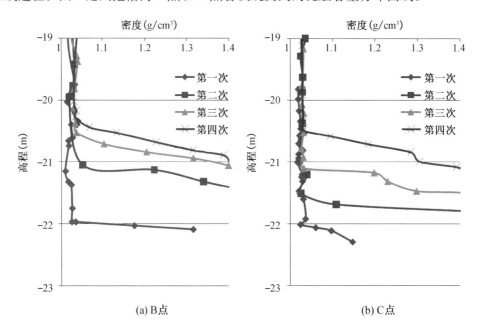

(a) B点　　　　　　　　　　　　　　(b) C点

图 6　试挖槽内测点泥浆密度随水深分布曲线不同测次对比

4　讨论

4.1　洪水和台风对试挖槽回淤的影响

试挖槽回淤最显著的时段,既不在成槽初期,也未出现在台风期间[2009 年第 4 号台风"浪卡"(Nangka)于 6 月 27 日在珠江口登陆,第 6 号台风"莫拉菲"(Molave)于 7

月 19 日在珠江口登陆],而是发生在珠江口水情通常由枯转洪的 5 月期间。

图 7 是西江马口、北江三水和东江博罗 2009 年 2—7 月的日平均流量过程,由图中曲线突变对应日期可见,5 月 21—27 日正是西、北江首场洪水同时进入珠三角期间,虽然洪峰流量不很大($Q_{马口}$=1.3 万~1.9 万 m^3/s,$Q_{三水}$=4 300~4 900 m^3/s),但由于是从枯季刚转入洪季,洪水携带了更多的上游泥沙,同时也大大增强了河口的落潮动力,使海床表层沉积的泥沙更容易起动、悬扬和往下游输移,最终造成试挖槽的淤积速率变大。

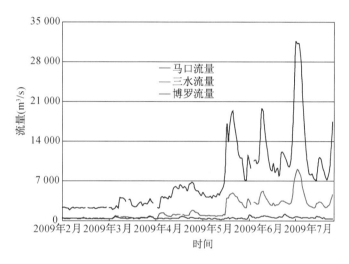

图 7　西、北、东江 2009 年 2—7 月流量过程

7 月上旬西、北江洪峰流量更大,但因不是首场洪水,对海床泥沙的冲蚀作用并不一定更强。从试挖槽回淤随时间分布变化情况来看(图 8),7 月期间虽然遭遇上游洪水和台风"莫拉菲"的双重袭击,但槽内淤积并未明显增大。

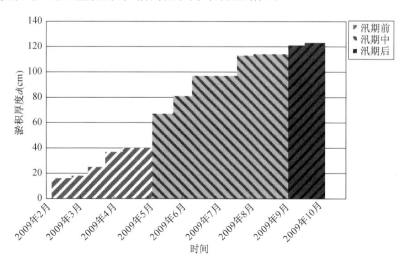

图 8　试挖槽平均淤厚随时间累积分布变化

4.2　不同频率测深资料的对比

上述对试挖槽地形变化的统计分析,采用的是多波束测量的水深资料。为了解其与双频测深资料有多大差别,从第7测次水深资料中,按纵剖面和横剖面分别读取3种不同频率的水深数据如表3、表4所列,对比表中数据可以发现,无论横剖面还是在纵剖面,断面测深数据的平均值都是多波束最小、高频次之、低频最大,递差分别为0.18 m、0.17 m(横剖面)和0.14 m、0.13 m(纵剖面)。

表中有少部分测点水深多波束数据要比高频结果还大,有极个别测点出现低频水深最小和高频水深最大的反常结果,但大部分测点的水深数据都服从"多波束最小,高频次之,低频最大"的分布规律。

3种频率测取的水深数据对应关系基本合理。初步估计,多波束测量的水深数据应比高频测量结果小0.15 m,高频测量的水深数据又要比低频测量结果偏小0.15 m,在多波束测量数据与低频测量数据之间,可能有0.30 m的厚度偏差,这与浮泥厚度的观测结果十分吻合。

表3　试挖槽纵剖面第7测次不同频率水深数据对比

西起点距(m)	水　深（m）		
	多波束	高频	低频
0	11.91	12.00	12.20
20	13.95	13.84	14.00
40	15.17	16.00	16.10
60	17.49	17.66	17.90
80	19.25	19.50	19.62
100	21.02	21.10	21.20
120	21.43	21.85	22.00
140	21.50	21.70	21.82
160	21.40	21.50	21.60
180	21.24	21.40	21.51
200	20.70	20.90	21.00
220	19.13	19.30	19.50
240	17.03	17.10	17.30
260	15.50	15.60	15.60
280	13.67	13.30	13.40
300	12.46	12.40	12.40
平均值	18.00	18.14	18.27

表 4　试挖槽横剖面第 7 测次不同频率水深数据对比

南起点距(m)	水　深 (m)		
	多波束	高频	低频
0	11.70	11.90	12.10
10	12.25	12.90	13.10
20	13.65	13.74	13.90
30	15.43	15.90	16.10
40	17.20	17.50	17.60
50	18.20	19.10	19.40
60	20.20	20.60	20.80
70	21.20	21.52	21.62
80	21.33	21.20	21.50
90	20.30	20.30	20.40
100	19.20	18.90	19.30
110	17.80	17.80	17.80
120	16.60	16.90	17.00
130	16.00	16.00	16.10
140	14.80	14.80	14.90
150	14.00	14.10	14.10
平均值	17.04	17.22	17.39

由于多波束测量数据十分密集,有利于提高统计精度,但其水深绝对值趋于偏小,在使用时要注意其中的差异。

对比分析认为,不同的泥沙环境,对水下超声回波信号的干扰和影响差异有时会很大,因此,多数情况下,仅根据高频与低频测深数据的差值,并不一定能划分出浮、淤泥的层厚来。本文介绍的 γ-射线密度测量方法可为双频测深率定所利用。

5　结语

(1) 试挖槽经历了 3 个月枯水期、4 个月洪水期和 1 个多月汛后期,还遭遇了"浪卡"和"莫拉菲"2 场台风。观测结果表明,试挖槽槽型完整,回淤正常,边坡稳定。

(2) 17 个测次的测深数据表明,8 个多月时间试挖槽平均淤浅 1.23 m,其中 3 个月枯水期淤浅 0.40 m,4 个月洪水期淤浅 0.74 m,1 个多月汛后期淤浅 0.09 m。洪水期试挖槽回淤强度明显较大。

(3) 试挖槽南边坡坡度较陡,且受涨潮流和风浪影响较大,但其坡面仅微冲微淤变化较小;北边坡受落潮输沙影响突出,下部淤积较厚,致使坡比趋缓明显。经过洪、枯季长达8个月的风浪潮流考验,试挖槽边坡采用1∶8的坡比可以保持稳定。

(4)分析观测期间的水文气象情况发现,试挖槽回淤最显著时段,既不在成槽初期,也不在台风期间,而是发生在当年首场洪水之后,此后的更大洪峰对试挖槽回淤并无明显影响。这一特征也为伶仃洋港口、航道春末夏初回淤较重的现象提供了新的解释。

(5)高、低频和多波束3种测量方法水深数据对比分析发现,三者之间具有多波束数据比高频小0.15 m、高频水深数据又比低频小0.15 m的对应关系。多波束数据与低频数据之间存在的0.30 m水深差值,与浮泥厚度0.29 m的观测结果十分吻合。

参考文献:

[1] 徐君亮,等.珠江三角洲河道港湾发育演变与港口合理布局[M].北京:海洋出版社,1993.

[2] 陈子燊.珠江伶仃河口湾及邻近内陆架的纵向环流与物质输运分析[J].热带海洋,1993,12(4):47-54.

[3] 辛文杰.伶仃洋西岸浅滩建港条件分析[J].水利水运工程学报,2010,3:9-15.

[4] 李春初,雷亚平,何为,等.珠江河口演变规律及治理利用问题[J].泥沙研究,2002(3):44-51.

[5] 徐君亮,李永兴,蔡福祥,等.珠江口伶仃洋滩槽发育演变[M].北京:海洋出版社,1985.

[6] 陈耀泰,等.珠江口现代沉积速率与沉积环境[J].中山大学学报(自然科学),1992,31(2).

[7] 陈耀泰,罗章仁.珠江口现代沉积速率及其反映的沉积特征[J].热带海洋,1991,10(2):57-64.

[8] 应强,辛文杰,毛佩郁.港珠澳大桥附近海域海床演变分析[J].水道港口,2010,10:444-448.

[9] 陈志民,蔡南树,辛文杰.珠江口伶仃洋航道回淤分析[J].海洋工程,2002,20(3).

[10] 莫思平,辛文杰,应强.广州港深水出海航道伶仃航段回淤规律分析[J].水利水运工程学报,2008(1):42-46.

渤海湾曹妃甸港区开发对
水动力泥沙环境的影响

陆永军　　左利钦　季荣耀　张金善

（南京水利科学研究院水文水资源及水利工程科
学国家重点实验室,江苏 南京　210029）

摘　要: 本文针对渤海湾曹妃甸海域波浪、潮流、泥沙及海床演变特点,应用波流共同作用下二维泥沙数学模型研究港区开发方案。2006 年冬、夏季大、小潮潮流泥沙验证表明,该海域潮位及 15 条同步垂线流速、流向、含沙量过程的计算值与实测值吻合良好,并进行了矿石码头港池前沿海域在潮流与波浪共同作用下悬沙引起的冲淤验证,计算的冲淤厚度及其分布趋势与实测值比较接近。在此基础上,研究了曹妃甸前岛后陆的港区围垦方案对水动力环境的影响问题,包括该工程引起的曹妃甸甸头以南深槽、老龙沟深槽及各港池的流速变化及底床的冲淤变形等。

关键词: 波浪;潮流;泥沙;数学模型;港区开发;曹妃甸

1　前言

曹妃甸港区地处渤海湾湾口北侧,介于天津港和京唐港之间(图 1)。曹妃甸岛为一 NE—SW 向的带状沙岛,距大陆岸线约 18 km,在平均海平面以上沙岛长约 8 km,宽约 1 km,大潮高潮位时部分被淹没。"面向大海有深槽,背靠陆地有滩涂"是曹妃甸最明显的特征和优势,其为大型深水港口和临港工业的开发建设提供了得天独厚的条件。甸头前沿 500 m 外天然水深即可达 25 m 以上,30 m 水深岸线长达 6 km,是渤海唯一不需要开挖航道和港池即可建设 30 万 t 级大型深水泊位的天然港址。岛后大片浅滩为临港产业布局和开发建设提供了足够的用地,但大型海洋工程的建设必将对当地动力环境及水沙运动特性产生一定的影响。因此,随着接岸大堤 2004 年 5 月建成及 25 万 t 级矿石码头 2005 年 12 月投产,以及 2008 年即将进行的首钢整体搬迁,极有必要对曹妃甸港区开发对周边水动力泥沙环境的影响进行系统的论证与研究。

海岸的演变特征和综合治理受制于泥沙问题,而近岸海域泥沙运动主要受波浪

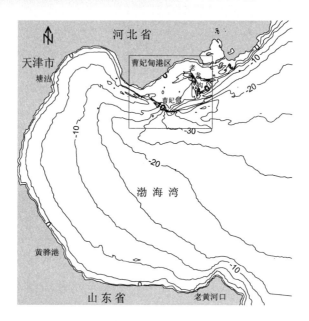

图 1　曹妃甸地理位置示意图

和破波引起的水流控制,"波浪掀沙,潮流输沙"是其主要运动形式,因此波流作用下的泥沙输移这一问题就成为科学开发利用海岸的基础。由于波增加了壁面切应力,起动的泥沙明显增加,紊动强度的增加又使得泥沙可以悬浮到脱离底床的水流层。因此,从含沙量剖面来看,波流作用下水体下半部分的含沙量远远大于纯流时的值,也就是说,波动会在底床聚集产生较大的含沙量。而潮流的作用则使起动和悬浮的泥沙得以迅速输移,故与纯流情况比较,波动可使得泥沙输移量显著增加[1]。曹妃甸海域波浪与潮流对岸滩演变起了重要作用[2]。本文在分析曹妃甸海域水沙运动特征基础上,应用波流作用下二维泥沙数学模型[3-4],研究港区规划方案实施后对水动力泥沙环境的影响。

2　水沙运动特征

2.1　潮汐与潮流特征

　　曹妃甸海域潮汐性质属于不规则半日潮,平均潮差由东向西逐渐增大。据统计,甸头平均高潮位为 0.81 m(85 国家高程,下同),平均低潮位为－0.73 m,平均潮差为1.54 m。

　　据 1996 年 10 月、2005 年 3 月、2006 年 3 月和 2006 年 7 月等多次同步水沙全潮观测资料分析,甸头以南深槽基本为东西向的往复流(图 2),虽潮差较小,但独特的甸头岬角效应使其成为本海域水流最强区,这也是维持深槽水深的主要动力。2006 年 3 月大潮(潮差 1.7 m)实测涨潮最大流速 1.24 m/s,落潮最大 0.94 m/s。在近岸浅海区,

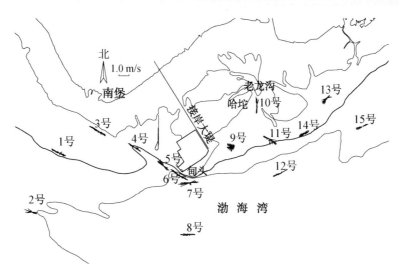

图 2 2006 年 3 月曹妃甸海域各水文测站流速矢量图(大潮)

受地形变化影响,主流流向有顺岸或沿等深线方向流动的趋势。甸后浅滩区以漫滩水流为主,此水流的汇集与分散是维持曹妃甸各大潮沟的主要动力。

2.2 风浪简况

曹妃甸海域常浪向为 S,出现频率为 8.62%;次常浪向为 SE,出现频率为 5.77%。强浪向为 ENE,该方向波能占 16.48%;次强浪向为 NW 和 NE,两方向波能分别占 9.91% 和 9.14%。风浪对含沙量影响明显,$H_{1/10} > 1.8$ m 的中浪和大浪,波能占 34.00%,说明该区波浪对岸滩演变起到重要作用。该海区波浪对泥沙的作用主要反映在横向输沙的沙坝塑造作用和对潮滩滩面的掀沙侵蚀作用,沿岸输沙量相对较弱。

2.3 泥沙输移特征

在小浪或无浪气象条件下,曹妃甸海域含沙量并不大。近年水文测验表明,整体上近岸水域的水体含沙量普遍大于外海深水域;外海深水区水体含沙量约为 0.05～0.10 kg/m³,近岸水体含沙量约为 0.07～0.15 kg/m³。近岸水域又以甸头为界,西部水域平均含沙量明显大于东部。如大潮平均含沙量,西部和东部海域 1996 年 10 月实测分别为 0.39 kg/m³ 和 0.32 kg/m³,2005 年 3 月为 0.163 kg/m³ 和 0.072 kg/m³,2006 年 3 月为 0.137 kg/m³ 和 0.054 kg/m³。分析表明,风浪对含沙量影响明显,潮流影响较弱;近年来平均含沙量呈总体减少趋势,与滦河来沙量骤减有关;甸西含沙量大于甸东,天津港抛泥及风浪引起的周边海滩细颗粒泥沙随潮流输移对含沙量的影响不容忽视。

据 2006 年 3 月底质取样粒度分析结果可知,沉积物的分布由陆向海呈细—粗—细的规律变化,中值粒径也沿水深的分布呈现岸滩粗、深槽细的特点。以甸头分界,沉积物中值粒径分布由西向东呈由小到大的变化趋势,其中西侧海区中值粒径为 0.008～0.027 mm,东侧海区为 0.012～0.250 mm,两侧中值粒径相比变化可达几倍。甸头以西海域沉积物分选程度一般,东部海域由岸到海分选程度呈分选一般——分选好——分选一般分布。甸东离岸沙坝海域分选程度最好,说明其受波浪动力作用较强。

3 波浪与潮流共同作用下二维泥沙数学模型验证

由于波浪周期远小于潮汐周期,目前对于波流作用下的泥沙数学模型主要采用两种模式,一是把周期变化的潮流概化成某一时段的恒定流,引入波浪运动方程来模拟动力场结构在短时段内的变化[5];另一种是把波浪运动过程概化为在潮周期中具有平均意义的波浪流要素,引入潮流运动方程来计算长时段的流场结构以及其对泥沙的作用[3-4, 6-8]。本文采用后一种模式,模拟波流共同作用下工程前后的流场及泥沙场的变化。该模型[3-4]包括贴体正交曲线坐标系下水流运动方程、非均匀泥沙输移方程等,这里仅给出关键问题的处理方法。为了更好地从整体上认识工程所在海域复杂的水流运动,为本局部模型提供相对精确的边界条件,我们建立了黄渤海潮波运动数学模型,模型范围包括北黄海和整个渤海[9]。

3.1 初始条件、边界条件及动边界技术[3-4, 10-11]

1. 初始条件

二维模型给定各计算网格点上水位、流速和含沙量初值

$$H(\xi, \eta)\Big|_{t=0} = H_0(\xi, \eta) \qquad u(\xi, \eta)\Big|_{t=0} = u_0(\xi, \eta) \tag{1}$$
$$v(\xi, \eta)\Big|_{t=0} = v_0(\xi, \eta) \qquad S(\xi, \eta)\Big|_{t=0} = S_0(\xi, \eta)$$

2. 边界条件

开边界给定潮位过程线

$$H = H(t) \tag{2}$$

开边界给定含沙量过程线

$$S = S(t) \tag{3}$$

3. 动边界技术

边滩及心滩随水位的升降边界发生变动时,采用动边界技术。即根据水深(水位)结点处河底高程,可以判断该网格单元是否露出水面,若不露出,糙率 n 取正常值;反之,n 取一个接近于无穷大(如 10^{30})的正数。在用动量方程计算露出单元四边流速时,其糙率采用相邻结点糙率的平均值。无论相邻单元是否露出,平均阻力仍然是一个极大值,因而动量方程式中其他各项与阻力项相比仍然为无穷小,计算结果露出单元四周流速一定是趋于零的无穷小量。为使计算进行下去,在露出单元水深点给定微小水深(0.005 m)。

3.2　几个关键问题的处理

1. 底床冲淤判别条件

采用含沙量与挟沙能力对比的判别条件。即当 $S_L > S_L^*$，含沙量大于挟沙能力，底床淤积；当 $S_L \leqslant S_L^*$，且 $V \geqslant V_{CL}$，含沙量小于挟沙能力，且流速大于起动流速 V_{CL}，底床冲刷。考虑淤泥容重随时间变化的粘性泥沙，采用唐存本公式[12]

$$V_{CL} = \frac{m}{m+1}\left(\frac{h}{D_L}\right)^{\frac{1}{m}}\sqrt{3.2\frac{\gamma_s-\gamma}{\gamma}gD_L+\left(\frac{\gamma'}{\gamma'_0}\right)^{10}\frac{C}{\rho D_L}} \tag{4}$$

式中：$m=6$；$C=2.9\times10^{-4}\,\mathrm{g/cm}$；$\rho=1.02\times10^{-3}\,\mathrm{gs^2/cm^4}$；$\gamma'_0$ 为泥沙的稳定湿容重，一般取为 $1.6\,\mathrm{g/cm^3}$；γ' 为淤泥的实际湿容重，γ' 与淤积历时有关，随时间逐渐增大。

2. 潮流与波浪挟沙能力

波浪与潮流联合作用下的各粒径泥沙分组挟沙能力可采用下式：

$$S_L^* = P_{SL}S_t^* + S_{wL}^* \tag{5}$$

对于 S_t^*，引进前期（或背景）含沙量 S_0 的概念，由实测含沙量与水力因子间的关系回归得到：

$$S_t^* = k_0\frac{V^2}{h}+S_0 \tag{6}$$

对于 S_{wL}^*，波浪挟沙能力可采用窦国仁公式[13]

$$S_{wL}^* = \alpha_0\beta_0\frac{\gamma\gamma_s}{\gamma_s-\gamma}\frac{H_w^2}{hT_w\omega_L} \tag{7}$$

式中：$\alpha_0 = 0.023$；$\beta_0 = 0.000\,4$。

3.3　模型验证

本模型的东边界定在甸头以东 43 km（京唐港），西边界定在甸头以西 43 km（涧河口），海域外边界取在甸头以南约 30 km，水域总覆盖面积约 5 000 km²。本次计算采用 2006 年 3 月实测地形图，沿潮流方向布置 291 个网格，与潮流方向基本垂直的方向布置 375 个网格点，对重点研究地区进行了网格局部加密处理。经正交曲线计算[11]，形成正交曲线网格，除岸边个别点外，网格交角为 89°～92°。模型计算区域包括 291×375 个网格点，网格间距为 50～500 m[9]。

1. 2006 年冬季实测潮流验证

曹妃甸海域水流受特殊地形影响，其运动规律较为复杂。本次计算经过反复调试，主要是调整外边界的潮位过程，对 2006 年 3 月大、小潮进行了复演，使曹妃甸头、南堡站潮位与 15 条垂线（图2）流速、流向过程与原型观测基本一致[9]。图 3 给出了大潮测次 3 号、7 号和 9 号垂线平均流速、流向计算值与实测值的比较，可见涨、落潮流速与流

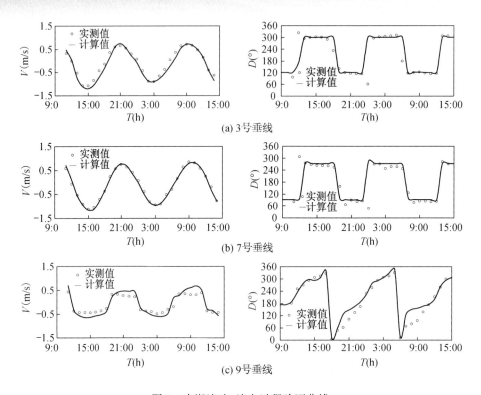

(a) 3 号垂线

(b) 7 号垂线

(c) 9 号垂线

图 3　大潮流速、流向过程验证曲线

向过程计算值与实测值在相位、数值上与实测值吻合较好,可以反映出该海区的潮流运动特征。曹妃甸海域床沙相对较细,糙率 n 取为 0.014。

　　分析曹妃甸海域涨、落潮流场可知[9]:涨潮时(图 4),水体基本呈自东向西运动,随着潮位的升高涨潮水体首先充填曹妃甸浅滩东侧的众多潮沟,随后浅滩北侧部分淹没,与此同时潮流绕过甸头进入西侧潮沟;落潮时,水体基本呈自西向东运动,随着潮位的

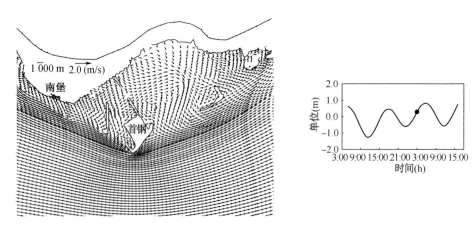

图 4　曹妃甸海域涨急流场图(2006 年 3 月 20 日 3 时)

降低,浅滩高处出露,滩面上的水体逐渐归槽,潮沟内的水体也逐渐汇入深槽水域,其中甸头西侧滩面的落潮归槽水流与外海深槽的落潮水流汇合,并绕过甸头与东侧潮沟的落潮水流汇合。甸头具有较明显的岬角效应,涨、落潮水流在该范围水域受地形影响较大,水流呈现明显的往复流性质,且流向集中,流速较大。由此可见,计算可以反映随着水位的升降,边滩逐步淹没及出露的情况以及不规则地形所引起的局部流态。

2. 含沙量验证

曹妃甸海域悬沙主要为颗粒较细的细粉沙,中值粒径在 0.008~0.02 mm 之间,其级配组成示于图5。利用曹妃甸海区床沙粒径组成与级配具有明显分区变化的规律(图5),在模型中进行分区概化处理,进行了大、小潮含沙量过程验证。图6给出了大潮3号垂线含沙量过程计算值与实测值的比较。验证表明,计算值与实测值在相位及数值上基本一致,能够反映曹妃甸海域潮流输沙的一般规律[9],即水体含沙量与流速、潮差成正相关,涨急、落急含沙量大于涨憩和落憩含沙量,大潮含沙量大于小潮含沙量。

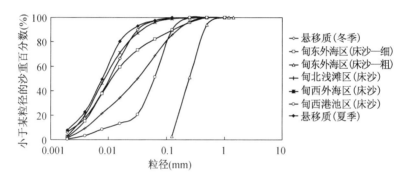

图 5　曹妃甸海域悬移质及床沙级配曲线

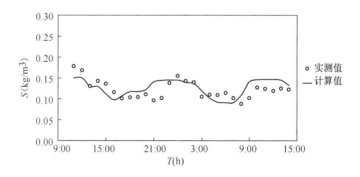

图 6　大潮含沙量过程验证曲线

3. 海床冲淤初步验证

曹妃甸海域水流运动复杂,床沙组成较细且运动频繁,加上受人类活动影响较大,验证工作有很大难度。为了尽量降低人类活动的干扰,验证采用2004年4月和2006年4月的水深地形资料,验证范围为甸头与矿石码头前沿区域。验证中考虑了潮流与

SE 向和 SW 向多年平均波浪要素的共同造床作用。验证过程中,不同浪向所占的造床贡献比重由实测年出现频率转换所得,SW 向和 SE 向分别占 27.6% 和 47.4%,其余为潮流作用下的造床贡献。计算过程中,不同潮位下的波要素由波浪模型提供的高、中、低潮位下的波要素进行线性插值求得[9]。

图 7(a) 为甸头前沿海域实测冲淤分布图[14],可见附近海区主要以冲刷为主。甸头前沿 500 m 范围内冲深 0.5～0.8 m,500～1 000 m 范围冲深 0.2～0.4 m;甸西近岸 800 m 范围淤积了 0.1～0.6 m;甸东近岸一侧也有一局部淤积区,淤厚最大达 0.7 m,可能与施工有关。图 7(b) 为计算的冲淤分布图。比较分析可知,计算的冲淤厚度、分布与实测值吻合较好。甸头前沿 500 m 范围内,冲深了 0.5～0.8 m,500～1 000 m 范围冲深了 0.4～0.6 m;甸西近岸 400 m 范围淤积了 0.1～0.5 m,甸东近岸一侧也有一局部淤积带。

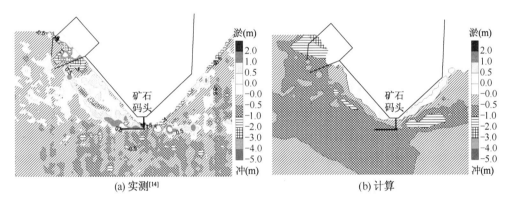

(a) 实测[14]   (b) 计算

图 7　曹妃甸甸头前沿海域冲淤分布图

4　港区开发方案对周边水动力环境影响及港池回淤计算

4.1　港区开发方案简况

甸头深槽水深稳定,深水近岸,适于建设大型深水泊位;两侧潮汐通道基本稳定,通过适当地开挖整治可用作港用水域。同时,总体方案布置应当遵循该区域水沙运动规律,尽量少改变现有滩槽相间的地貌环境。据此,以曹妃甸—蛤坨为轴心的大型人工岛式布置格局初步形成,并以老龙沟、纳潮河为分界,形成前岛后陆的总体布局形态。通过数学模型进行多方案的比选后[15],所形成的推荐方案如图 8 所示。

4.2　推荐方案实施后对港区周边水动力环境的影响

图 9 给出了推荐方案实施后落潮平均流速变化等值线图。方案实施后,对各局部区域的水动力影响有所不同:甸头前沿深槽区域流速有所增加,涨潮平均流速增加

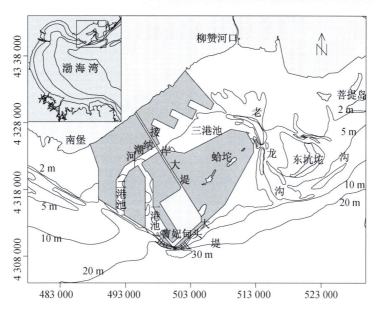

图 8　推荐方案布置示意图

0.9%,落潮平均流速增加 5.7%;甸头前 1.5 km 处涨潮平均流速增加 2.4%,落潮平均流速增加 1.1%。流速略有增加有利于维护甸头深槽水深。南堡深槽区域,方案实施后流速略有加大,涨潮平均流速增加 2.2%,落潮平均流速增加 4.1%,水流更加归顺,往复流特征更加明显,有利于维护深槽水深。甸头东侧浅滩,港区东翼围填后阻断了涨落潮时的漫滩水流,使围填区以南浅滩区域涨潮平均流速减少了 22.0%,落潮平均流速减少了 18.0%。流速减小会使浅滩上

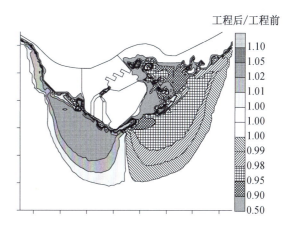

工程后/工程前

1.10
1.05
1.02
1.01
1.00
1.00
1.00
0.99
0.98
0.95
0.90
0.50

图 9　推荐方案实施后落潮平均流速变化等值线

略有淤积,对陆域围填、护岸稳定有利。由于浅滩区纳潮量的减少,老龙沟潮汐通道流速有所减小,涨潮平均流速减少11.9%(0.05~0.10 m/s),落潮平均流速减少18.4%(0.1~0.2 m/s),有利于通航安全但不利于水深维护。

　　虽推荐方案港区围垦面积约 310 km²,但因工程前滩面水深不足 1 m,平均流速小于 0.1 m/s,围垦所占的过水断面面积仅为 0.3%~1.7%,减小的潮凌体与工程前比很小,因此,港区开发对水动力环境影响的范围及程度较小。从图 9 可知,方案实施后,甸头南侧及西侧 5 km 以外、东侧 10 km 以外,流速变幅降至 2% 以下,数值约 1~2 cm/s。

因此,方案实施不会对周边的天津港、京唐港区产生影响。

4.3　推荐方案实施后港池与航道的回淤计算

在海床初步验证的基础上,采用多年平均波浪和大、中潮组合进行了推荐方案的冲淤强度计算。据波浪资料分析,曹妃甸海域常浪向为 SE 向偏东 6°和 SW 向偏西 5°,频率分别为 47.4％和 27.6％。方案实施后,港区大面积围垦阻挡了波浪向浅滩的传播,波浪主要分布在外海区域。与工程前相比,港区中的含沙量大幅减小,外海含沙量则变化不大。

推荐方案实施 1 年后(图 10),甸头前沿深槽年冲刷 0.15～0.48 m,西侧前沿冲深 0.09～0.27 m,东侧前沿冲深 0.00～0.20 m,甸头前 1.5～3.0 km 处冲深 0.10～0.21 m;老龙沟航槽年回淤 0.06～0.83 m,其中靠近三港池处回淤强度较大。一港池年回淤 0.35～1.31 m,淤积部位主要位于靠近口门的回流区域;二港池年回淤 0.02～0.99 m,口门附近淤积较大;纳潮河基本没有冲淤变化;三港池年回淤 0.03～0.64 m,主要淤积部位为靠近老龙沟的一侧区域。预计方案实施 2～3 年后工程引起的甸头前沿海床冲淤基本达到平衡状态[9],其中甸头前沿将冲深 0.3～1.1 m,最大冲深约 2.1 m。

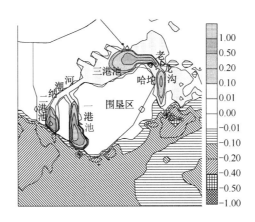

图 10　推荐方案实施 1 年后冲淤强度分布(m)

5　结论与建议

(1)曹妃甸海域潮流以往复流运动为主,虽然潮差较小,但独特的甸头岬角效应,形成甸头深槽为水流最强区,是维持深槽水深的主要动力。波浪分析表明,$H_{1/10} > 1.8$ m 的中浪和大浪,波能占 34.0％,说明该区波浪对岸滩演变起到重要作用。该海区波浪对泥沙的作用主要反映在横向输沙的沙坝塑造作用和对潮滩滩面的掀沙侵蚀作用,沿岸输沙量相对较弱。悬移质含沙量分析表明,一般气象条件下含沙量较小,且近岸海区大于外海深水区,甸西海区大于甸东海区,天津港抛泥及风浪引起的周边海滩细颗粒泥沙随潮流输移对含沙量的影响不容忽视。沉积物的分布由陆向海呈细——

粗——细的规律变化,中值粒径也沿水深的分布呈现岸滩粗、深槽细的特点。甸头东部海域由岸到海分选程度呈现分选一般——分选好——分选一般分布;离岸沙坝海域分选程度最好,说明其受波浪动力作用较强。

(2) 在分析曹妃甸海域波浪、潮流、泥沙及海床演变特性的基础上,应用波流共同作用下二维泥沙数学模型研究港区开发方案。2006年冬、夏季大、小潮潮流验证表明,潮位及垂线流速、流向过程的计算值与实测值吻合良好。此外,还进行了矿石码头港池前沿海域在潮流与波浪共同作用下悬沙引起的冲淤验证计算,计算的冲淤厚度及其分布趋势与实测值比较接近,说明模型概化、边界处理、参数选取是正确的,具备了进行各种方案试验的条件。

(3) 推荐方案实施后的模型计算表明,甸头深槽区域流速有所增加,港区、航道内流速有所减小。由于工程前滩面水深不足1m,围垦减小的潮凌体相比工程前很小,因此港区开发对水动力环境影响的范围及程度较小。与工程前相比,由于港区大面积围垦阻挡了波浪向浅滩的传播,使得其含沙量大幅减小,外海含沙量则变化不大。方案实施后,甸头前沿深槽以冲刷为主,年冲刷0.15～0.48m;港池和潮沟内则以淤积为主,年最大淤积厚度1.31m。预计方案实施2～3年后工程引起的甸头前沿海床冲淤基本达到平衡状态,其中甸头前沿将冲深0.3～1.1m,最大冲深约2.1m。以上分析表明推荐方案形成前岛后陆的布置格局,将各潮沟建成挖入式港池是合理可行的。

鉴于曹妃甸海区波浪潮流泥沙运动规律极为复杂,建议进一步收集基础资料,尤其是风暴潮作用下的含沙量资料,以便于持续深化研究。

致谢:参加研究的还有徐啸教授、潘军宁高工、王红川高工、佘小建工程师、章卫胜助工等,并得到刘家驹教授、黄建维教授的指导与帮助,特此致谢。

参考文献

[1] FREDSØE J. Elements of non-cohesive sediment. In: Coastal, Estuarial and Harbour Eng's Ref Book[M]. London, Chapman & Hall, 1994: 83-92.

[2] 杨华,赵洪波,吴以喜. 曹妃甸海域水文泥沙环境及冲淤演变分析[J]. 水道港口,2005,(3): 130-133.

[3] LU Yongjun, ZUO Liqin, SHAO Xuejun et. al. A 2D mathematical model for sediment transport by waves and tidal currents[J] China Ocean Engineering, 2005,19(4):571-586.

[4] 陆永军,左利钦,王红川,等. 波浪与潮流共同作用下二维泥沙数学模型[J]. 泥沙研究,2005, (6):1-12.

[5] 李玉成,滕斌,陈兵. 波浪在水流作用下的变形[J]. 水动力学研究与进展,1995,10(2): 173-180.

[6] VAN Rijn Leo, KROON Aart. Sediment transport by currents and waves. Proceedings of the Coastal Engineering Conference[M], ASCE, 1993:2613-2628.

[7] 曹祖德,王桂芬. 波浪掀沙、潮流输沙的数值模拟[J]. 海洋学报,1993,15(1):107-118.

[8] 辛文杰. 潮流、波浪综合作用下河口二维悬沙数学模型[J]. 海洋工程,1997,15(1):30-47.

［9］陆永军,徐啸,黄建维,等. 唐山港曹妃甸港区波浪潮流泥沙数学模型及滩槽稳定性研究［R］. 南京:南京水利科学研究院,2006.

［10］陆永军,袁美琦. 潮汐河口二维动床紊流模型［J］. 水科学进展,1998,9(2):151-158.

［11］LU Yongjun, LI Haolin, DONG Zhuang et. al. Two-Dimensional tidal current and sediment mathematical model for Oujiang Estuary and Wenzhou Bay［J］. China Ocean Engineering, 2002: 16(1): 107-122.

［12］唐存本. 泥沙起动规律［J］. 水利学报,1963,(2):1-12.

［13］窦国仁,董风舞,等. 潮流和波浪的挟沙能力［J］. 科学通报,1995,40(5):443-446.

［14］杨华. 曹妃甸矿石码头冲淤变化分析［R］. 天津:天津水运工程科学研究所,2006.

［15］张明辉,孙路. 唐山港曹妃甸港区建港条件及建设方案研究［R］. 北京:交通部规划研究院,2006.

历史台风天气图法推算海岸工程设计波要素

——以如东人工岛设计波要素推算为例

李为华[1, 2] 付 桂[2] 杨春平[3]

(1. 上海河口海岸科学研究中心,上海 201201;

2. 交通运输部长江口航道管理局,上海 200003;

3. 中交第三航务工程勘察设计院有限公司,上海 200032)

摘 要:对于海岸工程设计波要素可以应用多种方法进行推算,最理想的还是要依据所能取得的资料来选择合适的方法。本文主要采用历史台风天气图法推算海岸工程设计波要素,以如东人工岛设计波要素推算为例,利用上述方法推求不同重现期设计波要素。结果表明,在缺少长期实测风数据的情况下,选择历史台风天气图推算法能推算工程区设计波要素,从而为工程提供设计依据。

关键词:海岸工程;设计波要素;历史台风天气图;如东人工岛

1 前言

波浪是主要海洋动力因素,也是海岸工程建筑物的主要作用力。海岸、海洋工程建筑物的规划、设计、施工和管理都需要推算工程区域多年一遇设计波要素。该参数若偏大,会大大提高工程的造价,反之,会降低工程的安全系数,在恶劣海况下容易毁于一旦,造成生命财产的重大损失。因此,设计波参数准确与否,关系到工程的成败。在缺少长期实测风数据的前提下,如何推算海岸工程设计波要素是本文研究的主要目的。

2 研究方法

资料选取和估算方法是估算设计波的关键。根据前人的相关经验,海岸工程设计波要素推算方法大致有相关分析法[1-2]、经验公式法[3]及数学模型计算[4-8]等方法。本文利用历史台风天气图推算法推算海岸工程设计波要素,具体方法为:利用历史天气图,摘取 20 年以上的台风资料,利用 MIKE 21 SW 模型推算出台风期最大波高序列,采用极值分析的方法[9]推求不同重现期的设计波要素。本文主要以如东人工岛工程设计波要素推算为例,应用上述方法进行计算,解决缺少长期实测风数据情况下海岸工程地区设计波要素的推算问题。

3 工程设计波要素推算

如东人工岛工程位于江苏省如东县海滨,所在海域属于苏北辐射沙洲群。拟建人工岛位于烂沙洋水道两端南侧的西太阳沙中部的浅滩上,其北侧深水区为拟建码头工程。工程区所在的岸滩平坦宽阔,其中滩面的平均坡度 1∶2 000,多年以来滩槽地形一直基本稳定,具备建设人工岛的条件(图 1)。工程区西距小洋港约 30 km,东南距吕四港约 50 km,西南距如东县城约 32 km。工程区水域潮型属于规则的半日潮,最大潮差8.08 m,最小潮差 1.79 m。该海区为不规则的半日潮流海区,涨落潮流速和历时均不相同,落潮流速大于涨潮流速,落潮历时大于涨潮历时。同时,本海区为强潮区,实测最大流速为落潮流,流速可达 1.95 m/s。该区常风向为 SE 向,次常风向为 NE 向,强风向为 NW 向。该海域常浪向为 N 向,次常浪向为 NNW 向,强浪向为 NE,次强浪向为E 和 ENE。

人工岛工程建设在西太阳沙中部(图 2),直接受波浪、潮流的袭击,因此需要进行工程区设计波要素的计算和研究。

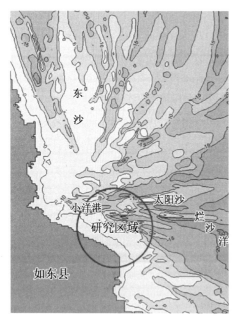

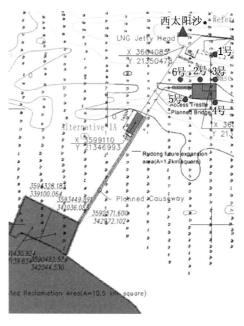

图 1 苏北辐射沙洲示意图 　　图 2 拟建人工岛及其附近波浪采样点位置图

由于如东县西太阳沙人工岛附近只有完整 1 年(1996.10—1997.10)现场波浪观测资料,不足以可靠推算重现期波浪要素,波浪计算只能采用风场资料间接推算的方法。而西太阳沙人工岛附近又缺少长期的风况观测资料。为此,风浪计算的风场资料只能通过采用历史台风天气图方法解决,即摘取 20 年以上的台风资料,利用风场及气压场模型确定风场,最终利用这种方法获得的风场数据推算人工岛设计波要素。

3.1 技术路线

1. 历史台风天气图的选择

由于缺乏实测大范围风场数据,从如东气象台收集了 1950—2003 年共 53 年间影响该海区台风的历史天气图,它们包括各个台风的路径图,台风临近该海区时每隔 6 h 的中心气压、台风中心附近最大风速半径处的最大风速和等气压线的分布。对历史台风天气图进行筛选,最终选择路经该区域 21 场极端台风作为计算台风(表 1)。

表 1 计算台风选择

序号	台风编号	台风名称	起始时间(UTC+8)	结束时间 (UTC+8)
1	1951_07	Marge	1951-08-17 2:00	1951-08-24 8:00
2	1956_06	Wanda	1956-07-30 20:00	1956-08-3 8:00
3	1959_05	Billie	1959-07-15 2:00	1959-07-18 8:00
4	1960_06	Polly	1960-07-21 20:00	1960-07-29 14:00
5	1962_08	Nora	1962-07-30 20:00	1962-08-3 20:00
6	1964_09	Flossie	1964-07-26 8:00	1964-07-29 20:00
7	1973_04	Billie	1973-07-16 2:00	1973-07-20 14:00
8	1977_10	Babe	1977-09-8 20:00	1977-09-12 2:00
9	1979_13	Judy	1979-08-20 20:00	1979-08-26 20:00
10	1981_18	Agnes	1981-08-29 14:00	1981-09-4 8:00
11	1984_07	Ed	1984-07-25 14:00	1984-08-2 14:00
12	1985_10	Mamie	1985-08-15 14:00	1985-08-20 8:00
13	1989_13	Ken-Lola	1989-07-29 14:00	1989-08-5 20:00
14	1990_15	Abe	1990-08-28 14:00	1990-09-2 14:00
15	1992_19	Ted	1992-09-22 2:00	1992-09-25 2:00
16	1994_17	Doug	1994-08-7 8:00	1994-08-13 14:00
17	1994_18	Ellie	1994-08-9 14:00	1994-08-16 2:00
18	1997_14	Winnie	1997-08-15 2:00	1997-08-21 14:00
19	1999_23	Ann	1999-09-15 8:00	1999-09-20 14:00
20	2000_20	Prapiroon	2000-08-28 8:00	2000-09-1 14:00
21	2002_09	Rammasun	2002-07-2 20:00	2002-07-6 14:00

2. 风场及气压场计算

海面的风场是海浪数值计算的重要组成部分,选择科学合理的风场计算模式[10-12]十分重要。本文计算中以梯度风模式为主并采用《海港水文规范》等对气压类型、大气稳定度、近海面垫层摩阻等的相关修正规定,先计算出梯度风,再换算海面上 10 m 高程处的风速风向值。

利用上述方法计算21场台风风场,依据气象台提供的地面天气图和各地面测站的实测气压、风速风向值,进行风场修正,最终获得21场极端台风的气压场及速度场。

3. 波浪场计算模型[13]

近几年来,国内外关于波浪传播变形的数学模型及其计算模式发展较快,其中商业化的波浪数学模型软件以界面友好、操作方便等优点越来越广泛地被应用到实际工程设计中。MIKE 21由丹麦水力研究所(DHI Water & Environment)研发,是在20多年来世界范围内大量工程应用经验的基础上持续发展起来的。MIKE 21系列中的波浪模块自从发布以来在国际上得到了广泛的应用,其中包括 MIKE 21 NSW[Nearshore Spectral Wind-wave Model(近岸风浪谱模型)]、MIKE 21 SW[Spectral Wave FM Model(有限三角网格模型)]、MIKE 21 BW[Boussinesq Wave Model(Boussinesq方程模型)]、MIKE 21 PMS[Parabolic Mild Slope Wave model(抛物线形缓坡方程模型)]和 MIKE 21 EMS[Elliptic Mild Slope Wave Model(椭圆形缓坡方程模型)]5个模块。MIKE 21的5个波浪模型在实施预报时对波浪的能量输入、能量耗散、折射、绕射及反射等处理各有侧重。这几个波浪模块的差异性及各自的适用性见表2。

表2 MIKE 21 波浪模块的差异性及其各自适用性

波浪模型 物理过程	MIKE 21 SW	MIKE 21 NSW	MIKE 21 PMS	MIKE 21 EMS	MIKE 21 BW
折射	×	×	×	×	×
浅水变形	×	×	×	×	×
绕射	(×)		(×)	×	×
反射	×		(×)	×	×
风	×	×			
底摩阻	×	×	×	×	×
破碎(水深减小)	×	×	×	×	×
白帽耗散	×	(×)			
四相波相互作用	×				(×)
三相波相互作用	(×)				×
波阻					(×)
不规则波	×	(×)	×		×
定向波	×	×	×		×
水深变化	×	×	×		×
水流影响	×				×

注:(×)表示有些功能部分包括,而不是整体包括。

苏北辐射沙洲滩槽相间,水下地形变化较为剧烈,波浪自深水进入浅水的过程中由于受到辐射沙洲复杂水下地形的影响,发生了明显的折射绕射变形,另外波浪经过人工岛岛壁的反射、绕射及水下地形引起的折射综合作用,在岛壁前发生复杂的波-波干涉作用。根据方案比选,模型需要综合考虑波浪折射、绕射、反射、浅水变形、底摩阻及风能输入在内的模型,最终选择 MIKE 21 SW 模型作为波浪场计算模型。

MIKE 21 SW 基于波作用守恒方程[14],采用波作用密度谱 $N(\sigma, \theta)$ 来描述波浪。模型的自变量为相对波频率 σ 和波向 θ。波作用密度与波能谱密度 $E(\sigma, \theta)$ 的关系为:

$$N(\sigma, \theta) = E(\sigma, \theta) / \sigma \tag{1}$$

式中:σ 为相对频率;θ 为波向。

在笛卡尔坐标系下,MIKE 21 SW 的控制方程,即波作用守恒方程可以表示为:

$$\frac{\partial N}{\partial t} + \nabla(\vec{v} N) = \frac{S}{\sigma} \tag{2}$$

式中:$\vec{v}$ 为波群速度,$\vec{v} = (c_x, c_y, c_\sigma, c_\theta)$;$c_x$, c_y 分别为波作用在地理空间 (x, y) 中传播时的变化;c_σ 为由于水深和水流变化造成的相对频率的变化;c_θ 为由水深和水流引起的折射;S 指能量平衡方程中以谱密度表示的源函数。

4. 计算原则及方法

利用 MIKE 21 HD&SW 模型建立东中国海水动力学模型及波浪模型。计算域采用不规则三角形网格剖分计算域,深海最大三角形网格边长为 15 km,近海网格边长约 1 km,重点对工程区进行局部加密,最小网格边长 300 m(图 3)。波浪模型计算采用大

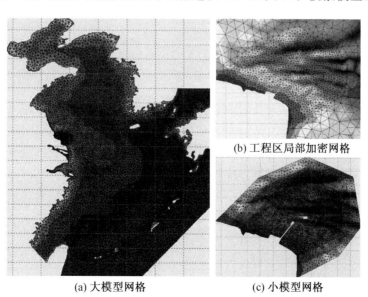

(b) 工程区局部加密网格

(a) 大模型网格   (c) 小模型网格

图 3 计算网格图

小网格嵌套的方法,利用大网格计算各种工况条件下的大区域波浪场,为小区域模型[图 3(c)]提供边界条件。

模型验证采用 1997 年 8 月台风 Winnie 过境期间西太阳沙的实测资料(1997 年 8 月 17 日 0 时至 8 月 21 日 0 时水位、波浪过程)对模型进行了潮位、波浪过程的验证。潮位、波浪验证结果见图 4。模型验证均符合波浪模型规范的规定和要求。最终利用率定好的水动力及波浪参数进行方案计算。

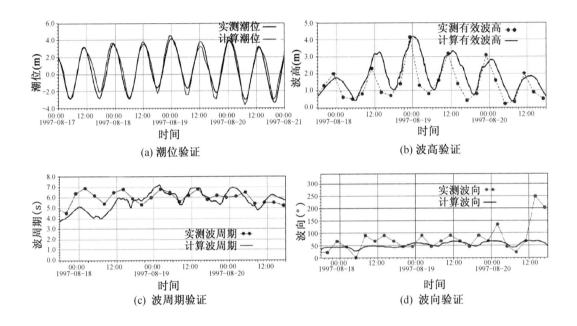

图 4　西太阳沙潮位、波浪验证

5. Winnie 台风浪推算实例

本文以上述的 Winnie 台风过程推算为例,推算工程区采样点波高、波周期最大值及其对应的波向。首先利用 Winnie 台风地面天气图得到台风的路径图[图 5(a)]、台风每隔 6 h 的中心气压、台风中心附近最大风速半径处的最大风速和等气压线的分布数据;其次利用风场计算模型计算得到整个计算区域的台风风场,依据气象台提供的地面天气图和各地面测站的实测气压、风速风向值,进行风场修正,最终获得 Winnie 台风的气压场及速度场[图 5(b)];再次在 MIKE21 HD&SW 波浪模型中,输入 Winnie 台风风场,利用率定好的水动力及波浪参数,计算得到 Winnie 台风的波浪场[图 5(c)、图 5(d)];最后从生成的波浪场数据中提取工程区采样点波高、波周期最大值及其对应的波向(表 3)。

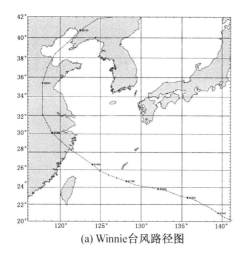

(a) Winnie台风路径图

(b) Winnie台风速度场

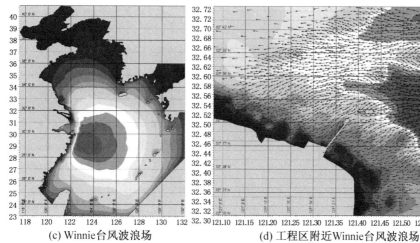

(c) Winnie台风波浪场

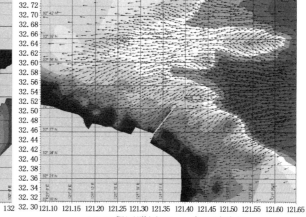

(d) 工程区附近Winnie台风波浪场

图5 Winnie台风风场及波浪场

表3 工程区采样点极值波浪(Winnie台风)

采样点	1 号	2 号	3 号	4 号	5 号	6 号
H_s 最大值(m)	4.88	3.7	4.22	3.56	3.72	4.25
T(s)	7.14	6.22	6.64	6.10	6.24	6.67
波向角(°)	85	58	68	106	90	74

3.2 计算结果

采取同样的方法即利用率定好的水动力及波浪参数,输入 21 场极端台风地面天气图海面风场,利用 MIKE21 HD&SW 模型计算,最终得到 21 组台风所形成的实际水位场、潮流场及波浪场。

计算结果表明,波浪自深水进入浅水的过程中由于受到辐射沙洲复杂水下地形的影响,发生了明显的折射绕射变形,部分区域的波向与原入射波向差别很大,进一步说明在该地区不考虑波浪的折绕射影响是不合适的,波向在传播过程中的变化顺应水下地形的变化趋势,波高在空间上的分布变化较大,总的来说波动能量向浅水区域集中,由于沿程风能的继续输入,浅水水域的波高也有所增加,但当潮位较低时,浅水区的波高受到水深的限制。

统计上述波浪场工程区采样点历年最大波高序列及其对应的波周期,采用极值分析的方法推求工程区各采样点的设计波要素,从而为工程提供设计依据。目前,许多分布函数用来预测极值事件发生的概率,如对数正态分布、Gumbel 分布、指数分布、Weibull 分布、皮尔逊Ⅲ型曲线、对数皮尔逊Ⅲ型曲线等。利用 Gumbel 分布、Weibull 分布、指数分布方法分别估算后的研究结果表明,Gumbel 方法拟配的理论频率曲线与计算数据点的拟合较 Weibull 分布及指数分布方法好(图 6)。Gumbel 方法估算的结果可用于工程区域设计波要素推算。由于篇幅限制,本文仅列出工程区采样点 50 年一遇的设计波要素(表 4)。

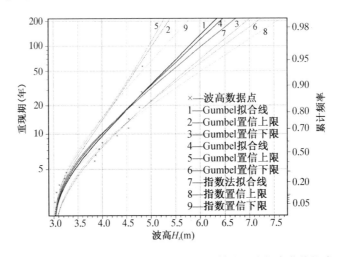

图 6　计算数据点分布与 Gumbel、Weibull、指数法理论频率曲线拟合比较

表 4　工程区采样点设计波要素(50 年一遇情况)

采样点	1 号	2 号	3 号	4 号	5 号	6 号
H_s(m)	5.7	4.7	5.3	3.8	3.8	4.4
T(s)	7.9	7.1	7.6	6.5	5.2	6.9

4 结论

对于海岸工程设计波要素可以应用多种方法进行推算,最理想的还是要依据所能取得的资料来选择合适的方法。本文主要通过历史台风天气图推算设计波要素,利用历史天气图,摘取 20 年以上的台风资料,利用 MIKE 21 SW 模型推算出台风期最大波高序列,最后应用极值统计方法确定近海结构物设计波浪。结果表明:在进行海岸工程结构物设计波要素计算时,当缺少海岸工程长期实测风数据时,只要有历史天气图,摘取连续 20 年以上的台风资料,利用历史台风天气图方法推算工程区设计波要素,能够满足工程设计安全需要。

参考文献:

[1] 滕学春,吴秀杰. 北部湾年极值波浪与设计波浪估算的研究[J]. 黄渤海海洋,1998,10(1):27-35.

[2] 滕学春,吴秀杰. 莱州湾口设计波要素估算方法的研究[J]. 海洋通报,1992,11(2):58-63.

[3] 张赛生. 长江口地区设计波浪要素推算方法探讨[J]. 上海水务,2006,22(1):1-3.

[4] 王中起,刘针. 秦皇岛港山海关港区 3.5 万 t 级通用泊位续建工程设计波要素分析[J]. 港工技术,2008(3):1-3.

[5] 司广成,周良明,等. 利用波浪折绕射模型和风浪成长公式计算临港重现期波要素[J]. 海洋湖沼通报,2007:15-22.

[6] 秦世杰,隋建国. 烟台雨岱山渔人码头工程潮位和波浪分析计算[J]. 海岸工程,2007,26(4):11-17.

[7] 冯卫兵,洪广文. 水流中波浪绕射折射数值计算与分析[J]. 海洋工程,2000,18(4):13-20.

[8] 潘锦嫦,孙大鹏. 无实测资料情况下台风设计风速和设计波浪的估算[J]. 海岸工程,1993,12(4):10-18.

[9] 蔡瑜瑄. 海洋工程设计波要素推算方法的应用[J]. 海洋信息,1993,11:17-18.

[10] 严恺. 海岸工程[M]. 北京:海洋出版社,2002.

[11] 邱大洪. 工程水文学[M]. 北京:人民交通出版社,2004.

[12] 关孟儒. 台风浪计算中海上气压场、风场的普遍性数值模式[J]. 重庆交通学院学报,1984(4):10-16.

[13] Morten Rugbjerg. Modelling Study for Rudong LNG Facility-Design Wave Study[R]. 上海:丹华水利环境技术(上海)有限公司,2005.

[14] DHI. M21SW_Scientific_Doc[R]. Denmark:DHI Software,2009.

长江口近期来沙量变化及其对河势的影响分析

李　保[1]　付　桂[2]　杜亚南[1]

(1. 长江水利委员会水文局长江口水文水资源勘测局,上海　200136;
2. 交通运输部长江口航道管理局,上海　200003)

摘　要:长江来水来沙变化影响因素众多,除自然因素外,人类活动对河流水沙运动影响越来越显著。作为长江流域的终端,长江口地区既受自然因素影响,同时也显著地受到流域人类活动的影响。本文采用 Mann-Kendall 法分析大通站近几十年的泥沙监测资料,结果表明:近几十年来,大通站的年均输沙量一直呈下降趋势,2003 年大通站的年均输沙量出现显著下降。长江口来沙量减少的主要原因是由于流域来沙量显著减少,与水库工程拦沙、长江上游水土保持工程、人工采沙及中游河道泥沙淤积等因素有关。长江口来沙量减少对南支及口外三角洲影响相对明显,均表现为冲刷特征,对此长江口综合治理相关部门应当充分给予重视。

关键词:长江口;大通;输沙量;河势变化

1　前言

长江河口是江海相互作用的复杂综合体,径流和潮流相互消长非常明显,呈多级分汊格局。多年来除了自然因素影响外,人类活动也以多种方式影响着河口的环境。1988 年,鉴于长江上游水土流失的严重性及三峡工程建设的需要,国务院批准将长江上游列为国家水土保持重点防治区,并于 1989 年开始分期实施以小流域为单元的水土流失综合防治工程。新中国成立 60 年来,国家在长江流域建成的各类水利工程数量远远超过之前 2 000 多年的总和,基本形成全流域水资源的综合利用体系,这其中包括三峡工程等一大批综合利用水利枢纽。长江上游梯级电站开发、水土保持与南水北调工程的逐步建设、各关键河段的河势控制工程、沿江引水工程等,均会对来水来沙的时空分布产生影响。而流域来水来沙的变化,对长江口地区的影响是一个长期的、复杂的、递进的过程。

由于水、沙因子是河流生态系统最活跃的动力学因子,泥沙来量的减少将引起长江口环境的变化[1]。本文通过总结分析近几十年的实际监测资料，分析了近年来长江口来沙量的变化特征，以及流域来沙量的变化引起的长江口河势的变化，这对于寻求科学保护河口生态系统的安全，制定合理的综合整治规划和防治对策有着积极的意义。

近年来 Mann-Kendall 非参数秩次相关检验法（M-K 检验）被广泛应用水文、气象资料的趋势成分与突变成分分析中。M-K 检验的应用研究在国内外引起了广泛的关注，在包括气候、水质、水文要素等方面的应用涌现了一大批成果[2-4]。

2 Mann-Kendall 非秩次相关检验

Mann-Kendall 法是一种被广泛用于分析趋势变化特征的检验方法[5]，最初由 Mann 和 Kendall 提出[6-7]，用于检验时间序列是否存在趋势性。该方法不仅可以检验时间序列是否存在上升与下降的趋势，而且还可以说明趋势变化的程度；在进行突变分析时，可以明确突变开始的时间，指出突变的区域。趋势研究分析是指分析一段时间内某类随机变量的一系列观测值，判断其总体的概率分布是否随时间变化，进而描述变化程度或变化速率。在时间序列趋势分析中，Mann-Kendall 检验是世界气象组织推荐并已广泛使用的非参数检验方法。非参数检验方法也称无分布检验，其优点是不需要样本遵从一定的分布，也不受少数异常值的干扰，更适用于类型变量和顺序变化，计算也比较简便。许多学者不断应用 Mann-Kendall 方法来分析降水、径流、气温和水质等要素时间序列的趋势变化。其具体方法和原理如下：

在 Mann-Kendall 检验中，原假设 H0：时间序列数据$(x_1, x_2, \cdots, x_n)$是 n 个独立的、随机变量同分布的样本；备择假设 H1 是双边检验：对于所有的 $i, j \leqslant n$，且 $i \neq j$，x_i 和 x_j 的分布是不相同的。研究对象的实测值可构成一个时间序列，按时间顺序表示为 $x_t = (x_1, x_2, \cdots, x_n)$，然后确定随机数列中对偶值$(x_i, x_j, j > i)$中 x_i 与 x_j 的大小关系：

$$S_k = \sum_{i=1}^{k} R_i \quad (k = 2, 3, 4, \cdots, n) \tag{1}$$

式（1）中，R_i 计算式如下：

$$R_i = \begin{cases} 1 & \text{当 } x_j > x_i \text{ 时} \\ 0 & \text{当 } x_j = x_i \text{ 时} \\ 0 & \text{当 } x_j < x_i \text{ 时} \end{cases} \quad (i = 1, 2, 3, \cdots, j) \tag{2}$$

由式（2）可知，秩序数列 S_k 是第 j 时刻数值大于第 i 时刻数值个数的累计数 R_i 的累计值。定义统计量（计算式如下）：

$$UF_k = \frac{[S_k - E(S_k)]}{[\text{Var}(S_k)]^{1/2}} \quad (k = 1, 2, 3, \cdots, n) \tag{3}$$

式中：$UF_1 = 0$；$E(S_k)$，$\text{Var}(S_k)$ 分别是累计数 S_k 的均值和方差，在 $x_1, x_2, \cdots, x_n$ 相互独立并具有相同连续分布时，可由下式求得：

$$E(S_k) = \frac{n(n-1)}{4} \quad (k=1,\,2,\,3,\,\cdots,\,n) \tag{4}$$

$$\mathrm{Var}(S_k) = \frac{n(n-1)(2n+5)}{72} \quad (k=1,\,2,\,3,\cdots,\,n) \tag{5}$$

对于随机序列 $x_t = (x_1,\,x_2,\cdots,\,x_n)$，当 n 增加时（$n>10$），UF_k 很快收敛于标准正态分布。当原假设为改序列无趋势时，一般采用双边趋势检验，在给定显著性水平 α 下，于正态分布表中查出临界值 $U_{\alpha/2}$，当 $|UF_k| < U_{\alpha/2}$ 时，接受原假设，即趋势不显著；当 $|UF_k| > U_{\alpha/2}$ 时，则拒绝原假设，认为趋势显著。

用 M-K 检验进行突变分析时，只需要按时间序列 x_t 的逆序 $x_n,\,x_{n-1},\cdots,\,x_1$，再重复上述过程，计算 UB_k，同时使 $UB_k = -UF_k$，$k=n,\,n-1,\,\cdots,\,1$，$UB_1=0$。若 UB_k 或 UF_k 的值大于 0，表明序列呈上升趋势，反之，序列呈下降趋势。当 UB_k 或 UF_k 超过临界值时，表明上升或下降趋势显著。超过临界线的范围确定为出现突变的时间区域。如果 UB_k 和 UF_k 两条曲线出现交点，并且交点在临界线之间，则交点对应的时刻便是突变的开始时间。

3 Mann-Kendall 检验在长江口来沙量时间序列分析中的应用

3.1 长江口来沙量概况

长江口是一个丰水、多沙、中等潮汐强度的分汊河口，上至安徽大通（枯季潮区界），下至水下三角洲前缘（30～50 m 等深线），全长约 700 多 km。河口分成 3 个区段，大通至江阴（洪季潮流界）长约 400 km。大通水文站是长江下游最后一个干流流量控制站，距长江口门约 624 km，位于长江感潮河段最上端，控制流域面积占长江流域总面积的 95%，是长江入海水沙的参考站，其水沙特性的变化对下游河口的水流运动、泥沙输移、咸淡水混合的时空分布、河床演变等有着重要的影响。大通站的监测结果表明，长江多年平均进入河口地区的输沙量为 3.90 亿 t，这些泥沙在长江口延伸、演变中发挥着重要作用。

3.2 大通站年输沙量趋势特征

1950—2010 年大通站的多年平均输沙量为 3.90 亿 t，1950—1985 年大通站多年平均输沙量为 4.70 亿 t，1986—2002 年大通站多年平均输沙量为 3.40 亿 t，2003—2010 年大通站多年平均输沙量为 1.53 亿 t。其中 2006 年特枯水文年的年均输沙量仅 0.847 8 亿 t，为 1950 年以来的最小值；近 10 年的年均输沙量比 20 世纪 60 年代减少了 67%。大通站多年入海输沙量变化情况见图 1。

从图 1 中可以看出，大通站自 1951 年以来，年入海输沙量序列一直在波动中下降，其一次线性拟合方程的斜率为 −0.606，说明 1953—2010 年中大通站年入海输沙量总体趋势是下降的。

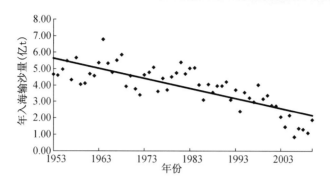

图 1　大通站 1953—2010 年入海输沙量序列趋势

用 M-K 检验对大通站 1953—2010 年输沙量变化情况进行分析,取置信水平＝0.05,查正态分布表得临界值＝1.96。从图 2 中可以看出,1953—2003 年,$|UF_k|<$ 1.96,由于在 $UF_k<U_{\alpha/2}$ 时,接受原假设,即趋势不显著,所以在置信水平 0.05 下,1953—2003 年大通站年入海输沙量序列趋势未达到显著的水平。但是,尽管趋势未达到显著水平,从图 2 中也可以看到,20 世纪 70 年代以来,UF_k 一直都小于 0,故 20 世纪 70 年代以来大通站的年入海输沙量序列趋势持续下降。从图 2 还可以看出,2003 年以来 $|UF_k|>1.96$,这表明大通站的年入海输沙量出现了显著性下降。总的说来,1951—2010 年大通站年入海输沙量呈下降趋势,这与从图 1 中所得出的结论是一致的。

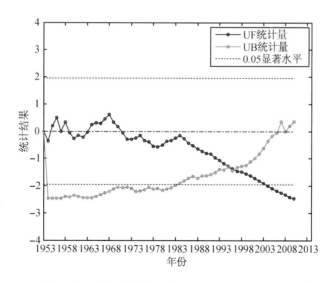

图 2　大通站年均输沙量的 Mann-Kendall 突变分析

3.3　大通站年输沙量突变特征

就长江口来沙量而言,突变是指时间序列在某时刻发生急剧变化的一种形式,表现为突变点前后平均河流悬沙浓度发生陡升或是陡降。研究突变可以从平均值、方差、自相关系数的统计量中寻找，多由序列的平均值来探讨是否有突变现象的出现。

用 Mann-Kendall 法分析检测 1953—2010 年间大通站年均输沙量的突变（结果见图 2），给定置信水平 $\alpha=0.05$，对应的临界值为临界值 ± 1.96。采用 MatLab 实现 Mann-Kendall 法的计算，结果表明，自 20 世纪 50 年代以来，大通站年均输沙量发生了一次突变，突变时间在 1997 年；从 2003 年开始，输沙量开始显著减小。以 1997 年为界，1953—1996 年年均输沙量的平均值为 4.42 亿 t，1997—2010 年年均输沙量的平均值为 2.23 亿 t，减少了 49.5%，可见，1997 年的突变是年均输沙量由高值向低值跳跃。总体说来，大通站年均输沙量从 1971 年开始一直呈减小的趋势，2003 年大通站年输沙量出现了显著性减小，1953—2002 年大通站年均输沙量的平均值为 4.27 亿 t，2003—2010 年大通站年均输沙量的平均值为 1.53 亿 t，减少了 64.2%。

4　趋势与突变原因分析

长江河口是长江流域的终端，流域的自然条件及长江流域的人类活动均会对长江口来水来沙的时空分布产生影响，其中长江流域自然条件主要包括气候变化及长江河道自然冲淤情况等，而长江流域的人类活动主要包括长江上游水土保持工程、人工采沙和水库工程拦沙等。

4.1　自然因素

1. 气候影响

长江流域产沙量既与人类活动有关，又与气候变化（如降水量变化）的影响有关。许炯心[8]基于大量实测资料，用经验统计方法研究了人类活动和降水变化对嘉陵江流域侵蚀产沙的影响，分别建立嘉陵江流域产沙量与年降水的指数方程，其中无人类活动、只受降水变化影响情况下产沙量 Q_s 与降水量 P 函数关系为：

$$Q_s = 707.3\mathrm{e}^{0.003P} \tag{6}$$

可见无人类活动情况下，产沙量与降水量的变化成正相关的关系。许继军[9]等采用 Mann-Kendall 法对 20 世纪 50 年代以来长江流域 154 个气象站降水量和 26 个主要水文站径流量的变化趋势进行了显著性检验。结果显示，长江流域降水量自 20 世纪 50 年代以来虽然有波动，但流域年降水总量整体变化趋势不显著。通过上述函数关系，可以认为流域降水量对流域的产沙影响不明显。

2. 中游河道、湖泊、支流淤积

宜昌站近 40 年来的丰沙年，按输沙量从大到小依次为 1954 年、1981 年、1968 年、1974 年、1984 年、1966 年和 1964 年，这些年份中，仅有 1981 年、1968 年、1984 年、1964 年大通站为丰沙年。上下游丰沙年不一致，说明长江中下游河道和湖泊的冲淤变化，以及支流的输沙量对大通站的输沙量有一定的调节作用。

1980 年后洞庭湖和鄱阳湖的沉积速度有所加大，其沉积通量增值分别为 7 500 t/km² 和 1 050 t/km²。下荆江裁弯后，由于城陵矶的输水输沙量减小，下荆江输水输沙量加大，造成城螺河段河床发生淤积。根据 1987—1997 年同步资料分析[10]，宜昌到大通河床年均微淤 0.35 亿 t；其中汉口到大通河段，1986 年后基本转变为淤积的态势，1986—1996 年共淤积 8.8 亿 t；并且长江二三级支河道泥沙呈加速堆积态势，部分支流出现辫状河道特点。大量泥沙在长江干流、支流河道和湖泊中沉积，直接减少了大通站输沙量。

4.2 人类活动

1. 长江上游水土保持工程

1988 年国务院批准将长江上游列为国家水土保持重点防治区，包括金沙江下游、三峡库区和嘉陵江流域。1989 年国家实施长江上游水土保持重点防治工程以来，嘉陵江流域大规模的水土流失治理收到显著成效，植被恢复迅速，北碚站输沙量发生大幅度下降，输沙量从 1990 年以前的 1.33 亿 t 下降到 1990 年以后的 0.494 亿 t，下降幅度达 62.8%[11]。金沙江屏山站输沙量虽有增加，但幅度很小，1990 年后年均输沙量仅增加 1.1%。

金沙江和嘉陵江多年平均含沙量分别占宜昌输沙量的 49.6% 和 27.1%[12]，若不考虑沿程冲刷恢复的条件下，大通站输沙量中的 70% 与宜昌站有关[13]。金沙江屏山站和嘉陵江北碚站输沙量分别约占大通站输沙量的 34.7% 和 19.0%。按照理想情况，北碚站输沙量减少对应大通站约减少 11.9%，屏山站对应于大通站输沙量约增加 0.4%。故 1990 年后，长江上游总的来沙量减少使大通站输沙量约减少 11.5%。

2. 人工采沙的影响

近年来，江沙采挖量在加大。据 2005 年不完全调查统计[14]，宜昌至沙市河段 2003—2005 年采沙总量在 2 070 万～3 830 万 t，年均采沙 690 万～1 280 万 t。宜昌到大通河床大量采沙，势必淤积量越大，导致了泥沙在长江干流的淤积，导致供沙进一步减少，从而减少了大通站的输沙量。

3. 水库工程拦沙

长江上游径流主要来自金沙江、岷江、沱江、嘉陵江和乌江等河流，悬移质泥沙主要来源于金沙江、嘉陵江、岷江。长江流域干流支流上分布了大量的水利工程，尤其是长江中上游地区。从图 3 及图 4 的相关性也可以看出，长江入海泥沙的减少跟上游大型水库的建设存在着密切联系，随着上游总库容的扩大，大量流域泥沙被拦截在库区，导致入海泥沙显著减少。对于来沙量减少的原因，据杨世伦、李明等研究成果[15]，尽管长江流域的水土保持、采沙等因素有一定的作用，但流域修建了大量水库才是长江入海泥沙量下降的根本原因。1950 年以来，长江流域共修水库近 5 万座，其中大型水库 143 座，累计库容约 2 000 亿 m³，占流域年径流量的 22%。水库的拦沙作用巨大，从 2003 年 6 月三峡水库蓄水到 2003 年 12 月的 7 个月中，就有 1.24 亿 t 泥沙淤积在库内，占同期入库泥沙的 60%。输沙率随着流域累计库容的增多而下降，两者呈显著的负相关关系(图 5)。

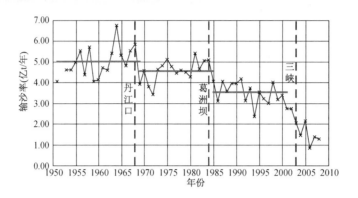

图 3　长江大通站历年输沙率

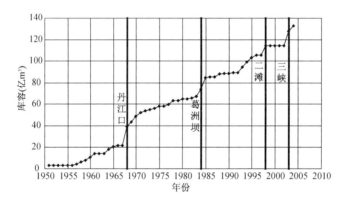

图 4　长江流域大型水库累计库容变化

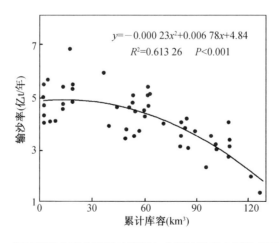

图 5　长江流域大型水库累计库容与大通输沙率之间的相关关系

5 来沙量减少对长江口局部冲淤的影响

近年来,由于长江下泄水量变化不大,无特大洪水作用,而沙量持续减少较为明显,因此,流域水沙变化对长江口河势的影响主要体现在供沙不足引起的河口局部冲淤变化。本文以三峡工程建设前后长江口河势变化做对比,发现对南支的影响相对明显,主要体现在河槽容积扩大、江心沙洲冲刷缩小、主槽拓宽、中下段深槽淤积等。在南北港区域,河势变化更多地是由于受上游河势影响及南北港分流口区域相关工程的作用,仅由流域来沙的减少所产生的影响尚不明显。在拦门沙河段,受其特殊水沙环境的影响,流域来沙的变化尚未显现在地形变化上,其中北槽主槽及南槽河槽容积的扩大更多地是来自长江口深水航道治理工程、南汇东滩促淤圈围等周边涉水工程的影响。在口外,长江下泄泥沙的减少,使得水下三角洲部分区域呈现出由淤积转为冲刷的特征(图6)。

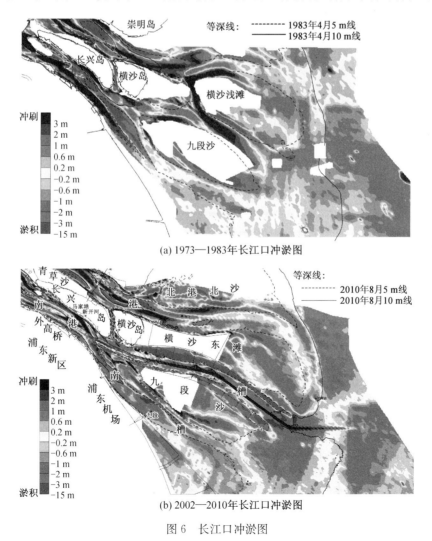

(a) 1973—1983年长江口冲淤图

(b) 2002—2010年长江口冲淤图

图 6　长江口冲淤图

6 结论

（1）本文采用 Mann-Kendall 法分析大通站近几十年的监测资料,结果表明,近几十年来,大通站的年均输沙量一直呈下降趋势,1997 年大通站的年均输沙量出现了突变下降显著,2003 年开始下降显著。

（2）长江口来沙量减少主要是由于流域供沙量的减少,主要影响因素是人类活动。首先是长江流域各种水库工程拦沙,其次是长江口上游水土保持重点防治工程的实施,同时也与人工采沙、长江中下游干流、湖泊和支流淤积加速有关。

（3）长江口来沙量减少对长江口南支及口外三角洲影响相对明显,均表现为冲刷特征,对此长江口综合治理相关部门应当充分给予重视。

（4）长江口水沙运动复杂,不仅与上游来水来沙条件有关,还受时刻变化的海域来水来沙影响。因此,在长江中上游诸多水利工程建设之际,应加强监测,以现场资料来验证各工程设计阶段的影响分析预测,当不利变化发生时,及时采取应对之策。

参考文献:

［1］李长安,殷鸿福,俞立中,等.关于长江流域生态环境系统演变与调空研究的思考[J].长江流域资源与环境,2001,10(6):550-557.

［2］杨莲梅.新疆极端降水的气候变化[J].地理学报,2003,58(4):577-583.

［3］李怡庭,翁建华.黄河干流重点河段水质变化趋势分析及水质管理对策探讨[J].水文,2003,23(5):16-18.

［4］刘春蓁.近 50 年海河流域径流的变化趋势研究[J].应用气象学报,2004,15(4):385-393.

［5］丁晶,邓育仁.随机水文学[M].成都:成都科技大学出版社,1988.

［6］MANN H B. Non-parametric test against trend [J]. Econometrica, 1945(13): 245-259.

［7］KENDALL M G. Rank Correlation Methods [M]. Charles Griffin, London, 1975.

［8］许炯心.人类活动与降水变化对嘉陵江流域侵蚀产沙的影响[J].地理科学,2006,26(4):432-437.

［9］许继军,杨大文,雷志栋,等.长江流域降水量和径流量长期变化趋势检验[J].人民长江,2006,37(9):63-67.

［10］水利部长江水利委员会水文局.1998 年长江洪水及水文检测预报[M].北京:中国水利水电出版社,2000:77-85.

［11］马炼,张明波,郭海晋,等.嘉陵江流域水保治理前后沿程水沙变化研究[J].水文,2002(2):27-31.

［12］林承坤.长江口泥沙来源分析与数量计算[J].泥沙研究,1984,6:22-23.

［13］陈立,吴门伍,张俊勇.三峡工程蓄水运用对长江口径流来沙的影响[J].长江流域资源与环境,2003,12(1):50-54.

［14］熊明,许全喜,袁晶,童辉.三峡水库初期运用对长江中下游水文河道情势影响分析[J].水力发电学报,2010(1):120-125.

［15］李明,杨世伦,李鹏,等.长江来沙锐减与海岸滩涂资源的危机[J].地理学报,2006,61(3):282-288.

长江口近期水沙运动及河床演变分析

朱博章[1]　付　桂[1]　高　敏[1]　赵德招[2]

(1. 交通运输部长江口航道管理局，上海　200003；
上海河口海岸科学研究中心河口海岸交通行业重点实验室，上海　201201)

摘　要：本文利用长江口历史研究成果和近期的水、沙及地形监测资料，系统对比分析和总结长江口水沙特性和河势变化规律，预测长江口河床演变趋势。结果表明：长江口深水航道治理工程建设以来长江口河势总体保持稳定，该工程和南北港分汊口工程的建设对稳定河势起到了重要作用；长江口水沙运动基本规律无明显变化；上游来水来沙条件的变化对长江口滩槽及口外地形变化的影响已有所表现，对北槽深水航道冲淤的影响暂不明显；长江口河势仍会基本按近期变化趋势发展，部分河段的不利变化趋势应当高度重视，必要时需采取相应的工程措施。

关键词：长江口；水沙变化；河床演变；演变趋势

1　前言

长江口为巨型多沙河口，径潮流动力强劲，滩槽演变复杂(图 1)。近期长江口河床演变的边界条件，如流域来沙出现了明显的减小趋势，长江口区域内的人类活动如采砂、滩涂圈围和岸线开发等也有所加强。在自然演变和人类活动的双重影响下，长江口河势出现了新的变化。

本文利用历史研究成果(1998 年以前)和近期的水、沙及地形监测资料(1998 年以后)，系统对比分析和总结长江口水沙特性和河势变化规律，预测河床演变趋势，为长江口深水航道维护、长江口航道后续治理开发、河势控制以及其他水资源开发利用等涉水工程决策提供科学依据。

2　长江口水沙特性和河床历史演变规律

2.1　长江口水沙运动特性

河口水动力因素包括径流、潮流、波浪、风和盐水楔异重流等，这些因素中对长江口

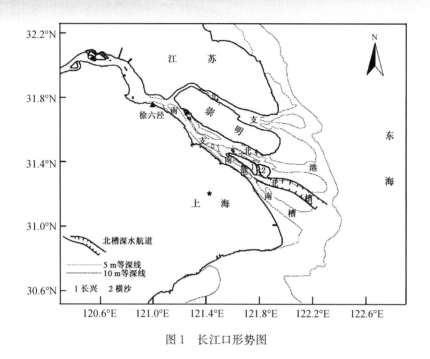

图 1　长江口形势图

河床演变起到主要作用的是径流和潮流。长江口属大径流、中等潮差河口,潮量极大。径流和潮流两股动力在时、空范围内的复杂变化及相互消长作用,是导致长江口复杂演变的主要原因。长江口水动力特性主要表现如下:径流量充沛,径流年内具有明显的季节性变化特征,其中 5—10 月为洪水期,其径流量约占年径流总量的 71.7%;口外潮汐为正规半日潮,口内潮汐变为非正规半日浅海潮,潮波在河口内传播过程中发生变形,沿程高、低潮位增加、潮差减小、涨潮历时缩短、落潮历时增长;拦门沙航道上段潮流方向以往复流为主,口外为顺时针旋转流;南、北港潮量及径流分配比较稳定,而南、北槽则处于不断发展过程中。

　　长江口泥沙主要来自长江流域。流域来沙经沿程分选,至长江口主要以悬移方式输运入海,较粗部分沉积在口外三角洲,细颗粒则被带到外海。在河口地区水动力条件下,咸、淡水交汇,形成河口环流系统并产生细颗粒泥沙絮凝沉降。长江口南支水域水体含沙量总体上与上游来沙关系密切,呈洪季大、枯季小的变化特点。但口外水体含沙量则更易受风浪和潮流动力条件控制,表现为枯(冬)季大,洪(夏)季小;大潮大,小潮小;大潮涨潮含沙量明显大于落潮。与同级汊道相比,北支含沙量高于南支,北港高于南港,南槽高于北槽。

2.2　长江口河床历史演变规律

　　近 2 000 年,长江河口的发育模式呈单向演变性质,代表了长江口演变的总趋势,主要有以下四个变化特征:①向外延伸,河口束窄;②南岸边滩推展,河口向南偏转;③北岸沙岛并岸;④江面束狭,河槽加深。长江口三级分汊、四口入海的总格局是在特定条件下形成的,由于边界条件的变化,这种格局将会保持长期稳定。

历史上南支上段河势的不稳定是南支下段各汊道河势变化的主要原因。在徐六泾节点形成后,南支上段河势不稳定的原因已消除,南支上段河势将会保持相对稳定。局部河势,特别是南、北港及南、北槽分汊口的局部河势变动因素仍然存在。南港深槽长期稳靠南岸,而北港深槽存在周期性南、北易位。上游河段河势的变化对北槽的影响较北港和南槽明显为小,在三条主要入海汊道中,北槽的河势稳定性最好。

3 近期水沙及河势变化情况

3.1 近期主要人类活动

近年来随着人类对河口开发强度的加大,长江口水域实施了很多涉水工程,河道岸线边界条件的人工控制作用越来越强。涉水工程主要包括长江口深水航道治理工程、新浏河沙护滩及南沙头通道潜堤工程、中央沙圈围及青草沙水库工程、促淤圈围与吹填工程、港口码头工程、桥梁工程、人工采砂活动等。其中促淤圈围工程包括徐六泾河段北岸围垦工程、东风西沙圈围工程、常熟边滩圈围、横沙东滩促淤圈围工程、南汇嘴人工半岛、长兴岛北沿滩涂促淤圈围工程、浦东机场外侧促淤圈围工程。人工采砂包括瑞丰沙采砂及白茆沙采砂等。这些人类活动对河口河势及水沙变化等均产生了明显影响。

3.2 近期水沙变化

1. 河口潮波特性变化

河口潮波变化可在一定程度上反映了潮汐水流动力的变化,主要表现为长江口口外潮位特征值比较稳定,长江口潮波从东海传入,潮波前进方向基本没有变化,口外潮波总体仍沿 350°方向传入长江口。近 10 年来,河口段内的潮波前进方向基本没有变化,但主要潮位站的潮汐特征值发生了变化,表现为年平均海面、年平均高潮均总体呈明显下降的变化趋势,年平均低潮则相对稳定;年平均涨、落潮差均为减小趋势;但年平均涨、落潮历时基本比较稳定。

2. 主汊道分流分沙变化

南支为主汊,1998 年以来,南支分流比继续保持在 95％以上。

南北港为长江口的第二级分汊。1998 年以来,南、北港的分流分沙比总体上仍在 50％量值上、下波动,其波动幅度仍未超出历史变化范围。

1998 年长江口深水航道治理工程实施以来,北槽落潮分流比总体呈减小趋势。随着北槽分流比的减小,南槽落潮分流比则总体呈增加态势,南槽分流比的增大主要导致南槽上段的河槽冲刷,南槽并无出现全线冲刷发展的迹象。

3. 河口含沙量变化

根据近期观测资料可知,长江口水体含沙量总体仍呈北支大于南支,口外大于口内的分布特点。伴随近期流域来沙的持续减小,口内(南支)洪季水体含沙量有明显降低。南、北港水体含沙量总体呈涨潮含沙量大于落潮含沙量,且近几年无明显的减小趋势。

从目前掌握的资料来看,上游来水来沙条件变化对拦门沙区段的水体含沙量的影响尚不明显。拦门沙区段水体含沙量主要受潮汐动力控制,口外大片滩地泥沙的起悬为拦门沙水体含沙量增大提供物质来源。

3.3 近期河床演变分析

长江口三级分汊、四口入海总格局稳定。长江口近期人类活动及水沙条件的变化仅对长江口局部河势变化有一定的影响。以下分不同河段,对长江口河势近期演变做简要分析

1. 南支河段

近 10 年来,南支河段总体滩槽格局保持稳定,2007 年南北港分汊口新浏河沙护滩及南沙头通道潜堤工程实施使"三沙"沙头冲刷后退、南沙头通道下段冲刷发展及宝山北水道缩窄扭曲等原不利河势变化状况得到基本控制,但仍存在白茆沙沙头冲刷后退、南支中段主槽北拓深泓淤浅、下扁担沙沙尾持续淤涨南压、新浏河沙包尾部淤积下延等局部不利的河势变化。

2. 南港河段

1998 年以来,在南港上口局部河势变化和人类采砂活动的双重作用下,瑞丰沙中、下沙体加速消失,南港河槽形态总体呈"W"型复式向单一"U"型河槽转变的态势,导致南港南岸淤积,主槽深泓北移。

3. 北槽河段

1998 年长江口深水航道治理工程实施后,北槽河床总体上呈现整治段主槽河床冲刷、丁坝坝田淤积的特点,河槽断面形态进一步向窄深方向调整,全槽形成了一条上下段平顺相接、具有相当宽度的覆盖航道的微弯深泓,拦门沙得以"打通",有利于河势稳定。

4. 南槽河段

1998 年以来,伴随着北槽落潮分流比的减小,南槽落潮分流比有所增大,南槽上段主槽发生了冲刷,南槽拦门沙滩顶最浅段的位置有所下移,但滩顶最浅水深仍维持在 6 m 左右,下段主槽及南汇边滩还有所淤积,江亚南沙沙尾呈不断向南槽中段航道方向持续淤涨态势。

5. 北港河段

近 10 年来,随着新桥通道整体下移,北港上段主槽整体呈进一步坐弯的态势,河床冲淤主要表现为主槽北侧(凹岸侧)河床受冲,南侧浅滩淤积,但 2007 年中央沙圈围、青草沙水库和长兴岛北沿圈围等工程实施以后,北港上段主槽稳定性总体有所增强。同期北港拦门沙浅段河床总体较为稳定,最浅滩顶水深也变化不大。

6. 北支河段

1998 年以来,北支分流比继续维持在 5.0% 以内,涨潮流仍占绝对优势。一系列护岸、围垦工程等人类活动对北支河道演变的影响极其深刻。北支中下段的围垦缩窄一定程度上减少了北支进潮量,河槽容积得到冲刷扩大,在一定程度上促进了北岸沿岸深槽的稳定和发展。

4　上游来水来沙对河口影响初步分析

4.1　流域来水来沙条件变化

长江口多年平均径流量约为 9 000 亿 m³,径流量年际间虽有一定幅度的波动,但无明显的趋势性变化,且年内分配规律也基本没变。

长江口来沙量丰富,但年输沙量自 20 世纪 80 年代中期以来呈明显的减小趋势。尤其 2006 年的年平均输沙量仅为 0.85 亿 t,创下了 1950 年以来的最低记录。2009 年大通站的年平均输沙量为 1.12 亿 t。

4.2　对长江口河床演变的影响

1. 南支及南港河段

长江流域来沙量的减小,将首先在南支河段有所体现,因此,南支的河床演变亦将做出相应的调整响应。近年来长江口南支河段以下河槽容积总体有所扩大,白茆沙、白茆小沙、新浏河沙以及南港的瑞丰沙等主要江心沙洲呈冲刷缩小趋势。南支河槽容积的扩大和江中沙洲的冲刷应是对流域来沙减小的响应。

2. 拦门沙河段

拦门沙河槽的演变主要与径流、潮流和盐淡水混合引起的滞流点、滞沙点和区域水体的含沙量等要素有关。近期,尤其三峡工程运营后,流域来水总量和年内分配并没有发生根本性改变。流域来沙虽有所减小,且长江口南支含沙量也有所下降,但拦门沙区段水体含沙量变化因主要受控于潮汐、风浪等海洋动力因素,近期并无明显的变化。由此可知,决定拦门沙河槽演变的动力和泥沙条件并未发生大的改变,近期长江流域来沙减小对拦门沙河槽演变的影响并不明显。

3. 水下三角洲

由于拦门沙滩长,水下三角洲坡度平缓,历史上由于长江挟带大量泥沙入海,河口水下三角洲缓慢向海淤涨。近期流域来沙减小后,水下三角洲泥沙的补充来源减小,水下三角洲向海淤涨的速率应有所减小。从大时间尺度来看,由于海洋潮汐动力的定常性,为满足水流挟沙能力的需要,流域进入河口的泥沙减小后,水下三角洲应会向河口水体补充泥沙,部分区域河床可能会有冲蚀发生。近期在北槽口外以南区域已有所冲刷,8 m 等深线明显向陆后退。

5　长江口河床演变趋势分析

5.1　长江口未来主要涉水工程规划

长江口未来主要涉水工程规划目前经国家批准主要包括水利部的《长江口综合整

治开发规划》和交通运输部的《长江口航道发展规划》。

《长江口综合整治开发规划》于 2008 年获国务院批准,规划水平年为 2010 年和 2020 年。《长江口综合整治开发规划》提出以稳定河势为重点,据此规划,尚待实施的河势控制工程主要包括:①徐六泾节点及白茆沙河段整治工程;②下扁担沙右缘固定工程;③瑞丰沙右缘固定工程;④南汇边滩促淤圈围工程;⑤北支整治工程。

《长江口航道发展规划》于 2010 年 8 月通过交通运输部批复,规划水平年为 2010 年和 2030 年。规划主要目标是争取利用 10～20 年的时间,建成以长江口主航道为主体,北港、南槽和北支等航道共同组成的长江口航道体系,确保长江口主航道 12.5 m 水深畅通并进一步向上延伸,北港、南槽和北支等航道资源得到合理开发利用和有效保护。根据此规划,尚待实施的航道整治工程主要包括:①白茆沙护滩工程;②扁担沙治理工程;③瑞丰沙治理工程;④北港航道治理工程。

5.2　长江口河床演变趋势

1. 长江口河势总体演变趋势

未来长江口河势将在"三级分汊、四口入海"这个总体格局稳定的前提下,主要表现为两侧固定岸线范围内的局部滩槽冲淤调整。但另一方面,受长江流域来沙减小的影响,长江口口内的主要洲滩发生持续性冲刷,滩槽演变加速。主要洲滩在人工固定之前,局部河势和航道的稳定性仍然较差。

2. 长江口各河段演变趋势

从近期的河床演变过程来看,在规划中的河势控制工程和航道整治工程实施前,长江口河势仍会按近期的演变趋势发展,部分河段的不利变化态势将会对该区段的航道开发建设和水深维护产生一定的负面影响,应当引起重视。

(1)南支河段(含南北港分汊口)。未来一段时期内,南支河段的主要滩槽格局将继续保持稳定,但存在白茆沙沙头继续冲刷后退,沙体缩小,白茆沙南、北水道"南强北弱"态势进一步发展,南支中段主槽继续北拓、深泓淤浅,下扁担沙和新桥沙沙尾继续淤涨南压,新浏河沙包沙尾继续淤积下延等局部不利河势变化等,在一定程度上影响了南支河势和航道稳定性。目前,南支浏河口断面主槽深泓水深已由 40 m 淤浅至 20 m,并有进一步淤浅的可能。下扁担沙和新桥沙沙尾进一步淤涨南压,将会促使新浏河沙护滩北堤和青草沙水库北堤上段堤外滩地的冲刷加剧,滩坡变陡,影响该段整治建筑物的稳定。而新浏河沙包残余沙体的变化则可能会增加深水航道向上延伸段宝山北水道 12.5 m 航道的维护疏浚量等。

《长江口航道发展规划》有白茆沙治理工程和扁担沙治理工程。为维持南支目前相对良好的河势条件,结合 12.5 m 深水航道向上延伸,应抓紧实施白茆沙治理工程和扁担沙治理工程。

(2)南港河段。南港近期河势演变特点为,在人工采沙(2000—2005 年)和自然冲刷的共同作用下,瑞丰沙中、下沙体缩小,南港南侧近岸大幅淤积,南港中、下段深泓北偏于三期工程原设计航槽的北侧,同时,12.5 m 深槽上缩。与三期工程初步设计阶段相比,上述变化已增加 12.5 m 深水航道(三期内航道)的基建工程量,并将对后期的维护产生影响。同时,导致了外高桥四、五期码头和进港航道的淤积。由于瑞丰沙中、下沙体的缩小,其"挡沙"功能基本消失,南港进入北槽的泥沙增多,北槽分沙比会有所增大,对北槽深水航道的长期维护不利。

在不采取工程措施的前提下,未来南港瑞丰沙残余沙体仍会呈微冲态势,南岸外高桥四至六期码头前沿自然水深维持在 9.5 m 左右,南港 12.5 m 深水航道(三期内航道段)需适量疏浚才能维持相应水深。

《长江口航道发展规划》有瑞丰沙治理工程。为改善三期内航道的维护条件和外高桥码头前沿水深条件,防止北槽分沙比,尤其是底沙分沙比的上升,有必要实施瑞丰沙治理工程。

(3)北槽河段。长江口深水航道治理工程(一至三期)实施后,北槽水沙条件得到改善,河床形态由宽浅向窄深方向调整,形成了一条微弯,具有相当宽度并覆盖航道的深泓,12.5 m 航道水深如期贯通。整治工程实施期间,北槽落潮分流比虽有一定幅度降低,但北槽深槽容积却有所扩大。目前,北槽下断面仍维持 40% 以上的落潮分流比量值。

未来,随着整治工程引起的河床冲淤调整的完成,北槽河势和航道稳定性将会进一步增强,南北槽分流格局将得以保持,北槽仍将是一条极具生命力且兼具深水航道通航能力的河口汊道。鉴于当前长江口 12.5 m 深水航道维护量仍然较大,建议抓紧后续的减淤方案研究。

(4)南槽河段。长江口深水航道治理工程实施期间,由于南槽分流比的增大,南槽上段河床冲刷,拦门沙浅段长度有所缩短,但拦门沙滩顶最浅水深仍维持在 5.5 m 左右。伴随着南北槽分流格局的稳定,未来,南槽河势将趋于稳定。

(5)北港河段。在当前南北港分汊口河势,尤其下扁担沙尚未稳定的情况下,北港上段主槽仍有进一步坐弯的可能,青草沙水库中、下段外侧淤积,堡镇沙南沿冲刷,上述变化将会影响北港上段深槽和长江大桥主通航孔的稳定。而北港拦门沙河段在自然条件下,仍将保持稳定,航道拦门沙滩顶最浅水深维持在 6 m 左右。

《长江口航道发展规划》有北港航道治理工程。根据条件变化和航运需要,应择机实施堡镇沙护滩堤和拦门沙航道治理工程。

(6)北支河段。近期北支河势总体较为稳定。未来,随着《长江口综合整治开发规划》北支中、下段圈围缩窄,北支上段崇明侧为凸岸、青龙港—大新港侧为凹岸,北支中下段深槽靠北岸的河势格局将继续保持稳定。目前,可根据经济发展情况和河势演变情况,研究制订北支航道的开发目标。

6　结论

(1)长江口深水航道治理工程建设以来长江口河势总体保持稳定,该工程和南北港分汊口工程的建设对稳定河势起到了重要作用。

（2）长江口水沙运动基本规律无明显变化。

（3）近期流域来沙量明显减少。流域来沙条件的变化对长江口内滩槽及口外地形变化的影响已有所显现，表现为口内的南支河段河槽容积扩大，主要江心沙洲冲刷缩小，主槽淤浅；口外水下三角洲部分区域呈现冲刷。但河口拦门沙河段的冲淤变化主要受当地动力和泥沙等条件制约，目前流域来沙量的减小对深水航道的冲淤影响暂不明显。

（4）长江口"三级分汊、四口入海"总体河势格局仍将保持基本稳定。各河段河势仍会基本按近期的变化态势发展，局部河段的不利变化将会对该区段局部河势的稳定和航道的建设及维护产生不利影响，应当及早实施有关规划中的河势控制和航道整治工程。

参考文献：

［1］ 交通运输部长江口航道管理局.长江口深水航道治理工程项目自我总结评价报告［R］.上海：交通运输部长江口航道管理局，2011.

［2］ 交通部长江口航道管理局.长江口深水航道治理工程成套技术总报告［R］.上海：交通部长江口航道管理局，2006.

［3］ 陈吉余，沈焕庭，恽才兴.长江河口动力过程与地貌演变［M］.上海：上海科学技术出版社，1988.

［4］ 恽才兴.长江河口近期演变基本规律［M］.北京：海洋出版社，2004.

［5］ 陈吉余.21世纪的长江河口初探［M］.北京：海洋出版社，2009.

［6］ 高敏，范期锦，谈泽炜，等.对长江口北槽分流比的分析研究［J］.水运工程，2009(5)：82-86.

［7］ 交通运输部长江口航道管理局.长江口航道发展规划(报批稿)［R］.上海：交通运输部长江口航道管理局，2010.

［8］ 上海市水务局，上海市海洋局.上海市滩涂开发利用及保护"十二五"规划(报批稿)［R］.上海：上海市水务局，2009.

［9］ 水利部长江水利委员会.长江口综合整治开发规划要点报告(2004年修订)［R］.武汉：水利部长江水利委员会，2005.

基于分层地基模型的闸首分缝底板计算方法

何良德[1,2]　梅　霆[2]　周俊波[3]　谢　红[3]　孙保虎[3]

(1. 河海大学海岸灾害及防护教育部重点实验室,江苏 南京　210098;

2. 河海大学港口海岸与近海工程学院,江苏 南京　210098;

3. 湖北省交通规划设计院,湖北 武汉　430051)

摘　要: 为研究深基坑开挖对地基沉降和分缝底板内力的影响,分析地基应力在船闸施工期、运行期的变化全过程,探讨土体回弹模量和压缩模量的关系,基于分层总和法,建立反映地基应力历史影响的非线性分层地基模型。结合龙洲坑船闸实例,探讨自重折扣法、并列铰接空间地基梁法在分缝底板计算中的应用。回弹模量比的影响分析表明,在合缝至完建期,底板下地基刚度呈现中部大、两侧小的特征,若不考虑再压缩模量的影响,则计算的底板沉降偏大、负弯矩偏小。通过多种合缝方案对比分析,建议合缝前边墩尽可能一次浇筑到顶,必要时再通过回填土调整底板内力。施工时应加强沉降与应力监测,应用基于分层地基模型的反分析方法,及时验证设计,动态调整施工方案,以确保底板弯矩在可控范围内。

关键词: 航道工程;船闸;分层地基模型;再压缩模量比;自重折减系数;空间地基梁

1　前言

　　软基上船闸闸首一般采用整体坞式结构[1]。为了减小边墩和边载质量产生的底板负弯矩,防止在墩后回填土过程中底板中部面层产生纵向裂缝,常采用"墩底分浇、预留宽缝、后期封合"的施工方案,即将底板在横向分为 3 块,各块间预留宽缝,后期再回填整浇[2]。

　　分缝底板设计需要确定宽缝位置、合缝前边墩浇筑和回填土高程以及合缝时间。合缝前、后的计算需要考虑结构体系的转换以及地基固结特性的影响,方能较为准确地分析预留宽缝减小底板负弯矩的效果。苏超等[3-4]提出了半无限黏弹性地基上基础梁的计算方法,可合理模拟分缝底板的受力特性,但由于模型系数较难确定,限制了该法的推广应用。陈璐等[5]结合江苏省土基上船闸工程实例,介绍了工程界常用的自重折扣法,对自重折减系数的取值进行了探讨。周清华等[6]、冯大江[7]、刘晓平等[8]先后基于 Biot 固结理论,应用有限元仿真分析技术,对土基固结沉降特性及其对分缝底板内力的影响进行了研究。

在初步设计阶段,为了快速进行方案比选和优化,仍常用规范推荐的分段-截条成梁法计算底板内力;在技术设计阶段,宜采用空间有限元法进行精细的结构分析。分段-截条成梁法通过不平衡剪力反映各特征段之间的相互作用,但并不满足接缝面位移协调条件,其次规范的剪力分配法不适用结构或荷载不对称的闸首计算[9]。为了避免截条法的不足,何良德等[10]提出了并列铰接空间地基梁法,可提高底板内力计算精度。

目前,船闸沉降计算常采用考虑闸基深开挖卸载回弹效应的 e—p 回弹再压缩曲线或 e—$\lg p$ 曲线的分层总和法。但在底板内力计算时常用文克尔地基、半无限或有限深弹性地基[11]等模型,内力与沉降计算的地基模型没有得到统一。笔者在分层总和法的基础上,建立了考虑基坑卸载影响的非线性空间地基模型;基于自重折扣法和分层地基模型,结合工程实例提出模拟宽缝施工的分段分块计算模型,分析再压缩模量比对底板沉降、内力的影响,探讨动态调整宽缝施工方案的优化设计思路。

2　考虑基坑卸载影响的地基模型

2.1　回弹与再压缩问题

在开挖大型基坑时,常观测到坑底土壤膨胀、底面升高的现象。高层建筑的箱基基底处的土自重压力(即开挖卸荷压力)约占基底总压力的 50%～70%;回弹再压缩量占完工时沉降量的比例,在一般第四纪土中高达 30%～60%,在沿海软土中虽小些,但也有 14%～34%。以艾伦港船闸[12]为例,基坑深度为 17.37 m,实测回弹量在中心线处为 8.8 cm,在坡脚处为 7.9 cm;船闸完建充水前实测沉降量为 5.8 cm,小于实测回弹量。前苏联在开挖船闸基坑(深 10 m 左右)和降低地下水位的同时,观测到坑底面升高 10 cm 以上。因此,回弹再压缩量问题在船闸工程中不容忽视。

2.2　再压缩沉降计算方法

现阶段坑底回弹量计算方法很多[13],有规范方法、残余应力法、解析法和经验公式法等。根据地基应力历史,地基沉降将经历地基土回弹、再压缩沉降、附加应力沉降 3 个过程。底板施工时可近似认为地基土回弹已完成,底板沉降包括再压缩沉降、附加应力沉降两部分,可按式(1)计算:

$$s = s_1 + s_2 = \sum_{i=1}^{n} \left(\psi' \frac{p_c}{E'_{si}} + \psi_s \frac{p_0 - p_c}{E_{si}} \right)(z_i \bar{\alpha}_i - z_{i-1} \bar{\alpha}_{i-1}) \tag{1}$$

式中:s 为基础最终沉降量;s_1 为地基回弹再压缩产生的变形;s_2 为地基附加压力产生的变形;ψ' 为考虑回弹影响的沉降计算经验系数,无经验时取 $\psi' = 1$;ψ_s 为沉降计算经验系数;E'_{si},E_{si} 为基底下第 i 层土的回弹再压缩模量、压缩模量;p_c 为基底处地基土自重压力;p_0 为基底压力;z_i,z_{i-1} 为基底至第 i 层、第 $i-1$ 层底面的距离;$\bar{\alpha}_i$,$\bar{\alpha}_{i-1}$ 为基底计算点至第 i 层、第 $i-1$ 层范围内的平均附加应力系数。

回弹模量 E'_s 与回弹指数 C_e 之间存在以下关系[13]：

$$E'_s = \frac{(p_2 - p_1)(1 + e_2)}{C_e \lg\left(\frac{p_2}{p_1}\right)} \qquad C_e = \frac{e_1 - e_2}{\lg\left(\frac{p_2}{p_1}\right)} \qquad (2)$$

式中:e_1 为卸荷到一定荷载 p_1 后对应的孔隙比;e_2 为卸荷前荷载 p_2 对应的初始孔隙比。

回弹指数 C_e 与压缩指数 C_c 之间存在一定的比例关系,一般黏性土壤的 $C_e \approx (0.077 \sim 0.2)C_c$[13], $E'_s \approx (5 \sim 13)E_s$,表明回弹模量明显大于压缩模量数,对于工程实践有重要指导意义。

2.3 非线性分层地基模型

在建筑领域,常把计算沉降的分层总和法[14-15]应用于地基上梁和板的分析。分层总和模型的主要优点在于能较好地反映地基土扩散应力和变形能力,可以反映边载的影响,能考虑地基土沿水平与深度变化的非均匀性。此外,还便于修改模量,近似模拟地基土的非线性性质。

笔者基于式(1)提出考虑基坑卸载影响的非线性分层地基模型,地基沉陷计算公式为:

$$\eta_{ij} = \sum_{t=1}^{n_i} \eta_{tij} \qquad (3)$$

其中

$$\eta_{tij} = \begin{cases} \psi' \dfrac{\sigma_{0,\,tij}}{E'_{sti}} h_{ti}, & \sigma_{0,\,tij} < \sigma_{c,\,ti} \\[3mm] \left(\psi' \dfrac{\sigma_{c,\,ti}}{E'_{sti}} + \psi_s \dfrac{\sigma_{0,\,tij} - \sigma_{c,\,ti}}{E_{sti}}\right) h_{ti}, & \sigma_{0,\,tij} \geqslant \sigma_{c,\,ti} \end{cases}$$

式中:η_{ij}, η_{tij} 为由 j 节点处压力 p_j 在 i 节点处产生的沉陷,以及在第 t 分层的压缩量;n_i 为第 i 节点处地基分层数;h_{ti}, E'_{sti}, E_{sti} 为第 i 节点处地基中第 t 分层的厚度、回弹再压缩模量、压缩模量;$\sigma_{c,\,ti}$ 为第 i 节点处地基中第 t 分层由基坑开挖卸载引起的自重压力减小值;$\sigma_{0,\,tij}$ 为第 i 节点处地基中第 t 分层由 j 节点处压力 p_j 引起的竖向附加应力的平均值,可用该层中点处的附加应力值来代替(附加应力一般用 Boussinesq 公式计算,有基桩时应用 Mindlin 公式求解。沉降计算应考虑边载引起的垂直附加应力)。

3 施工过程的模拟方法

3.1 自重折减系数

自重折扣法就是在合缝前和合缝后对结构自重和回填土自重进行不同程度的折

减,然后分别计算合缝前后的地基沉降和底板内力,近似模拟地基沉降和底板内力的变化过程,反映地基固结特性的影响。合缝前后的计算原理与整体浇筑的底板相同。

假定合缝前边墩自重、底板自重、回填土重的折减系数分别为 ξ_1,ξ_2,ξ_3,一般情况下 $0.3 < \xi_i < 0.9$[5]。由于边墩土压力等水平荷载产生的地基沉降较小,其固结明显快于垂直荷载作用,因此,可不考虑水平荷载的折减作用。合缝前按分离式结构计算,中间底板与边墩(含边底板)自重互为边载。合缝前折减的荷载在合缝后剩余系数为 $1 - \xi_i$,新增荷载不考虑折减,合缝后按整体式结构计算。

3.2 空间地基梁法

闸首底板纵向长度为 b,横向宽度为 l,根据分段原则可将底板划分成 m 段,成为 m 根并列空间地基梁,梁宽分别为 b_i;再将 $m-1$ 个梁间截面、m 个梁底接触面沿梁长方向分为 n 个区段,如图 1(a)所示。为了简化计算,考虑到影响各段底板内力的主要因素,可以认为梁间 i 截面的 k 区段只产生竖向剪力 $Q_{i-1,k}$,i 梁底接触面的 k 区段只产生竖向地基反力 $N_{i,k}$,如图 1(b)所示。考虑到梁底地基反力的横向不均匀性,可视分段宽度的大小,适当增加 $N_{i,k}$ 分量的个数。为表述方便,假定地基反力 $N_{i,k}$ 分成 $S_{i,k}$ 和 $T_{i,k}$,如图 1(c)所示。

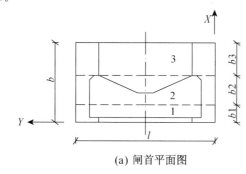

(a) 闸首平面图

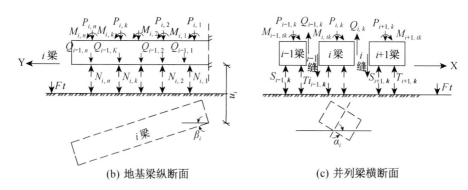

(b) 地基梁纵断面　　　　(c) 并列梁横断面

图 1　并列铰接空间地基梁法计算图式

对各梁分别采用混合法,取固定于右侧面的悬臂梁作为基本系。未知值是各梁的 $Q_{i,k}$,$N_{i,k}$ 以及右端面的竖向位移 u_i、横向转角 α_i 和纵向转角 β_i,共有 $n(m-1)+$

$m(2n+3)$ 个。

根据梁间截面位移协调、梁底接触面位移协调以及梁力平衡条件,可写出混合法典型方程,用分块矩阵表示为

$$
\begin{bmatrix}
\omega_{QQ} & \omega_{QN} & -1 & -x_Q & -y_Q \\
\omega_{NQ} & \omega_{NN}+\eta_{NN} & -1 & -x_N & -y_N \\
-1 & -1 & 0 & 0 & 0 \\
-x_Q & -x_N & 0 & 0 & 0 \\
-y_Q & -y_N & 0 & 0 & 0
\end{bmatrix}
\begin{Bmatrix}
Q \\ N \\ u \\ \alpha \\ \beta
\end{Bmatrix}
=
\begin{Bmatrix}
\Delta_Q \\ \Delta_N \\ -P \\ -M_T \\ -M_P
\end{Bmatrix}
\tag{4}
$$

其中
$$\Delta_Q = \Delta_{QP} + \Delta_{QM_T} + \Delta_{QM_P}$$
$$\Delta_N = \Delta_{NP} + \Delta_{NM_T} + \Delta_{NM_P} - \Delta_{NF}$$

式中:x_Q,y_Q,x_N,y_N 为剪力 Q 和地基反力 N 的局部坐标;ω_{QQ},ω_{QN},ω_{NQ},ω_{NN} 为单位剪力和地基反力产生的挠度系数;η_{NN} 为单位地基反力产生的地基沉陷系数;Δ_{QP},Δ_{QM_T},Δ_{QM_P} 为梁上集中力 P、扭矩 M_T、弯矩 M_P 在梁间产生的挠度;Δ_{NP},Δ_{NM_T},Δ_{NM_P},Δ_{NF} 为梁上集中力 P、扭矩 M_T、弯矩 M_P 在梁底产生的挠度及边载 F 的地基沉陷[地基沉陷系数用式(3)求得,它与地基应力状态有关]。

3.3 非线性迭代方法

采用增量法模拟施工过程中的结构体系变换和荷载变化,利用链杆法原理,根据闸首的特点分段、分块,同时求解地基沉降、结构沉降、结构内力。计算分析时,追踪地基有效应力的变化,反映地基开挖卸载、结构施工加载以及运行期水荷载引起的卸载效应,记忆地基有效应力历史,判别卸载回弹及再压缩、加载压缩状态,分别采用再压缩模量 E'_{sti}、压缩模量 E_{sti} 计算地基沉降增量。

计算工况分为 4 种:①基坑开挖暴露期;②合缝前、分离式;③完建期、合缝后整体式;④运行期。计算工况用 T_i 表示($i=1\sim4$),共有 5 个时间节点 t_j($j=1\sim5$)。计算程序记忆 $j=4$ 的结果,然后分别完成挡洪、高水、低水、检修等运行工况计算。

在基坑开挖暴露期,计算开挖引起的地基卸载及回弹量。在其他阶段,采用修正牛顿法进行非线性迭代求解。

4 计算实例

4.1 计算模型

龙洲垸船闸是引江济汉通航工程的进口船闸,位于湖北省沙市长江河段北岸。船闸在挡洪期、高水期、低水期、检修期的设计水头分别为 12.8 m、9.98 m、−3.25 m 和 0.62 m。上闸首采用空箱式底板和边墩组成的整体坞式结构。底板纵向长度 b、横向

宽度 l 分别为 32 m、53.8 m,上、下底板厚分别为 1.1 m、3.5 m,总高为 8.2 m。闸底高程为 16.3 m,门槛高程为 24.5 m,墩顶高程为 44.9 m。闸首口门宽度为 23.0 m,边墩宽度为 15.4 m,布置有三角闸门和短廊道输水系统。

船闸场地高程为 34.6～37.8 m,上闸首以卵石作为持力层,泊松比 $\mu = 0.27$,压缩模量 $E_{s0} = 50$ MPa,换算得变形模量 $E_0 = 40$ MPa。考虑埋深效应的压缩模量按式(5)计算:

$$E_{st} = E_{s0} (h_t/h_0)^{0.5} \tag{5}$$

式中:h_t,E_{st} 为第 t 土层的埋深及压缩模量;h_0,E_{s0} 为卵石层顶埋深及压缩模量。

1. 分段分块

(1) 分段。考虑结构、荷载纵向分布特征,将闸首底板分为 3 个特征段,分别为 $b_1 = 8.0$ m、$b_2 = 12.8$ m 和 $b_3 = 11.2$ m。分段面(横向截面)之间传递剪力,不传递弯矩。

(2) 分块。在合缝前为了模拟宽缝施工的影响,按设计宽缝位置将每段底板分为 3 块,即中间底板、两侧边底板,分块面(纵向截面)之间不传递剪力、弯矩。合缝后每段形成整体。

(3) 设置链杆。将底板沿横向等分为 27 小段,纵向等分为 17 小段,在 27×17=459 个区段中心设置链杆。区段长度分别为 $c_1 = 53.8/27 = 1.993$ m,$c_2 = 32/17 = 1.882$ m。

2. 计算方案

按结构特征高程将边墩及回填土分别划分为三部分,计算相应的边墩自重、边载以及土压力增量,进行 4 类 13 种合缝施工工序分析,找出内力较少的施工方案。1 号为不设宽缝的整体浇筑方案,2 号、3 号方案合缝前边墩浇筑高程为 30.5 m,回填土高程分别为 16.3 m、30.5 m;5 号～7 号方案合缝前边墩浇筑高程为 37.5 m,回填土高程分别为 16.3 m、30.5 m、37.5 m;10 号～13 号方案合缝前边墩浇筑高程为 45.9 m,回填土高程分别为 16.3 m、30.5 m、37.5 m、44.0 m。为便于分析比较,2 号、4 号、8 号方案及 5 号、9 号方案分别为相同方案。

4.2 地基模型比较

以不设宽缝的整体浇筑方案为例,假设为均质地基,$E_{st} = 50$ MPa,完建期在结构上荷载(未包括边载)作用下,底板跨中弯矩 H 随压缩层厚度 H 的变化规律如图 2 所示。

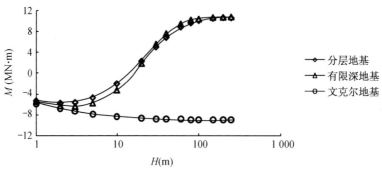

图 2 压缩层厚度对跨中弯矩的影响

在空间问题中,半无限地基和文克尔地基都是有限深弹性地基的特殊情况。当弹性层厚 $H \to \infty$ 时为半无限地基,当 $H \to 0$ 时即文克尔地基。本文的分层地基模型与有限深地基模型结果接近,$H/l > 3.0$ 时与无限深地基模型结果差异小于 10%。$H/l < 0.1$ 时,有限深地基、分层地基模型与文克尔地基模型结果差异小于 10%。

4.3 回弹模量比影响

以 7 号合缝方案为例,自重折减系数 $\xi_i = 0.8$,分别取回弹模量比 ρ(即 E'_{st}/E_{st})为 1、3、10、20 进行计算,结果表明 ρ 较小时对底板跨中弯矩有显著影响,在 $\rho > 10$ 后弯矩变化减缓,随着 ρ 值增大运行期与完建期弯矩的差异逐渐变小,如图 3 所示。

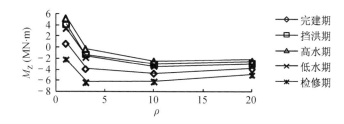

图 3 回弹模量比对跨中弯矩的影响

合缝前,边墩处基底平均压力为 523 kPa,大于开挖卸载前土重有效压力(191 kPa),因此,合缝前的施工使地基完成再压缩后进入加载状态,如图 4 中 $\rho = 3$ 曲线的第 1 段;合缝后至完建期基底压力为 800 kPa,地基处于加载状态,此时底板沉降最大,如图 4 第 2 段曲线,与 $\rho = 1$ 曲线基本平行;由于扬压力的作用,在不同的运行期基底压力为 387~598 kPa,始终小于完建期压力,地基一直处于回弹-再压缩状态,如图 4 第 3 段曲线。对中底板而言,施工期及运行期的基底压力一直较小,沉降主要由边墩作用产生。

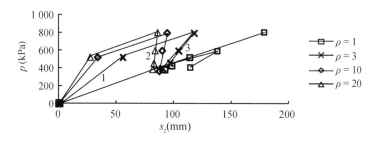

图 4 边墩基底压力与跨中沉降关系

4.4 合缝方案的影响

取 $n_E = 3$ 以及 $\xi_i = 0.8$ 时,不同施工方案的底板跨中弯矩包络值变化如图 5 所示。合缝前边墩顶高程越高,负弯矩越小。而对回填土而言,合缝前土重边载使得负弯矩减

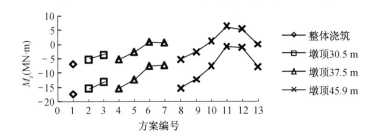

图 5　合缝方案对跨中弯矩包络值的影响

小,侧向土压力却使负弯矩增大,随着回填土增高,土压力对底板弯矩的影响逐渐大于土重边载的影响。合缝前,回填土高程为 16.3～30.5 m 时,底板负弯矩减小(3 号、6 号、11 号方案);回填土高程为 30.5～37.5 m 时,负弯矩变化不大(7 号、12 号方案);回填土高程为 37.5～44.0 m 时(13 号方案),底板负弯矩反而增大。

不设宽缝时,单宽弯矩在 $-6\,780\sim-17\,234$ kN・m;墩顶高程为 30.5 m 的 2 号、3 号方案,还有减小负弯矩的余地;墩顶高程为 37.5 m 的 6 号、7 号方案,与墩顶高程为 45.9 m 的 10 号方案效果相当。因此,为了方便施工,可以在合缝前边墩一次浇筑到顶高程 45.9 m(10 号方案),通过回填土调整底板内力(11 号、12 号、13 号方案),控制弯矩在 $-8\,000\sim6\,298$ kN・m 范围内。施工时应加强对沉降变形及应力的监测,及时验证设计,动态调整施工方案,使底板弯矩在可控范围内。

5　结语

(1)分层地基模型应用于弹性地基时,计算结果与有限深地基模型接近。笔者采用的非线性分层地基模型能够考虑地基土应力历史、应力水平的影响,适用于空间非均质地基,可使地基沉降和底板内力计算方法协调统一。

(2)分缝施工的中底板与边墩相比,其基底压力明显减小,浅部地基土始终处于回弹-再压缩状态,在合缝至完建期,底板下地基刚度呈现中部大、两侧小的特征。因此,如果不考虑回弹再压缩模量的影响,计算的底板沉降偏大,计算的正弯矩偏大或者负弯矩偏小。

(3)为了方便施工,在地基承载力允许的条件下,合缝前边墩一次浇筑到顶,尽可能地减小边墩重力的作用,以达到减小负弯矩的效果,必要时再通过回填土调整底板内力。

参考文献:
[1]刘晓平,陶桂兰.渠化工程[M].北京:人民交通出版社,2009:136-139.
[2]傅作新,张子明,孙一清,等.大型船闸底板分缝施工方案的研究[J].土木工程学报,1992,25(1):45-51.
[3]苏超,姜弘道,谭恩会.黏弹性基础梁计算方法及其应用[J].河海大学学报:自然科学版,2000,

28(5):101-105.

[4] 苏超,王仙美,曹建中,等.船闸结构仿真计算方法研究[J].水运工程,2010(9):97-99,104.

[5] 陈璐,刘永强.自重折扣法在坞式底板设计中的应用探讨[J].水利水电科技进展,1999,19(6):41-43.

[6] 周清华,边立明,徐泽中.墩底分浇式船闸闸首底板算法研究[J].水运工程,2003(1):43-46.

[7] 冯大江.应用 Biot 固结理论的船闸闸首结构非线性有限元分析[D].南京:河海大学,2005.

[8] 刘晓平,曹周红,桑雷,等.不同地基坞式船闸结构底板预留宽缝施工方法效果分析[J].水力发电学报,2007,26(3):54-58.

[9] 刘秀魁.闸首底板不对称荷载作用下的内力计算分析[D].南京:河海大学,2010.

[10] 何良德,李岗.船闸闸首底板计算方法探讨[J].水运工程,1997(12):30-34.

[11] 张子明,赵光恒.有限深弹性层地基表面在矩形均布荷载作用下的沉陷计算[J].华东水利学院学报,1986,14(1):67-78.

[12] DUNCAN J M, CLOUGH G W. Finite element analysis of Port Allen lock[J]. ASCE, Journal of the Soil Mechanics and Foundations Division, 1971, 97(8):1053-1068.

[13] 楼晓明,李德宁,杨敏.上海地区基坑底部粉质黏土回弹变形参数分析[J].同济大学学报:自然科学版,2012,40(4):540-545.

[14] 张静.筏板基础协调变形的内力及地基变形的研究[D].济南:济南大学,2011.

[15] 高晓军,杨国平,陈驰,等.考虑不均匀地层及地基处理的地基刚度建模方法[J].建筑结构,2009,34(增刊):805-807.

淤长型泥质潮滩双凸形剖面形成机制

龚 政 张长宽 陶建峰 蔡 辉

(河海大学水文水资源与水利工程科学国家重点实验室,江苏 南京 210098)

摘 要:以江苏中部淤长型泥质潮滩为例,建立了基于过程的潮滩动力地貌演变数学模型,研究了在沿岸潮流作用、供沙充分情况下双凸形潮滩横剖面形成机制。在向岸方向,流速自潮下带至低潮位线附近急速减小,潮间带区域流速则缓慢减小,泥沙在流速急变区域迅速堆积形成上凸点。潮下带中部在小潮期的淤积量大于大潮期冲刷量,总体淤积率较高;加之潮间带中部较弱的落潮流不足以将其上风处底沙掀动并向海输运,导致落潮后期潮下带上部含沙量小、沉积率相对较低,最终在潮下带中部形成下凸点。随着滩面淤长抬升,上、下凸点位置逐步向高、低潮位线附近移动。与前人关于双凸形剖面形成机制的定性分析成果相比,本文尚有不一致之处,需通过现场观测等进一步探讨。

关键词:淤泥质潮滩;地貌动力学;凸形剖面;江苏海岸;潮汐不对称性

1 前言

淤泥质潮滩是在沿海平原外缘发育的由淤泥质粘土和粉沙组成的平坦海岸,在英国西部及东南海岸、荷兰西北海岸、美国东海岸、法国西海岸、中国渤海湾[1]和江苏沿海[2-3]等海域广泛存在。淤泥质潮滩平坦、宽阔,滩面坡度量级一般在 $0.1\% \sim 1\%$,潮间带宽度量级在 $1 \sim 10$ km。当以波浪侵蚀作用为主时,淤泥质潮滩横剖面呈现凹形;当以潮流输沙作用为主时,淤长型潮滩横剖面呈现上凸形[4-5],且当泥沙供给充分时,会进一步发展为双凸形剖面[5-7]。

国内外对于沙质海岸剖面形成演变过程研究得较多[8],在淤泥质潮滩研究方面主要开展了动力地貌现场观测[2,9]、泥沙特性试验[10]和剖面形态演变模拟分析工作等。陈才俊[7]基于江苏中部潮滩的现场水文观测,定性分析了双凸形剖面产生的原因。刘秀娟等[5]在横向一维模型中考虑了大小潮变化和大潮高潮位附近的沉积物填充作用,模拟得到了双凸形剖面,但未对双凸形剖面形成机制进行探讨。淤泥质潮滩剖面发育形态,对于滩涂资源开发和潮滩生态环境等具有重要的影响。因此,本文以江苏中部淤长型泥质潮滩为例,基于 Delft3D 软件,建立了平面二维水动力、泥沙输运及潮滩中长期演变数学模型,复演了潮滩剖面发育、演变过程,定量研究了双凸形剖面形成机制。

2 江苏淤长型泥质潮滩自然条件

2.1 潮滩

江苏海岸线总长 954 km,位于长江口北岸与山东半岛之间,其中,粉沙淤泥质海岸约占总长度的 95%(图 1)。研究区域位于江苏中部王港河口附近的潮滩。江苏沿海具有地貌形态奇特的辐射沙脊群,东西向宽度约 90 km,西北至东南方向约 200 km,向海延伸至 20~30 m 等深线[11-12]。19 世纪黄河北归渤海后,江苏北部海岸冲刷严重,但中部海岸受岸外辐射沙脊群的掩护继续淤长;随着北部海岸南下沙源的减少,尽管中部海岸潮上带(洪季平均高潮位以上)仍在淤长,但潮下带(洪季平均低潮位以下)冲刷明显[13-14]。从射阳河口至弶港的潮滩淤长较快,潮间带(介于洪季平均低潮位和平均高潮位之间)宽度 2~6 km,平均坡度 0.01%~0.03%[2]。西洋深槽位于中部潮滩外缘,与岸线基本平行,最大水深约 34 m,目前呈轻微冲刷趋势[14-15]。

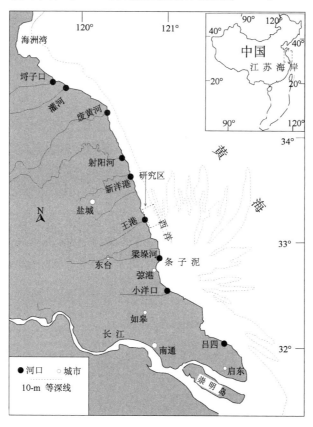

图 1 江苏海岸潮滩和模拟区域

2.2 水文条件

南黄海逆时针旋转潮波与东中国海前进潮波在江苏北部海域相遇,在江苏中部强港海域形成了 NE−SW 向的辐射状潮流场[2,16]。江苏海域主要受半日潮波控制,研究区域平均潮差 3~4 m,潮波沿西洋深槽自 NW 向 SE 方向传播[17];涨潮优势流特性显著[2,18],潮间带最大流速 0.5~1.0 m/s。受到岸外沙脊群掩护,研究区域的波浪作用较弱[18],冬季有效波高小于 1 m,其他季节小于 0.5 m[19]。

江苏中部近岸海域泥沙组分主要包括淤泥和粉沙,潮间带表层泥沙向海方向呈现粗化趋势[2,18]。研究区域潮上带表层泥沙中值粒径 $d_{50}=0.018$ mm(中粉沙,含粘土成分),潮间下带 $d_{50}=0.061$ mm(粗粉沙),潮下带上部 $d_{50}=0.067$ mm(极细沙,无粘土成分)[2]。

3 基于过程的动力地貌数学模型

3.1 模型简介

本文建立了平面二维水动力、泥沙输运及潮滩中长期演变数学模型,在微时间步长内耦合计算水流、泥沙运动和地形变化,并采用地貌加速因子放大地形变化,实现中长期地貌演变过程的高效模拟[20-22]。对非粘性沙组分采用 van Rijn[23-24]方法计算悬沙和底沙运动;对粘性沙组分采用 Partheniades-Krone 公式[25]计算悬沙运动,忽略底沙运动。

3.2 模拟区域

与沙质海岸类似,淤泥质潮滩可以划分为一系列沿岸的潮滩系统单元,即纳潮盆地。根据王港河口潮滩遥感图像(图 2),将研究区域概化为沿岸向 8 km、横向 6 km 的矩形纳潮盆地[3]。研究区域具有北侧和南侧开边界、东侧西洋深槽开边界,以及西侧陆域闭边界;西侧宽 150 m 的王港河概化为开边界,但本文忽略了该入海径流。参考 2006 年实测的 JD33、JD34 剖面(位置见图 2,剖面形态见图 3;采用国家 85 高程基准,下同),假设初始横剖面高程从 2 m 向海线性降低至−12 m。

3.3 开边界条件和主要参数

在近岸地区,天文分潮间相互作用可以产生潮汐的不对称性[26]。Speer[27]基于实测潮位资料,采用分潮相位差 $2\phi M_2 \sim \phi M_4$ 定义潮汐不对称性,采用分潮振幅比 M_4/M_2 表征不对称性强度。当相位差介于 0°~180°,为涨潮优势;当相位差介于−180°~0°,为落潮优势。本文采用大丰港潮位站 2006 年 9 月—2007 年 10 月实测潮位资料,经调和分析计算得到分潮调和常数。模型东侧开边界考虑了 M_2、M_4、S_2 和 MS_4 分潮,其振幅分别为 1.7 m、0.2 m、0.6 m 和 0.1 m,相位分别为 0°、−142°、−295°和−141°,并

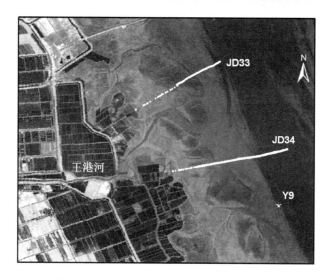

图 2　王港河口潮滩,观测站、观测断面位置

考虑了潮波在沿岸方向的相位差。在侧向开边界,采用 Neumann 水动力边界条件,即保持沿岸方向水位梯度为常数[28]。

2006 年 Y9 站(图 2)涨潮时悬沙 $d_{50}=0.01$ mm,粒径超过 0.062 mm 泥沙组分不超过 5%。2008 年观测的潮间带悬沙中淤泥含量超过 85%[18]。可见,研究区域悬沙运动以粘性沙为主。初步计算表明,当开边界粘性沙含沙量为 1.05 kg/m³ 时,潮滩剖面整体淤积;当开边界含沙量为 0.8~0.9 kg/m³ 时,潮下带冲刷。为了研究淤长型泥滩演变过程,本文开边界含沙量取 1.05 kg/m³,南北侧开边界含沙量从 0.1 kg/m³ 向东边界做线性插值。开边界非粘性沙含沙量采用 Neumann 条件,即采用开边界内侧相邻网格含沙量。

初始滩面假设由粘性沙层和非粘性沙层($d_{50}=0.1$ mm)组成。粘性沙冲刷临界切应力为 0.2 N/m²;粘性沙淤积临界切应力取较大值,保证粘性沙颗粒始终处于沉降过程。泥沙沉速取 0.8 mm/s,冲刷率参数取 2×10^{-4} kg/(m² · s)。

4　结果和分析

4.1　演变初期水沙特征

潮滩地貌与潮汐不对称性、流速大小和含沙量过程等息息相关。选取地貌演变初期的潮位、流速、含沙量过程,以及水沙通量进行分析,并与观测成果进行定性比较和分析。

1. 潮位、流速和含沙量过程

在横剖面上选取离岸分别为 1.5 km、3 km 和 6 km 的 $P1$、$P2$ 和 $P3$ 点(见图 3),

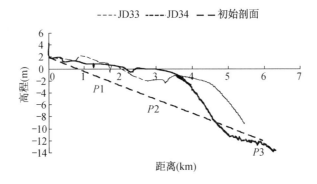

图 3 JD33、JD34 实测横剖面、初始剖面及 $P1$、$P2$ 和 $P3$ 位置

从与实际情况接近的初始沙质海床开始,边界含沙量设为 $0.8\ kg/m^3$,分析地貌演变 53 天后的潮位、流速、流向和悬沙含沙量过程(图 4)。结果表明,除了位于潮间下带的 $P1$ 点在低潮时刻露滩约 4 h 外,其余点位的潮位过程基本一致;涨落潮时间比为 0.82。$P3$、$P2$ 和 $P1$ 的涨落潮流速均依次减小,涨落急流速比分别为 1.21、1.33 和 1.38,涨潮优势特性[18]与 2006 年观测结果是一致的,且涨潮优势特性向陆逐渐增强。但是,20 世纪 90 年代的观测表明潮间下带外缘的西洋通道内为落潮优势[14-15],这可能与过去几十年的地貌演变和动力条件改变有关。

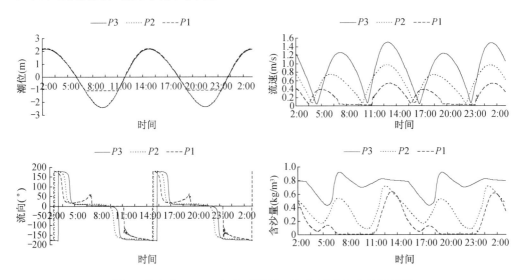

图 4 代表点 $P1$、$P2$ 和 $P3$ 的潮位、流速、流向和含沙量过程

$P3$ 站流速与潮位间有约 2 h 的相位差,表现出移动性驻波的特性;$P2$ 站涨落急流速出现在中潮位时刻,憩流出现在高低潮位时刻,表现出比较明显的驻波特性;$P1$ 站涨急流速出现在潮锋来临后约 2 h[2,17]。涨落急流场(图 5)显示,西洋深槽内涨落潮主要为 N-S 方向的往复流,在潮间带为较弱的逆时针旋转流[2,17-18]。

向岸方向含沙量逐步降低。最大含沙量基本与最大流速同步出现,但最小含沙量

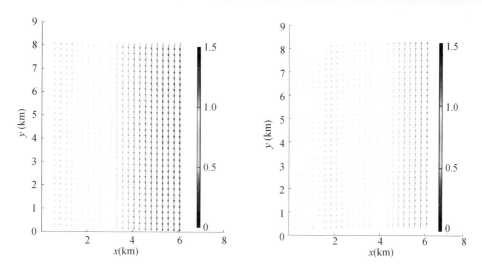

图 5　涨急流场图(左)和落急流场图(右)

出现在憩流后约 1 h[2]。总体而言,模拟得到的潮汐不对称性、涨落潮流态和含沙量过程等与文献中的主要结论是定性吻合的。

2. 水沙通量

表 1 列出了计算域北、南、东开边界断面粘性沙悬沙通量、水通量及计算域内净通量,统计时段为地貌演变 53 天后连续大、中、小潮的全潮。可以看出,悬沙通量与水通量变化保持同步;沿岸方向通量为横向通量的 10 倍以上,即沿岸向水沙输运相对于横向输运占优[18]。涨潮优势特性使得北边界净通量为流入,而南边界净通量为流出计算域。从大潮到小潮期间,随着水动力的减弱,悬沙通量逐渐减小,净通量由负值逐渐变为正值,潮滩整体上由冲刷变为淤积。从小潮到大潮期间,潮滩演变趋势相反。

表 1　粘性悬沙通量及水通量统计

	大潮	中潮	小潮	中潮	大潮
北边界	40.684/47.297	28.82/23.615	32.67/24.65	39.49/43.731	38.76/49.77
南边界	−49.38/ −47.193	−24.24/ −22.292	−1.008/ −20.068	−41.363/ −37.082	−57.025/ −44.76
东边界	3.708/−0.216 1	3.403/−0.81	3.866/−4.941	−3.852/−7.376	−2.3/−5.349
净通量	−4.988/−0.112 1	7.983/0.513	35.528/−0.359	−5.725/−0.727	−20.565/−0.339

注:斜杠前数值代表粘性悬沙通量(1 万 t/天),斜杠后数值代表水通量(10^7 m³/天);流入、流出计算域通量分别以正、负值表示。

4.2　双凸形剖面形态及形成机制

1. 双凸形剖面形态模拟

当边界含沙量为 1.05 kg/m³时,计算域中部的横剖面演变过程见图 6。充足的泥沙供给使得整个横剖面均发生淤积；从初始海床演变半年后开始出现双凸形剖面，上、下凸点大致位于平均海面以及潮下带中部，在潮下带上部相应出现凹点；随着滩面的淤长抬升，上、下凸点位置将逐渐抬高。理论上而言，随着剖面形态发展至动态平衡时，上、下凸点在垂向的位置将逐渐趋于稳定。20 世纪 80 年代江苏中部海岸现场调查得到的剖面形态呈双凸形，上、下凸点大致

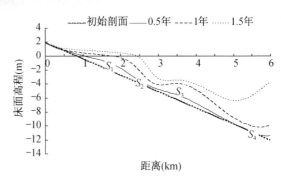

图 6　横剖面演变过程以及代表站
S_1、S_2、S_3、S_4 位置

位于平均高潮位和平均低潮位[7]。考虑到水体挟沙能力概念不适用于粘性沙，本模型设置的开边界粘性沙含沙量在入流时为常数，未与水动力条件建立对应关系，因此没有模拟出供沙充分时的动态均衡剖面，最终上凸点大致位于高潮位附近，但下凸点位置将逐渐抬高。考虑到本文主要研究双凸形剖面形成机制，因此动态平衡剖面的模拟技术将在后续工作中深入研究。

2. 流速横向变化

张忍顺[2]、陈才俊[7]等对 1980 年 9 月在江苏中部沿海潮滩的现场水动力观测资料进行了分析，以王港河口潮滩剖面为例，分别在低潮水边线、中潮位线和潮间上带设置观测点。为将观测范围外延到潮下带，将北侧新洋港口潮滩横剖面 3 个站的观测成果合在一起进行了分析。分析表明：由西洋深槽至潮滩，全潮平均流速降低了 1/2 以上，其中涨潮流速约降低 2/3；至中潮位线以上，流速缓慢减小。陈才俊[7]认为，在平均高潮位线附近，在高平潮憩流期泥沙逐渐落淤，并因"延滞效应"和涨潮流优势作用，在高潮水边线附近形成较宽的淤积带，即上凸点；在平均低潮位线附近（偏上），涨潮流速沿横剖面方向在该部位急速减小引起泥沙落淤，形成下凸点。

模拟得到的地貌演变半年后的落潮平均流速、潮平均流速和涨潮平均流速横向变化见图 7，对应的底床形态见图 6。可以看出，落潮平均流速、潮平均流速和涨潮平均流速自潮下带至低潮位线位置急速减小，而后向岸逐步减小，流速从急变到缓变的拐点位于离岸约 1.5～2 km 处，基本与双凸形横剖面的上凸点位置一致。

3. 双凸形剖面形成机制

分别在离岸 1.5 km、3.5 km、2.5 km 和 5.5 km 处选择凸点 S_1、S_3 和凹点 S_2、S_4（见图 6），分析其沉积速率不同的原因。底部切应力、悬沙含沙量、相对初始海床的累积冲淤厚度见表 2，统计时段为地貌演变半年后的连续大、小潮的全潮。

表 2　底部切应力、悬沙浓度和累积冲淤厚度

站位	最大底部切应力（N/m³）		最大悬沙含量（kg/m³）		累积冲淤厚度（m）	
	小潮	大潮	小潮	大潮	小潮	大潮
S_1	0.16/0.08	0.43/0.26	0.03/0	0.52/0.04	0.001	0.009

站位	最大底部切应力（N/m²）		最大悬沙含量（kg/m³）		累积冲淤厚度（m）	
	小潮	大潮	小潮	大潮	小潮	大潮
S_2	0.46/0.29	1.09/0.57	0.40/0.05	0.99/0.27	0.007	0.001
S_3	0.67/0.51	1.65/1.02	0.65/0.43	1.15/0.83	0.019	−0.006
S_4	0.94/0.93	2.59/2.29	0.95/0.98	1.33/1.36	0.045	−0.046

注：斜杠前数值代表涨潮期的值，斜杠后数值代表落潮期的值；淤积、冲刷厚度分别以正值、负值表示。

图 6 显示，地貌演变半年后代表站 S_1 和 S_3 的淤积率高于代表站 S_2 和 S_4。图 7 显示，潮间带流速较小，基本处于淤积环境。S_1 点位于潮间带，即使在大潮期的涨急时刻底部切应力也小于 0.5 N/m²，落急时刻底部切应力略大于冲刷临界切应力 0.2 N/m²，因此，在大部分时间 S_1 点处于淤积状态。

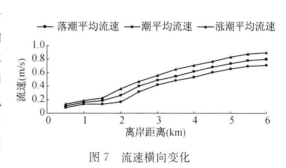

图 7 流速横向变化

而且，由于大潮期边界含沙量相对较高，期间的淤积率高于小潮期。

S_3 点位于潮下带中部，涨潮时冲刷，落潮时淤积，小潮期累积淤积量高于大潮期累积冲刷量，S_3 点的淤积率高于相邻的 S_2、S_4 点。S_2 点位于潮下带上部，在小潮期其上风侧（潮间带和该点南侧）很弱的落潮流不能从底床起动泥沙，上风侧含沙量极低，造成 S_2 点在落潮后期沉积量小于 S_3 站。在大潮期，S_2 点涨潮流冲刷量基本和落潮流淤积量相当。因此，S_2 点大小潮累积沉积速率低于 S_3。可见，潮下带中部较高的淤积量，以及潮间下带上部相对较低的沉积率，形成了双凸形剖面的下凸点。

5 结论

本文以江苏中部淤长型泥质潮滩为例，建立了平面二维水动力、泥沙输运及潮滩中长期演变概化数学模型，模拟得到的潮汐不对称性、涨落潮流态和含沙量过程等与文献主要结论定性吻合。水沙通量分析表明，研究区域沿岸向水沙输运相对于横向输运占优；从大潮到小潮期间，随着水动力的减弱，潮滩整体上由冲刷变为淤积；小潮到大潮期间，潮滩演变趋势相反。

潮间带流速较小，基本处于淤积环境，加之流速自潮下带至低潮位线位置急速减小，而后向岸缓慢减小，泥沙在短时间内失去搬运动力而迅速堆积，形成了双凸形剖面的上凸点，流速从急变到缓变的拐点对应于上凸点位置。潮下带中部在涨潮时冲刷，落潮时淤积，小潮期累积淤积量高于大潮期累积冲刷量，该位置淤积率相对较高；潮间带中部较弱的落潮流不足以掀动底沙，使得落潮后期潮下带上部淤积率相对较低，从而在潮下带中部形成下凸点。与文献中关于双凸形剖面形成机制的定性分析成果相比,本文尚有不一致之处,计划今后开展滩面形态和水文观测,进一步分析成果的合理性。

参考文献:

[1] 陆永军,左利钦,季荣耀,等. 渤海湾曹妃甸港区开发对水动力泥沙环境的影响[J]. 水科学进展,2007,18(6):793-800.

[2] ZHANG Ren-shun. Suspended sediment transport process on tidal mud flat in Jiangsu Province, China[J]. Estuarine, Coastal and Shelf Science, 1992, 35: 225-233.

[3] GONG Zheng, ZHANG Chang-kuan, TAO Jian-feng. Adaptability research of tidal flatreclamation and tidal inlet stability in Jiangsu coast zone[C]// Proceedings of the 5th international conference on Asian and Pacific Coasts. Singapore: World Scientific, 2009, 2: 23-29.

[4] PRITCHARD D, HOGG A J, ROBERTS W. Morphological modelling of intertidal mudflats: the role of cross-shore tidal currents[J]. Continental Shelf Research, 2002, 22(11-13): 1887-1895.

[5] 刘秀娟,高抒,汪亚平. 淤长型潮滩剖面形态演变模拟:以江苏中部海岸为例[J]. 地球科学:中国地质大学学报,2010,35(4):542-550.

[6] 高抒,朱大奎. 江苏淤泥质海岸剖面的初步研究[J]. 南京大学学报:自然科学版,1988(1):75-84.

[7] 陈才俊. 江苏淤长型淤泥质潮滩的剖面发育[J]. 海洋与湖沼,1991,22(4):360-368.

[8] 张弛,郑金海,王义刚. 波浪作用下沙坝剖面形成过程的数值模拟[J]. 水科学进展,2012. 23(1):104-109.

[9] 辛沛,金光球,李凌等. 崇明东滩盐沼潮沟水动力过程观测与分析[J]. 水科学进展,2009. 20(1):74-79.

[10] 庞启秀,白玉川,杨华,等,淤泥质浅滩泥沙临界起动切应力剖面确定[J]. 水科学进展,2012. 23(2):249-255.

[11] WANG X Y, KE X K. Grain-size characteristics of the extant tidal flat sedimentsalong the Jiangsu coast, China[J]. Sedimentary Geology, 1997, 112: 105-122.

[12] 王颖. 黄海陆架辐射沙脊群[M]. 北京:中国环境出版社,2002.

[13] 王艳红,张忍顺,吴德安,等. 淤泥质海岸形态的演变及形成机制[J]. 海洋工程,003,21(2):65-70.

[14] 尤坤元,朱大奎,王雪瑜,等. 苏北岸外辐射沙洲王港西洋潮流通道稳定性研究[J]. 地理研究,1998,17(1):10-16.

[15] 朱大奎,龚文平. 江苏岸外海底沙脊群西洋水道的稳定性分析[J]. 海洋通报,1994,13(5):36-43.

[16] 张东生,张君伦. 黄海海底辐射沙洲区的M2潮波[J]. 河海大学学报,1996,24(5):35-40.

[17] 江苏省海岸带和滩涂资源综合调查[M]. 北京:中国海洋出版社,1986.

[18] WANG Y P, GAO S, JIA J J, et al. Sediment transport over an accretional intertidal flat with influences of reclamation, Jiangsu coast, China[J]. Marine Geology, 2012, 291-294: 147-161.

[19] XING F, WANG Y P, WANG H V. Tidal hydrodynamics and fine-grained sediment transport on the radial sand ridge system in the southern Yellow Sea[J]. Marine Geology, 2012, 291-

294：192-210.

[20] LESSER G R, ROELVINK J A, VAN KESTER J A T M, et al. Development and validationof a three-dimensional morphological model [J]. Coastal Engineering, 2004, 51：883-915.

[21] ROELVINK J A. Coastal morphodynamic evolution techniques [J]. Coastal Engineering, 2006, 53(2-3)：277-287.

[22] GONG Z, WANG Z B, STIVE M J F, et al. Tidal flat evolution at the central Jiangsu coast, China [C]// Proceedings of the Sixth International Conference on Asian and Pacific Coasts. Singapore：World Scientific, 2011：562-570.

[23] VAN RIJN L C. Principles of sediment transport in rivers, estuaries and coastal seas [M]. The Netherlands：AQUA Publications, 1993.

[24] VAN RIJN L C. Sediment transport：PartII. Suspended load transport [J]. Journal of Hydraulic Engineering, 1984, 11：1613-1641.

[25] PARTHENIADES E. Erosion and deposition of cohesive soils [J]. Journal of the Hydraulics Division, ASCE 91 (HY 1), 1965：105-139.

[26] WANG Z B, JEUKEN C, GERRITSEN H, et al. Morphology and asymmetry of vertical tide in the Westerschelde Estuary [J]. Continental Shelf Research, 2002, 22(17)：2599-2609.

[27] SPEER P, AUBREY D C, FRIEDRICHS C T. Nonlinear hydrodynamics of shallow tidalinlet/bay systems [C]// Tidal Hydrodynamics. New York：J. Wiley & Sons, 1991.

[28] ROELVINK J A, WALSTRA D J R. Keeping it simple by using complex models [C]//Advances in Hydro-Science and -Engineering. Mississippi：The University of Mississippi, 2004, 6：1-11.

高浊度河口复杂条件下护底
软体排检测技术探讨

——以长江口新浏河沙护滩潜堤工程实践为例

唐晓峰[1]　付　桂[1]　李为华[2]

(1. 交通运输部长江口航道管理局,上海　200003;

2. 上海河口海岸科学研究中心,上海　201201)

摘　要:对于受冲刷的河口整治建筑物,检测其原有软体排余排的变形情况及现有位置,对确定整治建筑物结构的安全稳定,乃至于确保整治效果有着重要的作用。本文以长江口新浏河沙护滩浅堤工程护底软体排检测为例,通过方案设计和现场检验,得出了高浊度河口复杂条件下护底软体排监测技术方案,为开展后续工作提供了较为准确的依据,在解决了工程需要的同时,也为解决今后类似问题提供了借鉴。

关键词:护底软体排;人工检测;扫描声纳

1　前言

　　高浊度河口整治建筑物(导堤或丁坝)无论采用何种堤身结构,均须先行铺设软体排护底结构,其功能主要是保护结构范围内的底质不被水流冲蚀,起到隔沙、反滤的作用,还可以有效地改善堤身的不均匀沉降和减小堤身沉降[1]。由于其对底床变形有一定的适应性,兼具不影响行洪、造价低廉等诸多优点,已广泛应用于航道整治工程及部分防洪水利工程中[2]。由于软体排铺设部位多为强水动力区域,后期往往存在一定的水毁受损问题,如在排体上边缘、头部以及下游一侧易出现程度不一的冲刷坍陷、排布撕裂、排布暴露在外甚至排布悬空等现象,此外受施工工艺影响,排体中部亦存在局部坍塌或隆起进而导致排体受损的问题[3-4]。发生水毁受损现象后排体的护底效果即大打折扣,因此在工程施工结束后通常需要进行定期监测,以对监测到的受损部位进行补充防护。但在高浊度河口内因水体能见度低、铺排深度大、水流流速强、潮汐水位变动幅度大以及波浪等诸多因素影响,加之受制于水下成像技术的发展水平,高浊度河口复杂条件下的护底软体排护底结构监测难度较大,较为成熟可靠的监测技术方案尚未见诸报道。

　　长江口新浏河沙护滩潜堤工程于2007—2009年期间实施。为保障工程整治建筑物基础的稳定性,该工程的整治建筑物根部铺设有护底软体排。工程完工后,由于受下扁担沙和新桥沙沙尾的持续淤涨南压影响,整治建筑物局部软体排(砼联锁块软体排)外侧冲刷持续发展,冲刷幅度最大超过20 m(最深处水深超过30 m),部分软体排存在水毁问题,对整治建筑物基础安全造成一定威胁,已引起相关管理机构的重视,并对其监测技术和防护措施开展了系列探索性研究,取得了一些较为成功的经验和技术成果。本文拟以该工程具体探索经验为例,就当前技术条件下较佳的高浊度河口复杂条件下护底软体排监测技术方案展开探讨,以期为今后类似条件下的工程实践提供借鉴。

2　护底软体排检测方法综述

　　概括而言,当前国内外工程实践中可实现探测护底软体排铺设情况的方法主要包括人工检测和声学非接触式检测两大类方法。

2.1　人工检测方法

　　人工检测方法主要包括目视检测、人工潜水探摸和人工水下摄影。

　　目视检测方法是指由人工在岸边低水位时通过目视查看,适用于水深浅、低浑浊度工况,且纵向监测距离较短,对于高水体浊度、大水深或宽纵向距离情况并不适用。

　　人工潜水探摸方法是指由有经验的潜水员潜至水底后,通过人工探摸来了解护底软体排的具体情况。受潜水员体力、潮汐以及波浪等因素影响,潜水探摸适合于了解局部少数护底软体排情况,要摸清较大范围区段(如1 km宽度)软体排边缘的位置,耗时极长,且当潜水水深大于24 m时需配备现场减压舱,成本较高。

　　人工水下摄影方法是一种采用防水摄影器材进行船基水下摄影直观监测软体排情况的方法,该方法可真实地反映水下景象,能真实记录水下软体铺设位置。但其对水体浊度以及操作人员的技能有较高要求。该方法在高浊度河口内(一般透明度不超过0.3 m)并不适用。

2.2　声学非接触式检测方法

　　随着声学测量学科水平的不断发展,可用于护底软体排监测的声学非接触式检测仪器日趋成熟且呈多样化发展,如回声测深仪、多波束测深系统和扫描声纳等。

　　回声测深仪和多波束测深系统是常见的水下地形勘察技术手段[5-7]。由于软体排厚度仅20 cm,受测量误差影响,该技术手段尚不具备准确获得软体排边线具体位置的精度,但借助于该手段实施大范围地形摸底勘测,可以对冲淤幅度较大、地形较为陡峭的可能发生软体排水毁问题的重点区段进行预判,从而有针对性地开展后续监测工作。

扫描声纳是一类可以实现水下非可视高精度成像的重要技术手段[5-10]，一些高性能的声纳识别精度可以达到 mm 级别，尤为适合护底软体排检测的需要。如目前较为常用的旁侧扫描声纳，尽管其识别精度较低，但由于软体排上的砼联锁块为方形且布满整张软体排，与河底淤泥明显不同，仍然可以从旁扫声纳的声像图上分辨出软体排和淤泥界限；而挪威 Kongshberg 公司生产的精度更高的 MS1000 型侧视扫描声纳工作原理则与旁侧扫描声纳略有不同，其换能器以 $0.9° \times 30°$ 波束角度发射声脉冲，回波信号被声纳接收后，根据信号时延和强度形成图像，然后声纳探头以一定角度步进旋转，再次重复发射和接收过程，最后旋转 $360°$ 形成一幅完整的海底图像，相对旁侧扫描声纳其成像精度更高且基本不存在中心盲区。

MS1000 型侧视扫描声纳具有以下优点：经济，操作简单，不受水体浑浊影响，图像清晰，精度较高（分辨率≥19 mm），成像距离可调节（$0.5 \sim 100$ m）。不足之处有：仪器及支架要平稳坐底后方能提供清晰的图像；受水下地形起伏影响，在使用过程中，如受水流影响，仪器及支架发生晃动，图像会发生扭曲变形；仪器罗盘不能准确定位，如需在较长区段内连续成图，则需增加定位设备，费用较高。

3 最优检测方案的确定

单一的检测方法无法准确确定软体排的位置、软体排变形的情况、软体排结合部分是否出现脱轨情况。通过对护底软体排几种检测方法的考察，为确保能较为准确地确定余排边线的位置，最终确定的方案为：采用综合手段，即先用 RTK 定位及多波束测深描绘出水下地形的基本情况，再采用侧扫声纳进行勘测，通过读图描绘出余排的总体基本情况，找出整治结构物冲刷较为严重的区域，在冲刷区选取几个软体排变形严重位置，采用潜水探摸或 MS1000 型侧视扫描声纳的方法确定余排边线位置，并同时对侧扫成果进行验证并修正，最后得出护底软体排检测的适用方法。

4 最优监测方案的现场检验

综合利用单波或多波束测深系统、侧扫声纳、潜水探摸或 MS1000 型侧视扫描声纳组合测量，从而实现对单一手段探测数据的互为印证和补充，可以大大提高测验成果的可靠性。前文提出的最优检测方案在应用于长江口新浏河沙护滩潜堤工程的护底软体排变形及位置检测试验后取得了极佳的效果，现简要介绍如下。

4.1 大范围地形摸底测量

1. 测线布置

在里程桩号 HT3+000 至 HT4+400 之间，垂直于整治建筑物轴线外侧均匀布置测线，测线间距 10 m，测线长度 200 m，测线总长 31.6 km，测量比例 1∶500（图 1）。

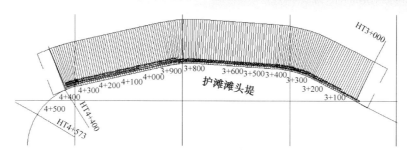

图 1　测线布置图

2. 测量结果

利用本次水深测量数据绘制三维晕眩图,由图 2 可以看出,滩面外侧存在冲刷沟,冲刷沟连续分布于桩号 HT3+000 至 HT4+400,冲刷沟两侧滩面高差明显,内侧高于外侧呈陡坡状。通过比选,本次试验对象选择冲刷较为严重的 HT3＋000、HT3＋100、HT3＋500、HT4＋000 共 4 个桩号。

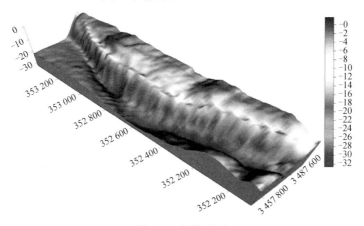

图 2　三维俯视图

4.2　旁侧扫描声纳检测

1. 测量设备及输出系统

在测量过程中定位采用美国 CSI 公司 MAX 信标仪,接收机天线直接置于侧扫声纳换能器上方,采集天空中卫星数据,同时对卫星数、高度截止角、图形因子(HDOP)、定位模式等进行监控,接收主机数据输出,直接通过串口输入计算机 New Sur 水深测量系统软件中。

侧扫系统采用丹麦 MARIMATECH 产 SCAN800 型侧扫声纳。测量过程中,拖鱼采用侧悬挂方式安装在船体中部左舷,由不锈钢管向水面伸展,距船体 1.5 m,拖鱼入水深度 2 m 左右。测量时采用高频扫测,频率为 325 kHz,单边扫测宽度为 75 m。在航行时,尽量控制船速,约 1～2 节,避免换能器在水下摆动,减少水流对换能器的影响。测量过程中,随时监控拖鱼离地面高度,根据实际情况调整拖鱼入水深度。测量结束后马上对侧扫数据进行回放,对于数据不完整区域马上进行补测。

2. 成果判读

侧扫的主要成果是声像图,其判读依据是图像的形状、色调、大小、阴影和相关体等。形状是指各类图形的外貌轮廓,色调是指衬度和图像深浅的灰度,大小是指各类图像在声图上的集合形状大小,阴影是指声波被遮挡的区域,相关体是指伴随某种图像同时出现的不定形状的图像。

鉴于本次使用的是轻型侧扫声纳,拖鱼较小较轻,航行状态下无法下放到很深的位置(离海底更近),并且整治建筑物边缘的不平衡流会影响拖鱼在水中运行的稳定性导致图像变形,这些都会影响扫测效果,需要采取措施加以修正。

3. 典型成果图

典型成果如图 3 所示,通过成果判读,具体的结果如表 1 所示。通过对水深测量和侧扫结果的分析表明:在 HT3+000 和 HT3+100 断面,侧扫结果余排边距轴线分别为 103.7 m 和 99.2 m。经与竣工图比较,该区段余排边缘水深较完工时加深了 2.7~14.6 m,余排边缘位置较完工时向堤轴线方向缩进了 3.4~23.8 m。

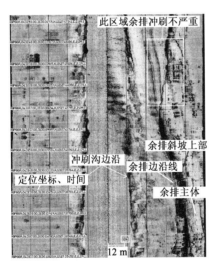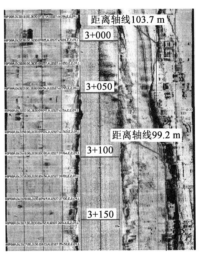

图 3　侧扫声纳典型成果图(除标识文字外,为同一张图)

表 1　侧扫结果一览表

里程桩号	HT3+000	HT3+100	HT3+500	HT4+000
余排边距轴线(m)	103.7	99.2	100.6	82.3

4.3　人工潜水探摸检测

选择在水深较浅(20 m 左右)的区段,在平潮时派潜水员下水进行探摸检查。

船舶先用 GPS 定位,潜水员在距整治建筑物轴线 60 m 附近处下水,背向轴线方向探摸前行,直至摸到排尾(再向外已摸到淤泥)。期间,潜水员与船上人员保持通讯联系,每间隔一段时间拴一个浮子,并在软体排余排与泥面交接处拴一个浮子,待潜水员出水后,在浮子处采用 GPS 定位。具体结果如表 2 所示。

表 2　探摸结果一览表

里程桩号	HT2+970	HT3+000	HT3+030	HT4+000
余排边距轴线(m)	107	109	111	104

4.4　MS1000 型侧视扫描声纳检测

选择了 2 个断面,在白天平潮期间进行试验。首先将 MS1000 型侧视扫描声纳与电脑相连,并将船舶在余排外约 20 m 左右处定位后,将声纳平稳地沉入水中,待平稳坐底后,声纳开展正常旋转扫描,即可获取图像,并在电脑上显示出来。试验结果如图 4 所示。从图 4 可以看出,该扫描声纳的成像精度远高于侧扫声纳;在扫描范围在 50 m

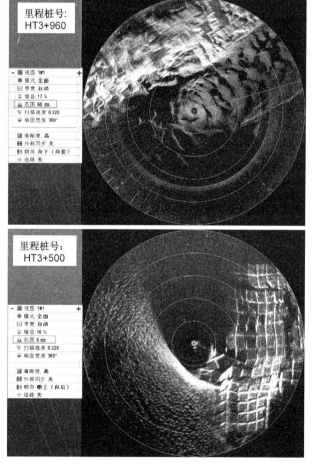

图 4　MS1000 型侧视扫描声纳检测图

时,砼联锁块块体基本可见,在扫描范围在 5 m 时,砼联锁块块体清晰可见。通过船上 GPS 定位及读图,具体结果如表 3 所示。

表 3　扫描声纳探测结果一览表

里程桩号	HT3+500	HT3+960	HT4+000
余排边距轴线(m)	109	87	90

4.5　检测结果综合比对

分别对 HT3+000、HT3+100、HT3+500、HT4+000 共 4 个桩号,先进行侧扫声纳扫描的方法确定余排边线位置,再采用潜水探摸和扫描声纳检测余排位置,形成的对比结果见表 4。在 HT3+000,HT3+100 桩号,侧扫声纳探查较人工水下探摸的检测距离偏小为 4.8~5.3 m;在 HT3+500、HT4+000 共 2 个桩号,侧扫声纳探查较人工水下探摸的检测距离偏小为 6.7~8.4 m。

表 4　不同检测方法所得结果对比表

里程桩号	HT3+000	HT3+100	HT3+500	HT4+000	软体排检测方法
余排边距轴线(m)	103.7	99.2	100.6	82.3	SCAN800 型侧视扫描声纳
	109	104	—	—	人工水下探摸
	—	—	109	90	MS1000 型侧视扫描声纳

通过对比可以看出,三者检测结果差别不大。旁扫声纳检测方法具有以下优点:不需要检测人员下水,在浑浊水时也能够进行检测;能够准确检测到软体排堆积的位置和规模,定点误差小于 10 m。旁扫声纳得出的原砼联锁块余排边界的范围,结合局部区段 MS1000 型侧视扫描声纳或人工探摸结果的修正,基本能满足工程需要,可供设计人员使用。

5　小结

高浊度河口整治建筑物受冲刷幅度较大,亟须实施加护,首要必须确定变形后余排边线的位置。在高浊度河口内因水体能见度低、铺排深度大、水流流速强、潮汐水位变动幅度大以及波浪等诸多因素影响,加之受制于水下成像技术的发展水平,高浊度河口复杂条件下的护底软体排护底结构监测难度较大。本文以长江口新浏河沙护滩浅堤工程护底软体排检测为例,通过方案设计和现场检验,得出了高浊度河口复杂条件下护底软体排监测技术方案,为开展后续工作提供了较为准确的依据,在解决了工程需要的同时,也为解决今后类似问题提供了借鉴。具体方案如下:

(1) 在先采用 RTK 定位及多波束无验潮水深测量了解测区的地形情况;

(2) 采用侧视扫描勘测相进行勘测;

（3）对 2 种实测资料成果进行综合比较，得出原余排边界的总体情况；

（4）为确保结论的可靠，对重点冲刷区段，采用潜水探摸和扫描声纳的方法确定余排边线位置，并同时对侧扫成果进行验证及修正；

（5）综合比较后，得出原砼联锁块余排边界的范围，供设计人员使用。

从实践过程来看，根据每种海洋物探方法技术的特点组合使用，对于解决各种水下结构物探测问题，有着十分良好的应用效果。随着我国经济和技术水平的快速发展，近海工程的增多，海洋物探技术必将发挥更大的作用，创造良好的社会和经济效益。

参考文献：

［1］曹根祥，丁捍东.长江口深水航道治理工程护底软体排施工成套工艺及设备的开发[J].水运工程,2006(12):68-73.

［2］梁碧.护心滩建筑物稳定性研究[D].重庆交通大学,2009.

［3］刘晓菲，王平义，杨成渝.X 型系混凝土块软体排模拟技术[J].水运工程,2011(2):102-107.

［4］马爱兴，曹民雄，王秀红，等.长江中下游航道整治护滩带损毁机理分析及应对措施[J].水利水运工程学报,2011(2):32-38.

［5］罗深荣.侧扫声纳和多波束测深系统在海洋调查中的综合应用[J].海洋测绘,2003,23(1):22-25.

［6］刘保华，丁继胜，裴彦亮，等.海洋地球物理探测技术及其在近海工程中的应用[J].海洋科学进展,2005,23(3):374-384.

［7］肖都.海洋物探方法技术在工程勘查领域的应用[J].物探化探计算技术,2007,29:280-284.

［8］洪四雄，刘庆东，陈一超，等.港珠澳大桥水下结构物的多手段探测[J].海洋测绘,2009,29(5):71-73.

［9］陈军，刘建军.物探技术在水下管线探测中的应用[J].城市勘测,2011(1):156-163.

集合化台风风场的构建方法研究及应用

陈永平　顾　茜　张长宽

（1. 河海大学港口海岸与近海工程学院，江苏 南京　210098；

2. 河海大学水文水资源与水利工程科学国家重点实验室，江苏 南京　210098）

摘　要：基于中国气象局、美国国家气象局、日本气象厅和中国台湾气象局 4 个预报中心的台风预报资料，利用加权消除偏差集合方法对预报期内影响中国海域的台风路径和最大风速进行了 24 h、48 h 和 72 h 预报时效的控制台风预报；在此基础上，借鉴台风路径"概率圆"的思想，对所获控制台风路径和最大风速进行扰动，通过交叉组合，构建了台风期间的集合化台风风场，并将其应用到台风风暴增水的预报中。以"布拉万"台风为例，集合化预报有效减小了风场的预报误差，台风路径和最大风速预报均优于最好的单个中心预报；集合化风暴增水预报也优于基于单站气象资料的增水预报，且可有效降低漏报风险。

关键词：台风路径；最大风速；超级集成；路径"概率圆"；误差分析

1　前言

我国沿海是世界上受台风影响最为频繁的区域之一，其中以东部和南部最为明显。台风期间，在强风和低压的作用下，海水快速上涨，易形成风暴潮灾。为了有效抵御台风影响，有必要在沿海区域提供高精度的风暴潮预报服务，而这需要有可靠的台风风场预报成果作为保障。目前许多国家和地区都会对台风进行数值预报，但成果不尽相同，甚至有时差异较大，其主要原因是台风在其行进过程中存在很大的不确定性，这种不确定性的存在直接影响到了沿海风暴潮的预报精度。

为了有效降低大气和海洋过程的不确定性给数值预报所带来的影响，国际上提出了集合化的概念[1-2]，即通过初值、边值和模型参数的扰动产生多组次集合样本，在相对较为准确控制预报的基础上构造出多个组次的集合化预报成果。近年来有学者[3]提出把不同模式预报结果作为一个整体来考虑，利用多个模式进行集合预报的构造，充分利用各中心模式预报结果以减小模式系统性的偏差，它已是目前数值预报技术发展的一个重要方向[4-7]。

本文采纳了前人的研究思想，基于加权消除偏差集合方法[8-10]构建控制风场，采用

"概率圆"[11]方法生成台风路径扰动场,依据最大风速平均预报误差产生台风强度扰动场,通过交叉组合,生成集合化台风风场,并应用于沿海的风暴潮预报中。

2 集合化预报方法介绍

2.1 气象资料

本文所用资料包括中国气象局(中国台)、美国国家气象局(美国台)、日本气象厅(日本台)和中国台湾气象局(中国台湾台)于 2012 年 6 月 1 日—10 月 31 日期间发布的台风路径和强度(最大风速)预报资料以及福建水利信息网公布的实测资料[12]。预报资料区域选取为 10°～50°N、100°～150°E,预报时效为 24 h、48 h 和 72 h,一天预报 4 次(2:00、8:00、14:00、20:00),实测资料为 2012 年 6 月 1 日—10 月 31 日期间逐日每 6 h 台风实况资料,选取区域与预测资料相同,用于检验预报效果。

2.2 集合化方法

1. 控制台风风场

本文采用加权消除偏差集合方法(又称为超级集成预报方法)[8-10]来构造了集合化预报中的控制台风风场。该方法将台风季节按先后顺序划分为两部分,即训练期和预报期。在训练期内,使用集合化预报中的各个模式进行数值预报,并与实测值做误差分析,确定参与超级集合各个模式的权重系数;在预报期内,使用上述权重系数将各个模式集合起来,开展超级集合预报,其数学表达式如下:

$$F_{\mathrm{WEM}} = \bar{O} + \sum_{i=1}^{N} \alpha_i (F_i - \overline{F_i}) \tag{1}$$

式中:F_{WEM} 为加权消除偏差集合预报值;$\bar{O}$ 为训练期实测值的平均;F_i 为第 i 个模式的预测值;$\overline{F_i}$ 为第 i 个模式的训练期预报值的平均;α_i 为权重系数;N 为参与超级集合的模式总数。

在训练期,模式权重系数满足 $\sum_{i=1}^{N} \alpha_i = 1$,权重系数的确定可以取训练期内各模式预报值的平均误差的倒数,直观地解释为模式预报误差越小,在多模式集成预报中所占权重就越大,即:

$$\alpha_i = E_i / \sum_{i=1}^{N} E_i \tag{2}$$

式中:E_i 为各模式误差的倒数。

为了检验预报效果,采用平均绝对误差 E_{MA} 对预报效果进行检验评估:

$$E_{\mathrm{MA}} = \frac{1}{N} \sum_{i=1}^{N} |F_i - O_i| \qquad (3)$$

式中：F_i 为第 i 个样本的预报值；O_i 为第 i 个样本的实测值；N 为样本总数。

2. 扰动风场

首先，本文借鉴台风路径预报"概率圆"的思想[11]，利用通过超级集成预报方法得到控制路径，并以训练期 4 个中心的平均误差为误差"概率圆"衍生出 4 条极端路径，分别为偏左、偏右、偏快和偏慢 4 条（见图 1）；由 1 条控制路径和 4 条衍生路径共同作为台风路径扰动场样本参数。

其次，本文将训练期 4 个模式的平均绝对误差进行简单的算数平均，作为台风最大风速的扰动值以构造扰动场，也就是每条路径的最大风速可以取控制预报值，或者在该预报值的基础上加上最大风速扰动值，或者在该预报值的基础上减去最大风速扰动值。

最后，根据 5 个台风路径参数和 3 个台风最大风速参数进行交叉组合，一共形成 15 种组合作为驱动风暴潮数值计算的集合样本。

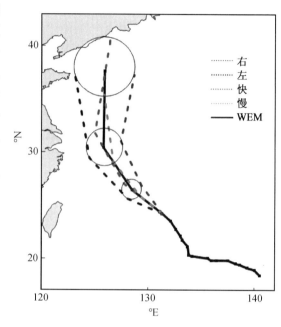

图 1　台风路径集合样本示意图

3　控制台风风场预报

本文选取 2012 年 6 月和 7 月为训练期，2012 年 8 月、9 月和 10 月为预报期，训练期有 6 个台风，预报期有 10 个台风。在训练期中使用各中心模式的台风路径和最大风速的集合预报值与实测值计算误差，根据各模式的误差计算出参与超级集合的各个模式的权重系数，再利用式（1）将相应的训练期权重系数用于预报期的超级集合预报。

图 2 为研究区域预报期 7 月 28 日—10 月 31 日 4 个预报台和 WEM 方法的 24 h、48 h 和 72 h 台风路径预报（左）和最大风速（右）的平均绝对误差（注：中国台湾台未预报最大风速）。由图 2 可知，在各个预报时效段，WEM 方法总体上均优于其余各预报台。WEM 预报相对于表现最好的单中心，台风路径平均绝对误差分别减小了 8%、8% 和 3%，最大风速平均绝对误差则分别减小 13%、10% 和 15%。

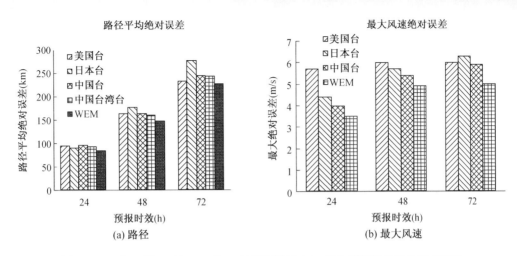

图 2　2012 年 7 月 28 日—10 月 31 日研究区域 24～72 h 预报误差平均绝对误差

4　集合化台风风场预报

　　本文以 1215 号台风"布拉万"为例,介绍集合化台风风场典型的预报成果。1215号热带风暴"布拉万"自 2012 年 8 月 20 日 8 时在关岛西北洋面上生成,一路沿西北方向移向我国,中心附近最大风力有 8 级(18 m/s),中心最低气压为 998 hPa,24 日凌晨"布拉万"加强为强台风,开始对我国近海海域产生影响。

　　如上所述,通过 2012 年 6 月和 7 月期间 6 个台风的训练,可以确定 2012 年度各个模式的权重值。以此为基础,根据 WEM 法可以得到该台风的控制预报风场。图 3 为

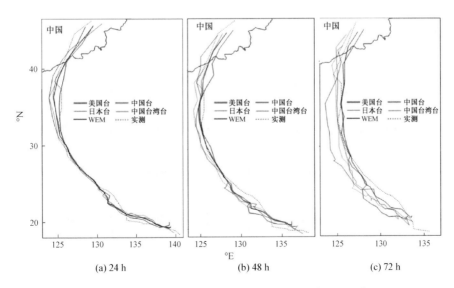

图 3　"布拉万"预报时效的实测路径和预报路径的比较

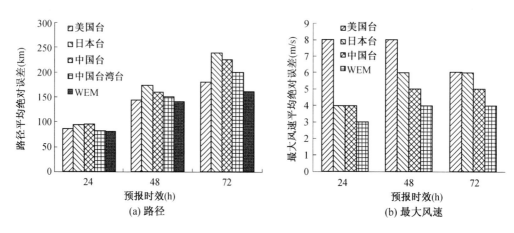

图 4　"布拉万"24 h、48 h 和 72 h 预报的平均绝对误差

超强台风"布拉万"24 h、48 h 和 72 h 预报时效 4 个预报台和 WEM 方法得到的预报路径结果比较。从图 3 可以看出,随着预报时效的延长,预报路径的离散度也在逐步增加。图 4 分别给出了各个预报台和 WEM 方法的台风路径和最大风速预报的平均绝对误差(注:中国台湾台未预报最大风速)。由图可见,WEM 方法预报能有效降低路径和最大风速的预报误差,相对于预报效果最好的单站,台风路径平均绝对误差分别减小了 1.2%、0.7% 和 1.0%,最大风速平均绝对误差分别减小了 25%、20% 和 20%。

　　根据预测与实测资料的误差分析,训练期内 4 个预报台 24～72 h 的路径平均误差分别为 109 km、176 km、259 km;3 个预报台(注:中国台湾台未预报最大风速)24～72 h 的最大风速平均绝对误差分别为 5 m/s、7 m/s、8 m/s。

　　根据"概率圆"的思想可以实现台风路径的扰动。如图 5 所示,将 4 条衍生路径的起点 O 设为起报时刻台风中心的实测位置,以控制风场预报的 24～72 h 台风位置 O_1、O_2 和 O_3 为圆心,分别将统计所得的24～72 h 路径平均误差为半径,获得 3 个误差圆;以台风行进方向的右手边为右侧,经过起点依次做 3 个误差圆的偏右切线,形成偏右路径;依次做偏左切线,形成偏左路径;在控制路径上,分别增加各误差半径,形成偏快路径;分别减小各误差半径,形成偏慢路径。以此方法,连同 1 个控制路径便形成了 5 个路径集合样本,表 1 为 5 个路径集合样本的控制点位置参

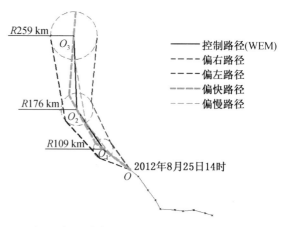

图 5　台风"布拉万"24～72 h 的路径"概率圆"

数。与此同时,根据最大风速平均误差的大小构造24～72 h 3个预报时效中各3组台风"布拉万"的最大风速集合样本,表2为各个预报时效所对应的最大风速可能大小。通过将路径集合样本和最大风速样本进行组合,可以得到24～72 h预报时效各15组的集合化台风参数。根据这些台风参数,采用成熟的经验台风模型[13],即可得到研究区域内多个组次的集合化台风风场。

表1 超强台风"布拉万"路径集合样本

时　间	起报时刻	24 h	48 h	72 h
	8月25日14时	8月26日14时	8月27日14时	8月28日14时
控制路径	131.3°E, 24.2°N	128.5°E, 26.4°N	125.8°E, 30.4°N	125.9°E, 37.6°N
偏右路径	131.3°E, 24.2°N	129.4°E, 26.9°N	127.5°E, 31.0°N	128.8°E, 37.2°N
偏左路径	131.3°E, 24.2°N	128.1°E, 25.5°N	124.4°E, 29.4°N	123.0°E, 37.3°N
偏快路径	131.3°E, 24.2°N	127.7°E, 27.0°N	125.0°E, 31.8°N	126.3°E, 39.9°N
偏慢路径	131.3°E, 24.2°N	129.3°E, 25.8°N	126.7°E, 29.0°N	125.9°E, 35.3°N

表2 超强台风"布拉万"最大风速集合样本　　　　　　　　　　　(m/s)

时　间	起报时刻	24 h	48 h	72 h
	8月25日14时	8月26日14时	8月27日14时	8月28日14时
控制最大风速	50	55	54	40
控制最大风速＋误差	50	60	61	48
控制最大风速－误差	50	50	47	32

5　集合化风暴潮预报

本文将上述15组集合化台风风场作为驱动条件,利用风暴潮业务预报系统对长江口区域的增水进行了集合化预报。以高桥站为例,图6绘制了15组风暴潮的预报结果,其中最上面和最下面的黑线代表潮位包络线,而中间的虚线为15个集合成员的算术平均值。图7和表3显示了高桥站和吴淞站集合化预报、业务化预报(仅采用单一中国台预报的台风信息)和实测对比结果。从以上的图表结果可以看出,风暴潮预报对台风参数有很强的敏感性,不同风场集合样本所产生的风暴增水差别较大。通过误差的定量比较发现,基于集合平均的预报结果总体上要优于单站(中国台)的业务预报结果。此外,集合化预报可以给出潮位可能出现的范围(即包络线的范围),而业务预报系统仅有单一的预报结果。从图6可以看出高桥站最高潮发生时单一预报(3.63 m)和集合平均预报(3.80 m)均明显小于实测值(8月27日20时,4.23 m),但集合化预报的最大值为4.47 m,它代表了这次台风对高桥站所引起的最大可能增水,由此可以看出,利用集合化方法可以有效改善传统方法中的漏报现象。

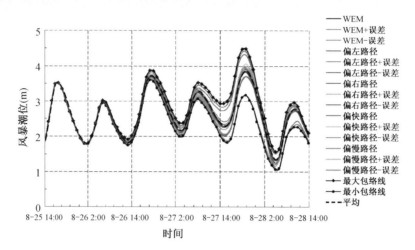

图 6 高桥站 15 个集合化风暴潮过程及其包络线

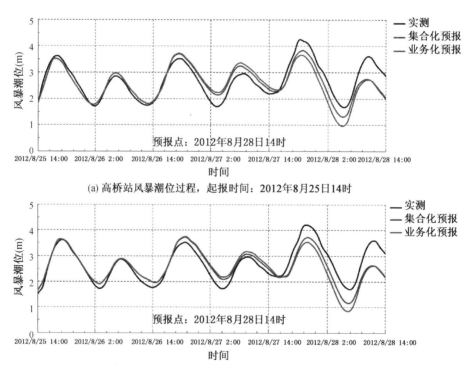

(a) 高桥站风暴潮位过程，起报时间：2012年8月25日14时

(b) 吴淞站风暴潮位过程，起报时间：2012年8月25日14时

图 7 预报（集合预报和业务预报）结果和实测资料对比

表 3 "布拉万"风暴潮过程计算值与实测值比较　　　　　　(m)

类别	站名	实测最高潮潮位	时间（日，时）	预报最高潮潮位	时间（日，时）	逐时预报平均误差
单一	高桥	4.23	27,20	3.72	26,19	0.34
集合				3.84	27,21	0.26
单一	吴淞	4.20	27,22	3.75	26,21	0.34
集合				3.73	27,22	0.27

6　结论

本文基于中国气象局、美国国家气象局、日本气象厅和中国台湾气象局 4 个气象预报中心所提供的台风路径和强度（最大风速）的预报资料，采用多模式加权消除偏差集合平均（WEM）的方法建立精度较高的控制台风，再利用台风路径"概率圆"思想和统计的强度平均误差形成扰动场，共同构建集合化台风样本。以"布拉万"台风为例，通过多模式集成预报，结合实测数据，比较分析 WEM 方法的预报效果，得到以下几点结论：

（1）对于 2012 年 7 月 28 日—10 月 31 日预报期内对研究区域的台风路径和强度（最大风速）的预报，加权消除偏差（WEM）集合预报方法能提供较好的控制风场。相比较最好的单站模式预报，在 24～72 h 预报时效中，WEM 方法预报总体平均绝对误差要小于最好的单站预报误差。

（2）对台风"布拉万"的个例分析表明，台风路径预报随着预报时效的延长，离散程度也逐步增大；相比单站预报，多模式集成平均后，台风路径预报的整体趋势与实际观测结果更为接近，台风强度（最大风速）的预报也更接近实测值。

（3）通过路径"概率圆"和统计风速平均误差所构建的台风"布拉万"的扰动风场，可以较全面地反映台风可能发生的路径和强度情况。

（4）风暴潮集合化预报模式在一定程度上提高了以往采用单一台风（路径和强度）的风暴潮数值预报模式的整体精度，并能弥补以往因风暴潮数值预报模式单一路径而导致的漏报和误报状况。从"布拉万"台风期间的增水预报来看，集合预报技术对过程极值（最高潮位以及潮时）预报效果比单一路径预报效果有一定的改善作用。

参考文献：

[1] EPSTEIN E S. Stochastic dynamic prediction[J]. Tellus，1969，21(6)：739-759.

[2] LEITH C E. Theoretical skill of Monte Carlo forecasts (stochastic atmospheric processes)[J]. Mon. Wea. Rev.，1974，102：409-418.

[3] 袁金南，万齐林，等. 南海热带气旋路径集合预报试验[J]. 热带气象学报，2006，22(2)：105-112.

[4] DALCHER A，KANLNAY E，HOFFMAN R. Medium range lagged average forecast[J]. Mon. Wea. Rev.，1988，116(2)：402-416.

[5] 杨学胜. 业务集合预报系统的现状及展望[J]. 气象，2001，27(6)：3-9.

［6］段明铿,王盘兴.集合预报方法研究及应用进展综述[J].南京气象学院学报,2004,27(2):279-288.

［7］智协飞,陈雯.THORPEX 国际科学研究新进展[J].大气科学学报,2010,33(4):504-511.

［8］周文友,智协飞.2009 年夏季西太平洋台风路径和强度的多模式集成预报[J].气象科学,2012,32(5):492-499.

［9］KRISHNAMURTI T N,KISHTAWAL C W,LAROW T E,et al. Improve weather and seasonal climate forecasts from multimodel super-ensemble[J]. Science,1999,285(5433):1548-1550.

［10］智协飞,林春泽,白永清,等.北半球中纬度地区地面气温的超级集合预报[J].气象科学,2009,32(5):569-574.

［11］王培涛,于福江,等.福建沿海精细化台风风暴潮集合数值预报技术研究及应用[J].海洋预报,2010,27(5):7-15.

［12］王喜年.风暴潮数值模式计算中气压场和风场的处理[J].海洋预报,1986,3(4):56-64.

基于分形理论的流速及含沙量
垂线分布规律研究

黄才安[1]　周济人[1]　赵晓冬[2]　张　瑾[1]

(1. 扬州大学水利科学与工程学院,江苏 扬州　225009;
2. 南京水利科学研究院河港研究所,江苏 南京　210024)

摘　要:明渠水流的流速分布和含沙量垂线分布规律目前大多是利用现代流体力学的基本理论结合一些假设得到的近似解,因而寻求更具理论基础更能与实际相符的公式一直是学术界研究热点问题之一。本文利用分形理论中自相似分形的标度律,研究了流速垂线分布和含沙量垂线分布的局部与整体之间的自相似现象,从而得到了二维明渠垂线流速分布和含沙量分布的规律。结果表明,基于分形标度律可以得到指数流速分布公式、对数流速分布公式及其他形式的流速分布公式。同样,基于分形标度律也可以得到含沙量垂线分布的 Laursen 公式、Rouse 公式及其他形式的含沙量分布公式。

关键词:明渠水流;流速分布;含沙量分布;分形理论;标度律

1　前言

众所周知,明渠水流大多属于紊流。长期以来,人们对紊流的时均流速分布规律进行了大量的研究工作,得到了不同函数形式的流速分布公式,归纳起来主要有指数分布、对数分布、双曲正切分布、抛物线分布、椭圆形分布、半对数分布等形式,其中应用最为广泛的还是指数公式和对数公式。在 19 世纪后期,人们根据大量的明渠和管道试验资料,得到了纯经验的流速分布指数公式。随着现代流体力学的发展,20 世纪 20 年代,普朗特(L. Prandtl)根据自己提出的动量传递理论和混合长假说,推导得出了对数公式。虽然这两个公式有诸多缺陷[1],但还是得到了广泛的运用,因为这两个公式能与实测资料吻合较好。对数公式由于有一定的理论基础而深受许多学者欢迎,指数公式虽是经验公式,但由于其形式及计算都相当简单,而倍受工程界青睐。黄才安还研究过这 2 种流速分布律的转换,建立了指数公式的参数和对数公式的参数之间的定量关系[2]。

泥沙含沙量垂线分布问题是河流动力学基本理论的重要研究内容之一。20 世纪

30 年代,劳斯(H. Rouse)首先根据扩散理论推导得到了含沙量垂线分布的公式,即劳斯公式,劳斯开创了含沙量垂线分布研究的先河,至今已提出了众多不同的理论模型。除扩散理论外河流动力学基本理论还有重力理论、能量理论、相似理论、混合理论、随机理论等。倪晋仁对各种理论比较后认为,无论采用何种理论,最终得到的含沙量垂线分布公式都是或近似是按扩散理论所给出的结构形式,主要的差别在于扩散系数有所不同,各种理论可以相互补充、转化和统一[3]。

尽管明渠二维流速分布和含沙量分布已有众多的成果问世,且在实践中有较广的运用,但由于这些成果还大多处于经验或半经验半理论的阶段,在理论上还存在一定的缺陷,且与实际情况还不完全相符,因而流速和含沙量垂线分布一直是学术界的研究热点之一。随着各种新理论、新方法不断地引进到工程领域的研究中来,分形理论在水力学及河流动力学领域的应用也得到了重视[4-8],为研究相关问题提供了一条新的探索途径。因此,本文试图从分形理论的角度出发去探讨明渠水流流速和含沙量垂线分布规律,从而为研究流速和含沙量分布规律开辟一条新的途径。

2　分形理论基础

分形(Fractal)是由美籍法国数学家曼德尔布罗特(B. B. Mandelbrot)于 20 世纪 70 年代首先提出的,它是对自然界中具有自相似性、自仿射性的图形、结构及现象总的描述,反映了自然界中一类非常广泛的对象的基本属性,即局部与整体、局部与局部在形态、信息上的自相似性、自仿射性[9]。自曼德尔布罗特提出分形理论以后,分形这一概念激发了各个领域的科学家们的极大兴趣。至今,分形理论的运用已经遍及物理、数学、地学、化学、生物、计算机、哲学、经济等各个学科。由于本文主要运用自相似的分形理论来探讨明渠流速和含沙量的垂线分布规律,因此,这里就自相似的分形理论做一简单概括[10]。

自相似的分形现象具有标度不变性,即一个分形对象,其空间尺度 r(或时间尺度 t)变换成 λr(或时间尺度 λt)后,其结构特征不变,只是原来的放大或缩小,称为标度不变性。显然,标度不变性满足下式:

$$f(\lambda r) = \lambda^{\alpha} f(r) \tag{1}$$

上式称为标度律,α 叫标度指数,一般 $0 < \alpha < 1$。即尺度由 r 变成 λr 后,对应于 r 的某一物理量 $f(r)$ 乘以 λ^{α} 后即变成对应于 λr 的该物理量的值 $f(\lambda r)$,其中 r 也可以是时间坐标 t。对于空间尺度 r 为长度时,标度指数 α 与分形维数 D 之间的关系为:

$$\alpha = 1 - D \tag{2}$$

分形标度律说明,尽管分形现象是复杂的,但是存在标度不变性,标度指数 α 是和分形维数 D 有关的不变量。因此,要利用自相似分形的标度律,关键是选择合适的空间尺度 r(或时间尺度 t)及合适的物理量 $f(r)$,而且该物理量要具有自相似分形的特点。下面结合明渠流速及含沙量垂线分布的具体问题来探讨分形理论的运用。

3 流速垂线分布规律的分形研究

我们首先来考察一下二维明渠均匀流的流速分布是否具有自相似现象,再看该自相似现象如何描述。如图 1(a)所示为一典型流速垂线分布图,其中 y 为从河底起算的垂向坐标,u 为 y 处的流速,h 为水深,u_m 为水面处流速。流速从河底到水面单调增大,其在水面处($y=h$)的流速为 $u=u_m$,在河底($y=0$)处流速为 $u=0$。显然,观察流速分布图,如果取任意距河底 y 处的流速 u,其在区间($0,y$)的流速分布图 OABO,与整个水深区间($0,h$)流速分布图 OCDO 有近似的自相似性,即将区间($0,y$)的流速分布图 OABO 经一定的放大以后与整个流速分布图 OCDO 基本一致,局部与整体相似,这是个典型的分形问题。分布图形相似,则其边长(即流速)也相似。

显然,区间($0,y$)上的流速分布图的空间尺度为 $r=y(r\neq0)$,上边长度即流速为 $f(r)=u(y)=u$;而整个区间($0,h$)的流速分布图的空间尺度为:

$$\lambda r = h = \frac{h}{y}y = \lambda y\left(\text{其中}\lambda = \frac{h}{y}\right)$$

上边长度即流速为 $f(\lambda r)=u(\lambda y)=u(h)=u_m$。利用上述标度律式(1)可得:

$$u(\lambda y)=\lambda^{a}u(y) \tag{3}$$

即:

$$u_m = \left(\frac{h}{y}\right)^{a}u \tag{4}$$

显然有:

$$u = \left(\frac{y}{h}\right)^{a}u_m \tag{5}$$

此式与明渠流速分布的指数公式完全一致,即指数流速分布公式也可由分形理论导出。由于流速分布指数一般 $m=1/12\sim1/4$,因而流速的分形维数 $D=1-\alpha=0.75\sim0.92$。显然分形维数 D 越小流速分布越均匀,反之 D 越大流速分布越不均匀。

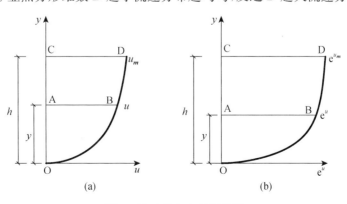

图 1 流速分布自相似特征

上述流速分布的自相似性是近似的，因而，也可以采用空间尺度 r（坐标 y）或物理量 $f(r)$（流速 u）进行坐标变换（或两者同时变换），使其在适当变换后的其他坐标下也存在自相似现象。为了得到对数流速分布公式，我们将流速 u 进行幂函数变换，空间尺度仍选择自河底起算的垂线坐标 y。令 $f = e^u$，$r = y$，观测图 1(b)，可以看出局部 OABO 与整体 OCDO 之间也是自相似的，其比例系数仍为 $\lambda = \dfrac{h}{y}$，则可类似得到：

$$f(h) = \lambda^\alpha f(y) \tag{6}$$

即：

$$e^{u_m} = e^u \left(\frac{h}{y}\right)^\alpha \tag{7}$$

两边取对数得：

$$u_m = u + \alpha \ln\left(\frac{h}{y}\right) \tag{8}$$

令 $\alpha = u_* / k$，其中，u_* 为床面摩阻流速，k 为卡门常数，这样可以得到：

$$\frac{u - u_m}{u_*} = \frac{1}{k}\ln\left(\frac{y}{h}\right) \tag{9}$$

这就是 Prandtl 得到的对数流速公式，说明从分形理论出发也可以得到流速分布的对数公式。值得注意的是此时的标度指数 $\alpha = u_*/k$，已与流速分布的分形维数无关，而与坐标变换后的 e^u 的分形维数有关。

由于流速分布的自相似是近似的，我们也可以采用空间尺度 y 或物理量 u 进行其他形式的坐标变换（或两者同时变换），使其在变换后的其他坐标下也自相似。这样，可以得到现有的其他形式的流速分布公式，见表 1。

表 1　由分形理论得到的各种流速分布公式

作　者	空间尺度 r	物理量 $f(r)$	比例系数 λ	标度指数代换	流速分布公式
指数公式	y	u	h/y	$\alpha = m$	$u = \left(\dfrac{y}{h}\right)^m u_m$
Prandtl	y	e^u	h/y	$\alpha = \dfrac{u_*}{k}$	$\dfrac{u - u_m}{u_*} = \dfrac{1}{k}\ln\left(\dfrac{y}{h}\right)$
Bazin	$h - y$	$u_m - u$	$\dfrac{h}{h-y}$	$\alpha = 2$	$\dfrac{u - u_m}{u_*} = m\left(\dfrac{h-y}{h}\right)^2$
Zagustin	$\dfrac{1-(1-y/h)^{3/2}}{1+(1-y/h)^{3/2}}$	e^u	$\dfrac{1-(1-y/h)^{3/2}}{1+(1-y/h)^{3/2}}$	$\alpha = \dfrac{2u_*}{k}$	$\dfrac{u_m - u}{u_*} = \dfrac{2}{k}\,\mathrm{arcth}\left(1-\dfrac{y}{h}\right)^{3/2}$

续表

作　者	空间尺度 r	物理量 $f(r)$	比例系数 λ	标度指数代换	流速分布公式
张红武	$\exp\left[\sqrt{(1-\dfrac{y}{h})\dfrac{y}{h}}+\arcsin\sqrt{\dfrac{y}{h}}\right]$	e^u	$\dfrac{e^{\pi/2}}{e^r}$	$\alpha=\dfrac{1}{c_n}$	$\dfrac{u_m-u}{u_*}=\dfrac{\pi}{2c_n}-\dfrac{1}{c_n}\left(\sqrt{(1-\dfrac{y}{h})\dfrac{y}{h}}+\arcsin\sqrt{\dfrac{y}{h}}\right)$
Goncharov	$\ln\left(\dfrac{y+c}{c}\right)$	u	$\dfrac{\left(\ln\dfrac{y+c}{c}\right)}{\left(\ln\dfrac{h+c}{c}\right)}$	$\alpha=1$	$u=\dfrac{u_m\left(\ln\dfrac{y+c}{c}\right)}{\left(\ln\dfrac{h+c}{c}\right)}$
Karman	$\sqrt{1-\dfrac{y}{h}}+\ln(1-\sqrt{1-\dfrac{y}{h}})$	e^u	e^{-r}	$\alpha=\dfrac{u_*}{k}$	$\dfrac{u_m-u}{u_*}=-\dfrac{1}{k}\left[\sqrt{1-\dfrac{y}{h}}+\ln(1-\sqrt{1-\dfrac{y}{h}})\right]$

4　含沙量垂线分布规律的分形研究

同样,考察一下二维明渠恒定均匀流不冲不淤输沙平衡状态时的含沙量分布是否具有自相似现象。如图 2(a)所示为一典型含沙量垂线分布图,其中 s 为 y 处的含沙量。含沙量从水面到河底单调增大,其在水面处($y=h$)的含沙量为 $s\approx0$,在距河底一定距离处($y=a$)的含沙量为 $s=s_a$,$y=a$ 是推移质和悬移质分界点,再往下属于推移

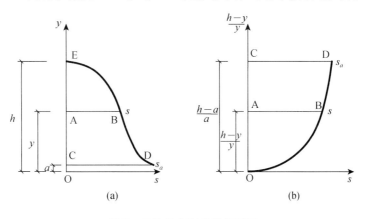

(a)　　　　　　　　　　(b)

图 2　含沙量分布自相似特征

质运动层。显然,观察含沙量分布图,如果任意距河底 y 处的含沙量 s,其在区间 (y,h) 的含沙量分布图 EABE,与整个水深区间 (a,h) 含沙量分布图 ECDE 有近似的自相似性,即将区间 (y,h) 的含沙量分布图 EABE 经一定倍数的放大以后与整个含沙量分布图 ECDE 基本一致,局部与整体相似,是个典型的分形问题,分布图形相似,则其边长(即含沙量)也相似。

显然,区间 (y,h) 含沙量分布图的空间尺度为 $r=y(r\neq0)$,下边长度即含沙量为 $f(r)=s(y)=s$;而整个悬移质区间 (a,h) 的含沙量分布图的空间尺度为 $a=\dfrac{a}{y}y=\lambda y\left(其中\lambda=\dfrac{a}{y}\right)$,下边长度即含沙量为 s_a。利用上述标度律可得:

$$s(\lambda y)=\lambda^{\alpha}s(y) \tag{10}$$

即:

$$s_a=\left(\frac{a}{y}\right)^{\alpha}s \tag{11}$$

显然有:

$$\frac{s}{s_a}=\left(\frac{a}{y}\right)^{-\alpha} \tag{12}$$

当 $\alpha=-\omega/(ku_*)$ 时,其中 ω 为泥沙沉速,此式即为 Laursen 在 1980 年提出的含沙量分布指数公式,即指数含沙量分布公式也可由分形理论导出。由于含沙量上小下大,此时,$\alpha<0$,对应的分形维数 $D=1-\alpha>1$。分形维数越小,含沙量分布越均匀;反之,分形维数越大,含沙量分布越不均匀。

由于上述含沙量分布的自相似性是近似的,因而,也可以采用空间尺度(坐标 y)或物理量(含沙量 s)进行坐标变换(或两者同时变换),使其在变换后的坐标下也自相似,这样可以得到其他形式的含沙量分布公式。如对空间尺度进行如下变换:$r=\dfrac{h-y}{y}$,含沙量坐标不变。观测图 2(b),可以看出局部 OABO 与整体 OCDO 之间也是自相似的。在任意坐标 y 处,含沙量为 $s=s(y)$,而在悬沙底部 $y=a$,$\lambda r=\dfrac{h-a}{a}=\lambda\dfrac{h-y}{y}$,即 $\lambda=\dfrac{h-a}{a}\Big/\dfrac{h-y}{y}$,此时含沙量为 $s=s_a$。根据分形的标度律,类似可得:

$$s(\lambda r)=\lambda^{\alpha}s(r) \tag{13}$$

即:

$$s_a=\left(\frac{h-a}{a}\Big/\frac{h-y}{y}\right)^{\alpha}s \tag{14}$$

亦即：

$$\frac{s}{s_a} = \left(\frac{h-y}{y} \cdot \frac{a}{h-a} \right)^\alpha \tag{15}$$

当 $\alpha = \omega/(ku_*)$ 时，上式就是著名的劳斯含沙量垂线分布公式，其中 $\alpha = \omega/(ku_*)$ 即为悬浮指标。说明劳斯公式也可以从分形理论得到。此时的分形维数 $D = 1 - \alpha$ 可正可负，取决于含沙量的均匀程度，但此时的分形维数已不是原来意义上的几何（长度）分形的维数，而是空间尺度坐标变换后的一种长度量的分形维数，其分形维数的物理意义有待进一步探讨。

由于含沙量分布的自相似是近似的，我们也可以采用空间尺度 r 或含沙量 s 进行其他形式的坐标变换（或两者同时变换），使其在变换后的其他坐标下也自相似。这样，可以得到其他形式的一些含沙量垂线分布公式，见表2。

表2　由分形理论得到的各种含沙量分布公式

作 者	空间尺度 r	比例系数 λ	标度指数代换	流速分布公式
Laursen	y	$\lambda = \dfrac{a}{y}$	$\alpha = -\dfrac{\omega}{ku_*}$	$\dfrac{s}{s_a} = \left(\dfrac{a}{y} \right)^{\frac{\omega}{ku_*}}$
劳　斯	$\dfrac{h-y}{y}$	$\dfrac{h-a}{a} \Big/ \dfrac{h-y}{y}$	$\alpha = \dfrac{\omega}{ku_*}$	$\dfrac{s}{s_a} = \left(\dfrac{h-y}{y} \cdot \dfrac{a}{h-a} \right)^{\frac{\omega}{ku_*}}$
Lane-Kalinske	e^y	e^{a-y}	$\alpha = -\dfrac{6\omega}{ku_* h}$	$\dfrac{s}{s_a} = e^{-\frac{6\omega}{ku_* h}(y-a)}$
Tanaka	$\dfrac{1+\sqrt{1-y/h}}{1-\sqrt{1-y/h}}$	$\dfrac{1-\sqrt{1-y/h}}{1-\sqrt{1-a/h}} \cdot \dfrac{1+\sqrt{1-a/h}}{1+\sqrt{1-y/h}}$	$\alpha = \dfrac{\omega}{ku_*}$	$\dfrac{s}{s_a} = \left(\dfrac{1+\sqrt{1-y/h}}{1+\sqrt{1-a/h}} \cdot \dfrac{1-\sqrt{1-a/h}}{1-\sqrt{1-y/h}} \right)^{\frac{\omega}{ku_*}}$
Hunt	$\dfrac{\sqrt{1-y/h}}{B-\sqrt{1-y/h}}$	$\dfrac{\sqrt{1-a/h}}{\sqrt{1-y/h}} \cdot \dfrac{B-\sqrt{1-y/h}}{B-\sqrt{1-a/h}}$	$\alpha = \dfrac{\omega}{ku_*}$	$\dfrac{s}{s_a} = \left(\dfrac{\sqrt{1-y/h}}{\sqrt{1-a/h}} \cdot \dfrac{B-\sqrt{1-a/h}}{B-\sqrt{1-y/h}} \right)^{\frac{\omega}{ku_*}}$
张红武	$\exp\left(\text{arctg} \sqrt{\dfrac{h}{y}-1} \right)$	$\exp\left[\text{arctg}\sqrt{\dfrac{h}{a}-1} - \text{arctg}\sqrt{\dfrac{h}{y}-1} \right]$	$\alpha = \dfrac{2\omega}{c_n u_*}$	$\dfrac{s}{s_a} = \exp\left[\dfrac{2\omega}{c_n u_*} \left(\text{arctg}\sqrt{\dfrac{h}{y}-1} - \text{arctg}\sqrt{\dfrac{h}{a}-1} \right) \right]$

续表

作　者	空间尺度 r	比例系数 λ	标度指数代换	流速分布公式
蔡树棠	$\dfrac{y}{h}+B$	$\left(\dfrac{a}{h}+B\right)\Big/\left(\dfrac{y}{h}+B\right)$	$\alpha=n$	$\dfrac{s}{s_a}=A\left(\dfrac{y}{h}+B\right)^{-n}$ $\left[\text{注}:A=\left(\dfrac{a}{h}+B\right)^{-n}\right]$
汪富泉-丁晶	$\exp\left(\arcsin\dfrac{2y-h}{h}\right)$	$\exp\left(\arcsin\dfrac{2a-h}{h}-\arcsin\dfrac{2y-h}{h}\right)$	$\alpha=\dfrac{\omega}{c_n u_*}$	$\dfrac{s}{s_a}=\exp\left[\dfrac{-\omega}{c_n u_*}\left(\arcsin\dfrac{2y-h}{h}-\arcsin\dfrac{2a-h}{h}\right)\right]$

注:表中物理量 $f(r)$ 均取含沙量 s。

5　结语

随着非线性方法在水利工程领域中的广泛应用,分形理论也可以用来解决水力学及河流动力学中的许多问题。本文利用分形理论中关于自相似分形的标度律,研究了二维明渠恒定均匀流中流速和含沙量垂线分布规律,从而为流速和含沙量的垂线分布规律的研究开创了一个新的研究途径。分析表明流速和含沙量垂线分布在正常的坐标下表现出局部与整体之间的自相似现象,因此完全可以采用分形理论来研究,从而运用分形的标度律概念得到流速分布的指数公式、含沙量分布的 Laursen 公式。通过适当的坐标变换,流速分布和含沙量分布也可以近似表现出自相似现象,从而可以得到其他形式的流速和含沙量分布公式,如流速分布的对数公式、Basin 公式、Zagustin 公式、Karman 公式、Goncharov 公式、张红武公式等,含沙量分布的劳斯公式、Lane-Kalinski 公式、Tanaka 公式、Hunt 公式、张红武公式、蔡树棠公式、汪富泉-丁晶公式等。对于标度律中的标度指数,由于不同的坐标变换,标度指数会有很大差异,因此各公式中的标度指数的物理意义还有待进一步探讨。同时何种坐标下的自相似分形现象更能合理描述流速分布和含沙量分布的实际情况,也是一个继续研究的方向。

参考文献:

[1] 倪晋仁,王光谦,张红武. 固液两相流基本理论及其最新应用[M]. 北京:科学出版社,1991.

[2] 黄才安. 明渠流速分布指数律与对数律的统一及转换[J]. 人民长江,1994,25(1):42-44.

[3] 倪晋仁,惠遇甲. 悬移质浓度垂线分布的各种理论及其间关系[J]. 水利水运科学研究,1988(1):83-97.

[4] 周银军,陈立,刘同宦. 分形理论在泥沙研究中的应用概述[J]. 泥沙研究,2012(2):73-80.

［5］倪志辉,吴立春,舒小红.基于分形理论的挟沙水流掺混长度分析[J].人民黄河,2009,31(9)：32-33.

［6］倪志辉.长江黄河垂线流速分布的分形研究[J].人民长江,2008,40(18):17-19,100.

［7］倪志辉,张绪进,胥润生.长江黄河含沙量垂线分布的分形研究[J].人民长江,2011,43(19)：73-76.

［8］舒小红.明渠挟沙水流垂线流速的分形特征研究[J].中国水运,2010(7):160-161,164.

［9］MANDELBROT B B. The fractal geometry of nature[M]. New York：Freemann, 1982.

［10］刘式达,刘式适.分形和分维引论[M].北京:气象出版社,1993.

基于经济诱发效应的物流
网络综合优化研究

王　伟[1, 2]　封学军[1]

(1. 河海大学港口海岸与近海工程学院水运规划与物流工程研究所,江苏 南京　210098;
2. 公路工程省部共建教育部重点实验室,湖南 长沙　410004)

摘　要:为了实现区域物流网络的整体、动态、多层次性优化,综合考虑区域物流网络运输、仓储、作业成本以及对区域经济的拉动作用,我们应构建基于经济诱发效应的多成本混合结构物流网络(包括物流节点与物流通道)综合优化的双层规划模型。上层解决区域物流宏观规划问题,即决策者的方案设计,从规模、结构和布局的角度控制区域物流网络的总体优化;下层为物流链配流问题,即物流链分配。将贪心法与遗传算法相结合对优化的双层规划模型进行求解。采用 Delphi 软件平台和 SQL Server 数据库实现二次开发,构建基于经济诱发效应区域物流网络优化平台,以苏南高速公路物流网络优化为例进行实证分析,证明其优化效果显著。

关键词:网络优化;遗传算法;贪心法;混合结构;经济诱发效应

1　前言

随着全球经济一体化和我国对外贸易的发展,作为区域经济发展的源动力,物流系统的作用日益增大。系统科学地规划区域物流网络建设不仅关系到物流业及其相关行业的发展,而且也关系到区域经济整体实力的提升。

国际上对于区域物流网络优化已经有一些深入的研究,如国外关于选址理论研究的文献比较多且比较成熟[1],近年来的研究趋势与热点是将经典选址问题和车辆路径[2]、库存管理综合[3]及带随机需求的多阶段动态选址[4]。相关学者运用运筹学原理进行物流网络布局,提出了布局模型、布局-分配组合模型、布局-路径联合模型等模型。Mortiz 对物流节点空间等级体系进行规划[5]。Jayaraman 研究了一个多种产品、单个生产工厂、多个配送中心并且包含直拨运输情况的企业物流配送网络优化问题[6]。Georgako Poulos 研究了企业运作效率和市场营销的物流配送网络的优化问题[7]。Yang-Ja Jang 研究了企业的生产和配送的组合网络设计模型,并运用拉格朗日松弛算法和遗传算法相结合求解相应的优化问题[8]。相对而言,国内对区域物流网络布局优化方面的系统理论研究较少,如王伟等基于引力模型和加权 Voronoi 图提出区域物流节点协调布局优化模型及其高效求解算法[9]。张得志分析了物流园区的形成与演化机理,从静态和动态两个不同的角度入手,构建了 4 个区域物流节点布局优化模型,并给出了相应的求解算法[10]。

综合国内外研究现状,已有的物流网络布局量化模型主要针对单个企业的物流中心选址或单纯的物流通道系统优化方面,一般都将物流中心服务看作单产品,主要研究其运输或者仓储功能布局优化。现有模型所研究的物流网络,大多是标准的 3 层结构或多层结构,多是同层次选址,但随着经济的发展,区域物流系统的供应链和网络结构越来越复杂,因此在物流网络优化研究中,必须考虑多级共存的混合物流网络设计问题。现有相关优化模型的目标函数,仅仅考虑运输费用和设施建设费用,而忽略了库存费用、订货费用等,物流网络格局变化对于区域物流生成量、区域经济发展以及区域间联系与合作的贡献等方面考虑较少。此外,以往的研究将区域物流节点与区域物流通道的优化割裂开来,缺少对区域物流网络的综合优化研究,因此,对能够提供多产品、多功能服务,适应多货种多成本运作的混合区域物流网络综合优化的研究非常必要。

区域物流网络优化实际上是一个博弈问题,本文综合考虑区域物流网络运输、仓储、作业成本以及区域物流网络格局变化对区域物流生成量的影响和区域经济的拉动效应,构建区域物流网络综合(包括节点与通道)优化的双层规划模型。考虑区域物流网络的复杂性和双层规划模型作为 NP 问题的特点,论文将贪心法和遗传算法相结合对区域物流网络双层规划模型进行求解,实现区域物流网络的整体、动态、多层次性优化。基于 Delphi 软件平台和 SQL Server 数据库开发区域物流网络优化平台,通过实证分析证明其优化效果显著。

2 基于经济诱发效应的区域物流网络优化模型的构建

本文构建基于经济诱发效应的单一货种、多级混合结构区域物流网络优化模型,其模型和算法对于多货种情况只要略做修改,也完全适用。

2.1 模型假设

(1) 网络中货源发生点和吸引点的位置、各点的原始发生量和原始吸引量以及各点间的原始物流量都是已知的。

(2) 备选节点的位置、最大容量是已知的,原始交通网络预先确定,预选通道的起始点、最大容量已知。

(3) 物流费率是已知的,不受市场波动影响,并且运输费用为线性函数,仓储费用受到物流节点规模的影响。

(4) 各备选节点、备选通道的基建费用由固定费用和变动费用构成,费率是已知的。

（5）区域物流需求量全部由物流节点中转，即源点与需求点间不存在直供量，但是源点层与物流节点层之间，物流节点层与需求点层之间存在直接运输量，将直供量作为对于通道的外部生成量来考虑。

（6）假设货物或者物流服务是同质的，具有相同的价值和装运条件，对物流链具有同样的选择行为，物流链的选择遵循效用最大原则。

（7）只考虑进入区域物流节点的物流量对物流节点的影响，将区域物流节点的物流需求或者交通需求作为外生的参数。

（8）假设诱增型经济增长量与诱增型物流量之间呈正比关系，区域 OD 物流量和 OD 交通量的诱增效应均与诱增型经济增长量呈正比关系。

考虑到区域物流网络一般是以区域大型货流需求点为起点和终点的，网络的源点由城市物流枢纽构成，可将市内发生量作为需求量，需求层由区域消费物流需求和生产需求构成，生产型需求点是大型企业或者工业园、产业园，消费物流需求点是大型批发市场、中心商业区。

2.2　模型变量与参数

假设待优化规划的区域物流网络中，共有 N 条可行备选通道，其中有 N_1 条现有通道，N_2 条可行备选新增通道，$N = N_1 + N_2$；在区域内各级可行备选物流节点 M 个，包括现有物流节点 M_1 个，M_2 个可行备选物流节点（候选物流节点基于对区域内用地自然条件、产业布局、用地规划、综合交通网络规划等因素的综合考虑确定），$M = M_1 + M_2$，对于物流节点不采用简单的分级方式，而是通过考虑其规模效应情况；这里将区域物流网络整个辐射的区域分为 L 个需求子区，即物流需求点（产生点或者终到点），物流需求 OD 点分别用 s, t 表示，需求小区用它的质心表示，在区域物流网络中，它是一个节点。根据区域物流运行的技术要求，其网络结构一般应该是辐射网结构。本文在目标函数中引入载荷率，从总体上反映了网络中各条路径的利用情况，线路载荷率适中且负荷均衡的方案易被选中，提高了网络的整体有效性。根据区域物流网络的特点，对一般的区域物流网络进行符号定义：

$Z_0 = [z_{0i}]_M$，矩阵 Z_0 表示现状物流节点布局方案，z_{0i} 表示现状物流节点 i 的规模；

$Z = [z_i]_M$，矩阵 Z 表示物流节点的布局规划方案，z_i 表示物流节点 i 的规划规模，有 $z_i \geqslant z_{0i}$；

$$\psi_i = \begin{cases} 1 & z_i > 0 \text{ 表示备选节点 } i \text{ 布置物流节点} \\ 0 & z_i = 0 \text{ 表示备选节点 } i \text{ 不布置物流节点} \end{cases}$$

W 表示全部物流路径起讫点对，用有向弧表示的集合，对于 $\forall w = (i, j) \in W$，i 表示 w 的发送地点，j 表示 w 的到达地点。

p 是集合 W 的子集，可表示为 $p = (w_1, w_2, \cdots, w_k)$，可表示区域物流通道方案，包括已有通道和规划通道；相应的 u 是集合 U 的子集，表示区域物流规划通道方案。

U 表示备选物流路径，用无向弧（或者回路）表示的集合，对于 $\forall u = (r, s) \in U$，r

和 s 表示 u 的两个端点，u 表示由 (rs) 与 (sr) 组成的一个回路。

$B = [b_i]_K$，其中 b_i 表示物流节点布置在备选位置 i 的变动成本（包括用地和建设成本）。

$D = [d_i]_K$，其中 d_i 表示物流节点布置在备选位置 i 的固定成本（包括用地和建设成本）。

w_i 表示物流节点 i 的仓储规模。

u_i 表示物流节点 i 的仓储费率。

v_i 表示物流节点 i 的中转费率。

T_r 表示物流需求点 r 的平均库存周期。

V 表示物流路径的速度（km/h）。

d_{ij} 表示物流路径 i 和 j 两个节点的距离（km）。

A 表示物流网络中路段的集合，包括已有的路段和新增的备选路段。

x_a 表示路段 a 上的物流量，它们组成的向量为 $x = (x_1, x_2, \cdots, x_n)$，$n$ 是路段总数。

t_a 表示路段 a 上的成本函数，它是路段物流量的函数 $t_a = t_a(x_a, y_a)$。

y_a 表示路段 a 的通行能力增加值，共 m 个，它们组成的向量为 $y = (y_{a1}, y_{a2}, \cdots, y_{am})$。

g_a 表示路段 a 上通行能力增加 y_a 所需的投资。

C_{ir} 表示物流节点 i 与物流需求点 r 之间的单位运输费率。

C'_{ij} 表示物流节点 i 与物流节点 j 之间的单位运输费率。

S 表示区域物流网络（包括通道或者节点）总投资上限。

f_{rs}^k 表示交通分布 rs 对间第 k 条路径的流量，其向量为 $f = (f_{rs}^1, f_{rs}^2, \cdots, f_{rs}^k, \cdots)$。

$\delta_{rs}^{k,a}$ 表示路径—路径相关变量，取 1 表示路段 a 在 rs 对间第 k 条路径上，否则为 0。

$$\delta_{rs}^{k,a} = \begin{cases} 1, & \text{路段 } a \text{ 在 } rs \text{ 对间第 } k \text{ 条路径上} \\ 0, & \text{其他} \end{cases}$$

$Q = [q_{rs}]_{L \times L}$ 表示网络优化前 L 个分区间的物流量需求 OD 分布矩阵，q_{rs} 表示 rs 对间物流量。

$Q' = [q'_{rs}]_{L \times L}$ 表示网络优化后 L 个分区间的物流量需求 OD 分布矩阵，q'_{rs} 表示 rs 对间物流量。

$X = [x_{ir}]_{M \times L}$，其中 x_{ir} 表示网络优化后节点 i 与需求点 r 的之间物流量。

$X' = [x'_{ij}]_{M \times M}$，其中 x'_{ij} 表示网络优化后物流节点 i 与物流节点 j 之间的物流量。

$Y = [y_i]_M$，其中 y_i 表示网络优化后物流节点 i 的中转量。

a, k, r, s 依次分别表示路段下标、路径上标、发送源下标、吸引源下标。

2.3 基于经济诱发效应的区域物流网络优化模型

1. 诱发型物流量的预测

新建或者改造项目（节点或者通道）的出现，对区域物流产生促进和激励作用，人们的出行和货物运输时间缩短,土地利用性质转变,开发强度增大,区域物流量增加,本文借鉴交通预测中的诱发交通量提出诱发物流量的概念。诱发物流量是远景物流量的三大组成部分之一,而远景物流量预测是区域物流网络评价基础,因此,诱发物流量的计算尤为重要。本文借鉴诱发交通量的研究成果,通过有无项目的比较来确定物流量的诱发量,借鉴诱增型交通量预测模型[11],提出如下诱发物流量模型:

当 $q_{rs} > 0$ 时,

$$\Delta q'_{rs} = \left[\frac{D'_{rs}}{D_{rs}} - 1\right]q_{rs} \times 0.5 \tag{1}$$

当 $q_{rs} = 0$ 时,

$$\Delta q'_{rs} = K[D_{rs}^{\gamma} - D_{rs}'^{\gamma}]S_r^{\alpha}T_s^{\beta} \times 0.5 \tag{2}$$

式中:D_{rs},D'_{rs} 表示网络优化前后需求点对 r 和 s 之间的总成本;q_{rs} 表示网络优化前后需求点对 r 和 s 之间的物流量;$\Delta q'_{rs}$ 表示网络优化后需求点对 r 和 s 之间的诱增物流量;S_r,T_s 表示网络优化前需求点对 r 和 s 的物流产生量和吸引量;α,β,γ,K 为模型参数,由现状 OD 及现状网络利用最小二乘法进行标定。

2. 诱发性物流量与诱发性经济增长的关系

考虑物流量和经济间存在着一定的关系,诱增物流量和诱增型经济增长量是相适应的。物流网络的建设和运营,会改善区域的物流网络环境,产生诱增型经济增长量,这种经济增长量在物流方面的表现为诱增物流量。本文假设诱增物流量与诱增经济量呈正比的关系[12]。

$$\Delta e_r = k_r \Delta q_r = k_r \sum_s \Delta q_{rs} \tag{3}$$

式中:Δe_r 为小区 r 的诱增型经济增长量;Δq_r 为小区 r 的诱增型物流量;k_r 为小区 r 的诱增型经济增长系数。

3. 基于经济诱发效应的区域物流网络综合配置优化模型的构建

在一个对象区域上新建物流节点和通道后,区域物流网络的流量分布会因为新增的物流量而发生变化,这种变化又对区域物流网络产生反作用。区域物流生成量及其 OD 分布是动态变化的,这将促使政府部门不断完善区域物流网络。同时,物流节点和物流通道规划问题是相互关联的。因此,研究物流节点和物流通道的协同优化问题,即区域物流网络的综合优化问题非常必要。

整个对象区域建设物流节点的用地和建设成本为:

$$W_{11} = \sum_{i=1}^{K} (b_i z_i + d_i)\psi_i \tag{4}$$

整个对象区域建设物流通道的用地和建设成本为:

$$W_{12} = \sum_{a=1}^{m} g_a(y_a) \tag{5}$$

区域建设物流网络的用地和建设成本为：

$$W_1 = W_{11} + W_{12} = \sum_{i=1}^{K} (b_i z_i + d_i)\psi_i + \sum_{a=1}^{m} g_a(y_a) \qquad (6)$$

根据物流网络总投资限制，有：

$$\sum_{i=1}^{K} (b_i z_i + d_i)\psi_i + \sum_{a=1}^{m} g_a(y_a) \leqslant S \qquad (7)$$

考虑到物流网络建设费用可分年分摊到每年的费用中，因此，可计算得到物流网络分摊到每年的建设费用：

$$A = W_{11} \frac{r(1+r)^{T_1}}{(1+r)^{T_1}-1} + W_{12} \frac{r(1+r)^{T_2}}{(1+r)^{T_2}-1} =$$
$$\sum_{i=1}^{K} (b_i z_i + d_i)\psi_i \frac{r(1+r)^{T_1}}{(1+r)^{T_1}-1} + \sum_{a=1}^{m} g_a(y_a) \frac{r(1+r)^{T_2}}{(1+r)^{T_2}-1} \qquad (8)$$

式中：T_1，T_2 分别为物流节点和物流通道的运营期，这里假定物流节点、物流通道运营周期是一致的；r 为资金折现率。

在有通行能力约束的条件下，要考虑路段 $a \in A$ 上的物流量对运输时间和运输成本的影响，运输时间表示为路段物流量的函数。设计物流通道上的运输成本函数为：

$$t_a = t_a(x_a) = \alpha_a + \beta_a \left(\frac{x_a}{e_a}\right)^{\chi_a} \qquad (9)$$

式中：x_a 为路段 a 上的物流量；e_a 为路段 a 上的物流运输能力；α_a 为路段 a 上的自由走行时间；β_a，χ_a 为非负参数。

因此，区域物流网络上的总物流运营成本可表示为：

$$W_2 = \sum_{a \in A} x_a \cdot t_a(x_a) \qquad (10)$$

式中：$x = (\cdots, x_a, \cdots)$ 为下面用户均衡分配的数学规划问题的解；t_a 为某物流需求点的物流需求选择物流解决方案（或者物流链）a 的成本函数，在这里综合考虑在物流网络中的费用（包括运输成本、库存成本、中转成本）、运输距离和运输时间因素；$t_a = t_a(x_a)$。

同时，区域物流网络的总运营成本包括运输、中转与仓储成本，也可表示如下式所示：

$$\sum_{i=1}^{K} \sum_{r=1}^{N} c_{ir} x_{ir} + \sum_{i=1}^{K} \sum_{j=1}^{K} c'_{ij} x'_{ij} + \sum_{i=1}^{K} u_i y_i + \sum_{i=1}^{K} v_i (w_i)^\theta \qquad (11)$$

式中：θ 为仓储规模效应因子（$0 < \theta < 1$）；$w_i = \sum_{r=1}^{N} x_{ir} T_r$。

因此，区域物流网络上的总物流运营成本也可表示为：

$$W_2 = \sum_{a \in A} x_a \cdot t_a(x_a) = \sum_{i=1}^{K} \sum_{r=1}^{N} c_{ir} x_{ir} + \sum_{i=1}^{K} \sum_{j=1}^{K} c'_{ij} x'_{ij} + \sum_{i=1}^{K} u_i y_i + \sum_{i=1}^{K} v_i (w_i)^{\theta} \quad (12)$$

本文用一个双层数学规划模型来表达该物流网络布局问题：上层决策者的目标函数代表网络整体利益，必须综合考虑区域物流网络的基本要求和实际物流的需要，对方案进行调整；一般来讲，区域物流网络管理目标出发点不同，作为上层决策者的区域物流规划管理部门的目标函数亦不同，在物流网络优化过程中，常用的优化目标有成本目标、流通量目标、时间目标以及综合考虑多方面的多目标，本文以区域物流网络单位效益-成本的最小化为目标。下层优化问题可视为物流链分配问题，下层决策者是用户，其不能改变方案，但能根据自身的需要选择服务物流服务链，通常以用户均衡模型表述。则建立基于经济诱发效应的区域物流网络优化的双层规划模型如下：

上层模型：

$$\min: W(Z) = \Big(\sum_{i=1}^{K} \sum_{r=1}^{N} c_{ir} x_{ir} + \sum_{i=1}^{K} \sum_{j=1}^{K} c'_{ij} x'_{ij} + \sum_{i=1}^{K} u_i y_i +$$

$$\sum_{i=1}^{K} v_i(w_i)^{\theta} + \sum_{i=1}^{K} (b_i z_i + d_i) \psi \frac{r(1+r)^{T_1}}{(1+r)^{T_1} - 1_i} + \qquad (13a)$$

$$\sum_{a=1}^{m} g_a(y_a) \frac{r(1+r)^{T_2}}{(1+r)^{T_2} - 1} \Big) / \sum_{r} e_r$$

$$\text{s. t.} \quad w_i = \sum_{r=1}^{N} x_{ir} T_r \qquad (13b)$$

$$\sum_{i=1}^{K} (b_i z_i + d_i) \psi_i + \sum_{a=1}^{m} g_a(y_a) \leqslant S \qquad (13c)$$

$$z_{0i} \leqslant z_i \leqslant zi_{\max} \quad (1 \leqslant i \leqslant M) \qquad (13d)$$

$$y_a \geqslant 0, \ (a = 1, 2, \cdots, N) \qquad (13e)$$

$$\psi_i = \begin{cases} 1 & z_i > 0 \\ 0 & z_i = 0 \end{cases} \quad (1 \leqslant i \leqslant M) \qquad (13f)$$

其中，由 n 条路段上的物流量 x_a 组成的向量 $x = (x_1, x_2, \cdots, x_a, \cdots, x_n)$ 是下层用户均衡分配的数学规划问题的解，y_a 是通道选择变量，其向量 $y = (y_{a1}, y_{a2}, \cdots, y_{an}, \cdots, y_{an})$；$x_a(y)$ 是下层数学规划的极值。

下层模型：

$$\min: F(x) = \sum_{a \in A} \int_{0}^{x_a} t_a(w) \mathrm{d}w \qquad (14a)$$

$$\text{s. t.} \quad \sum_{k} f_{rs}^{k} = q'_{rs}, \ \forall r, s \qquad (14b)$$

$$x_a = \sum_{r, s} \sum_{k} f_{rs}^{k} \cdot \delta_{rs}^{k, a} \qquad \forall a \qquad (14c)$$

$$f_{rs}^k \geqslant 0, \quad \forall r, s \quad \forall k \tag{14d}$$

这是一个双层决策问题,其中式(13)是上层,式(14)是下层。式(13a)的意思是:希望物流网络单位成本最小,是规划者的愿望;(14)是用户均衡模型,其解是在均衡状态下各路段上的流量。式(13)～式(14)是以规划者为领导者、用户为跟随者的双层决策模型。

3 算法设计

复杂网络优化的特点是在已知备选物流节点和备选通道的情况下,确定区域物流网络内部的节点与线路的数量、规模、地址,使包含了运输、库存、建设费用的综合成本最小。基于双层规划模型的非凸性、非连续性等特点,决定了用常规的优化方法不能有效地求解该问题.因而一种简单易行的算法将是双层规划模型得以成功运用的关键,本文选择 GA 算法与贪心法相结合对网络优化问题进行求解。

3.1 初始解的确定

本文采用贪心法获得模型的初始解,贪心法的基本思路:从问题的某一个初始解出发逐步逼近给定的目标,以尽可能快地求得更好的解。当计算到某一步不能再继续前进时,算法停止。由于贪心法的高效性及其所求得的答案比较接近最优结果,贪心法也可以用作辅助算法或者直接解决一些要求结果不特别精确的问题,假设初始解的优化目标为 M_0 个物流节点和 N_0 个通道,步骤为:

Step 1:令当前选中设施点数 $p_1 = M$,线路条数 $p_2 = N$,即将所有 M 个候选点和 N 条候选通道都选中。

Step 2:将物流需求在物流网络中按照最小费用路径进行分配,求出网络费用 F。

Step 3:若 $p_1 = M_0$, $p_2 = N_0$,求出网络费用 F 后比较每一步的最小方案,其中的最小方案为优化方案,停止;否则,转第四步。

Step 4:从 p 个设施候选点和线路中确定取走点或者线路:假如将它取走并将它的物流需求分配给其他的最近设施点和线路后,网络总费用最小,即取走点本身代表了费用最高的点或者线路。

Step 5:从候选点集合中删去取走点,令 $p = p - 1$,转 Step2。

3.2 方案优化

采用遗传算法对区域物流网络布局方案进行优化,基本思路为:确定上层决策变量即物流网络规划方案(物流候选节点和通道的规模、布局方案)的编码方案,随即产生初始群体,群体中各个个体对应不同的物流网络布局方案;分析区域物流网络变迁对区域物流需求及其分布的影响,进而产生新的区域物流 OD;通过求解下层模型得到每一个布局方案下物流需求对物流链的选择方案及其对应的区域物流分配结果,进而可以计算上层目标函数值从而得到不同个体的适应度。对这一群体进行选择、交叉、变异遗传运算,若干代后,算法收敛于最优物流节点规划方案。在区域物流网络优化中,编码采用实数编码,适应度函数采用上层问题的目标函数,针对约束条件在适应度函数中加入惩罚因子进行处理。采用如下的遗传操作:选择操作采用基于"排名"的轮盘式选择算子,交叉操作采用单点算术交叉。具体求解步骤如图 1 所示,算法过程如下:

Step1:设置参数。设置种群规模 pop_size、变异率 p_m、交叉率 p_c 和最大迭代数 Gen,并设置初始遗传代数 $t=0$。

Step2:初始化。通过贪心法产生规模为 pop_size 的初始群体 $P(t)$。

Step3:计算区域物流网络变化对区域物流需求及其分布的影响,对 $P(t)$ 种群内的染色体应用诱增物流量和转移物流量分析预测,得到该染色体下新的物流量 OD 矩阵。

Step4:求解物流链决策模块。对 $P(t)$ 种群内的染色体应用物流链决策模块求下层物流链选择问题。

Step5:评价物流网络规划方案,求方案的适应度值。

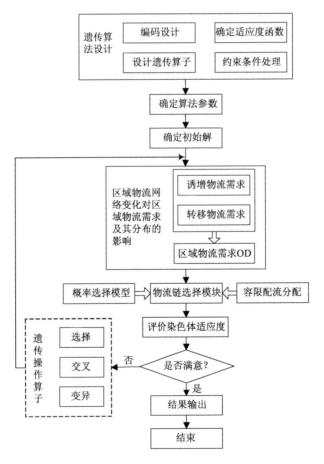

图 1　求解算法框架

Step6：进行遗传操作。按照设定的 p_m，p_c 值进行杂交和变异操作产生下一代 $C(t)$。

Step7：计算 $C(t)$ 种群内的染色体对区域物流需求及其分布的影响，得到该染色体下的新的物流量 OD 矩阵。

Step8：对 $C(t)$ 种群内的染色体应用物流链决策求解下层优化问题。

Step9：计算 $C(t)$ 的适应度值。

Step10：执行选择操作。按轮盘赌方法和最优保存策略，从 $P(t)$ 和 $C(t)$ 中选择群体规模 pop_size 的 $P(t+1)$。

Step11：终止条件判断。若 $t<$ Gen，则 $t=t+1$，返回 Step6 继续进行进化操作过程；若 $t=$ Gen，则终止算法，输出当前最优个体。

4　实例分析

本案例旨在对苏南高速公路物流服务网络进行优化，由于数据资料比较欠缺且难于收集，本案例中的部分数据为虚拟或者由计算机生成。实例的道路交通网取自苏南高速公路路网（2006 年），详见图 2，现状交通量和物流量取自 2006 年 3 月 15—17 日的苏南高速公路网多路径交通调查数据，高速公路网上物流车辆的出行选择特性根据 3 天的全路径调查数据通过 Logit 模型拟合得到，案例其他数据由计算机随机生成，现状物流节点为 0 个，预选物流节点为 15 个，其规模限制为 20 000；现状通道采用 2006 年的高速公路网方案，生成 7 个预选通道方案；有 110 个物流 OD 点。物流节点和通道的相关特性均由计算机随机生成。

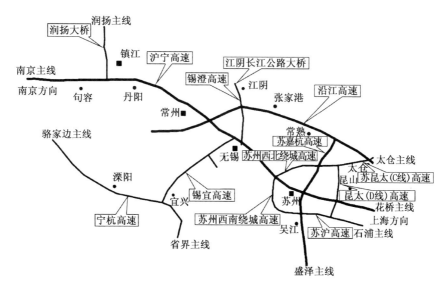

图 2　苏南高速公路路网现状图

假设物流节点之间的单位运输费用为 10，节点到非节点的单位运输费用为 12，非节点到节点的单位运输费用为 15，非节点到非节点的单位运输费用为 18，中转费率为

1;物流节点单位固定投资费用为 1 000 元,变动投资为 1;物流通道固定投资费用为 5 000 元,变动投资为 5;通道的建设按照车道数量来设计规模,最多设定为 4 车道;设区域的单位库存周期为 30 天,库存费率取 0.1/单位·天,仓储规模效应因子取 0.5,总的建设资金约束条件以惩罚函数的形式来体现,总建设资金取 275 000,优化前区域总经济效益取 1。对于物流量 OD 在物流网络中费用消耗,考虑物流量 OD 在物流链中的运输、仓储以及装卸作业等环节中的广义消耗,对于物流节点的成本费用只需考虑进入物流节点作业的物流量消耗,而对于物流通道的评价则需考虑所有在通道上的货流(包括进入和不进入物流节点作业的物流量)以及其他交通量。

本文在 Delphi 和 SQL Server 2000 平台下编写程序,使其在 Windows 操作系统下运行,并在实验过程中通过调整系统参数实现区域物流网络的优化。以现状方案作为初始解,其目标函数值为 $2.819\ 8 \times 10^9$;遗传算法种群规模取 50,最大仿真代数取 100,变异概率取 0.02,交叉概率取 0.6。优化运行过程如图 3 所示,当 200 次后的结果趋于最优解,其目标函数值为 2.431×10^9,与现状方案相比,优化方案单位效益-成本下降了 13.88%,表明优化后的物流网络成本显著下降,活跃了区域流通市场,推动了区域经济发展,优化方案如表 1 所示。

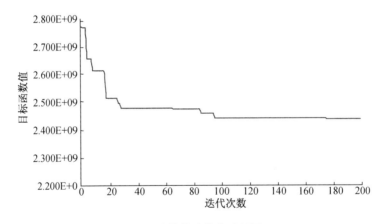

图 3　遗传算法优化过程图

表 1　遗传算法迭代 200 次以后的解

类型	编号	建设规模	类型	编号	建设规模
节点	1	不建	节点	8	不建
节点	2	不建	节点	9	不建
节点	3	不建	节点	10	1727
节点	4	不建	节点	11	不建
节点	5	不建	节点	12	1283
节点	6	不建	节点	13	不建
节点	7	不建	节点	14	444

续表

类型	编号	建设规模	类型	编号	建设规模
节点	15	1906	通道	5	2 车道
通道	1	2 车道	通道	6	3 车道
通道	2	不建	通道	7	不建
通道	3	4 车道	通道	8	2 车道
通道	4	4 车道	通道	9	4 车道

当然,由于现实中物流节点功能较多,且不同物流节点功能差异较大,不同功能的单位作业量的用地面积、投资、费用也存在一定的差异,对物流节点规模的约束采用的是作业量约束,而没有采用用地面积约束;同时,由于物流通道的功能不仅为区域物流服务,而且服务于区域客运交通,考虑到客运交通的复杂性及与本文关系不大,对客运采用与物流类似的处理方式,其中的参数没有再进行额外标定。

5 结论与展望

本文综合考虑区域物流网络运输、仓储、作业成本以及区域物流网络格局变化对区域物流生成量的影响和区域经济的拉动效应,构建基于经济诱发效应的多成本混合结构区域物流网络综合优化的双层规划模型,将贪心法和遗传算法相结合对模型进行求解,为区域物流网络优化研究提供了方法借鉴。但由于研究能力和时间的限制,研究成果尚有许多不足之处,还有待于进一步深入,体现在:①区域物流优化中不确定因素较多,对不确定条件以及应急条件下区域物流网络的可靠性诊断与优化有待于进一步的研究;②对物流节点和通道规模效益的考虑相对粗糙。物流企业往往将其财务数据作为企业机密,要深入对物流节点和通道规模经济的量化工作仍有一定难度,有待于继续加强;③由于数据量大且难以收集,本文案例采用的是虚拟数据,一定程度影响了实证分析的结论,且模型中的部分控制参量取经验值,对于这些不足,我们力求在以后的工作中通过对区域物流的实际调查来弥补。同时,未来我们将进一步改进优化模型和算法,提高其计算效率,力争研发一个集成各种优化策略方法的区域物流网络优化的辅助软件。

参考文献:

[1] Feiyue LIA, et al. Very large-scale vehicle routing: new test problems, algorithrns, and results [J]. Computers & Operations Research, 2005, 32:1165-1179.

[2] REVENE C S, EISELT H A. Location analysis: A synthesis and survey[J]. European Journal of Operational Research, 2005, 165:1-19.

[3] MARIANOV V and SERRA D. Location-alloeation of multiple-server service centers with constrained queues or waiting times[J]. Annals of Operations Research, 2002(111):35-50.

［4］EBERY J M，KRISHNAMOORTHY. The capaciated multiple allocation hub location problem：Formulation and Algorlthrns[J]. European Journal Operational Research，1999，120：614-631.

［5］MORTIZ F，HENS R K. A Characterisation of logistics Networks for Product Recovery[J]. The Intemational Journal of Management Science，Omega，2000，28：653-666.

［6］JAYARAMAN V，ROSS A. A simulated annealing methodology to distribution network design and management[J]. European Journal of Operational Research，2003，144：629-645.

［7］GEORGAKOPOULOS A，MIHIOTIS A. Distribution network design：an integer programming approach[J]. Journal of Retailing and Consumer Services，2004，(11)：41-49.

［8］YANG-ja Jang eta. A Combined model of network design and produetion /distribution planning for a supply network[J]. Computers & Industrial Engineering，2003，43：263-281.

［9］王伟，封学军. 基于加权 Voronoi 图的连续型物流节点布局优化[J]. 武汉理工大学学报：交通科学与工程版，2011(6)：1103-1107.

［10］张得志，谢如鹤，李双艳. 物流园区布局优化模型及其求解算法研究[J]. 武汉理工大学学报：交通科学与工程版，2008(6)：1048-1051.

［11］盖春英，裴玉龙. 公路建设项目可行性研究中的交通量预测方法[J]. 交通运输工程学报，2002，2(1)：51-54.

［12］章锡俏，王守恒，孟祥海. 基于经济增长的高速公路诱增交通量预测[J]. 哈尔滨工业大学学报，2007，39(10)：1618-1620.

全直桩码头横向水平力
分配计算方法探讨

陶桂兰　董思远

（河海大学港口海岸与近海工程学院，江苏 南京　210098）

摘　要：在分析国内外全直桩码头水平力分配计算方法的基础上，本文针对全直桩码头的特点，假定码头上部结构为刚体，码头平台在水平力作用下绕刚度中心转动，并考虑桩顶纵向变位的影响，推导得出了全直桩码头水平力分配的计算公式。结合工程实例，将本文公式与有限元方法、我国港工规范查表法进行了比较分析。计算结果表明本文公式与有限元方法所得结果吻合较好，与规范查表法所得结果最大相差约 8%。

关键词：全直桩码头；横向水平力；分配系数；计算方法；桩顶变位

1　前言

全直桩码头是高桩码头的一种重要形式，其横向排架的基桩全部由直桩组成，其优点是结构形式简单、施工方便、能适应岸坡产生的较大变形。受桩的水平承载能力影响，早期主要用于中小型码头结构，随着预应力混凝土大直径管桩技术的发展和钢管桩防腐技术的提高，越来越多的大型码头选择采用全直桩结构[1-3]。

水平荷载如船舶系缆力、撞击力等为码头结构的主要荷载。在水平荷载作用下，现有的高桩码头计算方法分为平面计算方法和空间计算方法。当按平面方法计算时，首先要确定作用在单个横向排架上的水平荷载，对全直桩码头目前主要借鉴一般高桩码头的计算方法。我国 1983 年出版《港口工程技术规范》[4]规定：当系缆力和撞击力作用在上部结构为整体连接的码头上时，其横向水平力的 50% 由直接受力的排架承担。张祖贤等[5]（1991）通过模型试验提出：对于一个码头分段，不论在模型试验中采用哪一种桩基布置形式，在水平荷载作用下，各排架变位后的连线近于直线；码头位移以平移和转动为主，自身弯曲变形微小，呈刚体位移性质。水平力在各排架中的分配一般可按弹性支承刚性梁计算，实测各排架最大力分配系数值与按弹性支承刚性梁法计算结果很接近，误差不超过 4%。1998 年出版的《高桩码头设计与施工规范》[6]规定：

357

确定水平集中力的横向分力在各排架中的分配时，可将码头上部结构在水平方向视为一个以排架基桩作为支承点的连续梁，排架基桩在水平方向以单位力作用下的变形作为支座反力系数，按弹性支承刚性梁进行计算。2010年出版的《高桩码头设计与施工规范》[7]关于水平集中力的横向分力在各排架中的分配方法与1998年版规范基本相同。

但有些学者通过研究认为全直桩码头的水平力分配并不适合用高桩码头规范方法进行计算。刘松[8]（1998）利用 SAP5 软件对高桩梁板、高桩框架和全直桩码头在船舶撞击力作用下的空间结构进行了分析，认为全直桩码头排架的水平力分配系数与其他形式码头相差较大。王多垠等[9]（2009）应用 SAP2000 软件对大水位差全直桩框架码头进行了数值分析，在水平撞击力作用下，其各排架水平力分配系数要小于规范值。张志明等[10]（2011）认为，全直桩码头纵向排架的抗推、抗扭刚度对水平力分配影响较大，分配系数将不同于一般的叉桩码头。

国外关于全直桩码头水平力分配的研究在其规范中有所体现：英国规范 BS 6394—2:2010《Design of Quay Walls，Jetties and Dolphins》[11]中规定：在计算船舶撞击力和系缆力对全直桩码头作用时，船舶撞击力和系缆力全部由直桩承受，应根据桩的刚度比例进行分配。日本规范《Technical Standard and Commentaries for Port and Harbour Facilities in Japan》[12]中给出了全直桩码头水平力分配的计算公式，公式没有将水平力分配到排架上，而是直接分配到单桩上。美国规范 UFC 4-152-01《Design：Piers and Wharfs》[13]规定：对于全直桩码头，如果桩的自由段长度不一，则较短的桩将承受较大的水平荷载。

可以看出我国规范与国外相关规范在计算思路上有所差异，我国规范采用弹性支承刚性梁法计算全直桩码头水平力分配，英国、美国及日本规范考虑了按单桩的水平横向刚度计算水平力的分配，但两种思路都忽略码头转动产生的桩顶纵向变位。对于带叉桩的高桩码头，码头的横向刚度远大于纵向刚度，横向水平力引起的码头纵向变位可以忽略不计。而对于全直桩码头，单桩的横纵向刚度相同，码头在横向水平力作用下产生转动，桩顶的纵向变位不可忽略。因此有必要根据全直桩码头的特点，在桩顶产生纵向变位的转动条件下，对横向水平力作用下各排架的受力做进一步的探讨。

2 水平力作用下码头平动与转动位移的确定

当水平力作用线不通过码头的刚度中心时，码头会产生平动和转动。全直桩码头的基桩与上部结构采用刚性连接[7]，在横向水平力作用下，直桩受力变形使码头平台产生变位，而码头平台自身变形微小，可假定为刚体。同时认为桩的各个水平方向刚度相等。

2.1 坐标系及转动中心

码头在水平力作用下以刚度中心为转动中心。取刚度中心为原点建立平面坐标系,x 方向由码头前方指向码头后方,y 方向为码头纵向,坐标示意图见图 1。

码头刚度中心受桩水平刚度及桩基布置的影响,在任意平面坐标系 XOY 中,码头刚度中心坐标可按下式确定[14]:

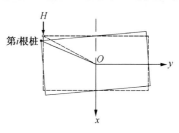

图 1　码头刚度中心及坐标示意图

$$\left.\begin{array}{l} x_0 = \dfrac{\sum\limits_{i} k_i x_i}{\sum\limits_{i} k_i} \\[4mm] y_0 = \dfrac{\sum\limits_{i} k_i y_i}{\sum\limits_{i} k_i} \end{array}\right\} \tag{1}$$

式中:x_0,y_0 为码头的刚度中心坐标;x_i,y_i 为第 i 根桩的坐标,k_i 为第 i 根桩的水平刚度。若所有桩的水平刚度相等,则可直接根据桩基的位置确定码头的刚度中心。

2.2　桩横向变位的确定

在横向水平力 H 作用下,第 i 根桩桩顶产生的横向变位 Δi 包括由码头平台平动引起的横向变位和由码头平台转动引起的横向变位,即 $\Delta i = \delta_{平动} + \delta_{转动}$。考虑码头平台平动时,根据水平力的平衡条件:

$$H = \sum_{i} k_i \delta_{平动} \tag{2}$$

得:

$$\delta_{平动} = \frac{H}{\sum\limits_{i} k_i} \tag{3}$$

k_i 为第 i 根桩的水平刚度。码头平台转动引起的横向变位 $\delta_{转动}$ 可由以下方法求得:取第 i 根桩进行分析,如图 2 所示。桩顶中心由 A 点转动到 B 点,横向变位为 $\overline{AD}$,纵向变位为 $\overline{BD}$,转角为 α。当 α 很小时,可近似认为:① $\overline{AB} = \widehat{AB} = R_i\alpha$,其中:$R_i = \sqrt{x_i^2 + y_i^2}$;② $\angle ABO = \angle BAO = 90°$。

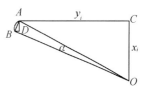

图 2　第 i 根桩的转动示意图

则 i 点的横向变位:

$$\overline{AD} = \overline{AB} \times \cos\angle CAO = R_i\alpha \times \frac{y_i}{R_i} \tag{4}$$

所以第 i 根桩的转动产生的横向变位:

$$\delta_{转动} = \overline{AD} = y_i\alpha \tag{5}$$

2.3 转角 α 的确定

当码头平台转动时,所有桩顶相对于码头平台的刚度中心均产生相同的转角 α,由横向水平力对码头平台刚度中心的力矩平衡条件,有:

$$y_H H = \sum_i R_i F_i \tag{6}$$

式中:y_H 为横向力 H 作用点的 y 坐标;R_i 为第 i 根桩顶中心到转动中心的距离;F_i 为第 i 根桩顶因码头平台转动产生的反力,方向垂直于转动半径。

由于第 i 根桩的桩顶变位为 $R_i \alpha$,桩水平刚度为 k_i,则有:

$$y_H H = \sum_i k_i R_i^2 \alpha \tag{7}$$

$$\alpha = \frac{y_H H}{\sum_i k_i R_i^2} \tag{8}$$

α 确定后,即可由(5)式计算由转动产生的横向变位。

3 横向水平荷载作用下排架的水平力确定

当码头结构某一位置受到横向水平荷载 H 的作用,考虑码头平台的平动和绕刚度中心转动影响后,第 i 根桩承受的横向水平力可表示为:

$$H_i = \Delta i k_i = (\delta_{平动} + \delta_{转动}) k_i = \left[\frac{H}{\sum_i k_i} + \frac{y_i y_H H}{\sum_i k_i R_i^2} \right] k_i$$

整理后可得下式:

$$H_i = \frac{k_i}{\sum_i k_i} H + \frac{k_i y_i}{\sum_i k_i (x_i^2 + y_i^2)} y_H H \tag{9}$$

由式(9)求得单桩承受的横向水平力,即可求得整个排架受到的横向水平力。

4 公式的验证

取某全直桩码头为例,用式(9)计算其各桩上的水平力,并计算各排架的分配系数,和 ANSYS 有限元计算结果及规范结果进行对比。

4.1 计算模型及参数

某码头断面简图如图 3,有限元模型简图如图 4。

取一个码头分段,码头横向排架为 7 榀,间距 8 m。覆盖层土为灰色淤泥混沙,

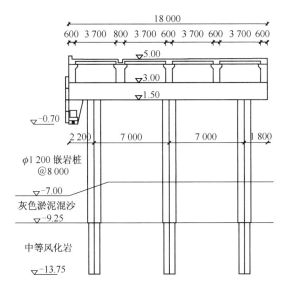

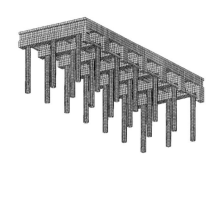

图 3　码头横断面图(长度 mm,高程 m)　　　图 4　六跨全直桩码头有限元模型

岩基为中等风化岩,覆盖层土强度较低,忽略其作用。桩基为钢管嵌岩桩,壁厚20 mm,嵌岩深度 4.5 m,嵌岩端按固接考虑。桩和上部结构固接,桩底端完全约束。上部结构采用不等高连接,纵梁搁置在横梁上,面板搁置在横梁和纵梁上。水平力作用在靠船构件上高程约 0.3 m 处,靠船构件之间有纵向水平撑相连。各桩的水平刚度相同,且等间距布置,码头平台的刚度中心根据计算取第四排架第二根桩顶的中心点。

　　码头的面板及横纵梁用 solid45 单元模拟,桩基用 beam188 单元模拟。取码头上部结构混凝土弹性模量为 30 GPa,泊松比为 0.18,密度为 2 500 g/m³;钢管桩弹性模量为 200 GPa,泊松比为 0.25,密度为 7 500 g/m³,横向水平力为 1 000 kN,通过桩底反力与总水平力之比,计算横向排架的水平力分配系数。

4.2　计算结果分析

　　由于船舶撞击力或系缆力对结构的不利作用点在端部排架,将横向水平力分别作用在第一、第二榀排架上时,对本文推导公式、有限单元法及我国规范结果进行对比,其计算结果见表 1 和表 2。

表 1　水平力作用在第一榀排架时的分配系数

排架号	1	2	3	4	5	6	7
本文公式	0.427 9	0.332 9	0.237 9	0.142 9	0.047 8	−0.047 2	−0.142 2
有限元	0.430 5	0.332 2	0.236 4	0.141 6	0.047 2	−0.047 0	−0.141 0
规范值	0.465	0.357	0.250	0.143	0.034	−0.071	−0.178

表 2　水平力作用在第二榀排架时的分配系数

排架号	1	2	3	4	5	6	7
本文公式	0.332 9	0.269 5	0.206 2	0.142 9	0.079 5	0.016 2	−0.047 2
有限元	0.332 1	0.271 0	0.206 3	0.142 5	0.079 2	0.016 0	−0.047 0
规范值	0.357	0.286	0.214	0.143	0.071	0	−0.071

　　由表 1 和表 2 可以看出,本文公式计算结果比我国规范值普遍偏小,最大差距在表 1 第一排架,本文公式比规范值偏小约 8%。本文公式和有限元结果吻合较好,由于假定码头平台为刚体,而实际平台不可能是完全刚性,所以两种结果有所差距,最大差距约 0.6%左右。

5　主要结论

　　根据全直桩码头的特点,码头平台的转动产生的桩顶纵向变位不可忽略。原有的规范方法认为桩顶只产生横向变位,忽略了纵向变位,在计算全直桩码头各排架的水平力分配时将会产生一定的误差。本文考虑了码头平台在转动情况下所产生的桩顶纵向变位,对全直桩码头的水平力分配公式进行了推导,并结合工程实例进行了计算分析,计算结果表明:本文推导公式和有限元计算结果吻合较好,最大误差约 0.6%,本文公式与规范法最大误差约 8%,本文公式对计算全直桩码头横向水平力的分配相对于规范方法改善显著。

参考文献:

[1] 吴慧如,董训贤,王晋.长江中下游第一座新型全直桩大管桩高桩梁板码头[J].水运工程,1992,17(6):25-31.

[2] 董洪超,陈永忠.赤湾港突堤码头结构设计方案征集与比选纪实[J].水运工程,1992,17(8):45-60.

[3] 赵晖,陈德春.宝钢马迹山港卸船码头嵌岩桩钢套管的稳定性试验[J].河海大学学报:自然科学版,2008,52(4):563-565.

[4] 中华人民共和国交通运输部.JTJ216—87 港口工程技术规范[S].北京:人民交通出版社,1987.

[5] 张祖贤,朱秀峰,王炳煌.水平力在码头排架中的分配试验研究[J].水运工程,1991,16(12):13-19.

[6] 中华人民共和国交通运输部.JTJ291—98 高桩码头设计与施工规范[S].北京:人民交通出版社,1998.

[7] 中华人民共和国交通运输部.JTS167—1—2010 高桩码头设计与施工规范[S].北京:人民交通出版社,2010.

[8] 刘松.高桩码头排架船舶撞击力分配系数的空间整体研究[J].港工技术,1998,35(2):24-34.

[9] 王多垠,张华平,史青芬,刘全兴.大水位差全直桩框架码头排架中的水平撞击力分配系数研究[J].中国港湾建设,2009,28(3):24-25,40.

［10］ 张志明,何良德,李新国,张守国.在水平静力作用下全直桩码头结构整体简化计算方法［J］.中国港湾建设,2011,30(5):1-6.

［11］ Dairying Standards Committee BS 6394-2:2010 Code of Practice for Maritime Structures，Part 2 Design of Quay Walls，Jetties and Dolphins［S］. United Kingdom，2010.

［12］ KAUSUMIGASEKI. Technical standard and commentaries for port and harbour facilities in Japan［M］. Tokyo：The overseas coastal area development institute of Japan，2002：465-467.

［13］ United States Department of Defense UFC 4—152—01 United facilities criteria(UFC)，Design：Piers and Wharves［S］. Washington：2012.

［14］ 交通部第一航务工程勘察设计院.海港工程设计手册［M］.北京:人民交通出版社,1996:562-571.

海岸细颗粒泥沙模型试验的回顾与发展

罗肇森

（南京水利科学研究院，江苏 南京　210024）

摘　要：严恺院士主持天津新港回淤研究，奠定了细颗粒泥沙研究的基础，在他的"任务带学科"思想指导下，从无到有，从不能做到能做，探索发展成一条我国自有特色的细颗粒泥沙物理模型研究的道路。从工程实践出发，本文总结了絮凝泥沙的沉速、沉径的计算方法，并对木粉模型沙选取提供相应的经验数据。

关键词：细颗粒泥沙；絮凝沉降；模型沙

1　前言

自 20 世纪 50 年代严恺院士主持中苏合作、交通部重点项目天津新港泥沙回淤研究以来，至今已过去半个多世纪。泥沙回淤的研究从无到有，取得了重大的成就，突破了淤泥质海岸建港的难题，细沙模型由最初不可能变为可能，建立并进行大量的海岸河口泥沙模型试验研究，指导海岸港口河口的建设。现在，泥沙回淤已不是天津港建港和扩建的障碍，发展到今天，天津港已建成 25 万 t 级航道，货物吞吐量达到 4.0 亿 t（2010年），30 万 t 级航道即将建成。其他淤泥质海岸的港口，如连云港，业已开辟 25 万 t 级航道（30 万 t 级在建）。洋山深水港的建成，稳定了我国国际航运中心的地位。我国沿海亿 t 大港从 1984 年上海港超亿 t 始，逐年增加，至 2010 年末，达到 16 个，已成为世界上拥有超亿 t 大港最多的国家。我国沿海泥沙多，颗粒细，含沙量大，泥沙问题复杂，可以想象，如果没有泥沙回淤研究的成就，要想建成这么多深水大港是不可能的。泥沙回淤的研究，按照现场勘测、理论分析、室内试验三结合的方法，从探索、实践到科学，创出一条有我国自己特色的道路，为国民经济的发展做出了重要贡献。

2　细颗粒泥沙问题的研究

细颗粒泥沙问题的研究，涉及泥沙的絮凝和沉降、起动和扬动、挟沙力和输沙量、浮泥运动、悬沙含量沿垂线分布、输沙量及大风骤淤等。20 世纪天津新港泥沙回淤研究时，开展了大量的现场勘测、室内试验、理论分析,奠定了细沙海岸泥沙研究的基础[1]。其后,由于众所周知的原因,泥沙基本理论的系统研究基本中断或者时断时续。在此期间,在严恺院士明确提出"任务带学科"的思想指导下,结合工作需要,相继开展了不同地区的野外勘测、室内试验,特别是工程物理模型试验,实践活动不曾中断,经验积累日益增多,至今,海岸工程泥沙问题,已出版了多部专著,进行了总结[2-6],发展并形成了一门海岸泥沙动力学。有关这方面的成果这里不重复,现仅就海岸细颗泥沙的物理模型作一简单回顾与阐述。

2.1　细颗粒泥沙的絮凝沉降

细颗粒泥沙在盐水中发生絮凝沉降已是不争的事实,但如何计算沉速,至今仍缺乏一个完善的办法,在大量的数学模型计算中,各种表达式都有,一些取悬沙沉速为 $0.04 \sim 0.05$ cm/s 者也取得较好的结果。按泥沙絮凝的试验结果,钱宁曾指出[7]:不管泥沙是什么粒径,其在盐水中的沉速都在 $0.015 \sim 0.06$ cm/s 的范围内。分析诸多沉降公式,就其试验资料范围看,可以认为我国和法国的试验研究较为实用,说明分析如下。

1. 中国的试验研究

20 世纪五六十年代我国泥沙研究工作者取长江口、钱塘江、塘沽新港、连云港和上海港等处泥沙进行试验,得到不同的表达絮凝系数的公式[2][4-5]:

$$F = 7.25 \times 10^{-4} d_{50}^{-2.0} \quad (F = 1.0 \quad d = 0.027) \tag{1}$$

$$F = 1.77 \times 10^{-3} d_{50}^{-1.82} \quad (F = 1.0 \quad d = 0.030\,7) \tag{2}$$

$$F = 7 \times 10^{-4} d_{50}^{-1.90} \quad (F = 1.0 \quad d = 0.021\,9) \tag{3}$$

式中:d_{50} 为泥沙中值粒径(mm);F 为在咸水中泥沙的絮凝系数。

三个公式的比较见图 1。

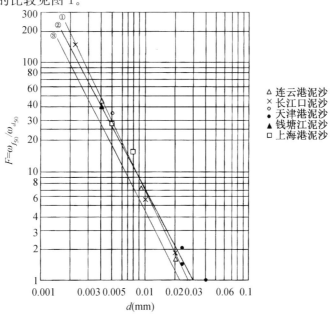

图 1　中国海岸河口泥沙的絮凝系数

杭州大学张志忠亦曾用钱塘江、长江口泥沙做了大量试验,得出泥沙絮凝的临界粒径为 0.032 mm[8],大于此粒径不发生絮凝,小于此粒径则发生絮凝。由图 1 并参考此成果,可以认为式(2)较符合实际。

2. 法国 Migniot 的试验研究

Migniot 曾取大量的河口海口的淤泥进行试验,给出了絮凝系数与泥沙粒径的关系曲线见图 2,这是较著名的试验成果,取其拟线分析后得到:

$$F = 1.021 \times 10^{-3} d_{50}^{-1.82} \tag{4}$$

式(4)与式(2)比较,F,d 的指数相同,系数式(2)比式(4)大至 1.73 倍。

2.2　絮凝沉降的表达式

絮凝沉降的表达式为:

$$\omega_f = F_0 \omega_0 \tag{5}$$

式中:ω_f 为某泥沙在盐水中的絮凝沉速;ω_0 为同样单颗泥沙在清水中的沉速;F 是絮凝系数。

ω_0 取张瑞瑾公式:

$$\omega_0 = 0.039 \frac{\gamma_s - \gamma}{\gamma} g \frac{d_{50}^2}{\nu} \tag{6}$$

式中:γ_s,γ,ν 分别为泥沙的密实容重、水的容重和水的动力粘性系数。

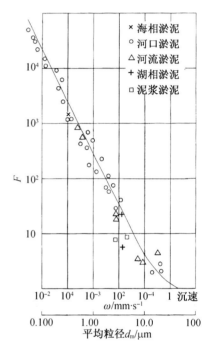

图 2　Migniot 法国海岸河口泥沙的絮凝系数

取 15℃温度时的 ν 值代入式(2)、式(4)和式(5)得絮凝沉速为:

$$\omega_f = (0.052\,3 \sim 0.097\,4) d_{50}^{0.18} \tag{7}$$

泥沙絮凝的当量粒径为

$$d_f = (0.031\,9 \sim 0.042\,1) d_{50}^{0.09} \tag{8}$$

根据试验资料,式(7)和式(8)两式中系数低值适用于粒径 0.000 1～0.003 mm 泥沙,高值适用大于粒径 0.003 mm 而小于 0.03 mm 泥沙,其中的变量 ω_f 单位为 cm/s,d_{50} 单位为 mm。

3　细颗粒泥沙物理模型试验的实践和发展

20 世纪五六十年代的研究,港口航道的模型基本上为定床试验,主要从水流的改变结合泥沙分析来判断泥沙回淤,至 20 世纪 70 年代,因工作任务需要,逐渐开展了潮流泥沙模型试验,先进行定床泥沙淤积试验,后进行有冲有淤的试验;随着港口航道建设的需要,大量的仍是悬沙淤积的试验。例如:开挖航道拓宽增深的淤积,港口建设不同规划方案的比较,回淤量等。电子计算机及数值模拟发展之后,增添了一项数学模型计算进行比较,但数模中使用的泥沙参数仍需由泥沙研究和试验得来。

3.1　泥沙模型的关键技术——模型沙选择

泥沙物理模型能否正确运转,关键技术是能否正确选择合适的模型沙,使其能在模型水流中代表天然海岸泥沙运动的特性。在几十年模型试验研究的过程中,各单位都曾选择不同的材料或人工合成材料进行模型沙的制作、选择和试验,这些材料包括木屑、木粉、核桃壳粉、煤粉、煤灰粉、电木粉、塑料粉(沙)、白土粉、滑石粉等。大体说来,以使用木粉、塑料沙、煤灰粉、电木粉为较多。木粉由于起动流速小,起动后很快扬动,制备易,价廉而又符合海岸泥沙运动的特性等优点,最近有逐渐取代其他模型沙成为各研究单位以至大型物理模型选用作为模型沙的趋势。

首先使用木粉模型沙的是河海大学与南京水利科学研究院合作进行的"长江江心沙北泓河段地形复演"的试验[9],主要进行泥沙淤积研究;其后南京水利科学研究院在射阳河闸下裁弯模型中进行了悬沙淤积和局部动床的冲淤模型试验[5],按水流运动相似和泥沙运动相似进行模型设计,模型复演了河床非汛期半年的淤积和汛期半年的冲刷,裁弯段模拟土壤干容重和含水量,进行新河段扩大试验,其结果也与天然相似。模型报告对木粉模型沙的特性与分析做了较全面的阐述。后来,黄浦江的太和隧道跨江模型、珠江黄埔港新沙港区模型、崖门口出海航道模型、磨刀门航道规划整治模型、瓯江河口模型以及海港方面如连云港、曹妃甸港、洋山深水港等都相继使用木粉模型沙;长江深水航道整治的模型,起初使用沥青木屑,后来悬沙和底沙都选用木粉,目前南京水利科学研究院大量海岸河口的细沙模型,普遍选用木粉模型沙。

国内一些海岸河口研究机构如浙江海岸河口水利研究院、珠江水利科学研究院、黄河水利科学研究院、上海长江口科学研究中心都相继采用木粉做模型沙,形成了一条有我国特色的细颗粒泥沙模型研究的道路。

3.2　木粉模型沙的泥沙模型设计

泥沙粒径小于 0.03 mm 的泥沙,在海水中都会发生絮凝,要用絮凝沉速计算其沉速,用絮凝当量粒径计算其粒径,用窦国仁的全沙模型律进行设计[10]。

1. 絮凝粒径与沉速

絮凝粒径与沉速使用上面已阐述的式(7)和式(8)两式:

$$\omega_f = (0.052\ 3 \sim 0.097\ 4)d_{50}^{0.18} \tag{7}$$

$$d_f = (0.031\ 9 \sim 0.042\ 1)d_{50}^{0.09} \tag{8}$$

2. 模型设计

模型设计是按水流运动相似、泥沙运动相似和河床变形相似设计,这与通常的方法

相同,就是沉降和粒径用式(7)和式(8)两式,这两式过去未曾使用。由(8)式可得泥沙粒径比尺

$$\lambda_d = \left(\frac{\lambda_\omega}{\lambda_{\frac{\gamma_s-\gamma}{\gamma}}}\right)^{1/2} \tag{9}$$

3.3 木粉模型沙特性

(1) 比重即水中运动湿比重 $\gamma_s = 1.16 \text{ t/m}^3$。

(2) 起动流速为 $0.04 \sim 0.06 \text{ m/s}$;扬动流速为 $0.055 \sim 0.075 \text{ m/s}$(80 目)。

(3) 木粉目数、工业粒径和水中沉径见表 1。

表 1   木粉目数、工业粒径和水中沉径一览表

目 数	60	80	100	120
工业粒径(mm)	0.25	0.18	0.15	0.125
水中沉径(mm)	0.103	0.07	0.051	0.042

(4) 原型沙起动流速使用改进的沙玉清公式计算:

$$V_c = \left[0.43d^{3/4} + 0.022\frac{(\gamma_w - 0.8)^4}{d}\right]^{1/2} H^{1/5} \tag{10}$$

式中:d 为泥沙粒径(mm);γ_w 为泥沙湿容重(t/m³);H 为水深(m);V_c 为泥沙起动流速(m/s)。

其中:
$$\gamma_w = 1 + 0.623\gamma_0 \tag{11}$$

$$\gamma_0 = 2/3\,\gamma_s d^{0.183} \tag{12}$$

(5) 木粉的干容重变化较大,约 $0.3 \sim 0.5 \text{ t/m}^3$。

(6) 木粉饱和水重量约为干木粉重量的 2.5 倍,模型含沙量按湿木粉重量计,即:

$$W = 2.5W_木 \tag{13}$$

3.4 举例

1. 梅山水道模型[11]

天然泥沙粒径 0.003 6 mm,$\lambda_H = 125$,$\lambda_L = 800$,计算木粉 $d = 0.062$ mm,采用 80 目木粉 $d = 0.07$ mm 试验,验证和试验结果良好。

2. 大型油轮压载舱泥沙淤积模型[12]

天然泥沙粒径 0.008 mm,$\lambda_H = 8$,$\lambda_L = 8$,计算木粉 $d = 0.052$ mm,采用 100 目木粉 $d = 0.051$ mm 试验,模型冲淤形态,垂线含沙量分布与天然相似,试验结果良好。

参考文献：

［1］ 严恺.天津新港回淤问题［J］.新港回淤研究,(1),1963.

［2］ 严恺.中国海岸工程［M］.南京:河海大学出版社,1992.

［3］ 严恺,梁其荀.海岸工程［M］.北京:海洋出版社,2002.

［4］ 刘家驹.海岸泥沙运动研究及应用［M］.北京:海洋出版社,2009.

［5］ 罗肇森.河口治理与大风骤淤［M］.北京:海洋出版社,2009.

［6］ 黄建维.海岸与河口粘性泥沙运动规律的研究和应用［M］.北京:海洋出版社,2008.

［7］ 钱宁,万兆惠.泥沙运动力学［M］.科学出版社,1986.

［8］ 张志忠.长江口细颗粒泥沙的基本特性研究［J］.泥沙研究,1996.

［9］ 薛鸿超.长江口江心沙北泓河段淤积模型试验报告［M］//薛鸿超.薛鸿超教授文集.北京:海洋出版社,2009.

［10］ 窦国仁.全沙模型相似律及设计实例［M］//窦国仁.窦国仁论文集.北京:中国水利电力出版社,2003.

［11］ 朱立俊,等.梅山水道抗超强台风渔业避风锚地工程潮流泥沙物理模型试验研究报告［R］.南京:南京水利科学研究院,2011.

［12］ 罗勇.大型油轮压载舱泥沙淤积模型试验报告［R］.南京:南京水利科学研究院,2012.

长江口深水航道治理工程的研究与实践

范期锦　高　敏

(交通部长江口航道管理局,上海　200003)

摘　要:经几代专家和学者的研究,长江口深水航道治理工程得以立项实施。该工程的特点决定了工程治理研究和建设难度极大。经不断探索,依靠技术创新和严格、科学的管理,工程大量采用了新型结构,研制开发了一批施工新工艺和大型专用作业船,创造了水运工程建设的高速度,取得了良好的整治效果。本文对工程特点、治理研究、技术创新和工程效果等做了概要介绍。

关键词:长江口;河口治理;研究;设计;施工;创新;效果

1　前言

作为我国水利、河口海岸工程领域著名专家,严恺院士为长江口深水航道的治理研究倾注了毕生的心血。1958年以来,在严恺院士的组织领导下,长江口航道治理研究工作系统、持续进行,在前期研究阶段,严恺院士一直是长江口航道治理工程的技术负责人。

1958—1959年,严恺院士先后3次指导对长江口进行大规模的水下地形测量与水文测验,掌握了大量的第一手资料。在严恺院士的组织领导下,经10余家科研院所和大专院校的一大批科技工作者通过30多年不懈的探索研究,在长江口的历史演变、发育模式、汊道特性、水沙运动,特别是河口拦门沙的成因及变化规律等方面取得了一大批宝贵的成果。

1992年,"长江口拦门沙航道演变规律的研究(整治技术研究)"被列为国家"八五"科技攻关项目。该成果在总结多年来长江口科研成果的基础上,深入开展了选槽和深水航道治理工程方案的研究,提出了开发北槽12.5 m深水航道的工程方案,并通过技术、经济的全面分析和资金筹措方案研究,具体论证了整治工程的可行性,为长江口深水航道治理工程的实施打下了坚实的基础。

1997年,由时任国务院副总理邹家华和吴邦国主持召开、钱正英副主席等一批水利交通专家参加的"长江口深水航道治理工程汇报会",确定了工程的治理方案。在会上,严恺做了全面的分析与总结,力排犹豫与顾虑,力促南港北槽整治方案的尽快实施。

通过该汇报会,一期工程可行性研究报告也通过了国家计委的审查,1998 年 1 月 27 日,长江口深水航道治理一期工程正式开工建设。

在工程实施过程中,严恺院士悉心指导和帮助,严恺院士多次到长江口视察指导工作。一期工程 8.5 m 航道交工验收后,2000 年连续遭受多次台风影响,北槽中、下段航道出现严重淤积,一期工程实施效果及后续二、三期工程建设的必要性遭到各方的质疑,88 岁高龄的严恺院士参与了中国国际咨询公司召开的一期工程鉴定会,他提出"一、二、三期工程是一个完整的整体,二、三期工程必须紧接着进行,如只做一期而停止二、三期工程,则将会造成河势失稳,并使一期工程的效果难以维持,前功尽弃"。严恺院士力促了二、三期工程的建设。

2011 年 5 月 18 日,长江口深水航道治理工程通过了国家竣工验收,12.5 m 深水航道进入了常年运行维护期。工程建设取得了巨大的成就,极大地促进了我国经济社会的发展。

为纪念严恺院士,特将长江口深水航道治理工程的研究与实践成果做一总结。

2 工程由来

长江河口段自徐六泾以下,东西长达 164 km,在徐六泾处为单一河道,河宽仅 5.8 km,而到江苏启东与上海南汇咀之间,已展宽达 90 km。经过长期的历史演变,形成了目前三级分汊、四口入海的稳定格局,主要的入海汊道自北至南为北支、北港、北槽和南槽(图 1)。

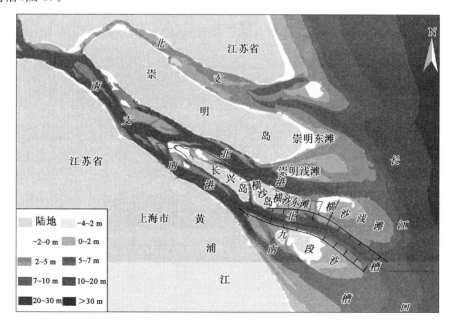

图 1　长江口深水航道治理工程总平面图

长江口是巨型丰水多沙河口,长江大通站多年(1985 年前)平均入海径流为 9 240 亿 m³/年(平均流量 29 300 m³/s),入海沙量 4.86 亿 t/年(平均含沙量0.547 kg/m³,洪季为 1.01 kg/m³,枯季为 0.1 kg/m³)。近 10 多年来,年径流量变化不大,但输沙量已锐减到 1 亿 t 左右。

由于咸、淡水交汇,形成河口环流系统并产生细颗粒泥沙絮凝,在河口下段出现最大混浊带和相应的浅水区,即东西长达 40~60 km 的"拦门沙"区段,最小滩顶水深为 5.5~6.0 m(理论深度基准面,下同),成为长江下游诸港和上海港海上运输的瓶颈。其中,作为长江出海主要通道的北槽航道,工程前通过疏浚维持 7 m 通航水深作为万 t 以上海轮进出长江口的航道,年维护量约为 1 200 万 m³(图2)。

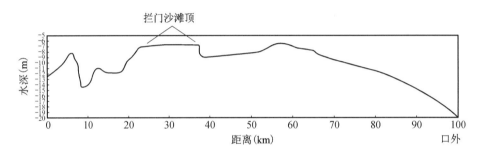

图 2 北槽河床高程的纵向变化

长江口航道水深的不足成为以上海为首的长江三角洲地区乃至长江流域经济发展的瓶颈,建设长江口深水航道一直是中国人的美好愿望。20 世纪 50 年代以来,在严恺院士的组织领导下,大量研究人员采用现场观测、理论研究、定床及动床模型试验、数模试验研究及试验工程等手段对长江口的水沙特性、河床变形及滩槽演变的机理、治理工程方案等进行了持续的研究。根据河势的稳定性、受上游河势局部变化影响程度、过境底沙量及通达上海港的方便程度等,最后选定北槽作为深水航道,明确了采用整治与疏浚结合的工程方案,并在 1997 年 12 月得到了国家的批准开始实施长江口深水航道治理工程。

3 工程概况

3.1 工程规模

长江口深水航道治理工程的建设规模如表 1 所示,各期建设规模见图 3 所示。

按照"一次规划,分期建设,分期见效"的原则,长江口深水航道治理工程分三期实施。一期工程设计通航水深 8.5 m,二期工程通航水深 10.0 m,三期工程通航水深12.5 m,底宽 350~400 m,全长 92.2 km,可满足第三、第四代集装箱船(实载吃水 11.5 m)全天候进出长江口,第五、第六代集装箱船和 10 万 t 级散货船及油轮乘潮进出长江口的需要。一、二、三期工程共建设堤坝总长 169.165 km,工程总投资约 156 亿元。

表 1 长江口深水航道分阶段建设规模

实施阶段		一 期 工 程		二 期 工 程		三 期 工 程		合 计	
		计划	实际	计划	实际	计划	实际	计划	实际
分流口	南线堤(km)	1.6	1.6					1.6	1.6
	堵堤(km)	0.73	0.73						0.73
	潜堤(km)	3.2	3.2					3.2	3.2
南导堤(km)		20	30	18.077	18.077			48.077	48.077
北导堤(km)		16.5	27.89	21.31	21.31			49.2	49.2
护滩丁坝及促淤潜堤(km)		0.5	0.5	8.087	8.087			8.587	8.587
长兴潜堤(km)						1.84	1.84	1.84	1.84
南坝田挡沙堤(km)						21.22			21.22
丁坝	数量(座)	6	10	18	14	11		19	
	总长(km)	9.17	11.19	20.51	18.90	4.621		34.711	
航道疏浚长度(km)		44.8	46.13	59.77	59.5	92.2	92.2	92.2	92.2
航道长度(km)		51.77	51.77	73.45	74.471	92.2	92.2	92.2	92.2
疏浚量(万 m³)		4 684	4 386	6 854	5 921	17 208	21 849	28 746	32 156

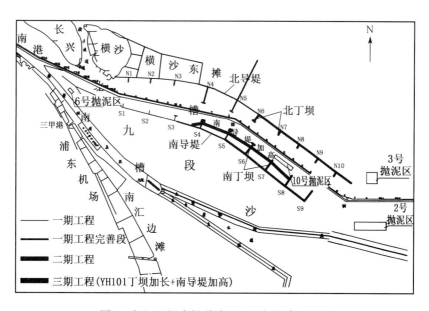

图 3 长江口深水航道治理工程各期建设规模

3.2 工程特点和难点

工程治理研究难度极大,主要表现在:

一是治理可行性的研究难。长江口丰水多沙、潮量巨大,潮流与径流交互作用,多级分汊,滩槽交错,河势易变。在上游河势尚未得到完全控制的情况下,如何认识河口整体河势及分析各入海汊道的稳定性,论证先期整治拦门沙河段的可行性,是治理工程首先需要解决的关键技术难题。与世界著名的美国密西西比河航道治理工程相比,长江口拦门沙的长度是其 4 倍,潮差是其 5 倍,且密西西比河口泥沙以流域来沙为主,而长江口是径潮流双向输沙,可见长江口深水航道治理工程的难度和规模均超过了密西西比河口。

二是制定总体治理方案难。在无国内外可借鉴经验的条件下,如何根据长江口水文、泥沙的特点及运动规律,拦门沙形成及河床冲淤变化规律等,科学地确定拦门沙河段的治理原则,提出科学合理的总体治理方案,也是必须创造性研究解决的重大技术难题。

三是试验研究技术难。长江口受径流、潮流、波浪和盐水等多种因素共同作用,水体含沙量分布和变化规律复杂,航槽淤积与流场以及悬沙和底沙的复杂运动密切相关。工程治理方案研究和航道回淤量预测要求必须开发领先于世界水平的物理模型和数学模型试验技术,理论创新和技术创新的难度极大。因此,工程实践的效果很难通过前期研究做出准确预测。

四是工程设计施工难。长江口江面开阔,施工区域远离陆域,常年受风、浪、流的影响,年水上可作业天数仅 140～180 天;整治建筑物的地基条件复杂,在二期工程浪更大、地基更软弱的组合条件下,还出现了地基土"软化"这一世界级的技术难题,水运工程中传统的堤坝类结构形式和施工工艺均不能全面适应长江口的自然条件。航槽回淤强度变化规律极其复杂,且高强度的疏浚工程必须全过程在按不断提高的水深标准保证船舶通航的条件下施工。由此可见,工程设计施工的难度在我国水运工程中堪称前所未有。

五是工程管理难。受上述困难因素影响,长江口深水航道治理工程管理的难度也是空前巨大的,特别是在对长江口水文泥沙及河势变化规律的认识尚不够充分的条件下,在长江口深水航道治理工程建设的全过程中,必须对河势和建筑物周边地形的变化及水文、泥沙进行严密、科学、实时的检测,并把现场监测、试验研究、设计和施工方案的及时优化和调整有机地结合起来,实施科学的动态管理。

3.3 工程的进展情况

1998 年 1 月,交通部、上海市和江苏省出资组建了工程业主单位——长江口航道建设有限公司。

1998 年 12 月,由交通部投资 1.5 亿元,在上海浦东建设的长江口深水航道试验中心投入试验研究,为工程建设提供技术支撑。该中心试验大厅的模型范围包括了江阴至河口外水深−30 m处总长280 km的长江下游及河口段。平面比尺为1/1 000,垂直比尺为1/125,可以模拟径流和潮汐,还可以模拟河口旋转流。

1998年1月长江口深水航道治理一期工程开工,2000年3月实现了8.5 m目标水深,2002年9月通过国家验收;二期工程2002年4月开工,2005年3月10.0 m水深航道全线贯通,2005年11月通过国家验收;三期工程于2006年9月开工,2010年3月12.5 m水深航道贯通,2011年5月通过国家竣工验收。目前进入12.5 m航道常年运行维护期。

4 工程治理方案研究

4.1 总体治理方案的重大创新

1. 提出了"在长江口总体河势基本稳定的条件下,可以选择北槽先期进行工程治理"的科学论断

江河治理的通常做法是"从上游往下游"进行治理,但如果要待上游河段全面治理后再治理拦门沙,则无法满足上海和长江三角洲地区经济飞速发展的迫切需求。基于长江口是强大的径流、潮流交互作用的巨型河口,在总体河势基本稳定的前提下,在大量系统研究成果的基础上,从河势稳定性、动力条件、泥沙条件、口外条件、拦门沙浅滩长度及地理位置6个方面对北港、北槽和南槽3条入海汊道做了对比分析,提出了选择北槽开辟深水航道的推荐意见,做出了"在长江口总体河势基本稳定的条件下,可以选择北槽先期进行工程治理"的科学论断,使得我国得以在20世纪的技术经济条件下决策实施深水航道治理工程。

2. 制订了"利用落潮优势流,实施中水位整治,稳定分流口,采用宽间距双导堤加长丁坝群,结合疏浚工程"的总体治理方案

工程采用"整治＋疏浚"的总体治理方案。工程整治建筑物的总体布置应确保北槽落潮动力和输沙优势,以调整、稳定北槽流场,形成上下平顺衔接,有一定宽深尺度的深泓;适度将北槽河槽调整为平面微弯、断面相对窄深的形态,以减少航道回淤量为主要目的,从总体上发挥"导流、挡沙、减淤"的功能[1];采用疏浚手段,实现航道的成槽及维护。各部分的设计功能如下。

(1) 分流口。由顶高程＋2.0～−2.0 m的潜堤、南线堤和南导堤上游堤段构成。其功能是:稳定南北槽天然分流口的良好河势,稳固江亚南沙,阻止沙头的冲刷下移;稳定北槽上口良好的进流、进沙条件。

(2) 南、北导堤。基于长江口落潮流为优势流,南、北导堤顶高程选择为＋2.0 m(平均潮位),沿北槽南、北两侧浅滩布置。其功能是:形成北槽南北固定边界;归顺涨、落潮流路,变旋转流为往复流,形成北槽优良河型;归集漫滩落潮水流并拦截江亚北槽的落潮分流,增强北槽水流动力,消除横沙东滩窜沟对北槽输沙的不利影响;减少滩槽泥沙交换,阻挡北槽两侧滩地泥沙在大风浪作用下进入航道,减轻航槽回淤。

（3）丁坝群。以导堤为坝根，布设南、北丁坝群，坝顶高程从坝根的＋2.0ｍ过渡到坝头的0.0ｍ。其功能是：形成合理的治导线，调整流场，适度增强治导线范围内的流速、归顺流向，调整北槽河弯形态，调整河床断面，消除拦门沙；形成连续、稳定、有相当宽、深尺度、覆盖航道的自然深泓，提供有利于航道开挖和维护的必要的水、沙、地形条件。

（4）疏浚。分期浚深并维护。其功能是：在整治建筑物发挥稳定北槽河势功能的基础上，加速成槽，分阶段达到预期的目标水深；在北槽河床调整尚未达到平衡之前，可在一定程度上减小河槽阻力，适当改善上游河段可能出现的潮位壅高，避免对邻汊河势的稳定产生不利影响；通过维护疏浚，确保深水航道使用期的通航水深。

4.2 河口拦门沙治理研究认识进展

在长江口深水航道治理一期、二期和三期工程的实践过程中，我们对河口拦门沙河段治理的研究和认识水平也得到不断提高。

一期工程交工验收后，遇到连续台风后北槽中下段航道骤淤的难题，经研究实施了一期完善段工程，取得良好的治理效果。一期工程的实践，使我们深化了丁坝对流场调整作用的认识，取得了如何通过整治建筑物调整流场的重要经验；加深了对于流场的变化对地形的调整作用及流场和地形调整带来的泥沙输移及其对航槽淤积的影响等问题的认识。

二期工程的总平面布置优化实践，使我们对于如何通过调整丁坝的平面布置，让航槽水流更加平顺，航槽纵向和断面的动力分布及深泓走向更有利于拦门沙区段航道的建设和维护问题有了进一步的认识。

三期工程自2006年9月开工后，遇到了航道回淤量增大及回淤分布集中的问题，航道增深困难。通过对航道回淤泥沙来源的研究分析及后续的航道减淤工程措施研究，我们对拦门沙河段泥沙运移及航道回淤机理的认识有了进一步的深化和提高。对拦门沙河段航道的治理，除了应十分关注上游河段河势变化带来的底沙输移对本河段的影响、航道治理工程对滩槽等局部河势的稳定作用和对拦门沙河段河床地形的调整作用以及地形调整产生的底沙输移对航槽的影响外，更应充分关注航道治理工程对流场调整造成的对悬沙输移的影响。拦门沙河段航道回淤的泥沙来源除了底沙输移之外，悬沙落淤是不容忽视的主要泥沙来源。航道减淤工程措施研究应更注重其对流场的调整，进而对悬沙的落淤强度和分布的调整，从而达到减淤的目的。在研究中，我们也认识到在潮汐动力强劲的长江口，不宜简单套用内河分汊河段的分流比指标来评价汊道的稳定性。北槽仍是一条有发展潜力的汊道，工程后北槽进口分流比的变化总体上是正常的、可以接受的，北槽落潮分流比适当减少不会影响北槽生命力。根据以上认识，我们提出了三期减淤工程YH101方案并得到实施，取得了良好的效果，在工程中辅以疏浚施工力量的投入，实现了三期治理目标。

通过一期、二期和三期工程实践，我们进一步认识到对于北槽拦门沙河段的治理，不仅要关注槽内地形的调整，各断面处动力的强弱和落潮优势，对于航道淤积主要呈悬沙落淤形态的北槽拦门沙河段，更应注意到整个北槽纵向沿程水动力（输沙能力）的分布对于拦门沙河段长航道的悬沙落淤影响,从确保实现整治效果出发,除应分析潮汐动力较强的河口汉道落潮分流比指标,更应主要关注治导线范围内河槽容积、落潮流量及河床形态的变化。

5 整治建筑物的设计

5.1 设计条件的特点

1. 表层粉沙具有高可动性

大部分堤段表层由 $\overline{d}_{50} \approx 0.03$ mm 的粉砂构成,极易受水流作用而掀扬和运移。建筑物的施工必然带来周边流场的变化,堤侧及堤头冲刷不仅会直接增大工程投资,严重时还会危及建筑物的稳定。

2. 软弱的地基

整治建筑物的地基条件具有"上硬下软、压缩性大、承载力低、部分堤段淤泥出露"的特点。多数堤段表层分布着厚度不均的粉细沙,下卧天然强度低、压缩性大的深厚淤泥质土层。在二期工程浪更大、地基更软弱的组合条件下,我们又发现了本工程下卧软粘土具有在波浪重复荷载作用下强度会严重降低("软化")的重要特性。

3. 远离陆域,工况恶劣

整治建筑物建设在长江口茫茫的江面,平均距外高桥江岸约 50 km,全部水上作业无陆基依托,常年受风、浪、流的影响。北导堤堤头设计高水位时 25 年一遇的有效波高(H_s)可达 5.90 m,$H_{1\%}$ 则已达 7.7 m。综合测算,年水上可作业天数仅有 180 天(一期工程)或 140 天(二期工程)。

4. 工程量大,施工强度高

一期、二期工程总工期各为 3 年,工程量巨大。全部整治建筑物工程的施工期仅 68 个月,在前述恶劣的工况条件下,平均每个月要建成导堤或丁坝 2 km 以上,如此高的施工强度在国内外水运工程建设史上前所未有。

5.2 结构设计方案

1. 护底结构

在整治建筑物设计中,首先开发了能有效防止床面粉沙流失的护底结构。代表性的护底软体排结构如图 4 所示。

软体排最根本的功能乃是依靠足够的排宽,使排外形成"最终稳定冲刷坑"(即冲刷坑近堤轴线的内坡不再向堤轴线方向发展)时,能确保建筑物的整体稳定性。

排体采用了无纺布和机织布合成的土工布,保障排体自身稳定用的压载有 2 种:一种是长管"沙肋"(在机织布制成 $\phi300$ mm 的圆筒沙肋袋中充填沙形成),沙肋排虽然价格较低,但充沙管有一定的刚度,适用于易产生二维冲刷(冲刷沟)的导堤、丁坝的堤(坝)身段;另一种是混凝土联锁块,主要用于堤(坝)头周边易产生三维冲刷(冲刷坑)的部位。

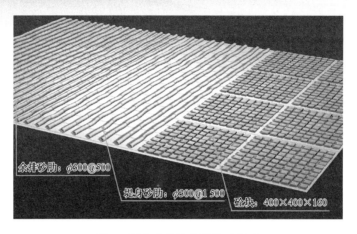

余排砂肋：$\phi 300@500$
堤身砂肋：$\phi 300@1\,500$
砼块：$400 \times 400 \times 160$

图4　混合式软体排结构示意图

2. 斜坡堤

水深较浅的堤段、丁坝与导堤接合部及堤(坝)头部采用了斜坡堤结构。由于长江三角洲地区缺乏石料，堤身中采用了大型袋装沙堤心。图5为一期、二期工程中采用的斜坡堤的代表性断面。

(a) 一期工程

(b) 二期工程

图5　一期、二期工程袋装沙堤心斜坡堤结构

一期工程的实践表明，模袋混凝土上部结构对护面钩连块体的稳定性有一定影响，且该部位即使以具有常规透水性的护面结构代替也不会影响到整治效果。因此，二期工程中的斜坡堤已修改为内、外坡及堤顶全部采用钩连块体护面。

3. 半圆堤

在工程大浪、软基、重力式等特殊的综合条件下，宜优先采用"抗浪能力强、对基地承载力要求低的轻型重力式结构"。一期、二期整治建筑物中共有54.496 km的相对深水区段采用了半圆堤结构。

半圆堤最初是由日本前运输省港湾技术研究所和第四港湾建设局开发，并在宫崎港成功地实施了试验段工程的一种新型结构。用于工程时，在设计和施工上均做了大量优化，一期工程中采用的是单件质量在200 t以内的半圆体结构(图6)。

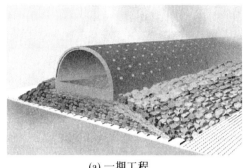 

(a) 一期工程　　　　　　　　　　　　　　　(b) 二期工程

图 6　一期、二期工程半圆堤结构

二期工程中，我们对半圆堤结构做了进一步优化：将开孔部位全部密封，增加了体内充沙，减薄了底板和壁厚，在降低混凝土用量，从而降低造价的同时，确保其稳定。单件质量也增大到 500 t 级和 1 000 t 级。

结合我国国情和工程条件对半圆体结构所做的改进，使得在日本因"施工复杂、造价昂贵"而未能应用于实际工程的结构形式在我国成为"施工方便、造价低廉"，得到大面积应用的新型结构[2]。

4. 新型空心方块斜坡堤结构

对于北导堤端部 2.6 km 的超软基段，地基上层全部为淤泥或淤泥质土，压缩性大、强度极低（$N=0\sim2$），且该堤段设计波浪又是整个工程中最大的。工程中曾研究、比较过多种设计方案，其中还曾考虑过 CDM 工法，由于工期及费用所限，未能采用。2001—2002 年，我们在现场实施了一次试验工程：利用从美国购入的大型液压震动锤组，震动沉设了 4 个直径为 12 m 的预应力钢筋混凝土圆筒。就在现场将进行稳定性试验之前的 2002 年 7 月 4 日，受"威马逊"台风的袭击，4 个圆筒发生了倾覆破坏。现场调查及大量的验算表明，主要原因还是圆筒的稳定性计算方法不够成熟，15.2 m 的入土深度不足[3]。又经过 1 年的多方案论证和试验研究，我们最终在 2003 年 10 月确定采用空心方块斜坡堤方案。

这种空心方块斜坡堤可以将堤身结构对地基的荷载降低到普通抛石堤的 1/3 左右，虽然堤身总空隙率高达 78%，但经三维模型试验确认，堤身结构对航道整治效果并无明显不利影响。北导堤堤头 2.6 km 新型空心方块斜坡堤于 2004 年 12 月 10 日完工后至今，结构稳定，堤身沉降控制在设计总沉降量之内，现场监测表明，其堤身的高空隙率并未影响整治建筑物"导流、挡沙、减淤"功能的发挥[4]。

5. 我国首例抗"软化"措施的工程实践

2002 年 12 月，北导堤已安装的 16 个半圆型沉箱受冬季寒潮大浪的影响而发生了剧烈下沉。现场调查、设计验算和验证模型试验均表明，原设计和施工均满足现行规范的规定，并无明显失误。但从破坏现象分析，沉箱明显地表现出地基承载力下降、失稳的特征。由图 7 可知，这次寒潮大浪尽管未达到设计波高，但剧烈的下沉明确地发生在较大波浪作用时。

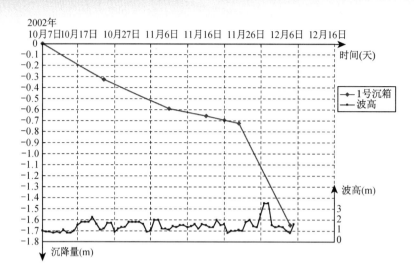

图 7　沉箱的沉降变形与波高的关系

根据对破坏形态、地基变形特征、堤身沉降变形规律及水文测验资料的分析,我们召开了 2 次大型破坏原因分析研讨会,并开创性地利用动三轴仪开展了模拟波浪动荷载作用的软粘土强度降低规律的研究,明确了"周期性作用的波浪荷载经沉箱、基床传递给地基后,引起近表层土软粘土的软化,承载力降低,是地基破坏、沉箱表现出剧烈沉陷的主要原因"[5]。通过进一步的深化研究,我们提出了针对本工程的抗软化工程措施。这就是"增设排水通道,以部分结构重量作为预压荷载,先期提高近表层、有限厚度、易软化淤泥质土的强度,使其具备施工期抗软化能力后,再施工上部结构"。

据上述抗软化方案重新设计、施工的半圆沉箱堤,经历了 2005 年 H_s 高达 5.5～6.0 m 的"麦莎"台风的考验,整治建筑物安然无恙(图 8)。 表明我国首次采用的对浅层

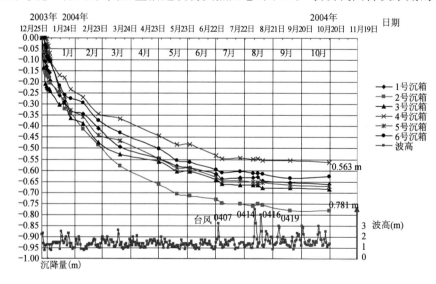

图 8　新安装沉箱的沉降曲线

软粘土的抗软化结构设计方案取得了成功。

6 新工艺的开发

超高强度的进度要求,全新的工程结构,浪大、流急、软基、开敞等我国水运工程的常规施工工艺和装备完全无法适应的恶劣工况——集所有这些特征于一体的长江口深水航道治理工程只有选择工艺和装备的创新,才能使正确的整治方案和创新合理的设计蓝图变为现实。根据工程需要,参加建设的各单位开发、研制和应用了一大批新工艺和大型专用作业船。新型作业船及相应的工艺具有施工质量好,效率高,机械化、自动化程度高,以及抗浪生存及作业能力强等优点。下面列举的均为我国史无前例的一些新工艺和新型作业船。

6.1 全面采用了 GPS 测量定位技术

所有工序的定位、验收测量和水深测量全部采用了 GPS,设置了本工程专用的 GPS 控制网(图 9),实现了实时、动态、高精度($\pm 5 \text{ cm}$ 以内)平面与高程控制,开发了主要工序适用的 GPS 定位应用软件和无验潮水深测量新工艺。整个工程使用的 GPS 基准站和移动站超过 100 台。

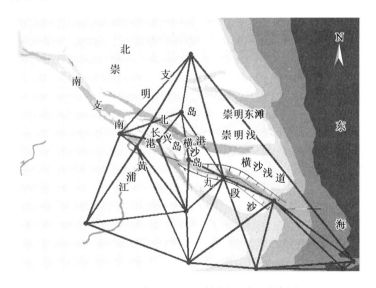

图 9 一、二期工程 GPS 控制网平面示意图

6.2 独创的大型专用作业船

这些专用船机的共同特点是:
(1) 适应长江口恶劣的工况条件;
(2) 全部采用 2 台 GPS 移动站实时测定船位;

（3）主要操作均实现了机械化，集中控制，生产效率高。

主要专用作业船有：

（1）护底软体排施工专用大型铺排船；

（2）3 种抛石基床整平专用作业船（机）：座底式基床抛石整平船、平台式基床抛石整平船和步履式液压抛石基床整平机；

（3）用于护肩及棱体抛石的料斗式抛石船；

（4）专用半圆型沉箱安装船；

（5）海上塑料排水板打设专用船。

专为本工程建造的大型专用作业船情况列于表 2。

表 2　大型专用作业船（机）工效汇总表

船 机 类 别	艘（台）数	施工效率		
		单 位	平 均	最 高
软体排铺设船	15	m² /艘·日	5 372	10 131
排水板打设船	5	根* /艘·日	1 185	3 900
基床抛石整平船	3	m²（整平）/艘·日	581	1 620
		m³（抛石）/艘·日	2 000	6 000
基床整平机	1	m² /艘·日	800	1 400
升降料斗式抛石船	2	m³ /艘·日	2 500	3 600
沉箱安装船	1	个** /艘·日	2.76	8
合　计	27			

*　每根长度 11 m。

**　每个沉箱长 20 m，宽 17 m，质量约 1 100 t。

7　工程效果

长江口深水航道治理工程的成功实践，书写了大型河口治理的新篇章，标志着我国河口治理技术已跨入世界先进行列。长江口一期、二期工程分别获得了 2005 年度和 2008 年度国家优质工程金奖和第四届、第八届詹天佑土木工程大奖，长江口深水航道治理工程成套技术获得 2007 年度国家科学技术进步一等奖。工程取得了良好的整治效果，并从经济和社会发展方面给国家带来了巨大的效益。

7.1　工程治理效果

（1）工程取得了良好的治理效果。工程维持了长江口河势稳定的分汊格局，北槽全槽形成连续、稳定、平顺相接的微弯深泓，改善了北槽的流场条件，实现了 12.5 m 目标水深（图 10），迄今为止，通航深度保证率达到 100%。

（2）大型船舶通过能力显著提高。与治理前相比，吃水大于 10 m 的船舶从日均

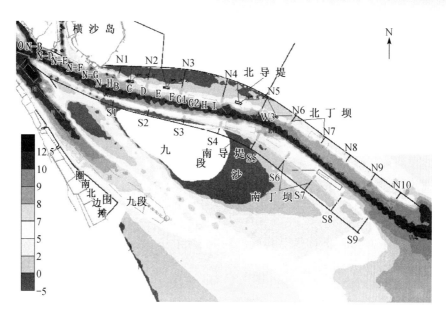

图 10　2010 年 8 月长江口北槽地形(三期工程后)(m)

0.4 艘增至 28.5 艘,5 万 t 级以上船舶由几乎无法进出长江口航道增加到平均每天达到了 12.3 艘次。有关研究表明,长江口深水航道水深从 7 m 增深到 12.5 m,船舶平均每航次可以多装载 50%～110%。

(3) 通航安全性提高、航速增大。深水航道内的波浪和水流条件大为改善,通航安全得到了有效保障,航速由 8 海里/h 提高到 12 海里/h。

(4) 有力推动了上海国际航运中心的建设。通过长江口的货运量由 2000 年的 2.2 亿 t,增加到 2011 年的 10.1 亿 t,年均增长率在 27% 以上。上海港的货物吞吐量由 2000 年的 2.1 亿 t,增长到 2011 年的 7.28 亿 t;集装箱吞吐量由 2000 年的 561.2 万标准箱,剧增到 2011 年的 3 173.93 万标准箱(其中长江口内港区完成 70% 以上),货物吞吐量和集装箱吞吐量均已居世界第一。同期,上海国际航运中心的北翼——江苏沿江港口的吞吐量显著增长,2011 年达到了 11.6 亿 t,集装箱吞吐量达到 916.9 万标准箱,分别是 2000 年的 7.25 倍和 13.4 倍。

(5) 产生巨大的直接经济效益。据中国工程院测算,截止 2010 年因航道通航条件明显改善而节约的船舶运输成本已累计达 362 亿元,工程建设对上海市和江苏沿江地区经济的直接拉动和间接拉动达 878 亿元。

7.2　中国工程院对长江口深水航道治理工程的评价

为科学总结长江口深水航道治理工程建设管理、科技创新等方面的经验,客观评估工程的实施效果和综合效益,交通运输部委托中国工程院于 2011 年 4—6 月开展了对长江口深水航道治理工程的专项评估工作。中国工程院组成了包括 12 位院士在内的评估专家组,对长江口深水航道治理工程的工程效果及维护管理措施、社会经济效益和工程环境影响进行了分析评价,形成了综合评估报告,充分肯定了工程所取得的成绩。

中国工程院总结治理工程取得的5条经验[6]:①积累了复杂河口治理的经验;②推动了港航建筑物设计理论的进步;③提升了我国港航工程施工技术的水平;④创新了大型港航工程项目管理的模式;⑤促进了河口海岸工程领域的科学研究。

中国工程院对治理工程的主要评价结论:①科学决策和动态管理是工程成功的关键;②深水航道治理工程原定目标顺利实现;③航道整治总体技术水平先进;④工程经济社会效益显著;⑤工程对生态和环境无显著的负面影响。

长江口深水航道治理工程的经济社会效益,随着12.5 m深水航道的向上游延伸,随着长江黄金水道的充分开发利用,将会更加显著,影响深远。

参考文献:

[1] 范期锦,金镠,蔡云鹤. 长江口深水航道治理工程成套技术[P]. 上海:交通部长江口航道管理局等单位,2006.

[2] 范期锦. 长江口深水航道治理工程的创新[J]. 北京:中国工程科学,2004,6(12):13-26.

[3] 范期锦. 多台大型液压振动锤联动工作的同步性问题[J]. 中国港湾建设,2003(2):1-4.

[4] 高敏,阮伟. NIIC-1区段空心方块斜坡堤结构透水性对整治功能影响分析[J]. 水运工程,2006,12(增刊):48-52.

[5] 范期锦,李乃扬. 长江口二期工程北导堤局部破坏的原因及对策[J]. 中国港湾建设,2004(2):1-8.

[6] 中国工程院长江口深水航道治理工程评估组. 长江口深水航道治理工程评估报告[R]. 北京:2011.

水流作用下混凝土联锁块软体排
压载失稳机理和计算方法研究

周　海　马兴华　田　鹏

（中交上海航道勘察设计研究院有限公司,上海　200120）

摘　要: 针对水流作用下混凝土联锁块软体排压载稳定性问题,依托长江南京以下 12.5 m 深水航道治理一期工程,通过开展压载稳定性物模试验、Fluent 二维数模计算,研究了护底软体排边缘部位、搭接部位、中间部位在不同水深、流速、底坡、排边冲刷、压载块形状及尺度等条件下的压载失稳形式、过程,得到了临界失稳水动力数据,在此基础上,研究揭示了护底软体排压载失稳规律、失稳机理和主要影响因素,并基于力学平衡原理,推导提出了水流作用下压载稳定性计算公式,公式及参数经物模和数模验证和率定,效果良好。本文对其中有关水流作用下压载失稳机理、压载稳定性计算公式的主要研究成果进行了系统总结。

关键词: 软体排;联锁块;压载失稳;失稳机理;压载稳定计算

1　前言

混凝土联锁块软体排在长江口深水航道治理工程中得到成功开发和推广应用,被纳入了相关规范[1-2],现已成为水深流急、冲刷风险较大部位的重要护底形式。护底软体排压载稳定性是关系到结构安全和工程经济性的重要问题,而现行规范[2]的压载稳定性计算公式未考虑水深、水流结构、波浪、坡度、不同部位、压载块形状及尺度等因素,需要研究完善。

长江南京以下 12.5 m 深水航道治理一期工程整治建筑物所在河床为深厚、抗冲性差的粉细沙,护底软体排是整个工程成败的关键,且其工程费用比重超过整个工程的50%,因而合理确定其压载规格和余排宽度,对于保证结构安全、合理控制投资规模,具有重要的现实意义。为此,2012 年以来,我院依托该工程,深入开展了水流、波浪作用下护底软体排结构稳定性专题研究[3-5]:一是采用压载稳定性物模试验研究[3-4]、Fluent二维数模和 Flow 三维数模压载稳定性研究[5]相结合,研究护底软体排不同部位在不同水深、流速、波浪、底坡、排边冲刷、压载块形状及尺度等条件下的压载失稳形式、过程、临界失稳水动力数据；二是开展了工程总结、理论分析和综合研究[6]，结合物模[3-4]、数模[5]成果，研究揭示了水流、波浪作用下护底软体排压载失稳规律、失稳机理和主要影响因素，并基于力学平衡原理，研究推导提出了水流、波浪作用下压载稳定性计算公式，公式及参数经物模和数模验证和率定。本文对其中有关水流作用下护底软体排压载失稳机理、压载稳定性计算公式的主要研究成果进行了系统总结。

2 水流作用下软体排边缘、搭接部位压载失稳机理和计算方法研究

2.1 软体排边缘、搭接部位压载失稳形式[6]

1. 软体排边缘压载失稳过程及失稳形式

根据压载稳定性物模试验[3-4]观察到的失稳现象，软体排边缘压载失稳过程为（见图 1）：①水流流速未达到临界失稳流速之前，软体排保持稳定；②水流流速达到临界失稳流速的某一瞬间，软体排迎流侧的边缘压载块连同排布迎流侧翘起；③边缘压载块连同排布迎流侧翘起后，刹那间带动整块软体排发生向背流侧的翻卷，导致整块软体排压载失稳。因此，软体排边缘压载失稳形式对于整块软体排而言属于卷边失稳，对于边缘压载块自身而言属于滚动失稳或倾覆失稳。

(a) 流速小于临界失稳流速时　　(b) 流速接近于临界失稳流速时　　(c) 流速达到临界失稳流速时

图 1　5 m 水深改进型 0.20 m 边缘部位失稳过程

2. 软体排搭接部位失稳过程及失稳形式

搭接部位软体排的失稳过程、形式和边缘排相同（见图 2），与边缘部位的差异在于搭接部位局部凸起，在相同水深、垂线平均流速条件下搭接部位压载前流速较边缘压载块有所增大，导致临界失稳流速有所降低。

图 2　1 m 水深改进型 0.20 m 压载块搭接部位失稳

2.2 边缘、搭接部位压载稳定性主要影响因素[6]

1. 压载块结构形式及长度对稳定性的影响

本次研究主要结构形式及长度有:普通型(方形块、平面 0.4 m×0.4 m、间隙 0.1 m)、改进型(上下角削角、平面 0.48 m×0.48 m、间隙 0.02 m)、加长型 1(上下角削角、平面 1 m×0.48 m、间隙0.02 m)、加长型 2(上下角削角、平面 2 m×0.48 m、间隙 0.02 m)、楔形(四周楔形、平面 1.0 m×0.48 m),如图 3 所示。

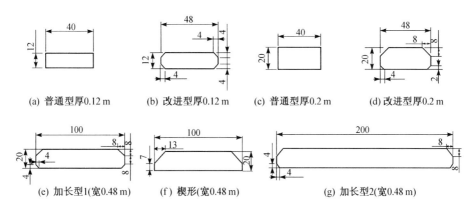

| (a) 普通型厚0.12 m | (b) 改进型厚0.12 m | (c) 普通型厚0.2 m | (d) 改进型厚0.2 m |

| (e) 加长型1(宽0.48 m) | (f) 楔形(宽0.48 m) | (g) 加长型2(宽0.48 m) |

图 3 压载块结构形式及尺度(cm)

数物模数据[3-5]表明,压载块的结构形式及长度对稳定性有较大影响(见表1)。

表 1 不同结构形式及尺度边缘失稳临界流速

结 构 形 式	水深(m)	临界失稳流速(m/s)
普通型厚 0.2 m	1	1.70
改进型厚 0.2 m		1.86,较普通型提高 9%
改进型厚 0.2 m	2.5	2.14
加长型 1 厚 0.2 m		2.43,较改进型提高 13%
加长型 2 厚 0.2 m		2.51,较改进型提高 17%
楔形厚 0.2 m		2.33,较改进型提高 9%

(1) 改进型稳定性好于普通型,原因在于上部倒角有利于水流的绕行,从而降低了作用在压载块上的水流力,如图4所示。

(2) 加长型稳定性好于改进型,加长型 2 略好于加长型 1,说明压载块长度越长,稳定性越好,原因在于边缘压载块承受的拖曳力基本不变,压载块越长,拖曳力引起的倾覆力矩占比下降,从而提高稳定性。但由于边缘压载块所承受的上举力对倾覆力矩占主导地位,拖曳力占次要地位,因此,加长型 2 比加长型 1 的失稳临界流速增加有限。

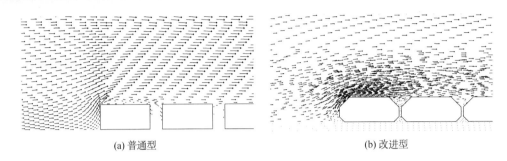

(a) 普通型   (b) 改进型

图 4　厚度 0.2 m 压载块边缘流场分布

（3）楔形稳定性介于改进型和加长型之间,其原因在于尽管楔形有利于减小水流拖曳力和上举力,但压载块四周楔形处理,使得压载块重量大幅下降,从而抵消了水流力减小的有力作用。

2. 水深对压载块稳定性的影响

数物模数据[3-5]表明,软体排边缘压载结构尺度相同的情况下,随着水深的增加,边缘压载的临界失稳流速有所增加,稳定性有所提高,如图 5 所示。原因分析如下:流速垂线基本成指数分布或对数分布,垂线平均流速相同时,水深越深,边缘压载块附近的流速越小,因而受到的水流力（拖曳力和上举力）就越小,水流力引起的倾覆力矩就越小,所以稳定性就越好。如图 6 所示,垂线平均流速均为 1.5 m/s 时,1 m 水深下边缘排前流速为 1.265 m/s,而 2.5 m 水深边缘排前流速为 1.128 m/s,比 1 m 水深下小 11%。

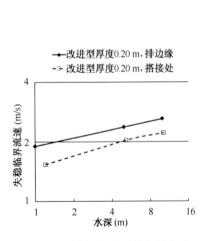

图 5　不同水深条件下的临界流速　　图 6　垂线平均流速 1.5 m/s 时 1 m 和 2.5 m 水深流速分布

3. 底坡对压载块稳定性的影响

物模[3]数据表明,逆坡条件的失稳临界流速均大于平底条件,逆坡越陡,失稳临界流速越大,稳定性越好,逆坡上的压载块排数 2 排的稳定性好于 1 排,见图 7 和表 2。

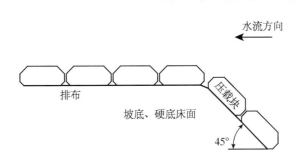

图 7　迎流面 2 排压载块在 45° 逆坡上

表 2　2.5 m 水深时不同底坡边缘失稳临界流速

编号	底坡	斜坡上块排数	临界失稳流速（m/s）
1	0°		2.14
2	15°	1 排	2.34
3	45°	1 排	2.34
4		2 排	＞3.61（达到水槽最大流速，未失稳）

4. 排边冲刷对压载块稳定性的影响

物模[3]试验表明，随着流速的逐渐加大，排边外沙质粉土被逐渐冲走，边缘压载块沿土工布包沙下垂，压载稳定性得到显著提高，如图 8 和表 3 所示。

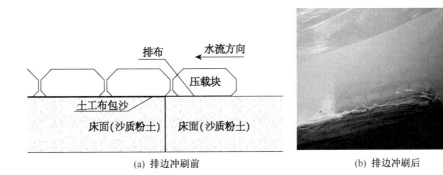

(a) 排边冲刷前　　　　　　　　　　　　　　　　(b) 排边冲刷后

图 8　排边冲刷对压载块稳定性影响

表 3　排边冲刷对压载失稳流速影响

情　况	排　边　冲　刷	压载块失稳临界流速（m/s）
第一种	床面为土工布包沙，模拟粉细沙土质但不发生排边冲刷	2.34
第二种	边缘床面为沙质粉土，模拟粉细沙土质，发生排边冲刷；内侧床面为土工布包沙，模拟粉细沙受软体排保护	随着流速的逐渐加大，沙质粉土被快速、全部冲走，边缘压载块沿土工布包沙下垂，未观测到失稳现象

2.3 软体排边缘、搭接部位压载失稳机理分析[6]

根据物模[3-4]试验观察到的失稳现象、数模[5]采集的流速、压强等数据,结合力学平衡分析,对软体排边缘部位压载失稳机理可以得到以下认识。

1. 平底条件下软体排边缘(排边不冲刷)、搭接部位压载失稳机理

行进水流流经护底软体排边缘时,底部水流受到边缘压载块及排布的阻挡,沿边缘压载块迎流面向上流动,绕过边缘压载块后继续行进(见图4),从而在边缘压载块迎流面产生水平向的动压,在边缘压载块及排布底部产生由前到后逐渐减小的向上动压,在边缘压载块顶部产生由前到后逐渐减小的负动压(见图9),边缘压载块迎流面动压

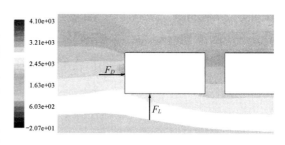

图9 平底、排边不冲刷边缘压载水流压力云图

和背流面动压之差形成往后的力,即拖曳力,边缘压载块排布底部和边缘压载块顶部动压之差形成向上的力,即上举力,拖曳力、上举力随水流流速的增大而增大(与流速的平方基本成正比关系)。拖曳力和上举力引起绕边缘压载块后趾的倾覆力矩,当倾覆力矩不大于边缘压载块有效自重引起的稳定力矩时,边缘压载块保持稳定;当倾覆力矩大于边缘压载块有效重力的稳定力矩时,边缘压载块发生倾覆破坏,表现为边缘压载块连同排布迎流侧翘起、翻卷(此时的流速即为临界失稳流速)。边缘压载块的翻卷导致软体排边缘迎流面积大大增加,所受到的拖曳力也急剧增大,进而引起护底软体排由迎流侧向背流侧的连续翻卷,最后导致整个护底软体排失稳。

搭接部位压载失稳机理基本同边缘部位,不再赘述。

2. 逆坡条件软体排边缘压载失稳机理

与平底条件压载失稳的差异在于,边缘压载块顶面也成为迎流面而产生一定的下压力(见图10),该下压力产生的是稳定力矩,从而提高边缘压载稳定性。

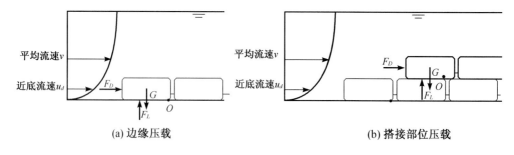

(a) 边缘压载   (b) 搭接部位压载

图10 平底条件下压载稳定性计算简图

3. 排边冲刷条件下软体排边缘压载失稳机理

对于表层为粉细沙、粉土等易冲土层,由于土质抗冲流速只有0.5 m/s左右,在一

般径潮流作用下很容易发生排外冲刷(而此时流速远小于边缘临界失稳流速,排体处于稳定状态),护底软体排边缘随之倾斜、下垂,排边床面形成30°左右的斜坡,由此初始平底条件下的边缘压载稳定问题转为逆坡条件下的边缘压载稳定性问题,同时随着排外的冲刷,边缘压载的水深增加,排边流速相应下降,以冲刷前流速衡量的边缘临界失稳流速得到大幅提高。

2.4 边缘、搭接部位压载稳定性计算公式[6]

在以上研究基础上,建立压载受力模型,采用力学平衡理论,推导失稳流速公式的一般形式,再根据数模和物模得到的压载块受力数据,率定确定待定参数。

1. 平底条件下软体排边缘(排边不冲刷)、搭接部位压载稳定性

(1)受力模型和受力分析。平底条件下,引起边缘压载失稳的力为水流力,水流力可概化为水平向的拖曳力 F_D 和竖向的上举力 F_L,保持稳定的力是其有效重力 G,而压载块纵向间联接绳的拉力对于整体卷边失稳而言,缺乏作用,不考虑。如图 10～图 11 所示。

① 压载块尺寸。压载块长度为 l(垂直于排边方向),宽度为 b,厚度为 t,对于非长方体,底部有效长度为 l_s,按宽度 b 和厚度 t 折算成长方体的等效长度为 l_m。

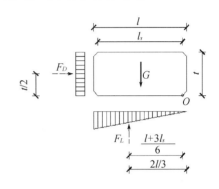

图 11 平底条件下软体排边缘压载受力图

② 作用力。

F_D,F_L 的分布:数模[5]数据显示,水流拖曳力基本成矩形分布,水流上举力基本成三角形分布,如图 11 所示。因此,本次研究将拖曳力概化为矩形分布,上举力概化为三角形分布。

F_D,F_L 可用牛顿阻力公式分别表示如下:

$$F_D = \lambda_D \frac{\rho}{2} u_d^2 bt \tag{1}$$

$$F_L = \lambda_L \frac{\rho}{2} u_d^2 bl \tag{2}$$

有效重力表示为:

$$G = (\rho_s - \rho) gbl_m t \tag{3}$$

式中:λ_D 为水流拖曳力系数;λ_L 为水流上举力系数;u_d 为压载块前流速(m/s);ρ_s 为软体排压载块密度(kg/m³);ρ 为水密度(kg/m³)。

(2)失稳流速公式推导。以图 11 中 O 点为中心,参照《防波堤设计与施工规范》[7]

直立堤抗倾稳定计算公式,建立平底条件下软体排边缘(排边不冲刷)、搭接部位发生翻卷失稳的力矩平衡方程为:

$$\gamma_O(\gamma_{FD}M_{FD} + \gamma_{FL}M_{FL}) \leqslant \frac{1}{\gamma_d}\gamma_G M_G \tag{4}$$

式中:γ_O 为结构重要性系数;γ_{FD} 为水流拖曳力分项系数;γ_{FL} 为水流上举力分项系数;γ_d 为结构系数;γ_G 为压载块自重力分项系数;M_{FD} 为水流拖曳力标准值对后趾的倾覆力矩;M_{FL} 为水流上举力标准值对后趾的倾覆力矩;M_G 为压载块自重力标准值对后趾的稳定力矩。

各分项系数为 1 时即为临界失稳。

为便于推导做适当简化:因 $\gamma_P = \gamma_u$,令 $\gamma_F = \gamma_{FD} = \gamma_{FL}$;因 $\gamma_G = 1$,推导公式时不计,将作用力和力臂代入式(4),得:

$$\gamma_O\gamma_F\left(F_D\frac{t}{2} + F_L\left(\frac{l+3l_s}{6}\right)\right) \leqslant \frac{1}{\gamma_d}G\frac{l_s}{2} \tag{5}$$

将式(1)~(3)代入式(5),经整理后,得平底条件下软体排边缘(排边不冲刷)、搭接部位设计失稳底流速计算公式:

$$u_{ds} \leqslant \sqrt{\frac{1}{\gamma_O\gamma_F\gamma_d}}\sqrt{\frac{6l_s l_m}{3\lambda_D t^2 + \lambda_L l(l+3l_s)}}\sqrt{\frac{\rho_s-\rho}{\rho}gt} \tag{6}$$

各分项系数为 1 时,得到平底条件下软体排边缘(排边不冲刷)、搭接部位临界失稳底流速 u_{dcr}。

由于在工程实践中压载块前底流速不易确定,为方便使用,以垂线平均流速来替代。指数流速分布的精度符合要求,且便于公式推导。垂线流速指数分布公式为:

$$u = V(1+m)\left(\frac{y}{d}\right)^m$$

则压载块前流速为:

$$u_d = V(1+m)\left(\frac{t}{\alpha d}\right)^m \tag{7}$$

将式(7)代入式(6),得到平底条件下软体排边缘(排边不冲刷)、搭接部位设计失稳垂线平均流速计算公式:

$$V_s \leqslant \frac{1}{1+m}\sqrt{\frac{1}{\gamma_O\gamma_F\gamma_d}}\sqrt{\frac{6l_s l_m}{3\lambda_D t^2 + \lambda_L l(3+l_s)}}\sqrt{\frac{\rho_s-\rho}{\rho}gt}\left(\frac{\alpha d}{t}\right)^m \tag{8}$$

各分项系数为 1 时,得到平底条件下软体排边缘(排边不冲刷)、搭接部位失稳临界垂线平均流速 V_{cr}。

式中:V_s 为设计失稳垂线平均流速(m/s);V_{cr} 为临界失稳垂线平均流速(m/s);u_{ds} 为设计失稳底流速(m/s),对于软体排边缘取 $y=1/2t$ 处的流速,对于软体排搭接部

位取 $y=t$ 处的流速；d 为水深(m)；m 为指数，待定；γ_0 为结构重要性系数，根据《港口荷载规范》[8]，结构安全等级一、二、三级分别取 1.1、1.0、0.9；γ_F 为水流力分项系数，待定；α 为系数，对于软体排边缘取 2，对于软体排搭接部位取 1；其余同前。

(3) 待定系数的确定和参数的率定。

① 水流力分项系数 γ_F。考虑到水流力和波浪力对于抗倾稳定性属于同一性质的作用力，参照交通运输部《防波堤设计与施工规范》[7]直立堤关于波浪力的规定，建议持久组合取 1.30，短暂组合取 1.20，具体取值有待后续深化研究。

② 结构系数 γ_d。同样参照交通运输部《防波堤设计与施工规范》[7]关于直立堤、《重力式码头设计与施工规范》[10]关于重力式码头的规定，建议取 $1.1\sim1.25$，具体取值有待后续深化研究。

③ 指数 m。根据数物模数据率定，取 $m=1/8$。

④ 水流拖曳力系数 λ_D、λ_L。这些系数与压载块的形状和尺寸有关。数模研究表明，拖曳力引起的倾覆力矩占倾覆力矩的比重约 $3\%\sim12\%$，因此，λ_D 大小对结构影响有限，为简便起见，λ_D 按 1.0 处理，而对 λ_L 通过数模率定确定，普通型厚度 0.2 m 的 λ_L $=1.75$，普通型厚度 0.12 m 的 $\lambda_L=1.35$，上下削角(改进型、楔形)$\lambda_L=1.15$。见表 4。

表 4　采用数模、物模验证和率定边缘压载稳定性参数

压载块结构形式	压载块厚度 t(m)	压载块长度 l(m)	压载块宽度 b(m)	水深 d(m)	数、物模临界流速			公式计算与数物模偏差(%)	公 式 计 算				数模计算	
					数模垂线平均流速 V_{cr} (m/s)	物模垂线平均流速 V_{cr} (m/s)	数、物模平均流速 V_{cr} (m/s)		临界失稳垂线平均流速 V_{cr} (m/s)	上举力系数 λ_L	拖曳力 F_D (N)	上举力 F_L (N)	拖曳力 F_D (N)	上举力 F_L (N)
普通型	0.2	0.40	0.40	1	1.79	1.70	1.74	−0.8	1.73	1.75	85	298	160	341
改进型	0.2	0.48	0.48	1	1.90	1.86	1.88	1.0	1.90	1.15	122	336	137	373
改进型	0.2	0.48	0.48	2.5	2.05		2.05	3.9	2.13	1.15	122	336	119	374
改进型	0.2	0.48	0.48	5	2.38	2.42	2.40	−3.2	2.32	1.15	122	336	108	393
改进型	0.2	0.48	0.48	10	2.61		2.61	−2.9	2.53	1.15	122	336	111	386

续表

压载块结构形式	压载块厚度 t（m）	压载块长度 l（m）	压载块宽度 b（m）	水深 d（m）	数、物模临界流速			公式计算与数物模偏差（%）	公 式 计 算				数模计算	
					数模垂线平均流速 V_{cr}（m/s）	物模垂线平均流速 V_{cr}（m/s）	数、物模平均 V_{cr}（m/s）		临界失稳垂线平均流速 V_{cr}（m/s）	上举力系数 λ_L	拖曳力 F_D（N）	上举力 F_L（N）	拖曳力 F_D（N）	上举力 F_L（N）
普通型	0.12	0.40	0.40	1	1.68	1.65	1.66	0.5	1.67	1.35	42	188	62	126
改进型	0.12	0.48	0.48	1	1.68	1.74	1.71	−2.3	1.67	1.15	50	231	35	237
改进型	0.12	0.48	0.48	5	1.95	1.86	1.91	7.1	2.04	1.15	50	231	34	253
改进型	0.12	0.48	0.48	10	2.21		2.21	0.9	2.23	1.15	50	231	32	244

注：拖曳力系数 $\lambda_D=1$，$m=1/8$。

2. 逆坡条件下软体排边缘（排边不冲刷）、搭接部位压载稳定性

逆坡条件下压载块顶面存在水流的下压力，其他受力同平底、排边不冲刷条件。受力如图 12～图 13 所示。

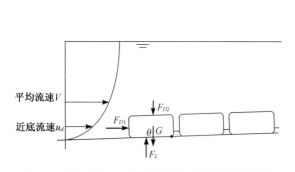

图 12 逆坡条件下边缘部位压载稳定性计算简图　　图 13 逆坡条件下边缘压载受力图

作用力计算如下：

水流拖曳力：
$$F_{D1} = \lambda_{D1} \frac{\rho}{2} u_d^2 bt \cos^2\theta \tag{9}$$

水流下压力：
$$F_{D2} = \lambda_{D2} \frac{\rho}{2} u_d^2 bl \sin^2\theta \tag{10}$$

水流上举力：
$$F_L = \lambda_L \frac{\rho}{2} u_d^2 bl \cos^2 \theta \tag{11}$$

式中：$\lambda_{D1} = \lambda_{D2} = \lambda_D = 1$

以图13中 O 点为中心，参照式(4)，建立斜坡条件下软体排边缘（排边不冲刷）、搭接部位发生翻卷失稳的力矩平衡方程为：

$$\gamma_O \gamma_F (M_{FD1} - M_{FD2} + M_{FL}) \leqslant \frac{1}{\gamma_d} \gamma_G M_G \tag{12}$$

将作用力和力臂代入式(12)得：

$$\gamma_0 \gamma_F \gamma_d \left(F_{D1} \frac{t}{2} - F_{D2} \frac{L_s}{2} + F_L \frac{L + 3L_s}{6} \right) \leqslant G \left(\frac{L_s}{2} \cos \theta + \frac{t}{2} \sin \theta \right) \tag{13}$$

将式(9)～式(11)代入式(13)，经整理后，得斜坡条件下软体排边缘（排边不冲刷）、搭接部位设计失稳底流速计算公式：

$$u_{ds} \leqslant \sqrt{\frac{1}{\gamma_O \gamma_F \gamma_d}} \sqrt{\frac{6l_m (l_s \cos \theta + t \sin \theta)}{3\lambda_D t^2 \cos^2 \theta + \lambda_L l (l + 3l_s) \cos^2 \theta - 3\lambda_D l_s \sin^2 \theta}} \sqrt{\frac{\rho_s - \rho}{\rho} gt} \tag{14}$$

把式(7)代入式(14)，经整理，得到斜坡条件下软体排边缘（排边不冲刷）、搭接部位失稳设计垂线平均流速计算公式：

$$V_s \leqslant \frac{1}{1+m} \sqrt{\frac{1}{\gamma_O \gamma_F \gamma_d}} \sqrt{\frac{6l_m (l_s \cos \theta + t \sin \theta)}{3\lambda_D t^2 \cos^2 \theta + \lambda_L (1 + 3l_s) \cos^2 \theta - 3\lambda_D l_s l \sin^2 \theta}} \sqrt{\frac{\rho_s - \rho}{\rho} gt} \left(\frac{\alpha d}{t} \right)^m \tag{15}$$

式中：θ 为斜坡角度，其余同前。

各分项系数为1时，得到临界失稳底流速 u_{dcr}、临界失稳垂线平均流速 V_{cr}。

3. 排边冲刷条件下软体排边缘压载稳定性

由于排边冲刷后水深增加，行进流速下降（图14），需要对斜坡、排边不冲刷条件下的边缘失稳流速计算公式做相应修正，得到排边冲刷条件下软体排边缘失稳设计垂线平均流速计算公式：

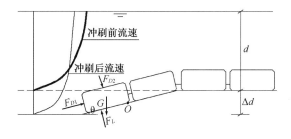

图14 排边冲刷条件下边缘压载稳定性计算简图（排边冲刷后）

$$V_s \leqslant \frac{1}{1+m} \sqrt{\frac{1}{\gamma_O \gamma_F \gamma_d}} \sqrt{\frac{6 l_m (l_S \cos\theta + t\sin\theta)}{3\lambda_D t^2 \cos^2\theta + \lambda_L (l+3l_s)\cos^2\theta - 3\lambda_D l_s l \sin^2\theta}} \cdot \tag{16}$$

$$\sqrt{\frac{\rho_s - \rho}{\rho} g t \left(\frac{2d+2\Delta d}{t}\right)^m \frac{d+\Delta d}{d}}$$

式中:Δd 为排边短期冲刷深度;θ 为冲刷后排边角度;其余同前。

各分项系数为 1 时,得到排边冲刷条件下护底软体排边缘临界失稳垂线平均流速 V_{cr}。

4. 典型条件下临界失稳垂线平均流速和设计失稳垂线平均流速(表 5~表 7)

表 5　排边不冲刷条件下边缘失稳垂线平均流速

压载块结构形式	压载块厚度 t(m)	压载块长度 l(m)	压载块宽度 b(m)	逆坡坡度 θ(°)	水深 d(m)	临界失稳底流速 u_{dcr}(m/s)	临界失稳垂线平均流速 V_{cr}(m/s)	设计失稳垂线平均流速 V_s(m/s)
普通型	0.2	0.4	0.4	0	1	1.46	1.73	1.45
改进型	0.2	0.48	0.48	0	1	1.60	1.90	1.59
改进型	0.2	0.48	0.48	0	2.5	1.60	2.13	1.78
改进型	0.2	0.48	0.48	0	5	1.60	2.32	1.94
改进型	0.2	0.48	0.48	0	10	1.60	2.53	2.12
加长型 1	0.2	1	0.48	0	2.5	1.74	2.31	1.93
加长型 2	0.2	2	0.48	0	2.5	1.78	2.37	1.98
楔形	0.2	1	0.48	0	2.5	1.67	2.22	1.86
普通型	0.12	0.4	0.4	0	1	1.32	1.67	1.40
改进型	0.12	0.48	0.48	0	1	1.32	1.67	1.40
改进型	0.12	0.48	0.48	0	2.5	1.32	1.87	1.57
改进型	0.12	0.48	0.48	0	5	1.32	2.04	1.71
改进型	0.12	0.48	0.48	0	10	1.32	2.23	1.86
改进型	0.2	0.48	0.48	30	2.5	2.16	2.88	2.40
改进型	0.2	0.48	0.48	30	5	2.16	3.14	2.62
改进型	0.2	0.48	0.48	30	10	2.16	3.42	2.86
改进型	0.12	0.48	0.48	30	2.5	1.72	2.44	2.04
改进型	0.12	0.48	0.48	30	5	1.72	2.66	2.22
改进型	0.12	0.48	0.48	30	10	1.72	2.90	2.42

注:γ_O 取 1.0,γ_F 取 1.30,γ_d 取 1.10。

表 6　典型条件下搭接部位失稳垂线平均流速

压载块厚度 t(m)	水深 d(m)	临界失稳底流速 u_{dcr}(m/s)	临界失稳垂线平均流速 V_{cr}(m/s)	设计失稳垂线平均流速 V_s(m/s)
0.20	1.0	1.60	1.74	1.46
0.20	2.5	1.60	1.95	1.63
0.20	5.0	1.60	2.13	1.78
0.20	10.0	1.60	2.32	1.94
0.16	1.0	1.52	1.70	1.42
0.16	2.5	1.52	1.91	1.60
0.16	5.0	1.52	2.08	1.74
0.16	10.0	1.52	2.27	1.90
0.12	1.0	1.32	1.53	1.28
0.12	2.5	1.32	1.72	1.44
0.12	5.0	1.32	1.87	1.57
0.12	10.0	1.32	2.04	1.71

注：γ_0 取 1.0，γ_F 取 1.30，γ_d 取 1.10，压载块均为改进型，长度和宽度均为 0.48 m。

表 7　排边冲刷典型条件下边缘失稳垂线平均流速

压载块厚度 t(m)	水深 d(m)	排外短期冲刷深度 Δd(m)	冲刷后排边角度 θ(°)	临界失稳垂线平均流速 V_{cr}(m/s)	设计失稳垂线平均流速 V_s(m/s)
0.2	1	0.5	25	3.73	3.12
0.2	1	0.5	30	4.05	3.38
0.2	5	0.5	25	3.21	2.69
0.2	5	0.5	30	3.49	2.92
0.2	10	1	25	3.51	2.93
0.2	10	1	30	3.81	3.18
0.12	1	0.5	25	3.17	2.65
0.12	1	0.5	30	3.43	2.87
0.12	5	0.5	25	2.73	2.29
0.12	5	0.5	30	2.96	2.47
0.12	10	1	25	2.98	2.49
0.12	10	1	30	3.23	2.70

注：γ_0 取 1.0，γ_F 取 1.30，γ_d 取 1.10，压载块均为改进型，长度和宽度均为 0.48 m。

3 水流作用下护底软体排中间部位压载失稳机理和计算方法研究[6]

3.1 软体排中间部位压载失稳过程及形式

根据压载稳定性物模[3]观察到的失稳现象,软体排中间部位压载失稳过程为:①水流流速未达到临界失稳流速之前,软体排保持稳定;②水流流速达到临界失稳流速的某一瞬间,软体排整体起浮;③软体排整体起浮后,整体随水流向背流向漂移,导致压载失稳。因此,软体排中间部位压载失稳形式属于整体抗浮失稳。

3.2 软体排中间部位压载失稳机理

物模[3]和数模[5]研究得到中间部位压载临界失稳流速数据见表 8。

表 8 中间压载块失稳临界流速 (m/s)

压 载 块	物模实测	Fluent 数模
改进型 0.48 m×0.48 m×0.12 m,等效厚度 0.107 m	4.40	4.504
改进型 0.48 m×0.48 m×0.20 m,等效厚度 0.168 m	4.57	

另外,FLUENT 数模[5]数据表明,软体排中间部位压载块因受边缘压载块的掩护,拖曳力可以忽略不计,但上举力仍维持较高水平,说明脉动压强是导致软体排中间部位压载块失稳的主要动力条件。

综合以上研究,对软体排中间部位局部压载失稳机理可以得到以下认识:水流脉动的存在,产生对软体排中间部位压载块的上举力,一旦上举力超过有效重量,软体排整体起浮,整体随水流向背流向漂移,导致整体压载抗浮失稳。

3.3 软体排中间部位压载稳定性计算公式推导

1. 受力模型和受力分析

引起中间部位压载块失稳的力为水流脉动引起的上举力 F_L,保持稳定的力有砼块的有效重力 G,而压载块纵向间连接绳的拉力对于块体稳定性影响有限,可不考虑,如图 15 所示。

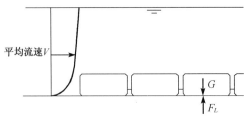

图 15 整体、中间部位压载稳定性计算简图

（1）软体排有效重量

$$G = (\gamma_s - \gamma)St_m \qquad (17)$$

（2）上举力计算

$$F_L = P_mS \qquad (18)$$

（3）脉动压强 P_m 计算。软体排中间部位脉动压强与护坦脉动压强性质相同，为此引用水利工程护坦脉动压强计算公式[11]：

$$P_m = \pm \alpha_m \frac{u^2}{2g} \gamma_w \qquad (19)$$

式中：P_m 为脉动压强（kPa）；u 为垂线平均流速（m/s）；α_m 为脉动压力系数，根据水流缓急程度分别取 $0.05 \sim 0.20$；γ_w 为水的重度（kN/m³）。

2. 公式推导

根据力学平衡原理，建立抗浮稳定方程：

$$\gamma_O \gamma_F F_L \leqslant \frac{1}{\gamma_d} \gamma_G G \qquad (20)$$

将式（17）～式（19）代入式（20），并用 V_s 替代 u，简化后，得软体排中间部位压载设计失稳流速计算公式：

$$V_s \leqslant \sqrt{\frac{1}{\gamma_O \gamma_F \gamma_d}} \sqrt{\frac{2}{\alpha_m}} \sqrt{\frac{\rho_s - \rho}{\rho} g t_m} \qquad (21)$$

转换得软体排中间部位压载等效厚度计算公式：

$$t_m \geqslant \gamma_O \gamma_F \gamma_d \alpha_m \frac{\rho}{\rho_s - \rho} \frac{V_s^2}{2g} \qquad (22)$$

式中：t_m 为压载块等效厚度（m）；其余同前。

各分项系数为 1 时，得软体排中间部位压载临界失稳流速。

3. 脉动压力系数确定

以往研究和工程实践表明，不同整治建筑物部位的水流结构、流态各不相同，其脉动压力系数也各不相同，需要分别确定：①顺堤、丁坝坝身段迎流侧、斜向堤迎流侧：水流结构为平顺水流，根据表 9 率定脉动压力系数 $\alpha_m = 0.15 \sim 0.22$，建议取 0.25。②丁坝头部、水流顶冲点：水流结构接近于平顺水流，紊动强度大于平顺水流，建议脉动压力系数 α_m 取 $0.3 \sim 0.4$，具体有待后续深化研究。③丁坝坝身段背流侧、斜向堤背流侧：水流结构为横轴环流或螺旋流，紊动强烈，建议脉动压力系数 α_m 取 0.5，具体有待后续深化研究。

表 9　典型工况条件下整体抗浮失稳垂线平均流速

整治建筑物部位	压载块厚度 t(m)	脉动压力系数 α_m	临界失稳垂线平均流速 V_{cr}(m/s)	设计失稳垂线平均流速 V_s(m/s)
顺堤、丁坝坝身段迎流侧、斜向堤迎流侧	0.20	0.25	4.69	3.92
	0.12	0.25	3.63	3.04
丁坝头部、水流顶冲点	0.20	0.35	3.96	3.31
	0.12	0.35	3.07	2.57
丁坝坝身段背流侧、斜向堤背流侧	0.20	0.50	3.31	2.77
	0.12	0.50	2.57	2.15

注：γ_0 取 1.0，γ_F 取 1.30，γ_d 取 1.10，压载块均为改进型，长度和宽度均为 0.48 m。

4　结语

（1）压载稳定性物模试验和 Fluent 数模计算成果，研究揭示了护底软体排压载失稳形式、失稳机理、主要影响因素和水流力分布。研究表明，水流作用下失稳形式属于卷边失稳；压载稳定性与水深、底坡、排边冲刷、压载块形状及尺度有关，压载稳定性为加长型＞楔形＞改进型＞普通型；边缘、搭接部位压载稳定性随水深的增加而有所提高；逆坡条件下或沙性土排边冲刷后压载稳定性显著提高。

（2）基于力学平衡原理，推导提出了水流作用下软体排压载稳定性计算公式，充分考虑了水深、底坡、排边冲刷、压载块形状及尺度对不同部位软体排压载稳定性的影响，公式及参数经物模和数模验证和率定，效果良好，同时引入了分项系数，有效弥补了现行规范的不足（仅考虑压载块的水下有效重度和厚度、考虑临界失稳流速而无设计失稳流速），显著提高了计算的准确性和适用性。

参考文献：

［1］交通部第一航务工程局. JTJ/T 239—98 水运工程土工织物应用技术规程[S]. 北京：人民交通出版社，1998.

［2］天津港湾工程研究所. JTJ 239—2005 水运工程土工合成材料应用技术规范[S]. 北京：人民交通出版社，2006.

［3］周海，王费新，张忱，等. 潮汐河段护底软体排结构压载稳定性物模研究报告[R]. 上海：中交上海航道勘察设计研究院有限公司，2014.

［4］周益人，黄海龙，等. 潮汐河段护底软体排结构压载稳定性物模研究报告[R]. 南京：南京水利科学研究院，2014.

［5］周海，王费新，郝宇池，等. 潮汐河段护底软体排结构压载稳定性数模研究报告[R]. 上海：中交上海航道勘察设计研究院有限公司，2014.

［6］周海,马兴华,田鹏,等.潮汐河段护底软体排结构稳定性及余排计算研究［R］.上海:中交上海航道勘察设计研究院有限公司,2014.

［7］中交第一航务工程勘察设计院有限公司.JTS 154—4—2011 防波堤设计与施工规范［S］.北京:人民交通出版社,2011.

［8］中交第一航务工程勘察设计院有限公司.JTS 144—1—2010 港口荷载规范［S］.北京:人民交通出版社,2010.

［9］电力工业部中南勘测设计研究院.DL 5077—1997 水工建筑物荷载规范［S］.北京:人民交通出版社,1997.

［10］中交第四航务工程局有限公司.JTS 167—2—2009 重力式码头设计与施工规范［S］.北京:人民交通出版社,2009.

［11］水利部长江水利委员会长江勘测规划设计研究院.SL 319—2005 混凝土重力坝设计规范［S］.北京:人民交通出版社,2005.

建闸河口闸下河道水沙运动特性研究

窦希萍　张新周　赵晓冬　王向明

（南京水利科学研究院港口航道泥沙工程交通行业重点实验室，江苏 南京　210024）

摘　要：对国内外主要建闸河口进行了概述，分析了淤泥质海岸挡潮闸闸下淤积情况。根据江苏射阳河挡潮闸河口地形，建立建闸河口概化物理模型，研究闸下不同引河长度下潮波变形特征。在此基础上，建立了闸下河道潮波变形和泥沙淤积二、三维数学模型，研究了不同引河长度下潮波变形的特征，计算了不同条件下的闸下淤积过程，分析了闸下淤积的影响因素及其时空分布特征。

关键词：建闸河口；闸下淤积；数学模型；物理模型

1　前言

自 20 世纪 50 年代以来，为解决河口地区农业用水和防止土地盐碱化，在入海河口修建了许多挡潮闸以防潮抗台、蓄淡御咸以及提高泄洪排涝能力。目前我国已修建挡潮闸的入海河口有 300 多个。入海河口修建挡潮闸后改变了河口区的潮波运动，导致闸下河道严重淤积，使挡潮闸不能正常发挥其功能，给上游河道的排洪除涝带来不利影响。我国河口建闸之多，闸下河道淤积之严重，在世界上都是少见的。据统计，江苏沿海修建的 58 座排水流量大于 100 m³/s 的挡潮闸，闸下发生严重淤积的有 15 座，一般淤积的有 20 座，淤积较少的有 18 座，基本淤死的有 5 座。由于闸下淤积十分严重，入海河道行洪能力锐减，一旦发生强降雨，极易造成洪涝灾害，给河口及上游地区防洪安全带来很大威胁。

众多学者对建闸河口闸下淤积的机理进行了系统的分析和研究，认为潮波变形是造成闸下河道淤积的动力因素，海域泥沙是闸下淤积的主要来源，不平衡输沙是闸下淤积的基本模式。闸下引河长度和沿程比降不同，闸下河道断面形态不同，潮波变形的特征也有所不同，引起的淤积形态和特征也不相同。另外，闸下河道泥沙的组成及其物理化学特征不同，闸下河道泥沙的运动规律也有所不同。在淤泥质河口，闸下河道近底可能存在可以流动的浮泥层，在闸下河道近闸水域的静水段与下游浑水交界面附近由于清、浑水比重的差异，也极有可能形成异重流。淤泥质河口的泥沙基本都属于黏性泥沙范畴，黏性泥沙颗粒极细，除了物理力学作用外，还可能在胶体化学作用下发生絮凝，其运动特性和规律十分复杂，冲刷和沉降淤积特性要比非黏性沙复杂得多。

目前,对于建闸河口闸下引河泥沙淤积的研究大多限于对实测资料的统计分析或针对某一个建闸河口建立物理模型或数学模型模拟,而采用物理模型和数学模型系统研究不同类型建闸河口闸下水动力特性和泥沙输运规律的还比较少,本文在这方面进行了一些探讨。

2 建闸河口泥沙淤积问题

2.1 国外建闸河口概况

荷兰、英国等为了抵御风暴潮灾害,修建了一些挡潮闸,如荷兰的三角洲挡潮闸、英国的泰晤士河挡潮闸、意大利威尼斯泻湖挡潮闸和马来西亚沙捞越河挡潮闸。

1. 荷兰三角洲挡潮闸工程

该工程(Delta Storm Surge Barriers Project in the Netherlands)位于荷兰三角洲地区,由哈灵水道(Haringvliet)、东斯海尔德坝及新水道(New Waterway)等 11 个闸坝工程组成庞大防潮抗洪系统,其主要运行方式是在低潮位时打开闸门将水泄入大海,涨潮和台风暴潮时将闸门关闭以防潮水入侵。

2. 英国泰晤士河防潮闸

泰晤士河防潮闸(Thames Tidal Barrier)位于英国泰晤士河伦敦桥下游 14 km 锡尔弗敦(Silvertown)附近,其任务是阻拦北海风暴潮涌进泰晤士河造成的大洪水,以保护伦敦市区的安全,同时维持该河的正常航运,使海轮能乘潮直抵伦敦。

3. 意大利威尼斯泻湖挡潮闸

威尼斯泻湖(Laguna Veneta)是亚得里亚海北端的一个泻湖,与大海被天然的长条形岸堤隔开,其中"留有"3 个豁口。为阻挡海水入侵,在 3 个豁口处建设了挡潮闸。闸门平时卧于海底,当需要挡潮时,向闸门厢里压气排水,浮起挡潮。

由于上述挡潮闸平时都是开启的,只是在涨潮或发生风暴潮时才关闭闸门,加之这些挡潮闸基本上都处于沙质海岸,因此没有出现闸下河道淤积问题。

2.2 国内建闸河口闸下淤积概况

1. 海河流域入海河口闸下淤积

海河流域海岸线全长约 585 km,河北省南堡以东接为沙质海岸,长约 200 km;南堡以西为泥质海岸,长约 385 km。海河流域有大小 56 个入海河口,除滦河口和沙河口外,其余 10 个河口皆位于淤泥质海岸,其闸下淤积问题十分严重,如表 1 所示。

表 1 海河流域主要河口闸下河道淤积情况

河口名称	统计年代	淤积部位	淤积量(万 m³)
陡河	1970—1998	挡潮闸下	56
沙河	1975—1998	挡潮闸下	150

河口名称	统计年代	淤积部位	淤积量（万 m^3）
永定新河	1989—1999	挡潮堰以下 33.7 km	4 736
海河干流	1958—1995	防潮闸下 11 km	2 259
独流减河	1967—1998	防潮闸下 2 km	139
子牙新河	1967—1998	子牙新河主槽挡潮闸上 10 km,至闸下 3.6 km	541
北排河	1967—1998	挡潮闸以下	100
南排河	1969—1987	扣村闸下 22 km	1 022
漳卫新河	1973—1999	辛集闸下约 40 km	1 518
马颊河	1970—1986	孙马村闸—汇合口 24.6 km	590
徒骇河	1970—1983	上闸—汇合口 33.9 km	214

2. 江苏入海河口闸下河道淤积

江苏省海岸北起鲁苏交界的绣针河口,南至长江北支河口,海岸线长 954 km,绣针河口至兴庄河口长约 30 km 为沙质海岸,连云港西墅至烧香河北闸长 40 km 为基岩海岸,其余为粉沙泥质海岸占其岸线总长 93% 以上。

20 世纪 90 年代末及 21 世纪以来,随着沿海滩涂的大规模围垦以及疏浚不及时,沿海挡潮闸下游河道淤积状况明显加重。据 2008 年对沿海挡潮闸的巡查资料,基本淤死和严重淤积的挡潮闸由 20 座增加到 34 座,连云港地区的太平庄闸、范河新闸、五图河闸由淤积很少或一般淤积转为严重淤积;盐城地区的竹港闸、东台河闸由严重淤积变成基本淤死,二罱闸、南八滩闸、夸套闸、双洋河闸、运粮河闸、运棉河闸、利民河闸、川水港闸、梁垛河闸、梁垛河南闸和方塘河闸等由一般淤积或很少淤积转为严重淤积,南通地区的东安闸由一般淤积转成严重淤积。表 2 选取 1991 年、2003 年和 2006 年资料,对江苏里下河地区射阳河闸、黄沙港闸、新洋港闸、斗龙港闸的排水能力进行了分析,由于闸下淤积严重,其排水能力下降了 30%～50%。

表 2　江苏四大港挡潮闸主要情况

河　名	河道长度（km）	河底宽度（m）	河底高程（m）	设计流量（m^3/s）	历史最大流量（m^3/s）	现状与历史能力比较减小（%）
射阳河	198	70～300	−3.5～−5.87	4 630	2 560	44.9
黄沙港	88.9	40～90	−2.5～−3.5	1 418	984	53.4
新洋港	80	70～170	−2.5～−4.0	3 077	1 640	38.4
斗龙港	78.2	40～90	−2.5～−3.5	1164	647	26.0

注:高程基面为废黄河口基面。

3. 浙江入海河口闸下淤积

浙江省海岸线北起平湖县金沙湾,南至苍南县虎头鼻,长达 1 840 km,其中淤泥质海岸 1 000 多 km,基岩海岸 748 km,沙质海岸约占 4%。浙江省独流入海河流有钱塘江、甬江、椒江、瓯江、飞云江、鳌江,其干流上建闸较少,支流建闸较多,如涌江支流的姚江,瓯江支流的楠溪江,椒江支流的永宁江,杭州湾上的曹娥江。甬江支流姚江 1959 年建闸后,第一年内闸下甬江河段的淤积量达 9.43 亿 m³,占口内河段各年累积淤积量的 42%,以后逐年减少,闸下河道的淤积厚度也有类似变化(表 3);椒江支流的永宁江 1961—1978 年,三江口至北洋 38 km 内共淤积 2 231 万 m³,平均淤积 58.71 万 m³/km。

表 3　甬江口建闸后河道淤积状况(中潮位)

时间间隔	淤积量 (亿 m³)	年淤积量 (亿 m³)	时间间隔	淤积量 (亿 m³)	年淤积量 (亿 m³)
建闸—1960.5	943	943	1966.4—1967.5	68	63
1960.5—1961.6	192	192	1967.5—1968.4	73	79
1962.10—1963.10	176	132	1968.4—1970.11	209	81
1963.10—1965.3	131	131	1970.11—1973.6	109	42
1965.3—1966.4	221	81	1973.6—1980.11	133	18

3　闸下潮波变形模拟研究

为了研究不同条件下潮波变形的规律和闸下淤积的过程和分布特征,以射阳河建闸河口为原型,采用概化物理模型模拟研究不同引河长度建闸河口闸下水动力变化特性和闸下淤积过程,探求引河长度和潮差等因素对潮波变形和闸下泥沙运动的影响。

3.1　概化建闸河口模型建立

1. 概化物理模型

概化物理模型的外海地形由射阳河口实际地形概化得到,边界距离河口约 6.5 km,在外海—7 m 等深线附近,南北边界范围包括河口轴线南北向宽度约 7.2 km 范围内海域(图 1)。进入河口后,引河地形进行概化设计,总长约 77 km,引河宽约 660 m,引河航道底宽约 220 m,底标高—4.0 m,航道边坡 1:8,边滩底标高约 3.0 m。

概化物理模型共设计 5 种闸址(1 号～5 号闸址)分别距离河口约 6.0 km、12.0 km、30.0 km、48.4 km 和 57.2 km。在选用原型的动力条件时,也以射阳河口的实际情况为基础进行设计,潮位在射阳河枯季关闸和 2006 年 12 月 31 日 12 时—2007 年 1 月 1 日 13 时外海潮汐过程的水文组合的基础上进行概化,共有 2 组设计潮型。潮型 1 为小潮差型,其高潮位 4.05 m,低潮位 1.8 m;潮型 2 为大潮差型,其高潮位 4.05 m,低潮位—2.3 m(图 2)。

模型验证采用 2 号闸址时的引河长度,设有水位仪 2 台(Z_1、Z_2),流速仪 1 台(V_1)。水位仪布置于尾门及口门处,流速仪布置于口门处。试验研究时,分别在 1 号～5 号闸址前布设水位和流速测站,监测不同闸址情况下水位流速的变化。图 3 为概化模型的平面布置图。

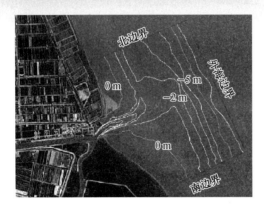

图 1　概化物理模型河口区范围

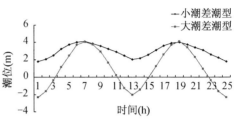

图 2　概化模型设计潮型

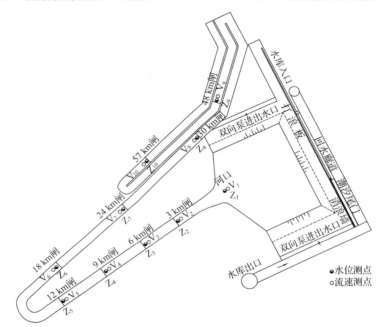

图 3　概化模型的平面布置

2. 概化数学模型

建立闸下水流运动的数学模型,采用概化物理模型对数学模型进行验证,并对比分析了引河长度和潮差对闸下潮波变形的影响,总结了闸下潮波变形的特征。

根据研究内容,同时为了更好地和物理模型试验结果进行对比分析,数学模型的计算范围、地形都和物模范围相同。模型网格为正交曲线网格(图4),网格数为 $927×88=81\,576$ 个,网格尺度在 $30～80$ m 之间。

图 4　概化模型网格

概化物理模型测验资料分别要进行验证计算。模型潮位和潮流的验证表明,模型中的潮位基本与设计相同,流速少量点据与设计值略有偏差,但总体上与设计值是一致的。验证表明,模型的流场与设计流场基本相似。

3.2 不同闸址潮波变形

采用经物理模型验证后的数学模型要进行不同闸址时的潮波变形计算和分析。

图 5 和图 6 分别是建闸前引河内距离河口不同距离处的潮位变化过程曲线,其中,图 5 是物理模型实测潮位变化过程曲线,图 6 是数学模型计算得到的潮位变化过程曲线。可以看出来,物模实测结果和数模计算结果都反映了同一种现象:闸下引河长度对潮波变形的影响明显。随着闸下引河长度的增加,沿程潮差将发生变化,当潮波从河口向内传播时,由于地形和底摩阻作用,潮波发生变形,高潮位开始降低,低潮位开始抬高,潮差减小。但是当潮波向内河传播到一定距离后,高潮位又开始抬高,低潮位开始降低,而且潮波从外海向内河传播过程中发生了相位差,相位差在 2 h 左右。建闸后涨潮平均流速与落潮平均流速的比值变化也与引河长度有关。闸下引河长度与潮差沿程变化、涨潮平均流速与落潮平均流速比值沿程变化存在拐点。两种模拟方法得到的潮波变形的转折点都在距离河口 24～30 km 处的位置。拐点的具体位置和影响拐点位置的因素还有待进一步研究。

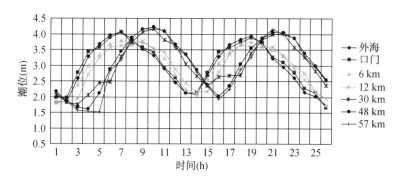

图 5 物理模型实测潮位变化过程曲线

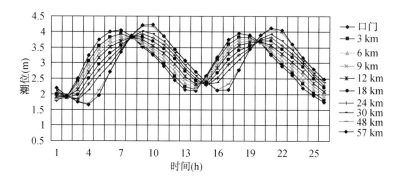

图 6 数学模型计算潮位变化过程曲线

为了进一步研究不同引河长度时潮波变形特征,分别选择距离河口约 3.0 km、6.0 km、9.0 km、12.0 km、18.0 km、24.0 km、30.0 km、48.0 km、57.0 km 的地方建闸(即 1 号~9 号闸),并在各个闸址前布置水位和流速测点,计算这 9 种不同引河长度下建闸前后潮位、流速以及潮位和流速相位差的变化,得出了不同引河长度下潮波变形的特征。

3.3 建闸前后潮位变化

为了比较不同引河长度时建闸前后闸前潮位的变化过程,分别在 1 号~9 号闸前布置了潮位测站 Z_2~Z_{10},计算得出了建闸前后各闸址处潮位过程,并进行对比。可以看出,由于闸门的反射作用,建闸后潮位过程曲线出现相位差,涨潮历时缩短、落潮历时延长。1 号~9 号闸建闸后,闸前各测站涨潮历时缩短 1~2 h,落潮历时延长 1~2 h。1 号~9 号闸建闸后,Z_2~Z_{10} 站均表现出高潮位升高、低潮位降低的现象。闸址距离河口较近时潮波变形不太明显,而当闸址距离河口 24~30 km 时(Z_7 和 Z_8)潮波变形最明显,然后当闸址距离河口长度大于 30 km 后潮波变形程度又开始变弱。

表 4 给出了不同闸址下各测站的潮差变化情况。通过比较各测站在不同闸址下的潮差可以发现,随着闸址距河口长度的增加,潮差逐渐减小。对某一固定闸址情况下,沿程各测站的潮差进行比较得到,随着闸址距河口长度的增加,沿程潮差的增减情况有所变化:当闸址距河口较近时,潮差由河口向内至闸前逐渐增大;当闸址距河口较远时,潮差呈先减小后增大的趋势。同时,分析各测站涨落潮平均潮位变化情况可以发现,建闸后各测站涨潮平均水深减小,落潮平均水深增大。

表 4 不同闸址处各测站的潮差变化 (m)

闸址 潮位站	3 km 闸	6 km 闸	9 km 闸	12 km 闸	18 km 闸	24 km 闸	30 km 闸	48 km 闸	57 km 闸	无闸
Z_2	1.89	1.923	1.947	1.953	1.978	2.039	1.995	1.906	1.936	1.765
Z_3		1.907	1.94	1.982	2.017	2.112	2.065	1.924	1.875	1.604
Z_4			1.956	2.02	2.076	2.194	2.136	1.948	1.85	1.451
Z_5				2.068	2.141	2.272	2.209	1.991	1.774	1.357
Z_6					2.134	2.359	2.303	2.174	1.953	1.368
Z_7						2.416	2.389	2.397	2.044	1.4
Z_8							2.417	2.493	2.058	1.531
Z_9								2.79	2.536	1.819
Z_{10}									2.578	1.893

3.4 建闸前后流速变化

为了研究不同位置建闸前后闸下河段的流速变化,沿程共布置 8 个流速测点,分别测定 1 号~9 号闸建闸前后的流速变化(涨潮为负,落潮为正)。需要说明的是,如物理模型布置图所示,闸前均布置了流速测点,测量发现对应所测得的流速值几乎均为零,因此各个闸址工况下对应的闸前测站的流速过程未在图中给出。

为了研究不同闸址(不同引河长度)建闸前后流速变化,分别在 1 号~9 号闸址处布置了流速测点,对比建闸前后的流速变化(涨潮为负,落潮为正)。图 7 是 1 号~8 号闸址处流速测点($V_2 \sim V_9$)处建闸前后的流速变化。

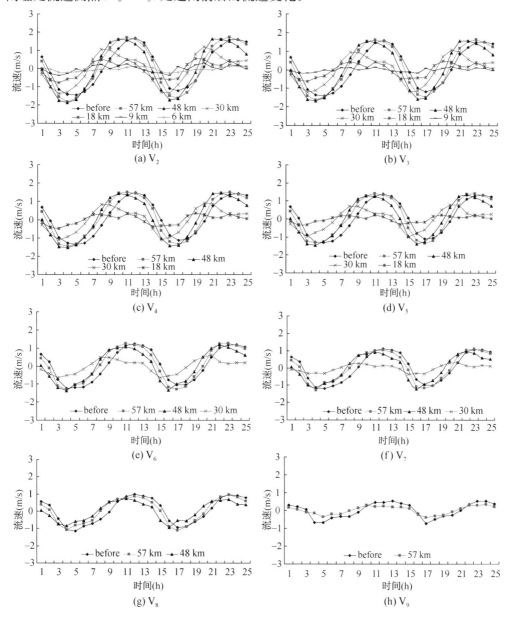

图 7　1 号~8 号闸址处流速测点($V_2 \sim V_9$)处建闸前后的流速变化

从图 7 可以看出,同一个测点,测点离闸越近,涨落潮流速变得越小,而闸门的反射作用越明显,建闸前后的流速变化曲线的相位差也越明显。从不同测点处的流速曲线看,当闸址距离河口小于 30 km 时,各测点落潮历时明显增长,落潮流速增加到最大后便迅速减小然后趋于平坦。

4 建闸后泥沙变化分析

图 8 和图 9 分别是小潮差潮型和大潮差潮型时,长河段闸前 6 km 处潮位、流速和含沙量过程线(为了便于对比,小潮差时将潮位基面减去－2.5 m)。从图中可以看出,小潮差潮型时,动力条件较弱,涨落潮流速较小,而且出现了往复震荡波动。这种现象在试验中也清楚地观测到,流速分布沿着整个河道在闸前存在"相对静水区",再向下游存在"往复震荡区",然后一直到口门是"潮流区"。"相对静水区"内无论涨潮还是落潮,流速非常小,近于静水;"往复震荡区"内涨潮时会有短暂的水流回落时段,落潮时也会有短暂的上涨时段,这个区域在长度上很短,是闸前严重淤积区域和闸下游河口段普遍淤积区域的过渡段,往往是建闸初期闸下淤积形态的转折点。而大潮差时,动力较强,"往复震荡区"被压缩上移,相同的地点,流速不存在往复震荡。潮位和流速存在明显的相位差,潮差越大相位差越大,涨潮历时越短。

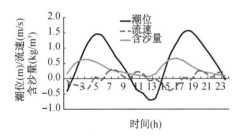 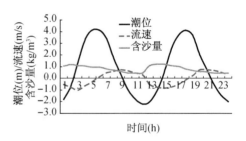

图 8　小潮差潮型时闸前 6 km 处潮位、　　　图 9　大潮差潮型时闸前 6 km 处潮位、
　　　流速和含沙量过程线　　　　　　　　　　　　流速和含沙量过程线

从含沙量和流速的关系看,无论是大潮差还是小潮差,涨潮时有充足的泥沙来源,涨潮前期时含沙量随着涨潮流速迅速增大,涨潮后期仍然保持一定的含沙量。而落潮时,没有充足的沙源,底床泥沙沉积后,落潮流速小时泥沙很难再悬浮起动,所以落潮期间含沙量迅速降低。图 10 和图 11 分别是小潮差和大潮差潮型时涨落潮流速和含沙量曲线图,从图中可以清楚地看到相同流速大小时,涨潮含沙量远大于落潮时的含沙量。大潮差时涨潮含沙量能达到落潮含沙量的 3 倍,小潮差时涨潮含沙量能达到落潮含沙量的 6 倍。这是因为大潮差时动力强,在落潮时仍有可能从刚刚沉积的河床上掀起泥沙补充到悬沙中去,所以落潮含沙量相对大些,而小潮差时落潮流速很难达到河床泥沙起动流速,不足以掀起已沉积的河床泥沙来补充悬沙,所以落潮含沙量相对较小。

图 12 是大潮差时潮周期内(一涨一落)不同小时(1～12 h)沿程含沙量分布图。可以看出,动力条件强时,涨潮流完全可以将悬沙挟带到闸下河段,尤其是涨急时,涨潮流速很大,能直接将悬沙挟带到闸下近区。

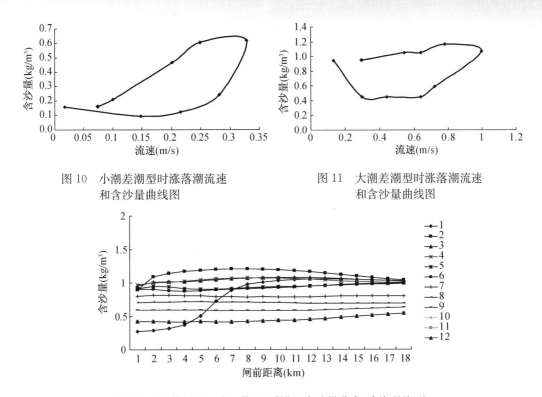

图 10 小潮差潮型时涨落潮流速
和含沙量曲线图

图 11 大潮差潮型时涨落潮流速
和含沙量曲线图

图 12 潮周期内(一涨一落)逐时沿程含沙量分布(大潮差潮型)

从计算结果看,建闸后河道沿程含沙量的变化主要还是和外海动力有关,涨潮潮差越大,涨潮时带进河道的泥沙数量越多,涨潮含沙量也越大。其次,因为落潮时没有足够的泥沙沙源补充,落潮时含沙量还有一部分是从河床底部刚落淤的泥沙冲刷悬扬到悬沙里的。这时落潮含沙量除了和落潮动力有关,还和刚刚落淤到河床上的泥沙组成有关。

4.2 建闸后闸下淤积的时空分布

1. 与闸下河道长度的关系

图 13~图 16 是不同引河长度和不同外海动力条件下的闸下河道沿程淤积计算结果,从计算结果看,闸下淤积的时空分布特征除了和引河长度有关外,还与外海的动力条件有关。

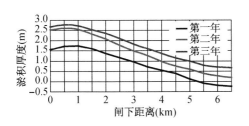

图 13 引河长度 6.5 km 大潮差潮型
3 年沿程淤积厚度

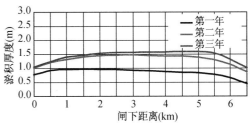

图 14 引河长度 6.5 km 小潮差潮型
3 年沿程淤积厚度

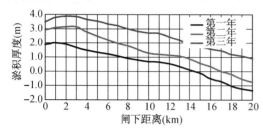

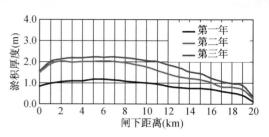

图 15　引河长度 20 km 大潮差潮型
　　　　3 年沿程淤积厚度

图 16　引河长度 20 km 小潮差潮型
　　　　3 年沿程淤积厚度

2. 与外海动力的关系

闸下淤积的时空分布特征除了和引河长度有关外,更重要的和外海的动力条件也有很大关系。从计算结果看,潮差对闸下淤积的形态有明显的影响,无论是长引河还是短引河,潮差大时动力就强,在口门附近由于涨潮和落潮流速仍然较大,能够在涨潮和落潮时在进口段产生冲刷,而涨潮时就能够将外海泥沙和沿程冲刷起来的泥沙带到闸前近区,形成很大的淤积厚度,这个时候沿程淤积形态都呈倒三角形,闸前近区淤积厚度最大,然后向河口方向淤积厚度逐渐减小。超差小时动力较弱,在进口段流速小于起动流速时就会发生淤积,涨潮能够挟带的主要是外海泥沙,沿程很难冲刷起刚落淤的河床泥沙,并把它们带到闸前,闸下淤积厚度沿程分布比较平坦。

另外,从时间上看,短引河闸下引河整个河段均呈快速淤积;长引河闸下引河长、面积大,计算得到的初期平均淤积速率最小,但淤积速率衰减最慢。总体上,第一年的淤积强度最大,大量泥沙被带到闸前淤积。随着淤积厚度的增加,第二年的淤积强度有所减弱,但泥沙淤积仍主要集中在闸前近区,说明这个时候涨潮流输沙的能力仍很强。第三年后,泥沙淤积的强度变小,泥沙淤积的区域向河口方向延伸。

5　结论

通过建闸河口概化物理模型和潮流泥沙数学模型等技术手段,对建闸河口引起的水沙变化进行了较系统的研究,得到如下主要结论:

(1) 闸下引河长度对潮波变形的影响明显。沿程潮差、高低潮位、涨落潮流速以及潮位流速相位差的变化都与引河长度有关,且存在拐点,拐点的具体位置和影响因素还有待进一步研究。

(2) 闸下河道淤积强度、淤积形态与闸下引河长度、外海动力强弱有关。对于长度相同的引河,大潮差的淤积强度大于小潮差。大潮差时,最大淤积出现在闸址附近;小潮差时,最大淤积出现在闸址下游。

参考文献:

[1] 辛文杰,张金善.我国建闸河口闸下淤积问题及其对策[R].南京:南京水利科学研究院,2003.

［2］辛文杰,罗肇森,黄建维,张金善.我国建闸河口闸下淤积问题及其对策［R］.南京:南京水利科学研究院,2003.

［3］严恺,梁其荀.海岸工程［M］.北京:海洋出版社,2002.

［4］窦国仁.射阳河闸下淤积问题分析［M］//窦国仁.窦国仁论文集.北京:中国水利水电出版社,2003.

［5］辛文杰,罗肇森,黄建维,张金善.我国建闸河口闸下淤积问题及其对策［R］.南京:南京水利科学研究院,2003.

［6］郑华美,王均明.苏北沿海挡潮闸闸下水道淤积的因素和影响机制分析［J］.盐城工学院学报:自然科学版,2005,9:73-75.

［7］王义刚,席刚,施春香.川东港挡潮闸闸下淤积机理浅析［J］.江苏水利,2005(3):28-29.

［8］曲红玲.河口闸下淤积机理及模拟技术研究［D］.南京:南京水利科学研究院,2009.

［9］高祥宇,窦希萍,曲红玲.河口闸下河道泥沙淤积特性及水动力变化分析［G］//中国海洋工程学会.第十四届中国海洋(岸)工程学术讨论会论文集(下).北京:海洋出版社,2009.

［10］曲红玲,窦希萍,赵晓冬,等.不同类型建闸河口闸下淤积模拟计算［J］.海洋工程,2011(2):59-67.

［11］徐雪松,窦希萍,赵晓冬,等.建闸河口潮波变形概化模型研究［J］.水运工程,2011:6-10.

［12］徐雪松,陈星,张新周.射阳河挡潮闸闸下冲淤特性分析［J］.人民黄河,2011:55-57.

［13］罗肇森,等.潮汐河口悬沙淤积和局部动床冲淤模型试验——射阳河闸下裁弯实例［R］.南京:南京水利科学研究院,1978.

［14］王明才,周琴,傅宗甫,刘明明.潮汐河口水闸对河口淤积影响的试验研究［J］.红水河,2005(3):39-41.

［15］徐和兴,徐锡荣.潮汐河口闸下淤积及减淤措施试验研究［J］.河海大学学报,2001,11(6):30-35.

［16］潘存鸿,卢祥兴,韩海骞,等.潮汐河口支流建闸闸下淤积研究［J］.海洋工程,2006,5:38-44.

［17］施春香.挡潮闸下游河道淤积原因分析及冲淤保港措施研究——以王港闸为例［D］.南京:河海大学,2006:7-9.

［18］王军,谈广鸣,舒彩文.淤积固结条件下粘性细泥沙起动冲刷研究综述［J］.泥沙研究,2008,6:75-80.

［19］洪柔嘉,应永良.水流作用下的浮泥起动流速试验研究［J］.水利学报,1988(8):49-55.

［20］陈吉余.中国海岸侵蚀概要［M］.北京:海洋出版社,2010.

［21］江苏水利厅.江苏沿海闸下港道淤积防治对策研究［M］.北京:海洋出版社,2007.

［22］金元欢.我国入海河口的基本特点［J］.东海海洋,1988(3):1-11.

［23］赵今声.挡潮闸下河道淤积原因和防淤措施［J］.天津大学学报,1978(1):73-85.

长江防洪与水文预报

李键庸　李玉荣

（长江水利委员会水文局，湖北 武汉 430015）

摘　要：长江是中国第一大河，水系湖泊众多，流域内气候复杂，历史上洪水灾害频发，水文预报工作是长江防汛的耳目和参谋，在历次大洪水中发挥了重要作用；随着流域内水库群的建成，水文预报及防洪调度面临新的形势与挑战。本文主要介绍长江流域防洪形势、水文预报方法及精度水平等，通过典型洪水的预报及三峡水库预报调度实践证明，准确及时的水文预报，是长江防洪调度的基础，是科学化、精细化调度的关键。

关键词：长江防洪；水文预报；科学化；精细化调度

1　前言

长江是中国第一大河，发源于青藏高原唐古拉山脉中段各拉丹冬雪山群，全长 6 300 余 km，流域面积约 180 万 km²，占全国总面积的 18.75%。长江水系湖泊众多，气候复杂多变，历史上洪灾频发；经过近几十年的建设，长江中下游已基本形成了以堤防为基础、三峡水库为骨干，其他干支流水库、蓄滞洪区、河道整治相配合的防洪工程体系。水文情报预报作为一项重要的防洪非工程措施，在多年来的长江流域防洪斗争中，帮助人类有效地防御了洪水，减少了洪灾损失，更好地控制和利用了水资源，充分发挥了防汛"耳目"和"参谋"作用，是防洪减灾体系不可或缺的组成部分。

2　长江流域防洪形势

2.1　水文气象及洪水特征

长江流域幅员辽阔，流域内复杂的地形致使局地气候差异显著；流域多年平均年降水量为 1 067 mm，年降水量地区分布很不均匀，总的趋势是由东南向西北递减，山区多于平原，除江源地区外地区年降水量大多在 800～1 600 mm；流域多年平均径流量约 9 500 亿 m³，径流地区分布与降雨分布一致，洪水的发生时间和地区分布则与暴雨一致,暴雨洪水的出现时间干流为 5—10 月,以 7—8 月最为集中,支流为 4—10 月,各支流因地理位置不同汛期有明显差异,呈现中下游汛期早于上游、南岸早于北岸的规律;一般而言,长江中下游和上游洪水先后错开,但若遇气候异常,上下游雨季发生重叠,会造成流域上下游、南北岸各支流洪水在干流遭遇,形成全流域性洪水,而长江中下游各河段的河道安全泄量不能完全承泄上游干流及中下游支流的洪水,当遇特大洪水时,巨大的超额洪量将让长江中下游地区面临非常严峻的防洪形势。

2.2 防洪措施

长江流域防洪措施包括工程措施及非工程措施。防洪工程措施主要包括堤防、分蓄洪工程、水库、河道整治、平垸行洪、退田还湖等。目前,长江中下游建设有包括干堤、主要支流堤防以及洞庭湖及鄱阳湖湖区等堤防总长约 3 万 km,40 处蓄滞洪区总面积约为 1.2 万 km^2,有效蓄洪容积约 589.7 亿 m^3。长江流域在干支流上已建成大中小型水库 4.6 万座,总库容 2 349 亿 m^3,目前已建成的以防洪为首要任务的大型水库有三峡、丹江口等,已建和基本建成且具有较大防洪作用的水库还有雅砻江锦屏一级和二滩、金沙江溪洛渡和向家坝、岷江紫坪铺、大渡河瀑布沟、嘉陵江宝珠寺和亭子口、乌江构皮滩和彭水、沅江五强溪等,主要集中在长江上游地区。

防洪非工程措施主要包括洪水预报和警报、分蓄洪区管理、实时洪水保险、超标洪水的紧急调度方案等。洪水情报预报是长江流域防洪减灾非常重要的非工程措施。目前,长江流域向长江防汛抗旱总指挥部报汛的站点总数基本上能控制流域水雨情,随着国家防汛抗旱指挥系统的建成运行和中央报汛站实现报汛自动化,水文测报能力显著提高,初步建立了一套基本适应当前防汛需要的水情信息系统;经过不断的修编,洪水作业预报方案逐步完善;随着长江流域防汛调度系统、水情会商系统、洪水预报系统的建成,水情预报精度和时效性显著提高,在 1998 年、2010 年等较大洪水的抗洪斗争中发挥了重要作用。以三峡水库为核心的水库群联合调度技术也逐步成熟,将进一步提高长江流域的防洪安全保障能力。

3 长江流域水文预报

长江水文预报的范围从上游石鼓站至下游大通站,控制流域面积约 145 万 km^2,包括干流及主要支流的预报河段长达 3 400 km,对外发布的预报站点多达 80 余处。主要预报的项目包括长江干支流主要站点的短期(1~5 天)水情预报(包括水位、流量过程或洪峰)。要取得准确、及时的洪水预报,必须及时掌握水文气象要素实时信息,并通过适合流域特性的综合预报方法,做出科学合理的预报。

3.1 水雨情数据收集

水文预报是利用实测水文气象资料,揭示和预测未来水文要素变化的一门学科,它是在人类与洪水灾害长期斗争的客观需求推动下发展起来的,而准确、及时的水文气象预报需要完善、可靠的水文气象观测站网以及畅通、快速的信息传送和保障手段。长江水利委员会水文局目前已形成基本控制全流域的水情监测站网,接收流域 15 个省(市)部门的水情报汛站总数达 5 200 余处,其中长江水利委员会属 118 个水文站已在 2005年实现自动报汛,预报覆盖面积 140 万 km² 以上,报汛站数据信息在 20 min 内到达流域中心的到报率均在 99％以上,30 min 到达国家防总的到报率均在 98.8％以上,报汛时效性及报汛质量均能达到水情预报要求。

3.2 预报模型及方法

经过多年发展,长江流域水文、气象信息采集、数据处理以及水文气象预报技术都取得了很大进步,短、中期水文气象预报技术手段不断更新,多项新技术、新理论不断应用于洪水预报,建立了许多实用的预报模型,已逐步形成一套适合长江流域暴雨洪水特点的洪水预报方法体系,短中期水文预报精度明显提高。

1. 常规水文气象预报模型及方法

短期降雨预报方法主要有天气学预报方法、数值预报方法、遥感预报方法等。天气学预报是以天气图、卫星云图为主要手段,应用天气学知识的一种半理论半经验预报方法,主要取决于预报员的主观经验;数值天气预报是在一定的初始场和边界条件下,通过近似求解支配大气运动的流体动力学和热力学方程组来预报未来的大气环流形势和天气要素。遥感预报主要是以先进的遥感技术应用于监测和预报当中,最典型的是数字化雷达和气象卫星。

目前,应用于长江流域的降雨径流模型主要有 API(前期降雨指数法)、新安江(分布式)、NAM(MIKE11 产汇流模型)、Urbs 模型(澳大利亚)、PREVAH 模型(瑞士)等,河道汇流演算模型主要有河道上下游水位(流量)相关法、马斯京根法、水力学方法等,水库调洪模型包括水库静库容调洪演算模型、动库容调洪演算模型、三峡水库预报调度一体化模型以及中下游两湖地区的大湖演算模型。

2. 三峡水库入库流量预报方案及预报调度一体化模型

三峡水库建成投运后,原有天然河道变成水库,水文水力学特性发生了较大改变,库区内沿程水面比降明显,动库容影响显著,静库容调洪方法难以适用,这对三峡水库蓄水后的实时预报调度带来了较大的难度。经充分调研和对比研究,选取丹麦水力研究所 MIKE 11 模型构建三峡水库预报调度一体化模型。三峡库区洪水演进采用 MIKE 11 模型的 HD 模块,根据库区实测断面资料建立寸滩、武隆—三峡大坝MIKE HD 模型。根据三峡区间的水系分布和水文测站的控制情况,将整个区间分为 44 个分区(见图1),分别建立降雨径流模型,每个分区建有新安江、NAM、API 等3 种模型,其中有水文站控制的分区 12 个,为考虑降雨分布不均匀性和干支流重要水位站节点,另划分 32 个无控区间,其参数主要根据 12 个有控分区的率定情况,经综合分析后移用。按各分区的地理位置,将各分区经多模型综合后的交互结果与 MIKE HD 模型耦合,建立三峡区间水文水力学相结合的 MIKE11 模型。通

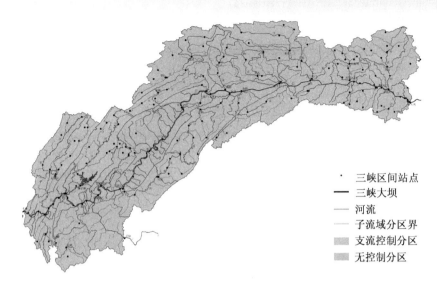

图例

· 三峡区间站点

—— 三峡大坝

—— 河流

—— 子流域分区界

▨ 支流控制分区

▩ 无控制分区

图 1   三峡区间分区体系图

过此模型实现三峡水库预报调度一体化,主要功能包括:①模型下边界采用三峡坝址断面固定水位,计算坝址断面流量则为无水库调节的出库流量过程,即为坝前入库流量过程;②模型下边界条件为三峡库水位变化可计算出库流量,即为控制库水位演算出库的调洪演算模式;③模型下边界条件为三峡出库流量可计算库水位变化过程,即为控制出库演算库水位的调洪演算模式;④模型可模拟和预报三峡库区的水面线变化,尤其是库尾段水面线动态特征,可为是否超移民线等防洪调度临界节点提供分析工具。

3.3   预报精度水平

目前,长江流域短中期水文气象预报精度水平较高。其中,短期(预见期1~3天)降水预报精度较高,可以直接用于降雨径流的推算;中期(4~7天)气象预报对过程性降雨有较好的前瞻性,可为洪水预报提供很好的参考价值。短期洪水预报具有较高的精度,其精度随着预见期的延长不断下降,与短期降水预报结合可增长预见期,提高水情预报的精度。

短期洪水预报精度与预报对象地理位置以及流域的特征、降雨的过程及落区有关,一般来说对于长江上游1~3天、长江中下游1~5天预见期的预报具有较高的精度。通过对近年长江流域水文气象预报成果统计分析可知:三峡水库入库流量预报1~3天预见期平均相对误差在10%以内,合格率均在85%以上,4~5天预见期平均相对误差在15%以内,合格率在75%以上;长江中下游干流各站(如城陵矶、螺山、汉口、大通)1~2天预见期水位预报平均误差在0.10 m以内,合格率均在80%以上,3~5天平均误差在0.15~0.3 m,合格率均在60%~80%。

4 典型预报及防洪调度实例

4.1 1998 年流域性洪水短期预报

1998 年长江流域发生了 20 世纪以来仅次于 1954 年的流域性大洪水,洪水水量大、洪峰水位高、高水位历时长、干支流洪水的遭遇较恶劣,长江中下游干流枝城至螺山、武穴至九江河段水位创历史最高纪录,汉口至黄石、安庆至大通各站水位仅次于 1954 年居历史第二位,中下游各站水位超警历时在 1~3 个月。

由于洪水情势复杂,且预见期内强降雨、大型水库实施的防洪错峰、削峰调度及堤垸的溃决分洪等情况经常存在,使得 1998 年短期洪水预报难度很大。1998 年长江中下游主要控制站以发布的 3~5 天预见期短期洪水预报作为防汛决策的依据。根据主要控制站(宜昌、沙市、螺山、汉口、大通等)24~96 h 预见期预报水位与实测值的对比分析可知,各站 24 h、48 h 预见期预报非常准确,72 h 或 96 h 预报由于受预见期降雨影响,在集中降雨洪水上涨段预报较实测偏小。沙市、汉口站 24 h 预报水位与实测过程对比见图 2 和图 3。

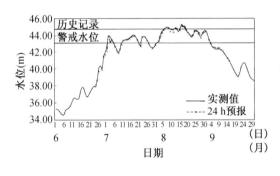

图 2 沙市站 1998 年汛期水位预报值
与实测值对照图

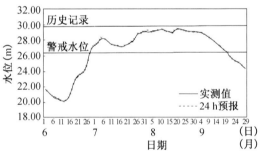

图 3 汉口站 1998 年汛期水位预报值
与实测值对照图

针对 1998 年 8 月中旬宜昌年最大洪峰流量及沙市最高水位,共发布 5 次滚动预报,准确预报了洪峰特征值,在涉及是否启用荆江分洪区的重大决策时,依据水雨情实况与预报,分析预计"沙市站超高水位不多,历时不长,超额洪量不大,后续降雨不大,沙市洪峰水位不再抬高,尤其是运用荆江分洪工程后降低荆江各站水位有限",为最终不运用荆江分洪工程提供了科学依据。

4.2 2010 年洪水三峡水库预报调度

2010 年 7 月,长江上游嘉陵江支流渠江发生超历史记录的洪水,干流寸滩站出现 1987 年以来的最大洪峰流量 6.4 万 m³/s;受上游及三峡区间降雨的共同作用,三峡水库出现蓄水以来最大洪水,7 月 20 日 8 时入库洪峰流量为 7 万 m³/s。

2010 年 7 月洪水自 17 日 2:00(入库流量 2.6 万 m^3/s)开始上涨,于 20 日 8:00 出现入库流量洪峰,至 25 日 2:00 入库流量退至 3 万 m^3/s 结束,总历时 8 天,主要为金沙江、岷沱江、嘉陵江支流及上干区间洪水遭遇组成。依据最新水雨情实况及预见期降雨,7 月 17 日 8:00 预报三峡入库流量将快速上涨,20 日 20:00 洪峰在 6.5 万 m^3/s 左右;7 月 19 日再次预报 20 日 8:00 洪峰为 7.05 万 m^3/s。17—19 日 3 天滚动预报入库洪峰流量的相对误差分别为 7.1%、4.3%、0.7%,洪峰预报精度高。根据水雨情发展及短期定量降雨预报的调整,密切跟踪水雨情变化,及时滚动调整入库流量预报,为三峡水库防洪调度决策提供了有力的支撑。2010 年 7 月洪水三峡水库入库流量滚动预报及实况过程对比见图 4。

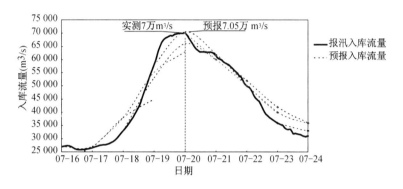

图 4 三峡水库入库流量预报与实况报汛过程对比图

根据上述入库流量预报过程,7 月 19 日 14:00 起,三峡出库流量计划按 4 万 m^3/s 控泄,利用三峡水库预报调度一体化模型计算并预报三峡水库 23 日将出现最高水位 158 m 左右,实际调度中 22 日前库水位按预期上涨,22 日 8:00 涨至 157 m,此刻预报过程误差小于 0.3 m,其后因其他调度需要而改变出库流量,最高库水位抬高,而在调度未发生变化时,整个涨水过程的水位预测均与实况吻合较好,说明所建立的预报调度模型效果较好,2010 年 7 月三峡水库库水位模型计算成果与实测对比见图 5。

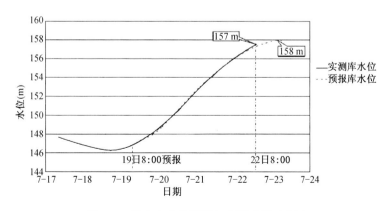

图 5 三峡水库水位预报与实测过程对比图

2010 年 7 月发生洪水时三峡水库最大入库流量 7 万 m^3/s，最大出库流量 41 400 m^3/s，削峰率 40%，水库共拦蓄洪量 76 亿 m^3，调洪最高水位 158.86 m(三峡水库入、出库流量及库水位过程见图 6)。依据准确的入库流量及库水位预报，三峡工程科学调度，充分发挥了削峰、错峰作用，有效降低了长江中下游干流的水位，大大缓解了长江中下游地区的防洪压力。经过还原计算分析，若无三峡水库发挥作用，长江中下游干流各站将全线超警戒水位，超警幅度在 0.3~1.4 m，通过精确预报及科学调度，降低长江中下游尤其是荆江河段及城螺河段洪峰水位约 1~3 m，荆江河段各站未超警戒水位。

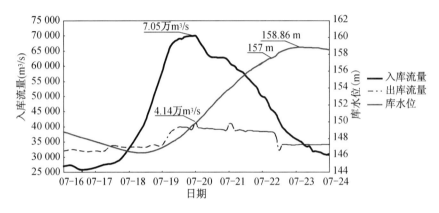

图 6　2010 年 7 月洪水时三峡水库库水位及入出库流量过程

5　结语

(1) 长江流域气候复杂多变，历史上洪灾频繁，若遇气候异常造成的特大洪水，长江中下游将面临严重的防洪压力；

(2) 目前，长江流域形成以堤防为基础，三峡水库为骨干，其他干支流水库、蓄滞洪区、河道整治等防洪工程措施与预测预报等防洪非工程措施相结合的综合防洪减灾体系；

(3) 长江水文预报的范围广，对外发布的预报站点及预报项目多，长江流域已建立一套适合其暴雨洪水特点的水文气象预报方法体系；

(4) 1998 年流域性洪水的短期预报成效及 2010 年三峡水库预报调度实践证明，准确及时的水文预报是长江防洪调度的基础，是科学化、精细化调度的关键。

目前，三峡水库已经过多年的试验运行，长江中下游堤防、蓄滞洪区等工程已建设相对完善，如何应用防洪非工程措施充分发挥防洪工程措施的作用，在当下已成为亟待解决的问题。如：长江上游在建或已建多座具有防洪作用的大型水库，建议构建水库群信息共享平台，及时建立和完善库群联合调度方案，依据及时准确的预报实时科学调度洪水，充分发挥库群综合效益，减轻下游防洪压力，维护健康生态长江。

基于弱非线性 RIDE 模型的
植物消浪数值模拟研究

诸裕良　才　多　王　昊

（河海大学港口海岸与近海工程学院，江苏 南京　210098）

摘　要: 本文通过基于考虑波浪非线性频散关系的椭圆型缓坡方程数学模型 RIDE,在原高阶的控制方程中添加植物阻力项,建立了模拟植物区波浪传播的数学模型 RIDE-VEG。将计算结果与规则波在植物场中变形的水槽试验数据进行比较,验证良好,并分析了植物区特征参数对于波浪传播的影响。针对相对淹没度、植物密度和波浪周期等因素对波高衰减的影响进行敏感性分析,结果表明其三者对于消浪效果的影响是单调的,但消浪效果对于波浪周期的敏感程度则较其余二者为弱。与其他学者的研究相比,忽略流场效应的 RIDE-VEG 模型较其他的模型计算更为简便,且计算结果较为满意。

关键词: 湿地植物；波浪衰减；缓坡方程；RIDE 模型；敏感性分析

1　前言

　　海岸带湿地发育着众多的湿地植物,湿地植物不仅在湿地生态系统中发挥着净化水源、改善水质等作用,而且对海岸防护领域也有巨大贡献。如苍南东塘海堤,由于在堤前种植了一定宽度的湿地植物,在 1998 年 8 号台风来袭时,海堤得到了有效的保护。因此,研究波浪在湿地植物中的衰减变形,对于提高已建工程的防护标准和节省工程造价,具有十分重要的现实意义。

　　早在 20 世纪 80 年代初期,Dalrymple 等[1]就对于波浪在植物场中的衰减进行理论推导,将植物类比于波浪作用下的小直径桩,得出了波浪在植物作用下的衰减模型,成为该领域研究的基础;20 世纪 90 年代初期,同样将植物假设为小直径的刚性圆柱,Kobayashi 等[2]在忽略植物茎叶效应的基础上,建立了垂向二维的指数衰减模型,并与 Asano 等[3]的试验数据吻合良好;Mendez 等[4]将 Dalrymple 等[1]的入射条件从简谐波推广到不规则波,拓展了该模型的应用范围;唐军等[5]基于抛物型缓坡方程,将拖曳力系数简化为常值,建立了近岸波浪在植物影响下传播的数学模型。

　　同时,许多学者通过物理模型试验的方式对植物消浪进行研究。Asano 等[3]在其物理试验中采用了规则波以及简化外观的植物模型；Augustin 等[6]不仅在窄水槽中进行了规则波的试验，而且还在宽港池中模拟了随机波浪在柔性植物场中的传播，水槽试验结果表明出水植物的消浪效果远远优于淹没于水体中的植物；Dubi 等[7]和 Lovas 等[8]的试验部分考虑了植物的几何外观，试验结果显示植物对不同周期波浪的衰减效果有所差异；陈德春等[9]和冯卫兵等[10]通过改变人工水草的相关参数，模拟柔性植被消浪效果，前者以缓流系数来反映消浪作用，后者则认为柔性植物的草高对于波浪衰减幅度的影响仍不甚明确。

本文基于 Maa 等[11]所开发的 RIDE 缓坡方程数学模型，综合考虑波浪在植物区的折射、绕射、底摩擦损耗以及波浪破碎等效应，对波浪在湿地植物中的衰减进行了数值模拟。模型考虑了波浪的非线性弥散关系，将植物假设成理想的刚性细圆柱体，采用与在初始的缓坡方程中加入源汇项类似的方法，加入植物阻力项，对规则波在植物场中的衰减进行模拟。将模拟结果与物理模型试验进行对比验证，并在假定拖曳力系数为常数的基础上，进行了相对淹没度、植物密度和波浪周期对波高衰减影响的敏感性分析。

2　模型简介

2.1　添加植物阻力因子的 RIDE-VEG 模型

Berkhoff[12]于 1972 年推导出经典缓坡方程，其表达形式如式下：

$$\nabla \cdot (CC_g \phi) + k^2 CC_g \phi = 0 \tag{1}$$

式中：ϕ 为速度势函数的水平变化函数；k 为波数；C 为波速；C_g 为波群速。

缓坡方程自提出以来，在近岸波浪场的计算中得到了广泛应用。大量的学者对于缓坡方程的改进及数值求解方法进行研究，使其已经可以充分考虑底摩擦和波浪破碎引起的能量损失、海底陡坡的影响、波浪非线性及不规则性的影响，以及波流相互作用。近年来，随着数值求解方法变得更为高效和精确，近岸波流相互作用的缓坡方程模型的开发得到了进一步完善。

Maa 等[11]提出了可以计算复杂地形条件下，忽略水流作用的线性拓展型缓坡方程数学模型（RIDE）。该模型综合考虑了波浪折射、绕射、反射、浅水变形、底摩擦损耗、碎波等因素，方程形式如下：

$$\nabla \cdot (CC_g \nabla \phi) + k^2 CC_g (1 + iF)\phi + [e_1(kh)g \nabla^2 h + e_2(kh)(\nabla h)^2 gk]\phi = 0 \tag{2}$$

式中：$F = F_b + F_{bre}$；F_b 为波浪不发生破碎时的底摩擦因子；F_{bre} 为破浪破碎时的能量耗散因子；h 为水深；系数 $e_1(kh)$ 和 $e_2(kh)$ 的表达式如下：

$$e_1(kh) = \frac{-4kh\cos(kh) + \sinh(3kh) + \sinh(kh) + 8(kh)^2\sinh(kh)}{8\cosh^3(kh)[2kh + \sinh(2kh)]} - \frac{kh\tanh(kh)}{2\cosh^2(kh)} \tag{3}$$

$$\mathrm{e}_2(kh) = \frac{\mathrm{sech}^2(kh)}{6\left[2kh+\sinh(2kh)\right]^3}\{8(kh)^4+16(kh)^3\sinh(2kh)-$$
$$9\sinh^2(2kh)\cosh(2kh)+ \tag{4}$$
$$12(kh)\left[1+2\sinh^4(kh)\right]\left[kh+\sinh(2kh)\right]\}$$

假定植物对于波浪的衰减作用类似于在初始的缓坡方程中附加碎波、风能输入、底摩擦项等源汇项,由此得到如下考虑了植物阻力的 RIDE 数学模型控制方程(RIDE-VEG),与式(2)类似,在能量耗散因子中附加植物阻力项 F_v,如下式:

$$F = F_b + F_{bre} + F_v \tag{5}$$

Dalrymple 等[1]较早的研究认为,植物引起的波能耗损是植物密度、植物相对高度、植物迎浪面宽度、相对水深和入射波浪周期的函数,并提出了如下关系式:

$$\varepsilon_v = \frac{2}{3\pi}\,\rho C_D b_v\,N_v\left(\frac{kg}{2\sigma}\right)^3\frac{\sinh^3 kh_v+3\sinh kh_v}{3k\cosh^3 kh}H^3 \tag{6}$$

式中:ε_v 为植物引起的波能量损失率;σ 为波浪圆频率;C_D 为植物作用下的拖曳力系数;b_v 为植物迎浪面宽度;N_v 为植物密度;h_v 为植物的高度;h 为水深;H 为波高;ρ 为水的密度。

对上式进行简单的数学转换,可以得到 F_v 与 ε_v 的关系如下:

$$F_v = \frac{\varepsilon_v}{En\sigma} \tag{7}$$

2.2 非线性频散关系

考虑到湿地植物生长于海岸带滩涂,为近岸较浅水域,且波浪在通过植物区域后,波高会发生较大的变化,需要考虑一定程度的波浪非线性的影响。为了弥补模型中线性缓坡方程在波浪非线性表达上的不足,本文采用对波浪的相位和群速进行调整的方法,引入非线性的频散关系。这种方法在实际应用时具有足够的精度,能够较有效地解决线性波动理论在实际应用中误差较大的问题[13]。

Kirby 等[14]提出了可用于任何水深范围的经验弥散关系式,对线性频散关系的 RIDE 模型进行修正,表达式如下:

$$\sigma^2 = gk(1+\varepsilon^2\sqrt{f_1}D)\tanh\left(\frac{kh+\varepsilon}{1+\varepsilon^2\sqrt{f_1}D}\right) \tag{8}$$

其中:$f_1 = \tanh^5(kh)$;$\varepsilon = ka$;$D = \dfrac{\cosh(4kh)+8-2\tanh^2(kh)}{8\sinh^4(kh)}$。

2.3 计算方法

本文利用添加植物因子的 RIDE-VEG 模型,在不考虑非线性频散的条件下,进行第一步计算,输出各网格节点的波高值,将已经求出的波高值代入式(8)所示的非线性频散关系中,迭代计算求出非线性条件下的波数,回代入 RIDE-VEG 模型中迭代计算至两次差值小于 10^{-5},得到最终的波高值。

模型采用矩形网格将计算区域等分,网格大小为 5 cm×5 cm,满足模型计算步长小于 1/10 波长的精度要求。方程采用具有二阶精度的五点式中心差分离散,采用具有节约型带状矩阵解法功能的 GEP 法直接求解[11][15]。

3 规则波在湿地植物中衰减的模拟

3.1 Asano 试验[3]的数值复演

试验所用水槽长 27 m,宽 0.5 m,高 0.7 m,试验布置简图如图 1 所示。从造波机处算起,水槽中央 10.5～18.5 m 处布置长为 8 m 的人工植物区,植物高度 0.25 m,直径 0.052 m,末端认为波浪被完全吸收。参数拖曳力系数 C_d 取值参照 Kobayashi 等[2]中得到的半经验半理论公式,具体形式如下:

$$C_d = \left(\frac{2\,200}{Re}\right)2.4 + 0.08 \qquad 2\,200 < Re < 18\,000 \tag{9}$$

式中:Re 为雷诺数,由下式进行确定:

$$Re = \frac{u_c \cdot b_v}{v} \tag{10}$$

式中特征流速 u_c 定义为水槽中线处植物区左端,垂向 $z = -h + h_v$ 处的最大水平流速,其表达形式如下:

$$u_c = \frac{kgH_0}{2\sigma}\frac{\cosh(kh_v)}{\cosh(kh)} \tag{11}$$

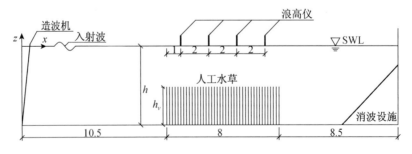

图 1 Asano 试验布置简图(m)

详细模拟组次见表 1 所示。

表 1　**Asano** 试验参数

试验序号	水深 h(m)	入射波高 H_i(m)	波浪周期 T(s)	植物株数(m^{-2})
A	0.52	0.086	2	1 490
B	0.52	0.093	1.43	1 490
C	0.45	0.136	1.43	1 490
D	0.45	0.061	0.83	1 110
E	0.45	0.138	1	1 490
F	0.45	0.113	1.25	1 110
G	0.52	0.166	1.25	1 490
H	0.45	0.123	1.43	1 110

　　浪高仪从 9.5 m 处分布至 19.5 m 处,间距 2 m,共 6 台。为避免边界对其影响,只选用 11.5～17.5 m 处 4 台浪高仪的数据,模型验证结果如图 2 所示。

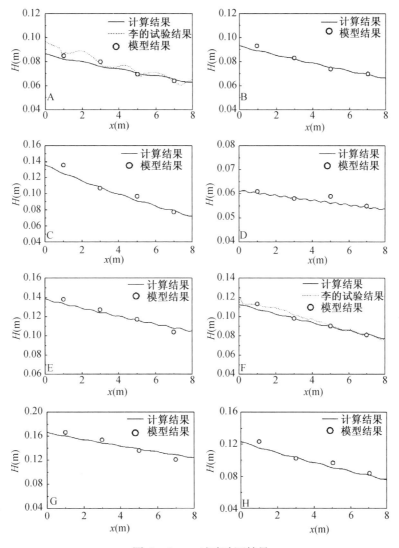

图 2　Asano 试验验证结果

图 2 给出了模拟 Asano 试验所得的波浪在植物区传播的波高分布,并将部分组次与 Li[17] 基于 3D RANS 模型给的计算结果进行对比。图 2 显示出 8 个试验组次下数值模拟结果与试验数据的分布相对一致,波浪在植物区域产生了不同程度的衰减,最大衰减幅值可达 50%。通过对两者计算结果的比较可以看出:RIDE-VEG 和 RANS 的计算结果都很好地描述了波浪在植物区域中的传播情况,波浪在植物区域内受到了较大的阻力作用,进而发生了较大衰减。Li 的计算结果在入流边界不够稳定,且由于出流边界存在一定的反射,故计算结果沿程出现数值波动,而 RIDE-VEG 模型在边界处的计算数值更为稳定。

3.2 Augustin 试验[16]的数值复演

试验所用水槽长 30.5 m,宽 0.9 m,高 1.2 m,试验布置简图如图 3 所示。从造波机处算起,水槽中央 13.1~19.1 m 处布置长为 6 m 的人工植物区,植物高 0.3 m,直径 0.012 m,水槽末端认为波浪被完全吸收。

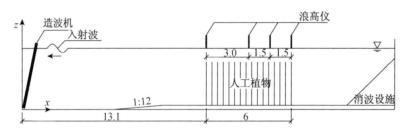

图 3　Augustin 试验布置简图(m)

部分试验数据如表 2 所示。

表 2　Augustin 规则波试验参数

试验序号	水深 h(m)	入射波高 H_i(m)	波浪周期 T(s)	植物株数(m^{-2})	刚度
A	0.4	0.12	1.5	97	柔性
B	0.4	0.12	1.5	194	柔性
C	0.4	0.12	1.5	194	刚性
D	0.3	0.09	1.5	97	柔性
E	0.3	0.09	1.5	194	柔性
F	0.3	0.09	1.5	194	刚性

浪高仪共有 5 台,在植物区内每隔 1.5 m 等间距布置。第二台浪高仪的数据被认为无效,故只采用剩下 4 台所获取的数据,模型验证结果如图 4 所示。

由图 4 可见,4 个试验组次下数值模拟结果与试验数据的分布相对一致,波浪在植物区域产生了不同程度的衰减,RIDE-VEG 模型可以较好模拟规则波在场中的衰减。植物密度较大程度地影响了波高衰减的程度,植物密度增大一倍时,波高衰减程度显著

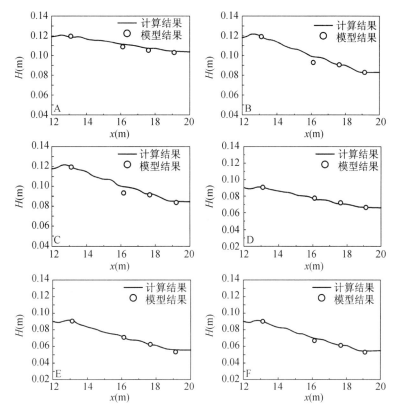

图 4　Augustin 规则波试验验证结果

增大,而植物的刚柔程度在本次试验中对于波高衰减的影响不大。

4　敏感性分析

为了确定波浪在植物场中传播时,植物参数和入射波要素等因素对波高衰减的影响程度,相对淹没度、植物密度、波浪周期等参数要进行敏感性分析。开展数值水槽分析时,其参数基于 Augustin 的第 F 组试验进行取值,波高代表值取在水槽宽度的中线处。

4.1　相对淹没度

定义 $Sub=h/h_v$ 为相对淹没度,式中 h_v 代表植物高度。现有研究表明,在植物为刚性的假定前提条件下,当相对淹没度较大时,其波浪衰减很小,植物的效应基本类似于底摩擦;反之,当相对淹没度较小时,因为植物几乎占据了整个水深,波浪传播严重受阻,且波能基本集中于水面上下一倍波高的范围内,因此波高衰减相对较大。保持 F 组其他试验条件不变,合理地改变植物高度,分别取相对淹没度 Sub 为 1,2,5,10 进行数值模拟计算,数值试验所得结果见图 5。

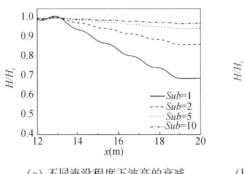 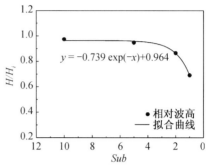

（a）不同淹没程度下波高的衰减　　（b）相对淹没度与衰减后相对波高关系

图 5　淹没度与波高关系

由图 5(a)结果可知:当植物相对淹没度 $Sub=10$ 时,植物对于波浪的衰减几乎起不到太大的阻抗作用,植物区的沿程波高衰减不到 3%;$Sub=5$ 时,波高只衰减了 5% 左右;$Sub=1$ 时,即植物和水体一样高时,可以明显看出波高大约衰减了 30%。由图 5(b)的拟合结果可以看出,随着相对淹没度的减小,衰减后相对波高值呈负指数型减小。这一规律与前人的研究结论保持一致。在实际工程应用中,保持植物的高度与近岸区域的水深接近或者植物略高出水面,可以取得较好的消浪效果。

4.2　植物密度

植物场中植物的疏密程度,无疑是影响消浪效果的重要参数。考虑到湿地植物的生长需要一定空间,其密度并不能无限制增大。数值试验中改变植物的密度 ρ 分别为 97 unit/m²、194 unit/m²、291 unit/m²、388 unit/m²、485 unit/m²、582 unit/m²,数值试验所得结果如图 6 所示。

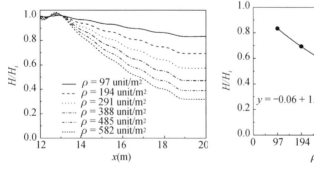 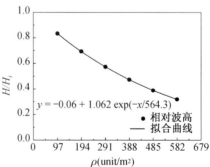

（a）不同植物密度下的波高衰减　　（b）植物密度与衰减后相对波高关系

图 6　植物密度与波高关系

由图 6(a)结果可知,植物密度越大,消浪效果越显著;当植物密度为 97 unit/m² 时,波高只衰减了 10%左右,植物区起到的阻碍作用和消浪效果并不明显;而当植物密度成倍增加时,可以明显看出衰减后的无量纲波高值甚至锐减到 0.3 附近,大量波能被植物消耗。同时,图 6(a)的结果还显示出当植物密度增大到一定程度时,植物区前端波高产生了明显的壅高现象。由图 6(b)可以看出,植物密度对于波浪衰减的影响基本符合指数规律,呈下凹形态。随着植物密度的不断增大,其对于波高衰减的影响效果正在减弱,植物密度的敏感度降低;在植物密度从 97 unit/m² 成倍变化至 582 unit/m² 的过程中,其对于波浪的衰减效果变化幅值为 50% 左右。故在保证植物生长空间的前提下,适当增加植物的种植密度,使得种植成本和消浪效果达到组合最优,对工程上降低堤顶标高、减少工程造价是极为有利的。

4.3 波浪周期

波浪周期为描述入射波浪的重要参数。直观上,并不容易明确波浪周期对于植物消浪的影响规律。本文取波浪周期在 $T=0.9\sim2.5$ s 范围内变化,以便进行数值模拟,所得数值试验结果如图 7 所示。

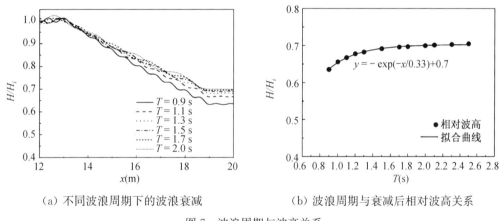

(a) 不同波浪周期下的波浪衰减 　　　　(b) 波浪周期与衰减后相对波高关系

图 7　波浪周期与波高关系

通过图 7(a)可以看出,波浪周期确实对波浪在植物场中的衰减效果产生影响,且波高衰减程度随着波周期的增大而减小,植物对于周期较小的短波消减作用优于长波。由图 7(b)则可以明显看出当入射波周期位于 0.9～1.3 s 之间时,周期的改变对于消浪效果的影响较大,随着周期的进一步增加,周期的改变对于植物消浪效果几乎没有影响;波浪周期对于波浪衰减的影响基本符合负指数型规律。总体而言,植物消浪过程对于周期的敏感程度较相对淹没度和植物密度为弱。

5 结论

湿地植物的存在将增大近岸水体运动的阻力从而消耗波能。本文基于 RIDE 波浪数学模型,考虑波浪非线性频散关系,添加植物因子,建立了植物影响下波浪传播的数学模型 RIDE-VEG,并应用所建模型对波浪在植被影响下的传播运动进行了数值模拟。通过代表性水槽试验,证明改进的 RIDE-VEG 模型可以较准确地模拟波能在植物区内衰减的这一物理现象。基于 Augustin 试验的第 F 组条件开展了系列数值水槽试验,进行了敏感性分析,确定相对淹没度、植物密度和波浪周期对波浪衰减的影响规律。结果表明,相对淹没度以及波浪周期对于波浪衰减的影响成负指数型变化,植物密度的影响基本呈指数型变化,其影响都是单调的,但在合理的取值范围内,植物消浪效果对于波浪周期的敏感程度较其余二者为弱。与其他学者所进行的研究结论相比,考虑波浪非线性频散关系的、忽略流场效应的 RIDE-VEG 模型较其他的模型计算更为简便,且计算结果较为满意。

参考文献:

[1] DALRYMPLE R A, KIRBY J T and HWANG P A. Wave Diffraction Due to Area of Energy Dissipation [J]. Journal of Waterway, Port, Coastal and Ocean Engineering, 1984, 110(1):67-79.

[2] KOBAYASHI N, RAICHLE A W and ASANO T. Wave Attenuation by Vegetation [J]. Journal of Waterway, Port and Ocean Engineering, 1993, 119(1):30-48.

[3] ASANO T, TSUTSUI S and SAKAI T. Wave damping characteristics due to seaweed[C]// Proc. 35th Coast. Engrg. Conf. in Japan, 1988:138-142.

[4] MÉNDEZ F J, LOSADA I J. An empirical model to estimate the propagation of random breaking and nonbreaking waves over vegetation fields [J]. Coastal Engineering, 2004, 51(2):103-118.

[5] 唐军,沈永明,崔雷. 基于抛物型缓坡方程模拟近岸植被区波浪传播[J]. 海洋学报, 2011, 33(1):7-10.

[6] AUGUSTIN L N. Laboratory experiments and numerical modeling of wave attenuation through artificial vegetation [D]. Texas A&M University, 2007.

[7] DUBI A. Damping of water waves by submerged vegetation: a case study on Laminaria hyperborea[D]. Trondheim: University of Trondheim, the Norwegian Institute of Technology, 1995.

[8] LØVÅS S M, TØRUM A. Effect of the kelp Laminaria hyperborea upon sand dune erosion and water particle velocities [J]. Coastal Engineering, 2001, 44(1):37-63.

[9] 陈德春,周家苞. 人工水草缓流和消波研究[J]. 河海大学学报, 1998, 26(5):99-103.

[10] 冯卫兵,汪涛,邓伟. 柔性植物消波特性的试验研究[J]. 科学技术与工程, 2012, 12(26):6687-6690.

[11] MAA J P-Y, HSU T-W and LEE D-Y. The RIDE model: an enhanced computer program for wave transformation [J]. Ocean Engineering, 2002, 29(11):1441-1458.

[12] BERKHOFF J C W. Computation of Combined Refraction-Diffraction[C]//Coastal Engineering, ASCE, 1972: 471-490.

[13] 李瑞杰,王爱群,王厚杰. 波浪在浅水传播中的弱非线性效应[J]. 海洋工程, 2000, 28(3):30-33.

[14] KIRBY J. T. and DALRYMPLE R A. An Approximate Model for Nonlinear Dispersion in Monochromatic Wave Propagation Models, by J. T. Kirby and R. A. Dalrymple: Reply [J]. Costal Engineering, 1987, 9:545-561.

[15] MAA J P-Y, HWUNG H-H and HSU T-W. RDE user manual: A program for simulating water

wave transformation for harbor planning[R]. Virginia Institute of Marine Science，1998.

[16] AUGUSTIN L N，IRISH J L. and LYNETT P. Laboratory and numerical studies of wave damping by emergent and near-emergent wetland vegetation [J]. Coastal Engineering，2009，56 (3):332-340.

[17] LI C W. and YAN K. Numerical Investigation of Wave-Current-Vegetation Interaction [J]. Journal of Hydraulic Engineering，2007，133(7):794-803.

珠江三角洲网河区航道整治关键技术研究

谢凌峰　申其国

（广东省交通运输规划研究中心,广东 广州　510101）

摘　要:根据 20 世纪 80 年代以来珠江三角洲网河区河床的演变情况,提出了以引流疏浚为主的航道整治新思路,并对新思路的适应性进行分析,最后结合工程实例,给出了新思路在不同类型浅滩整治的关键技术。结论可供类似航道整治工程参考。

关键词:珠江三角洲网河区；航道整治；浅滩；引流疏浚

1　整治新思路的提出

在 20 世纪 80 年代以前,珠江三角洲大部分河道位于潮流界以上,径流量大,河道整体处于淤积发展期[1]。因此,航道整治一般采用平原河流的整治方法和整治思路,即以筑坝为主的工程措施[2],如东平水道的航道整治、西江下游航道整治措施等。

根据珠江三角洲河床演变分析,自 20 世纪 80 年代以来,珠江三角洲网河区河道取沙严重,使得网河区中上部沙质河床区的河床大幅度下切[3],河道不但深槽变深,边滩也大量消失成为深潭,这使原以丁坝为主的整治构筑物失去边滩依托,不利于丁坝的稳定,而且筑坝等工程群体会增加汊道的阻水面积与沿程阻力[4],可能引起汊道的局部卡口,造成汊道委缩,使整治效果适得其反。因此,需采用新的整治思路才能适应河道水沙条件的变化。

近期,珠江三角洲网河河道由取沙初期的局部深潭变成长河段河床下切,再经洪季洪水的作用后,河床整体下切平整[5],现珠江三角洲中上部河道大部分成为深水河槽,只在部分分汊河道、桥区遗留少数浅滩,这使采用大型挖槽进行浅滩疏浚以调整河道水流动力成为可能。

2　新思路的适应性分析

珠江三角洲水道纵横交错,网河区河道的整治会影响到其他河道的变化,需系统分析。因此,在珠江三角洲网河区河床普遍下切、来沙减少和潮汐动力增强的条件下[5],

采用引流疏浚为主以大幅提高航道尺度的整治措施需分析其适应性。

2.1　疏浚大幅提高航道水深的可能性分析

在长河段、浅滩众多的情况下,珠江三角洲高等级航道网需要较大幅度提高航道水深,一般是从Ⅵ～Ⅶ级提高至Ⅲ级及以上,提高的航道水深达 1.5～3.0 m 以上,如西江下游航道整治工程航道水深需从 2.5 m 提高至 6.0 m,莲沙容水道航道水深从 2.5 m 提高至 4.0 m,如果以传统的"束水冲沙"理念从浅滩水深通过坝工的冲刷成倍增加航道水深,由于在航道冲刷加深的过程中,河流断面产生重大变化,断面积不断增大,断面流速不断降低,动力大幅降低,其初始水流动力应相当大,这在不增加流量作为动力因素的前提下,只靠整治工程调整断面形态和水流分布是难以达到,这只会对河道带来严重的不良影响。

疏浚工程以基建性挖槽通过一次性开挖航槽断面,使浅滩水深大幅增加,航槽的断面面积也相应增加,开挖后的网河区河道流量分布也有所调整。

2.2　浚深后水位是否下降分析

一般平原河流的大规模疏浚将造成河床下切和水面下降,并不一定增加河道的航行水深。

20 世纪 80 年代以来,珠江三角洲网河区内整治河段的河性产生了重大变化,枯水季节河道从以感潮区为主转变为以潮流区为主,径流的作用减弱,造床能力减小,潮流的影响随之加大、造床能力增强,潮流上溯动力加强。由于枯水期得到潮汐顶托补充,河段进行大规模疏浚后,河床变深,河道断面增大,枯水水面下降较小或不明显,且枯水期流量增加,水动力得到补充,设计水位在珠江基面±0.00 m 左右后不再下降,疏浚后断面增加的深度与水深增加值基本相同,这为珠江三角洲网河区采用疏浚大幅提高通航水深成为可能。

2.3　浚深后航道回淤分析

长河道的大规模取沙以及上游水电枢纽的建设,使上游来沙明显减少,特别是推移质的运动明显减少,开挖后的河道断面不容易回淤。另外,河道断面扩大后,河流的泄洪能力增强,同流量下的洪水位明显下降,洪季河流主动力居中,河流的河势相对稳定,枯季纳潮量增大,断面流量增加,这有利于航道水深的维持。

2.4　疏浚对汊道分流量的影响分析

珠江三角洲网河区河道密布,纵横交叉,相互连通成网,一汊大规模疏浚后,会对相关汊道产生一定影响,包括对分流、分沙比等。

根据网河区航道整治经验,局部的裁弯切嘴工程主要调整河道的局部阻力,对分汊河道的影响较小,而长河道的筑坝和疏浚调整的是河道的沿程阻力,其影响较大。对连接主要泄洪汊道的河道整治,通过疏浚增加航道尺度会减小河道的沿程阻力,增加河道的分流量,有利于航道的维持,而采用丁坝群等整治构筑物进行整治则会增加沿程阻力,减少分流量。

2.5 疏浚使两汊通航的可能性分析

传统上,整治分汊河道浅滩的方法采用"强干堵支"的整治思路[6],即集中水流动力,选择一汊通航,另一汊为副汊,如东平水道新沙洲浅滩的整治。但珠江三角洲网河区两岸经济均比较发达,分汊河道的两岸均为城市或港区,通航价值均较高,选择一汊为主通航汊道后,对另一汊的城市及港口的发展相当不利。

近年珠江三角洲网河区河床大幅下切,两汊水深和航宽均基本达到设计水深要求,而潮量的补充使河道的水动力增加,特别在枯季,落潮流量增加较大,使扩大后的河道断面得以维持。上游来沙量的减少,特别是推移质泥沙的减少,两汊的航道回淤相当少,这使两汊通航成为可能。

综合上述分析,结合东莞水道、莲沙容水道和西江下游航道整治的经验,采用以引流疏浚为主的整治思路在珠江三角洲高等级航道网建设中得到全面应用,包括顺德水道和甘竹溪水道、东平水道二期、崖门水道等,且各项目均取得较好的整治效果:航道达到设计尺度、回淤量很少,航槽稳定,珠江三角洲高等级航道网基本建成(除磨刀门外)。因此,以引流疏浚为主的整治思路适合新时期水沙条件下的珠江三角洲网河区的航道建设,也是全面建成珠江三角洲高等级航道网的关键。

3 新思路在不同类型浅滩的关键技术研究

珠江三角洲的碍航浅滩,按河道形态一般可分为:①分汊河道浅滩,河道由江心洲分隔成两汊或两汊以上,易在洲头、汊道或洲尾形成碍航浅滩,如西江的琴沙洲与太平沙、海寿沙等;②汇流口浅滩,在2条或2条以上河道的交汇处,由于水流条件复杂,流速一般较慢,易引起泥沙的回淤进而形成碍航浅滩,如西江、北江的汇流处思贤滘;③弯道浅滩,珠江三角洲部分河道相对较弯曲,河面较窄,航道弯曲半径的不足是提高航道等级的主要制约因素之一,如虎跳门水道等。

若按水流动力作用,则可分为以下三类:第一类是强径流作用的浅段,位于珠江三角洲网河区主泄洪通道的上段,其径流作用较强,潮流相对较弱,主要为江心洲浅滩,如西江的太平沙和海寿洲;第二类是径、潮共同作用的浅滩,位于珠江三角洲网河区主泄洪通道的中段,径流与潮汐势均力敌,其河床抗冲性较强,如西江的潮莲洲和百顷头、沙湾水道的观音沙、东莞水道的南丫涌等;第三类是强潮流作用的浅段,位于珠江三角洲网河区的主泄洪通道的下段及分汊河道,其潮汐作用较强、径流相对较弱,如虎跳门段的四顷、横山和虎跳门口门段等。

对于不同类型的浅滩,其航道整治的关键技术略有不同。

3.1 分汊河道浅滩整治

珠江三角洲网河是由众多的江心洲分隔而成，如西江的墨砚洲、海寿沙、大平沙、潮莲洲等。主要碍航浅滩与江心洲的存在有密切关系，这些江心洲左右汊的分流比相差不大，也相对稳定，由于水动力不足，两汊的水深均较单一河道的水深小，或由于水动力的变动，形成洲头或洲尾浅滩。因此，分汊河道是航道整治的主要浅滩段，西江下游航道整治、莲沙容航道整治等工程整治的主要浅滩大部分为江心洲引起的汊道浅滩。

在珠江三角洲网河的中上段河道整治中，对于大江心洲的分汊河道根据发展需要选择两汊通航。两汊通航的关键技术是根据水沙条件变化合理选择航线[7]，采用以引流疏浚为主进行整治，对局部浅段采用大型挖槽形式进行开挖以调整水流，并结合护岸等措施，重点保持洲头及进口段节点稳定。如容桂水道的海心沙、西江的太平沙、海寿沙等各汊道均取得良好效果。

由于水动力条件及来沙条件的不同，传统上的强干堵支、分汊分治、洲头梳子坝等整治方法及措施应慎重考虑，一般不宜采用。如东平水道的新沙洲浅滩，近期考虑泄洪要求对支汊的封堵石坝进行拆除，又如西江的太平沙、海寿沙及百顷头等均取消了原设计的洲头梳子坝，工程取得良好效果。

3.2 汇流口浅滩整治

珠江三角洲网河区河汊密布，航线由多条河汊水道组成，各水道的连接处是河汊的交汇流口，各交汇流口一般形成锐角，航道的弯曲半径较小，需采取一定的工程措施进行治理才能满足通航要求。在西江下游航道整治中，典型的分流口有南华、百顷头等；在莲沙容水道整治中，典型的河汊分汇口有板沙尾、火烧头和八塘尾。这些分汇流口一般均处于淤积状态，20 世纪 90 年代以前，分汇流口形成的三角形淤积体的淤长速度较快，严重影响船舶航行，由于水流条件的复杂，采用各类坝工的整治工程措施，对减少交汇处的淤积或增加航道的弯曲半径的效果均不明显。

珠江三角洲整体的河床演变显示，上游来沙减少，水流动力增强，泥沙回淤的速率明显减弱，采用疏浚结合切嘴的整治措施后，交汇流口的淤积量不大，因此，按合理的弯曲半径，采用疏浚挖除汇流口形成的三角形淤积体是交汇流口浅段治理的主要工程措施，其关键是必须将交汇处的三角形淤积体全部挖除，利用交汇区的宽度布设直径不小于 1.5 倍设计船长的调头圆以满足船舶在较小弯曲半径的弯道减速转弯航行的需要，同时，利用涨落潮流的流向变化调整交汇流处滞流区的位置，改善水流条件，减少回淤。如板沙尾、火烧头和八塘尾等汇流口在开挖后的 3 年内其回淤较轻微，基本满足航行需要。

不过，对于十字交汊的复杂交汇型浅滩的治理，宜适当采用丁坝调整水流或潮流动力轴线的位置，减少涨落潮流动力轴线摆动及其产生回流区的影响，如东莞水道南丫涌浅滩的治理，就是调整水流动力轴线减少过渡段长度和涨落潮时的水流动力轴线摆动，从而取得良好的整治效果,整治后至今 15 年,基本保持整治时的设计水深,回淤量很少。

3.3 弯道整治

珠江三角洲河道密集,部分河道相对较弯曲,河面较窄,主要航线由几条水道组成,水道的连接较弯曲,航道弯曲半径的不足是提高航道等级的主要制约因素之一,其航道整治应以裁弯切嘴为主。如西江下游航道整治工程中,涉及航道裁弯切嘴工程有 3 处,均位于三角洲连接通道的虎跳门水道,其主要特点是位于三角洲的下段或靠近口门段,潮流作用明显,径流动力较弱,河床的造床动力也相对较弱,且由于航道等级较高,航行需要的河道断面较大,一般航行需要的河道断面均略大于水流泄洪需要的断面及上下游的河道断面或相差不大。

裁弯切嘴的航道断面可按以航行需要的断面为主进行设计,其航道断面设计一般考虑三大因素:设计船舶航行时需要的航道尺度、河道泄洪时的河道断面及上下游相邻的河道断面。根据白坭水道牛角湾切嘴工程和西江下游航道整治工程中 3 处航道裁弯切嘴工程的观测,开挖河道的断面与上下游河道基本适应,没有明显的冲刷或回淤,新开挖的河道凹岸的冲刷和凸岸的回淤均不严重。

3.4 强径流作用的浅段整治

在大量取沙后,强径流作用的浅滩会逐渐消失或改善,岸坡变陡,水流动力轴线取直,水流冲刷力强。因此,航道整治疏浚的同时,还需增加护岸以加强岸坡或江心洲的保护。浅滩整治后的航道尺度可保持进一步改善的趋势,但岸坡的稳定和保护将成为主要的关注问题。

如西江下游航道整治中,琴沙洲与太平沙、海寿沙同属第一类强径流作用的多汊浅滩,在工程可行性研究、初步设计及施工图设计阶段均采用了以丁坝群整治的方案,布置了大量丁坝。施工阶段时整治工程做了重大修改,取消了大部分丁坝,其中琴沙洲按施工图实施;海寿沙只在洲尾段实施了 3 座丁坝而取消了尚未实施的其余丁坝,太平沙则取消了所有丁坝,均改为疏浚为主结合护岸的工程措施,对浅滩进行开挖。经过近 10 年的实践,琴沙洲航槽线布置与深泓线不太一致,可考虑增大弯曲半径,重新调整航槽线布置;而太平沙与海寿沙浅段的河床均大幅下切,水深良好、航槽稳定,形成优良河段。

3.5 径潮共同作用的浅滩整治

径潮共同作用的河段,河床的抗冲性较强,人为取沙影响相对较小,该河段潮汐作用加强,浅滩处于改善阶段。但是,采用丁坝群整治的河床仍难以发生较大冲刷,需通过疏浚达到航道设计尺度。同时,由于河面较宽,航槽会发生一定回淤,可适当采用整治丁坝规整边滩以利航槽稳定。因此,该类浅滩应以引流疏浚为主,丁坝的主要作用是调整边界。

如西江的潮莲洲和百顷头同属第二类径流和潮流共同作用的分汊河道洲头浅滩,航道整治的设计阶段也采用了以丁坝群整治的方案,其中,潮莲洲按施工图实施,百顷头浅滩没有实施,而是在施工阶段取消了百顷头所有丁坝,采用了以疏浚为主进行浅滩开挖。整治后,百顷头浅段的河床大幅下切,水深良好,航槽稳定,形成优良河段;潮莲洲浅滩也能维持通航水深,达到设计航道尺度标准,但由于洲头坝过长影响,曾发生船舶碰撞洲头坝的事故。

3.6 强潮流作用的浅段整治

强潮流作用的浅段,河床以粉沙和淤泥为主,人为取沙影响很小,该河段的潮汐作用较强,采用整治丁坝(横山及口门段)没有明显效果,过强的丁坝工程反而带来不利影响。因此,这类浅滩应以引流疏浚为主,不适宜采用整治丁坝。

西江下游的四顷段和南门涌同属第三类以潮流作用为主的浅滩。航道整治中,四顷浅段采用了疏浚进行浅滩开挖,疏浚后航槽冲淤基本平衡,滩槽分布明显,水深良好,航槽稳定,整治效果较好。南门涌以丁坝群进行整治,但筑坝工程完工后,水深仍较浅,整治效果未达到预期目标,后又对浅滩进行了疏浚,疏浚后航槽持续冲刷,航道达到设计尺度并得以维持,工程效果较好。

又如虎跳门口门河段,属强潮流作用的汊道口门段。该河段先于1998年完成了筑坝和炸礁工程,至2000年该河段淤积较严重,2002年至2003年浅段进行了疏浚,整治线内航槽普遍冲刷,整治线外略有淤积,航槽稳定,整治效果良好。

4 结论

20世纪80年代以来,珠江三角洲网河区的河床有了较大变化,之前以筑坝工程为主的航道整治思路已不适应河床及水沙条件的变化。本文提出了以引流疏浚为主的航道整治新思路,并对新思路的适应性进行分析,认为引流疏浚可大幅提高并维持航道水深,且使两汊通航成为可能,以适应城市及港口的发展需要。

本文还结合具体的工程实例,给出了以引流疏浚为主的整治思路在不同类型浅滩的具体应用:①分汊河道浅滩的整治关键是根据水沙条件变化合理选线,疏浚的同时还应结合护岸等措施,以保持洲头及进口段节点稳定;②汇流口浅滩整治的关键是将交汇处的三角形淤积体全部挖除,十字交汊的复杂交汇型浅滩则应适当采用坝工以调整水流或潮流动力轴线;③弯曲河道的整治应以裁弯切嘴为主;④强径流作用的浅滩整治也应疏浚结合护岸,以加强岸坡与江心洲的保护;⑤径潮共同作用的浅滩整治在引流疏浚为主的同时,可适当采用坝工以规整边滩;⑥强潮流作用的浅滩整治以引流疏浚为主,不宜采用坝工。

参考文献

[1] 潘玉敏,李静.珠江三角洲近二十年来河床演变浅析[J].广东水利水电,2006,增刊:62-68.

［2］黄克中,锺恩清.估算平原河流航道整治线宽度的理论与应用[J].泥沙研究,1991,2:69-73.

［3］李静.珠江三角洲网河近 20 年河床演变特征分析[J].水利水电科技进展,2006,26(3):15-20.

［4］顾立忠,郑国栋,李虎成,孙小磊.珠江三角洲网河区工程群体对河流的宏观影响研究[J].广东水利水电,2012,5:5-13.

［5］广东省交通运输规划研究中心,广东省航道局,南京水利科学研究院,河海大学,广东正方圆咨询有限公司.珠江三角洲现代化航道网建设关键技术研究[R].广州:广东省交通运输规划研究中心,2013.

［6］詹世富,蔡志长.航道工程学(Ⅱ)[M].北京:人民交通出版社,2006.

［7］中交第一航务工程勘察设计院有限公司.JTJ 312—2003 航道整治工程技术规范[S].北京:人民交通出版社,2003.

顺坝及护岸、丁坝冲刷公式研究

马兴华　周　海

(中交上海航道勘察设计研究院有限公司,上海　200120)

摘　要:针对整治建筑物冲刷问题,依托长江南京以下 12.5 m 深水航道治理一期工程,研究探讨了普遍冲刷、淹没丁坝冲刷的冲刷规律、主要影响因素和冲刷机理,并基于河流动力学基础理论,研究推导了基于起动流速、起动切应力的冲刷深度半经验半理论公式,经非淹没丁坝冲刷实例和淹没丁坝冲刷数模成果验证和率定,效果良好,适用于顺坝及护岸冲刷深度、非淹没丁坝和淹没丁坝冲刷深度计算。本文对其中有关冲刷深度半经验半理论公式的主要研究成果进行了系统总结。

关键词:整治建筑物冲刷;丁坝冲刷;普遍冲刷;冲刷公式

1　前言

整治建筑物冲刷关系到整治建筑物安全,是整治建筑物建设需要考虑的重要问题。长期以来,国内外水利水运工程界通过工程实践、室内试验和理论分析,对整治建筑物冲刷深度开展了持续的研究,基于不同工程条件,研究得到了众多整治建筑物冲刷经验公式和半经验半理论公式,内容涵盖顺坝及平顺护岸冲刷、丁坝冲刷、锁坝冲刷等[1-3]。但整治建筑物冲刷问题十分复杂,而各公式是根据特定条件下的试验资料或实测资料建立和率定得到的,各有侧重,其适用性往往存在局限性,在许多情况下计算结果与实际情况存在较大差异。因此,准确预测整治建筑物的冲刷深度仍然是困扰工程界的一大难题。

为解决整治建筑物冲刷深度问题,2012 年以来,我院依托长江南京以下 12.5 m 深水航道治理一期工程开展了专题研究[4-5],研究揭示了普遍冲刷、淹没丁坝冲刷的冲刷规律、主要影响因素和冲刷机理,并基于河流动力学基础理论,研究推导了基于起动流速、起动切应力的冲刷深度半经验半理论公式,公式及参数经黄河下游非淹没丁坝冲刷实例和淹没丁坝冲刷数模成果验证和率定[5],效果良好,适用于顺坝及护岸冲刷深度、非淹没丁坝和淹没丁坝冲刷深度计算。本文对其中有关冲刷深度半经验半理论公式的主要研究成果进行了系统总结。

2 顺坝及护岸、丁坝冲刷深度半经验半理论公式推导[5]

2.1 推导思路

首先,鉴于单向恒定流清水条件下冲刷影响因素较少,理论相对成熟,考虑以单向恒定流清水条件下冲刷后流速、切应力接近于起动流速、起动切应力为原则,建立冲刷深度计算公式,不考虑来沙(悬沙、底沙)补充。

其次,考虑到实际冲刷的作用时间、来沙等因素与单向恒定流清水条件下冲刷有所差异,采用系数对两者差异进行修正,得到适用于实际冲刷的冲刷深度计算公式。设计水文条件属于重现期性质,持续时间相对较短,另外大流速情况下往往有较大数量的来沙补充,因此实际冲刷小于清水条件下的冲刷。

2.2 基于起动流速的冲刷深度公式推导

1. 沙性土起动流速计算公式

(1) 均匀流条件下起动流速按沙漠夫公式计算:

$$U_C = \alpha \sqrt{\frac{\gamma_s - \gamma}{\gamma} g d} \left(\frac{h}{d}\right)^m \tag{1}$$

式中系数 $\alpha = 1.144$,指数 $m = 1/6$。实际工程条件与实验室有所不同,将 α, m 作为待定系数处理。

(2) 近似均匀流条件下丁坝头部水流、顶冲点水流受整治建筑物影响后,水流结构发生改变,属于近似均匀流,基本符合对数律、指数律分布,见图 1 和图 2。在垂线平均流速相同情况下,近似均匀流的河床泥沙起动流速比均匀流要小。

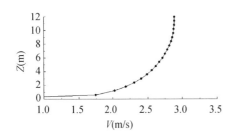

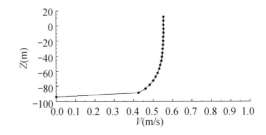

图 1 丁坝头垂向流速分布(冲刷前)　　　　图 2 丁坝头垂向流速分布(冲刷后)
　　　　(Fluent 数模)　　　　　　　　　　　　　(Fluent 数模)

1998 年中科院力学研究所[6]在长江口深水航道治理工程中采用三维 ADV 系统对丁坝头周围主要控制点的速度进行了测量,结果表明,在强涡区的近底部及其他区域的边界层内,速度剖面基本满足对数律分布。

因此,考虑流态修正系数 K_c,得到沙性土通用起动流速公式:

$$U_C = \alpha K_c \sqrt{\frac{\gamma_s - \gamma}{\gamma} g d} \left(\frac{h}{d}\right)^m \qquad (2)$$

式中:U_c 为起动流速(m/s),取垂线平均流速;γ_s 为泥沙重度(kN/m³);γ 为水的重度
(kN/m³);g 为重力加速度;h 为水深(m);d 为泥沙中值粒径(m);K_c 为流态修正
系数,对于均匀流取 1,对于近似均匀流≤1,通过数模率定确定。

2. 沙性土不冲流速计算公式

允许不冲流速指水力半径为 1 m 时的允许不冲流速,沙性土不冲流速计算公式
如下:

$$U_{C,h=1} = \alpha \sqrt{\frac{\gamma_s - \gamma}{\gamma} g d} \left(\frac{h}{d}\right)^m \qquad (3)$$

由式(2)和式(3)转换得到任意水深、均匀流及近似均匀流条件下的不冲流速计算
公式:

$$U_c = K_c U_{c,h=1} h^m \qquad (4)$$

3. 沙性土冲刷深度公式推导

(1) 工程实践表明,由于大范围冲刷后的引流效应或局部冲刷后的引流效应,冲刷
后单宽流量一般大于等于冲刷前单宽流量,因此冲刷深度计算不能单纯考虑冲刷前的
单宽流量,还需要考察冲刷后单宽流量,为此对冲刷前后单宽流量建立关系式:

$$K_q h_1 V_1 = h_2 V_2 \qquad (5)$$

式中:h_1,V_1 分别为冲刷前水深(m)和冲刷前垂线平均流速(m/s),取余排外边缘处的
水深和垂线平均流速,采用二维水流数模计算;h_2,V_2 分别为冲刷基本稳定后的
水深(m)和垂线平均流速(m/s);K_q 为冲刷后单宽流量增加系数,等于冲刷基本
稳定后单宽流量/冲刷前单宽流量。

(2) 根据冲刷基本稳定后垂线平均流速与不冲流速基本相同的原则,并考虑实际
冲刷情况下的不冲流速与单向恒定流清水冲刷条件下不冲流速的差异,得下式:

$$V_2 = K_f U_c = K_f K_c U_{c,h=1} h_2^m \qquad (6)$$

式中:K_f 为不冲流速修正系数,其值等于实际冲刷情况下不冲流速/单向恒定流清水冲
刷条件下不冲流速,设计水文条件持续时间长、大流速情况下来沙少、计算冲刷结
果需要偏安全时可取 1,设计水文条件持续时间短、大流速情况下来沙多时可取
1~1.5,具体取值需要根据实测资料验证。

(3) 联立式(5)和式(6),整理后,得冲刷后水深和冲刷深度计算公式:

$$h_2 = \left(\frac{K_q h_1 V_1}{K_f K_c U_{c,h=1}}\right)^{\frac{1}{m+1}} \qquad (7)$$

$$h_s = \left(\frac{K_q h_1 V_1}{K_f K_c U_{c,h=1}} \right)^{\frac{1}{m+1}} - h_1 \tag{8}$$

$$K_q = K_{q1} K_{q2} \tag{9}$$

$$K_{q2} = \frac{q_s}{h_1 V_1} \tag{10}$$

式中：h_s 为冲刷深度（m），自原床面起算；m 为指数，根据冲刷成果率定取 1/6；α 为系数，根据冲刷成果率定取 1.4；K_c 为流态修正系数，见下文；K_{q1} 为设计来流单宽流量不变情况下，因局部冲刷产生小范围引流效应，导致的局部单宽流量增加系数，见下文；K_{q2} 为设计使用年限内，因河势变化（如水道摆动）或大范围冲刷产生引流效应，导致的整体来流单宽流量增加系数；q_s 为设计使用年限内预测最大单宽流量，当不存在显著的河势变化（如水道摆动）和大范围冲刷引起的引流效应时，$K_{q2}=1$。

（4）K_c、K_{q1} 计算

① 淹没丁坝头部附近 K_{q1} 经验公式。K_{q1} 与冲刷前坝高水深比、冲刷前流速/冲刷后流速、有效坝长/水深、坝头纵坡坡度系数有关。根据数模研究[4]分析发现，一是淹没丁坝坝头冲刷坑引流效应与坝高水深比有关，坝高水深比由 0.2 提高到 0.75，引流效应越来越大，坝高水深比为 0（仅有丁坝状护滩、无堤身高度）时，仍存在相当的引流效应；二是淹没丁坝坝头冲刷坑引流效应还与（坝头流速/起动流速－1）有关，坝头流速/起动流速＝1 时，床面不冲刷，无引流效应，坝头流速/起动流速越大时，床面冲刷越大，引流效应越大。据此经量纲分析，建立计算式如下，系数采用冲刷成果率定确定。

$$K_{q1} = 1 + \left(0.26 + 0.13 \frac{P}{h_1} \right) \sqrt{\frac{V_1 - U'_c}{U'_c}} K_L K_M \tag{11}$$

$$K_L = \left(0.06 \frac{L \sin \theta}{h_1} \right)^{0.025} \left(\frac{\theta}{90} \right)^3 \tag{12}$$

$$K_M = 1.25 e^{-0.04M} \tag{13}$$

式中：K_L 为与丁坝长度有关的修正系数；K_M 为与坝头纵坡坡度有关的修正系数；P 为坝高（m）；L 为丁坝长度（顶高程低于计算水位的部分）；θ 为丁坝轴线与水流交角（°）；M 为坝头纵坡坡度系数；U'_c 为采用式（4）、$K_c=1$ 计算［水深 h＝冲刷前水深＋均匀流条件下的普遍冲刷深度，即按式（7），$K_c=1$，$K_q=1$ 计算得到的 h_2］的不冲流速；其余同前。

② 丁坝头部附近 K_c 经验公式。K_c 与冲刷前坝高水深比、冲刷前流速/冲刷后流速、有效坝长/水深、丁坝角度及坝头纵坡坡度系数有关。根据数模[4]揭示的冲刷规律，经量纲分析，建立丁坝头部附近 K_c 计算式，系数采用冲刷成果率定确定。

$$K_c = 1 - \left(0.091 + 0.045\ 5 \frac{P}{h_1} \right) \sqrt{\frac{V_1 - U'_c}{U'_c}} K_L K_M \tag{14}$$

式中参数同前。

③ 其余情况见表1。

表1　适用条件、K_c、K_{q1}取值

所在水域	冲刷部位	水流性质	冲刷类别	K_{q1}	K_c
径流河段、潮汐河段的顺直微弯河段，往复流为主的海域，顺直微弯的海岸	河道内	主流（属于均匀流）	普遍冲刷	1.0	1.0
	非淹没顺坝及平顺护岸	沿堤流（属于均匀流）	普遍冲刷		
	淹没顺坝	沿堤流（属于均匀流）	普遍冲刷		
	丁坝头局部冲刷范围以外	主流（属于均匀流）	普遍冲刷		
	非淹没丁坝头部附近	主流＋丁坝侧归流（近似均匀流）	局部冲刷（含普遍冲刷）	冲刷前后丁坝侧水流始终绕过丁坝头部下泄，水流数模计算时已考虑丁坝效应，因此坝头局部冲刷后导致的引流效应较小，可取1.0	式(12)～式(14)
	淹没丁坝头部附近	主流＋丁坝侧引流（近似均匀流）	局部冲刷（含普遍冲刷）	式(11)～式(13)	

注：“非淹没”“淹没”采用计算流速相应的计算水位衡量，若计算水位低于堤坝顶则为非淹没堤坝，否则为淹没堤坝。

4. 粘性土冲刷深度公式

根据冲刷机理，式(7)和式(8)同样适用于粘性土床面的冲刷深度计算，但$U_{c,h=1}$需要采用粘性土1m水深的允许不冲流速替代。

2.3　基于起动切应力的冲刷深度公式推导[5]

1. 沙性土起动摩阻流速计算公式

对于均匀流，采用曼宁-斯特里克勒公式：

$$\frac{U}{u_*} = \beta\left(\frac{R}{K_s}\right)^m \tag{15}$$

式中：U为垂线平均流速(m)；指数$m=1/6$；$\beta=7.68$；u_*为摩阻流速(m/s)；R为水力

半径(m)；K_s 为床面糙率高度(m)。

考虑到实际工程条件与实验室有所不同，m，β 作为待定系数处理。

同样考虑流态修正系数 K_c，得到均匀流、近似均匀流条件下通用流速分布公式：

$$\frac{U}{u_*} = K_c \beta \left(\frac{R}{K_s}\right)^m \tag{16}$$

对于宽水体，$R=h$，h 为水深。

由式(16)转换得到摩阻流速计算公式：

$$u_* = \frac{1}{K_c} \frac{1}{\beta} U \left(\frac{K_s}{h}\right)^m \tag{17}$$

因 $U=U_C$ 时 $u_*=u_{*c}$，将式(2)代入式(17)，得沙性土起动摩阻流速计算公式：

$$u_{*c} = \alpha \frac{1}{\beta} \sqrt{\frac{\gamma_s - \gamma}{\gamma} g d} \left(\frac{K_s}{d}\right)^m \tag{18}$$

2. 沙性土冲刷深度公式推导

(1) 根据式(5)转换得：

$$h_2 = K_q h_1 V_1 / V_2 \tag{19}$$

根据式(16)得：

$$V_1 = K_c \beta u_{*1} \left(\frac{h_1}{K_s}\right)^m \tag{20}$$

$$V_2 = K_c \beta u_{*2} \left(\frac{h_2}{K_s}\right)^m \tag{21}$$

(2) 根据冲刷基本稳定后，水流摩阻流速与床沙起动摩阻流速一致的原则，并考虑实际冲刷情况下的起动摩阻流速与单向恒定流清水冲刷条件下起动摩阻的差异，得：

$$u_{*2} = K_f u_{*c} \tag{22}$$

令 $u'_{*1} = u_{*1} K_c$，则得：

$$u'_{*1} = \frac{1}{\beta} V_1 \left(\frac{K_s}{h_1}\right)^m \tag{23}$$

$$u_{*1} = u'_{*1} / K_c \tag{24}$$

(3) 将式(20)、式(21)、式(22)和式(24)代入式(19)，得：

$$h_2 = K_q h_1 \frac{1}{K_f} \frac{\beta u_{*1} \left(\frac{h_1}{K_s}\right)^m}{K_c \beta u_{*c} \left(\frac{h_2}{K_s}\right)^m}$$

进一步整理后，得到基于起动摩阻流速的冲刷后水深和冲刷深度计算公式：

$$h_2 = h_1 \left(\frac{K_q}{K_f K_c} \frac{u'_{*1}}{u_{*c}} \right)^{m+2} \tag{25}$$

$$h_s = h_1 \left[\left(\frac{K_q}{K_f K_c} \frac{u'_{*1}}{u_{*c}} \right)^{m+2} - 1 \right] \tag{26}$$

（4）因 $\tau = \rho u_{*2}$，转换得到基于起动切应力的冲刷后水深和冲刷深度计算公式：

$$h_2 = h_1 \left(\frac{K_q}{K_f K_c} \frac{\tau'_1}{\tau_c} \right)^{\frac{1}{2m+2}} \tag{27}$$

$$h_s = h_1 \left[\left(\frac{K_q}{K_f K_c} \frac{\tau'_1}{\tau_c} \right)^{\frac{1}{2m+2}} - 1 \right] \tag{28}$$

$$\tau'_1 = \rho u'^2_{*1} \tag{29}$$

$$\tau_c = \rho u^2_{*c} \tag{30}$$

式中：u'_{*1}，τ'_1 分别为冲刷前摩阻流速（m/s）和切应力（Pa），宜采用三维水流数模计算确定，对于顺直微弯河道、岸段，可采用二维水流数模计算确定冲刷前垂线平均流速 V_1，再分别按式（23）和式（29）计算；u_{*c}，τ_c 分别为起动摩阻流速（m/s）和起动切应力（Pa）；β 为系数，根据冲刷成果率定取 8.7；K_s 为床面糙率高度，$d < 0.5$ mm 时为 1.0 mm，0.5 mm $< d < 10$ mm 时为 2d；ρ 为水的密度（kg/m³）；K_f 为起动摩阻流速修正系数，其值等于实际冲刷情况下起动摩阻流速/单向恒定流清水冲刷条件下起动摩阻流速，可参照基于起动流速的 K_f；K_c 为流态修正系数，见下文；K_q 为冲刷后单宽流量增加系数，按式（9）、式（10）计算；K_{q1} 为设计来流单宽流量不变情况下，因局部冲刷产生小范围引流效应，导致的局部单宽流量增加系数，见下文。

（5）K_c，K_{q1} 计算

① 淹没丁坝头部附近 K_{q1} 经验公式。参照式（11），建立淹没丁坝头部附近 K_{q1} 计算式如下，系数采用冲刷成果率定确定。

$$K_{q1} = 1 + \left(0.26 + 0.13 \frac{P}{h_1} \right) \sqrt{\frac{u'_{*1} h_1^m - u_{*c} h'^m_2}{u_{*c} h'^m_2}} K_L K_M \tag{31}$$

式中：h'_2 为均匀流条件下的冲刷深度（m），按式（26）、$K_c = 1$、$K_q = 1$ 计算得到。

其余同前。

② 丁坝头部附近 K_c 经验公式。参照式（14）建立丁坝头部附近 K_c 计算式，系数采用冲刷成果率定确定。

$$K_c = 1 - \left(0.091 + 0.0455 \frac{P}{h_1} \right) \sqrt{\frac{u'_{*1} h_1^m - u_{*c} h'^m_2}{u_{*c} h'^m_2}} K_L K_M \tag{32}$$

式中参数同前。

③ 其余情况按表 1。

3. 粘性土冲刷深度公式

根据冲刷机理,式(25)、式(26)、式(27)和式(28)同样适用于粘性土床面的冲刷深度计算,但 u_{*c} 需要采用粘性土起动摩阻流速替代。

3 公式验证、评价和适用条件[5]

3.1 采用黄河下游柳园口非淹没丁坝实测冲刷数据[3]验证

该实例处于单向径流河段,河床土质全部为粉细沙。对基于起动流速的半经验半理论公式的验证见表2。

由表2可知,当 $k_f=1$(清水冲刷)时,计算冲深/实际冲深的平均比例为1.46,最大比例为2.48,最小比例为0.95;当 $k_f=1.4$ 时,计算冲深/实际冲深的平均比例为1.04,最大比例为1.71,最小比例为0.67,两者的相关系数均为0.83。

这说明:第一,按清水冲刷计算的冲深总体比实际冲深偏大40%,$K_f=1.4$ 时的计算冲深比实际冲深略大,较为吻合,其原因分析:①清水冲刷不考虑泥沙补充,而实际冲刷时有泥沙补充,导致实际冲刷小于清水条件下的冲刷;②计算冲深是单向恒定流长时间冲刷稳定后的数据,而实际冲刷的持续时间相对较短,也导致实际冲刷小于计算冲深。第二,本研究公式离散性较小。

3.2 采用淹没丁坝 Fluent 数模计算成果[4]验证

分别对基于起动流速和基于起动切应力的半经验半理论公式进行了验证,结果见表3。

根据表3可知:①2套公式冲刷深度的结果与 Fluent 数模基本一致,冲刷深度平均偏差为2%,最大偏差不超过10%,相关系数为0.99;②2套公式冲刷深度的相关数据与 Fluent 数模基本一致,冲刷后允许不冲流速与 Fluent 计算的冲刷后垂线平均流速基本一致,冲刷前切应力基本一致,K_{ql} 与 Fluent 数模计算的冲刷后流量/冲刷后流量基本一致。

3.3 公式评价

本次研究提出的2套公式是基于河流动力学基础理论推导出来的,计算结果与非淹没丁坝冲刷实例验证较好。在清水冲刷条件下,2套公式的冲刷深度计算结果及相应的关联数据与 Fluent 三维水流泥沙数模[4]计算验证良好,说明用于研究清水冲刷问题是合理可行的。在考虑实际冲刷与单向恒定流清水冲刷在有效作用时间、来沙方面的差异,采用不冲流速修正系数 K_f 修正后可适用于实际冲刷的计算。

3.4 适用条件和范围

(1)床面土质为沙性土、粉土、粘性土。
(2)水域、冲刷部位、水流性质及冲刷类别见表1,对于其他情况可参照使用,适用

表 2　采用黄河下游柳园口非淹没丁坝实测冲刷数据[3]验证和参数率定

典型丁坝	工　程　条　件						实际	基于起动流速的半经验半理论公式						
	河宽 B (m)	坝头纵坡坡度系数 M	坝长 L (m)	坝轴线与水流交角 θ(°)	冲刷前水深 h_1 (m)	冲刷前行进流速 U_0 (m/s)	实际冲刷深度 $h_{s实}$ (m)	$h_{s计1}/h_{s实}$	$h_{s计2}/h_{s实}$	$K_f=1$ 时冲刷深度 $h_{s计1}$ (m)	$K_f=1.4$ 时冲刷深度 $h_{s计2}$ (m)	允许不冲流速 $U_{c,h=1}$ (m/s)	冲刷前坝头附近流速 V_1 (m/s)	流态修正系数 K_c
1	860	1.67	70	25	1.33	2.363	6.35	1.12	0.78	7.1	5.0	0.31	2.73	0.99
2	760	1.43	90	30	1.33	2.538	7.75	1.09	0.78	8.5	6.0	0.31	3.21	0.99
3	681	1.43	131	29	1.33	2.625	6.15	1.60	1.14	9.8	7.0	0.31	3.73	0.99
4	560	1.25	50	28	1.33	2.538	4.25	1.86	1.31	7.9	5.6	0.31	3.02	0.99
5	488	1.25	28	31	1.33	2.538	3.45	2.18	1.54	7.5	5.3	0.31	2.88	0.99
6	417	1.43	107	30	1.33	2.888	7.55	1.59	1.15	12.0	8.7	0.31	4.56	0.98
7	365	2.00	95	27	1.33	2.888	7.55	1.54	1.11	11.6	8.4	0.31	4.42	0.99
8	553	1.67	128	40	1.33	2.713	11.05	1.11	0.80	12.3	8.9	0.31	4.53	0.96
9	569	1.43	109	32	1.97	2.45	8.69	1.52	1.08	13.2	9.4	0.31	3.57	0.98
10	518	2.00	98	25	1.97	2.45	9.99	1.21	0.86	12.1	8.6	0.31	3.33	0.99
11	598	1.67	128	30	1.97	2.625	11.89	1.20	0.86	14.3	10.2	0.31	3.89	0.99
12	955	1.67	80	30	2.18	3.063	12	1.20	0.85	14.4	10.3	0.31	3.64	0.99
13	905	1.43	80	33	2.18	3.587	12.58	1.38	0.99	17.3	12.5	0.31	4.36	0.98
14	890	1.43	140	32	2.18	3.325	13.9	1.31	0.94	18.2	13.1	0.31	4.57	0.98
15	785	1.25	55	34	2.18	3.413	13.9	1.15	0.82	16.0	11.4	0.31	4.01	0.98
16	752	1.25	32	32	2.18	3.325	8.5	1.70	1.21	14.5	10.3	0.31	3.66	0.98
17	730	1.43	105	27	2.18	2.625	11	1.22	0.87	13.5	9.5	0.31	3.40	0.99
18	640	2.00	105	25	2.18	3.413	13.9	1.27	0.91	17.6	12.7	0.31	4.48	0.99
19	570	1.67	130	31	2.18	2.975	11.2	1.62	1.17	18.2	13.1	0.31	4.55	0.98
20	715	1.43	105	47	1.83	2.625	8.05	1.75	1.26	14.1	10.1	0.31	3.89	0.94
21	625	2.00	100	48	1.83	2.363	11.05	1.19	0.85	13.2	9.4	0.31	3.63	0.94
22	625	1.67	125	46	1.83	2.188	12.05	1.08	0.77	13.1	9.3	0.31	3.60	0.95
23	981	1.67	81	35	1.63	2.45	9.85	0.95	0.67	9.3	6.6	0.31	2.97	0.98

续表

典型丁坝	工程条件						实际	基于起动流速的半经验半理论公式						
	河宽 B (m)	坝头纵坡坡度系数 M	坝长 L (m)	坝轴线与水流交角 θ(°)	冲刷前水深 h_1 (m)	冲刷前行进流速 U_0 (m/s)	冲刷深度 $h_实$ (m)	$h_{s计1}/h_{s实}$	$h_{s计2}/h_{s实}$	$K_f=1$ 时冲刷深度 $h_{s计1}$ (m)	$K_f=1.4$ 时冲刷深度 $h_{s计2}$ (m)	允许不冲流速 $U_{c,h=1}$ (m/s)	冲刷前坝头附近流速 V_1 (m/s)	流态修正系数 K_c
24	891	1.43	91	43	1.63	2.538	10.35	1.04	0.74	10.7	7.6	0.31	3.33	0.96
25	770	1.43	130	35	1.63	2.625	11.35	1.05	0.75	11.9	8.5	0.31	3.77	0.98
26	770	1.25	55	30	1.63	2.625	5.05	1.87	1.32	9.5	6.7	0.31	3.05	0.99
27	761	1.25	11	36	1.63	2.625	4.05	2.09	1.46	8.5	5.9	0.31	2.73	0.98
28	725	1.43	100	28	1.63	2.363	6.15	1.54	1.09	9.5	6.7	0.31	3.05	0.99
29	680	2.00	105	22	1.63	2.45	4.35	2.19	1.55	9.5	6.7	0.31	3.09	0.99
30	628	1.67	128	40	1.63	2.625	5.65	2.37	1.71	13.4	9.6	0.31	4.17	0.96
31	831	1.67	81	27	2.07	2.975	10.59	1.27	0.90	13.5	9.6	0.31	3.57	0.99
32	831	1.43	91	28	2.07	2.45	9.19	1.24	0.87	11.4	8.0	0.31	3.02	0.99
33	735	1.43	135	29	2.07	2.188	10.59	1.10	0.78	11.7	8.2	0.31	3.06	0.99
34	728	1.25	58	29	2.07	1.925	5.09	1.66	1.14	8.4	5.8	0.31	2.26	0.99
35	723	1.25	23	36	2.07	2.013	3.29	2.48	1.70	8.2	5.6	0.31	2.18	0.98
36	710	1.43	110	23	2.07	2.8	8.19	1.64	1.17	13.4	9.6	0.31	3.56	0.99
37	655	2.00	105	33	2.07	2.713	10.19	1.42	1.02	14.5	10.4	0.31	3.78	0.98
38	630	1.67	130	35	2.07	2.625	13.79	1.13	0.81	15.6	11.2	0.31	4.02	0.98
39	570	1.67	120	75	1.89	1.925	14.4	1.19	0.86	17.2	12.4	0.31	3.69	0.77
40	536	1.43	136	60	1.89	2.1	15.4	1.10	0.80	17.0	12.2	0.31	4.18	0.88
平均比例								1.46	1.04					
最大比例								2.48	1.71					
最小比例								0.95	0.67					

注:1. 河床全部为粉细沙,$d=0.15$ mm;$V_1=\dfrac{L_B}{B}=U_0$[1]。

2. 冲刷后单宽流量增加系数 $K_q=1$,指数 $m=1/6$。

表 3　采用淹没丁坝 Fluent 三维水流泥沙数模计算成果[4]验证和参数率定

计算工况	计算条件 坝高 P(m)	冲刷前水深 h_1 (m)	坝头纵坡系数 M	坝长 L(m)	Fluent 数模计算 坝头纵坡脚处 0.6h 附近流速 V (m/s)	冲刷前坝头附近流速 V_1 (m/s)	冲刷前行进流速 (m/s)	冲刷后流量/冲刷前流量	冲刷深度 $h_数$ (m)	基于起动流速公式 $h_{s计}/h_数$	冲刷深度 h_s (m)	允许不冲流速 $U_{c,h=1}$ (m/s)	流态修正系数 K_c	冲刷后单宽流量增加系数 K_{q1}	基于起动切应力公式 $h_{s计}/h_数$	冲刷深度 h_s (m)	冲刷前切应力 τ_1' (Pa)	流态修正系数 K_c	冲刷后单宽流量增加系数 K_{q1}
3-1	6	12	5	200	3	2.65	2.45	1.55	91	0.93	85	0.31	0.79	1.59	0.97	88	4.1	0.78	1.62
3-2	6	12	5	200	2.5	2.18	2.05	1.5	70	0.96	67	0.31	0.81	1.55	0.96	68	2.7	0.80	1.56
3-3	6	12	5	200	2	1.8	1.65	1.4	51	1.01	51	0.31	0.83	1.49	1.02	52	1.9	0.83	1.50
3-4	6	12	5	200	1.5	1.35	1.3	1.35	33.4	1.01	34	0.31	0.86	1.41	1.02	34	1.1	0.86	1.41
3-5	6	8	5	200	2.5	2.3	1.85	1.57	52.2	1.08	56	0.31	0.77	1.66	1.09	57	3.5	0.77	1.67
3-6	6	8	5	200	1.5	1.45	1.15	1.56	29.6	0.99	29	0.31	0.83	1.50	1.00	30	1.4	0.82	1.50
3-7	6	12	3	200	2.5	2.18	2.05	1.63	76.8	0.92	70	0.31	0.79	1.60	0.92	71	2.7	0.79	1.61
3-8	3	15	5	200	2.5	2.39	2.35	1.39	88.8	0.94	84	0.31	0.83	1.50	0.95	84	3.1	0.82	1.50
3-9	9	12	5	200	2.5	2.3	1.85	1.64	82.2	0.93	77	0.31	0.78	1.63	0.94	77	3.1	0.78	1.63
3-10	6	12	5	400	2.5	2.2	2.05	1.53	72	0.95	69	0.31	0.80	1.57	0.96	69	2.8	0.80	1.57
3-11	0	12	5	400	2.5	2.05	2.05	1.42	61	0.90	55	0.31	0.85	1.43	0.91	55	2.4	0.85	1.44
3-12	6	12	5	200	2.5	2.3	2.05	1.28	10	1.08	11	0.96	0.92	1.23	1.08	11	3.1	0.92	1.23
平均比例										0.98					0.98				
最大比例										1.08					1.09				
最小比例										0.90					0.91				

注：1. 工况 3-1～3-11 为粉细沙，$d_{50}=0.15$ mm，工况 3-12 为粉质粘土，$U_{c,h=1}=0.96$ m/s。

2. 不冲流速修正系数 $K_f=1$，冲刷后整体来流单宽流量增加系数 $K_{q2}=1$，指数 $m=1/6$。

于无余排和有余排情况。

（3）水流参数标准采用整治工程实施后遭遇设计水文条件下的冲刷前水深和流速参数,式(8)流速参数为垂线平均流速(不采用工程实施前的行进流速换算成坝头流速的方法),式(26)、式(28)流速参数为摩阻流速或床面切应力。

4 结语

针对整治建筑物冲刷问题,依托长江南京以下12.5 m深水航道治理一期工程,研究探讨了普遍冲刷、淹没丁坝冲刷的冲刷规律、主要影响因素和冲刷机理,并基于河流动力学基础理论,研究推导了基于起动流速、起动切应力的冲刷深度半经验半理论公式,公式及参数经非淹没丁坝冲刷实例和淹没丁坝冲刷数模成果验证和率定,验证良好,可适用于实际冲刷的计算,也适用于顺坝及护岸冲刷深度、非淹没丁坝和淹没丁坝冲刷深度计算。

参考文献：

[1] 中华人民共和国水利部. GB 50286－2013 堤防工程设计规范[S]. 北京：中国计划出版社,2013.

[2] LIM Siow-yong. EQUILIBRIUM CLEAR-WATER SCOUR AROUND AN ABUTMENT[J]. JOURNAL OF HYDRAULIC ENGINEERING,1997(3):237-243.

[3] ZHANG Baishan, MA Jiye and WEI Zhilin. Local Scour Depth Around Spurs In The Lower Yellow River[J]. International Journal of Sediment Research,2002(3):244-249.

[4] 熊志强,马兴华,等. 潮汐河段护底软体排外冲刷数值模拟研究报告[R]. 上海：中交上海航道勘察设计研究院有限公司,2014.

[5] 周海,马兴华,等. 潮汐河段护底软体排结构稳定性及余排计算研究[R]. 上海：中交上海航道勘察设计研究院有限公司,2014.

[6] 呼和熬德,等. 丁坝及分流口潜堤概化模型三维涡系及平面流场实验研究[R]. 北京：中国科学院力学研究所,北京大学湍流国家重点实验室,1998.

波流作用下混凝土联锁块软体排压载失稳机理和计算方法研究

田 鹏 马兴华 周 海 李 正 殷 昕

（中交上海航道勘察设计研究院有限公司，上海 200120）

摘 要：依托长江南京以下 12.5 m 深水航道治理一期工程，针对波浪和波流共同作用下混凝土联锁块软体排压载稳定性问题，通过开展压载稳定性物理模型试验和数值模拟计算，研究分析了软体排不同部位在不同水深、波浪、流速等条件下的压载失稳形式、过程，取得了临界失稳水动力数据，研究揭示了软体排失稳机理和主要影响因素；在此基础上，借鉴《海港水文规范》波浪力计算方法，基于力学平衡原理，推导提出了波浪作用下压载稳定性计算公式，并对波浪和水流共同作用下压载稳定性计算方法进行了探讨。

关键词：软体排；联锁块；压载失稳；失稳机理；压载稳定计算

1 前言

混凝土联锁块软体排在长江口深水航道治理工程中得到成功开发[1]和推广应用，具有适应河床较大变形、对周边环境影响小、抗冲性强、施工快等优点，已成为我国水运和水利工程护底的主要形式之一。潮汐河段软体排特别是浅水区软体排的稳定性除了受径潮流影响外，受波浪影响显著，需要考虑波浪和波流共同作用下的稳定性，但目前国内外对该方面研究较少。本次研究依托长江南京以下 12.5 m 深水航道治理一期工程，深入开展了水流、波浪、波流共同作用下混凝土联锁块软体排结构稳定性专题研究[2-5]：一是采用压载稳定性物理模型试验研究[2-3]、Fluent 二维数模和 Flow 三维数模[4]压载稳定性研究相结合，研究不同部位在不同水深、水流、波浪、底坡等条件下的压载失稳形式、过程，得到了临界失稳水动力数据；二是开展了工程总结、理论分析和综合研究[5]，结合物模、数模成果，研究揭示了水流、波浪作用下软体排压载失稳规律、失稳机理和主要影响因素，并基于力学平衡原理，研究推导出了压载稳定性计算公式，公式及参数经物模和数模验证、率定。本文主要对其中有关波浪作用下和波流共同作用下压载失稳机理、压载稳定性计算公式的主要成果进行系统总结。

2 波浪作用下软体排边缘、搭接部位压载失稳机理和计算方法研究

2.1 边缘、搭接部位压载稳定性试验主要成果[2-3]

边缘、搭接部位压载稳定性试验主要成果见表 1。

表 1 波浪作用下压载稳定性试验成果表

研究部位	压载块厚度（m）	水深 d（m）	波高 H（m）	波周期 T（s）	稳定性结果
边缘部位稳定性	0.12	2	0.6d	5	稳定
		5	0.6d	7.5	边缘压载块晃动
				8	边缘压载块迎浪面翘起
	0.20	5	0.6d	7.5	稳定
搭接部位稳定性	0.12	2	0.6d	5	稳定
	0.20	2.5	0.6d	5.5	稳定
		5.0	0.6d	5.5	搭接处上层压载块晃动
				8.5	搭接处上层压载块迎浪面翘起
整体稳定性	0.12	5.0	0.6d	12	晃动
				13	整体掀动

注：压载块长度和宽度均为 0.48 m，规则波，正向作用。

2.2 边缘、搭接部位压载失稳过程及失稳形式[5]

根据压载稳定性物理模型试验[2-3]观察到的失稳现象见图 1，分析压载失稳过程及形式为：

(a) 波要素小于临界失稳波浪时　　　　(b) 波要素达到临界失稳波要素时

图 1 5.0 m 水深厚度为 0.12 m 混凝土联锁块软体排边缘部位失稳过程

（1）边缘部位。厚度为 0.12 m 混凝土联锁块软体排在 5 m 水深、极限波高条件下，波周期 7 s 以下时保持稳定，7.5 s 时边缘压载块发生晃动，8.0 s 时边缘压载块在波峰过去的瞬间连同排布被掀动翘起，随后又恢复，周而复始。需要说明的是，考虑到在实际条件下遭遇同向水流时，一旦排边翘起即会发生连续翻卷，因此，排边翘起视为失稳。

（2）搭接部位。厚度为 0.20 m 混凝土联锁块软体排在 5 m 水深、极限波高条件下，波周期 5 s 以下保持稳定，5.5 s 时搭接部位上层压载块发生晃动，8.5 s 时在波峰过去的瞬间被掀动翘起（失稳），随后又恢复，周而复始。

因此，波浪作用下软体排边缘和搭接部位压载失稳形式均为迎浪面的掀动翘起。

2.3　边缘、搭接部位压载稳定性主要影响因素[5]

1. 水深对压载稳定性的影响

根据物模试验[2-3]和数模[4]计算采集的试验数据分析，相同波高、波周期条件下，水深越深，混凝土联锁块软体排的压载稳定性越好，水深越浅，混凝土联锁块软体排的压载稳定性越差。

2. 波高和波周期对压载稳定性的影响

根据物模试验[2-3]和数模[4]计算采集的试验数据分析，波浪对压载块作用力的大小不仅与波高有关，还与周期有关。波高越大，压载稳定性越差，其原因是波高越大，波浪水质点的运动速度和加速度越大，压载块所受的波浪力越大。当波高水深比 $H/d > 0.2$ 时，随着周期增加，压载稳定性变差，其原因是波长（L）越大，d/L 越小，非线性影响越大，水质点的速度和加速度越大，压载块所受的波浪力越大。

2.4　边缘、搭接部位压载失稳机理分析[5]

根据物模试验[2-3]观察到的失稳现象、采集的特征点波浪力数据，结合 Flow3D 数模[4]采集到的排体临界失稳状态下的波浪力数据，结合力学平衡分析，对软体排在波浪作用下边缘压载失稳机理得到以下认识：

在波浪作用下，水质点随波浪发生周期性运动，水质点速度和加速度作用在软体排上，在边缘压载块迎浪面和底面上产生动压，形成波浪力，包括正向水平力和竖向浮托力。正向水平力和竖向浮托力引起绕边缘压载块后趾的倾覆力矩，当倾覆力矩不大于边缘压载块有效重力引起的稳定力矩时，边缘压载块保持稳定，当倾覆力矩大于边缘压载块有效重力的稳定力矩时，边缘压载块发生倾覆。由于波浪力呈周期变化，作用时间很短，临界状态时边缘压载块瞬间被掀动翘起，尚未完成翻卷时波浪力即已减小，边缘压载块在重力作用下又恢复，周而复始。

搭接部位压载失稳机理基本同边缘部位，不再赘述。

2.5　边缘、搭接部位压载稳定计算公式[5]

1. 受力模型和受力分析

以上研究表明，引起压载块失稳的力有波浪正向水平力 P 和波浪浮托力 P_u，保持稳定的力有砼块的有效重力 G，而压载块纵向间连接绳的拉力对于块体稳定性影响有限，可不考虑，其中正向水平力由速度分力 P_D 和惯性分力 P_I 组成，见图 2 所示。

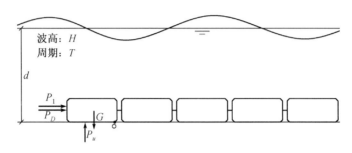

图 2 波浪作用下软体排压载稳定性计算简图

（1）压载块尺寸。压载块长度为 l（垂直于排边方向），宽度为 b，厚度为 t，对于非长方体，底部有效长度为 l_s，按宽度 b 和厚度 t 折算成长方体的等效长度为 l_m。

（2）波浪力的分布。

波浪正向水平力：根据数模[4]数据见图 3，波浪正向水平力在块体厚度方向上近似矩形分布。

波浪浮托力：根据物模试验[3]见图 4，波浪力（点力）测量成果，波浪浮托力 P_u 沿混凝土联锁块底部近似三角形分布，见图 4。为简便起见，参照 JTS145—2—2013《海港水文规范》[6]第 8.2 节，概化为三角形分布，可以满足精度要求。

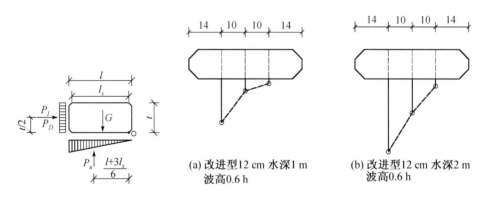

图 3 波浪作用下软体排边
　　　缘压载块受力图

图 4 边缘压载块波浪浮托力分布（物模）（cm）

（3）波浪正向水平力计算。波浪对压载块的正向水平力作用和波浪对墩柱作用较为接近，波浪正向水平力大小可参照 JTS145—2—2013《海港水文规范》[6]第 8.3 节"波浪对桩基和墩柱的作用"计算。

作用于压载块水底面以上高度 z 处与波向平行的速度分力和惯性分力按下式计算：

$$P_D = \frac{1}{2}\frac{\gamma}{g}C_D bu|u| \tag{1}$$

$$P_I = \frac{\gamma}{g}C_M b\frac{\partial u}{\partial t} \tag{2}$$

式中：P_D 和 P_I 分别为速度分力和惯性分力（kN/m）；C_D 和 C_M 分别为速度力系数和惯性力系数，待定；u 和 g 分别为水质点运动的水平速度（m/s）和水平加速度（m/s²）。

① 当 $H/d \leqslant 0.2$ 且 $d/L \geqslant 0.2$ 或 $H/d > 0.2$ 且 $d/L \geqslant 0.35$ 时，采用微幅波理论计算水质点的速度沿水深分布与实测资料相比是十分接近的；当 $d/L > 0.2$ 时，用各种理论计算水质点的加速度沿水深分布，结果与实测资料均较接近，误差在 10% 左右。微幅波理论计算水质点运动的水平速度和水平加速度公式如下：

$$u = \frac{\pi H}{T}\frac{\cosh\frac{2\pi z}{L}}{\sinh\frac{2\pi d}{L}}\cos\omega t \tag{3}$$

$$\frac{\partial u}{\partial t} = -\frac{2\pi^2 H}{T^2}\frac{\cosh\frac{2\pi z}{L}}{\sinh\frac{2\pi d}{L}}\sin\omega t \tag{4}$$

由于压载块厚度较小，分析计算表明，水质点的速度和加速度在压载块厚度方向上相差不大（差值在 2% 以内），速度分力和惯性分力沿 z 向即厚度方向可按均匀分布考虑。因此，由式（3）和式（4）简化代入式（1）和式（2），得作用于整个块体上的 P_D（kN）和 P_I（kN）的最大值分别为：

$$P_{D\max} = C_D\frac{\pi\gamma H^2 t}{2L}\frac{1}{\sinh(4\pi d/L)} \tag{5}$$

$$P_{I\max} = C_M\frac{\pi\gamma Hbt}{2L}\frac{1}{\cosh(2\pi d/L)} \tag{6}$$

② 当 $D/d \leqslant 0.2$ 且 $d/L < 0.2$ 或 $D/d > 0.2$ 且 $d/L < 0.35$ 时，采用微幅波理论计算水质点的速度沿水深分布与实测资料有很大的差异，在速度数值上偏小很多。为使速度分布符合于实际，可以采用高阶波理论进行计算，但计算公式比较复杂，故对微幅波理论计算的 $P_{D\max}$［即式（5）计算值］进行修正（乘以修正系数 α，系数 α 可按《海港水文规范》[6]图 8.3.2-8 确定）。

当 $0.04 \leqslant d/L \leqslant 0.2$ 时，微幅波理论的加速度计算值与实测值出现较大偏差。经研究分析表明，此时应考虑波浪力中惯性项的非线性影响，故应对微幅波理论计算的 $P_{I\max}$［即式（6）计算值］进行修正（乘以修正系数 γ_P，系数 γ_P 可按《海港水文规范》[6]图 8.3.2-10 确定）。

③ 波浪正向水平力 P。作用于整个压载块体波浪正向水平力任何相位时的计算式为：

$$P = P_{D\max}\cos \omega t \mid \cos \omega t \mid - P_{I\max}\sin \omega t \tag{7}$$

由式(7)可见，$P_{D\max}$ 与 $P_{I\max}$ 不同时出现，P_D 达到最大时，P_I 为 0，P_I 达到最大时，P_D 为 0；在某一相位，P_D 和 P_I 共同作用下形成的正向水平波浪力达到最大值。则波浪正向水平力最大值 $P_{\max}$ 计算如下：

$P_{D\max} \leqslant 0.5P_{I\max}$ 时，正向最大总波浪力 $P_{\max} = P_{I\max}$，此时 $\omega t = 270°$。

$P_{D\max} > 0.5P_{I\max}$ 时，正向最大总波浪力 $P_{\max}$ 按下式计算：

$$P_{\max} = P_{D\max}\left(1 + 0.25\frac{P_{I\max}^2}{P_{D\max}^2}\right)$$

此时 $\sin \omega t = -0.5\dfrac{P_{I\max}}{P_{D\max}}$。

④ 波浪浮托力按下式计算：

$$P_{u\max} = \mu\frac{P_{\max}}{2t} \tag{8}$$

式中：μ 为折减系数，待定。

⑤ 有效重力按下式计算：

$$G = (\rho_s - \rho)I_m bt \tag{9}$$

2. 临界失稳状态下的平衡方程

以图 2 中 O 点为中心，参照《防波堤设计与施工规范》直立堤抗倾稳定计算公式[7]，建立纯波浪作用下边缘、搭接部位压载失稳的力矩平衡方程为：

$$\gamma_0(\gamma_P M_P + \gamma_u M_u) \leqslant \frac{1}{\gamma_d}\gamma_G M_G \tag{10}$$

$$M_P = \frac{t}{2}P_{\max}, \ M_u = \frac{l + 3l_s}{6}P_{u\max}, \ M_G = \frac{l_s}{2}G$$

式中：γ_0 为结构重要性系数，根据《港口荷载规范》[8]，结构安全等级一、二、三级分别取 1.1、1.0、0.9；γ_d 为结构系数；γ_P 为波浪正向水平力分项系数；γ_u 为波浪浮托力分项系数；γ_G 为自重力分项系数，取 1.0；M_P 为正向水平波浪力标准值对 O 点的倾覆力矩（N·m）；M_u 为波浪浮托力标准值对 O 点的倾覆力矩（N·m）；M_G 为自重力标准值对 O 点的稳定力矩（N·m）；t 为软体排边缘压载块厚度（m）；l 为软体排边缘压载块长度（m）；l_s 为软体排边缘压载块有效长度（m）；l_m 为软体排边缘压载块等效长度（m）。

上式中各分项系数为 1 时即为临界失稳状态。

3. 待定参数的率定

待定参数有系数 C_D，C_M 和 μ。本次研究中通过物模试验的临界失稳状态率定，并与数模进行对比分析，得出 C_D 取值在 $0.7 \sim 1.0$ 之间（建议值取 0.8），C_M 取值在 $1.1 \sim 1.4$ 之间（建议值取 1.25）。系数 μ 经率定边缘部位取 0.6，搭接部位取 0.7。

4. 适用条件

本次研究为正向作用，式(10)适用于波浪方向与边缘、搭接部位块体迎浪面法线方向夹角 $\leqslant 45°$。

5. 波浪作用典型条件下压载稳定性结果

典型条件下压载稳定性参数及计算结果见表 2 和表 3。

表 2　采用数模、物模验证和率定压载稳定性参数

研究部位	压载块厚度(m)	水深 d (m)	波高 H (m)	波周期 T (s)	数模波浪力矩 (N·m)	公式计算波浪力矩 (N·m)	重力力矩 (N·m)	物模试验稳定性
边缘部位	0.12	1.0	$0.6d$	4.0	22.0	28.4	67.9	稳定
		5.0	$0.6d$	8.0		69.4		失稳
	0.20	5.0	$0.6d$	7.5	94.3	88.4	107.5	稳定
搭接部位	0.20	2.5	$0.6d$	4.0	47.4	55.9	107.5	稳定
		5.0	$0.6d$	7.5	101.5	98.1		稳定
		5.0	$0.6d$	8.5		110.6		失稳

注：压载块长度和宽度均为 0.48 m；规则波，正向作用；μ 边缘部位取 0.6，搭接部位取 0.7，$C_D = 0.8$，$C_M = 1.25$。

计算表明：①惯性分力占波浪正向水平力比重在浅水时较大，在深水时相对较小；②$H/d \leqslant 0.15$ 时，波浪力矩与压载块稳定力矩之比约 10%，可只考虑水流作用而忽略波浪作用，$H/d > 0.15$ 尤其接近破碎时，两者之比急剧增大，需考虑波浪和水流共同作用。

2.6　中间部位压载稳定计算方法[5]

物模试验[2-3]成果表明，中间部位排体压载稳定性好于边缘部位，说明其受波浪力相对边缘部位排体较小，其原因是受边缘部位排体的掩护。分析认为，混凝土联锁块软体排中间部位受力状况基本同边缘部位，其压载稳定性分析方法可参照边缘部位，但需要对波浪力乘以折减系数（表 4）。根据物模试验成果验证和率定，折减系数建议值取 $0.6 \sim 0.7$。

表 3　波浪作用典型条件下压载稳定性

分类	压载块厚度 (m)	水深 d (m)	波高 H (m)	周期 T (s)	波浪正向水平力 (N) 速度分力 P_{Dmax}	惯性分力 P_{Imax}	总水平力 P_{max}	波浪浮托力 (N)	波浪正向水平力矩 (N·m)	波浪浮托力力矩 (N·m)	公式计算波浪力矩 (N·m)	重力力矩 (N·m)
排边缘稳定性	0.12	1.0	0.3d	4.0	7.0	35.7	35.7	42.9	2.1	12.0	14.1	67.9
		1.0	0.6d	4.0	38.3	71.5	71.6	86.0	4.3	24.1	28.4	
		5.0	0.15d	4.0	2.5	16.8	16.8	20.2	1.0	5.7	6.7	
		5.0	0.6d	7.5	168.5	68.2	175.4	210.4	10.5	58.9	69.4	
	0.20	2.0	0.3d	4.0	16.7	58.3	58.3	41.9	5.8	11.7	17.6	107.5
		5.0	0.6d	5.0	116.7	114.6	144.8	104.3	14.5	29.2	43.7	
		5.0	0.15d	4.0	4.2	29.2	29.2	21.0	2.9	5.9	8.8	
		5.0	0.3d	5.5	34.3	58.0	58.8	42.3	5.9	11.9	17.7	
		5.0	0.6d	7.5	280.8	118.2	293.3	211.1	29.3	59.1	88.4	
		10.0	0.6d	8.0	293.0	113.6	304.0	218.9	30.4	61.3	91.7	
		10.0	0.15d	5.5	7.2	28.8	28.8	20.7	2.9	5.8	8.7	
		10.0	0.3d	7.5	63.6	57.6	76.6	55.2	7.7	15.5	23.1	
		10.0	0.4d	8.7	163.4	77.4	172.6	124.3	17.3	34.8	52.0	
搭接处稳定性	0.12	1.0	0.3d	4.0	7.1	35.9	35.9	50.2	2.2	14.1	16.2	67.9
		1.0	0.6d	4.0	38.6	71.7	71.9	100.7	4.3	28.2	32.5	
		5.0	0.15d	4.0	2.5	16.8	16.8	23.6	1.0	6.6	7.6	
		5.0	0.3d	5.5	20.6	33.5	34.2	47.8	2.1	13.4	15.4	
		5.0	0.6d	7.5	168.5	68.2	175.4	245.6	10.5	68.8	79.3	
	0.20	1.0	0.3d	4.0	12.0	60.3	60.3	50.6	6.0	14.2	20.2	107.5
		1.0	0.6d	4.0	65.4	120.5	120.9	101.6	12.1	28.4	40.5	
		5.0	0.15d	4.0	4.2	28.1	28.1	23.6	2.8	6.6	9.4	
		5.0	0.3d	5.5	34.4	55.8	57.0	47.9	5.7	13.4	19.1	
		5.0	0.6d	7.5	281.2	113.7	292.7	245.8	29.3	68.8	98.1	
		10.0	0.6d	8.0	293.4	109.2	303.5	255.0	30.4	71.4	101.7	
		10.0	0.15d	5.5	7.2	27.7	27.7	23.3	2.8	6.5	9.3	
		10.0	0.3d	7.5	63.6	55.4	75.7	63.6	7.6	17.8	25.4	
		10.0	0.4d	8.7	163.5	74.5	172.0	144.5	17.2	40.4	57.6	

注：压载块长度和宽度均为 0.48 m；规则波，正向作用；μ 边缘部位取 0.6，搭接部位取 0.7，C_D=0.8，C_M=1.25。

表 4 采用物模验证和率定中间部位排体波浪力折减系数

压载块厚度（m）	水深 d（m）	波高 D（m）	波周期 T（s）	公式计算波浪力矩（N·m）	重力力矩（N·m）	物模试验稳定性
0.12	5.0	0.6d	12.0	63.6	67.9	中间部位压载块晃动
	5.0	0.6d	13.0	66.2		翻卷失稳

注:压载块长宽均为 0.48 m;规则波,正向作用;拖曳力和上举力折减系数(与边缘部位之比)取 0.6,$C_D=0.8$,$C_M=1.25$。

3 波浪和水流共同作用下混凝土联锁块软体排的压载稳定计算方法探讨

3.1 波流共同作用下压载稳定性试验主要成果

压载稳定性试验主要成果见表 5。

表 5 波流共同作用下压载稳定性试验成果

研究部位	压载块厚度（m）	水深 d（m）	波高 H（m）	波浪周期（s）	临界失稳流速（m/s）
排边缘稳定性	0.12	1			1.73
			0.3d	4	1.67
			0.6d	4.1	1.49
		2			1.77
			0.3d	4.1	1.53
			0.6d	5	1.37
	0.20	2.5			2.14
			0.3d	4.4	1.83
			0.6d	5.5	1.25
		5			2.42
			0.3d	5.5	1.87
			0.6d	7.5	1.39
搭接处稳定性	0.12	1.12			1.66
			0.3d	4	1.54
			0.6d	4.1	1.39
		2.12			1.74
			0.3d	4.1	1.45
			0.6d	5	1.37

研究部位	压载块厚度 （m）	水深 d （m）	波高 H （m）	波浪周期 （s）	临界失稳流速 （m/s）
搭接处 稳定性	0.20	2.7	0.3d	4.4	1.64
			0.6d	5.5	1.12
		5.2	0.3d	5.5	1.86
			0.6d	7.5	1.14

注：压载块长宽均为 0.48 m；规则波；波流同向且正向作用。

3.2 波流共同作用下压载失稳过程及失稳机理

1. 波流同向条件下的失稳过程及形式

根据压载稳定性物理模型试验[2]观察到的失稳现象，分析压载失稳过程及形式为：

（1）流速一定，波浪逐渐增大。

① 波浪小时保持稳定；

② 波浪增大到一定程度，在波峰过去的瞬间，边缘压载块迎浪面掀动翘起；

③ 刹那间带动整块软体排发生向背流侧的翻卷，导致整块软体排压载失稳。

（2）波浪一定，流速逐渐增大。

① 流速小时保持稳定；

② 流速增大到一定程度，在波峰过去的瞬间，边缘压载块迎流面掀动翘起；

③ 刹那间带动整块软体排发生向背流侧的翻卷，导致整块软体排压载失稳。

因此，波流共同作用下软体排压载失稳形式对于整块软体排而言属于卷边失稳，对于边缘压载块自身而言属于滚动失稳或倾覆失稳。波流共同作用下失稳过程如图5所示。

(a) 失稳前　　　　　　　　　　　　(b) 失稳时

图5　波流共同作用下砼联锁块软体排卷边失稳过程

2. 失稳机理

与波浪作用下失稳形式有所不同，波流共同作用下边缘部位排体一旦发生掀动翘起,立即引起软体排的翻卷失稳,其失稳机理是一旦边缘部位排体在水流、波浪共同作用下发生晃动,边缘排的迎流面积急剧增大,水流作用力瞬间加大,致使边缘部位排体发生倾覆失稳,从而引起整块软体排向背流侧翻卷。因此,波流共同作用下混凝土联锁块软体排临界失稳流速均较单纯水流作用下会有所减小,且临界失稳流速的减小幅度随波高和周期的增加明显变大。

3.3　水流和波浪的相互作用

水流和波浪相互作用产生的主要影响如下:①波浪顺水流时波长增加,波高减小;波浪逆水流时波长减小,波高增大,从而波陡变大,易造成波浪破碎;②由于波浪引起水质点运动,造成上下层水体的交换,从而使垂线流速分布发生变化,近似呈矩形分布[9]。

因此,软体排在波流共同作用下所受的作用力不是波浪和水流的简单叠加,而需要根据变化后的波浪和水流参数进行分析,进而要对波流场中波浪要素变化和水流流速垂线分布等问题进行研究。目前,国内外学者对此做了很多试验和理论研究,但尚未形成比较完整的理论。波浪要素建议可参照《海港水文规范》[6]中第 6.3 节中"波浪在水流作用下的变形计算"进行修正。

3.4　波流共同作用下压载稳定计算公式

波浪和水流共同作用下软体排边缘的受力简图如图 6 所示,促使其翻卷的力有水平向波流力和波流引起的块体底面上举力,抵抗其翻卷的力有压载块的有效重力 G。

为简便起见,水平向波流力划分为水流拖曳力 F_D 和水平波浪力 P,上举力相应分为水流上举力 F_L 和波浪浮托力 P_u(图 7)。

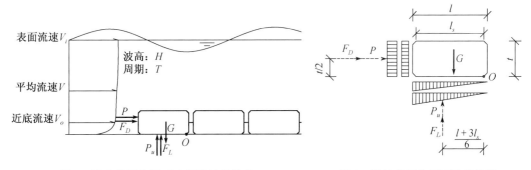

图 6　波流共同作用下砼联锁块软体排
　　　压载稳定性计算简图

图 7　波流共同作用下软体排缘
　　　压载块受力图

1. 水流拖曳力 F_D 和水流上举力 F_L 计算

水流拖曳力 F_D 按矩形分布,水流上举力 F_L 按三角形分布[5],水流拖曳力 F_D 和水流上举力 F_L 采用牛顿阻力公式计算:

$$F_D = \lambda_D \frac{\rho}{2} u_d^2 bt \tag{11}$$

$$F_L = \lambda_L \frac{\rho}{2} u_d^2 bl \tag{12}$$

式中:λ_D 为水流拖曳力系数,取 $1.0^{[5]}$;λ_L 为水流上举力系数,上下削角时取 $1.15^{[5]}$;u_d 为压载块前流速(m/s);ρ_s 为软体排压载块密度(kg/m³);ρ 为水密度(kg/m³);其余同前。

2. 水平波浪力 P 和波浪浮托力 P_u 计算

首先对波要素按《海港水文规范》中第 6.3 节"波浪在水流作用下的变形计算"修正,再按纯波浪作用中的方法计算大小和分布。

3. 以图 7 中 O 点为中心,建立波流共同作用下软体排边缘、搭接部位发生翻卷失稳的力矩平衡方程。

力矩平衡方程为:

$$\gamma_0 (\gamma_{F_D} M_{F_D} + \gamma_{F_L} M_{F_L} + \gamma_p M_p + \gamma_u M_u) \leqslant \frac{1}{\gamma_d} \gamma_G M_G \tag{13}$$

$$M_F = \frac{t}{2} F_D + \frac{l + 3l_s}{6} F_L$$

式中:γ_0 为结构重要性系数;γ_{F_D} 为水流拖曳力分项系数;γ_{F_L} 为水流上举力分项系数;γ_p 为水平向波浪力分项系数;γ_u 为波浪浮托力分项系数;γ_d 为结构系数;γ_G 为压载块自重力分项系数;M_{F_D} 为水流拖曳力标准值对后趾的倾覆力矩;M_{F_L} 为水流上举力标准值对后趾的倾覆力矩;M_p 为水平向波浪力标准值对后趾的倾覆力矩;M_u 为波浪浮托力标准值对后趾的倾覆力矩;M_G 为压载块自重力标准值对后趾的稳定力矩;其余同前。

各分项系数为 1 时即为临界失稳。

表 6 中给出了采用上述方法计算边缘部位排体在波流共同作用下压载稳定性的结果,经与物模试验结果对比,除个别工况条件差异较大外,总体符合性较强。

表 6 波流共同作用下边缘部位压载稳定性公式计算与物模对比验证

压载块厚度 (m)	水深 d (m)	波高 H (m)	波周期 T (s)	临界失稳流速(公式) (m/s)	临界失稳流速(物模) (m/s)
0.12	1.0	0.3d	4.0	1.50	1.67
		0.6d	4.1	1.30	1.49
	2.0	0.3d	4.1	1.64	1.53
		0.6d	5.0	1.31	1.37

压载块厚度 (m)	水深 d (m)	波高 H (m)	波周期 T (s)	临界失稳流速 （公式） (m/s)	临界失稳流速 （物模） (m/s)
0.20	2.5	0.3d	4.4	1.98	1.83
		0.6d	5.5	1.68	1.25
	5.0	0.3d	5.5	2.15	1.87

注：压载块长度和宽度均为 0.48 m,；规则波,波流同向且正向作用；$\mu=0.6$,$C_D=0.8$,$C_M=1.25$。

4. 适用条件

本次研究为波流同向且正向作用,式(13)适用于波浪、水流同向作用,且波浪、水流与边缘、搭接部位排体迎流面法线方向夹角不大于 45°。

4 结语

(1) 本文通过物理模型试验和 Flow‐3D 数值模拟计算相结合,研究揭示了波浪和波流共同作用下混凝土联锁块软体排压载失稳形式、失稳机理、主要影响因素和波浪力分布。研究表明,波流共同作用下失稳形式属于卷边失稳；波高越大、波周期越长,稳定性越差,临界失稳流速越小；$H/d\leqslant0.15$ 时,波浪力矩与压载块稳定力矩之比约 10%,可只考虑水流作用而忽略波浪作用,$H/d>0.15$ 尤其接近破碎时,两者之比急剧增大,需考虑波浪和水流共同作用。

(2) 以数物模成果为基础,基于力学平衡原理,推导提出了波浪作用下不同部位压载稳定性的计算公式及参数；探讨了波浪和水流共同作用下混凝土联锁块软体排压载稳定性的计算方法,充分考虑不同部位、水深、波浪、流速对压载稳定性影响,计算结果与物模和数模成果吻合性较好。另外,计算公式引入结构重要性系数、作用分项系数和结构系数概念,具体取值有待后续深化研究。

(3) 由于波浪作用下和波流共同作用下压载稳定性问题十分复杂,计算方法尚有不完善之处,因此,对于结构安全等级为 1、2 级的各代表性部位,以及结构安全等级为 3 级的重要部位,尚应采用进行典型条件波浪和水流耦合物理模型试验验证。

参考文献：

[1] 陈学良,张景明.土工织物在长江口深水航道治理工程中的应用[J].水运工程,2000,(12)：48-52.

[2] 周海,王费新,张忱新,等.潮汐河段护底软体排结构压载稳定性物模研究报告[R].上海：中交上海航道勘察设计研究院有限公司,2014.

[3] 周益人,黄海龙,等.潮汐河段护底软体排结构压载稳定性物模研究报告[R].南京：南京水利科

学研究院,2014.

[4] 周海,王费新,郝宇池,等.潮汐河段护底软体排结构压载稳定性数模研究报告[R].上海:中交上海航道勘察设计研究院有限公司,2014.

[5] 周海,马兴华,田鹏,等.潮汐河段护底软体排结构压载稳定性及余排计算研究[R].上海:中交上海航道勘察设计研究院有限公司,2014.

[6] 中华人民共和国交通运输部. JTS 145—2—2013 海港水文规范[S]. 北京:人民交通出版社,2013.

[7] 中华人民共和国交通运输部. JTS 154—1—2011 防波堤设计与施工规范[S]. 北京:人民交通出版社,2011.

[8] 中华人民共和国交通运输部. JTS 144—1—2010 港口工程荷载规范[S]. 北京:人民交通出版社,2010.

[9] 吴宋仁,严以新.海岸动力学[M].北京:人民交通出版社,2004.

20世纪80年代以来珠江三角洲潮流特征演变分析

申其国 谢凌峰

（广东省交通运输规划研究中心，广东 广州 510101）

摘 要：受人为采沙等因素影响，20世纪80年代以来，珠江三角洲网河区的河性有了较大变化，进而导致河口区潮流特征的改变。本文从潮位、潮波传播速度、潮区界与潮流界位置、潮量与历时等方面，分析了近期珠江三角洲潮流特征的演变情况，其结论可为航道整治与港口建设提供参考。

关键词：珠江三角洲；潮位；潮区界；潮流界；潮量

1 前言

珠江口由西、北江和东江以及注入珠江三角洲的诸小河流的河口组成，构成"五江汇流，八口入海"水系格局[1]，其中"五江汇流"为西江、东江、北江、流溪河及潭江的径流汇入珠江三角洲，"八口入海"指从西向东的崖门、虎跳门、鸡啼门、磨刀门、横门、洪奇沥、蕉门以及虎门珠江河口的八大入海口门。珠江口的潮流属于不正规半日混合潮流类型[2]，其潮差虽然不大，但受喇叭状辐聚地形和上游巨大纳潮容积的影响，潮流动力仍较强劲。在口外的三灶、赤湾等站，涨、落潮历时几乎相等，潮水过程对称[3]。往口内，由于浅海分潮高阶调和项的作用，涨潮历时和落潮历时不等，落潮平均历时向外海逐渐递减，涨潮历时则刚好相反，由近岸向外海方向递增。

自20世纪80年代以来，河道的大规模取沙导致了珠江三角洲网河区的水动力条件和河性特征的较大变化[4-6]，进而引起珠江口潮流特征的改变，形成新的河网及河口潮流特征。本文在收集了大量的实测资料的基础上建立了珠江口潮流数学模型，通过数模的计算结果，对20世纪80年代以来珠江三角洲的潮位、潮波速度、潮区界与潮流界等潮流特征的演变进行了较详细分析。

2 潮位变化分析

潮位的变化主要取决于上游的来水变化、下游口门潮位变化和河槽自身的变化。

近几十年来,虽然珠江流域上游建了很多水利工程,但尚未有控制工程足以改变流域的来水来沙的量值及过程,径流量值及过程在时间上和空间上没有发生太大的调整[3]。另外,全球变暖会造成海平面上升,但短时期内影响很小。

通过数模计算,得到西、北江网河与珠江三角洲口门区主要测站多年平均流量下最高与最低潮位的变化情况(见表 1 和表 2),可知:

(1) 20 世纪 90 年代末至 2005 年,西江、北江网河区的最高、最低潮位均下降,仅靠近口门的测站竹银与大陇滘的最低潮位有所上升。

(2) 网河区内越往上游潮位降幅越大,其中西江高要站的最高、最低潮位分别下降了 0.23 m、0.5 m,北江三水站则为 0.14 m、0.39 m。

(3) 口门区各测站的最高潮位以降低为主,最低潮位以上升为主,但变化相对较小,变幅基本在 0.05 m 以内。

表 1   多年平均流量时网河潮位变化(珠基高程)　　　　　　　(m)

潮位情况	测站/年份	西 江				北 江			
		高要	马口	天河	竹银	三水	石仔沙	霞石	大陇滘
最高潮位	20 世纪 90 年代末	2.28	1.86	1.54	1.27	2.03	1.88	1.63	1.72
	2005 年	2.05	1.73	1.37	1.24	1.89	1.8	1.58	1.67
	差值	0.23	0.13	0.17	0.03	0.14	0.08	0.05	0.05
最低潮位	20 世纪 90 年代末	1.64	0.79	0.23	−0.42	0.75	0.19	−0.23	−0.75
	2005 年	1.14	0.44	0.21	−0.34	0.36	0.07	−0.23	−0.69
	差值	0.5	0.35	0.02	−0.08	0.39	0.12	0	−0.06

表 2   多年平均流量时口门潮位变化(珠基高程)　　　　　　　(m)

潮位情况	口门潮位站	虎门大虎	焦门南沙	洪奇门冯马庙	横门横门	磨刀门灯笼山	鸡啼门黄金	虎跳门西炮台	崖门黄冲
最高潮位	20 世纪 90 年代末	1.66	1.64	1.62	1.53	1.31	1.37	1.53	1.57
	2005 年	1.64	1.61	1.58	1.51	1.28	1.37	1.57	1.58
	差值	0.02	0.03	0.04	0.02	0.03	0	−0.04	−0.01
最低潮位	20 世纪 90 年代末	−1.41	−1.01	−0.84	−0.89	−0.76	−1.00	−1.01	−1.03
	2005 年	−1.40	−0.99	−0.81	−0.87	−0.65	−1.00	−1.08	−1.07
	差值	−0.01	−0.02	−0.03	−0.02	−0.11	0	0.07	0.04

整体上珠江三角洲网河区潮位下降明显,而口门区潮位变幅较小,说明河道的大规模取砂造成的河床下切与河槽容积增加,对网河潮位的影响较大,而对口门潮位影响较小。另外,潮位的下降与河槽容积的增大,使得珠江三角洲网河的纳潮能力大幅提升,纳潮量的增加又使与潮汐动力相一致的海湾区航槽的潮流动力大幅增加,航槽潮流动力增强提高了航槽水流的挟沙能力,可以减少航槽回淤。

3 潮波速度变化分析

根据航道整治工程中的横断面沿程河相关系[7],其经验关系式为:

$$\frac{\sqrt{B}}{H} = \zeta$$

式中:B 为平河漫滩水位下的河宽;H 为平河漫滩水位下的平均水深;ζ 为断面河相系数,一般情况下,与河床稳定性成反比,ζ 值越大,越不稳定。

从表3的西江河相关系比较数据中可看出:

(1) 在1990年地形和2005年地形下,河相系数沿程都有增大的趋势,在洪水情况下表现得更为明显,主要是因为下游河道比上游河道更为宽浅。

(2) 河相系数的沿程变化幅度较大,最小为1.70,最大为10.16。

(3) 2005年的河相系数明显较1990年小,这是由于人为采沙等造成河床下切严重,而河宽基本不变,水深增加,故河相系数变小。

表 3　西江河相关系比较

西 江	枯 水 流 量		平 均 流 量	
断　面	1990 年地形	2005 年地形	1990 年地形	2005 年地形
	$\sqrt{B}/H$	$\sqrt{B}/H$	$\sqrt{B}/H$	$\sqrt{B}/H$
马　口	7.00	4.44	5.90	4.11
天　河	5.76	3.59	5.40	3.47
百顷头	10.16	5.41	8.98	5.07
竹洲头	2.64	1.70	2.64	1.66
灯笼山	8.94	6.37	8.36	6.03

河流的横断面要素与水力要素有关,利用所计算结果,对西江下游的磨刀门航道和虎跳门航道进行分析,得到河宽、水深和流速之间存在简单的指数关系,如下式:

$$H = \alpha_1 Q^{\beta_1}, \quad B = \alpha_2 Q^{\beta_2}, \quad U = \alpha_3 Q^{\beta_3}$$

式中:H 为平均水深;B 为河宽;U 为平均流速;Q 为流量;α_i,β_i 为乘数与指数系数。

珠江三角洲河网内由于有潮水的填充和潮汐的顶托,在洪、枯季航道内水深都有所变化。在洪水情况下,西江的平均水深增大了 1.80 m,从而导致潮波传播速度增加了 2.48 km/h;在枯季,航道平均水深的增加更为明显,西江沿程平均分别达到 3.75 m,潮波传播速度相应增加了 6.77 km/h。潮波传播速度的增大直接导致了潮流上溯距离的增加,同时伴随着涨潮流量的增大,如表 4 所示。

表 4 1990 年和 2005 年西江航道网内潮波传播速度变化

	洪　水		枯　水	
	平均水深(m)	潮波速度(km/h)	平均水深(m)	潮波速度(km/h)
1990 年地形	15.82	44.85	7.96	31.81
2005 年地形	17.62	47.33	11.71	38.58
变化量(%)	11.38	5.53	47.11	21.28

4　潮区界、潮流界变化分析

网河区河床的大幅下切,河槽容积的大幅增加,对涨落潮潮差也产生重要的影响。从潮差的沿程变化可知,从河口至上游河段,潮差越来越小,随着上游径流量的增大径流动力增强,潮流动力减弱,由河口至上游的潮差减小速率随着上游流量的增加而加剧。从不同年代潮差变化可知,受河床下切、河槽容积增大,网河内潮汐通道更加顺畅,潮流动力增强等因素影响,各级流量下 20 世纪 90 年代末沿程潮位差都大于 60 年代;90 年代末至 2005 年虽然河槽容积也增加较多,但由于潮差相对 90 年代末变化较小。但从北江潮差的变化可以看出洪奇沥水道上段的局部河段 90 年代和 2005 年潮差较 60 年代甚至减小,这主要是由于相对于 60 年代,90 年代末和 2005 年河槽容积反而减小造成。

图 1~图 4 给出了洪水流量、多年平均流量、整治流量和设计流量下的潮区界和潮流界变化图。

(1)洪水时除虎门和崖门有涨潮流外,其他口门基本没有涨潮流,因而没有给出潮流界。

(2)从 20 世纪 60 年代至 90 年代末再至 2005 年,各流量下潮区界、潮流界均往上游移动。如多年平均流量时,60 年代潮区界在德庆、芦苞附近,潮流界在天河西樵附近;90 年代末潮区界上移至罗旁镇、大塘附近,潮流界则在紫洞、太平洲头附近;2005 年潮区界又上移至长岗镇,潮流界至马口附近,但北江潮区界和潮流界变化较小。

(3)随着上游流量的减小,潮流和潮区界上移,整治流量时潮区界已到西江界首滩附近,潮流界在高要和六都镇附近。

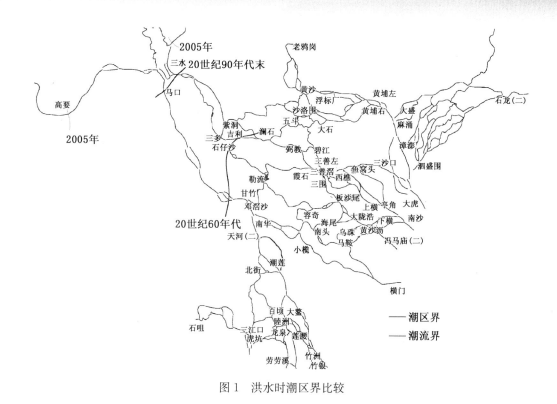

图 1　洪水时潮区界比较

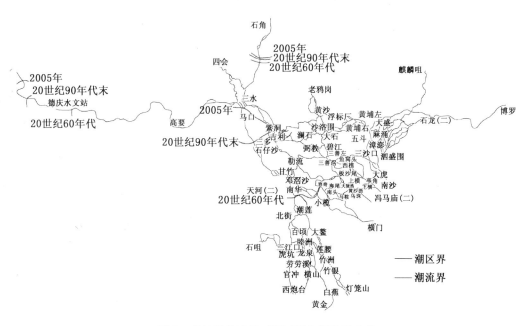

图 2　多年平均流量时潮区界和潮流界比较

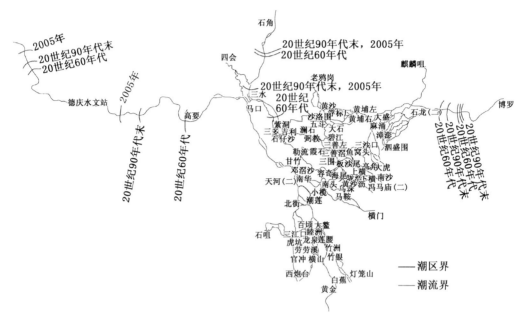

图 3   整治流量时潮区界和潮流界比较

图 4   设计流量时潮区界和潮流界比较

5 径、潮动力变化分析

由于高强度的河道取沙,网河区的河槽形态和河槽容积发生了较大的变化,这种变化在时间和空间上都很不均匀,在进入网河区上游径流量一定的情况下,由于河槽容积变化空间分布的不均匀性,必然使得网河区各个分汊的分流发生变化,其中河道容积增加较大的河道分流必然增加,同时也会使得其他平行输水河道的流量出现不同程度的减小。同时,河床下切,河槽容积增大,增加了河道的纳潮能力,减小了河道阻力,使得潮流更加畅通,增加了网河区的潮流动力。

表 5 与表 6 分别给出了外海大潮、上游对应多年平均流量下西江和北江沿程断面上的涨落潮平均流量与历时;表 7 与表 8 给出了多年平均流量与设计流量下西江和北江的涨潮通量。从表中可以看出:

表 5 多年平均流量时西江涨落流量变化

年份	断面	高要	马口	天河	潮莲	大鳌	竹银	灯笼山
20世纪90年代末	落潮平均流量(m^3/s)	6 934.19	6 348.71	3 717.94	1 997.71	2 200.32	3 461.85	4 137.27
	落潮历时(h)	25	25	22	21	21	20	18
	涨潮平均流量(m^3/s)	0.00	0.00	1725.72	1002.27	1657.95	2673.15	2792.98
	涨潮历时(h)	0	0	3	4	4	5	7
2005年	落潮平均流量(m^3/s)	6 909.85	7 349.29	4 581.61	2 328.07	2 766.84	3 982.40	4 681.39
	落潮历时(h)	25	23	21	21	20	20	18
	涨潮平均流量(m^3/s)	0.00	614.32	2 566.94	1 626.45	1 750.39	3 103.45	3 025.01
	涨潮历时(h)	0	2	4	4	5	5	7

表 6 多年平均流量时北江涨落流量变化

年份	断面	三水	石仔沙	霞石	三善右	三围	大陇滘	冯马庙
20世纪90年代末	落潮平均流量(m^3/s)	1 846.62	1 556.80	1 698.71	1 867.83	500.82	3 405.94	1 773.65
	落潮历时(h)	25	22	20	17	17	17	16
	涨潮平均流量(m^3/s)	0.00	811.54	1 123.25	1 067.53	486.40	1 785.69	1 364.08
	涨潮历时(h)	0	3	5	8	8	8	9

续表

年份	断面	三水	石仔沙	霞石	三善右	三围	大陇滘	冯马庙
2005年	落潮平均流量（m³/s）	1 442.57	1 357.88	1 745.15	1 930.07	866.40	3 524.16	1 683.65
	落潮历时(h)	25	22	18	16	15	17	17
	涨潮平均流量（m³/s）	0.00	974.24	994.76	1 199.31	730.84	1 967.80	1 552.61
	涨潮历时(h)	0	3	7	9	10	8	8

表 7 西江大潮涨潮通量变化 （10⁶ m³）

代表流量	年份	高要	马口	天河	潮莲	大鳌	竹银	灯笼山
多年平均流量	20世纪90年代末	0.00	0.00	18.64	14.43	23.87	48.12	70.38
	2005年	0.00	4.42	36.96	23.42	31.51	55.86	76.23
设计流量	20世纪90年代末	41.50	75.87	78.79	48.09	65.84	116.55	144.37
	2005年	54.21	111.24	113.89	64.08	77.46	128.56	151.32

表 8 北江大潮涨潮通量变化 （10⁶ m³）

代表流量	年份	三水	石仔沙	霞石	三善右	三围	大陇滘	冯马庙
多年平均流量	20世纪90年代末	0.00	8.76	20.22	30.74	14.01	51.43	44.20
	2005年	0.00	10.52	25.07	38.86	26.31	56.67	44.72
设计流量	20世纪90年代末	20.40	36.78	54.16	60.40	18.63	105.18	62.29
	2005年	20.45	36.73	55.33	61.65	32.66	112.19	63.82

（1）西江和北江沿程断面平均落潮量完全取决于上游径流和分流比变化。20世纪90年代末至2005年，西江干流由于大规模河道取沙和航道整治等人类活动，西江的河床大幅度下切，河槽容积增大，造成西江分流比增大，北江分流比减小，西江马口至灯笼山落潮量增大，北江三水落潮量减小。由于北江下游河段分流比变化，其他断面的落潮量变化不一。

（2）多年平均流量西江上游高要至下游口门灯笼山，落潮历时逐渐减少，涨潮历时逐渐增加,说明潮流动力逐渐增强,径流作用相对减弱;比较不同年代地形涨落潮历时可以看出落潮历时逐渐减少,涨潮历时逐渐增长,潮流动力逐渐增强。不过在多年平均流量下,灯笼山的落潮历时远大于涨潮历时,说明西江干流仍以径流为主。

(3) 涨潮时受到河槽容积增大、水位下降的影响,平均涨潮流量从 20 世纪 90 年代末至 2005 年在增加,受分流和河槽容积变化的影响,涨潮流量增加较多。北江干流 90 年代末至 2005 年,受北江(三水)分流比减小的影响,落潮流略有减小,但受河槽容积增大影响,涨潮流有所增大。

(4) 受河床下切、河槽容积增大的影响,西江和北江涨落潮流量从 20 世纪 90 年代末至 2005 年总体上增大,且越往下游增幅越大。

(5) 随着上游径流量的减小,潮流动力增强,潮流上溯距离增加。上游为多年平均流量时,高要和三水无涨潮流。设计流量下,整个网河区都受到潮流作用。

6 结论

20 世纪 80 年代以来,河道大规模取沙不但造成珠江三角洲网河区河床下切、河槽容积增大,也引起河口区潮流特征的较大改变,形成新的潮流特征。具体表现在:网河区潮位下降,而口门区潮位变化较小;水道宽深比变小,潮波传播速度加快,进而导致潮流上溯距离增加,潮区界与潮流界上移;涨潮潮量增加、历时变长,中枯水潮流动力增强,径流则相对减弱。潮流特征的改变为珠江三角洲河口区的航道整治及港口建设提供了新的思路。

参考文献

[1] 李春初. 中国南方河口过程与演变规律[M]. 北京:科学出版社,2004:1-260.

[2] 林祖亨,梁舜华. 珠江口水域的潮流分析[J]. 海洋通报,1996,15(2):11-22.

[3] 广东省交通运输规划研究中心,广东省航道局,南京水利科学研究院,河海大学,广东正方圆咨询有限公司. 珠江三角洲现代化航道网建设关键技术研究[R]. 广州:广东省交通运输规划研究中心,2013.

[4] 李静. 珠江三角洲网河近 20 年河床演变特征分析[J]. 水利水电科技进展,2006,26(3):15-20.

[5] 陈晓宏,陈永勤. 珠江三角洲网河区水文与地貌特征变异及其成因[J]. 地理学报,2002,57(4):429-436.

[6] 蔡华阳,杨清书. 西北江网河来水来沙及分水分沙变化特征[J]. 热带地理,2009,29(5):434-439.

[7] 倪晋仁,张仁. 河相关系研究的各种方法及其间关系[J]. 地理学报,1992,47(4):368-375.

Analysis on the Circulation of the Yangtze River Estuary Based on ADCP Measurements

Yi-xin Yan[1, 2]   Ai-feng Tao[1]   Dong-sheng Yu[3]   Jin-yan Yang[3]

(1. State Key Laboratory of Hydrology-Water Resources and Hydraulic Engineering, Hohai University, Nanjing 210098, China; 2. Key Laboratory of Coastal Disaster and Defence, Ministry of Education, Hohai University, Nanjing 210098, China; 3. Third Institute of Oceanography of State Oceanic Administration, Xiamen 361005, China)

Abstract: According to analysis on field data obtained by ADCP (Acoustic Doppler Current Profiler), the flow regime of the Yangtze River Estuary is studied by use of a 3D numerical model. The flow field characteristics, under the influence of Coriolis force, saltwater intrusion and freshwater inflow and tidal current interaction, are depicted in detail. The main driving forces and some important effective factors of lateral, longitudinal and horizontal circulation are also analyzed.

Key words: Yangtze River Estuary; estuarine circulation; Acoustic Doppler Current Profiler (ADCP)

1 Introduction

The Yangtze River Estuary is the largest estuary of China. It is about 200 km from Jiangyin, where the tidal current limit is located, to its doorway and then to the East China Sea. It is a partially stratified estuary. As shown in Fig. 1, down from Xuliujing, there locate Chongming Island, Changxing Island, Hengsha Island and Jiuduansha Sandbank, forming the plane view of four outlets entering the sea with three bifurcations.

The flow regime of the Yangtze River Estuary is very complicated due to the strong interaction of freshwater inflow and tidal current. Besides the general reciprocating current, other three patterns of circulation can be found. The first is the longitudinal circulation that the surface flows towards the sea whereas the bottom flows towards the land. The second is the horizontal circulation that the northern side flows towards the land but the southern side flows towards the sea in the channel. And the last one is the lateral circulation that the surface flows towards south (or north) and the bottom flows towards north (or south) (Yu, 2005).

Although the duration of circulation is variable, the estuarine flow structure, sediment transportation, chemical process and even the estuary evolution can all be influenced by those circulations. A great number of scholars have made efforts to explain the phenomena. Pritchard (1955, 1956) advanced the concept of estuary salinity distribution and made an emphasis on longitudinal circulation. His works indicated that the generation of lateral and horizontal circulations was due to the change of transversal profile, channel curving and Coriolis force. With the flux distribution method, Dyer(1988) made the comparisons among change processes of various estuarine salinity flux. The gravitational residual circulation of an ideal estuary, which is a partial stratified steady estuary with even depth and even width, was studied by Festa and Hansen (1978) with a 2D model. Blumberg (1978) studied the influence on water flow induced by water density changing. He pointed out that the main driving force of estuary circulation was pressure gradient. A 3D baroclinic tidal current model was used by Fortunato et al. (1997) to study the complex circulation of Tagus estuary. The characteristics of tidal current, circulation, water quality and some other important physical factors of the typical estuaries or bays, such as the Mississippi Estuary, the Chesapeake Bay, the Delaware Bay, have been discussed by using many a research method. Circulation of the Yangtze River Estuary South Channel was studied by Wang and Su (1987) with numerical simulation method. Using an improved ECOM model, designing an idealized strait and funnel-shaped estuary, the impact of the estuarine funnel shape on the estuarine circulation and saltwater intrusion was studied by Zhu and Hu (2003). The works of X_u et al. (1985) indicated that the main reason for separation of flood and ebb tidal dynamic axes in the Yangtze River Estuary was Coriolis force and just this mechanism improved the channel bifurcation and channel bar development. Based on the long-term observed data analysis, Chen and Zhang (1987) found that the tidal level of South Channel north side was $40\sim50$ cm higher than that of South Channel south side during flood tide. And Chen also believed that the main factor induced the flood tide to tend to the north, whereas the ebb tide tending to the south was Coriolis force. Impact on the suspend load transportation resulted from the Yangtze River Estuary circulation was studied by Shen et al. (1986).

The field data used herein is all primarily measured by ADCP (Acoustic Doppler Current Profiler) in the Yangtze River Mouth dated from 22nd to 30th,

Sept, 2002 and in the North Passage from 21ˢᵗ to 23ʳᵈ, Oct, 2002. The first step is to extract flow velocity of three directions including west-east, north-south and vertical direction. The next step is to make some necessary transformations and comparisons among the interesting field data. And then, as the main contest, the flow regime characteristics of the Yangtze River Estuary are discussed with a numerical model developed by Hohai University. It is found that there are typical characteristics of circulation existing in the Yangtze River flow regime. Then, the possible generation mechanisms and some main factors are analyzed for these characteristics.

2 Analysis on Circulation of the Yangtze River Estuary

In order to analyze the flow velocity changes in various directions, some stationary transverse profiles are selected. The location of ADCP cross-sections in the North Passage is shown in Fig. 1. Only the results of cross-section ♯ 1 are discussed here, and the other cross-sections yield similar results.

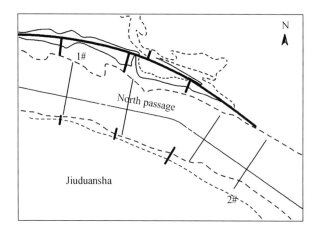

Fig.1 Layout of cross-sections in the North Passage

2. 1 Longitudinal Circulation

Aiming at depicting the flow velocity changes clearly, the left, middle and right measured lines on section ♯ 1 are selected from northern bank to southern bank in longitudinal direction. As shown in Fig. 2, the flow velocity vectors of every line are given according to flow velocity magnitude and direction. For Fig. 2 and Fig. 3, the origin of the coordinate system is placed on the North bank and the values of the y-axis denote tidal level.

It has been shown that the velocity magnitude of surface is larger than that of the bottom during ebb tide, and with the runoff holding the current during flood

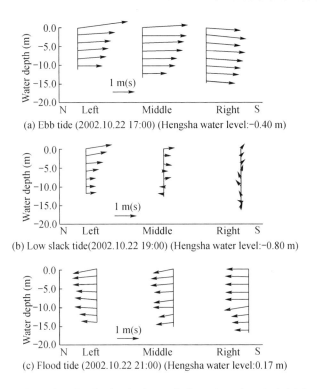

(a) Ebb tide (2002.10.22 17:00) (Hengsha water level:−0.40 m)

(b) Low slack tide(2002.10.22 19:00) (Hengsha water level:−0.80 m)

(c) Flood tide (2002.10.22 21:00) (Hengsha water level:0.17 m)

Fig. 2　Sectional longitudinal velocity variation of section ♯ 1 (right arrow oriented to downstream)

tide, the velocity distribution is uniform. Both of these two cases are with similar velocity directions for whole depth. During low slack tide, the directions in the upper and lower layers are opposite with the surface tending to the sea while the bottom tending to the land and the characteristics of longitudinal circulation appear obviously.

2. 2　Lateral Circulation

The transverse velocity vector field of cross-section ♯ 1 can be seen from Fig. 3. The mean distance is 4. 75 m between the adjacent vertical lines.

As shown in Figs. 3a and 3c, there exists apparent skewness in the flow field during ebb tide and flood tide. Following the flow direction in both pictures flow turns to right. During low slack tide (Fig. 3b), difference occurs in the velocity direction between the upper and the lower layers so that the characteristics of clockwise lateral circulation appear in the transverse direction. It flows towards the north in the bottom while towards the south on the surface.

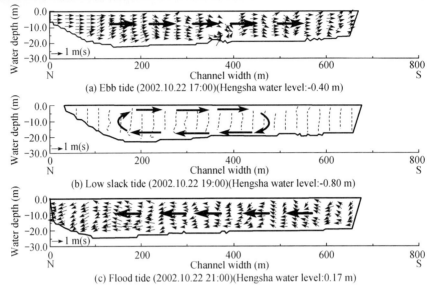

Fig. 3   Cross-sectional velocity vector field of section ♯ 1（horizontal coordinate indicates the transverse distance with the unit：m）

2.3   Horizontal Circulation

The surface，middle and bottom horizontal lines of the cross-section ♯ 1 are selected to describe the changing of the vertical velocity. Flow velocity vector of every layer is depicted as shown in Fig. 4. The origin of the coordinate system is

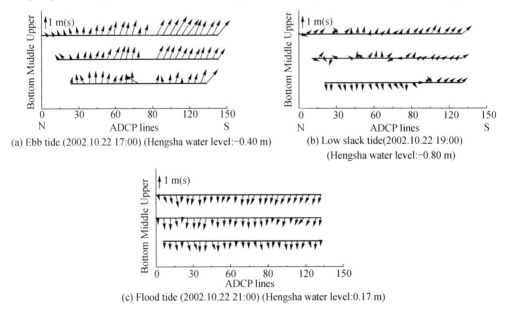

Fig.4   Change of the velocity along the horizontal lines on section ♯ 1
（Note：right arrow-head oriented to lower river；left arrow-head oriented to the upper river）

placed on the North bank. The mean distance is also 4.75 m between the adjacent vertical lines.

The generation process of horizontal circulation could be seen clearly from Fig. 4. Water flow of each layer turns to right during ebb tide and turns to left during flood tide. Under the influence of tidal current, during low slack tide, water flow direction starts to change at the bottom and moves upward gradually. All of these are the typical characteristics of horizontal circulation.

3 Analysis on Mechanisms of the Yangtze River Estuary Circulation

The water flow structure of the Yangtze River Estuary is complicated, and it can be effected by many a factor. Qualitative analysis on generation mechanisms of the Yangtze River Estuary circulation is present from the following three main aspects.

3. 1 Coriolis Force

Aiming at discussing on the influence of the Coroilis force on the water level difference between the northern bank and the southern bank of different branches of the Yangtze River Estuary, the flow field during measurement time-interval is simulated by a 3D numerical flow model developed by Hohai University. As shown in Fig. 5, seven cross-sections, such as A-A, B-B, C-C, D-D, E-E, F-F, G-G, are selected to calculate the maximum water level changes between the northern bank and the southern bank and the results are given in Table 1.

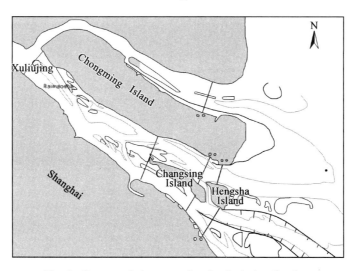

Fig. 5 Layout of the water level calculation Sections

Table 1   Maximum water level difference between the southern bank and the northern bank on   (cm)

Section mane	A-A	B-B	C-C	D-D	E-E	F-F	G-G
Max. w. l. diff.	9.3/−6.7	41.7/−19.4	6.4/−3.6	36.6/−18.3	4.1/−11.2	11.5/−12.8	8.7/−6.8

Note : Max. w. l. diff. = maximum water level of northern bank-water level of southern bank. The value before "/ "is the height of the water level of the northern bank above that of the southern bank, the value after "/ "is the height of the water level of the southern bank above that of the northern bank.

The maximum observed water level difference of Baozhen and Gaoqiao water level station is 26 cm/ − 22 cm, during the corresponding period. By comparison with section B-B and considering the relative positions of Baozhen and Gaoqiao, it can be concluded that the numerical and observed maximum water level is consistent. Numerical results indicate that the water level difference of northern bank is larger than that of southern bank in South Branch, South Channel and North Branch. However, the situation of North Channel is in an opposite way, maybe it is induced by the existence of Hengsha Channel. The maximum lateral gradient between northern and southern banks of every section can be calculated according to the river width of calculation sections. For example, the maximum lateral gradient of B-B section is $0.021\ 5 \times 10^{-3}$. It can be concluded that the Coroilis force has a dominant effect on the water level change between the two banks and therefore acts as an important factor to the generation of circulations. The calculated water level time series for southern and northern banks of section B-B is depicted in Fig. 6, respectively.

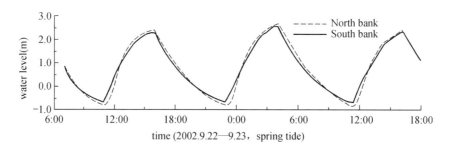

Fig. 6   Calculated water level for the southern and the northern bank of the section B-B (Spring tide : 2002. 9. 22—23)

Effect induced by Coriolis force to lateral circulation embodies mainly in the turn tidal current process. During the low slack tide period, with the bottom of flood tidal current turning to northern bank and surface of ebb tidal current turning to southern bank, the clockwise lateral circulation occurs (Fig. 3). Referreing to

Fig. 4, the separation of flood and ebb tide induced by Coriolis force is also obvious. During the tide turning point, flood tide initiates near the northern bank, while ebb tide still dominates near the southern bank. Thus the counter clockwise horizontal circulation is formed. On the other hand, Coriolis force is one of the factors that may result in obvious salinity difference between the southern and the northern bank.

3. 2　Interaction Between the Freshwater Inflowand Tidal Current

Estuarine circulation depends on the interaction between freshwater inflow and tidal current. Without considering other factors, freshwater inflow goes downstream to sea on the surface and tidal current runs upstream to land at the bottom. It is one of the important reasons to form saltwater wedge. Tidal current can not induce the net transport of water mass in tidal period scale, but it has a profound impact on the turbulence and mixing processes. Tidal current has an orientation to break the balance of saltwater wedge, thus resulting in the mixture of fresh and salt water and the longitudinal circulation.

The flow velocity components VE, VN, V_{UP}, which were measured by ADCP in west-east, north-south and vertical direction respectively, are transformed into u, v, w in ordinary coordinates. Then flow velocity components are divided into six layers in vertical direction. The relative depth of them is 0. 0 (surface), 0. 2, 0. 4, 0. 6, 0. 8 and 1. 0 (bottom), respectively.

With the observed current velocity based on ADCP, the vertical velocity changing processes in the South Branch are given in Fig. 7. As shown in (a), (b) and (c) of Fig. 7, these four sections are Xuliujing, Baimaosha, Shidongkou and South channel respectively (Fig. 5). The relative locations of those sections and the water level at the corresponding time are shown in Table 2. The vertical velocity changing process during the turn of tidal current at N3 of the South Channel, with the positions shown in Fig. 5, is given in Fig. 8.

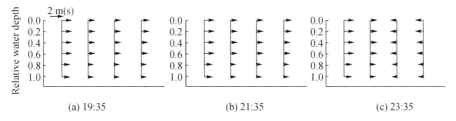

Fig. 7　Vertical velocity changing process of the South Branch (Spring tide : 2002. 9. 22)

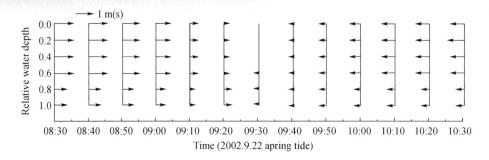

Fig. 8　Vertical velocity changing process during the turn of tidal current at N3 of South Channel（Spring tide：2002. 9. 22）

Table 2　Location of the sections and lines of ADCP in South branch with water levels

	Section/line	Distance from Xuliujing (km)	Water level(m)					
			2002.9.22			2002.9.29—9.30		
			19:35	21:35	23:35	23:40	01:40	03:40
South branch	Xuliujing	0	0.91	0.30	0.08	0.81	0.43	0.36
	Baimaosha	21	0.60	−0.01	0.41	0.56	0.24	0.38
	Shidonghou(Z10)	48	−0.20	−0.43	1.58	0.08	0.07	0.61
	South channel (waterway)	79	−0.5	0.08	1.98	−0.02	0.22	0.75

During ebb tide，the water body of all the sections moves seaward and the surface velocity is larger than the bottom velocity due to the bottom friction. During initiation stage of the flood tide，the water body changes its direction towards the land starting from the downstream meanwhile in the upper reach of Xuliujing current still flows seaward. Owing to the joint effect of the runoff and the bottom friction the maximum velocity appears around middle layer. During the period from ebb tide to flood tide，the flow begins to change direction. It appears that the surface flow runs into the sea and the bottom flow goes toward the land. Additionally，the longitudinal circulation characteristics appear and this phenomenon moves towards the upper reach gradually. During neap tide，the circulation characteristics are not obvious.

Based on the previous analysis，it can be seen clearly that the velocity magnitude during ebb tide ebb tide decreases gradually from upper layer to lower layer. The maximum velocity appears in the surface layer or at the relative depth of $0.2H$，while the minimum velocity appears in the bottom layer. Such velocity distribution is mainly caused by the bottom friction. But during flood tide，the water current is usually stronger in the middle and weaker at the two ends. The maximum flood tidal velocity usually occurs at the relative depth of $0.4H \sim 0.6H$， which is caused by the bottom friction and the holding force of runoff. Around the slack tide, the surface flows seaward and the bottom flows landward. The stagnation point appears at the relative depth of $0.4H \sim 0.6H$.

3.3 Salt Water Intrusion

Physically, under the influence of Coriolis force or other factors along the process of tidal salt water entering estuary, the density of estuarine water both in longitudinal and lateral direction is non-uniform. Thus the density gradients both in the horizontal and vertical directions were observed in the Yangtze River Estuary. With such gradients, it generates the salt-fresh water density flow and the flow velocity vertical distribution changes obviously. And such a change leads to the change of the flow structure.

Fresh water inflow goes downstream to the sea from the surface and the salt water in lower layer goes upstream towards the land due to the density gradient. For the difference in the water density between the upper layer and the lower layer, with diffusion processes the high density salt water of the lower layer continuously enters the low density fresh water of the upper layer. Along with the mixing process, a longitudinal circulation is formed with the upper layer seaward completely and with the lower layer landward completely.

During ebb tide, the longitudinal density gradient is opposite to water level slope. The velocity on the bottom which has a higher salinity concentration is apparently different from the velocity on the surface which has a lower salinity concentration. The bottom velocity decreases evidently and the surface velocity increases for the existence of surface fresh water. During flood tide, the longitudinal density gradient is consistent with the water level slope so that the bottom velocity increases. During slack tide, with a small water level gradient, the density gradient plays its dominant role. Both the lateral circulation induced by transverse uneven density and the longitudinal density gradient make contributions to the presence of horizontal circulation.

From the above analysis, it can be concluded that the longitudinal circulation induced by saltwater intrusion varies along with the process of flood and ebb tide. Just in some river reaches where the freshwater inflow and tidal current are in relative equilibrium, the circulation induced by salt-fresh water density flow can be formed observably. Otherwise, if one side of freshwater or saltwater is stronger or weaker, the salt-fresh water density flow can not be formed. Thus the relative circulation does not exist.

4　Conclusions

The flow regime, especially the circulation characteristics of the Yangtze River Estuary is studied with a numerical model based on the ADCP observed data. It shows that three kinds of circulations may exist in the Yangtze River Estuary. Those are longitudinal circulation with surface layer seaward and bottom layer landward, lateral circulation with surface layer southerly (northerly) and bottom layer northerly (southerly), horizontal circulation with north side landward and south side seaward. All these kinds of circulations always appear during the turning process of tide and have orientation moving with tidal current. In case of strong tidal current, the circulation will disappear. It indicates that, during the turning process of tide, water flow moves in a complicated 3D spiral formation under the influence of runoff and tidal current interaction.

The mechanics of circulation is discussed. Longitudinal circulation depends mainly on the interaction of runoff and tidal current. Both the lateral circulation and horizontal circulation are mainly driven by Coriolis force and always appear during the turning process of tide. All of these three kinds of circulations have relation with the density gradient induced by saltwater intrusion.

Physically, the existence of circulation does not only depend on the extra force to drive it, it also relies on the duration of such force. The characteristics of estuarine circulation are influenced by many factors, such as the changes of river channel evolution, the changes of estuarine geometric shape, etc. There are many difficulties for ADCP system to measure them. So these factors can not be considered or analyzed completely. The further study can be conducted with numerical model or other methods.

Acknowledgements

The authors would like to thank Shanghai Institute of Waterways (SIW) for their help with this Work.

References

Blumberg, A. F. 1978. The influence of density variations on estuarine tides and circulations. *Estuarine and Coastal Marine Science*, 7, 209-215.

Chen, Jiyu, and Zhang, Chong-le, 1987. The natural environment in the Yangtze River Estuary with its surrounding ocean area. J. *of East China Normal University (Natural Science)*, 2,

86-94. (in Chinese)

Dyer, K. R. 1988. Fine sediment particle transport in estuaries. *Physical Processes in Estuary*, 3, 295-310.

Festa, J. F. and Hansen D. V. 1978. Turbidity maximum in partially mixed estuaries : a two-dimensional model. *Estuaries and Coastal Marine Science*, 7, 347-357.

Fortunato, A. B., Baptista, A. M., and Luettich, R. A. 1997. A three-dimensional model of tidal currents in the mouth of Tagus estuary. *Continental Shelf Research*, 17 (14), 1689-1714.

Pritchard, D. W. 1956. The dynamic structure of coastal plain estuary. *Marine Research*, 15, 33-42.

Pritchard, D. W. 1955. Estuarine circulation patterns. *Proc. of the America Society of Civil Engineering*, 1-11, Reston, USA American Society of Civil Engineers.

Shen Huan-ting, Zhu Hui-fang and Mao Zhi-chang. 1986. Yangtze River Estuarine circulaton and its impaction on suspended load transportation. *Oceanolgia et Limnologia Sinica*, 17(1): 26-35. (in Chinese)

Wang Kang-shan and Su Ji-lan. 1987. Calculation and analysis on the circulation flow and its suspended substance transportation in the South Channel in the Yangtze River Estuary. *Acta Oceanologica Sinica*, 9(5), 627-637. (in Chinese)

Xu Shi-yuan, Wang Jin-tai and Li Ping, 1985. Discussion on the periodical development of the Yangtze River Estuary Delta. *Proc. of the Symposium on the Coastal and Estuarine Dynamics, Physiognomy and Sediment Process*. Pekin: Science Pressh, 20-34. (in Chinese)

Yu Dong-sheng. 2005. The flow and sediment movement analysis based on ADCP with 3D numerical flow model. Nanjing: Hohai University. (in Chinese)

Zhu Jian-rong and Hu Song. 2003. Impact of the Estuarine Funnel Shape on the Estuarine Circulation and Saltwater Intrusion. *J. of East China Normal University* (*Natural Science*), (2), 68 -73. (in Chinese)

Critical Discharge at Datong for Controlling the Operation of the South-to-North Water Transfer Project in Dry Seasons

Yi-gang Wang　Hui-ming Huang　Xi Li

(Key Laboratory of Coastal Disaster and Defence of Ministry of Education, Hohai University, Nanjing 210098, China)

Abstract: Previous research shows that there is a strong correlation between saltwater intrusion in the Yangtze Estuary and the discharge at Datong. In the near future, the discharge of the Yangtze River during dry seasons will decrease due to the construction and operation of large water diversion projects, including the South-to-North Water Transfer Project, which will further exacerbate saltwater intrusion in the estuary. In this paper, a nested 1D river network model and a 2D saltwater numerical model are used to associate saltwater intrusion in the Yangtze Estuary with different values of discharge at Datong. It is concluded that 13 000 m^3/s is the critical discharge at Datong for preventing saltwater intrusion and controlling the volume of water diverted by the South-to-North Water Transfer Project. Furthermore, based on analysis of river discharge from Datong to Xuliujing and in consideration of the influence of all of the water diversion projects, operation schemes are proposed for the Eastern Route Project of the South-to-North Water Transfer for different hydrological years.

Key words: saltwater intrusion; critical discharge at Datong; water pumping and diversion; South-to-North Water Transfer Project

1　Introduction

Saltwater intrusion in an estuary is an issue of much concern for coastal cities around the world. Forecasting saltwater intrusion and understanding related mechanisms are essential in helping these cities avoid disasters and establish protective measures. As the annual hydrological data show, the freshwater upstream of Shanghai, which is located in the Yangtze Estuary, is not sufficient to counterbalance the tidal force during the annual period from November to April. Thus, Shanghai has seen considerable saltwater intrusion in its estuary area. Hydrological data from 1978 to 2003 show that saltwater intrusion is very serious near the Chenhang Reservoir at the South Branch of the Yangtze Estuary when the average monthly discharge at the Datong Hydrological Station is lower than 11 800 m^3/s during the dry seasons. Such was the case during the dry seasons of 1987, 1999 and 2000, when the minimum average monthly discharges were 7 600 m^3/s (in January), 9 100 m^3/s (in February), and 10 300 m^3/s (in January), respectively, and the corresponding numbers of continuous days unsuitable for water diversion were 13, 25 and 9. Thus, although Datong is more than 600 km away, the discharge there is strongly correlated with saltwater intrusion in the Yangtze River Estuary (Gu, 2004). Recent years have seen the planning, construction and preliminary operation of many large hydraulic projects, including the South-to-North Water Transfer and the Three Gorges Project. Meanwhile, with the development of the economy, water diversion for irrigation, domestic and industrial water use and other needs is rising rapidly, and the downstream runoff of the Yangtze River will continue to decrease substantially in the future. Furthermore, it has been planned to divert 1 000 m^3/s of water from the Yangtze River by the Eastern Route of the South-to-North Water Transfer Project. The annual mean volume of this water diversion will be about 3×10^{10} m^3, about 3.3% of the total annual runoff of the Yangtze River. According to the scheme, that amount will rise to 14% of total annual runoff during dry seasons, and 7.7% during the period stretching from wet to dry season. Statistical data of average monthly discharge of the Yangtze River over the last forty years show that the water diversion will cause the proportion of months with runoff to the sea lower than 9 000 m^3/s to increase from 15% to 32%, the proportion of months with runoff to the sea lower than 13 000 m^3/s to increase from 59% to 71%, and, conversely, the proportion of months with runoff to the sea over 15 000 m^3/s to decrease from 21% to 14% (Yang, 2001). Furthermore, the number of additional, smaller water diversion projects along the Yangtze River from Datong to Xuliujing has also increased in recent years. Previous work (Zhang and Chen, 2003; Zhang et al., 2007) shows that there were 64 water diversion projects of different kinds until 2000, with a total water diversion capacity of 4 626 m^3/s, and by the end of 2006, there were 176 sluices and 29 pump stations, with cumulative designed water diversion capacities of 16 611.8 m^3/s and 2198.76 m^3/s, respectively. The total water diversion capacity of these projects significantly exceeds the designed water diversion volume of the

Eastern Route of the South-to-North Water Transfer Project. Due to the location of the intake near the Yangtze Estuary, as well as the large diversion volume at present and the low river discharge in dry seasons, future operation of the Eastern Route of the South-to-North Water Transfer Project may further aggravate saltwater intrusion in the estuary.

Therefore, it is necessary to find a critical discharge at Datong that inhibits saltwater intrusion in the estuary and mitigates the effects of the South-to-North Water Transfer Project. The quantification of critical discharge will be an efficient method for analyzing and predicting saltwater intrusion in the Yangtze Estuary and enhancing cooperation between large projects such as the South-to-North Water Transfer Project, the Three Gorges Project and others during dry seasons.

2　Influence of the discharge at Datong on saltwater intrusion in the Yangtze Estuary

2.1　Methodology

Statistical analysis of years of continuous and hourly telemetry data shows that saltwater from the North Branch of the estuary flows backwards into the South Branch when Datong discharge is less than 25 000 m^3/s and the tidal range at Qinglong Harbor is larger than 2.5 m. When Datong discharge is less than 11 000 m^3/s, a large quantity of salt water from the North Branch flows into the South Branch and causes the water quality in the water source areas to seriously deteriorate. In order to study the relationship between salinity variation in the Yangtze Estuary and variation of the Datong discharge, 1D and 2D numerical models were developed based on hydrological and salinity data collected in the estuary in March, 2002, and used to predict the critical Datong discharge that provides sufficient fresh water to resist saltwater intrusion. This critical discharge can be used as a parameter in controlling the South-to-North Water Transfer Project during dry seasons.

2.2　Mathematical model set-up

1. One-dimensional river network model for the section from Datong to the Yangtze Estuary

A 1D numerical model based on Saint-Venant equations was established to calculate water levels throughout the river network. The upper boundary of this model is located at the Datong Hydrological Station in Anhui Province, the lower boundary is located at the Port of Lianxing in the North Branch and Liuxiao at the South Branch of the Yangtze Estuary, and the total distance of the simulated river is approximately 591 km (Huang, 2006; Zhu et al., 2001). The calculation range of the model is shown in Fig. 1. Numbers in the figure represent the sequence of the inlets.

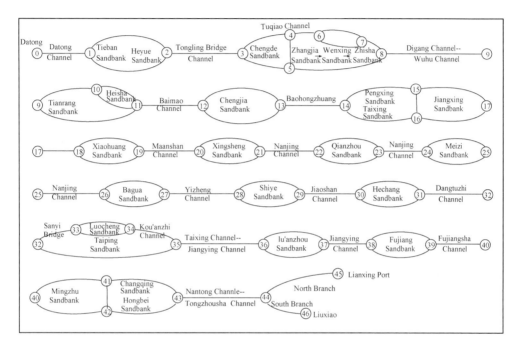

Fig. 1 Calculation range of 1D Model

2. Two-dimensional flow and salinity numerical model of the Yangtze Estuary

Because the horizontal scale of the Yangtze Estuary is much larger than the vertical scale, a 2D depth-averaged numerical model was established to calculate flow and salinity in the estuary. The calculation domain of the 2D numerical model is shown in Fig. 2. The western boundary is located at Jiangyin and Hangzhou Bay, the northern boundary at Lüsi, the southern boundary near the southern end of the Zhoushan Archipelago, and the eastern boundary at -50 m isobaths. The total area is 4.27×10^5 km^2 (Huang, 2006).

2.3　Influence of Datong discharge on variation of water level at Jiangyin

1. Hydrological conditions

Taking into account constant tides, and integrating the variation in Datong discharge with the operation of the Three Gorges Project and the South-to-North Water Transfer Project, the 1D river network model was used to simulate water

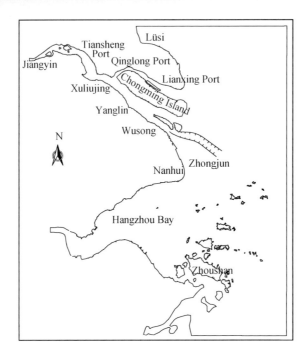

Fig. 2　Calculation domain of 2D model

levels at Jiangyin in response to different Datong discharges.

Investigation shows that the minimum daily Datong discharge is 4 620 m³/s. Therefore, a discharge of 5 000 m³/s is set as the lower limit. Generally, when the Datong discharge is comparatively low, saltwater intrusion in the Yangtze Estuary is serious. In order to investigate the salinity variation in the estuary for the duration of low Datong discharge, it is necessary to reduce the increment between Datong discharge values when discharge is less than 10 000 m³/s. Therefore, the hydrological conditions used as inputs were as follows.

The spring tide range and neap tide range were, respectively, 4. 72 m and 1. 01 m at the Port of Qinglong in the Yangtze Estuary and 4. 19 m and 0. 7 m at Zhongjun; the Datong discharges are 5 000 m³/s, 7 666 m³/s (Considering the influence of the South-to-North Water Transfer Project), 8 926 m³/s (Considering the influence of combinational operation of the South-to-North Water Transfer Project and the Three Gorges Project), 9 926 m³/s (Considering the influence of the Three Gorges Project), 10 000 m³/s, 15 000 m³/s, 20 000 m³/s, 30 000 m³/s, 40 000 m³/s, and 50 000 m³/s.

2. Simulation results and primary analysis

As shown in Fig. 3, water level variation at Jiangyin follows a similar trend under different conditions, and it is strongly correlated with discharge at Datong.

When Datong discharge is high through continuous spring, middle andneap tides, the water level at Jiangyin is usually correspondingly high. When Datong discharge increases from 5 000 m^3/s to 50 000 m^3/s, the mean water level at Jiangyin increases from 0.5 m to 1.69 m, an increment of 1.19 m. Maximum and minimum water levels rise by increments of 1.33 m and 1.47 m, respectively, from 2.01 m and -0.51 m to 3.34 m and 0.96 m. Durations of flood and ebb tide at Jiangyin are influenced by the Datong discharge as well. Variations in the Datong discharge change the balance between runoff and the tidal current at Jiangyin, causing durations of flood and ebb tides to increase or decrease accordingly. Owing to the short distance from Jiangyin to the estuary, visible variations of flood and ebb tide durations mainly appear with relatively large Datong discharges. It is concluded that when the mean water level at Jiangyin is comparatively high and Datong discharge is greater than or equal to 40 000 m^3/s, the duration of ebb tide is prolonged by an hour, compared with that during lower Datong discharges, and the duration of the flood tide is reduced by an hour. Moreover, when the mean water level at Jiangyin is comparatively low, distinct variations of flood and ebb tide durations appear with Datong discharges greater than or equal to 30 000 m^3/s.

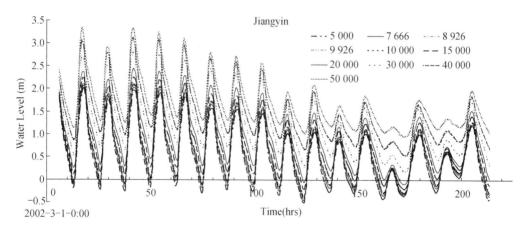

Fig.3　Water level at Jiangyin corresponding to different Datong discharge

If tidal conditions are held constant, the mean water level at Jiangyin would increase along with the Datong discharge. The water level at Jiangyin is not only influenced by the Datong discharge, but also by variations of tide level in the estuary. The variation of the water level in Jiangyin remains similar throughout the continuous process of flood tide, middle tide and neap tide, but the flood and ebb tide duration, tidal phase and mean tide level all show some change.

2.4 Influence of Datong discharge on variation of saltwater intrusion in the Yangtze Estuary

1. Hydrological conditions

Considering the calculated water level at Jiangyin under different hydrological conditions as the upper boundary of the 2D numerical model，saltwater intrusion in the Yangtze Estuary was simulated under various combinations of hydrological conditions.

2. Salinity distribution in the Yangtze Estuary corresponding to different Datong discharge values

In order to characterize salinity distribution in the estuary，this study identified 12 salinity stations at important locations（Fig. 4）.

Table 1 provides the variation of the mean andmaximum salinity values during continuous spring，middle and neap tides with different Datong discharges. The table also shows that there is a strong correlation between the Datong discharge and the salinity value at each station in the estuary：increasing discharge causes the mean and maximum salinity values to decrease；correspondingly，decreasing discharge causes salinity to increase.

Fig. 4   Salinity stations

Table 1   Salinity at the stations in the Yangtze Estuary corresponding to different Datong discharge（‰）

Station Number[1] Datong Discharge（m³/s）		1	2	3	4	5	6	7	8	9	10	11	12
5 000	Ave.[2]	9.2	6.5	7.1	7.3	7.3	8.4	12.4	13.1	20.1	6.3	7.3	28.0
	Max[3]	19.1	8.7	7.5	7.5	7.6	9.8	16.2	17.1	24.3	7.2	7.5	29.1
7 666	Ave.	7.7	4.9	5.3	5.4	5.5	6.3	9.8	10.4	17.6	4.6	5.4	26.9
	Max	17.8	7.2	5.6	5.6	5.7	7.6	13.9	14.1	22.2	5.4	5.6	28.3
8 926	Ave.	7.1	4.3	4.6	4.7	4.7	5.5	8.8	9.2	16.5	3.9	4.7	26.5
	Max	17.2	6.6	4.9	4.9	5.0	6.7	12.9	12.8	21.2	4.7	4.9	28.0

Continued

Station Number[1] Datong Discharge (m³/s)		1	2	3	4	5	6	7	8	9	10	11	12
9 926	Ave.	6.7	3.9	4.1	4.2	4.3	5.0	8.0	8.4	15.6	3.5	4.2	26.1
	Max	16.9	6.3	4.4	4.5	4.5	6.1	12.2	12.0	20.4	4.3	4.5	27.8
10 000	Ave.	4.9	2.4	2.6	2.7	2.7	3.5	6.8	7.2	14.8	2.1	2.7	26.4
	Max	14.8	4.0	2.8	2.9	2.9	4.8	11.1	10.8	19.9	2.6	2.9	27.7
15 000	Ave.	3.5	1.4	1.4	1.4	1.5	1.9	4.2	4.3	11.0	1.1	1.4	24.9
	Max	13.3	2.9	1.6	1.6	1.6	2.9	8.4	7.6	16.0	1.5	1.6	26.5
20 000	Ave.	2.5	0.9	0.8	0.9	0.9	1.1	2.7	2.6	8.1	0.6	0.8	23.6
	Max	12.1	2.4	1.1	1.0	1.0	1.8	6.5	5.5	12.8	1.0	1.0	25.5
30 000	Ave.	1.4	0.4	0.3	0.4	0.4	0.5	1.2	1.1	4.4	0.2	0.4	21.2
	Max	10.3	1.9	0.6	0.5	0.5	0.9	4.3	3.0	8.9	0.5	0.5	23.6
40 000	Ave.	0.8	0.2	0.2	0.2	0.2	0.2	0.7	0.5	2.6	0.1	0.2	19.1
	Max	8.7	1.5	0.4	0.3	0.3	0.5	3.0	1.9	6.5	0.4	0.3	22.0
50 000	Ave.	0.5	0.1	0.1	0.1	0.1	0.1	0.4	0.3	1.6	0.1	0.1	17.2
	Max	7.3	1.3	0.3	0.2	0.2	0.4	2.3	1.3	4.9	0.3	0.2	20.5

Station numbers: 1. Head of Chongming, 2. North branch of Baimaosha, 3. Yanglin, 4. Chenhang Reservoir, 5. North side of Qingcaosha, 6. Baozhen, 7. Gongqingwei, 8. North Channel 9. Zhongjun, 10. Huaneng Power Plant, 11. Nanmen, 12. Port of Lianxing; Ave: average salinity values; Max: maximum salinity values.

In the South Branch, salinity is greater at Chongming Island and Baozhen, which is near the island, while lower in the middle of the Branch. The salinity distribution shows a distinct concavity. However, values of salinity always remain high at the Port of Lianxing in the North Branch. This demonstrates that the salt water flowing from the North Branch to the South Branch is the main cause of higher salinity near the water source areas in the South Branch.

3 The critical Datong discharge for regulating the South-to-North Water Transfer Project

3.1 Critical Datong discharge

In order to determine critical Datong discharge that will provide a basis for controlling the amount of water diverted by the South-to-North Water Transfer Project during dry seasons, this study compared the mean and maximum salinity values in the estuary corresponding to different Datong discharge values and found a link between the variation of mean salinity and Datong discharge. Because the Chenhang Reservoir, the only Yangtze River water source reservoir, supplies Shanghai with about one-third of its tap water, a curve was fit to describe the relationship between Datong discharge and the mean salinity of the Chenhang Reservoir. The best-fit equation, shown in Fig. 5, is

$$S = 1.822\ 3 \times 10^8 Q^{-1.946} \quad (Q \geqslant 5\ 000\ \text{m}^3/\text{s})$$
$$R^2 = 0.98$$

where Q is the Datong discharge in m^3/s, S the mean salinity (‰) during spring, middle and neap tidal processes and R the correlation coefficient.

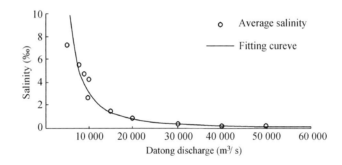

Fig. 5　The best-fit curve of Datong discharge versus average salinity at spring, middle and neap tide(‰)

According to international public water supply standards, chlorinity should not exceed 250 mg/L in drinking water (The empirical relationship between ocean salinity and chlorinity is called the salinity formula, and the adopted international standard is S‰ = 1.80 655 Cl‰), 660 mg/L in irrigation water for rice seeding, or 1 100 mg/L in other irrigation water. There are requirements for industrial water as well, such as the index of water source for the Baoshan Steel Factory, which requires that the monthly mean chlorinity be less than 50 mg/L, and the maximum value not exceed 200 mg/L (Shen et al., 1980; Song and Mao, 2002).

A Datong discharge of about 12 295 m^3/s corresponds to 2‰ salinity (equal to 1 100 mg/L) in Chenhang Reservoir. For practical applications and security assurance, we determine 13 000 m^3/s to be the critical Datong discharge. This critical discharge is higher than that of Gu and Yue (2004), who suggested a monthly mean Datong discharge of 11 000 m^3/s to ensure resistance to saltwater intrusion. It also exceeds the original index proposed in the planning of the Eastern Route of the South-to-North Water Transfer, which stated that the Datong discharge should not be less than 8 000 to 10 000 m^3/s.

3. 2　Influence of water diversion along the Yangtze River on operation of the South-to-North Water Transfer Project

1. Water diversion volume in different hydrological years

Investigations and studies indicate that, with the rapid development of economy, the volume of water diverted from the Yangtze River has continuously increased from the 1950s, onward, and this trend has been more and more pronounced in recent years. Nowadays, the water diversion capacity along the river greatly exceeds the monthly minimum Datong discharge of 6 800 m^3/s, and it has become an important factor affecting the runoff from the Yangtze River to the sea in dry seasons. A minimum discharge at Datong of only 12 295 m^3/s will not be enough to counteract the enhancing effect of the diversion of water along more than 500 km of river on saltwater intrusion in the estuary. In order for the critical Datong discharge to be of use in controlling the South-to-North Water Transfer Project and diminishing saltwater intrusion in the estuary, the volume of other potential water transfers in different hydrological years must be taken into account.

Based on recent observations (Zhang et al., 2007), the water diversion capacity of sluices and pump stations along the Datong to Xuliujing section of the Yangtze River approached 16 611.8 m^3/s and 2 198.76 m^3/s, respectively, in 2006, and the total capacity approached 20 000 m^3/s. Due to limitations of running time of projects, the operation percentage of pumps and sluices, the duration of the flood and ebb tides near sluices and pump stations, the water level in the main stream, the climate, the industrial, agricultural and domestic water use, actual discharge of the the Yangtze River during dry seasons and other conditions, the actual water diversion volume falls far below the maximum capacity.

The research of Zhang et al. (2007) shows that the operation percentage of pumps and sluices was 97. 5% in the extreme dry years from 1978 to 1979, 86% and 92% in the dry years from 1976 to 1977 and from 1979 to 1980, respectively, 83.3% and 76% in the normal years from 1977 to 1978 and from 1980 to 1981, respectively, and 72% in the wet year from 1975 to 1976. Therefore, we assume that the operation percentage of pumps and sluices is 100% in extreme dry years, 90% in dry years, 80% in normal years, and 70% in wet years.

Because the actual operating time of sluices and pump stations in different years is influenced by the durations of flood and ebb tides, the water level in the main stream, the climate, rainfall, industrial and domestic water use and other factors, it is difficult to determine the exact operating time of the projects. We therefore set the operating time of projects based on their actual operating mechanisms.

Generally speaking, sluices only run when the water level in the Yangtze River is higher than that in the branches, but the water level in the main stream is always rather low in dry seasons. Meanwhile, the period with continuous high water level is limited by the period of tidal fluctuation. Generally, the durations of flood and ebb tides each occupy half of a regular semidiurnal tidal process, but the tide in the Yangtze River is a non-regular semidiurnal tide. The duration of the high water level is limited by the duration of the flood tide and it does not usually reach 50% of an entire tide, so we assume that, in a tidal period, the percentage of operating time of sluices is 50% in wet years, 40% in normal years, 30% in dry years and 20% in extreme dry years.

The operating mechanism of pump stations is different from that of sluices. During dry seasons, pump stations can generally draw fresh water for the whole day without consideration of the Yangtze River water level, but their operating time is still limited by the requirement of the water acceptance area. Under a condition of constant water requirements, the water level in the Yangtze River in a wet year is comparatively high, the operating time of sluices is longer, and the water withdrawal volume is much greater. The operating time of pump stations is therefore shorter. In dry or extreme dry years, because of the low water level, the operating times of sluices are not long enough to transfer enough water to satisfy the requirements of the water acceptance area, and it is necessary to increase the operating time of pump stations. For these reasons, we assume that, for an entire tide period, the percentage of operating time of pump stations can be 100% in extreme dry years, 90% in dry years, 80% in normal years, and 70% in wet years.

The formula for the monthly mean water diversion discharge during dry seasons are

$$Q_y = Q_y^* \times P_y \times P_{yt}$$
$$Q_c = Q_c^* \times P_c \times P_{ct}$$
$$Q = Q_y + Q_s$$

where Q_y and Q_y^* are potential diversion discharge and designed diversion capacity of sluices, respectively; Q_c and Q_c^* are potential drawing discharge and designed draeing capacity of pump stations, respectively; Q is the total potential diversion discharge; P_y and P_c are the operation percentage of pumps and sluices, respectively; and P_{yt} and P_{ct} are the percentages of running time of sluices and pump stations, respectively, during a tide period.

The water diversion discharge based on the formulas is 6 892 m^3/s in wet years, 6 723 m^3/s in normal years, 6 266 m^3/s in dry years and 5 521 m^3/s in extreme dry years. This indicates that the water diversion discharge in dry seasons changes substantially in different hydrological years, and has approached and exceeded the known minimum monthly mean Datong discharge from the 1950s. The results also show that it is necessary to pay more attention to the influence of other water diversion projects along the Yangtze River on the South-to-North Water Transfer Project.

2. Operation mechanisms of the South-to-North Water Transfer Project during dry seasons

The Eastern Route Project of theSouth-to-North Water Transfer is located in the lower reaches of the Yangtze River, and the Middle Route and Western Route are both located upstream of the Datong hydrological station. The long waterways, lakes, branches, and reservoirs between Datong and both the Middle Route and the Western Route have a regulating function, so the discharge into the estuary has a closer relationship with the Eastern Route than with the other two. The South-to-North Water Transfer Project will need to use the actual Datong discharge, the critical Datong discharge and the water diversion volume along the Yangtze River to guide the operation of the Eastern Route Project during dry seasons.

Usually, it takes three or four days for runoff from Datong to arrive at the intake of the Eastern Route Project. During the dry seasons of different hydrological years, when Datong discharge approaches 20 000 m^3/s, it is necessary to take timed measurements of Datong discharge and water diversion volume, and establish an index for withdrawal volume and operating time based on climate, precipitation, evaporation, industrial and agricultural water use and water diversion discharges in different hydrological years.

During the dry seasons of wet years, the water diversion volume along the river is generally large. While the project is in operation, the daily mean Datong discharge needs to remain around 7 000 m^3/s above the sum of the critical discharge and the volume of water diverted by the South-to-North Water Transfer Project to ensure that, after abstraction of water along more than 500 km of river, the discharge into the estuary will not be less than the critical discharge. This will decrease the harm done by saltwater intrusion, stop saltwater in the North Branch from flowing into the South Branch and prevent the number of days unsuitable for water diversion from the water source areas from significantly exceeding the number for necessary for agricultural and industrial water use. The daily mean Datong discharge should be 6 000 m^3/s to 7 000 m^3/s above the sum of the critical discharge and the volume diverted by the South-to-North Water Transfer Project during the dry seasons of normal, dry and extreme dry years. Water transfer should be stopped completely when Datong discharge approaches or falls below the critical discharge during the dry seasons of any hydrological year, because, in this case, water transfer will greatly reduce runoff, worsen the water quality of water sources in the South Branch and prolong the period unsuitable for water diversion. Climate is another factor that appears to enhance saltwater intrusion (an easterly fresh breeze can be considered the critical conditions for saltwater intrusion near Chenhang Reservoir); when the wind direction is the same as the flood tidal currents, wind strengthens the surge in the North Branch, the chloride content at the Port of Qinglong increases rapidly, and consequently, saltwater intrusion increases in intensity and duration. Under these conditions, the number of days unsuitable for water diversion from water source areas in the South Branch might far exceed the design standard, and cause great harm to industrial production and denizens' quality of life.

4　Conclusions

This study simulated saltwater intrusion in the Yangtze Estuary with different values of discharge at Datong using large-scale 1D and 2D numerical models, and consequently identified 13 000 m^3/s as the critical Datong discharge that must be maintained to prevent saltwater intrusion. Based on the volume of water diverted along the Yangtze River, this paper also proposes guidelines for operating the Eastern Route of the South-to-North Water Transfer Project during the dry seasons of wet, normal, dry and extreme dry years. When Datong discharge approaches 20 000 m^3/s, it is necessary to carry out timed measurements of Datong discharge and the volume diverted by the South-to-North Water Transfer Project. In order to preserve good water quality during the operation of the South-to-North Water Transfer Project during dry seasons, the daily mean discharge at Datong, after subtracting the volume diverted by the South-to-North Water Transfer Project, should maintain a 7 000 m^3/s to 6 000 m^3/s margin over the critical Datong discharge, and when the Datong discharge approaches or falls below the critical discharge, the South-to-North Water Transfer should either stop diverting water or coordinate with the Three Gorges Project based on precipitation, evaporation, industrial and domestic water use and other conditions. Because of the complexity of saltwater intrusion in the Yangtze River Estuary, future studies should examine links between Datong discharge and factors such as runoff, tides, winds, waves, salinity outside the estuary, temperature, stress, the self-cleaning capacity of the station, the water intake standard of Shanghai's water source areas, vertical distribution of salinity and the operating scheme of the Three Gorges Project.

References

Gu, Y. L., and Yue, Q. 2004. Analysis and prediction of saltwater intrusion in Chenhang water source region in Yangtze River Estuary. *Public Utilities*, 18(2), 19-20. (in Chinese)

Huang, H. M. 2006. Research of Salt Intrusion in Estuary of Yangtze River through 1D and 2D Numerical Model. Nanjing: Hohai University. (in Chinese)

Shen, H. T., Mao, Z. H., Gu, G. C., and Xu, P. L. 1980. Pilot study on Yangtze River Estuary saltwater intrusion: A discussion about the South-to-North Water Transfer Project. *Yangtze River*, 3, 20-26. (in Chinese)

Song, Z. Y., and Mao, L. H. 2002. Saltwater encroachment at the Yangtze River Estuary. *Water Resources Protection*, 3, 27-30. (in Chinese)

Yang, G. S. 2001. Impacts of the construction of key water conservancy projects in the Yangtze River and sea level rise on water quality of Shanghai water intake. *Scientia Geographica Sinica*, 21(2), 123-129. (in Chinese)

Zhang, E. F., and Chen, X. Q. 2003. Changes of water discharge between Datong and the Changjiang Estuary during the dry season. *Acta Geographica Sinica*, 58(2), 231-238. (in Chinese)

Zhang, E. F., Chen, J. Y., and He, Q. 2007. Investigation and consideration of water-abstracting projects along the Changjiang River between Datong and Xuliujing. *Tenth China Estuary and Coast Science Proseminar Thesis Corpus*, 26-33. Beijing: Ocean Press. (in Chinese)

Zhu Y. L., Yan, Y. X., Jia, L. W., and Mao, L. H. 2001. Numerical model of unsteady flow and suspended-sediment transport in river networks with junction control method. *Journal of Hydrodynamics*, Ser. A, 16(4), 503-510. (in Chinese)

Numerical Simulation of Water Level Under Interaction Between Runoff and Estuarine Dynamics in Tidal Reach of the Yangtze River

Zhi-yi Lei[1]   Jun Kong[1]   Jin-shan Zhang[2]

(1. College of Traffic and Ocean, Hohai University, Nanjing 210098, China;

2. Nanjing Hydraulic Research Institute, Nanjing 210029, China)

Abstract: The Yangtze Estuary, the largest estuary in China, is under an obvious interaction between runoff and astronomical tide. The research on the interaction is very important for the exploitation and utilization of water resources in this area. A horizontal 2D hydrodynamic numerical model is established and verified in the present study with the modeling range from Datong to the Yangtze Estuary. Based on the comparison of high water levels under the interaction between different runoff and estuarine dynamics, some conclusions are drawn. By revealing the general laws about the relationship between the astronomical tide and flood, the flood level is forecasted to lay a foundation for the further research on storm surge in the Yangtze Estuary.

Key words: Yangtze Estuary; tidal reach; Runoff; interactions; estuarine coast

1 Introduction

The Yangtze River is the longest river in China. It has a total length of 6 380 kilometers and a drainage basin of 1.8×10^6 km^2, covering 1/5 of the total land of China. It holds in China the most abundant precipitation, and there is a large amount of water flowing through it into the sea. The water resource of the Yangtze River is about 9.616×10^{11} m^3, accounting for 36% of the total runoff amount in China, which affects seriously the current and sediment around the estuary.

There are three parts in the Yangtze River, namely the upper reach, middle reach and lower reach. Composed of tidal reach and non-tidal reach, the lower reach covers from the Jiujiang River, Jiangxi Province, to the Yangtze Estuary. And under the interactions between flow and tide, the tidal reach covers from the tidal limit, namely Datong Station, to the estuary, about 600 km long. Datong Station is the upper limit of tide effect, and controlled mainly by runoff instead of tide. The tidal current limit, is around the area from Jiangyin to Zhenjiang, moving up and down along with the upstream runoff in different seasons (Yu, 2005).

The Yangtze Estuary is controlled by many dynamics, besides tropical cyclone there are also some serious dynamics, namely runoff, flood, astronomical tide and neritic effect (Yan, 2007). Establishing numerical model of the tidal reach to study the interactions between tide and runoff is the base for further research on the relationships among astronomical tide, storm surge, and flood (Kong, 2007). It is also important to flood control, shipping and resource development, such as water diversion from the south to the north project, abstraction project, and port development. Furthermore, it is also of value to the research on storm surge, disaster prevention and reduction.

2　Numerical Simulation of Estuarine Dynamic Mechanism at Tidal Reach of the Yangtze River

2.1　Horizontal 2D Numerical Model of Storm Surge at Tidal Reach in Curvilinear Orthogonal Coordinate

Positioned on the junction of the Yangtze River and the East China Sea, the Yangtze Estuary has a complicated coastline. A 2D numerical model of storm surge in the Yangtze Estuary is established with the curvilinear orthogonal motion equations.

The continuity equation is as follows:

$$\frac{\partial \zeta}{\partial t} + \frac{1}{\sqrt{ar}} \left[\frac{\partial}{\partial \xi}(\sqrt{a}Du) + \frac{\partial}{\partial \eta}(\sqrt{r}Dv) \right] = 0 \tag{1}$$

The momentum equation at ξ direction can be written as:

$$\frac{\partial u}{\partial t} + \frac{u}{\sqrt{r}} \frac{\partial u}{\partial \xi} + \frac{v}{\sqrt{a}} \frac{\partial u}{\partial \eta} - \frac{v^2}{\sqrt{ar}} \frac{\partial \sqrt{a}}{\partial \xi} + \frac{uv}{\sqrt{ar}} \frac{\partial \sqrt{r}}{\partial \eta} =$$

$$fv - \frac{g}{\sqrt{r}} \frac{\partial \zeta}{\partial \xi} + A_H \left(\frac{1}{\sqrt{r}} \frac{\partial A}{\partial \xi} - \frac{1}{\sqrt{a}} \frac{\partial B}{\partial \eta} \right) - \frac{g\sqrt{u^2 + v^2}}{C^2 D}u - \frac{1}{\rho\sqrt{r}} \frac{\partial p_a}{\partial \xi} \tag{2}$$

and the momentum equation at η direction can be described as:

$$\frac{\partial v}{\partial t} + \frac{u}{\sqrt{r}} \frac{\partial v}{\partial \xi} + \frac{v}{\sqrt{a}} \frac{\partial v}{\partial \eta} - \frac{u^2}{\sqrt{ar}} \frac{\partial \sqrt{r}}{\partial \eta} + \frac{uv}{\sqrt{ar}} \frac{\partial \sqrt{a}}{\partial \eta} =$$

$$-fu - \frac{g}{\sqrt{a}} \frac{\partial \zeta}{\partial \eta} + A_H \left(\frac{1}{\sqrt{r}} \frac{\partial B}{\partial \xi} - \frac{1}{\sqrt{a}} \frac{\partial A}{\partial \eta} \right) - \frac{g\sqrt{u^2+v^2}}{C^2 D} v - \frac{1}{\rho\sqrt{a}} \frac{\partial p_a}{\partial \eta} \qquad (3)$$

where,

$$A = \frac{1}{\sqrt{ar}} \left[\frac{\partial}{\partial \xi}(\sqrt{a}u) + \frac{\partial}{\partial \eta}(\sqrt{r}v) \right], \ B = \frac{1}{\sqrt{ar}} \left[\frac{\partial}{\partial \xi}(\sqrt{a}v) - \frac{\partial}{\partial \eta}(\sqrt{r}u) \right],$$

$$a = x_\eta^2 + y_\eta^2, \ r = x_\xi^2 + y_\xi^2.$$

In Eqs. (2) and (3), u and v indicate the velocity components in ξ direction and η direction, respectively; $D = h + \zeta$ is the total water depth; $f = 2\omega\sin\varphi$ is Coriolis parameter (ω is geotropic angular velocity); h is the depth under the hydrographic datum; ζ expresses water level; A_h is horizontal eddy diffusivity; C is Chezy coefficient; g is the acceleration of gravity.

Owing to the location, the Yangtze Estuary has a complicated coastline, with a long and narrow channel, wide out sea, changeful land form and current. For the obvious neritic and nonlinear traits here, the horizontal 2D nonlinear motion Eqs. (2) and (3) can not be linear, that is the linear model can not be employed here to research storm surge.

1. Modeling Range of the Numerical Model

The model geographically covers the whole Yangtze Estuary and the Hangzhou Bay. As shown in Fig. 1, the modeling ranges transmeridionally from Datong Station to Longitude $123°$ E, and longitudinally from the south side of Radial Sandbar-Qingdong to the south of Xiangshanwan.

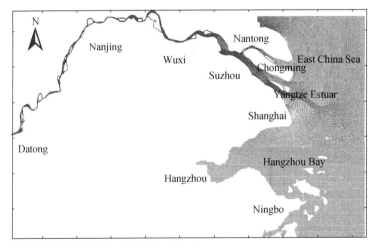

Fig.1　Mesh diagram of 2D horizontal storm surge model of the Yangtze Estuary

The orthogonal curvilinear mesh (Duan *et al.*, 2005; Zhang *et al.*, 2004; Zhang *et al.*, 2005) is employed in the present model, with a spatial step of 500 m, and with the smallest step of 200 m, as shown in Fig. 1.

2. Initial Conditions and Boundary Conditions

Eqs. (1) ~ (3) are initialness and boundary matters. As for the initial conditions, the velocity and water level are initially constant, and the stable flowfield after several times is taken as the initial one. The open boundary conditions are supplied by the tidal model of the East China Sea (Lin *et al.*, 1997, 2000). The upper limit of the tidal reach is taken as the upper boundary and the conditions come from the current and water level at Datong Station.

2.2 Verification and Calibration of the Model

The model ranges transmeridionally from Jiangyin to the open area of the East China Sea, and covers longitudinally from the north of Xiaomiaohong to the south of Xiangshanwan. In consideration of the dynamic conditions, the model simulates the interaction between estuarine dynamics and oceanic dynamics in tidal reach and estuary, and achieves the dynamic transition from both sides of the estuary to the open sea. As for the tide movement, the model can simulate rotative tidal wave outside the estuary and the rectilinear current inside the estuary. The tidal wave is distorted upon entering the estuary, and intrudes upstream with shortened period of flood tide and prolonged period of ebb tide. Then the low water falls and the high water rises, namely the tidal range increases. Furthermore the oceanic dynamics decreases and the runoff increases along with the distance from the estuary.

Tide is one of the main dynamics to represent the estuarine dynamic changes. The verification and calibration of tide is the guarantee to simulate the dynamics in the estuary.

1. Verification of Water Level in Flood Season and Dry Season

The lower reaches of the Yangtze River are affected by upstream runoff, and the effect is quite different in flood season and dry season. For example, the tide has impacts on Datong Station in dry season, but no impacts in flood season. The data of flood and dry seasons in February 2000 and in July 2000 are employed to verify the model. Fig. 2 and Fig. 3 show the verification results.

The water level process in dry season is simulated at 8 stations, namely Datong, Wuhu, Ma'anshan, Nanjing, Jiangyin, Tiansheng port, Xuliujing, and Wusong. Fig. 2 indicates that the water level process is well simulated from the estuary to the tidal limit, about 600 km long.

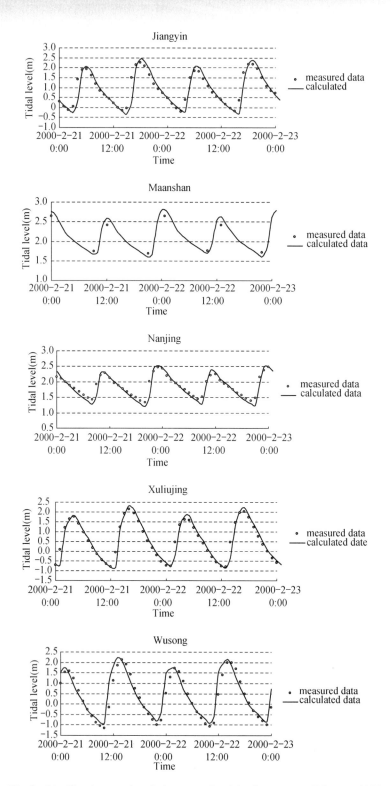

Fig. 2　Verification results of the water level in dry season，February 2002

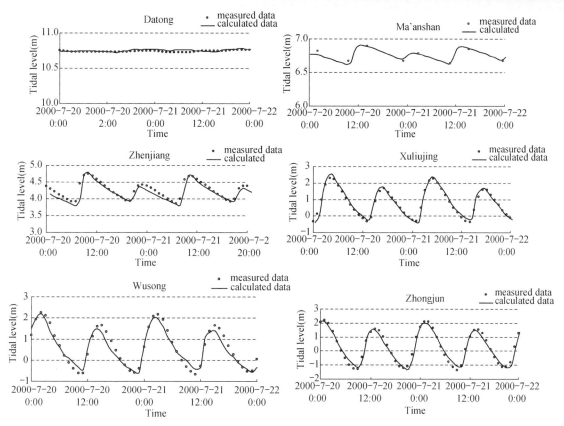

Fig. 3　Verification results of the water level in flood season, July 2002

The water level process in flood season is verified at 10 stations, such as Datong, Wuhong, Ma'anshan, Nanjing, Zhenjiang, Jiangyin, Tiansheng Port, Xuliujing, Wusong, and Zhongjun. From the data in Fig. 3, the tide and current simulated results agree well with the measured data. This figure can also indicate that the water level process is very different in flood season from that in dry season. The tide has no impact on Datong Station, and has a little impact on Wuhu Station. In addition, the tidal ranges from Ma'anshan Station to the estuary are larger than 0.20 m, well indicating the impacts of the runoff in flood season.

The results also show that, with appropriate parameters, the model can simulate well the interaction between the tidal wave and upstream runoff in different seasons. The phase error of tidal wave is smaller than 15 min, the tidal range error is smaller than 0.20 m, and the average error of tidal level is no more than 0.25 m.

2. Verification of Astronomical Tide

It is necessary here to select the data outside the estuary to verify the model. The astronomical tide data of the storm surge No. 9711 (Zhang et al., 2008; Zhong et al., 2004; Zhou and Sun, 2005) is employed for the verification of the Yangtze

Estuary. The tidal level comes from harmonic analysis of tide forecast, which has adequate precision.

In the modeling area, there are 6 measurement stations inside the Yangtze Estuary, namely Tiansheng Port, Baimao, Shidongkou, Changxing, Wusong, and Hengsha; and 6 measurement stations outside the estuary, namely Zhongjun, East of Jiuduansha, Luchao Port, Tanhu, Dajishan and Chenshan Island. From the verification results shown in Fig. 4, the phase error in large scope is smaller than

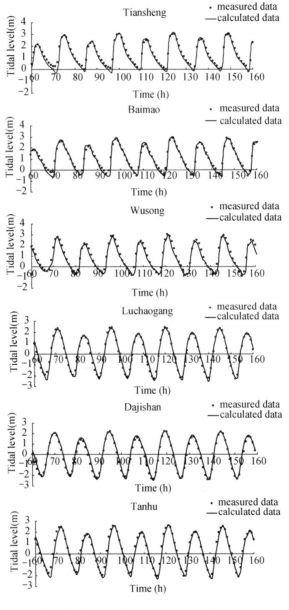

Fig. 4   Verification of tidal wave in the Yangtze Esturay

10 min; both tidal range error and the mean tidal level error are smaller than 0.15 m. The verification results agree well with the measurement data, showing that the model can simulate well tide movement from tidal reach to open sea.

3   Interactions Between Runoff and Estuarine Dynamics

According to the inflow conditions, to research the distribution characteristics of water level in tidal reach, three types of runoff are employed here: the discharge of 17 000 m^3/s in dry year, the discharge of 45 500 m^3/s in average year, and the severe discharge of 82 300 m^3/s in rainy year.

3. 1   Analysis on High Water Level Under Different Inflow Conditions

Fig. 5 shows the distribution of high water level under three inflow conditions mentioned above. As seen from the figure, taking no account of tropical cyclone, the high water level is declined gradually down the river under the interaction between the current and the tide. The water level increases in proportion to the increasing discharge upstream. The more distant from the estuary, the more intense the impact on the water level of the inflow. In addition, the runoff has a large impact on the high water level upstream Jiangyin station, and has a little impact on it downstream the station. The high water level outside Wusongkou is controlled mainly by the tide from out sea. This phenomenon indicates that the runoff is stronger than the tide upstream Jiangyin, and is inverse downstream Jiangyin.

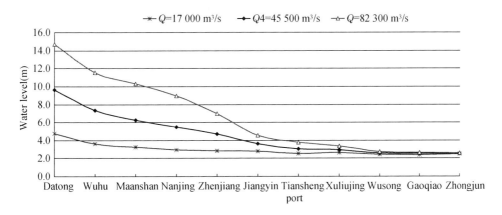

Fig. 5   Distribution of high water level at each station under different inflow

Table 1, as follows, indicates that the high water level with discharge of 82 300 m^3/s at Datong Station is 5 m more than that with discharge of 45 500 m^3/s, and is 10 m more than that with discharge of 17 000 m^3/s. Near Wusong Station, the high water levels under different inflows are approximate. This data explain that the high water level is mainly controlled by the tide.

Table 1   Water level at each station under different inflows   (m)

	$Q = 17\ 000\ \mathrm{m}^3/\mathrm{s}$	$Q = 45\ 500\ \mathrm{m}^3/\mathrm{s}$	$Q = 82\ 300\ \mathrm{m}^3/\mathrm{s}$
Datong	4.77	9.62	14.68
Wuhu	3.64	7.34	11.54
Ma'anshan	3.28	6.25	10.33
Nanjing	2.95	5.50	8.95
Zhenjiang	2.83	4.70	6.98
Jiangyin	2.81	3.65	4.55
Tiansheng port	2.53	3.08	3.76
Xuliujing	2.63	2.95	3.35
Wusong	2.46	2.60	2.76
Gaoqiao	2.4	2.53	2.65
Zhongjun	2.48	2.52	2.58

It is also clear from Fig. 5 that the gradient difference of runoff is obvious in proportion to the runoff from Datong Station to Jiangyin Station. But downstream Jiangyin Station, the gradients are approximative. Namely current effect is strong upstream Jiangyin Station while tide effect is strong downstream the station, that is related to the runoff, tide dynamic, and riverbed cross sections.

3.2   Analysis on Water Level in Tidal Reach Controlled by Tide and Runoff

1. Distribution of Water Level Without Runoff

Fig. 6 shows the distribution of water level controlled only by tide dynamics. Because the runoff maintains the water level upstream in tidal reach, its increase

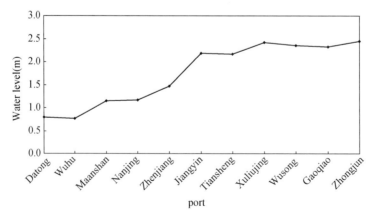

Fig. 6   Distribution of water level without runoff

causes the water level to increase. Without runoff upstream, the high water level in open sea will be higher than that in tidal limit, forming inverse gradient, which indicates that the oceanic dynamics are affected by riverbed friction and riverbed cross sections.

2. Analysis on Water Level Impacted by Tide

Correspondingly Fig. 7 shows the distribution of high water level controlled only by runoff. It shows that with positive gradients, the gradient is in proportion to the runoff upstream. As shown by the distribution, there is an obvious inflexion at Jiangyin Station, the same as the case above without runoff. This is the reflection of the runoff, tide, and riverbed cross sections.

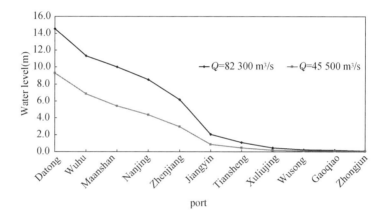

Fig. 7   Distribution of water level without tide

In a word, the water level in the tidal reach is controlled by the runoff and the tide, with a gradient decreasing along the river. The water level upstream Jiangyin is controlled mainly by the runoff and that outside Wusongkou is mainly controlled by thetide.

4   Conclusions

For the analysis of the hydrodynamic conditions in the tidal reach of the Yangtze River, a horizontal 2D numerical model is established in the present study. After verification of the tidal level at different stations in flood season and dry season, the model can well simulate the flood and tide processes in the tidal reach.

Based on the analysis of water level distribution, the water level in tidal reach is controlled by both runoff and tide. The runoff action is stronger than the tide action upstream Jiangyin, while the tide action is stronger than the runoff outside

Wusongkou.

In addition, the water level has a negative gradient without runoff, and has an increasing gradient under the only action of runoff. In the tidal reach there is an inflexion at Jiangyin Station, which is related to runoff, tidal dynamics, and riverbed cross section.

References

Duan Yi-hong, Zhu Jian-rong, Qin Zeng-hao and Gong Mao-xun. 2005. A high resolution numerical storm surge model in the Changjiang River Estuary and its application. *Acta Oceanologica Sinica*, 27(3), 11-19. (in Chinese)

Yan Yi-xin, Tao Ai-feng, Yu Dong-sheng, et al. 2007. Analysis on the circulation of the Yangtze River estuary based on ADCP measurements. *China Ocean Engineering*, 21(3), 485-494.

Kong Jun, Song Zhi-yao, Xia Yun-feng, et al. 2007. Characteristics of water and sediment exchange between Yangtze Estuary and Hangzhou Bay. *China Ocean Engineering*, 21(2), 255-266.

Lin Hui, Lv Guo-nian, Song Zhi-yao, et al. 1997. Study on modeling the tide wave system of East China Sea with GIS. *Acta Geographica Sinica*, 52(S1), 161-169. (in Chinese)

Lin Hui, Lv Guo-nian, Song Zhi-yao, et al. 2000. *Simulation of tidal wave system and costal evolvement of the East China Sea*. Beijing: Science Press. (in Chinese)

Yu Wen-chou. 2005. *Yangtze River Evolvement and Regulation*. Beijing: China Water Power Press. (in Chinese)

Zhang Chang-kuan, Tan Ya, Wang Zhen, et al. 2004. Numerical model of flood and storm surge in downstream Jiangyin in Yangtze River. *Report of Hohai University*. (Nanjing: Hohai University)

Zhang Jin-shan, Kong Jun, Zhang Wei-sheng and Teng Ling. 2008. Study of the interaction between the estuary dynamic and storm surge in the Yangtze River. *Hydro-Science and Engineering*, (4), 1-7. (in Chinese)

Zhang Jin-shan, Zhong Zhong and Huang Jin. 2005. An introduciton to MESO-scale model MM5. *Marine Forecasts*, 22(1), 31-40.(in Chinese)

Zhong Zhong, Zhang Jin-shan and Huang Jin. 2004. An application of MESO-scale model MM5 on tropical cyclone simulation. *Marine Forecasts*, 21(4), 10-15. (in Chinese)

Zhou Xu-bo and Sun Wen-xin. 2005. The Nonliear interaction between storm surges and astronomical tides in the sea area off river Changjiang's mouth. *Journal of Ocean University of Qingdao*, 30(2), 201-206. (in Chinese)

The Computation of Theoretical Depth Datum in the Chang Jiang Estuary and Its Adjacent Sea Areas

De-an Wu   Yi-xin Yan

(College of Harbor, Coastal, and Offshore Engineering, Hohai University, Nanjing 210098, China)

Abstract: The tidal height data of 94 sites in the Changjiang Estuary and its adjacent sea areas are analysed using the G · Godin's tidal height analysis and prediction programs revised by Foreman. The harmonic constants of 11 constituents and the corresponding mean sea level are found. The theoretical depth datum (TDD), lowest possible low water, Indian spring low water and chart datum on British admiralty charts of 94 tidal surveying stations are computed and contrasted. And the relationships between them are given by statistical analysis methods. The formula of theoretical depth datum for the Changjiang Estuary and its adjacent sea areas are fit by multiply regression from SPSS soft ware. Thus the TDD distribution in the sea area is obtained.

Key words: the Changjiang Estuary; tidal level; harmonic analysis; theoretical depth datum; multiply regression

1 Background

In scientific research, ocean mapping, hydrographical survey, engineering construction and so on, there should be an uniform reference plane which is also named datum plane to measure the altitude, tidal level and the depth of water. In May 1987, the National Altitude Datum 1985 was put into execution. After the year of 1957, the theatrical depth datum was adopted in the chart datum, the datum is under the mean sea level, whose distance to the mean sea level is named benchmark depth.

The tidal height datum is theoriginal reference plane, whose distance to the mean sea surface is called mean sea level.

The tidal height datum of tide stations had better coincide with the chart datum. In this way, the actual water depth equals the chart depth on chart plus the tidal height. But actually the tidal datum and the chart datum generally are not in the same plane.

Depth datum levels are of great significance to the nautical charts mapping, construction of navigation projects and navigation. Because the depth datum levels used in nautical charts vary with time, it is necessary to find the relations among depth datum levels in order to make the best use of all nautical charts (Wu et al, 2002).

A discussion was also given on the height system of the Changjiang Estuary region, and the spatial variations of regional mean sea level and theoretical bathy metrical datum plane in this region were analyzed (Xu, 2000). The sounding datum and their relationships in the Changjiang Estuary region were examined (Lao and Hu, 2003), 15 typical tidal gauges along the coast of China are selected for the research of their chart datum. The stability for the datum values computed through different algorithms are studied according to statistics. The algorithms of the correction of shallow water tides and long period tides to the lowest normal low water are renewed (Bao et al., 2003, 2006). Based on the above research, we will take an ulterior step to study the depth datum and their relationship with recently surveyed tidal level data. Given in Fig. 1, the tidal height data (about three-month

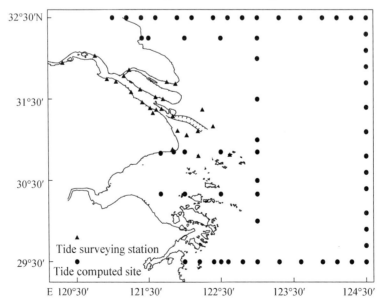

Fig. 1   Distribution of tidal level surveyed and computed sites

of hourly interval tidal height data) at 30 tidal stations and the tidal heights of 64 sites resulted from the East China Sea Model is adopted to be analyzed by G · Godin's harmonic analysis and prediction procedure revised by Foreman (Wu et al, 2006). Calculation formulas of several depth datum levels, including the calculation method of theoretical depth datum (TDD) level, are carefully introduced. TDD calculation is carried out. Then, the datum levels of 30 tidal surveying site in the Changjiang Estuary and the datum levels of 64 sites resulting from the East China Sea Model in its adjacent sea areas are calculated and the relationships among datum levels are discussed.

2   Harmonic analysis and contrastive verification of tidal survey on tide stations

The mean sea level Z_0 and harmonic constant of 11 tidal constitutes M_2, S_2, N_2, K_2, K_1, O_1, P_1, Q_1, M_4, M_6, MS_4 are derived from the above procedure of harmonic analysis, on the tidal data (1 h sampling resolution of continuous records with about three month) at each station in Fig. 1. Figures 2~4 show the contrastive validation between the tidal levels derived from the prediction procedure which the results of harmonic analysis will be taken into account. The difference between predicted values and the data resulting from the East China Sea Model are small; the average difference is neglectable. Viewed from the curves of time process, they own a good consistency.

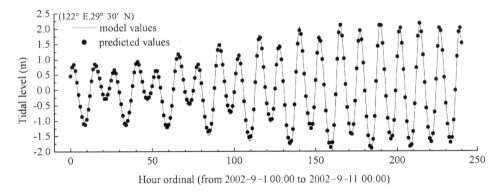

Fig. 2   Comparison of predicted tidal level and the data from the East China Model results at site (122°E, 29°30′N)

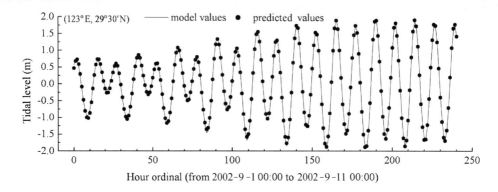

Fig. 3   Comparison of predicted tidal level and the data from the East China Model results at site (123°E, 29°30′N)

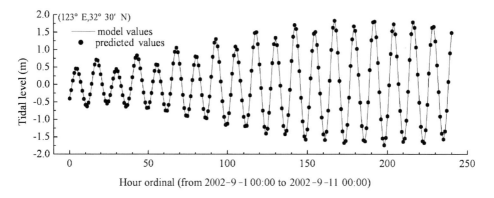

Fig. 4   Comparison of predicted tidal level and the data from the East China Model results at site (123°E, 32°30′N)

3   Comparison among calculated theoretical depth datum and other datum

The datum was usually adopted in the Changjiang Estuary mapping with the following computational form:

(1) The theoretical depth datum, which is computed based on 8 ~ 11 tidal constituents, and has been adopted in China after 1957. According to the port tidal character, it can be defined and computed with certain procedure (Wu et al., 2002).

(2) Lowest Possible low water

$$L = Z_0 - 1.2(H_{M_2} + H_{S_2} + H_{K_2})$$ (1)

In this formula, H_{M_2}, H_{S_2}, H_{K_2} represent the components of M_2, S_2, K_2 constituent respectively. Z_0 is the local mean sea level. This datum is suitable for the normal semi-diurnal tidal port as well as the region where the seasonal rectification coefficient related to sea level has very small variation.

(3) The Indian springlow water

$$L = Z_0 - (H_{M_2} + H_{S_2} + H_{K_1} + H_{o_1}) \tag{2}$$

This datum was put forward by Darwin in his observation of the Indian Ocean's tides. Except for shallow water constituents, it takes account of not only the main semi-diurnal tide components, but also the main diurnal tidal constituents. The average values of the diurnal tidal constituents are adopted without considering the Chronometer combination. This datum plane is adopted in India and Japan and so on at present. This datum plane had been mainly adopted in the Changjiang estuary's chart from 1930 to 1857.

(4) Chart datum on British admiralty charts (the depth datum of Admiralty)

$$L = Z_0 - 1.1(H_{M_2} + H_{S_2}) \tag{3}$$

This datum is adopted in the partial world chart measured by the Admiralty. This datum plane was adopted in the Changjiang estuary's chart in the year of 1842, 1861 and 1912.

For comparative analyses, the above-mentioned datum values based on tidal plane of reference are converted to be based on the local mean sea level, and taking the direction of beneath the sea level as the positive direction. And then, the theoretical depth datum can be defined as L_0.; the formula of (1),(2),(3) can be converted into the following form respectively:

$$L_1 = 1.2(H_{M_2} + H_{S_2} + H_{K_2}) \tag{4}$$
$$L_2 = (H_{M_2} + H_{S_2} + H_{K_1} + H_{o_1}) \tag{5}$$
$$L_3 = 1.1(H_{M_2} + H_{S_2}) \tag{6}$$

3.1 The character of spatial distribution and correlation about the above datum

To facilitate the discussions, a few typical cross-sections are selected to analyze the spatial distribution of the above datum. Then the datum spatial distribution and relationships among them are identified. Fig. 5 shows the tendency spatial distribution of each datum value along the Changjiang River water course from Jiangyin Station to Luhua Station ($122°37'27''$E, $30°49'4''$N). Fig. 6 shows the spatial distributions of the four depth datum along $32°30'$ N. Fig. 7 shows the spatial distributions of the four depth datum along $32°15'$ N. Fig. 8 shows spatial distributions of the four depth datum along 29° 30′ N. Fig. 9 shows the spatial distributions of the four depth datum along 123°E. Fig. 10 shows spatial distributions of the four depth datum along 124°30′E.

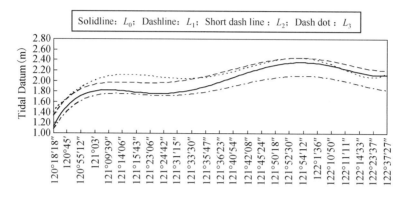

Fig. 5　Tendency of spatial distributions of the four depth datum at 27 tidal stations

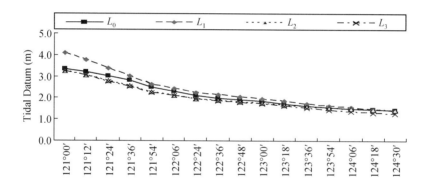

Fig. 6　Spatial distributions of the four depth datum along 32°30′N

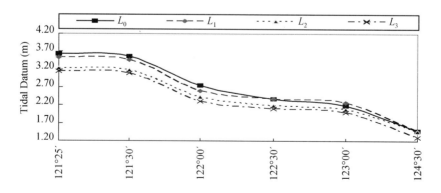

Fig. 7　Spatial distributions of the four depth datum along 32°15′N

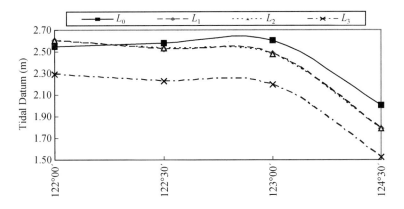

Fig.8　Spatial distributions of the four depth datum along $29°30'$N

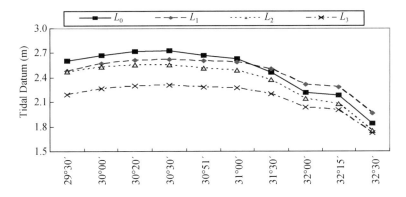

Fig.9　Spatial distributions of the four depth datum along $123°$E

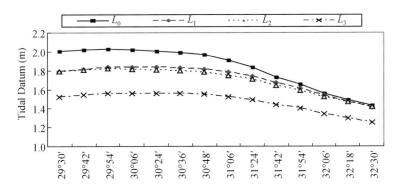

Fig.10　Spatial distributions of the four depth datum along $124°30'$E

The diversity on the computational datum of each site results from the complexity of the influence of both runoff and tide. In Fig. 5, the tendency spatial distribution of each datum values along the Changjiang River water course from Jiangyin Station to Luhua Station gradually lower approximately from west to east; there is some difference among the four kinds of datum. Fig. 6 shows the spatial distributions of the four depth datum along $32°30'N$, which gradually rise from west to east, and the four datum gradually tend toward approach, L_2 and L_3 always keep consistency. Fig. 7 shows the spatial distributions of the fourth depth datum along $32°15'N$, which also rise from west to east gradually. Their change trend is the same. Among them, L_0 and L_1 approach each other; L_2 is close to L_3 relatively. Fig. 8 shows the spatial distributions of the four depth datum along $29°30'N$, which the four datum first changes placidly from $122°E$ to $123°E$, then become rise rapidly. L_1 and L_2 overlap each other. Fig. 9 shows the spatial distributions of the four depth datum along $123°E$, which the fourth data first lower slowly as far as near $30°30'N$, then become higher and higher. L_3 is far relatively from the other datum. . Ibidem, they spatial change trend are same basically. Fig. 10 shows spatial distributions of the four depth datum along $124°30'E$, which the fourth datum first lower slowly as far as near $30°N$, then begin to become higher from south to north. Among them, L_1 and L_2 approach each other.

The result of theoretical depth datum in the sea area out of the estuary is closer to the possible lowest tidal level. The theoretical depth datum is deeper than other datum. The British datum is the smallest (the shallowest) one. Their spatial change trends are identical basically.

3.2   The relationships of the computed result of each tidal datum

Based on the theoretical depth datum L_0 and L_1, L_2, L_3 values of above-mentioned sites, the statistical fitting relationships among the four kinds of datum can be got, the relationship between L_0 and L_1 is shown in Fig. 11; the relationship between L_0 and L_2 is shown in Fig. 12; the relationship between L_0 and L_3 is shown in Fig. 13. There is a good correspondence in results between between L_1 and L_3, the relationship are shown in Fig. 14. From Fig. 11 to Fig. 14 it can be seen that these correspondences show good linear relationships.

So these relationship formula can be got by linear regression:

$$L_0 = 1.176\ 64L_1 - 0.454\ 81,\ R = 0.984,\ N = 52 \tag{7}$$
$$L_0 = 1.321\ 25L_2 - 0.733\ 81,\ R = 0.955,\ N = 52 \tag{8}$$
$$L_0 = 1.271\ 73L_2 - 0.289\ 53,\ R = 0.980,\ N = 52 \tag{9}$$
$$L_1 = 1.072\ 96L_3 + 0.151\ 23,\ R = 0.995,\ N = 52 \tag{10}$$

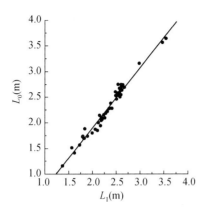

Fig. 11　The relationship between L_0 and L_1

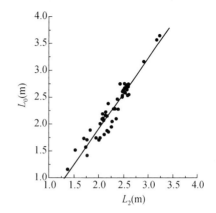

Fig. 12　The relationship between L_0 and L_2

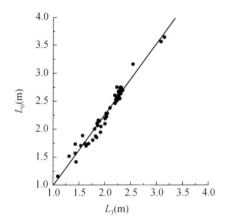

Fig. 13　The relationship between L_0 and L_3

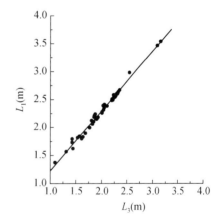

Fig. 14　The relationship between L_1 and L_3

Where R is correlation coefficient, N is the number of tidal level station, the unit all adopt is metre. It is obvious that there is good linear correlation in equations (7), (8), (8), (10). Synchronously, the geometric mean spaces between L_0 and L_1, L_2, L_3, as well as between L_1 and L_3 can be got in equations (11)~(14):

$$(L_1 - L_0)_{mean} = 0.047\ 4 \qquad (11)$$

$$(L_2 - L_0)_{mean} = 0.006\ 7 \qquad (12)$$

$$(L_3 - L_0)_{mean} = -0.254\ 7 \qquad (13)$$

$$(L_3 - L_1)_{mean} = -0.302\ 0 \qquad (14)$$

Taken one with another, the theoretical depth datum is 4.74 centimetres above the possible lowest tidal level, 0.67 centimetres above the Indian spring low water, and 25.5 centimetres below the British datum. The theoretical depth datum can be presented by the linear combination of the possible lowest tidal level, the Indian spring low water and the chart datum on British admiralty charts.

3.3 The relationships between the theoretical depth datum and theharmonic constants

It is usually difficult to calculate the theoretical depth datum L_0 for its complicated procedure and the need of $8 \sim 11$ constituents harmonic constant. For easiness to use, multiple regression analysis was used in an attempt to identify significant groups of factors that controlled the theoretical depth datum L_0. The clearest relationships are obtained. The theoretical depth datum L_0 was correlated against appropriate combinations of the amplitudes (units: m) H_{M2}, H_{S2}, H_{N2}, H_{K1}, H_{O1} which are corresponding to constituent M_2, S_2, N_2, K_1, O_1. Good expressions were obtained in the equations $(15) \sim (18)$.

$$L_0 = 1.385H_{M2} + 1.237H_{N2} + 0.275, \ R = 0.963, \ N = 94 \tag{15}$$
$$L_0 = 1.337H_{M2} + 0.339H_{S2} + 0.888H_{N2} + 0.222, \ R = 0.964, \ N = 94 \tag{16}$$
$$L_0 = 1.614H_{M2} + 1.092H_{K1} + 0.005, \ R = 0.972, \ N = 94 \tag{17}$$
$$L_0 = 1.581H_{M2} + 1.870H_{O1}, R = 0.975, N = 94 \tag{18}$$

The testifications are carried out on some of the equations for their validation and computing precision.

Fig. 15 shows the comparison of theoretical values of L_0 and calculated result L_M by the empirical formula (16) at 42 sites in the inner areas.

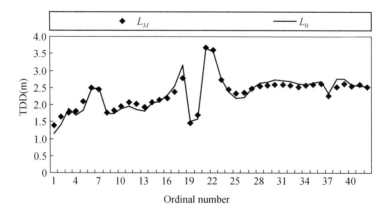

Fig. 15 Comparison of theoretical values of L_0 and calculated result L_M by the empirical formula (16) at 42 sites in the inner areas

Fig. 16 shows the comparison of theoretical values of L_0 and calculated result

L_M by the Empirical formula (18) at 42 sites in the inner areas.

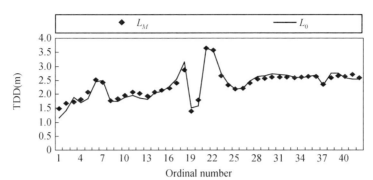

Fig. 16　Comparison of theoretical values of L_0 and calculated result L_M by the
Empirical formula (18) at 42 sites in the inner areas

Fig. 17 shows the comparison of theoretical values of L_0 and calculated result L_M by the Empirical formula (18) at 42 sites along $29°30'N, 32°30'N$ and $124°30'E$ respectively.

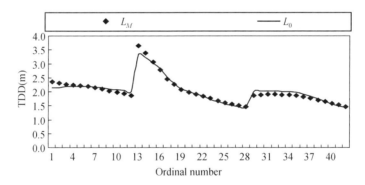

Fig. 17　Comparison of theoretical values of L_0 and calculated result L_M by the Empirical
formula(18) at 42 sites along $29°30'N, 32°30'N$ and $124°30'E$ respectively

By comparison, we can draw such a conclusion that the precision in calculation of (18) is better than other result. Except few sites, The average relative errors is about 2.0%, L_M prediction accuracy for L_0 is significant and acceptable.

3. 4　The Computing Formula of the Possible Maximum Tidal Level Difference

Based on the definition of possible maximum tidal level difference and the above-mentioned data, the relationship can be got. The expression of the ΔH_{max} is:

$$\Delta H_{max} = 0.934\ 3\quad \Delta H_{1\,max} - 0.347\ 0,\ R = 0.995,\ N = 94 \qquad (19)$$

Where the ΔH_1 max denotes the computing formula of the possible maximum tidal level difference used in the Jiangsu coastal sea areas[7].

$$\Delta H_{1max} = 2(1.29H_{M2} + 1.23H_{S2} + H_{K1} + H_{O1}) \quad (20)$$

Thus, we can get the empirical formula of possible highest tidal level H_0 relative to the local mean sea level, namely,

$$H_0 = D_0 + \Delta H_{max} \quad (21)$$

where,

$$D_0 = -(1.581H_{M2} + 1.870H_{O1}) \quad (22)$$

4　CONCLUSIONS

According to the harmonic constants of 11 tide components from 94 tide sites combined with other data and integrated analysis, the following result can be elicited: The spatial distribution can be elicited by computing and analyzing the theoretical depth datum, the possible lowest tidal level, the Indian spring low water and the chart datum on British admiralty charts. The possible lowest tidal level is close to the theoretical depth datum. The corresponding statistical relationships were obtained among the above datum by using the calculated results of the theoretical depth datum, the possible lowest tidal level, the Indian spring low water and the chart datum on British admiralty charts. The empirical equations of the theoretical depth datum theoretical depth datum in the Changjiang Estuary and its adjacent sea areas. It is necessary to correctly establish the relationships between the depth datum system for the historical chart use in the Changjiang Estuary and its adjacent region. The concise expression of TDD by few harmonic constants will be convenient for TDD estimation. A fitting relationship between the possible maximum tidal level difference and other tidal parameters in the Changjiang estuary and its adjacent region are analyzed and given out. The established formula is concise and practical; the relative errors of the computed results are no more than 2.5%.

Because of the limitation of time, serial tidal data in partial tide stations and the influences on accuracy of the research are inevitable.

Acknowledgements

This study was supported by Public Welfare Special Scientific Research Project Funded by China Ministry of Water Resources (200701026), National Natural

Science Foundation Fund of China project（50709007）and Startup Fund of Hohai University（2084/40801107）.（IEEE，ICBBE2010）.

Reference

Bao Jing-yang，Huang Chen-hu，Liu Yan-chun. 2003. Research on the Algorithm for Chart Datum. *Hydrographic Surveying And Charting*，23（1），8-12.

Bao Jing-yang，Liu Yan-chun，Chao Ding-bo. 2006. Computations and Analyses of Chart Datum to Coastal Tide Gauges of China. *Geomatics and Information Science of Wuhan University*，31（3），224-228.

Lao Shun-gen，Hu Lian-fa. 2003. Sounding Datum Examining for Yangtze River Port. *Hydrographic Surveying and Charting*，23（2），40-43.

Wu Hua-lin，Shen Huan-ting，Wu Jia-xue. 2002. Relationships among depth datum levels in the Yangtze Estuary. *The Ocean Engineering*，20（1），69-74.

Wu Dean，Yan Yixin，Li Ruijie. 2006. Calculation of theoretical depth datum of radial sand ridge sea area in Jiangsu Province. *Journal of Hohai University*. Natural Sciences，34（5），572-577.

Xu Yuan. 2000. On the Height System of the Changjiang Estuary Region. *Port & Waterway Engingeering*，8，1-4.

Process Study of Wet-Season Circulation and Hydrology in the Pearl River Estuary and Adjacent Coastal Waters Using a Nested-Grid Circulation Model

Xiao-mei Ji[1,2]   Jin-yu Sheng[2]   Li-qun Tang[3]   Da-bin Liu[3]   Xue-lian Yang[4]

（1. State Key Laboratory of Hydrology-Water Resources and Hydraulic Engineering, Hohai University, Nanjing, China, 210098; 2. Department of Oceanography, Dalhousie University, Nova Scotia, Canada, B3H 4J1; 3. China Institute of Water Resources and Hydropower Research, Beijing, China; 4. National Marine Environmental Forecast Center, Beijing 100081, China）

Abstract: A nested-grid coastal circulation modelling system is used in examining hydrodynamic responses of the Pearl River Estuary（PRE）in South China to tides, meteorological forcing and freshwater runoff from the Pearl River during the wet season from May to September. The nested-grid coastal modelling system consists of a coarse-resolution outer model for the China Seas of the northwest Pacific Ocean; an intermediate-resolution middle model for the inner shelf of the northern South China Sea; and a fine-resolution inner model for the PRE and adjacent coastal waters. Four numerical experiments are conducted by driving the nested-grid modelling system with different combinations of external forcing. Analysis of model results in the four experiments demonstrates that a large-size estuarine plume occupies the inner PRE during the wet season with the wet-seasonal mean circulation characterized by a classical two-layer estuarine circulation. The time-dependent three-dimensional（3D）circulation inside the estuarine plume can be approximated by barotropic currents driven by tidal and wind forcing. Over the frontal area and in the deep waters outside the PRE, the interaction of baroclinic dynamics with the tidal and wind-driven currents plays a very important role in determining the 3D circulation and hydrographic distributions.

1 Introduction

The Pearl River Estuary（PRE）is a bell-shaped semi-enclosed sea on the east coast of Guangdong Province of SouthChina, which consists of Lingding Bay, Huangmao Bay, and coastal waters around Hengqin and Gaolan Islands with a surface area of ~2 500 km². Water depths in the estuary vary from 2~5 m over the western side to ~15 m over the eastern side. The width of the PRE is ~5 km near Humen at the landward (northern) end, and ~60 km between Macau and Lantau Islands at the seaward (southern) end (Mao et al., 2004; Larson et al., 2005). The PRE connects the Pearl River with the South China Sea (SCS). The Pearl River is the third largest river after the Yangtze and Yellow Rivers in China, which is a complex river system with the total length of ~2.21×10^3 km (Larson et al., 2005). Through eight major inlets over the western side of the PRE, about 53% of freshwater runoff from the Pearl River drainage basin (Harrison et al., 2008) enters three coastal waters of the PRE: Lingding, Modao and Huangmao Bays. Among these three bays, Langding Bay receives approximately 60% of the total Pearl River discharge (Zhao, 1990) through four major inlets of Humen, Jiaomen, Hongqimen and Hengmen.

Circulation in the PRE and adjacent coastal waters is also affected by large-scale oceanic circulation in the South China Sea. There are several large-scale oceanic flows that affect the area (Larsonet al., 2005), including a northeastward flow which brings high salinity waters from the Hainan Current (prevalent during the summer) and a southwestward flow through the Luzon Strait known as the "Kuroshio" current that carries warm and high salinity waters to the area.

Basic circulation features in the PRE were studied numerically and observationally in the past. Ye and Preiffer (1990) investigated Kelvin tidal waves inside the estuary. Peng et al. (1991) examined the hydrographic distributions in the estuary from observations. Lin and Liang (1996) discussed the tidal and residual circulations in the PRE based on field observations made in 1992. Wang et al. (1992) numerically studied the tides in the estuary using a tidal circulation model. Xue and Chai (2001) examined the general circulation and ecosystem dynamics in the estuary using a coupled bio-physical model. Chen et al. (2002) investigated the environmental conditions and pollution process in the PRE based on the observations made by an integrated monitoring program in the early 2000s. Wong et al. (2003a and b) examined the estuarine plume and the associated frontal dynamics in response to seasonal discharges and monsoon winds based on the observations and numerical results. Mao et al. (2004) examined the tides and tidal circulation in the PRE from field observations made in 1993. Dong et al. (2004) examined the main physical processes in the Pearl River and Dong et al. (2006) studied the seasonal variations and dynamics of the estuarine plume in the PRE. Larson et al. (2005) studied the circulation and salinity distribution in the PRE by forcing a numerical circulation model with tides and time-invariant freshwater discharges from four eastern-most inlets. Harrison et al. (2008) investigated the influence of physical, chemical and biological parameters in the eutrophication in the PRE. Gan et al. (2009) examined the interaction of an estuarine plume produced the Pearl River discharge with coastal waters in the northeastern SCS. All of previous numerical studies gained significant knowledge of hydrodynamic responses of the PRE to tides, wind and river discharge. It should be noted, however, that most of previous modelling studies focused on specific hydrodynamic processes in the PRE using a limited-area numerical coastal circulation model (Wong et al., 2003a). The main drawback of a limited-area ocean model is less realistic specification of circulation along the open boundaries of the model.

A three-level nested-grid coastal ocean modelling system (known as the NCOMS-PRE) based on the Princeton Ocean Model (POM) was recently developed by Sheng et al. (2009) and Tang et al. (2009). This nested-grid system has an advantage over other numerical models developed previously for the PRE in that the outer model provides dynamically reliable information of tidal and large-scale wind-driven oceanic circulations for open boundary conditions of the middle and inner models in simulating the 3D coastal and estuarine circulations over the PRE and adjacent areas. The NCOMS-PRE was used by Tang et al. (2009) in examining the estuarine circulation in the PRE and by Sheng et al. (2010) in examining the seasonal mean circulation in the PRE and adjacent waters. The main objective of this study is to quantify the dynamic response of the PRE on tidal and synoptic timescales to tides, wind and freshwater runoff in the wet season from multi-year model results produced by the NCOMS-PRE.

2 The nested-grid coastal circulation model and external forcing

The coastal ocean circulation model used in this study is the three-level, one-way nested-grid coastal ocean modelling system for the Pearl River Estuary (NCOMS-PRE) developed by Sheng et al. (2009) and Tang et al. (2009). The modelling system was constructed from the Princeton Ocean Model (POM, Mellor, 2004) using the modelling strategy similar to an operational shelf circulation forecast system for Canadian Atlantic coastal waters known as Dalcoast (Thompson et al., 2007). Tang et al. (2009) provided a detailed discussion of the NCOMS-PRE and they also assessed the model performance by comparing model results with limited observations made in the PRE and adjacent waters. Only a brief discussion is provided in this paper on the model setup and external forcing.

The NCOMS-PRE has three sub-components (Fig. 1): a coarse-resolution outer model; an intermediate-resolution middle model nested inside the outer model; and a fine-resolution inner model nested inside the middle model. The outer model domain covers the China Seas from 105. 5°E to 126. 7°E and from 15. 0°N to 41. 0°N, including Bohai Sea, the Yellow Sea, the East China Sea, the northern South China Sea and adjacent deep ocean waters, with a horizontal resolution of ～7 km (Fig. 1a). The outer model uses only the external mode of the POM in the calculation, and is two-dimensional (2D) and barotropic (in which model temperature and salinity are set to the spatially uniform and time-invariant) for simulating the tidal and storm-surge circulation in the China Seas.

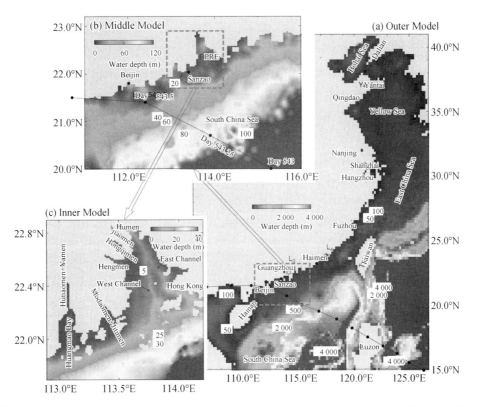

Fig. 1　Major bathymetric features of a 3-level nested-grid coastal ocean circulation modelling system for the Pearl River Estuary based on the Princeton Ocean Model (POM)

The middle model domain, which is nested inside the outer model domain, covers the inner shelf of the northern SCS from 111. 0°E to 116. 0°E and from 20. 0°N to 23. 2°N (Fig. 1b), with a horizontal resolution of ～3 km (Fig. 1b). The inner model domain, which is nested inside the middle model domain, covers the PRE and the adjacent waters from 112. 9°E to 114. 2°E and from 21. 7°N to 22. 9°N (Fig. 1c), with a horizontal resolution of ~1. 2 km. Both the middle and inner models are 3D and baroclinic (in which model temperature and salinity are allowed to evolve with the flow field), and use the external and internal modes of the POM with 20 evenly spaced sigma levels in the vertical. The sub-grid scale mixing parameterizations used in the NCOMS-PRE are the horizontal mixing scheme suggested by Smagorinsky (1963) with a coefficient of 0. 1 for the horizontal eddy viscosity and diffusivity coefficients A_m and A_h. The middle and inner models also use the turbulent closure scheme developed by Mellor and Yamada (1982) for the vertical eddy viscosity and diffusivity coefficients K_m and K_h.

The external forcing in the control run (Exp-Control-Run) for the outer model includes (1) tidal elevations specified along model open boundaries based on 16 pre-calculated tidal constituents (Matsumoto et al., 2001) using the tidal boundary condition of Davies and Flather (1978); (2) meteorological forcing including the sea level atmospheric pressure (SLP) and surface wind stress, taken from 3-hourly numerical weather forecast fields with a horizontal resolution of 0. 5° produced by the National Marine Environmental Forecast Center of China (NMEFC); and (3) depth-mean sub-tidal flow produced by a coarse-resolution Pacific Ocean circulation model (personal comm., Yueheng Tseng, 2009).

The same NMEFC meteorological forcing discussed above is also used in driving the middle and inner models of the nested-grid system. In addition, the middle and inner models in Exp-Control-Run are forced by the buoyancy forcing associated with the surface heat flux (calculated using the bulk formulae discussed in Gill, 1982) and freshwater discharges from eight major inlets of the Pearl River system. The specification of the salinity and surface elevation at the inlet head allows the buoyant river waters to flow freely into PRE with the model salinity at the inlet head and mouth varying according to the strength of the freshwater discharge (Sheng et al., 2007; Yang and Sheng, 2008).

The monthly mean freshwater discharges from four inlets of Humen, Jiaomen, Hongqimen, and Hengmen were taken from Chen and Wong (2004). Since the monthly mean freshwater discharges from other four inlets are not available, the monthly mean discharges from Hutiaomen (including Jitimen) and Hutiaomen (including Yamen) were constructed from the climatological seasonal mean discharges from these two inlets in dry and wet seasons (Wong et al., 2003a) by assuming the normalized temporal distributions of freshwater discharges from these two inlets are the same as the temporal distribution of discharges from other four inlets.

Four numerical experiments are conducted in this study to examine thehydrodynamic responses of the PRE in summer to tides, meteorological forcing and buoyancy forcing associated with freshwater runoff from the Pearl River. The NCOMS-PRE is forced by (a) all the external forcing discussed above in Exp-CR; (b) all the forcing except for the freshwater discharges in the middle and inner models in Exp-NR; (c) all the forcing except for the tidal forcing in Exp-NT; and (d) all the forcing except for the wind forcing in Exp-NW. It should be noted that in Exp-NW the wind forcing is included in the Mellor-Yamada's turbulent enclosure scheme (1982) in the middle and inner models to have reasonable vertical mixing in this experiment. All other model parameters in these four experiments are the same. The modelling system in each experiment is integrated for four years from the beginning of 1992 to the end of 1995 and model results in the wet season in 1993—95 are discussed in this paper.

3　Model validation

We first assess the model performance by examining the amplitudes and phases of semi-diurnal principal lunar (M_2); semi-diurnal principal solar(S_2); diurnal lunisolar (K_1) and diurnal principal lunar (O_1) tidal elevations from model results produced by the outer model (Fig. 2) and compare them with published results in the literature (e. g., Kang et al., 1998; Fang et al., 2004; Jan et al., 2004).

Figure 2a demonstrates that the M_2 tide propagates into the East China Sea from the deep Pacific Ocean with M_2 amplitudes amplified from ～0.5 m to ～1.5 m due mainly to shoaling topography and quarter-wave resonance (Jan et al., 2004). Before approaching the coast, the M_2 tidal wave bifurcates around 29°N, with some amplified M_2 wave propagating northward to the East China Sea, the Yellow Sea and Bohai Sea; and the other propagating southward along the China coast to enter the Taiwan Strait with additional amplification. There are three M_2 amphidromic points in the Yellow Sea and Bohai Sea, with two in the Yellow Sea and one in Bohai Sea, which are consistent with previous findings by Kang et al. (1998) and Fang et al. (2004). The overall horizontal features of these four major components shown in Figure 2 agree very well with the patterns constructed previously by Kang et al. (1998) and Fang et al. (1999) using 2D tidal circulation models and by Fang et al. (2004) from 10-year TOPEX/Poseidon satellite along-track altimetry.

We next assess the model performance in simulating surface elevations by comparing inner model results at coastal locations Beijing, Haimen and Sanzao with

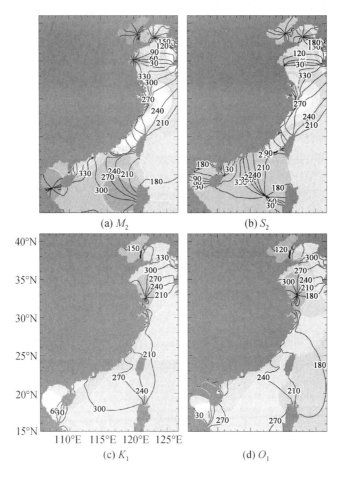

Fig. 2   Co-amplitudes（color image）and co-phases（contours）of four major tidal elevations of （a）M_2，（b）S_2，（c）K_1 and （d）O_1 computed from model results produced by the outer model.

observations in 1993（Fig. 3）. The model has certain skills in simulating tides，with γ^2 less than 0. 3 at Beijin and Sanzao，but relatively larger and about 0. 5~0. 6 at Haimen.

A comparison of model sea surface temperatures（SSTs）shown in Figure 4 with the satellite remote sensing SSTs data from http：//envf. ust. hk/satop/sst/hk. html indicates that our model has reasonable skills in simulating SSTs in February，April，and November，but less well in September，1995. One possible explanation is that the satellite remote sensing SSTs represent the water temperatures in the top thin layer of a few centimeters，while the model SSTs represent the water temperature in the top sigma-layer. In the summer months，however，strong vertical stratification occurs and therefore large differences could occur between water temperatures in

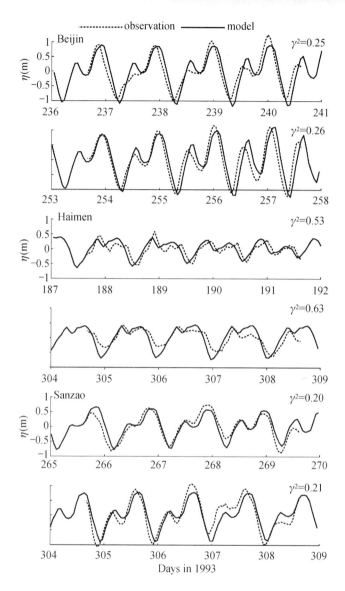

Fig. 3   Time series of observed and simulated surface
elevations at Beijin, Haimen and Sanzao.

the thin top layer of a few centimeters and the water temperatures in the top sigma layer of about 50~100 cm.

Figure 5 shows the monthly-mean sea surface and near bottom salinities produced by the inner model in January and July 1993. Since the Pearl River discharge is relatively low in winter and all the inlets are located on the western side of the PRE, the model calculated estuarine plume in January is contained to the northern and western sides of the estuary, with the plume front extending from the

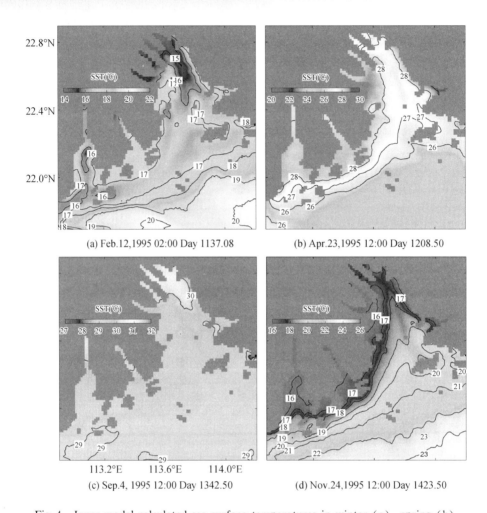

(a) Feb.12,1995 02:00 Day 1137.08

(b) Apr.23,1995 12:00 Day 1208.50

(c) Sep.4, 1995 12:00 Day 1342.50

(d) Nov.24,1995 12:00 Day 1423.50

Fig. 4　Inner model calculated sea surface temperatures in winter (a), spring (b), summer (c) and autumn (d) 1995 in the Pearl River Estuary and adjacent coastal waters.

surface to the bottom along the main axis of the estuary (Figs. 5a and b). The saline shelf water with high salinity occupies the coastal area east of Lantau Island (Figs. 5a and b). The dynamic features of the monthly-mean river plume in July differ significantly from those in January because of the combined effects of much larger freshwater discharges and the southwesterly monsoon in summer months (Figs. 5c and d). The surface diluted estuarine water in July occupies almost the entire PRE (Fig. 5c). The similarity between the modelled salinity (Fig. 5) and the observed salinity (Wong et al., 2003a) indicates that the nested-grid modeling system has reasonable skills in reproducing the salinity frontal structure associated with the river plume in the PRE.

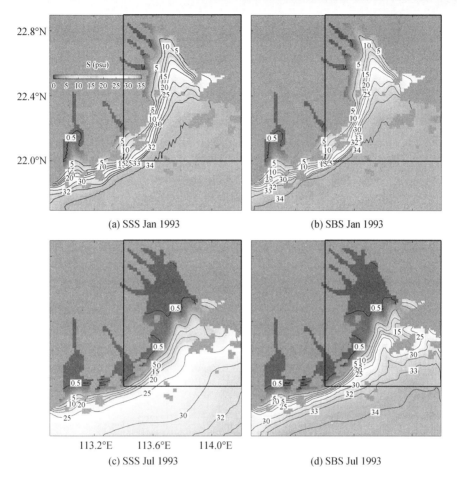

(a) SSS Jan 1993   (b) SBS Jan 1993

(c) SSS Jul 1993   (d) SBS Jul 1993

Fig. 5   Inner model calculated monthly mean (a, b) surface and bottom salinity in winter (January 1993) and (c, d) surface and bottom salinity in summer (July 1993) in the Pearl River Estuary and adjacent coastal waters.

4　Model results

Figure 6 presents instantaneous model results in the control run at model day 543.25 (06:00 June 27, 1993). The surface wind stress at this time is relatively weak everywhere over the China Seas, except for the northern SCS that is affected by super typhoon Koryn. Koryn entered the SCS as a Category 2 typhoon on June 26, 1993 and then moved rapidly west-northwestward across the northern SCS (Fig. 1a) with a maximum wind speed of ~ 165 km h^{-1}. The model-calculated surface elevations and depth-mean currents are mainly tidally forced (Fig. 6a), except for the area affected by Koryn. The spatially varying depth-mean currents and surface elevations produced by the outer model over the Yellow Sea and the East China Sea, and in Taiwan Strait and adjacent areas are again associated with propagations of tidal waves during this period (Fig. 6a).

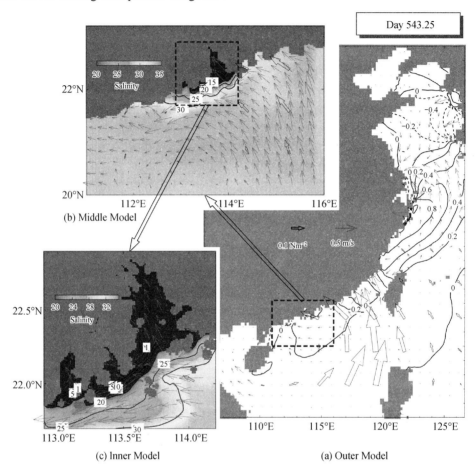

Fig. 6 Snapshot of sea surface salinity and currents at 06:00 June 27, 1993 produced by the NCOMS-PRE.

The surface currents at day 543.25 produced by the middle model are characterized by a cyclonic circulation over the inner shelf of the northern SCS with intense onshore currents on the right side and much weaker and seaward currents on the left side of the storm track of Koryn (Fig. 6b). Near the coast to the northwest of the storm center, the surface currents are southwestward and alongshore due to the combination of the wind forcing and large pressure gradients produced by the wind forcing at earlier times. The sea surface salinities produced by the middle model are relatively uniform and high, and about 33～34 psu in the offshore waters and much fresher inside the PRE and over the adjacent coastal waters.

The surface circulation at day 543.25 produced by the inner model (Fig. 6c) is characterized by broad and nearly westward currents of $\sim$60 cm s^{-1} in the offshore areas outside Lingding Bay and northwestward (landward) currents of about 10 to 20 cm s^{-1} inside Lingding Bay, Huangmao Bay and coastal waters around Hengqin Island. Figure 6c also demonstrates that the model-calculated estuarine plume in the PRE extends seaward significantly in June. The sea surface salinities are low and about 2 psu inside Lingding Bay due to large freshwater discharges from inlets of Humen, Jiaomen, Hongqimen and Hengmen. The sea surface salinities are also low over the coastal waters around Hengqin Island and in Huangmao Bay associated with freshwater runoff from inlets of Modaomen (including Jitimen) and Hutiaomen (including Yamen) respectively.

4.1　Main physical processes affecting seasonal variabilities

The seasonal mean salinity and currents in the wet season (May to August) can be calculated from multi-year model results in 1993—1995. Figure 7b demonstrates that the wet-seasonal mean surface currents are nearly north-northeastward over the inner shelf of the northern SCS, in response to nearly northward wind forcing during the wet season. The sea surface salinity is $\sim$34.5 psu over the offshore waters of the PRE. Significant low-salinity estuarine waters are accumulated in the PRE (Fig. 7a), due mainly to large freshwater discharges from the Pearl River system in the wet season. The wet-seasonal mean surface currents inside the PRE are seaward with a low-salinity coastal jet running southwestward along the coast (Fig. 7b). The sea surface salinity frontal zone in the wet season is broad and spreads seaward significantly. There is a cyclonic gyre over coastal waters around Hong Kong and adjacent offshore waters, with southwestward coastal currents over the coastal waters off Huangmao Bay (Fig. 7a).

The wet-seasonal mean currents are much smaller in the near bottom layer than those in the surface layer, and the bottom salinity fronts constrain much closer to the coast (Fig. 8). The bottom currents in the inner Lingding Bay and Huangmao Bay are in the similar directions as in the surface layer. The bottom currents in the outer Lingding Bay and adjacent coastal waters are mainly landward. Larger bottom currents appear in the offshore deep waters (Fig. 8a).

As discussed in Sheng et al. (2009), the buoyancy forcing associated with river discharges and tides in the wet season are the main driving forcing for circulation and salinity distributions inside the PRE, while tides and wind forcing are the main driving forcing in the deep waters off the PRE. In the following discussion, we focus mainly on the physical processes affecting the tidal and synoptic variability of circulation and hydrography in the PRE.

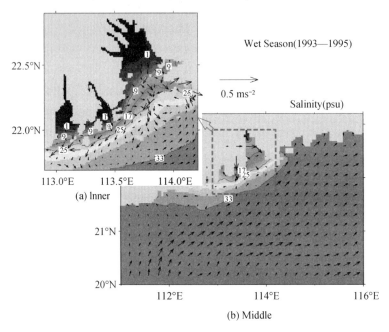

Fig. 7　Time mean sea surface salinity（image）and currents（arrows）in the wet season（May-August）calculated from model results over a 3-year period from 1993 to 1995 produced by（a）the inner model and（b）the middle model of the nest-grid system.

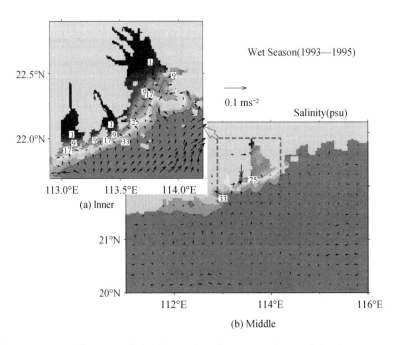

Fig. 8　Time mean near bottom salinity（image）and currents（arrows）in the wet season（May-August）averaged from model results over a 3-year period from 1993 to 1995 produced by（a）the inner model and（b）the middle model of the nested-grid system.

4. 2　Main physical processes affecting horizontal distributions

To identify the main physical processes operating in the PRE on tidal and synoptic timescales during the wet season, the 3D circulation and hydrographic distributions in July 1993 produced by the inner model in the four numerical experiments are examined in this section. Figure 10 shows the time evolution of surface salinities and currents in the PRE and adjacent coastal waters in the control run from day 555. 33 to day 561. 08. During this 5 - day period, the local wind forcing is relatively weak from day 555.33 ($\sim$0. 03 Pa) to day 556.52 ($\sim$0. 06 Pa); increases to $\sim$0. 25 Pa and is northwestward (onshore) at day 559. 0 due to the influence of typhoon Lewis; and then gradually diminishes to $\sim$0. 03 Pa at day 561. 08. Since the Pearl River discharge is large during the wet season, the model-calculated estuarine plume expands seaward significantly in June and July, with a salinity front extending from the outer Lingding Bay to the offshore areas off Huangmao Bay. The structure and position of salinity fronts also have significant temporal and spatial variability in response to wind and tidal forcing during the wet season (Fig. 9).

The model-calculated surface circulation at day 555. 33 is characterized by seaward (nearly southward) currents with a maximum speed of $\sim$0. 2 m s^{-1} in the inner Lingding Bay, and strong surface currents over the salinity frontal zone and adjacent areas in the outer Lingding Bay (Fig. 9a). Over the inner shelf waters off the outer Lingding Bay, there is a narrow southeastward jet at this time which carries less saline surface waters offshore (Fig. 9a). At day 556. 42, the surface currents are southeastward and relatively strong of $\sim$0. 4 m s^{-1} in the inner Lingding Bay and southward and much stronger of $\sim$0. 6 m s^{-1} in the outer Lingding Bay. Over coastal waters of islands there are strong southwestward surface currents (Fig. 9b). The surface currents at this time are also strong and seaward over Huangmao Bay and coastal waters around Hengqin Island, with a maximum speed of $\sim$0. 7 m s^{-1}. Since the local wind forcing is relatively weak at this time (day 556.42), the strong surface currents inside the PRE and Huangmao Bay at this time are mainly driven by tides and buoyancy forcing associated with freshwater runoff of the Pearl River (Fig. 9b). The estuarine plume at day 556. 42 has very similar large-scale features in the PRE to that at day 555.33, except for the outer edge of the salinity front over which the circulation is modified significantly by the coastal trapped waves outside the PRE from day 555.33 to 556.42.

The local wind stress in the PRE reaches its maximum and onshore at day 559. 0. In response to the local wind forcing, the model-calculated surface currents

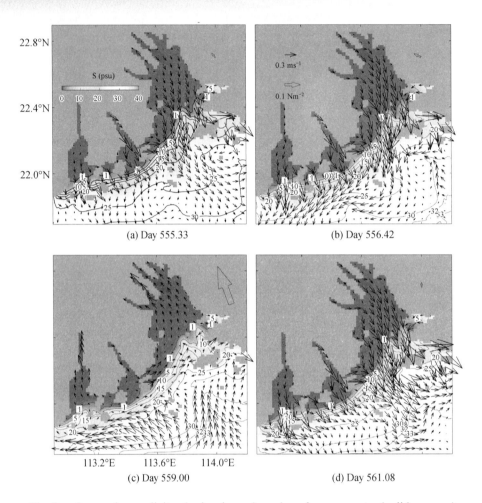

(a) Day 555.33 (b) Day 556.42

(c) Day 559.00 (d) Day 561.08

Fig. 9　Sea surface salinity（color image）and surface currents（solid arrows）produced by the inner model in the control run at（a）08:00 July 9（model day 555.33）,（b）10:00 July 10（day 556.42）,（c）00:00 July 13（day 559.0）, and（d）02:00 July 15（day 561.08）in 1993. Black open arrows represent wind stress vectors. Tides at these four times are in the ebb phase.

at this timerun north-northwestward（landward，Fig. 9c）, which are in the opposite direction to the normal seaward buoyancy-driven surface currents of an estuarine plume. The surface currents inside Lingding and Huangmao Bays and along the salinity front at day 559.0 are relatively weak due mainly to the compensation effect of seaward tidal currents and landward wind-driven currents. The strong southerly wind at this time also pushes the tongue-like estuarine plume and the salinity front landward（Fig. 9c）.

The wind forcing diminishes by day 561.08 and model-calculated surface currents inside the PRE at day 561.08（Fig. 9d）are relatively strong of ~ 0.8 m s^{-1}

and south-southeastward, associated mainly with strong tidal currents and the pressure gradients established by local wind forcing at earlier times. The surface currents near the salinity front are significantly large at day 561.08, in comparison with the currents at earlier times. The surface currents at day 561.08 are also relatively strong in the deep waters outside the PRE, which are the near-inertial currents excited by the local wind forcing at earlier times (Sheng et al. , 2006). The estuarine plume at day 561.08 also has similar horizontal features to that at day 559.0, except for the outer edge of the salinity front, which spreads offshore significantly at day 561.08, due to the diminishing wind forcing (Fig. 9d).

4.3　Main physical processes affecting vertical distributions

To quantify the role of the tides, wind and buoyancy forcing in generating coastal currents in the PRE and adjacent waters, we examine the surface currents at sites P_1, P_2, and P_3 produced by the inner model in the four numerical experiments during a 5-day period between day 555.0 and 560.0 (Fig. 10). At site P_1 in the central location of the inner Lingding Bay, the model-calculated northward currents in the four experiments are stronger than the eastward currents (Fig. 10), indicating that the currents at this site are mainly along the longitudinal axis of the Lingding Bay. The model currents at site P_1 during this five-day period have large tidal and

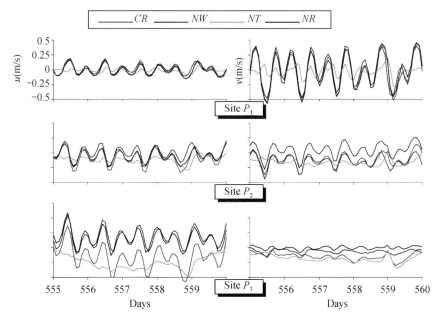

Fig. 10　Time series of 2-hourly eastward (left) and northward (right) components of horizontal currents at three sites P_1, P_2, and P_3 in the Pearl River Estuary produced by the inner model.

synoptic variabilities with strong northward components varying roughly between -0.5 m s^{-1} and 0.4 m s^{-1} in the control run, which are very similar to these in the no-river case, but differ significantly from these in the no-tide case. This indicates that the surface currents at site P_1 are affected primarily by tides and wind forcing and the baroclinic currents driven by density gradients associated with river runoff play only a secondary role inside the plume.

At site P_2 to the north of the Wanshan Island, the model-calculated currents in the control run are similar in both the eastward and northward directions. The tidal and synoptic variabilities of the circulation at this site in the control run are highly comparable to these in the no-wind case and the no-river case, but again differ from these in the no-tide case, indicating the important role of tidal forcing at this site. In comparison with the no-river case, the northward currents in the control run have a negative offset of about ~ 0.05 m s^{-1}, due to persistent seaward density-driven currents at site P_2 associated with the estuarine plume during the wet season. At site P_3 to the southwest of Hebao Island, the model-calculated surface currents in the control run are characterized by a relatively stronger eastward component and a much weaker northward component of the currents during this period. The eastward currents in the control run at site P_3 have significant temporal variability on both tidal and non-tidal timescales with a maximum negative value of about 0.5 m s^{-1}. The eastward currents in the no-wind case and no-river case have similar tidal variabilities to these in the control run, but differ significantly at sub-tidal timescales (Fig. 10). It should be noted that the lack of low-frequency (sub-tidal) variability in the eastward currents at site P_3 in the no-wind case is due to the lack of remotely generated coastal trapped waves in this case. By comparison, the inner model in the no-tide case reproduces reasonably well the non-tidal variabilities of the eastward and northward components of the surface currents in the control run. Therefore, currents at site P_3 during this period are affected by the combination of tides, buoyancy forcing associated with the Pearl River discharge, wind forcing, and coastal trapped waves generated remotely by wind forcing.

5　Conclusions

Circulation and hydrography in the Pearl River Estuary (PRE) of South China have significant variabilities on a broad range of temporal and spatial scales due to highly irregular topography and various forcing functions operating in the region. Several numerical circulation models of different complexity were used in the examination of circulation and associated variability in the PRE and adjacent waters in the past. In this study, a three-level nested-grid ocean circulation modelling system known as NCOMS-PRE (Sheng et al. , 2009; Tang et al. , 2009) was used in determining the main dynamic processes affecting the three-dimensional (3D) circulation and hydrography in the Pearl River Estuary (PRE) during the wet season from May to August. In comparison with previous numerical models for the PRE, the main advantage of the nested-grid modelling system used in this study is that the detailed 3D circulation over the PRE and adjacent waters is resolved by a fine-resolution inner model and the influence of tides and the large-scale (sub-tidal) coastal trapped waves that affect the PRE and adjacent waters is specified at open boundaries of the inner model based on results produced by the coarse-resolution outer model and intermediate-resolution middle model. In addition, the temperature and salinity at the open boundaries of the inner model are specified using the time-dependent and spatially varying model results of the middle model, which is better than simple radiation or/and restoring open boundary conditions widely used in the literature.

Four numerical experiments were conducted using the NCOMS-PRE with different combinations of wind forcing, tides and buoyancy forcing associated with the Pearl River runoff to examine the general circulation and associated variability in the PRE. Analysis of model results in the four experiments demonstrates that a large-size low-salinity estuarine plume occupies the inner PRE during the wet season with the wet-seasonal mean circulation characterized by a classical two-layer estuarine circulation with low-salinity estuarine waters spreading seaward in the upper layer and compensating landward flow in the deep layer. The 3D circulation inside the estuarine plume can be approximated by barotropic circulation driven by the tidal and wind forcing, while the interaction of baroclinic dynamics with the tidal and wind forcing plays a very important role in determining the 3D circulation and hydrographic distributions over the frontal area and in the deep waters outside the PRE.

Acknowledgements

This study is part of Hydrological Simulation & Regulation of Watersheds supported (funded) by National Natural Science Foundation of China (50721006), and supported by 948 Project Office of the China Ministry of Water Resources (project number: 200603) and Natural Sciences and Engineering Research Council of Canada (NSERC).

References

Chen, J., and Wong, L. 2004. Methodology for estimation of river discharge and application of the Zhujiang River Estuary (ZRE). *Acta Oceanol, Sin.*, 23, 377-386.

Chen, J., Dong, L., Wong, L. and Heinke, G. W. 2002. Environmental monitoring of the Zhujiang Estuary and its coastal waters. *Acta Oceanol. Sin.*, 21, 275-304.

Dong, L., Su, J., Wong, L., Cao, Z., and Chen, J. 2004. Seasonal variation and dynamics of the Pearl River plume. *Cont. Shelf. Res.*, 24, 1761-1777.

Dong, L., Su, J., Li, Y., Xia, X., and Guan, W. 2006. Physical processes and sediment dynamics in the Pearl River. *The Environment in Asia Pacific Harbours*. Netherlands: Springe.

Fang, G., Wang, Y., Wei, Z., Choi, B. H., Wang X., and Wang, J. 2004. Empirical cotidal charts off the Bohai, Yellow, and East China Seas from 10 years of TOPEX/Poseidon altimetry. *Geophys. Res*, 109, C11006. [doi: 10.1029/ 2004JC002484]

Gan, J., Li, L., Wang, D., and Guo, X. 2009. Interaction Of a river plume with coastal upwelling in the north eastern South China Sea. *Cont. Shelf Res.*, 29, 728-740.

Gill, A. E. 1982. *Atmosphere-ocean dynamics*. San Diego: Academic.

Harrison, P. J., Yin, K., Leed, J. H. W., Gan J., and Liu, H. 2008. Physical-biological coupling in the Pearl River Estuary. *Cont. Shelf Res.*, 28, 1405-1415.

Kang, S. K., Lee, S. R., and Lie, H.J. 1998. Fine grid tidal modeling of the Yellow and East China Seas. *Cont. Shelf Res.*, 18, 739-772.

Larson, M., Bellanca, R., Jonsson, L., Chen, C., and Shi, P. 2005. A model of the 3D circulation, salinity distributions, and transport patterns in the Pearl River Estuary, China. *J. Coast Res.*, 21, 896-908.

Lin, Z, and Liang, S. 1996. Analysis of tidal current of the Pearl River Estuary. *Acta Oceanol. Sin.*, 15, 11-22.

Mao, Q., Shi, P., Yin, K., Gan, J., and Qi, Y. 2004. Tides and tidal currents in the Pearl River Estuary. *Cont. Shelf Res*, 24, 1797-1808.

Matsumoto, K., Sato, T., Takanezawa, T., and Ooe, M. 2001. GOTIC2: a programme for computation of oceanic tidal loading effect. *J. Geo. Soc. Japan*, 47, 243-248.

Mellor, G. L. 2004. *Users guide for a Three-dimensional, primitive equation, numerical ocean model, Progress of Atmosphere and Ocean Sciences*. New Jersey: Princeton University.

Mellor, G. L., and Yamada, T. 1982. Development of a turbulence closure model for geophysical fluid problems. *Review Geophys. Space Physics*, 20, 851-875.

Peng, Y., Chen, H., Cai Q., and Chen, L. 1991. Investigation of temperature and salinity of the Pearl River Estuary. *Stud Dev South China Sea*, 4, 32-37.

Sheng, J., Tang, L., Cao, W., Yang, B., and Liu, D. 2009. Development and application of nested-grid coastal circulation models. *Proceedings of Academic Forum on Water Resources and Hydropower*. Beijing: China Institute of Water Resources and Hydropower Research.

Sheng, J., Tang, L., and Ji, X. 2010. An examination of seasonal mean circulation and salinity distributions in the Pearl River Estuary of China using a nested-grid coastal ocean circulation model. *Proceedings of 11th Estuarine and Coastal Modeling*. New York: American Society of Civil Engineers.

Tang, L., Sheng J., Ji, X., Cao, W., and Liu, D. 2009. Investigation of circulation and hydrography over the Pearl River Estuary of China using a nested-grid coastal circulation model. *Ocean Dyn*. 59, 899-919. [doi: 10.1007/s10236-009-0218-1]

Thompson, K. R., Ohashi, K., Sheng, J., Bobanovic, J., and Ou, J. 2007. Suppressing bias and drift of coastal circulation models through the assimilation of seasonal climatologies of temperature and salinity. *Cont. Shelf Res.*, 27, 1303-1316.

Wang, J, Yu, G., and Chen, Z. 1992. Numerical simulation of tidal current in Lingding Bay in the Pearl River Estuary. *Acta Oceanol. Sin.*, 14, 26-34.

Wong, L., Chen, J., Xue, H., Dong, L., Su, J., and Heinke, G. 2003a. A model study of the circulation in the Pearl River Estuary (PRE) and its adjacent coastal waters: 1. Simulations and comparison with observations. *J. Geophys. Res.*, 108, C3156. [doi: 10.1029/ 2002 JC 001451]

Wong, L., Chen, J., Xue, H., Dong, L., Guan W., and Su, J. 2003b. A model study of the circulation in the Pearl River Estuary (PRE) and its adjacent coastal waters: 2. Sensitivity experiments. *J. Geophys. Res.*, 108, 261-262. [doi: 10.1029/ 2002JC001451]

Xue H., and Chai, F. 2001. Coupled Physical-Biological Model for the Pearl River Estuary: A Phosphate Limited Subtropical Ecosystem. *Proceedings of the 7th International Conference on Estuarine and Coastal Modeling*. New York: American Society of Civil Engineers.

Ye, L., and Preiffer, K. D. 1990. Studies of 2D & 3D numerical simulation of Kelvin tide wave in Neilingding Yang at the Pearl River Estuary. *Ocean Engineering*, 8, 33-44.

Zhao, H. 1990. Evolution of the Pearl River Estuary. Beijing: China Ocean Press.

The Most Unstable Conditions
of Modulation Instability

Ai-feng Tao[1, 3]　　Jin-hai Zheng[2, 3]　　Soe Mee Mee[4]　　Bo-tao Chen[2, 3]

(1. Key Laboratory of Coastal Disaster and Defence of Ministry of Education, Hohai University, Nanjing 210098, China; 2. State Key Laboratory of Hydrology-Water Resources and Hydraulic Engineering, Hohai University, Nanjing 210098, China; 3. College of Harbor, Coastal and Offshore Engineering, Hohai University, Nanjing 210098, China; 4. Department of Port & Harbour Engineering, Myanmar Maritime University, Yangon, Myanmar)

Abstract: Modulation instability is one of the most ubiquitous types of instabilities in nature. As one of the key characteristics of modulation instability, the most unstable condition attracts lots of attention. The most unstable condition is investigated here with two kinds of initial wave systems via a numerical high-order spectral method (HOS) for surface water wave field. Classically, one carrier wave and a pair of sidebands are implied as the first kind of initial wave system-"seeded" wave system. In the second kind of initial wave system-"un-seeded" wave system, only one carrier wave is implied. Two impressive new results are present. One result shows that the growth rates of lower and upper sideband are different within the "seeded" wave system. It means that, for a given wave steepness, the most unstable lower sideband is not in pair with the most unstable upper sideband. Another result shows the fastest growing sidebands are exactly in pair from "un-seeded" wave system. And the most unstable conditions of "un-seeded" wave system are more or less the mean value of those derived from the lower sidebands and upper sidebands within the "seeded" wave system.

Key words: most unstable condition; modulation instability; initial wave system; phase-resolved numerical method; HOS

1 Introduction

As a typical nonlinear mechanism, the modulation instability (hereinafter referred as "MI"), also called Benjamin-Feir instability or Self-modulation, has been observed and studied in numerous physical fields including water waves, plasma waves, laser beams, and electromagnetic transmission lines. As mentioned by Zakharov[1], there are between one and two million entries on MI in any internet search websites, e. g., Yahoo. Even these references are not all equally relevant, the numbers are still enough to show the importance of MI. A recent usage of MI is to explain the possible reason for the occurrence of Freak waves[2], which may cause catastrophic damage to offshore structures and surface vessels due to exceptionally large amplitudes[3]. From this viewpoint, the Freak waves will appear at modulation peaks along the water wave evolution process. And it is well known that the water wave evolution process will reach the modulation peak within shortest time duration if the initial condition satisfies the most unstable condition (hereinafter referred as "MUC"). Generally, the MUC refers to the imposed wave train formed by a carrier wave and a pair of sidebands which will grow with the largest growth rate along the water wave evolution process. The latest comprehensive review and research works on MI we can refer to is Tulin&Waseda[4]. They reviewed nearly all the previous valuable works, including theoretical analysis, numerical simulation and physical experiments. Particularly, based on a series of delicate experiments, they explained the dynamic mechanisms of the sideband behavior in both the breaking and non-breaking cases. The MUC they used in the experiments is calculated based on Krasitskii equation[5]. They mentioned the results from Krasitskii equation are different with the previous results from Benjamin & Feir[6], Longuest-Higgins[7] and Dysthe[8]. But they didn't discuss that in detail. The latest detailed experiments for MI were performed by Chiang[9] in a large wave tank (300 m long, 5.0 m wide, 5.2 m deep). The initial wave systems for his experiments are not only the imposed sidebands wave ("seeded"), but also uniform wave ("un-seeded"). The initial uniform wave system has only the carrier wave. The sidebands will evolve and grow from background noises due to nonlinear wave interaction. As one of the Chiang's conclusions, the fastest growing modes of the naturally evolved sidebands in the experiments confirm the prediction of Tulin & Waseda[4] and that of Longuet-Higgins[7]. However, it is just roughly confirmed, especially for wave steepness less than 0.17. Due to physical experiment facility limitations, which include the tank length and the sidewall damping, the carrier wave steepness of all the previous experiments results is large than 0.1. However, the energetic wave steepness in the ocean is in the vicinity ($\varepsilon \sim 0.1$). Thus, it seems useful to do a detailed discussion on the determination of MUC.

In section 2, the theoretical background of MI and the related modulated wave train are summarized. Section 3 introduces the research approach via numerical HOS method. The detailed numerical results are present in section 4. And some discussions are listed in the last section.

2　Modulation instability and modulated Stoke wave train

Modulation instability (MI) can also be called Benjamin & Feir instability, was discovered by Lighthill[10], while it was proved analytically and validated experimentally by Benjamin & Feir[6]. The related milestone works have been reviewed by a lot of people, especially Tulin & Waseda[4], as already mentioned. Basically, a Stokes wave train is unstable to the perturbations or noises due to MI. Specifically, Benjamin & Feir[6] found that the unstable sideband components would grow exponentially with a time rate which depends on the dimensionless frequency difference between the carrier wave and unstable sideband and the initial wave steepness. Usually, the modulated Stokes wave train defined by equation (1). As an example, the initial wave surface and the corresponding wave number spectrum and are shown in Fig. 1.

$$
\left.
\begin{aligned}
\zeta(x,0) &= \zeta_0[\varepsilon_0,k_0] + r_- a_0\cos(k_- x - \theta_-) + r_+ a_0\cos(k_+ x - \theta_+) \\
\phi^s(x,0) &= -\phi_0^s[\varepsilon_0,k_0] + \frac{r_-}{\sqrt{k_-}}a_0 e^{k_-\zeta}\cos(k_- x - \theta_-) + \frac{r_+}{\sqrt{k_+}}a_0 e^{k_+\zeta}\cos(k_+ x - \theta_+)
\end{aligned}
\right\}
$$

$$(1)$$

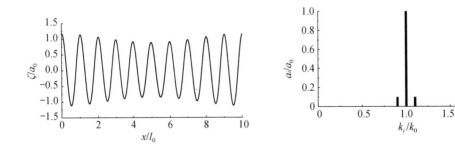

Fig. 1　Sketch of initial surface elevation and wave number spectrum of Stokes modulated wave train for $\varepsilon_0 = 0.05$, $k_0 = 10$, $r_1 = 0.1$, $M = 4$, $N = 1024$, $T_0/\Delta t = 64$

Here, $\zeta(x,0)$ and $\phi^s(x,0)$ are the surface elevation and surface potential at initial time $t = 0$. $\zeta_0[\varepsilon_0,k_0]$ and $\varphi_0^s[\varepsilon_0,k_0]$ are calculated for the carrier wave according to Schwartz[11] with respect to wave steepness ε_0 and wave number k_0. All the subscripts 0, +, − mentioned in this paper represent the carrier wave, upper sideband and lower sideband respectively. θ is the initial phase. It has been proved that the wave train evolution only vary with a phase combination $\theta' \equiv \theta_+ + \theta_- - 2\theta_0$. r is the ratio between the amplitudes of the sideband and carrier wave. As the detailed discussion by Tao [12], there are no fundamental different effects to the wave train evolution for different r_- and r_+. Then we define $r \equiv r_- = r_+$.

According to results of Benjamin and Feir, MI works only when equation (2) is satisfied.

$$r_1 < 2\sqrt{2}\varepsilon_0 \qquad (2)$$

where $r_1 \equiv \Delta k/k_0$, $\Delta k \equiv k_+ - k_0 = k_0 - k_-$ and k is the wave number. For a given ε_0, there should be a corresponding r_1 which can induce the fastest sidebands growth and this can be called the most unstable condition (MUC), which is the emphasis of this paper. Including the choice of MUC, there are still some parameters for the modulated Stokes wave train that need to be determined, including the normalized carrier wave number (k_0), the nonlinear order of the carrier Stokes wave (M_s), the ratio (r) between the sidebands amplitudes and the carrier wave, and the initial phase (q).

2.1 The determination of k_0

The determination of k_0 is also related to numerical HOS method, which will be introduced in Section 3. In the calculation process of numerical HOS method, both the temporal and spatial parameters, including the wave numbers, have been normalized. Usually, the calculation domain is normalized to $2p$. Then there would be 40 single harmonic waves present in the whole calculation domain $2p$, if $k_0 = 40$, as shown in Fig. 1. In order to keep enough precision for the depicture of the surface elevation in the physical domain, the number of wave modes N used in the numerical HOS method have to be large enough for large k_0, then the calculation time would increase. Fortunately, as discussed by Tao[13], there is no essential difference for different k_0 with the same r_1, at least for time to $O(T_0 \varepsilon_0^{-3})$. In other words, for $\varepsilon_0 = 0.05$ with MUC ($r_1 = 0.1$), choosing $k_0 = 10 \, \& \, \Delta k = 1$, $k_0 = 20 \, \& \, \Delta k = 2$ or $k_0 = 40 \, \& \, \Delta k = 4$, there would be exactly no difference for investigation of the wave train evolution, as shown in Fig. 2. In Fig. 2 and the following paper, the maximum wave crest amplitude, denoted by z_M, is used frequently as a typical signal for the large wave. For this reason, the smallest k_0 is selected in this research only if it can allow the most unstable condition to be satisfied.

2.2 The selection of M_s

Physically, the initial wave train, even a monochromatic Cosine wave, can be adjusted to nonlinear wave train by the nonlinear water wave equations within $O(T_0$

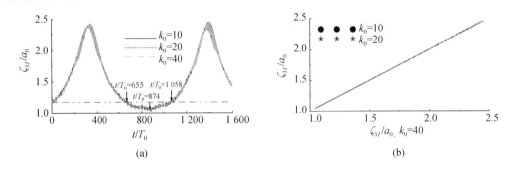

(a)   (b)

Fig. 2   The maximum wave crest histories (a) and scatter diagram (b) of Stokes modulated wave train for $\varepsilon_0 = 0.05$, $r_1 = 0.1$ with different $k_0 = 10$, 20 and 40

ε_0^{-1}). Dommermuth[14] has studied the adjustment process of numerical HOS method in detail and he advised a considerable adjustment scheme in order to make the adjustment process smooth. To make sure the potential influence that results from different initial carrier wave, four cases are performed here. As shown in the left picture of Fig. 3, there are no fundamental differences in the dominant property of the wave train evolution. Although the carrier uniform cosine wave or lower Stokes wave do present the vibration phenomenon as shown in the right picture of Fig. 3, there are nearly no difference if the order of carrier Stokes wave, denoted as M_s, is higher than 3. Then in all the following research cases, $M_s = 4$.

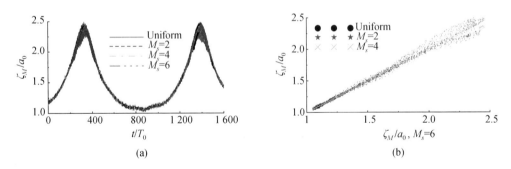

(a)   (b)

Fig. 3   The maximum wave crest histories (a) and scatter diagram (b) of Stokes modulated wave train for $\varepsilon_0 = 0.05$, $r_1 = 0.1$ with different initial carrier wave

2.3　The selection of the amplitude ratio r and initial phase θ

As mentioned by Tao[12], if r is small enough, with an experimental criterion being $r \times \varepsilon_0 < 0.02$, there would be no different effect on the sideband growth rate. Obviously, for a given carrier wave, if larger r corresponds to large system energy, then the recurrence period is shorter and the maximum wave height is larger.

Although it would be more relevant to lab freak wave generation, it is not the emphasis of this paper. A general value $r = r_- = r_+ = 0.1$ is employed in the whole research of this paper.

As one of the milestone works of modulation instability, Benjamin and Feir[6] showed that the initial phase corresponding to MUC is $\theta' \equiv \theta_+ + \theta_- - 2\theta_0 = 90°$. Based on a fully nonlinear irrational flow solver, Henderson[15] mentioned that θ' would be some value between $15°$ and $35°$. Tao[12] reinvestigated the effects of initial phase and deduced the same result in Benjamin & Feir[6]. This point will be further researched in another paper related to MUC

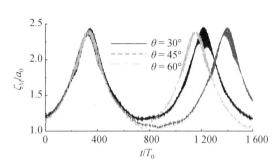

Fig. 4　The maximum wave crest histories of Stokes modulated wave train for $\varepsilon_0 = 0.05$, $r_1 = 0.1$ with different initial phases

determination. However, the initial phase is of no concern here, since it only takes action at the occurrence time for the first modulation peak and the recurrence period. There is no effect on the strength of the freak waves, which is the emphasis of this paper, as shown in Fig. 4. Then it does make sense to choose any initial phase. Simply, we use $\theta_+ = \theta_- = 45°$ and $\theta_0 = 0°$.

3　High Order Spectra Method and necessary calibration processes

The main research approach here is a high-order spectral method, which was developed by Dommermuth & Yue [16]. This method is capable of following nonlinear evolution of a large number of wave modes (N) with a minimum computation requirement. For the sake of convenience, we call this approach as HOS. The method includes nonlinear interactions of all wave components up to an arbitrary order (M) in wave steepness. The computational effort is almost linearly proportional to M and the large number of wave modes (N). Exponential convergence of the solution with M and N is also obtained. Unlike the phase-averaged and model-equation-based approaches, HOS accounts for physical phase-sensitive effects in a direct way. These include the initial distribution of wave phases in the wave-field specified by wave spectrum and energy dissipation due to wave breaking. The validity and efficacy of HOS has been established in the study of basic mechanisms of nonlinear wave-wave interactions in the presence of atmospheric forcing[17], long-short waves[18], finite depth and depth variations[19], submerged/floating bodies[20], and viscous dissipation[21].

The feasibility of HOS to reveal the characteristics of MI has been fully proved by Dommermuth & Yue[16]. While the determination of some key parameters, including the nonlinear wave order M, the wave modes number N and the numerical integral time step Δt, still need to be discussed in detail.

A general approach for the determination of M, N, and Δt has been provided by Dommermuth and Yue[16] for practical computation. For a desired accuracy δ, M can be chosen to satisfy $\delta = \varepsilon^M$. For example, $M = 4$ can reach the accuracy $\delta = 10^{-4}$ for $\varepsilon = 0.05$ to 0.07. N and Δt can be got from the two tables provided by Dommermuth & Yue [16]. Based on this approach, ten numerical cases are performed to determine the suitable M, N and Δt for this research. As shown in Fig.5, $M = 2$ cannot capture the physical evolution process, while the results of $M = 3$ and 4 are almost the same. Considering the accuracy, $M = 4$ is employed here. From Fig.6, it can be seen clearly that all of these three cases can be used. $N = 1\,024$ is selected here. All the chosen values of dt can satisfy the Courant condition $\Delta t^2 \leqslant 8\Delta x/\pi$, however the precision depends on the evolution time, as shown in Fig.7. $T_0/\Delta t = 64$ is employed here.

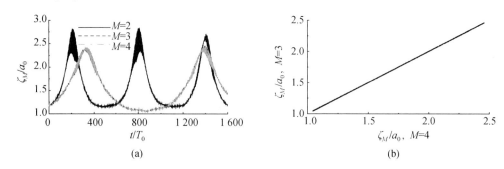

Fig.5　The maximum wave crest histories (a) and scatter diagram (b) of Stokes modulated wave train for $\varepsilon_0 = 0.05$, $r_1 = 0.1$, $N = 1\,024$, $T_0/\Delta t = 64$ with different M

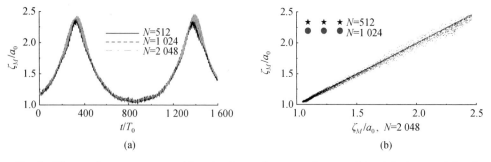

Fig.6　The maximum wave crest histories (a) and scatter diagram (b) of Stokes modulated wave train for $\varepsilon_0 = 0.05$, $r_1 = 0.1$, $M = 4$, $T_0/\Delta t = 64$ with different N

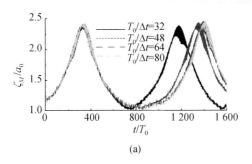
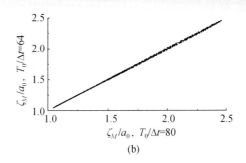

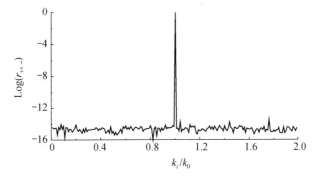

(a)   (b)

Fig. 7   The maximum wave crest histories (a) and scatter diagram (b) of Stokes modulated
wave train for $\varepsilon_0 = 0.05$, $r_1 = 0.1$, $M = 4$, $N = 1\,024$ with different Δt

4   Numerical experiments and results

In order to investigate the detailed information of MUC, two kinds of numerical experiments are performed based on HOS. The first kind of initial wave system, hereinafter calling it "seeded" wave system, is formed by a carrier wave and a pair of sidebands. This corresponds to the imposed or "seeded" wave system in physical experiments. The second kind of initial wave system, hereinafter calling it "un-seeded" wave system, has only a carrier wave, while this carrier wave is calculated based on Stokes wave theory. This is similar to the uniform or "un-seeded" wave system in physical experiments. For the "un-seeded" wave system, the background noises in the tank are mainly from the multiple reflections of the wave front, while those noises in the numerical experiments are from computer errors because no pure zero can be gotten from the computer. Even using the double-precision floating-point format, the zero is still stored as $\sim 10^{-16}$, as shown in Fig. 8, which is the Fourier spectra of a "un-seeded" initial wave train for case $\varepsilon_0 = 0.05$. To show the background noise, the vertical Log coordinate is used.

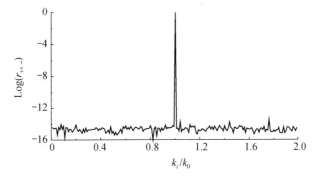

Fig. 8   The Fourier spectra of the "un-seeded" initial wave system for case $\varepsilon_0 = 0.05$

Based on the preliminary works listed in sections 2 and 3, some common parameters are selected for both kinds of initial wave systems listed in Tab. 1. There are nine cases selected for both kinds. Each case is given a different carrier wave steepness, $\varepsilon_0 = 0.05$, $0.06 \sim 0.10$, 0.12, 0.14, 0.16.

Tab. 1 Common parameters for both kinds of numerical experiments.

k_0	M_s	M	N	$T/\Delta t$
100	4	4	1 024	64

Each "seeded" wave train evolution, with specific carrier wave steepness, is simulated with ten different sideband pairs to the first modulation peak. The related parameters r_1 and $\Delta k/k_0$ are listed in Tab. 2. In addition, the initial phases are selected as $\theta_+ = \theta_- = 45°$ and $\theta_0 = 0°$. The amplitude ratio between sidebands and carrier wave are selected as $r_- = r_+ = 0.1$ at $t = 0$. In all realizations, the k_0 is selected as 100. Generally, the growth rates of sidebands need to be calculated and compared in order to get the fastest growing sideband. Here the growth rate b satisfies:

$$r_\pm (\tilde{t}) = r_\pm (t = 0) \exp (\beta \tilde{t}) \tag{3}$$

where the $\tilde{t} = \omega t$ and ω used in this research is the angular frequency of carrier wave. This formula is transformed simply from the common space domain version. However, we find that the growth rate is not so clear to show which sideband is faster, since it is not purly steady with the time varying, even just for the initial stage. For example, we list the varying growth rate of lower and upper sideband for case $\varepsilon_0 = 0.05$ with $\Delta k/k_0 = 0.09$ in Tab. 3. It is difficult to select the suitable time duration. So, instead of calculating the sideband growth rates, the amplitude evolution processes for all the lower sidebands and upper sidebands are plotted together respectively for each case. Then the fastest growing sideband can be easily seen. For instance, we plot in Fig. 9 the evolution processes of all the lower sidebands for case $\varepsilon_0 = 0.06$ before the first modulation peak. In order to make the

Tab. 2 Parameters $\Delta k/k_0$ for initial imposed wave system.

ε_0	r_1	ε_0	r_1
0.05	0.04, 0.05, ⋯, 0.13	0.10	0.14, 0.15, ⋯, 0.23
0.06	0.06, 0.07, ⋯, 0.15	0.12	0.18, 0.19, ⋯, 0.27
0.07	0.08, 0.09, ⋯, 0.17	0.14	0.22, 0.23, ⋯, 0.31
0.08	0.10, 0.11, ⋯, 0.19	0.16	0.26, 0.27, ⋯, 0.35
0.09	0.12, 0.13, ⋯, 0.21		

Tab. 3 The growth rates varying with time for case $\varepsilon_0 = 0.05$ with $r_1 = 0.09$

Time	Modulation peak	300	295	290-115	110	100	95	80	60	40
Lower	0.08	0.08	0.08	0.09	0.08	0.08	0.08	0.08	0.04	0.04
Upper	0.09						0.08	0.08	0.07	0.04

picture clearer, only the sidebands close to the fastest one are shown. Obviously, the fastest growing sideband can be captured directly. Particularly, Fig. 9 reveals that the fastest growing lower sideband corresponds to $r_1 = 0.1$, while the fastest growing upper sideband corresponds to $r_1 = 0.11$. It is not in pair. According to this procedure, we can get the fastest growing sidebands for all the cases. The results together with typical previous results are plotted in Fig. 10. In this figure, "Dysthe 1979" is the result calculated by Dysthe based on a modified Nonlinear Schrödinger equation[8]. "Tulin & Waseda 1999" refers to the results calculated by Tulin & Waseda[4] based on Krasitskii equation. "Benjamin & Feir 1967" is the result calculated by Benjamin & Feir[6] based on the classical third order Nonlinear Schrödinger equation. "Chiang 2005" is the experiment results given by Chiang[9]. "Lower from seeded" and "Upper from seeded" are the results from this research. The former one is the MUC based on the comparison of lower sidebands. And the latter one is based on the comparison of upper sidebands. Clearly, the "Upper from seeded" matches both the theoretical result of Tulin and the experimental result of Chiang.

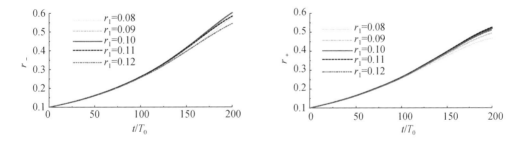

Fig. 9 The amplitude evolution processes of lower sidebands (a) and upper sidebands (b) for case $\varepsilon_0 = 0.06$

For the "un-seeded" wave system, the fastest growing sidebands can be captured straightforwardly. For example, we plot the evolution processes of all the "naturally" evolving sidebands for case $\varepsilon_0 = 0.06$ in Fig. 11. It is quite easy to assure the fastest growing sideband is $r_1 = 0.11$. Unlike the result from "seeded" wave system, the fastest growing lower sideband is in pair with the upper sideband perfectly for all the nine cases. The final results are also plotted in Fig. 10 in order

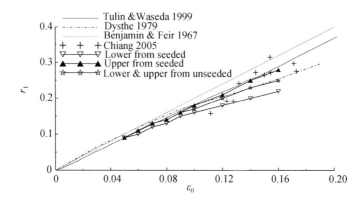

Fig. 10   The MUC for different carrier wave steepness

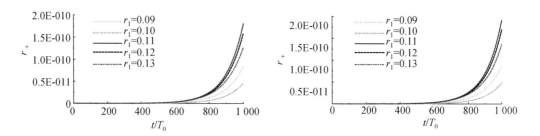

Fig. 11   The sideband evolution processes from the background noise for "un-seeded" wave system with case $\varepsilon_0 = 0.06$

to make a detailed comparison. From Fig. 10，it is easy to conclude that the fastest growing sidebands from "un-seeded" wave system is more like the mean of that of the lower and upper sideband from "seeded" wave system.

5   Conclusions

Focusing on the determination of the most unstable conditions for Modulation Instability，a series of numerical experiments were designed and performed via a robust phase-resolved numerical model HOS for the surface water wave field. The key points of this paper can be divided into three parts. The first is the detailed discussion of the parameters of both MI and HOS，such as the normalized carrier wave number（k_0）and so on. The second is the numerical experiment design. In order to make a comprehensive comparison with previous works，both the "seeded" and "un-seeded" initial wave systems are investigated. The third，and also the main contribution，is that we find two new results. One result shows that the growth rates of lower and upper sidebands are different even at the very initial stage. It means that, for a given wave steepness, the most unstable lower sideband is not exactly in pair with the most unstable upper sideband. And the most unstable conditions derived from upper sidebands are more close to the previous results, including both the numerical and experimental results. The other result shows that the fastest growing sidebands are exactly in pair for the "un-seeded" wave system. And the most unstable conditions of "un-seeded" wave system are more or less the mean value of those derived from the lower sidebands and upper sidebands within the "seeded" wave system. For a suitable explanation of these results further detailed research is needed.

Acknowledgements

This work was supported by NSFC Grant No. 41106001, 509790335, 51137002, 51150110157 and JSNSF Grant No. BK2011026.

References

Zakharov, V. E., Ostrovsky, L. A. 2009. Modulation instability: The beginning. *Physica D*, 238, 540–548.

Zakharov, V. E., Dyachenko, A. I., Prokofievb, A. O. 2006. Freak waves as nonlinear stage of Stokes wave modulation instability. *European Journal of Mechanics B/Fluids*, 25, 677–692.

Lawton, G. 2001. Monsters of the Deep. *New Scientist Magazine*, 170, 28–32.

Tulin, M. P., Waseda, T. 1999. Laboratory observations of wave group evolution, including breaking effects. *J. Fluid Mech*, 378, 197–232.

Krasitskii, V. P. 1994. On reduced equations in the Hamiltonian theory of weakly nonlinear surface waves. *J. Fluid Mech*, 272, 1–20.

Benjamin, T. B., Feir, J. E. 1967. The disintegration of wave trains on deep water, Part I. Theory, *J. Fluid Mech*, 27, 417–430.

Longuet-Higgins, M. S. 1980. Modulation of the amplitude of steep wind waves. *J. Fluid Mech*, 99, 705–713.

Dysthe, K. B. 1979. Note on a modification to the nonlinear Schrödinger equation for application to deep water waves. *Proc. R. Soc. Lond. A*, 369, 105–114.

Chiang, W. S. 2005. A study on modulation of nonlinear wave trains in deep water. Taiwan: National Cheng-Kung University.

Lighthill, M. J. 1965. Contributions to the theory of waves in nonlinear dispersive systems. *Journal Inst. Math. Appl*, 1(3), 269–276.

Chwartz, L. W. 1974. Computer extension and analytic continuation of Stokes expansion for gravity waves. *J. Fluid Mech*, 62, 553–578.

Tao, A. F. 2007. Nonlinear wave trains evolution and freak wave generation mechanisms in deep water. Nanjing: Hohai University.

Tao, A. F., Zheng, J. H., Mee Mee, S., Chen, B. T. 2011. Re-study on recurrence period of Stokes wave train with High Order Spectral method. *China Ocean Engineering*, 25(3), 679-686.

Dommermuth, D. G. 2000. The initialization of nonlinear waves using an adjustment scheme. *Wave Motion*, 32(4), 307-317.

Henderson, K. L., Peregrine, D. H., Dold, J. W. 1999. Unsteady water wave modulations: fully nonlinear solutions and comparison with the nonlinear Schrödinger equation. *Wave Motion*, 29, 341-361.

Dommermuth, D. G., Yue, D. K. P. 1986. A high-order spectral method for the study of nonlinear gravity waves. *J. Fluid Mech*, 184, 267-288.

Dommermuth, D. G. Yue, D. K. P. 1988. The nonlinear three-dimensional waves generated by a moving surface disturbance. *Proc. 17th Symo. On Naval Hydro Hague*, *Netherlands*. Washington DC: National Academy Press, 59-71.

Zhang, J., Hongand, K., Yue, D. K. P. 1993. Effects of wavelength ratio on wave-mode modeling. *J. Fluid Mech*, 248, 107-127.

Liu, Y. M., Yue, D. K. P. 1998. On generalized Brag scattering of surface waves by bottom ripples. *J. Fluid Mech*, 356, 297-326.

Liu, Y. M., Dommermuth, D. G., Yue, D. K. P. 1992. A high order spectral method for nonlinear wave-body interactions. *J. Fluid Mech*, 245, 115-136.

Wu, G. Y., Liu, Y. M., Yue, D. K. P. 2006. A note on stabilizing the Benjamin-Feir instability. *J. Fluid Mech*, 556, 45-54.

Storm Wave Effect on the Rapid Deposition of Sediment in the Yangtze Estuary Channel

Fu-min Xu   Xi-jun Chu

(College of Harbour, Coastal and Offshore Engineering, Hohai University, Nanjing 210098, China)

Abstract: Recent research on short-term topographic change in the Yangtze Estuary channel under storm surge conditions is briefly summarized. The mild-slope, Boussinesq and action balance equations are compared and analyzed. The action balance equation, SWAN, was used as a wave numerical model to forecast strong storm waves in the Yangtze Estuary. The spherical coordinate system and source terms used in the equation are described in this paper. The significant wave height and the wave orbital motion velocity near the bottom of the channel during 20 m/s winds in the EES direction were simulated, and the model was calibrated with measurements of winds and waves generated by Tropical Cyclone 9912. The distribution of critical velocity for incipient motion along the bottom was computed according to the threshold velocity formula for bottom sediment. The mechanism of rapid deposition is analyzed based on the difference between the root-mean-square value of the near-bottom wave orbital motion velocity and the bottom critical tractive velocity. The results show that a large amount of bottom sediments from Hengsha Shoal and Jiuduan Shoal are lifted into the water body when 20 m/s wind is blowing in the EES direction. Some of the sediment may enter the channel with the cross-channel current, causing serious rapid deposition. Finally, the tendency of the storm to induce rapid deposition in the Yangtze Estuary channel zone is analyzed.

Key words: the Yangtze Estuary; storm waves; action balance equation; wave orbital motion velocity near the bottom; bottom critical velocity; rapid deposition

1 Introduction

Waves are one of the main hydrodynamic forces in coastal zones. In the

Yangtze Estuary (Figure 1), it is thought that the bottom sediments are lifted by wave action and transported by the tidal current. Sediment transport in the estuary channel zone is closely related to storm waves. Waves in the shoal area that are strong enough to lift the bottom sediment cause large-scale fluid mud movement. The waves in the estuary are mainly wind waves and hybrid waves. Past experience shows that bed shear stress caused by waves generated by winds of 4 or 5 on the Beaufort Scale in the E or S direction is equivalent to that caused by the spring tide in the flood season (Xu et al., 1989; Gu, 1986). There is even greater erosion when the spring tide and the tropical cyclone happen to take place at the same time, causing serious sediment deposition in the channel. Although the storms do not remain in a fixed place for a long period of time, a large amount of sediments leave the shoal bed and a thick layer of fluid mud forms on the channel bed, leading to disasters for coastal engineering. It is reported that storm wave aggradation accounts for 30% ~ 40% of the thickness of aggradational morphology in the Yangtze belt. More than 4 000 000 m^3 of sediments were deposited in the Yangtze channel when Tropical Cyclone 8310 invaded the estuary zone (Xu et al., 1989). Fluid mud deposition with a thickness of 1.2 m covering the entire 28-km length of the Tongsha Channel was observed in the Yangtze Estuary in 1976 (Gu, 1986).

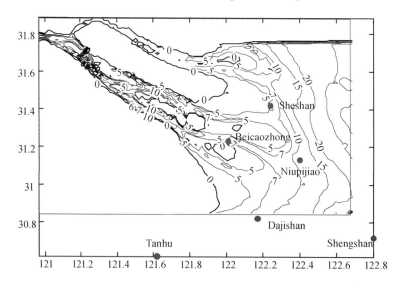

Figure 1　Computation domain and observation stations

Many experts have paid a great deal of attention to the effects of storm surges on short-term topographic change in coastal areas. Ren et al. (1983) and Li et al. (1995) analyzed the effects of storm surges on the formation of tidal shoals on the coast of Jiangsu Province. Gu (1988) suggested that storm surges are one of the most important factors in riverbed evolvement in the Yangtze Estuary in his analysis of storm surge data from 1974. Engineers have observed rapid deposition on the riverbed during the tropical cyclone process in which sediment is deposited in the channel while the shoal surface erodes. However, the mechanisms of the storm waves' effect on the rapid deposition are still not clear. Research is mainly focused on the abnormal variations of water level in the Yangtze Estuary resulting from storm surges; little research has been done on storm waves' contribution to the development of shoals and channels in the estuary zone. The fact is that the violent oscillatory motion of the water particles near the bottom under storm waves is large enough to lift a great amount of bottom sediments, even if the tidal current isn't considered. During a storm surge, the lifting of the fluid mud, newly deposited sediment and solid bed sediment are mainly caused by the strong current and the storm waves. Therefore, there is an urgent need for a better understanding of the effects of storm waves on rapid deposition in the Yangtze Estuary channel.

This paper proposes a numerical model suitable for forecasting storm waves in the estuary. Wave parameters in the channel zone such as the significant wave height and the wave orbital motion velocity near the bottom are numerically simulated. The influence of dynamic storm waves on rapid deposition in the Yangtze Estuary channel is studied through analysis of the sediment's Critical characteristics.

2 Numerical model for storm waves

Due to complicated topography and unsteady hydrodynamic conditions, accurately forecasting waves in the Yangtze Estuary remains a difficult problem. The mild-slope equation model (Berkhoff, 1972; Radder, 1979) is capable of simulating wave refraction, diffraction, reflection, bottom friction and wave breaking processes. However, this numerical method is based on the linear theory and can only describe the propagation process of mono-frequency waves. The Boussinesq equation (Nwogu, 1993), which is a 2D nonlinear wave equation for shallow water, includes wave shoaling, refraction, diffraction and reflection processes, but is only suitable for a small-scale area. The action balance equation (Ris et al., 1994), which treats waves as an irregular random process, can reasonably describe wave shoaling, refraction, diffraction, bottom friction, wave breaking, whitecapping, wind energy input and nonlinear wave processes. Thus, it is applicable to large-, middle- and small-scale water areas. This wave model has been applied successfully, especially in forecasting wind waves in the surf zone, at coastal, estuary, offshore and ocean scales (Xu et al. , 2000a; Xu et al. , 2000b). In the Yangtze Estuary, trenches crisscross the shoals, storm waves and hybrid waves dominate, and strong nonlinear wave-wave interactions take place. The action balance equation is the most suitable model for forecasting storm waves in this area. In this study, the SWAN model, a third generation wave model based on the action balance equation, is used for typhoon-generated wave simulation.

2. 1 Action balance equation in a spherical coordinate system

The spectrum in this model is the action density spectrum, $N(\sigma, \theta)$, rather than the energy density spectrum, $E(\sigma, \theta)$, since the action density, unlike the energy density, is conserved in the presence of a current field. The action density spectrum is expressed as

$$N(\sigma, \theta) = E(\sigma, \theta)/\sigma \tag{1}$$

In other words, the energy density spectrum is divided by the relative frequency, σ. The spectrum density may vary in time and space. In spherical coordinates, the spectral action balance equation is

$$\frac{\partial}{\partial t}N + \frac{\partial}{\partial \lambda}C_{\lambda}N + (\cos \varphi)^{-1}\frac{\partial}{\partial \varphi}C_{\varphi}\cos\varphi \ N + \frac{\partial}{\partial \sigma}C_{\sigma}N + \frac{\partial}{\partial \theta}C_{\theta}N = \frac{S}{\sigma} \tag{2}$$

The first term on the left side of this equation represents the local rate of change in the action density, N, over time; the second and third terms represent propagation of action density in the longitude, λ, and latitude, φ, directions, respectively; the fourth term represents the shifting of the relative frequency, σ, due to variations in depth and current; the fifth term represents propagation in θ space, that is, the depth-induced and current-induced refraction; S on the right side is an energy-density-related source term that includes wave growth caused by wind, wave-wave interactions and wave energy dissipation due to bottom friction, whitecapping and wave breaking; and C_{λ}, C_{φ}, C_{σ}, and C_{θ} represent the wave propagation velocities in λ, φ, σ and θ spaces, respectively.

2. 2 Description of source terms

This model applies the most advanced research achievements in wave theory. In accordance with previous data and past research in the Yangtze Estuary, the spectral wave energy input and output terms are calculated according to the following methods: the wind energy input term is based on the Cavaleri and Malanotte-Rizzoli (1981) and the Komen et al. (1984); the bottom friction coefficient ranges from 0.004 to 0.008, which is consistent with many years of engineering research in the

Yangtze Estuary (RICOE, 1998); waves propagating from deep to shallow water lose energy due to depth-induced breaking, and the relationship between the maximum individual wave height, H_m, and the local depth, d, is

$$H_m = \gamma d \tag{3}$$

where γ is a breaker parameter defined as 0.73; the process of whitecapping is represented by the phase-based model of Hasselmann (1974) in which a wave number is used to describe energy dissipation due to whitecapping; the Discrete Iterative Approximation (DIA) method (Hasselmann et al., 1985) is used to compute quadruplet wave-wave interactions in deep or intermediate water depth; and the representation of the process of triad wave-wave interactions in very shallow water is based on the research of Abreu et al. (1992).

3　Model Verification

Tropical Cyclone 9 912 was first recorded on the ocean surface 550 kilometers east of Taiwan Island on September 19, 1999. Its wind reached a maximum value of over 48 m/s on September 22. The tropical cyclone landed in Nagasaki, Japan on September 24. The winds observed at observation stations in the Yangtze Estuary are shown in Table 1 (QOUOFCS, 2000). The observed wave data at Sheshan Station (122°14.4′E, 31°25.3′N) and Niupijiao Station (122°15′E, 31°8′N) are shown in Table 2 and Table 3.

Table 1　Observed winds of Tropical Cyclone 9912 in the Yangtze Estuary　　(m/s)

Date (Sept. 1999)	Sheshan Station			Dajishan Station		
	Wave direction	Average wind velocity	Maximum wind velocity	Wave direction	Average wind velocity	Maximum wind velocity
21	N	15.3	20.0	N-NNW	16.1	18.7
22	N-NNE	17.0	21.7	N-NNE	18.2	23.0
23	NNE	15.5	18.7	N-NNE	17.8	21.0
24	N-NNE	8.7	20.0	NW-NNW	9.3	17.7

Using the daily average wind speed and wind direction in the estuary as the input for the simulation, significant wave height $H_{1/3}$ and mean wave period $\overline{T}$ were computed. The results are shown in Table 2 and Table 3.

Table 2　Comparison between wave observation and the simulation results at Sheshan Station

Date (Sept. 1999)	Wave direction	Daily average values (observation data)		Daily average values (simulation results)	
		$H_{1/3}$ (m)	$\overline{T}$ (s)	$H_{1/3}$ (m)	$\overline{T}$ (s)
21	N	1.9	4.8	1.9	4.1
22	NNE	2.4	5.0	2.5	4.8
23	NNE	2.1	5.2	2.4	6.0
24	N-NE	1.6	5.9	1.4	6.5

Table 3　Comparison between wave observation and simulation results at Niupijiao Station

Date (Sept. 1999)	Wave direction	Daily maximum values (observation data)		Daily maximum values (simulation data)	
		$H_{1/3}$ (m)	$\overline{T}$ (s)	$H_{1/3}$ (m)	$\overline{T}$ (s)
21	N-NNW	1.8	4.9	2.0	4.7
22	N-NNE	2.1	5.6	2.4	5.8
23	N-NNE	2.3	5.6	2.5	5.9
24	N-NW	1.5	6.0	1.8	6.5

4　Numerical simulation of storm waves in the Yangtze Estuary deep channel

Water depth data from the deep channel zone are obtained from the Yangtze Estuary marine chart of 1997. The mean water level is 2.22 m. As shown in Figure 1, a coordinate (120°58′, 30°0.5′) is defined as the origin of the computational area, the E direction is defined as the x direction and the N direction is defined as the y direction. The cell size in both the x and y directions is 0.5′. The computational domain is 1°43′ long in the x direction and 30′ long in the y direction. The JONSWAP spectrum and four-order cosine function are applied to define the input 2D wave spectrum. The input wind velocity is 20 m/s, according to the recorded maximum from observation data, and its direction is 157.5°. The spectral wave direction distribution in θ space ranges from 67.5° to 247.5° in the counter-clockwise direction. The directional resolution is 3′. The computational range of spectral frequency, σ, is defined from 0.05 Hz to 1.2 Hz, the mesh number is 13 and the frequency distribution on the frequency axis is logarithmic. The model domain includes Xuliujing at the western boundary, Luhuashan Island at the eastern boundary, the northern part of Lianxinggang at the northern boundary, and the connecting line between Luchaogang and Luhuashan Island as the southern boundary. The connecting line from Luhuashan to the north is defined as the eastern open boundary, and the water depth there ranges from 30 m to 40 m. The open boundary conditions are obtained according to SMB method.

4.1　Significant wave height in the deep channel zone

Significant wave height in the deep channel zone of the Yangtze Estuary is simulated under the input conditions above. The origin coordinate of the output computational area is (121°41.5′E, 31°3.5′N), and the lengths in the x and y directions are 37.5′ and 18′, respectively. Significant wave height in the deep channel zone is shown in Figure 2, where the units are transformed from degrees to meters.

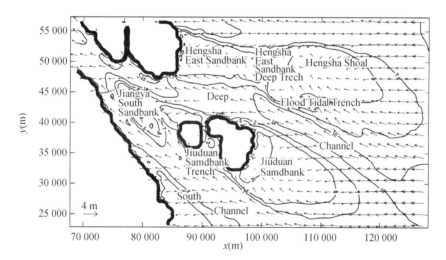

Figure 2　The significant wave height field in the deep channel zone of the
　　　　　Yangtze Estuary

Figure 2 shows large significant wave heights in the channel zone under Hengsha East Sandbank Deep Trench and the Flood Tidal Trench at Hengsha Shoal. The significant wave heights along most of Hengsha Shoal and Jiuduan Sandbank are over 2 m. There exists an obvious wave convergence phenomenon on the shoal and sandbank. Waves at Hengsha East Sandbank Deep Trench propagate from the south to the north. At west of Jiuduan Sandbank, where shoals crisscross trenches, the variation of wave directions is complex.

4.2 Wave orbital motion velocity near the bottom in the deep channel zone

The root-mean-square value of wave orbital motion velocity near the bottom represents the waves' potential energy to lift the bottom sediments. Its physical meaning is therefore more obvious than wave height. For irregular random waves, the root-mean-square value of the wave orbital motion velocity near the bottom,

$$U_{rms} = \left(\sum_{i=1}^{N} U_i \right)^{1/2} \tag{4}$$

can be expressed as

$$U_{rms}^2 = \int_0^\infty \int_0^{2\pi} \frac{\sigma^2}{\sin h^2(kd)} E(\sigma, \theta) \, d\theta d\sigma \tag{5}$$

Figure 3 shows that all of the calculated root-mean-square values of near-bottom wave orbital motion velocity at Hengsha East Sandbank, Jiangya South Sandbank, Hengsha Shoal and Jiuduan Sandbank are over 0.3 m/s; values along large parts of Hengsha Shoal and Jiuduan Sandbank are between 0.4 m/s and 0.5 m/s; and values are about 0.2 m/s in the Hengsha East Sandbank Deep Trench, the scouring trough under the trench, the upper section of the deep channel, Jiangya North Channel and the scouring trough under the Jiuduan Sandbank trench. This clearly indicates that the water particle vibration velocity caused by storm waves can easily lift fluid mud and bottom sediment in shoal and sandbank areas along the two sides of the deep channel. It also indicates that the waves' effect on shoals and sandbanks is larger than that on trenches and scouring troughs.

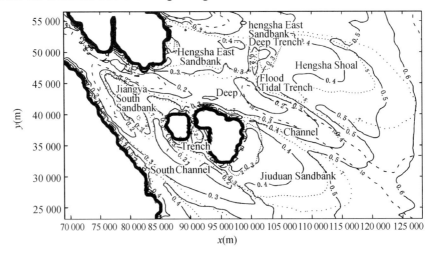

Figure 3   Root-mean-square value field of the wave orbital motion velocity near the bottom of the deep channel of the Yangtze Estuary (Units of the isolines: m/s)

5 Rapid deposition mechanism of the Yangtze Estuary deep channel under the influence of storm waves

The Yangtze Estuary is a muddy estuary. The sediment particles are fine and cohesive. Based on shallow drilling data from the estuary (RICOE, 1998), the median diameter of sediment particle, d_{50}, ranges from 0.0045 mm to 0.2 mm. Under strong storm wave conditions, the shearing force on the surface of the bottom sediment layer increases, due to the combined actions of the bottom wave particle ocillations and the bottom currents. The sediment is lifted into the water body when the sediment flocculation structure is torn up. For the newly deposited sediment that is not compressed into solid bed sediment, the cohesive force within sediment particles must be considered. The formula for critical tractive velocity, U_c, averaged along water depth, proposed by Wuhan Hydropower College (SPCCHI, 1992) is as follows:

$$U_c = \left(\frac{h}{d_{50}}\right)^{0.14} \left(17.6 \frac{\gamma_s - \gamma}{\gamma} d_{50} + 0.605 \times 10^{-6} \frac{10 + h}{(d_{50})^{0.72}}\right)^{1/2} \tag{6}$$

In which, γ_s and γ are density of sediment and water respectively; h is water depth; d_{50} is medium size of sediment. The formula for bottom critical velocity, U_{bc}, is

$$U_{bc} = \frac{7}{6}\left(\frac{d_{50}}{h}\right)^{1/6} U_c \tag{7}$$

If only wave action is taken into account, the bottom sediment is lifted when the root-mean-square value of the wave orbital motion velocity near the bottom is larger than the bottom critical tractive velocity.

Figure 4 shows that the root-mean-square values of orbital motion velocity near the bottom are larger than the bottom critical velocity at Hengsha Shoal, a large part of Jiuduan Sandbank and some areas of Hengsha East Sandbank. The energy of storm waves acting on the shoals and sandbanks is strong enough to overcome the internal cohesive force of bottom sediments. The flocculation structure will be torn up and bottom sediment will be lifted into the water body. In fact, under these conditions, the fluid mud on the bottom is lifted before the bottom sediments.

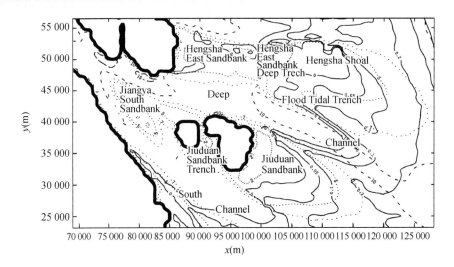

Figure 4　Difference between the root-mean-square value of the orbital motion velocity near the bottom and bottom critical tractive velocity in the deep channel zone (Units of the isolines: m/s)

6　Conclusions

The action balance equation, with a spherical coordinate system, was applied to the forecasting of storm waves in the Yangtze Estuary. The model was calibrated with field data observed during the tropical cyclone process. The significant wave height and the wave particle orbital motion velocity near the bottom of the deep channel zone were numerically simulated. The difference between the root-mean-square value of the orbital motion velocity near the bottom and bottom critical tractive velocity in the deep channel zone was computed according to the critical tractive velocity formula for bottom sediment.

Simulation results show that 20 m/s winds in the EES direction produce large significant wave heights in the channel zone beneath Hengsha East Sandbank Deep Trench, at Hengsha Shoal and along a large part of Jiuduan Sandbank. The wave orbital motion velocity near the bottom is strong enough to lift the bottom sediment into the water body in the aforementioned area, even if the current is not taken into account. The results also indicate that the scour force in the shoal and sandbank zone is stronger than that in the deep trenches and troughs. It can be concluded that the effect of storm waves is to scour the shoal and sandbank and deposit sediment in the deep trenches and troughs. Wind conditions described in this paper are not extreme: the EES direction is not the most dangerous direction and 20 m/s is not the maximum wind velocity in the Yangtze Estuary channel. If the cyclone remains in the estuary for a long period of time, a great amount of sediment will be lifted and brought into the channel by the clockwise tidal current field and then become permanent deposition.

However, some problems remain to be solved: (1) During the process of erosion and deposition in the Yangtze Estuary, the fluid mud should be lifted first, followed by the newly deposited silt, and lastly the solid bed sediment. The bottom shearing forces created by storm waves are large enough to lift the sediment in a large part of the shoal and sandbank area, but the threshold property of solid bed sediments needs to be studied further. (2) A large belt of waves breaks in the Yangtze Estuary surf zone as a result of the strong wind storms and complicated topography. The short-term strong erosion due to wave breaking within this belt remains a difficult problem, and needs to be studied further. (3) The storm currents in the Yangtze Estuary are very strong. In addition, the tropical cyclone wind field is non-stationary; it varies dramatically in space and time. In order to forecast the process of rapid deposition, a coupled model, including storm waves, storm currents and tidal currents, should be developed in the future.

References

Abreu, M., Larraza, A., and Thornton, E. 1992. Nonlinear transformation of directional wave spectra in shallow water. *Journal of Geophysical Research*, 97(C10), 15579-15589.

Berkhoff, J. C. W. 1972. Computation of combined refraction—diffraction. *Proc. 13th Coastal Engineering Conference*. Vancouver: American Society of Civil Engineers, 471-490.

Cavaleri, L., Malanotte-Rizzoli, P. 1981. Wind waveprediction in shallow water: Theory and application. *Journal of Geophysical Research*, 86, C11, 10961-10973.

Gu, G. C. 1988. *Preliminary analysis on the surge wave of the Yangtze River estuary-dynamical process and bathymetry evolvement of the estuary*. Shanghai: Shanghai Science and Technological Publishing Company. (in Chinese)

Gu, W. H. 1986. Effect of Typhoon on the sedimentation in Tongsha dredged channel in Changjiang River Estuary. *Marine Sciences*, 10(1), 60-62. (in Chinese)

Hasselmann, K., 1974. On the spectral dissipation of ocean waves due to whitecapping. *Bounary-layer Meteorology*, 6(1-2), 107-127.

Hasselmann, S., Hasselmann, K., Allender, J. H., and Barnett, T. P. 1985. Computations and parameterizations of the nonlinear energy transfer in a gravity-wave specturm. Part II: Parameterizations of the nonlinear energy transfer for application in wave models. *Journal of Physical Oceanography*, 15(11), 1378-1391.

Komen, G. J., Cavaleri, L., Donelan, M., Hasselmann, K., Hasselmann, S. and Janssen, P. A. E. M. 1984. On the existence of a fully developed wind-sea spectrum. *Journal of Physical Oceanography*, 14, 1271-1285.

Li, C. X., Zhang, G. J., and Li, T. S. 1995. Rhythms of tidal flat sedimentation and cyclisity of affecting factors. *Acta Sedimentologica Sinica*, 13(S), 71-78. (in Chinese)

Nwogu, O. 1993. Alternative form of Boussinesq equations for nearshore wave propagation. *Journal of Waterway, Port, Coastal, and Ocean Engineering*, 119(6), 618-638.

Qingdao Ocean University, Ocean Forecast Center of Shanghai (QOUOFCS). 2000. Analysis report of waves in the Yangtze River Estuary. (in Chinese)

Radder, A. C. 1979. On the parabolic equation method for water-wave propagation. *Journal of Fluid Mechanics*, 95(1), 159-176.

Ren, M. E, Zhang, R. S., Yang, J. H., and Zhang, D. C. 1983. The influence of storm tide on mud plain coast: With special reference to Jiangsu Province. *Marine Geology & Quaternary Geology*, 3(4), 1-24. (in Chinese)

Research Institute of Coastal and Ocean Engineering (RICOE). 1998. Report on channel efficiency of sidecasting at the lower section of the deep navigation waterway in the Yangtze River Estuary. Nanjing: Hohai University. (in Chinese)

Ris, R. C., Houlthuijsen, L. H., and Booij, N. 1994. A spectral model for waves in the near shore zone. *Proc. 24th International Coastal Engineering Conference*, 68-78. New York: American Society of Civil Engineers.

Sediment Professional Committee of China Hydraulic Institute (SPCCHI). 1992. *Sediment Manual*. Beijing: China Environmental Science Publishing Company.

Xu, F. M., Yan, Y. X., Zhang, C. K., Song, Z. Y., and Mao, L. H. 2000a. Wave numerical model for shallow water. *China Ocean Engineering*, 14(2), 193-202.

Xu, F. M., Zhang, C. K., Mao, L. H., and Song, Z. Y. 2000b. Application of a numerical model for shallow water waves. *Journal of Hydrodynamics (Ser. A)*, 15(4), 429-434. (in Chinese)

Xu, S. Y., Shao, X. S., Chen, Z. Y., and Yan, Q. S. 1989. Serial study of storm-caused deposition of the Yangtze River Delta. *China Science, Series B*, 19(7), 97-103. (in Chinese)

Numerical Analysis of Wave Attenuation Characteristics of Typical Permeable Breakwaters

Qin Jiang

(Hohai University, Nanjing 210098, China)

Abstract: A 2-dimensional numerical wave flume which is developed by directly solving Navier-Stokes equation for Newtonian fluids with SOLA-VOF technique is used to analyze the interactions between water waves and permeable breakwaters. The wave attenuation characteristics are investigated numerically for four different type permeable breakwaters, including L-shaped curtain walls, curtain walls, submerged and floating breakwaters. By examining the wave reflection rate on and wave transmission rate through the structures, we conducted comparisons on the wave protection effectiveness for the four different type permeable breakwaters. It is indicated that the calculated results by the numerical wave flume are reasonable, and the numerical wave flume is a prospective computer-aided design tool for maritime structure planning and design.

Key words: Permeable breakwaters; Wave attenuation characteristics; Numerical wave flume; Maritime structure planning and design.

1 Introduction

Curtain walls, L-shaped curtain walls, submerged and floating breakwaters are typical permeable breakwaters. One of the common features of these kinds of maritime structures is that it allows water to pass through the structures while functioning as a barrier against water waves. Permeable breakwater is thus a preferable choice as far as environmental or scenery conservation is concerned. The general idea of controlling incident waves by using permeable breakwaters is to dissipate wave energies through forced wave breaking in front of or over the structures. However, depending on the differences in the structural type of permeable breakwaters, wave attenuation characteristics and wave dissipation effects are quite different even for the same incoming waves. Therefore, understanding the specific hydrodynamic features of the interaction between waves and maritime structures is the first step in planning and design of permeable breakwaters.

Wave propagating over permeable structures usually results in wave breaking that is of very strong nonlinear properties. Analytical solution to the design factors such as wave forces is thus nearly impossible at the present. Traditional ways for planning and designing permeable breakwaters are relying on either empirical formulae or physical model tests, or simplified mathematical models. However, the simplified mathematical models could not fully represent the complicated phenomena; the empirical formulae are appropriate only for limited conditions; and the physical model tests have model scale problems. In addition, with the traditional methods, it is hard to get the detailed velocity and pressure fields around the structures those are also dominant factors for the marine structure design.

In this study, aiming at development of a computer-aided design tool for wave-structure interactions, a 2 - Dimensional numerical wave flume is established by directly solving Navier-Stokes equation for Newtonian fluids with SOLA-VOF technique. As an example, the developed numerical model is applied to analyzing the interactions between waves and permeable breakwaters, especially on the wave attenuation characteristics of four different type permeable breakwaters, including L-shaped curtain walls, curtain walls, submerged and floating breakwaters. By analyzing wave attenuation characteristics around the structures, wave reflection rate on and wave transmission rate through the structures, comparisons are conducted on the wave protection functions of the four different type permeable breakwaters. In the numerical experiments, we changed the incident wave height, but kept the other wave parameters unchanged and kept the same transmission section area. It is indicated that the calculated results by the numerical wave flume are reasonable. Moreover, the numerical wave flume is one of the reliable methods for the maritime structure planning and designing.

2 A Numerical Wave Flume

The numerical wave flume used in this study is a vertical 2-dimensional numerical model which is developed by the NASA-VOF technique. The continuity equation and Navier-Stokes equation for incompressible fluid flows modified for porous media, continuity equation for VOF function F representing free surface motions, and $\kappa\sim\varepsilon$ model for turbulent motions are used as the governing equations in the numerical model which is shown as follows:

Continuity equation:

$$\frac{\partial\gamma_x u}{\partial x}+\frac{\partial\gamma_z w}{\partial z}=0 \tag{1}$$

Momentum equations:

$$\lambda_v\frac{\partial u}{\partial t}+\frac{\partial\lambda_x u u}{\partial x}+\frac{\partial\lambda_z w u}{\partial z}=-\frac{\gamma_v}{\rho}\frac{\partial P}{\partial x}-R_x+$$
$$\frac{\partial}{\partial x}\left(\gamma_x\nu_e\left[2\frac{\partial u}{\partial x}\right]\right)+\frac{\partial}{\partial z}\left(\gamma_z\nu_e\left[\frac{\partial u}{\partial z}+\frac{\partial w}{\partial x}\right]\right) \tag{2}$$

$$\lambda_v\frac{\partial w}{\partial t}+\frac{\partial\lambda_x u w}{\partial x}+\frac{\partial\lambda_z w w}{\partial z}=-\frac{\gamma_v}{\rho}\frac{\partial P}{\partial z}-\gamma_v g-R_z+$$
$$\frac{\partial}{\partial x}\left(\gamma_x\nu_e\left[\frac{\partial w}{\partial x}+\frac{\partial u}{\partial z}\right]\right)+\frac{\partial}{\partial z}\left(\gamma_z\nu_e\left[2\frac{\partial w}{\partial z}\right]\right) \tag{3}$$

K-ε model:

$$\lambda_v\frac{\partial k}{\partial t}+\frac{\partial\lambda_x u k}{\partial x}+\frac{\partial\lambda_z w k}{\partial z}=\frac{\partial}{\partial x}\left(\gamma_x\nu_k\left[\frac{\partial k}{\partial x}\right]\right)+\frac{\partial}{\partial z}\left(\gamma_z\nu_k\left[\frac{\partial k}{\partial z}\right]\right)+\gamma_v G_s+\gamma_v\varepsilon \tag{4}$$

$$\lambda_v\frac{\partial\varepsilon}{\partial t}+\frac{\partial\lambda_x u\varepsilon}{\partial x}+\frac{\partial\lambda_z w\varepsilon}{\partial z}=\frac{\partial}{\partial x}\left(\gamma_x\nu_\varepsilon\left[\frac{\partial\varepsilon}{\partial x}\right]\right)+\frac{\partial}{\partial z}\left(\gamma_z\nu_{\varepsilon k}\left[\frac{\partial\varepsilon}{\partial z}\right]\right)+\gamma_v C_l\frac{\varepsilon}{k}G_s+\gamma_v\varepsilon\left(\frac{\varepsilon^2}{k}\right)$$
$$\tag{5}$$

The continuity equation for volume fraction F:

$$\gamma_v\frac{\partial F}{\partial t}+\frac{\partial\gamma_x u F}{\partial x}+\frac{\partial\gamma_z w F}{\partial z}=0 \tag{6}$$

In which u and w are velocity components in the x and z directions respectively; p is pressure; F is the water volume fraction; ρ_f is water density; g is gravity acceleration; ν_e is the sum of molecular and eddy viscosity coefficients; γ_v is porous rate; γ_x and γ_y are the permeable areas in the x and z direction; C_M is inertia coefficient; $\lambda_v=\gamma_v+(1-\gamma_v)C_M$; $\lambda_x=\gamma_x+(1-\gamma_x)C_M$; $\lambda_z=\gamma_z+(1-\gamma_z)C_M$; C_D is resistance coefficient; $R_x=C_D(1-\gamma_x)u$ Sqrt $(u^2+w^2)/2\delta_z$; $R_z=C_D(1-\gamma_z)u$ Sqrt $(u^2+w^2)/2\delta_z$; C_l and C_2 are coefficients in $\kappa\sim\varepsilon$ equation. The turbulent effects calculated by the $\kappa\sim\varepsilon$ model are fed back into N-S equations through eddy viscosity $\nu_e=\nu+\nu_t$ and pressure term $p'=p+2\rho\kappa/3$.

The perturbative solution for the velocity distribution of finite amplitude waves by Isobe et. al. (1978) is applied at wave generating boundary. For Ursell number $Ur\geqslant25$, 5-order approximation for Stokes waves and for Ursell number $Ur\leqslant25$, 3-

order approximation for Conoidal waves are used respectively (where $Ur = g HT^2 / h^2$; H is wave height; T is wave period, h is water depth). Considering the stability of calculation, non-reflective Sommerfield radiation condition is enforced at the energy dissipation boundary. In addition, BCGSTAB method is used for solving the Pressure Poisson equation to ensure the stability and efficiency of calculation.

3　Model Calibrations

3.1　Wave propagation over a horizontal bed

To verify the developed numerical wave flume, wave propagation over a horizontal bed is examined. In the calculation, the wave flume is 90 m long, the water depth is 0.7m, the wave height is 0.12m and the wave period is 4.15s in which the incident wave has the features of Stokes waves. Figs. 1 (a) and 1 (b) give the comparisons of the calculated and analytical temporal variation of water surface elevations at the measuring points of 50 m and 60 m apart from the wave generator. It shows that the wave amplitudes increase gradually and reach nearly the same heights as the analytical solution after 6 and 7 wave periods respectively. This indicates that the numerical wave flume can well represent the propagation of Stokes waves.

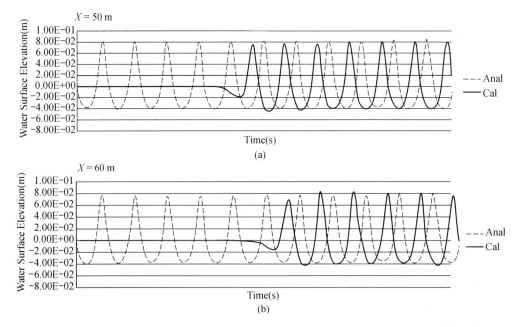

Fig. 1　Comparisons of the calculated and analytical water surface elevation

3.2 Wave propagation over a reef bed

Fig. 2 gives the calculated velocity fields with the numerical wave flume showing wave propagation over a reef bed. In this case, the incident wave height is 35cm, wave period is 3.0s, the bottom slope is 1/10, and the water depth above the slope is 30cm. It is shown that under this condition wave breaks near the connecting point between the slope and horizontal bottom, and the breaking wave height is about 39cm. Both the breaking point where wave starts to break and the breaking wave height agree with the laboratory tests.

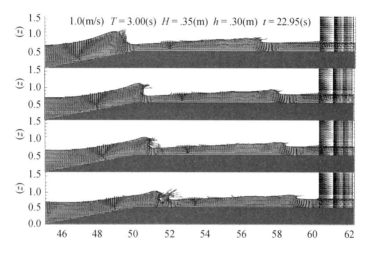

Fig. 2   Calculated wave propagation over a reef bed

This calculation just corresponds to the calibration of incident waves and wave propagation over beaches in the physical model tests. By changing the incident wave height, we can easily get the propagating wave heights resulting from shoaling effects, especially the breaking wave heights at the location where maritime structures are planned. In addition, other information, for example, at the planned structure site, whether the wave breaks, in which way it breaks, as well as is if it a safety distance between wave breaking point and structure, can be obtained. The calculated results indicate that the developed numerical wave flume is capable of simulating the wave propagation process and wave breaking behavior over a reef bed.

4   Wave and Permeable Breakwater Interactions

With the developed numerical wave flume, the interactions between water waves and four different types of permeable breakwaters are investigated by analyzing the wave pressure and velocity fields at different time steps, as well as the wave reflection and transmission rates. The calculation conditions are listed in Table 1.

Table 1　Calculation conditions

Case	Structure Type	Water Depth h(m)	Wave Period T(s)	Wave Height H(m)	Width B(m)	Depth d(m)	Permeable Depth d_S(m)
1	Submerged Breakwaters	1.0	3.0	0.15	3.7	0.5	0.5
2		1.0	3.0	0.45	3.7	0.5	0.5
3	Floating Breakwaters	1.0	3.0	0.15	3.7	0.5	0.5
4		1.0	3.0	0.45	3.7	0.5	0.5
5	Curtain walls	1.0	3.0	0.15	—	0.5	0.5
6		1.0	3.0	0.45	—	0.5	0.5
7	L-Shaped Curtain Walls	1.0	3.0	0.15	3.7	0.5	0.5
8		1.0	3.0	0.45	3.7	0.5	0.5

Notes: Width B means the submerged width of structures, Depth d is the submerged depth of structures, Permeable depth d_S indicates the water depth above or below structures.

As given in Eq. (7), the wave power can be evaluated by the average of total energy flux in a vertical section within one wave period. With this formula, the incident wave energy flux, and the wave energy fluxes in front of and behind the structures can be obtained. Thus, the wave reflection rate, and the wave transmission rate as well as the wave energy dissipation rate around the structure can be estimated by Eq. (8), Eq. (9) and Eq. (10).

$$E = \frac{1}{T}\int_0^T \int_{-d}^{\eta} e\,\mathrm{d}z = \frac{1}{T}\int_0^T \int_{-d}^{\eta} (p + \rho g z + \rho(u^2 + w^2)/2)u\,\mathrm{d}z \tag{7}$$

$$R_E = \frac{E_{Loss}}{E_I} = \frac{E_R - E_T}{E_I} \tag{8}$$

$$K_r = \frac{E_r}{E_I} = \frac{E_I - E_F}{E_I} \tag{9}$$

$$K_T = \frac{E_T}{E_I} \tag{10}$$

In which E represents wave power, E_I, E_R and E_T denote the powers of incident wave, as well as waves in front of and behind the structures, respectively. R_E is the relative wave power losses due to the structure. K_r and K_T are wave reflection and transmission rates. p is the water pressure, u and w are the water particle velocities in horizontal and vertical directions, T is wave period, and d is water depth.

4.1   Wave interaction with submerged breakwaters

Submerged breakwater is a common type of permeable breakwaters. One of its particular features is that it is submerged under water surfaces and thus keeps the scenery undisturbed. It functions as a shore protection facility by forcing waves to break over the structure in order to dissipate incident wave energies and to attenuate incident wave heights. The interaction between waves and a rectangular submerged structure is investigated numerically by using the numerical wave flume. Figs. 3(a) and 3(b) give the calculated pressure field and velocity fields around the submerged structure under the conditions as shown in Case 1 and Case 2.

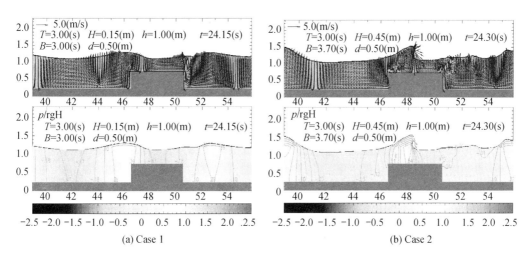

(a) Case 1   (b) Case 2

Fig.3   Calculated pressure and velocity fields (Rectangular Submerged Breakwater)

From Fig.3(a), it is seen that the incident waves can only run up over the surface of submerged breakwater due to the barrier of the structure. In this case, since the incident wave height is smaller (the wave height $H = 0.15$ m, relative wave height $H/h = 0.15$, and relative height over the structure $H/d = 0.30$), waves passing over the submerged structure do not break, and the wave reflective rate K_r is 0.39, the wave transmission rate K_t is 0.86, the wave power loss E_{Loss} is 0.11 W/m, showing the characteristics of the submerged breakwaters with deeper water depth. whereas, in the case of Fig.3(b), the incident wave height is bigger (the wave height $H = 0.45$ m, relative wave height $H/h = 0.30$, and relative wave height over the structure $H/d = 0.90$), thus wave passing over the submerged breakwater breaks, resulting in the wave reflective rate K_r is 0.38, the wave transmission rate K_t is 0.43, and the wave power loss E_{Loss} is 0.67W/m. This indicated that in order to get sufficient wave energy dissipation with submerged breakwaters, water depth over the submerged breakwater should be smaller enough compared with the incident wave height.

4.2 Wave interaction with floating structures

Floating structure is another popular type of permeable breakwaters which blocks the surface waves but allows water to pass underneath the structures. By using the numerical wave flume, wave interactions with a rectangular floating structure is simulated. Figs.4(a) and 4(b) show the snapshots of calculated pressure field and velocity field around the floating structure under the calculation conditions of Case 3 and Case 4.

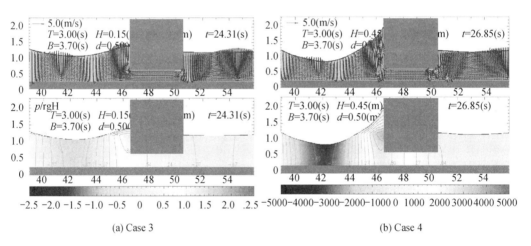

(a) Case 3   (b) Case 4

Fig.4   Calculated pressure and velocity fields (Rectangular Floating Breakwater)

We can see from Fig.4(a) that since the incident wave height in Case 3 is not so big (the wave height $H = 0.15$ m, relative wave height $H/h = 0.15$), waves in front of the rectangular floating breakwater behave as a standing wave along a vertical wall. In addition, offshore wave pressures can pass the structure freely through the underneath clearance to onshore direction, and eddies occur in the two corners of the floating blocks resulting in the dissipation of wave energy. In this case, the wave reflective rate K_r is 0.83, the wave transmission rate K_t is 0.22, the wave power loss E_{Loss} is 0.26W/m, the wave reflection is thus bigger than that in the case of the submerged breakwaters. Fig.4(b) is the calculated pressure field and velocity field of Case 4 with bigger incident wave height (the wave height $H = 0.45$ m, relative wave height $H/h = 0.30$). In this case, the wave reflective rate K_r is 0.85, the wave transmission rate K_t is 0.22, and the wave power loss E_{Loss} is 0.23 W/m.

Even though the incident wave height is bigger, intensive wave breaking as in the case of submerged breakwater Fig.3(b) does not takes place. This means that with the floating type of breakwater, a large part of the incident wave will be reflected, therefore big energy losses by the wave breaking process could not be expected.

4.3　Wave interaction with curtain walls

Curtain wall is a very simple type of shore protection facilities with only a vertical plate placed in open waters. It functions as wave barriers by reflecting large parts of incident waves through the vertical wall, and also by dissipating the incident wave energies through eddy flows formed beneath the lower end of the plate. With the numerical wave flume, very detailed velocity and pressure fields around the curtain walls under the action of waves can be obtained in each calculation step. Figs.5(a) and 5(b) are examples of the snapshots showing the wave interactions with a curtain wall.

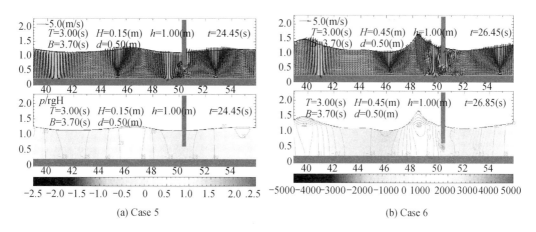

(a) Case 5　　　　　　　　　　　　(b) Case 6

Fig.5　Calculated pressure and velocity fields (Curtain Wall Breakwater)

Fig.5(a) gives the calculated velocity and pressure fields of Case 5 in which the incident wave height H is 0.15 m, and relative wave height H/h is 0.15. As expected, it can be seen that standing waves formed in front of the curtain wall. This indicates that the incident wave is largely reflected from the structure. At the same time, large eddies occur beneath the curtain wall resulting in big energy losses. In this case, the calculated incident wave energy E_I is 67.0W/m, the transmitted wave energy E_T is 38.0W/m, the reflected wave energy E_r is 16.0W/m, and the wave reflection rate K_r is 0.48, wave transmission rate K_t is 0.75, the wave power loss E_{Loss} is 0.21 W/m. Fig.5(b) is the calculated result for Case 6 in which the wave reflective rate K_r is 0.51, the wave transmission rate K_t is 0.62, and the wave power loss E_{Loss} is 0. 36 W/m. These figures show that with the increase in wave height, eddies or turbulent flows beneath the curtain wall are also enhanced, resulting in bigger energy losses compared with the case with smaller wave height.

4. 4　Wave interaction with L-shaped structures

L-shaped curtain wall is a combined type of permeable maritime structures of curtain walls with horizontal submerged breakwaters. By attaching a horizontal plate offshorewards to a curtain wall, the incident wave is firstly forced to break over the foreword horizontal plate and then reflected with the vertical wall. Therefore, it has the combined feature of both a horizontal plate and a vertical curtain wall and effective wave attenuations can be expected. The characteristics of the interaction between waves and a L-shaped curtain wall are investigated numerically with the developed numerical wave flume. Figs. 6(a) and 6(b) are the calculated results in the conditions as listed in Case 7 and Case 8.

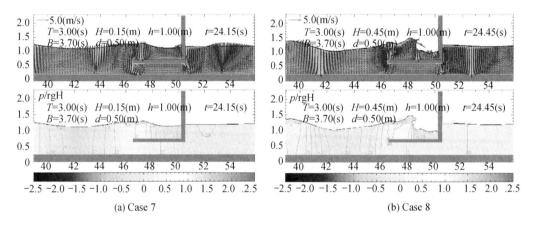

Fig. 6　Calculated pressure and velocity fields（L-Shaped Curtain Wall）

Fig. 6(a) shows the calculated velocity and pressure fields of Case 7 in which the incident wave height H is 0. 15 m, and relative wave height H/h is 0. 15. In the case of smaller wave height, as expected, the velocities and pressures in front of the submerged horizontal plate vary depending on the propagation of incident waves, and the waves over the horizontal plate behave as standing waves in front of the vertical curtain wall. The calculated wave reflection rate K_r is 0. 66, the wave transmission rate K_t is 0. 21, and the wave power loss E_{Loss} is 0. 52W/m, indicating that the wave power loss is bigger compared with a curtain wall. Fig. 6(b) gives the calculated results for Case 8 in which the wave height H is 0. 45 m, the relative wave height H/h is 0. 45, and the relative wave height above the submerged horizontal plate is H/d is 0.9. Here, the waves above the submerged horizontal plate breaks resulting in big wave power losses and in the decrease of wave transmission where the wave reflective rate K_r is 0.54, the wave transmission rate K_t is 0.16, and the wave power loss E_{Loss} is 0.68 W/m.

5 Conclusions

In this study, a vertical 2D numerical wave flume which is based on Navier-Stokes equation for Newtonian fluids and VOF free surface tracing technique and SMAC numerical algorism is used to investigate the interactions between water waves and four different permeable breakwaters. By analyzing the simulated velocity and pressure fields, as well as the calculated wave reflection rate, wave transmission rate and wave power losses around the structures, the protection characteristics and functions of the four different types of permeable structures against water waves are examined.

As listed in Table 2, the calculated results showed that the submerged breakwater has comparatively smaller wave reflection effects but stronger wave transmission rate, while the floating breakwater has very strong wave reflection effects and also stronger power to block water passing through the structure. Compared with curtain wall, the L-shaped curtain wall is more effective to dissipate wave energy and to prevent incident waves from passing through the structure. To get more comprehensive understanding on wave and permeable structure interactions, more detailed investigations by using both numerical wave flumes and laboratory tests are necessary.

Table 2　Comparisons of performances of four different types of permeable breakwaters

Case	Structure Type	Wave Reflection Rate K_r	Wave Transmission Rate K_T	Wave Power Loss E_{Loss} (W/m)
1	Submerged Breakwaters	0.39	0.86	0.11
2		0.38	0.43	0.67
3	Floating Breakwaters	0.83	0.22	0.26
4		0.85	0.22	0.23
5	Curtain walls	0.40	0.80	0.20
6		0.41	0.48	0.60
7	L-shaped curtain walls	0.54	0.16	0.68
8		0.31	0.22	0.86

Acknowledgements

Part of this work is done when the author worked at Port and Harbor Research Institute, Ministry of Transport Japan (Now, Port and Airport Research Institute). Sincere gratitude is given to Dr. Shigeo Takahashi for his deep insights and kind supervision. This study is supported by "the Fundamental Research Funds for the Central Universities" (Grant No.: 2013B31514).

References

Goda Y. and Kakizawa, S. 1966. Study on Finite Amplitude Standing Waves and Their Pressures Upon a Vertical Wall. *Report of Port and Harbour Research Institute*, 5(10), 1-57.

Isobe M., Takahashi, S., Yu, X. P., Sasakiyama, T., Fujima, K., Kawasaki, K., Jiang, Q., Akiyama, M. and Ouyama, Y. 1999. Interim Development of a Numerical Wave Flume for Maritime Structure Design. *Journal of Civil Engineering in the Ocean*, Japan, 15, 321-326.

Torrey, M. D. 1987. *NASA-VOF3D: A Three Dimensional Computer Program for Incompressive Flows with Free Surface*. LA 11009-MS, Washington, DC: National Aeronautics and Space Administration.

Study on Wave Spectra in South Coastal Waters of Jiangsu

Feng W. B. [1]   Bin Yang[2]   Hai-jing Cao[2]   Xing-ye Ni[1]

(1. Research Institute of Coastal and Ocean Engineering, Hohai University, Nanjing, 210098, China; 2. College of Harbor, Coastal, and Offshore Engineering, Hohai University,Nanjing, 210098, China)

Abstract: The paper examined the spectral characteristics of shallow water waves, which was based on the wave data collected along the south coast of Jiangsu. It proposes a tentative spectra model which can work better than Joint North Sea Wave Project (JONSWAP)spectra. Both of the value of tentative spectral parameters (α and γ) increase with significant wave height and spectral peak frequency. According to a regression analysis, empirical equations are achieved, which is related to the parameters with significant wave height and spectral peak frequency. The study shows that the measured wave spectra can be represented by tentative spectra, and the fitting results in high-frequency tail of tentative spectra are better than those of JONSWAP spectrum with modified parameters.

Key words: Tentative spectra; JONSWAP spectra; south coast of Jiangsu; significant wave height; spectral peak frequency; regression analysis

1 Introduction

The study on wave spectra almost has the history of fifty years, which can be dated from the deep water wave spectrum. On the basis of the deep water fully developed Pierson-Moskowitz spectra (1964), Hasselmann (1973) raises the terms of JONSWAP spectrum in a growing sea state, whose ratio of high frequency tail reaches f^{-5}. However, Toba (1973) finds if the ratio of high frequency tail is f^{-4}, it is closer to the fact compared with that f^{-5} supported by Hasselmann et al. (1973). Lots of observational evidences (Mitsuyasu et al., 1980; Forristall, 1981;

Kahma, 1981; Donelan, 1985) prove the ratio of the high frequency tail should be f^{-4} soon. Though Miller et al. (1990) comes up with the spectral model suitable for any depth of water according to the JONSWAP spectrum, it is on the premise that the high frequency part of the spectra is f^{-4}, and the premise is also used in the calculation of the Phillips constant α and peak enhancement factor γ. His method is different from the former ways, such as by using non-dimension fetch or the inverse wave age. In this paper, wind speed, peak frequency, wave steepness and depth of water are used to calculate the spectral parameter in order to make the formula can also be available when calculating the spectra of shallow water. Young (2006) presents a comprehensive set of field experiments investigating the form of the asymptotic, depth-limited wind wave frequency spectrum. In contrast to deep water spectra, the asymptotic depth-limited form has a harmonic at a frequency slightly less than twice the peak frequency. The full asymptotic, depth-limited spectrum can be determined with knowledge of only the water depth and wind speed. Based upon the fitted hurricane data in JONSWAP, Ochi (1993) makes use of valid wave height and peak period to fit the spectral parameter. For different locations and climatic conditions a number of semi-empirical spectral models were proposed (Chakrabarti, 2005). The parts about JONSWAP are also calculated by means of significant wave height and peak period, in order to study the spectral parameter. In accordance with JONSWAP and the data of shallow water waves whose significant wave height is more than two meters in Donelan parameter, Kumar (2008) also calculates the spectral parameter by using significant wave height, peak period and average wave period.

The bottom of coastal area in the south-central regions of Jiangsu Province has the shape of radial sand ridges. There are alternated swales in this water area, and the landform under the water is comparatively special. As a result, the mechanism of wave propagation in this water area is extraordinarily complex, whose waves, characteristics greatly differ from those in other coastal areas.

The paper utilizes the measured data of wave surface elevation, which comes from the coastal point located in the southeastern part of radial sand ridges, and studies the characteristics of wave spectrum in the southern coastal areas of Jiangsu Province. It is found that the wind wave is the main part of wave in this coastal area, and the parameter model available in this coastal area is raised. Some beneficial conclusions have been arrived at, which can be referred to in the study of wave theories and the practical application in projects.

2　Data selection and processing

The data of wave surface in this paper come from the temporary point of 10 meter isobath，which is in the southern coast（32°15.60′N，121°58.54′E）in Jiangsu Province. The station utilizes the wave observation SBF‐1 Buoy. The heave is measured in the range of 0.2 m to 25 m with a resolution of 0.1 m and an accuracy of ±（0.1 + 5% H），where H is the measured wave height. The time series were recorded from 2008 SEP to 2009 NOV. The data of waves is recorded every three hours with each time lasting for 17.07 min at a frequency of 2 Hz，each group contains 2048 discrete values of the surface elevation. The collected data were subjected to standard error checks for steepness，spikes and constant signals. The measured spectrum referred in the paper is the wave spectra estimated through fast Fourier transform（FFT）. The variability of the resultant raw spectral estimates was reduced by averaging 17 adjacent frequency bins. Thus，the smoothed spectral estimations follow a Chi-square distribution with 34 degrees of freedom and the high-frequency cut-off is set at 1 Hz with the resulting frequency bandwidth of 0.016 6 Hz and the low frequency cut-off is 0.016 6 Hz. We selected 478 data where root-mean-square wave height H_{rms} is larger than 0.5 m. The spectrum of the data is unimodal. The range and average value of parameters of the 478 wave records are given in Table 1. The analysis of zero up crossing about the surface elevation time series is used to estimate significant wave height $H_{1/3}$.

Table 1　The range and average value of wave parameters of the data

Wave parameter	$H_{1/3}$ (m)	f_p (Hz)	Maximum spectral energy(m^2/Hz)
Range & average	0.688~2.743(0.993)	0.099 6~0.315 4(0.173)	0.236~12.395(1.045)

3　Methods

3.1　JONSWAP spectrum

The observations made during the JONSWAP find that the Pierson-Moskowitz spectra（1964）underestimate the spectral peak which could be due to the assumptions of fully developed sea condition. Hasselmann et al.，（1973）shows that the spectrum in the growing sea state is described by

$$s(f) = \frac{\alpha g^2}{(2\pi)^4} f^{-5} \exp\left[-\frac{5}{4}\left(\frac{f}{f_p}\right)^{-4}\right] \gamma^{\exp\left[-\left(\frac{f}{f_p}-1\right)^2/2\sigma^2\right]} \tag{1}$$

where $s(f)$ is the spectral energy density; α is the rear face parameter with average 0.008 1; γ is peak enhancement factor ($\gamma = 1.0\sim7.0$, with the mean value of 3.3); g is the acceleration due to gravity; f is the wave frequency; σ is the peak width parameter($\sigma_a = 0.07$, for $f \leqslant f_p$; $\sigma_b = 0.09$, for $f > f_p$); f_p is the frequency corresponding to the peak value of energy spectrum. Ochi (1993) fitted the JONSWAP spectruml form to the hurricane data and represented α and γ parameters as below:

$$\alpha = 4.5H_s^2 f_p^4 \tag{2}$$

$$\gamma = 9.5H_s^{0.34} f_p \tag{3}$$

Chakrabarti(2005) fitted α and γ parameters of JONSWAP as below:

$$\alpha = 5.058 (H_s/T_p^2)^2 (1 - 0.287\ln\gamma) \tag{4}$$

$$\gamma = 5, \text{ for } T_p/\sqrt{H_s} \leqslant 3.6; \quad \gamma = \exp(5.75 - 1.15T_p/\sqrt{H_s}), \text{ for } T_p/\sqrt{H_s} > 3.6 \tag{5}$$

Kumar (2008) used a multi-regression analysis relating γ, α with H_s, f_p and T_{02}:

$$\alpha = 0.18 H_s^{1.52} f_p^{3.53} T_{02}^{1.34} \tag{6}$$

$$\gamma = 8.38H_s^{0.57} f_p^{1.26} T_{02}^{0.41} \tag{7}$$

where H_s is significant wave height and T_{02} is the mean wave period, both of which are obtained from the spectral analysis. When the spectral-width ν is small, H_s is almost equal to $H_{1/3}$. In this paper, ν equals 0.348, which is small comparatively.

3.2 Donelan spectrum

The high frequency tailof the JONSWAP spectrum decays in a form of proportional of f^{-5}. A significant amount of observational evidence suggests, however, that this high frequency decay may be better approximated by a form proportional to f^{-4}. Based on this assumption, extensive field and laboratory data, Donelan et al., (1985) proposed the alternative form

$$s(f) = \frac{\alpha g^2}{(2\pi)^4} f_p^{-1} f^{-4} \exp\left[-\left(\frac{f}{f_p}\right)^{-4}\right] \gamma^{\exp\left[-\left(\frac{f}{f_p}-1\right)^2/2\sigma^2\right]} \tag{8}$$

Donelan relates parameters α and γ with the inverse wave age (U_{10}/C_P) as follows:

$$\alpha = 0.006(U_{10}/C_P)^{0.55} \tag{9}$$

$$\gamma = 1.7, \text{ for } 0.83 < U_{10}/C_P < 1 \tag{10}$$

$$\gamma = 1.7 + 6\log_{10}(U_{10}/C_P), \text{ for } 1 \leqslant U_{10}/C_P < 5$$

Where U_{10} is wind speed at ten meters above mean sea level; C_p is the phase speed of components at the spectral peak frequency.

3.3 FRF spectrum

Because of a power law consistent with f^{-4}, the direct dependence of the spectral equation on wind speed, and an improved estimate of the spectral peakedness parameter, Miller et al. (1990) presents a spectrum of wind-generated gravity waves in water of arbitrary depth:

$$s(f) = s(2\pi f, U_{10}, d, \alpha)\exp\left[-\frac{5}{4}\left(\frac{f}{f_p}\right)^{-4}\right]\gamma^{\exp\left[-\left(\frac{f}{f_p}-1\right)^2/2\sigma^2\right]} \tag{11}$$

where $S(\omega, U_{10}, d, \alpha) = \alpha g^{-0.5}U_{10}k^{-2.5}/(\partial\omega/\partial k)$; $\omega = \sqrt{gk\tanh(kd)} = 2\pi f$; k is wave number, d is wtaer depth; α is 0.0029; $\sigma_a = 0.115$, for $f \leqslant f_p$, $\sigma_b = 0.114$, for $f > f_p$.

4 Form of tentative spectra

Young and Verhagen (1996) examines the finite-depth spectra from Lake George study, finding that there is considerable variability in the exponent, n defining the real face of the form, f^n. Within the data scatter, there is some indication that the value of n decreases from-5 (or-4) in deep water to numerically smaller values in finite-depth conditions. The value of the parameter n in the formulation $F(f) \propto f^n$ for the real face of spectral database are inconclusive, with a wide scatter in the data with values ranging between -1.42 and -10.46. The mean value of the data set is $n = -4.24$. Considering Donelan spectrum and FRF spectra and the practical need in engineering, the formula of tentative spectra is as follows:

$$s(f) = \frac{\alpha g^2}{(2\pi)^4}f_p^{-1}f^{-4}\exp\left[-\frac{5}{4}\left(\frac{f}{f_p}\right)^{-4}\right]\gamma^{\exp\left[-\left(\frac{f}{f_p}-1\right)^2/2\sigma^2\right]} \tag{12}$$

Where σ just keep $\sigma_a = 0.07$, for $f \leqslant f_p$; $\sigma_b = 0.09$, for $f > f_p$.

Young (2003) shows that the parameter σ has very little influence on the spectral shape. The calculation of spectrum parameter α, γ is simplified, which means only significant wave height and peak period are taken into consideration.

5 Analysis of the non-dimensional spectrum

Interpolating and averaging the 478 non-dimensional spectrum gets the average non-dimensional spectrum（seeing the curve of symbol '×'in Fig. 3），and the formula of non-dimensional JONSWAP spectrum can be shown as follows：

$$s(\mu) = 1/I(\gamma)\mu^{-5}\exp[-1.25(\mu)^{-4}]\gamma^{\wedge}\exp[-(\mu-1)^2/(2\sigma^2)] \tag{13}$$

Where $s(\mu) = s(f)f_p/m_0$，μ represents respectively for the corresponding non-dimensional frequency；m_0 is the zero-order moment of the spectrum $s(f)$

$$I(\gamma) = \int_0^\infty \mu^{-5}\exp[-1.25(\mu)^{-4}]\gamma^{\wedge}\exp[-(\mu-1)^2/(2\sigma^2)]\mathrm{d}\mu \tag{14}$$

Similarly，the formula of tentative spectrum is changed as follows：

$$s(\mu) = 1/I(\gamma)_e\mu^{-4}\exp[-1.25(\mu)^{-4}]\gamma_e^{\wedge}\exp[-(\mu-1)^2/(2\sigma^2)] \tag{15}$$

$$\text{Where } I(\gamma)_e = \int_0^\infty \mu^{-4}\exp[-1.25(\mu)^{-4}]\gamma_e^{\wedge}\exp[-(\mu-1)^2/(2\sigma^2)]\mathrm{d}\mu \tag{16}$$

It's difficult to determine $I(\gamma)$ directly from formulae （15），（17），and there is an alternative method which is curve-fitting：

$$I(\gamma) = 0.043\ 8\ln(26.360\ 6\gamma + 21.699\ 6) + 0.030\ 2\gamma \tag{17}$$

$$I_e(\gamma) = 0.044\ 6\ln(91.368\ 4\gamma_e + 74.433\ 4) + 0.030\ 5\gamma_e \tag{18}$$

The measured $I(\gamma)$，$I_e(\gamma)$ （see the symbol '+' in Fig. 1）and the curve-fitting $I(\gamma)$，$I_e(\gamma)$ （see the curves in Fig. 1）are almost equal respectively. Consequently，the formulae of （17）and （18）can replace （14）and （16）respectively. It is fitted better with the measured spectrum to use the spectrum according to the formulae （13）and （15）（see Fig. 2）. It is obvious that the tentative spectrum formula （15）in

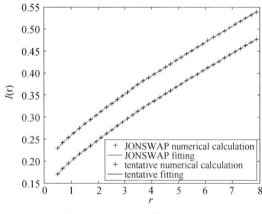

Fig. 1   relations $I(\gamma)$ and γ

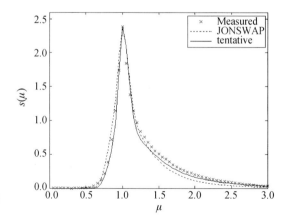

Fig. 2   average non-dimensional spectrum estimated from measured data，formula （13）and （15）

high frequency ($\mu_k > 1$) is closer to the measured non-dimensional average spectrum.

6   Results and discussion

The parameter values of α and γ and their average value are shown in Table 2, and the 478 groups of spectra parameters are achieved through the formulat (1) and (12), which are estimated from the measured spectra. The α is less than 0.008 1, while the γ is a little more than 3.3. It means the condition to generate wave in this coastal area may be similar to that in JONSWAP. The calculation of spectra parameter in this paper utilizes valid wave height and peak period, and the multi-regression analysis has been used, in order to get the spectra parameter in JONSWAP spectrum. The relationship among α, γ, $H_{1/3}$ and f_p is:

$$\alpha = 4.069 H_{1/3}^{2.06} f_p^{4.24} \tag{19}$$

$$\gamma = 6.236 H_{1/3}^{0.12} f_p^{0.34} \tag{20}$$

and the relationship among tentative spectra parameters α_e, γ_e with $H_{1/3}$ and f_p is:

$$\alpha_e = 3.368 H_{1/3}^{2.03} f_p^{4.18} \tag{21}$$

$$\gamma_e = 8.061 H_{1/3}^{0.15} f_p^{0.44} \tag{22}$$

Table 2   Parameters of JONSWAP spectrum and tentative spectrum

Spectrum name	α		γ	
	Range	Average	Range	Average
JONSWAP	0.000 125~0.019 048	0.002 661	2.305~5.150	3.410
Tentative	0.000 123~0.017 119	0.002 444	2.303~5.763	3.674

The above equations indicate the formula about tentative spectra parameter in (21) and (22) is similar to that in JONSWAP equations of (19) and (20). The regression relationship between α, α_e and $H_{1/3}$, f_p is accordant comparatively, but the regression relationship between γ, γ_e and $H_{1/3}$, f_p is discordant, which can be analyzed in Fig. 3 and Fig. 4. The conclusion is similar to the parameter formula raised by Ochi (1993), Chakrabarti (2005) and Kumar (2008).

The results of spectra parameters show the peak value of the tentative spectrum is almost equal to the peak value in JONSWAP formula (in Fig. 5), which equably distributes among the exact machine and the divergence between formula and measured value is bigger with the increasing of peak value. However, the zeroth moment m_0 in tentative spectrum is more closed to the measured values, comparing with that in

JONSWAP spectrum (in Fig. 6). It means the calculating results of tentative spectra formula are a little more accurate than that in JONSWAP spectrum.

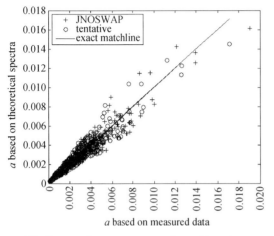

Fig. 3   rear face parameter estimated based on measured and theoretical spectra

Fig. 4   peak enhancement factor estimated based on measured and theoretical spectra

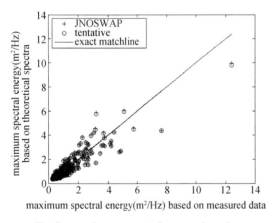

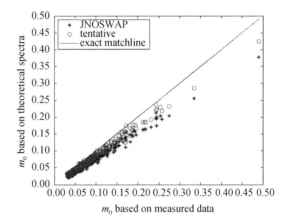

Fig. 5   maximum spectral energy based on measured and theoretical spectra

Fig. 6   spectra moments estimated based on measured and theoretical spectra

The comparison between wave spectra based on Eqs. (1) and (12) the measured spectra for relatively high waves (H_s varying from 0.688 to 2.743 m) shows that both the tentative spectra and the JONSWAP spectrum whose parameters are based on Eqs. (21), (22) and Eqs. (19), (20), closely represent the measured spectra (see Figs. 7 ~ 12; horizontal axis representing frequency f in H_z; vertical axis representing spectral density $s(f)$ in m^2/H_z). And the tentative spectra show more accurate results than JONSWAP spectrum, which is in frequency larger than peak frequency.

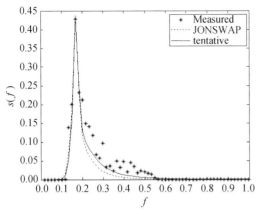

Fig. 7　$H_{1/3} = 0.7$ m，$T_{1/3} = 4.94$ s，
$f_p = 0.166$ Hz

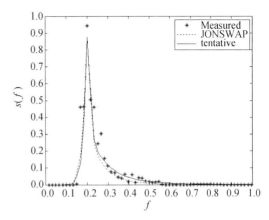

Fig. 8　$H_{1/3} = 0.997$ m，$T_{1/3} = 4.69$ s，
$f_p = 0.199$ Hz

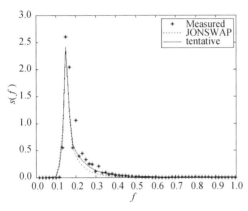

Fig. 9　$H_{1/3} = 1.505$ m，$T_{1/3} = 5.67$ s，
$f_p = 0.149$ Hz

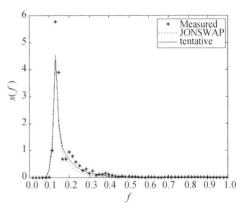

Fig. 10　$H_{1/3} = 1.96$ m，$T_{1/3} = 6.56$ s，
$f_p = 0.133$ Hz

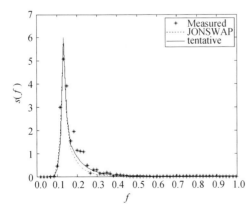

Fig. 11　$H_{1/3} = 2.23$ m，$T_{1/3} = 6.79$ s，
$f_p = 0.133$ Hz

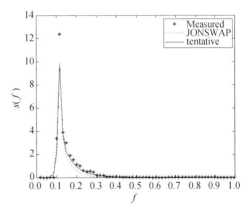

Fig. 12　$H_{1/3} = 2.743$ m，$T_{1/3} = 7.57$ s，
$f_p = 0.116$ Hz

7 Concluding remarks

The measured data utilize the single-peak spectra with $0.688 \sim 2.743$ m significant wave height and average values is 0.993 m. There are 478 data groups with average peak frequency 0.173.

The rear face parameter α in JONSWAP spectra and that in tentative spectra both have good correlation with significant wave height $H_{1/3}$ and peak period f_p, but the peak enhancement factor γ is not, which is similar to the study results by Hasselmann (1973) and Donelan (1985). The estimated average value (0.0028 and 3.70) of the tentative parameters and (0.0030 and 3.43) of the JONSWAP parameters, α is smaller than the generally recommended values of 0.0081, but γ is bigger than the generally recommended values of 3.3.

Both the JONSWAP spectrum with modified parameters and tentative spectra can fit the measured spectra reasonably. The fitting results in high-frequency tail of tentative spectra are better than those of JONSWAP spectrum with modified parameters, which can serve as the standard spectral model in this coastal area. The formula (12) can be used to estimate the measured spectra, while formulae (21) and (22) can work as the formula to calculate spectral parameters.

Acknowledgements

Thank Research Institute of Coastal and Ocean Engineering, Hohai University, for providing the wave records.

References

Pierson, W. J, Moskowitz, L. 1964. A proposed spectral form for fully developed wind seas based on the similarity theory of S. A. Kitaigorodskii. *J Geophys Res*, 69, 5181-90.

Hasselmann, K., Barnett, T. P., Bouws, E., et al. 1973. Measurements of wind-wave growth and swell decay during the Joint North Sea Wave Project (JONSWAP). *Deutschen Hydrographischen Zeitschrift*, A8(12):95.

Toba, Y. 1973. Local balance in the air-sea boundary process. *J Oceanogr Soc Japan*, 29, 209-20.

Mitsuyasu, H., Tasai, F., Suhara, T., et al. 1980. Observations of the power spectrum of waves using a cloverleaf buoy. *J Phys Oceanogr*, 10, 286-96.

Forristall, G. Z. 1981. Measurements of a saturation range in ocean wave spectra. *J Geophys Res*, 86, 8075-84.

Kahma, K. K. 1981. A study of the growth of the wave spectrum with fetch. *J Phys Oceanogr*,

11，1503-15.

Donelan，M. A.，Hamilton，J.，Hui，W. H. 1985. Directional spectra of wind-generated waves. *Philos Trans RSoc London A*，315，509-62.

Miller，H. C. and Vincent，C. L. 1990. FRF spectrum：TMA with Kitaigorodskii's f-4 scaling. *ASCE J. Waterw. Port Coastal Ocean Div*，116，57-78.

Young，I. R. and Babanin，A. V. 2006. The form of the asymptotic depth-limited wind wavefrequency spectrum. *J Geophys Res*，111，c06031.

Ochi，M. K. 1993. On hurricane-generated seas. *Proceedings of the Second International Symposium on Ocean Wave Measurement and Analysis*，*New Orleans*. New York：ASCE，374-387.

Chakrabarti，S. K. 2005. *Handbook of Offshore Engineering*：*Ocean Engineering Series*. Amsterdam：Elsevier，1，661.

Kumar，V. S.，and Ashok，K.，Kumar. 2008. Spectral characteristics of high shallow water waves. *Ocean Engineering*，35，900-911.

Young，I. R.，and Verhagen，L. A. 1996. The growth of fetch limited waves in water of finite depth. part II：Spectral evolution. *Coastal Eng*，28，79-100.

Young，I. R. 2003. A review of the sea state generated by hurricanes. *Marine Structures*，16，201-218.

Hydrodynamic and Morphological Processes in Yangtze Estuary: State-of-the-art Research and Application in Hohai University

Jin-hai Zheng[1, 2]   Yi-xin Yan[2]   Chao-feng Tong[1, 2]
Zhi-yi Lei[2]   Chi Zhang[1, 2]

（1. State Key Laboratory of Hydrology-Water Resources and Hydraulic Engineering, Hohai University, Nanjing 210098, China; 2. College of Harbor, Coastal and Offshore Engineering, Hohai University, Nanjing 210098, China）

Abstract: The Yangtze Estuary is the largest estuary in China. It has attracted a lot of attention from researchers and engineers due to its complicated estuarine processes as well as its great importance for the regional economy of East China. As one of the top universities in China majoring in estuarine and coastal engineering, Hohai University has been extensively involved in the development of scientific research and engineering construction in the Yangtze Estuary. This paper presents a review of the state-of-the-art research and engineering study conducted in Hohai University related to the hydrodynamic and morphological processes in the Yangtze Estuary, including hydrodynamic characteristics, saltwater intrusion, wetland evolution, and so on. To achieve a better understanding of the Yangtze Estuary, more comprehensive researches are needed and the focus of future studies is suggested.

Key words: the Yangtze Estuary; hydrodynamics; morphology; Hohai University

1 Introduction

The Yangtze Estuary has three diversion points and four outlets. With an entrance opening to the East China Sea with a width of up to 90 km, the Yangtze Estuary accepts a huge tidal volume from the out sea, making tidal waves transmit upward to Datong, Anhui (tidal limit) which is 642 km from the entrance, and even to Jiangyin, Jiangsu in flood season (Zhong 1985), shown in Fig.1.

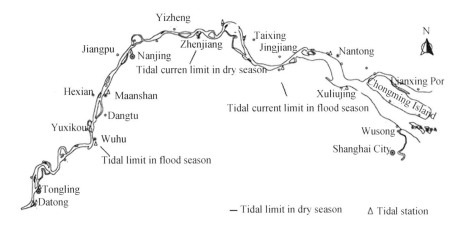

Fig.1   Sketch map of Yangtze Estuary

The Yangtze Estuary has an annual average precipitation of 1000 mm to 1100 mm with a quite big inter-annual variability. Precipitation in a wet year is about 1200 mm, up to 1400 mm or above at maximum. Precipitation in a dry year is $600\sim$ 700 mm. The maximum annual precipitation may double that of the minimum.

According to the statistical analysis of the measured data in the Datong Station from 1951 to 1988, the average concentration is 0.403 kg/m^3, and the highest annual average concentration is 3.14 kg/m^3, the lowest annual average concentration being 0.28 kg/m^3, pluri-ennial average sediment load is 460 million tons, the largest annual load is 672 million tons in 1964, and the smallest load is 311 million tons in 1986. Flow and sediment transport are basically synchronous.

According to the statistic data in Datong Station from 1951 to 2005, the average discharge was 28, 226 m^3/s, the average runoff was 885.3 billion m^3, and the maximum annual discharge was 1.3589 trillion m^3 in 1954, the minimum annual flow was 675.8 billion m^3 in 1978, the ratio between these two flows was 2 : 1.

In the Yangtze Estuary, tides are controlled by tidal waves propagating from out sea. The East China Sea's progressive wave system takes M_2 partial tide as major in this region, and receives impact from rotational tidal waves of the Yellow Sea, with K_1 and O_1 tides more notable. In the Yangtze Estuary, the tide belongs to non-formal neritic semidiurnal tides, with obviously different tides daily, especially high tides. From vernal equinox to autumnal equinox, generally night tides outdo diurnal tides, while from autumnal equinox to spring equinox of the following year, diurnal tides outdo night tides.

Wind wave prevails in the Yangtze Estuary. In terms of mixed waves, the cases of wind wave prevailing and swell prevailing are respectively 77% and 23%. Swell occurring only is rare. Regular wave direction is NNE, with a frequency of 10.25%. Wave seasonal change is very obvious; that is NW prevails in winter, SSE prevails in summer, and NE often prevails in spring and autumn.

Due to the feature of three diversion points and four outlets of the Yangtze Estuary, the high salinity seawater of the out sea in the Yangtze Estuary intrudes upward through North Branch, North Channel, North Passage and South Passage. The riverbeds of various inlets are different, making saltwater intrusion situation and distance in the Yangtze Estuary complicated. Because saltwater intrusion of the South Passage and North Passage enter South Channel, saltwater intrusion in the Yangtze Estuary mainly involves South Channel, North Channel and North Branch. In the dry season, the limit of estuarine saltwater intrusion is near Wuhaogou in South Channel, Liugang in North Channel. North Branch is impacted by back flow of water and sand, saltwater intrusion often happens in South Branch River Reach, and saltwater mass reaches Wusongkou and Baozhen Port of South and North Channels. It is noted that the estuary hydrodynamics can also be significantly affected by short-term storm events, global climate change and sea level rise (Xu et al., 2005; Gong et al., 2012).

Since the Yangtze Estuary is characterized by the abovementioned complicated dynamic processes, it has a significant value of scientific research and engineering study. During the past decades, the relevant studies on the Yangtze Estuary have been continuously made by various institutes in China. As one of the top universities major in estuarine and coastal engineering, Hohai University has played an important role in the development of fundamental theory and engineering application in this region. This paper gives a general review of the state-of-the-art research and engineering study conducted in Hohai University with respect to the hydrodynamic and morphological processes in the Yangtze Estuary, including hydrodynamic characteristics, saltwater intrusion, wetland evolution and so on.

2 Hydrodynamic Characteristics

2.1 Circulation feature analysis on the basis of ADCP measurements

The field data used herein is all primarily measured by ADCP (Acoustic Doppler Current Profiler) in the Yangtze Estuary dated from 22nd to 30th, September, 2002 and in the North Passage from 21st to 23rd, October, 2002 (Yu, 2005; Yan et al., 2007). The first step is extracting flow velocity of three directions including west-east，north-south and vertical direction. The next step is to make some necessary transformations and comparisons among the interesting field data. And then，as the main contest，the flow regime characteristics of the Yangtze Estuary are discussed with a numerical model developed by Hohai University. It is found that there are typical characteristics of circulation existing in the Yangtze Estuary flow regime. The flow circulation also has significant effects on the transport and diffusion of dissolved pollutants in the estuary（Wu and Yan，2010）. The possible generation mechanisms and some main factors are analyzed.

It's showed that three kinds of circulation may exist in the Yangtze Estuary，shown in Fig.2 and Fig.3. Those are longitudinal circulation with the surface layer

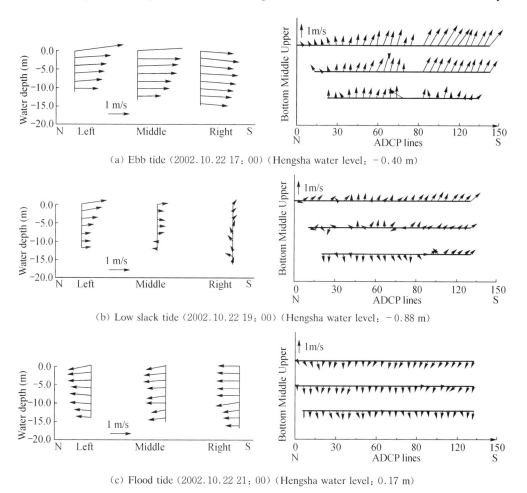

(a) Ebb tide（2002.10.22 17：00）（Hengsha water level：−0.40 m）

(b) Low slack tide（2002.10.22 19：00）（Hengsha water level：−0.88 m）

(c) Flood tide（2002.10.22 21：00）（Hengsha water level：0.17 m）

Fig.2　Sectional longitudinal velocity variation of section 1♯ of North Passage（left）（right arrow oriented downstream）and changing of the velocity along the horizontal lines on the section 1♯（right）（up arrowhead oriented downstream）

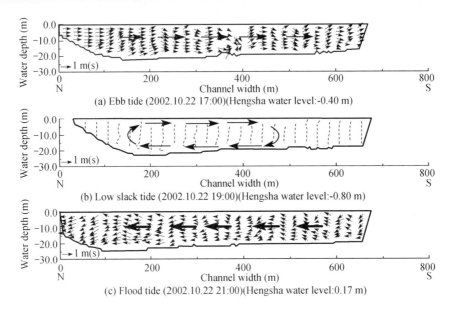

(a) Ebb tide (2002.10.22 17:00)(Hengsha water level:-0.40 m)

(b) Low slack tide (2002.10.22 19:00)(Hengsha water level:-0.80 m)

(c) Flood tide (2002.10.22 21:00)(Hengsha water level:0.17 m)

Fig.3　Cross-sectional velocity field of section 1#

seaward and the bottom layer landward, the lateral circulation with the surface layer southerly (northerly) and the bottom layer northerly (southerly), horizontal circulation with the north side landward and the south side seaward. All these kinds of circulation always appear during the turning process of tide and have orientation of moving with the tidal current. If encountering strong tidal current, the circulation will disappear. It indicates that, during the turning process of tide, water flow moves in a manner of complicated 3D spiral formation under the influence of discharge and the tidal current interaction. Both the lateral circulation and the horizontal circulation are mainly driven by Coriolis force and always appear during the turning process of tide. All of these three kinds of circulation have relations with the density gradient induced by the saltwater intrusion.

2.2　Hydrodynamic mechanism in diversion point

Some methods such as theory analyses, laboratory flume and numerical calculation are used to study the hydrodynamic features and mechanism in the diversion point of the Yangtze Estuary. It is showed that the diversion point rises and falls periodically, with the channels flourishing and withering alternatively, and the waterways silting periodically (Yan et al., 2000, 2001a, 2001b, 2001c, 2002, 2003; Tong, 2005; Lei et al., 2009).

The diversion point of North Channel and South Channel is the Centre Sandbank, a changeful diversion point, which is swinging between Liuhekou and

Wusongkou. The Biandan Sandbank and the Liuhe Sandbank are scoured and move downstream alternatively. The phenomenon of sandbank being cut accrued frequently owing to the two sandbanks blocking the up outlet of North Channel and South Channel. The Biandan Sandbank was cut in 1924 and 1978, with the sediment falling into the sea through the North Channel; and the Liuhe Sandbank was cut in 1958 and 1963. Since the 1980s, the Yangtze Estuary tends to be stable with the laws of bed development still acting. Two channels at the outlets of the North Channel and the South Channel, Xinqiao channel heading to the North Channel and the Nanshatou Sandbank heading to the South Channel form an angle of 84°. The lower section of Nanshatou Sandbank is atrophied. Upstream, the Xinliuhe Sandbank is cut and speeded by the flood in 1998, with the separated section moving downstream and uniting Central Sandbank. And the diversion point of North Channel and South Channel will move upstream.

The ebb tide current from North Channel comes from two channels, one is the flood tide channel of Changxind Island, and the other is the main channel of South Channel. Bugle typed, the lower sections of the two channels deflect southward. The boundary layers separate and vortex accrues because of the large diffusion angle during ebb tide discharging. At low tide, Vortex near Changxing Island flows across the silt area at the diversion point of North Passage and South Passage. The silt area is the sand ridge located at the lower section of Ruifeng Sandbank, near which piles the bed sediment brought by the vortex. Near Jiuduan Sandbank and 5# channel, the ebb tide current from South Channel can produce vortex, which will make bed sand of South Channel move southward, and also bring some sand of the silt area to South Passage. Some of the bed sand will deposit on Jiangyanan Sandbank, some of it deposit the bar of South Passage, and a majority of it will be brought by the ebb tide into the sea.

The river regime of North Passage is healthy owing to the good boundary conditions: (1) the joint with the main channel of South Channel is straight; (2) the diversion angle of North Passage and South Passage is acute angle; (3) the hydrodynamic features of velocity field at the diversion point are in favor of bed sand discharge of South Passage; (4) rotary current, in the Jigu Reef area outside the outlet of North Passage, is to advantage to discharge through North Passage.

In 1963, when the cut occurred in the diversion point of the North and South Channels tremendous sediment entered the South Channel, which formed central sand ridge in South Channel in the 1970s. The central sand ridge was divided by main flow from South Channel in the 1980s, with its lower section forming Jiangyanan Sandbank. The Jiangyanan Sandbank extended northward and moved downstream, and connected with the head of Jiuduan Sandbank in the 1990s. Hence the diversion point of North Passage and South Passage moved upward to the head of Jiangyanan Sandbank. In the 1990s, Jiangyanan Sandbank was scoured downward by ebb tide, and was restrained moving downstream by the fish mouth dike at the diversion point in 1998, because of the deep waterway regulation work. And the river regime is in a nice period with the diversion angle of $65°$.

East to the main channel of South Channel, resulting from shoreline deflecting southward, watercourse widening and mainstream discharging to 10-m isobath, boundary layer may be separated and Orchid vortex will be formed. And the bed sand will be brought downward by lateral circulation through South Passage. Rotary current is strong near the area of Jigu Reef out of North Passage, with circulation ratio of M_2 equinoctial tide is 0.7. Because of the tardiness of aggradations outside North Passage, vertical section of North Passage maintains a lager gradient and the flow can be discharged expeditely. And this can be seen as the good boundary condition of river regime.

2.3 Laws of changing flow and sediment flux

Shao et al. (2011) carried out in-situ measurements of sediment settling velocity near Baimao Shoal in the Yangtze Estuary. Using a three-dimensional baroclinic model, the fine silt particle pathline of dredging sediment in the Yangtze Estuary was studied (Xie et al., 2010).

Based on the linear regression analysis of hydrological data of Datong Station from 1950-2006, the discharge of the Yangtze River, including annual discharge and mensal discharge, is basically stable (Shen, 2006; Li, 2007). According to linear regression analysis, sediment concentration downstream the Yangtze River is decreasing gradually. The average sediment concentration in flood season is larger than that in dry season, with an obviously changing extent. The variation coefficient of maximum sediment concentration is 0.393, and that of average sediment concentration is 0.311. With the same trend, annual sediment transport and sediment concentration decrease, evidently after 1984, shown in Fig.4.

As flood characteristic flow and dry characteristic flow, the annual extremum flow corresponding to cumulative frequency can be used to calculate with the tidal wave and abstraction volume in lower reaches of the Yangtze River. According to the calculation, positions of tidal limit and tidal current limit are obtained, which can be used to find the relations between the discharge extremum flow and tidal limit, the tidal current limit. Effect of abstraction volume on tidal limit and tidal current limit can be shown as well.

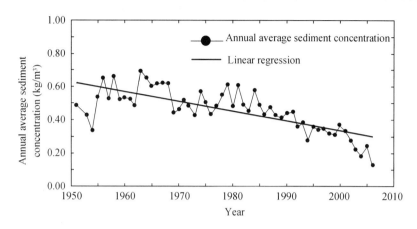

Fig. 4   Linear regression analysis of average sediment concentration at Datong Station

It is found that (1) With flood volume of 92 600 m³/s in 1954, the tidal limit (spring tide) appear 395.3 km upstream from Xuliujing, near Wuhu city; and tidal current limit is 22 km upstream from Xuliujing, near the Qigan River, Chengtong reach. With astronomical tide, though the discharge is super, the tidal wave will trace upward far-forth, which can affect warning level and flood embankment; (2) With dry volume of 4 620 m³/s in 1979, the tidal limit (spring tide) is upward from Anqing city; tidal current limit is 445.94 km upstream from Xuliujing, near Bamao Hill, Heishazhou. With the discharge reducing in dry reason, the location of tidal current limit traces upstream. Thus the intension of saltwater intrusion increases evidently, and time prolongs. At the same time to-and-fro current is adverse to the sewage discharging and auto purification; (3) Compared with tidal limit, tidal current limit has a high sensitivity. That is, moving distance of tidal current limit is larger than that of tidal limit with the same change volume of discharge; (4) It is shown from the research of abstraction volume in the lower reach of the Yangtze River, that the locations of tidal limit and tidal current limit are affected limitedly by abstraction volume when the Tongcheng Reach is controlled by single force.

Between the neap tidal current limit and spring tidal current limit, the time under the tide control is short with an unobvious accumulation effect and an unobvious location change of tidal current limit by abstraction volume. On the other hand, the river reach downward to the neap tidal current limit is controlled by tide force in a long time, with an obvious accumulation effect of saltwater intrusion and an obvious location change of tidal current limit. So in the dry season especially the super dry season, it should be avoided during the neap tide to abstract volume along the Tongcheng river reach.

2. 4　Effects of engineering projects on hydrodynamic Characteristics

The effects of the Three Gorges Project（TGP）are analyzed on hydrodynamic conditions，river regime，waterway stability and estuary shore，based on the sediment and shipping technique researches for TGP（Yan，1991；Chen et al.，2008）. It is obtained that（1）Discharge amplitude is diminished resulting from annual regulation of reservoir discharge. After the Three Gorges Project construction，range of stagnation point is shortened，with upward distances of 3km and 7 km in "150 m project" and "175 m project" respectively in October of the dry year；（2）Decrease of sediment transport from up reach is advantaged to channel stability；（3）In October in dry year，the decrease of discharge by reservoir regulation will enhance inverse flow of the North Branch into the South Branch，but from January to May increase of discharge can ease up the inverse flow in North Branch.

It can be seen from the calculated results of the regulation work of deep-water channel in the Yangtze Estuary that（1）Resulting from change of bed resistance and tidal wave distortion，the average tidal level，high tidal level and low tidal level are changed as well. At diversion point of North Passage average level runs up，high level falls down，and low level runs up；as to South Passage，average level falls down，high level runs up，and low level falls down；（2）Affected by jetties and groins，discharge of North Passage and South Passage is redistributed，with some ebb current from North Passage to South Passage and diversion ratio decreased；（3）Results of the regulation work make for channel maintenance.

Based on the research of saltwater intrusion in North Branch and construction of water source regions，through the numerical model of the Hangzhou Bay，five plans are calculated with combination of narrowed North Branch，tidal barrier and reclamation of Qingcaosha Reservoir on South Branch. It can be found（1）Narrowed North Branch has little effects on South Branch and South Channel；（2）Reclamation of Qingcaosha Reservoir induces ebb current increase at up outlet of North Branch，and makes flood current decrease at down outlet of North Branch；（3）The plan of narrowed North Branch and plan of Qingcaosha Reservoir reclamation excel the plan of tidal barrier.

Delft 3D is used to establish a 2D tidal and salinity numerical model of the Hangzhou Bay，with model domain of 330 km from east to west，340 km from south to north. The effects of reclamation，submerged dike and reservoir on hydrodynamic in dry season are studied in the model，considering discharge， velocity, direction and water level. It can be seen that engineering works will have effects on flood-ebb current in the Yangtze Estuary, with a decrease of 17.4% of ebb current in dry season and a decrease of 18.8% of flood current. The diversion ratio will be greatened in North Passage, whereas flood-ebb current of other cross-sections are diminished. Tidal influx will be reduced under the effects of narrowing North Passage, with an increase of ebb current and decrease of tidal current at the outlet. Estuary area will be more sensitive to the increasing water, whereas inside estuary area will be less sensitive. The characteristics of water and sediment exchange between the Yangtze Estuary and the Hangzhou Bay were also studied (Kong et al., 2007).

3　Saltwater intrusion

3.1　Motion laws of saltwater mass in North Branch

Supported by Major Program of National Natural Science Foundation of China (NSFC) (50339010), to master the motion laws of saltwater back flowing to South Branch and Xuliujing reach, a tracking test for the back flowing saltwater is put up from March 12, 2005 to March 14, 2005. Some motion characteristics of the back flowing saltwater are studied.

On the whole, the moving time and range of salt wedge are comparatively small. Being mixed well, the back-flowed salt waters rush downstream along with ebb current. And owing to little salinity difference, the surface saltwater and bottom saltwater are mixed completely at the Qiyakou cross-section, with a distance of 10km to the diversion point.

The water source region of Shanghai city lies in the area of South Bank, South Branch, and is under the disadvantageous effects of the back-flowed saltwater.

3.2　Numerical simulation of saltwater intrusion in the Yangtze Estuary

In the early 1980s, researches showed that saltwater and freshwater mixture in the Yangtze Estuary is basically mild. A 1D salinity numerical model is established supported by diffusion equation and conservation equation, and salinity longitudinal distribution and intrusion range are calculated.

In recent years, unstable longitudinal analytic solution of 1D saltwater intrusion is deduced, with supposition of decomposing velocity to discharge and tidal current, and the field data in the deep water channel are also analyzed.

Seen from the research, the salinity variety in the Estuary is the result of discharge and tidal current. The variety range varies with the product of discharge velocity and tidal current velocity, and varies inversely with diffusion coefficient and angular frequency. The phase 90 degree lagging to that of tidal current shows variety rule of biggest salinity and smallest salinity. The unstable analytic solution and the equation of diffusion coefficient can be applied to theory as well as numerical simulation.

Starting from the 1990s, 2D vertical numerical model and 2D lateral numerical model are developed to study saltwater intrusion (Wang, 1989; Wang and Zhu, 1991). With volume control method, power function as the discrete format, tidal level, velocity and salinity are well validated. In recent years, supported by ELCIRC and Delft 3D, a 2D numerical model of saltwater intrusion is established, and a combined model of 1D tidal numerical model from Datong to the Yangtze Estuary and a 2D numerical model of the Hangzhou Bay is established as well (Yang, 2006).

Since the late 1990, for simulating fresh and salt water mixing in estuaries, a three-dimensional nonlinear baroclinic numerical model is developed, in which the gradients of horizontal pressure contain the gradient of barotropic pressure arising from the gradient of tidal level and the gradient of baroclinic pressure due to the gradient of salinity (Zhu et al., 1998; Zheng et al., 2002; Song et al., 2008).

Based on the mode splitting technique, through σ-coordinate transformation, the 3D motion can be divided into external mode and internal mode. And improved Double-Sweep-Implicit (DSI) method is employed in the external mode. The Eulerian-Lagrangian method is employed to describe both the momentum equations of tidal motion and the equation of salt water diffusion so as to improve the computational stability and accuracy. The methods to provide the boundary conditions and the initial conditions are proposed, and the criterion for computational stability of the salinity fields is presented, shown as Fig. 5 and Fig. 6. The present model is used for modeling fresh and salt water mixing in the Yangtze Estuary. Computations show that the salinity distribution has the characteristics of partial mixing pattern, and that the present model is suitable for simulation of fresh and salt water mixing in the Yangtze Estuary.

3.3 Effects of engineering projects on saltwater intrusion

Based on the "Seventh Five-Year Plan" national key scientific and technological projects — monographic study of sediment problems of the Three Gorges Project (TGP) and shipping techniques, the effects on saltwater intrusion induced by TGP are analyzed. In October, both in average years and dry years, the average flow is

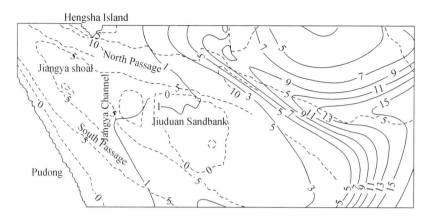

Fig. 5 Surface salinity distribution in flood slack tide in South and North Passages（‰，September，1996 ）

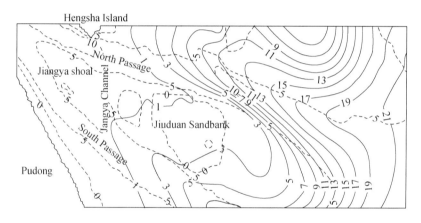

Fig. 6 Bottom salinity distribution in flood slack tide in South and North Passages（‰，September，1996)

33 000～41 400 m³/s，and the Three Gorges Reservoir storage has little effect on saltwater intrusion in the Yangtze Estuary，and has distinct effects in super dry years. But the intrusion will be eased up because of the increase of freshwater discharge from January to May（Li et al.，2005）.

In the "Eighth Five-Year Plan" national key scientific and technological projects，a 2D lateral，vertical salinity numerical model was employed to study the effects of regulation work of deep-water channel on saltwater intrusion. It is found that 5‰ saltwater near the bed traces upward in dry season，but which has no effect on Wusong. Between 1996 and 2000，a 3D salinity numerical model was developed to study the influences on saltwater intrusion after Ⅰ，Ⅱ，Ⅲ stage regulation work and the future phase. Measured six times at seven surveyed points，the field data have validated well the stability of the numerical model.

With 1D and 2D salinity numerical model, the effects of some hydro-junctions in trunk streams, such as East line project of "diverting water from the south to the north project" and the Three Gorges Project, are studied as well. From the research, it is found that the intension of saltwater back-flowing to South Branch is growing with the decrease of discharge, and the relative effecting projects are in order of the effecting intensity as follows: the Three Gorges Project, the combination project, the diverting water from the south to the north project. The salinity is highest when the diverting water flows from the south to the north, while it is lowest when the Three Gorges project is running. During flood tide and mid tide, salinity of South Branch will increase rapidly as a result of saltwater back flowing in North Branch and saltwater traces up in North Channel, North and South Passages. It can influence the water abstraction along South Branch. During dry season in dry years, when diverting water from the south to the north, salinity of South Branch exceeds 4‰, which have an adverse effect on water quality of water resource in South Branch. Comparatively, the Three Gorges Project has a contrary effect on saltwater intrusion. Owing to outflow of the Three Gorges Reservoir, the discharge increases, which is still smaller than that in flood season, and salinity in South Branch also exceeds 4‰, which is still smaller than that of diverting water from the south, and the salinity has a little effect on the water resource. In terms of combination run, the discharge volume is between those of the two single runs. Thus, the intrusion intension is also between those of the two single runs. With flow of 25 000 m^3/s, at Datong station, salinity of South Branch does not exceed 2‰, which is less than half of the salinity in the above three cases.

The effects on saltwater intrusion, induced by integrative regulation project in the Yangtze Estuary, are studied through 2D salinity numerical model of the Hangzhou Bay. It is shown that enclosing land can decrease the salinity intension, but has little effects on saltwater back flowing to South Branch. Other combinative plans can deduce the saltwater back flowing, such as the commended regulation work of South Branch plus the narrowing North Branch work, the commended regulation work of South Branch combines with narrowing North Branch and tidal barrier work. With these projects, salinity around the Chenhang Reservoir will be deduced, while that near Qingcaosha is unchanged basically.

The Qingcaosha Reservoir is located in the Yangtze Estuary of China. As the third water source region of Shanghai city, about 717 000 m^3/d raw water will be supplied from the Reservoir when the project is finished. In order to avoid salt water from saltwater intrusion, it is necessary to reveal the rule of salinity variation in the Qingcaosha Reservoir area. A hydrodynamic and saltwater intrusion model covering the whole Yangtze Estuary and the Hangzhou Bay is developed with the TELEMAC model, to forecast the salinity variations in the Qingcaosha Reservoir region (Tong et al., 2010). According to the different characteristic discharges corresponding to the different cumulative frequencies, the salinity distributions in the Yangtze Estuary are calculated under the conditions of different flow into the sea. The simulation results show that the salinity values will decrease with the increasing of discharge. When the upstream discharge is below 16 700 m^3/s, the average value in dry season, the salinity response to the runoff is very sensitive. The salinity amplitude at the downstream gate area is inversely proportional to the upstream discharge, whereas, the parameter at upstream gate area is proportional to the upstream discharge if it is smaller than the average value in dry seasons. The salinity at the downstream area of reservoir is obviously higher than the upstream area.

4 Wetland Evolutions

4.1 Database and methodology

Estuarine wetland exists as a transition zone among marine, land and freshwater. This zone is characterized by coupling interactions of marine, atmosphere, biology, geology and human activities, representing the most dynamic region in near-shore. The complex processes occurring in the estuarine wetland are of fundamental importance for climate change, water conservation, flood control, beach protection, land reclamation, biological diversity, ecological balance and so on. The total area of wetlands in the Yangtze River Estuary is about 3 052 km^2, consisting of 2 506 km^2 near-shore wetland, 478 km^2 permanent river wetland and 68 km^2 permanent freshwater lake wetland. The sustainable development of wetland in the Yangtze River Estuary is essential for engineering constructions and economic growth in this region. Fig. 7 shows the spatial distributions of wetlands. Recent data show that the depositions of most wetlands are slowing down and some areas are now suffering erosion.

The remote sensing technique is applied in the Yangtze River Estuary. The conducted topography database is implemented using professional softwares including MAPGIS, ArcGIS and Oracle. Data sets are generally classified into two categories, referred to as the digital elevation data and the remote sensing images. These two types of data are combined to establish a time series of wetland

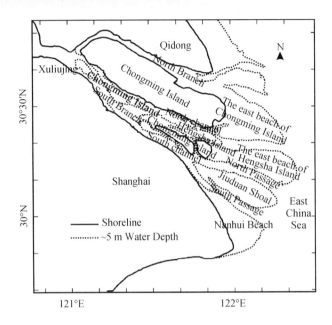

Fig. 7 Spatial distributions of wetlands in the Yangtze Estuary

topography in the Yangtze River Estuary (Zheng et al., 2010). Using underwater measured data in different years, a digital elevation model (DEM) is developed. In addition, the Landsat ETM color composite images are used to provide the alongshore landscape and the channel regime. To obtain the best match with the DEM, the WGS84 coordinate system and the enhanced ERDAS image format with a ground resolution of 30 m are finally used. The superposition of the remote sensing images and the DEM is implemented on the basis of raster data format, and the superposition of the buoy data and the channel line are based on vector data format.

4.2　Morphological processes of wetlands

A numerical morphodynamic model TIMOR3 has been introduced and applied to simulate the morphological response to the water and sediment changes in the Yangtze River Estuary. TIMOR3, coupled with Hydrodynamic Model and Wave Model, is used to simulate a long-term and huge area of the morphological changes in the Yangtze River Estuary. A detailed investigation was made to the south branch where the Deep-water Channel Navigation Project is under construction. The effect of the project upon the evolution of Jiuduan Shoal has been simulated and analyzed in different phases with different water depths (Zhou et al., 2009).

The wetland evolution during a time scale of decades is analyzed (Yang et al., 2011). Results show that in the east beach of the Chongming Island, the shoreline sections from Baozhen to Xijia Port and from Beisixiao Port to Beiliuxiao Port stood stably, while the section from Xijia Port to Tuanjie Shoal suffered from erosion. The rapid and slow accretions were found in the migratory bird natural reserve and the section from there to Beiliuxiao Port, respectively. The wetland in the north shoal of North Channel kept migrating seaward along with the lower Reach from Baozhen to Liuxiao sandy ridge. The outer Tuanjie Shoal kept growing, and the siltation promotion project in the eastern Hengsha Shoal shaped the artificial shoreline. The mouth bars reach of the North Channel was developing towards a formed channel. The wetland area of Jiuduan Shoal has been continuously increasing since the 1950s and, from a forecasting point of view, it will merge with the Jiangyanansha Shoal and form a new wetland region located between the south passage and the north passage of the Yangtze River Estuary. The historical evolution of Baimao Shoal from 1958 to 1998 is presented in Table 1. After floods in 1980, 1982, 1983 and 1988, and ten continuous wet years from 1990 to 1999, the length, width and elevation of Baimao Shoal were enhanced and the number of individual sandy bodies was reduced together with the formation of a central shoal. Then, the shoal head receded slowly due to the washout of conflux. During the ten years from May, 1992 to September, 2002, the depth contour of -5 m of Baimao Shoal head moved backward by 2 720 m with an annual backward distance of 272 m. The total volume of scoured sediment during that period was about 1.3 million cubic meters, which led to negative impacts on the lower reach of the South Branch of the Yangtze River Estuary. The central shoal in the lower reach of the South Branch was most unstable. The shoal and inlets transferred frequently and regularly. In the 1980s, the sand ridge of Momao Shoal had jointed to the south beach of the Yangtze River Estuary beyond the depth contour of -2 m and maintained its embossed sandy body. The sand tail of Momao Shoal extended towards the downstream and its direction did not change till now.

Table 1   Historical evolution of Baimao Shoal

Year	Area (km^2)	Length (km)	Width (km)	Distance to Qiyakou (km)	Maximum elevation (m)	Number of sand bodies
1958				-11.4	-4.5	1
1973	7.2	8.2	0.88	-6.2	$+0.2$	2
1980	16.8	7.2	2.3	-5.8	-0.5	6
1985	25.2	24.7	4.0	-1.2	-0.2	4
1990	49.44	24.8	3.0	-3.5	$+1.4$	3
1992	43.72	25.2	3.2	$+1.7$	$+1.4$	3
1997	41.9	21.0	3.4	$+2.25$	$+1.1$	1
1998	41.80	21.8	3.8	$+2.75$	$+2.0$	1

5 Concluding Remarks

A review is presented on the state-of-the-art research and engineering study conducted in Hohai University related to the hydrodynamic and morphological processes in the Yangtze Estuary. The important research progress has been obtained in Hohai University towards hydrodynamic characteristics, saltwater intrusion, wetland evolution and other aspects which significantly contribute to the scientific research and engineering construction in the Yangtze Estuary. However, under the global climate change and the increasing human-engineering influence, our knowledge of the Yangtze Estuary is still far from complete, which needs more comprehensive researches in this field. The focus of the future studies would include effects of varying river runoff and sediment load on the estuarine dynamics, the micro-scale movement characteristics of fine sediment in the Yangtze Estuary, the bio-geomorphological modeling system of the Yangtze Estuary, the joint impacts of large engineering projects on the long-term morphological evolution, the integrated framework of environmental impact assessment for the engineering construction in the Yangtze Estuary and so on.

References

Chen, X. Q., Yan, Y. X., Fu, R. S., Dou, X. P., and Zhang, E. F. 2008. Sediment transport from the Yangtze River, China, into the sea over the Post-Three Gorges Dam Period: A discussion. *Quaternary International*, 186, 55-64. [doi: 10.1016/j.quaint.2007.10.003]

Gong, Z., Zhang, C. K., Wan, L. M., and Zuo, J. C. 2012. Tidal level response to sea-level rise in the Yangtze Estuary. *China Ocean Engineering*, 26(1), 109-122. [doi: 10.1007/s13344-012-0008-2]

Kong, J., Song, Z. Y., Xia, Y. F., and Zhang, W. S. 2007. Characteristics of water and sediment exchange between the Yangtze Estuary and the Hangzhou Bay. *China Ocean Engineering*, 21(2), 255-266.

Lei, Z. Y., Zhang, J. S., and Kong, J. 2009. Numerical simulation of water level under interaction between runoff and estuarine dynamics in tidal reach of the Yangtze River. *China Ocean Engineering*, 23(3), 543-551.

Li, J. Y. 2007. Study on flow and sediment features of Datong-Xuliujing channel and river-bed evolution. Nanjing: Hohai University. (in Chinese)

Li, T. L., Li, Y. C., Gao, X. Y., and Wang, Y. G. 2005. Effects of regulation project on salinity intrusion in the Yangtze Estuary. *The Ocean Engineering*, 23(3), 31-38. (in Chinese)

Shao, Y. Y., Yan, Y. X., and Maa, J. P. Y. 2011. In-situ measure settling velocity of the cohesive sediment near Baibao Shore in the Changjiang Estuary. *Journal of Hydraulic Engineering-ASCE*, 137(3), 372-380. [doi: 10.1061/(ASCE)HY.1943-7900.0000312]

Shen H. Y. 2006. A 2D flow numerical model for Tong-Cheng channel of the Yangtze River. Nanjing: Hohai University. (in Chinese)

Song, Z. Y., Huang, X. J., Zhang, H. G., Chen, X. Q., and Kong, J. 2008. One-dimensional unsteady analytical solution of salinity intrusion in estuaries. *China Ocean Engineering*, 22(1), 113-122.

Tong, C. F. 2005. Study on Flow and Sediment Movement of Bifurcation Area and Related Application of 3D Numerical Flow Model. Nanjing: Hohai University. (in Chinese)

Tong, C. F., Zheng, J. H., Zhang, C., and Claude, G. 2010. Salinity response to the runoff from the Yangtze River Basin at Qingcaosha Reservoir area in the Yangtze Estuary. *Proceedings of the ASME 29th International Conference on Offshore Mechanics and Arctic Engineering*, 1-9. Shanghai: ASME.

Wang, Y. G. 1989. 2D Vertical Numerical Calculation on Saltwater Intrusion in Estuary. Nanjing: Hohai University. (in Chinese)

Wang, Y. G., and Zhu, L. Z. 1991. Vertical two-dimensional numerical model of salt intrusion in tidal estuaries. *Journal of Hohai University*, 19(4), 1-8. (in Chinese)

Wu, D. A., and Yan, Y. X. 2010. Numerical simulation of the transport and diffusion of dissolved pollutants in the Changjiang (Yangtze) River Estuary. *Chinese Journal of Oceanology and Limnology*, 28(3), 649-657. [doi: 10.1007/s00343-010-9081-7]

Xie, R., Wu, D. A., Yan, Y. X., and Zhou, H. 2010. Fine silt particle pathline of dredging sediment in the Yangtze River deepwater navigation channel based on EFDC model. *Journal of Hydrodynamics, Ser. B*, 22(6), 760-772. [doi: 10.1016/S1001-6058(09)60114-1]

Xu, F. M., Perrie, W., Zhang, J. L., Song, Z. Y., and Toulany, B. 2005. Simulation of typhoon-driven waves in the Yangtze Estuary with multiple-nested wave models. *China Ocean Engineering*, 19(4), 613-624.

Yan, Y. X. 1991. Numerical modeling of wave and current interaction in the tidal inlet area. *China Ocean Engineering*, 5(1), 65-74.

Yan, Y. X., Gao, J., Mao, L. H., and Zheng, J. H. 2000. Calculation of diversion ratio of the North Channel in the Yangtze Estuary. *China Ocean Engineering*, 14(4), 525-532.

Yan, Y. X., Gao, J., Song, Z. Y., and Zhu, Y. L. 2001. Calculation method for stream passing around the Jiuduan sandbank in the river mouth of the Yangtze River. *Journal of Hydraulic Engineering*, 4, 79-84. (in Chinese)

Yan, Y. X., Gao, J., Zheng, J. H., and Tong, C. F. 2002. Hydrodynamic conditions for sediment movement in South Channel of the Yangtze Estuary. *Journal of Hohai University: Natural Sciences*, 30(5), 1-6. (in Chinese)

Yan, Y. X., Gao, J., Zhu, Y. L., Mao, L. H., and Zheng, J. H. 2001. Mechanism of excellent regime of north passage in the Yangtze Estuary. *Hydro-Science and Engineering*, 3, 8-12. (in Chinese)

Yan, Y. X., Gao, J., Zhu, Y. L., and Zheng, J. H. 2001. Preliminary study on relationship between deepwater channel regulation and riverbed evolution. *Journal of Hohai University: Natural Sciences*, 29(5), 7-12. (in Chinese)

Yan, Y. X., Ge, L., and Gao, J. 2003. Application of the minimum energy dissipation rate theory in the braided river. *Journal of Hydrodynamics*, 18(6), 692-697. (in Chinese)

Yan, Y. X., Tao, A. F., Yu, D. S., and Yang, J. Y. 2007. Analysis on the circulation of the Yangtze Estuary based on ADCP measurements. *China Ocean Engineering*, 21(3), 485-494.

Yang, J. Y. 2006. ELCIRC Model Applied in the Yangtze Estuary. Nanjing: Hohai University. (in Chinese)

Yang, Q., Zheng, J. H., Ju, Y., and Peng, C. 2011. Analysis on the recent wetland evolution in the north branch of the Yangtze Estuary. *Proceedings of the 8th Conference on Sediment Theory in China*, 59-66. Nanjing: Hohai University Press. (in Chinese)

Yu, D. S. 2005. The flow and sediment movement analysis based on ADCP with 3D numerical flow model. Nanjing: Hohai University. (in Chinese)

Zheng, J. H., Yan, Y. X., and Zhu, Y. L. 2002. Three dimensional baroclinic numerical model for simulating fresh and salt water mixing in the Yangtze Estuary. *China Ocean Engineering*, 16(2), 227-238.

Zheng, J. H., Yan, Y. X., Yun, C. X., Tong, C. F., and Han, Z. 2010. Long-term morphological evolution of wetland in the Yangtze River Estuary. *Proceedings (Abstract) of the 11th International Symposium on River Sedimentation*, 125. Stellenbosch: Sun Media.

Zhong, X. C. 1985. Fluvial process of the fork and braided channel and its effects on each other in the South-North Channel of the Yangtze Estuary. *Acta Geographica Sinica*, 40(1), 51-59. (in Chinese)

Zhou, X. Y., Zanke, U., and Yan, Y. X.. 2009. Morphodynamic simulation at South Branch of the Yangtze Estuary. *Proceedings of the ASME 28th International Conference on Ocean, Offshore and Arctic Engineering*, 299-305. Hawaii: ASME.

Zhu, Y. L., Yan, Y. X., and Mao, L. H. 1998. A 3D nonlinear numerical model with inclined pressure in large estuaries. *Hydro-Science and Engineering*, 2, 129-138. (in Chinese)

Sea Level Extremes at the Coasts of China

Xiang-bo Feng[1, 2, 3]   Tsimplis Michael N. [1, 2]

(1. National Oceanography Centre, Southampton, UK; 2. School of Ocean and Earth Science, University of Southampton, UK; 3. State Key Laboratory of Hydrology-Water Resources and Hydraulic Engineering, Hohai University, Nanjing, China)

Abstract: Hourly sea level records from 1954 to 2012 at twenty tide gauges at and adjacent to the Chinese coasts are used to analyse extremes in sea level and in tidal residual. Tides and tropical cyclones determine the spatial distribution of sea level maxima. Tidal residual maxima are predominantly determined by tropical cyclones. The 50-year return level is found to be sensitive to the number of extreme events used in the estimation. This is caused by the small number of tropical cyclone events happening each year which lead to other local storm events included, thus significantly affecting the estimates. Significant increase in sea level extremes is found with trends in the range between $2.0 \sim 14.1$ mm yr^{-1}. The trends are primarily driven by changes in median sea level but also linked with increases in tidal amplitudes at three stations. Tropical cyclones cause significant interannual variations in the extremes. The interannual variability in the sea level extremes is also influenced by the changes in median sea level at the north and by the 18.6-year nodal cycle at the South China Sea. Neither of PDO and ENSO is found to be an indicator of changes in the size of extremes, but ENSO appears to regulate the number of tropical cyclones that reach the Chinese coasts. Global mean atmospheric temperature appears to be a good descriptor of the interannual variability of tidal residual extremes induced by tropical cyclones but the trend in global temperature is inconsistent with the lack of trend in the residuals.

Key words: sea level extremes; tropical cyclone; tide; ENSO; global mean temperature

1 Introduction

The rapid economic progress of China is reflected in the development of significant infrastructure at the coastal zone. The expansion of ports and coastal facilities and the increase in coastal population are accompanied by increased concern with regard to exposure to the catastrophic effects of sea level extremes. In 1997, typhoon Winnie causing US $ 3-billion economic loss and several hundred deaths, primarily due to flooding to Taiwan and mainland China (Mackey and Krishnamurti, 2001). For 2012 the Chinese national authorities indicated that US $ 2-billion economic loss and 9 lives were the result of several large storm surge events (SOA, 2013a). Additional impacts are caused by salty water intrusions (Cartwright and Nielsen, 2004; Zhang et al., 2009), morphological changes (Yang et al., 2003; Fan et al., 2006; Zhou et al., 2013), increased coastline erosion (Cai et al., 2009) and ecosystem changes (Fan and Li, 2006). Hallegatte et al. (2013) classify the Chinese coast as one of the most vulnerable areas under climate change scenarios. Improved understanding of sea level extremes at the Chinese coasts is essential for development planning, coastal protection and conservation of coastal and marine ecosystems.

Leaving tsunamis aside, storm surges combined with tides are by far the more important forcing parameters for the generation of sea level extremes. Studies on sea level both globally and regionally identify changes in extremes consistent with changes in mean sea level (Woodworth and Blackman, 2004, Marcos et al., 2009; Haigh et al., 2010; Menéndez and Woodworth, 2010; Tsimplis and Shaw, 2010).

Climate change scenarios suggest sea level rise in many parts of the world and also the possibility of changes in storminess. The latter are still debatable (see Trenberth and Fassulo, 2007; Trenberth et al., 2007; Knutson et al., 2010; Murakami et al., 2012 and references therein), but if they happen they could lead to changes in the extremes, in addition to those caused by the mean sea level rise, thus exacerbating the risks involved.

For the Chinese coasts mean sea level changes, since 1950, have been reported to be in the range $1.4 \sim 2.9$ mm yr^{-1} (Yanagi and Akaki, 1994; Ding et al., 2001; Lau, 2006; Doong et al., 2009; Marcos et al., 2012; SOA, 2013b).

Tropical cyclones cause the largest storm surges at the Chinese coasts of the Northwestern (NW) Pacific. The highest surge measured by ~ 6 m was associated with the landfalling of a tropical cyclone and located at an estuary of China (Yin et al., 2009). Future projections based on theory and high-resolution dynamical models indicate a shift towards stronger storms, with intensity increases of $2\% \sim 11\%$ by 2100, under greenhouse warming (Knutson et al., 2010). A complicated picture regarding the frequency of tropical cyclones emerges from modeling studies which consists of an overall reduction of the frequency of tropical cyclones but with an increase in the frequency of the most intense of them (Knutson et al., 2010). In addition, significant differences between models exist. A number of studies (Emanuel, 2005; Webster et al. , 2005, 2006; Kuleshov et al. , 2008) have claimed significant increases in extreme tropical cyclone activity, in terms of occurrence, intensity and lifetime, and since the 1970s have linked them with changes in sea surface temperature. However the significance of such trends has been disputed due to the heterogeneity of the available tropical cyclone data and the associated inherent trends (Landsea et al. , 2006), and the large interdecadal variability in tropical cyclone activity (Chan, 2006). Kuleshov et al. (2010) do not find statistically significant trends in the Southern Hemisphere with improved datasets.

The interannual variations of tropical cyclones have been linked with EI Niño-Southern Oscillation (ENSO) with strong activities observed during EL Niño and weak activities during La Niña and with shifts in the tropical cyclone tracks caused by the oscillation (Gray, 1984; Lander, 1994; Kuleshov and de Hoedt, 2003; Chan and Liu, 2004; Kuleshov et al. , 2008). In the northwestern Pacific, the response of tropical cyclone to different phases of ENSO can be interpreted by the sea surface temperature anomaly in the central Pacific (Kim et al. , 2011) and by the change of westerly wind shear from the tropical Indian Ocean (Du et al. , 2011).

Despite the importance of sea level extremes for the coastal areas of China there are, to our knowledge, no published studies concerned with mapping the extremes in the area and resolving their temporal changes.

This paper provides an analysis of extremes in sea level derived from hourly observations at 20 tide gauges at and adjacent to the Chinese coasts. The contribution of tropical cyclones to the observed extreme distribution is resolved by analysing the extremes with and without the influence of tropical cyclones.

The data and methodology are described by section 2, along with the definitions of extremes used. Section 3 examines the spatial distributions of extremes in terms of maximum events and return levels. In section 4, the trends in sea level extremes and their association with changes in mean sea level and tidal signal are first evaluated. The interannual variability of extremes is also investigated. Conclusions are given in section 5.

2 Data and Methodology

2. 1 Sea level and historic tropical cyclone data

Hourly sea level data from tide gauges at the Chinese coasts were obtained from the University of Hawaii Sea Level Center. Data from three stations at the Japanese Ryukyu islands and one in Vietnam are also included in the study. The sea level records span different periods between 1954 and 2012. The locations of tide gauges and the periods of observations after quality control are shown in Figure 1. The m (1, 3, 5,7 and 10) largest events in terms of sea level and tidal residual for each year were selected.

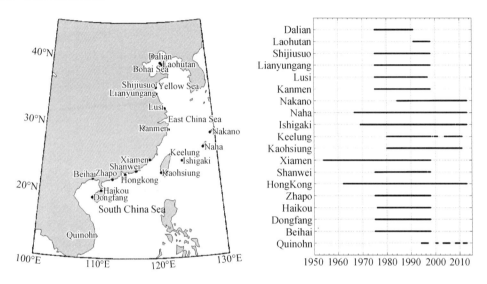

Figure 1   Location of tide gauges and quality-controlled data during 1954–2012

Information on tropical cyclones was obtained from the Regional Specialized Meteorological Center Tokyo of Japan Meteorological Agency (RSMC Tokyo of JMA). Sea level data within the area of influence of tropical cyclones (TC) are identified as TC-influenced sea level or TC-influenced tidal residual.

2.3   Generalized Pareto Distribution and percentile

The return values for sea level extremes were estimated by the Generalized Pareto Distribution (GPD). We experimented fitting the GPD to $m = 1, 3, 5, 7$ and 10 largest annual values. This enables us to detect the sensitivity of return levels to m.

We used percentile analysis (99.9th and 50th) to assess temporal changes of extremes. Note that the statistical significance of the correlation coefficient and the linear trend is assessed at the 95% confidence level.

Details of data processing and extreme assessment are described in the full text of paper (Feng and Tsimplis, 2014).

3 Spatial distribution of observed extremes

3.1 Maximum values

Over the whole period of observation, the maxima in sea level ranged between 402 and 460 cm at the East China Sea coasts, between 246 and 354 cm at the Bohai Sea and Yellow Sea coasts, and between 157 and 336 cm at the South China Sea coasts (Figure 2a). The maxima of sea level at the island sites were lower and ranged between 108 and 174 cm. The highest extreme was observed at Kanmen (460 cm), and the smallest at Kaohsiung (108 cm). The correlation coefficient between

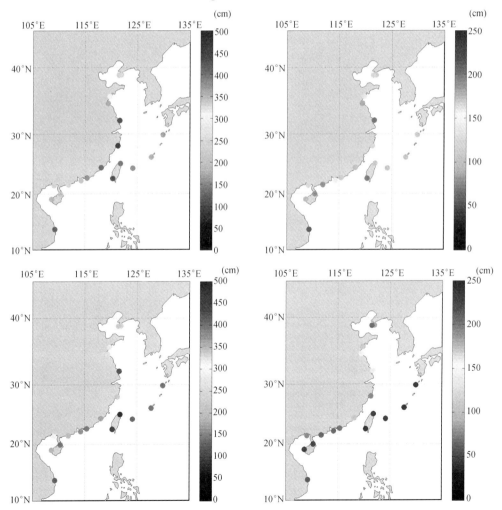

Figure 2 Maximum observed sea level (a, c) and tidal residual (b, d) when tropical cyclones are taken (a, b) and not taken into account (c, d)

the maxima in sea level at each tide gauge and the sum of the largest diurnal and semidiurnal constitutes $M_2 + K_1$ is statistically significant and has a value of 0.97, indicating the important role that the tidal signal plays in determining the extreme values observed.

The maxima in the tidal residual were between 56 and 200 cm (Figure 2b), being $113 \sim 200$ cm at the East China Sea, the Yellow Sea and the northern South China Sea. At the Bohai Sea and western South China Sea, the values of maxima were decreased to $91 \sim 124$ cm, while at the islands the range was even lower, between 68 and 106 cm. The highest and lowest maxima in the tidal residual were found at Lusi (200 cm) and Quinohn (56 cm) respectively. The correlation between the maxima in tidal residual and the sum of $M_2 + K_1$ tidal components is reduced to 0.67 but is statistically significant. Tide-surge interaction is discussed in the full text of the paper.

The maxima in sea level occurred during the passing of tropical cyclones at all stations but three, namely Dongfang, Quinohn and Lusi. Dongfang and Quinohn are at latitudes less than 20°N where the tropical cyclone frequency is low (this will be shown later). Lusi is the third exception where the tidal amplitude is large. The maxima in sea level when the TC-influenced sea level values are omitted can be seen in Figure 3c. They ranged between 80 and 424 cm. The differences in the size of the maxima between Figure 3a and Figure 3c demonstrate the importance of tropical cyclones for this area. The average of the difference between maxima sea level estimated from the observations and when the TC-influence values omitted, that is

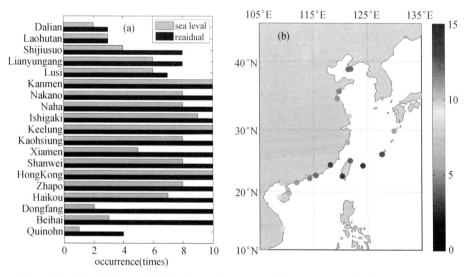

Figure 3　(a) Number of TC-influenced events with respect to the largest 10 events over the whole observational period, and (b) annual number of TC-influenced events (times)

the difference between the values of Figure 2a and Figure 3c, is 32 ± 13 cm. This indicates that the change is statistically significant.

All of the maximum values in tidal residual occurred during tropical cyclones, except at the most southern station of Quinohn. The range of maxima in the absence of tropical cyclones was $39 \sim 146$ cm (Figure 2d), overall 58 ± 15 cm lower than the values when TC events are involved. Relatively higher values were again found at the mainland coasts of the Yellow Sea and the East China Sea, and lower values at the island coasts. The spatial values are more coherent when TC events are excluded.

The influence of tropical cyclones is dominant for the stations between Lianyungang and Haikou both for observed sea level and tidal residual (Figure 3a). The dominance of tropical cyclones for tidal residual is more extensive and covers the area from Shijiusuo to Beihai. In Figure 3b TC-influenced events per year for each station is shown. Fewer tropical cyclones affect sea level at the north part of the area of study while more than 10 in the area between $20°$ and $30°$N. The most affected area is that around Taiwan.

3.2 50-year return levels

The 50-year return levels of sea level and the tidal residual estimated from the 5 largest events each year are shown by the black lines in Figure 4a and 4b. As expected the return levels have the same pattern as the maxima observed. The return levels of sea level and residual are reduced by ~ 28 cm and ~ 76 cm respectively when the effects of tropical cyclones are not taken into account (Figure 4c and 4d).

The 50-year return levels estimated for different number of largest events per year ($m = 1, 3, 5, 7$ and 10) are also shown in Figure 4. For sea level, the average difference between highest and lowest values for 50-year return level is 17 cm. The biggest discrepancy occurs at Haikou where the 50-year return level with $m = 1$ is 70 cm higher than that with $m = 7$. The return level with $m = 1$ is 59 cm higher than that with $m = 10$ at Kanmen. At other sites, the differences are in the range of $2 \sim 37$ cm.

For tidal residuals, the average of discrepancy between highest and lowest values is 41 cm. The biggest discrepancy is found at Laohutan where the return level with $m = 3$ is 119 cm higher than that with $m = 10$, followed by Beihai and Kanmen, with 113 cm and 102 cm respectively. The estimates for these sites are very sensitive to the number of largest events. For other sites, the uncertainties are smaller but not negligible in the range of $2 \sim 70$ cm.

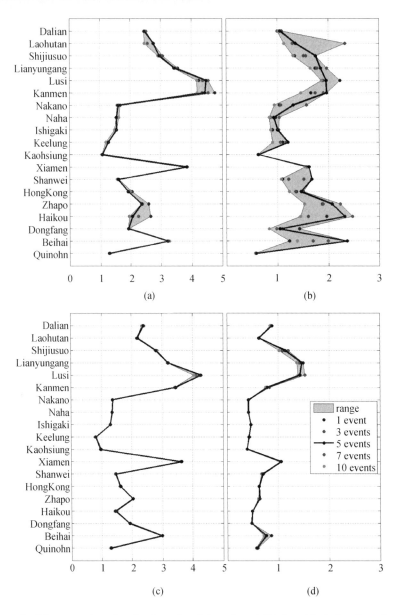

Figure 4　50-year return levels of sea level (a, c) and tidal residual (b, d) estimated by GPD with different number of events per year when tropical cyclones are taken (a, b) and not taken (c, d) into account

When the TC-influenced sea level is excluded，the difference in the 50-year return levels for the values of m used is reduced to ～4 cm on average for both sea level and tidal residual (Figures 4c and 4d). Thus the estimation of the GPD is very sensitive to the annual number of extremes taken into account and this sensitivity is only due to variability in the TC-influenced extremes.

4 Temporal changes of extremes

4.1 Trends

The temporal changes of observed extremes are analysed at 17 tide gauges that have records longer than 18 years. The values of the 99.9th percentile of sea level are shown in Figure 5. All stations show positive trends that are statistically significant at 12 stations (Table 1). The trend values range between 2.0 mm yr^{-1} and 14.1 mm yr^{-1}, with an average of 6.0 mm yr^{-1}.

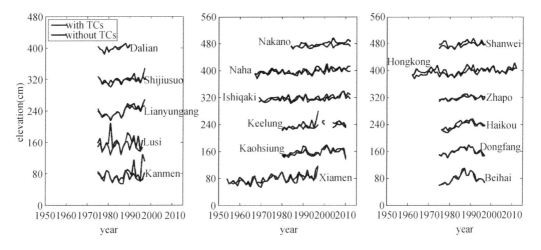

Figure 5　Annual 99.9th percentile of sea level with (black lines) and without (blue lines) tropical cyclones

The trends are not always spatially coherent and the values at some neighboring sites show large differences although the large uncertainty in the trends does not make them statistically significant. This demonstrates the significant localization of changes in extremes.

The median (50th percentile) values also show similar positive trends but with a lower rate ranging between 1.4 mm yr^{-1} and 6.6 mm yr^{-1} (Table 1). The subtraction of 50th percentile from the 99.9th percentile renders all rates statistically insignificant except at Shijiusuo, Lianyungang and Xiamen.

The M_2 tidal component also shows significant trends at 6 sites with the largest values at Shijiusuo (4.5 mm yr^{-1}), Lianyungang (7.3 mm yr^{-1}) and Xiamen (4.6 mm yr^{-1}). The other three trends are statistically significant but smaller than 0.7 mm yr^{-1}. Therefore it appears that the trends in the 99.9th~50th difference at Shijiusuo, Lianyungang and Xiamen are due to changes in the tidal amplitudes. We have performed a full analysis of tides for all stations that will be reported elsewhere. No other components show trends as strong as those found for M_2 at these three stations.

When the TC-influenced data are removed the trends of sea level extremes do not change significantly — not a surprising result if their main cause is mean sea level rise. Note though that the trend on the 99.9th~50th difference at Shijusuo becomes insignificant and the trend at Shanwei becomes significant.

The temporal changes in 99.9th percentile of tidal residual are also investigated. There are no statistically significant trends except at Naha. However the trends for the 99th or 90th percentiles are significant at most stations where the 50th percentiles have significant trends. Thus, the lack of trends for the 99.9th percentile of tidal residual is because of the large interannual variability that masks these trends.

Table 1　Linear trends of sea level percentiles and M_2 over observational periods $(\mathrm{cm~yr^{-1}})$. The errors are at 95% confidence level. Those trends statistically significant at 95% confidence level have been highlighted.

Station	99.9th	50th	99.9th~50th	M_2
Dalian	0.83±0.67	0.66±0.50	0.17±0.48	−0.02±0.20
Shijiusuo	0.63±0.56	0.08±0.19	0.55±0.48	0.45±0.07
Lianyungang	1.41±0.66	0.46±0.31	0.95±0.52	0.73±0.10
Lusi	0.25±1.30	0.35±0.21	−0.11±1.2	0.06±0.06
Kanmen	1.05±1.09	0.09±0.15	0.96±1.06	0.07±0.08
Nakano	0.56±0.21	0.39±0.10	0.17±0.21	−0.02±0.02
Naha*	0.33±0.15	0.23±0.06	0.10±0.12	0.00±0.01
Ishiqaki*	0.31±0.15	0.28±0.06	0.03±0.13	0.01±0.01
Keelung	0.80±0.51	0.51±0.21	0.29±0.48	0.07±0.02
Kaosiung	0.39±0.37	0.35±0.27	0.04±0.28	0.03±0.02
Xiamen*	0.60±0.24	0.14±0.09	0.46±0.23	0.15±0.04
Shanwei	0.32±0.53	0.08±0.13	0.24±0.54	−0.02±0.02
Hongkong*	0.20±0.17	0.27±0.07	−0.07±0.16	−0.04±0.02
Chaopo	0.51±0.30	0.17±0.15	0.34±0.35	−0.02±0.03
Hailkou	0.94±0.62	0.68±0.16	0.26±0.71	0.02±0.09
Dongfang	0.44±0.65	0.08±0.11	0.36±0.68	0.02±0.04
Beihai	0.93±0.95	0.12±0.14	0.81±0.96	0.05±0.15

＊ Trends of percentiles that exceed the period of 1975~1997 have also been re-estimated with respect to this period. At Naha, Ishiqaki and Xiamen the trends become insignificant at all percentiles. At Hongkong the difference only happens to the 99.9th percentile that has a higher trend over the period, but is not significantly different.

4.2 Interannual variability

The interannual variation of 99.9th percentile of sea level is larger at the mainland coasts, in particular at the coasts of the East China Sea (Figure 5). When the TC-influenced data are excluded the major features of the variability remain the same at most of the sites although the 99.9th percentile and its standard deviation (STD) are both reduced as expected, by an average of 4.6 cm and 1.7 cm respectively.

For the tidal residuals when the TC-influenced data is excluded, the temporal patterns are greatly changed: correlations in pair of the two series are significant at only 8 sites. The extreme and its STD are reduced on average by 13.6 cm and 6.6 cm respectively demonstrating again the importance of tropical cyclones for extremes in the region.

The correlation between detrended 99.9th percentile of sea level and detrended median sea level is positive and significant at 8 out of the 17 sites, generally in the north coasts, which are plotted in Figure 6a. Median sea level accounts for 7% ~ 49% of the variance in the extremes. At Dalian and Kaohsiung median sea level accounts for up to 49% and 43% of variance in the extremes respectively.

Another factor that can influence the interannual variability of sea level extremes is the 18.6-year nodal modulation of the lunar tidal constitutes. The nodal amplitudes computed by the equilibrium equation are significantly correlated with the detrended 99.9th percentile of sea level at Dalian and 4 sites in the South China Sea (Figure 6b). The nodal amplitude of O_1 accounts for 16% ~ 75% of variance in the sea level extremes.

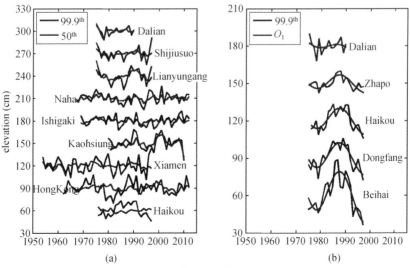

Figure 6 (a) Detrended time series of 99.9th and 50th percentiles of sea level, and (b) detrended time series of 99.9th percentile of sea level and 18.6-year nodal cycle of O_1

Thirdly, the correlation of the Pacific Decadal Oscillation (PDO) index and the ENSO index with various percentiles of sea level and residual is also calculated. Note that the series of the PDO and ENSO indices are both obtained from National Climatic Data Center of NOAA. The PDO is significantly correlated with percentiles at 50th ~ 80th but not with the 99. 9th percentile, at Lianyungang, Kanmen, Kaohsiung and Shanwei. The ENSO is found to be correlated with the 50th~80th percentiles at Xiamen, Hongkong, Zhapo and Haikou, i. e. the more southern coasts. When the TC-influenced data are removed the correlations between the two indices and the various percentiles are not significantly changed. In conclusion neither the PDO nor ENSO are good descriptors of the size of extremes.

Fourthly, the interannual number of TC-influenced events in the whole area of study is further detected (shown by the blue line in Figure 7). The period of analysis is restricted to 1975—1997 when most stations have values. An increasing during the period can visually be detected but is not statistically significant. We also find the total number of tropical cyclones in the NW Pacific, based on the RSMC Tokyo of JMA dataset, to increase with a rate of 0.27 ± 0.22 times yr^{-1}, which has been linked to the increase of sea surface temperature in the Main Development Region (Emanuel, 2005). The annual number of tropical cyclones does not correlate with ENSO ($r = -0.02$). However the number of TC-influenced events in sea level (detrended) is significantly correlated with the ENSO at 93% confidence level ($r = -0.39$). Similarly the ratio of the number of TC-influenced events in the Chinese

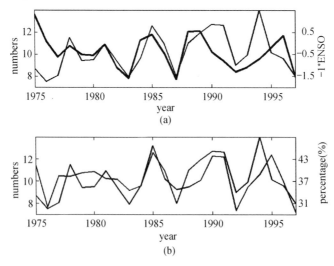

Figure 7　(a) Number of TC-influenced events per year (blue line) in the area of study and the corresponding inverted ENSO index (black line), and (b) number of TC-influenced events $year^{-1}$ together with the percentage of TCs generated in the NW Pacific that reach the Chinese coasts (red line) over 1975—1997

coasts over the total number of tropical cyclones in the NW Pacific (red line in Figure 7) has a significant correlation with the ENSO at 92% confidence level ($r = -0.37$). We also confirm that the South China Sea is the region that dominates the correlation with ENSO (now shown here).

This means that the difference between E_1 Niño and La Niña years does not concern the number of tropical cyclones generated but the paths they follow. During La Niña years more tropical cyclones get to the Chinese coasts while less do so during E_1 Niño. Wu and Wang (2005) showed that the paths of tropical cyclones during E_1 Nino years are oriented further to the north in agreement with what our results suggest.

5 The influence of global mean temperature on regionally TC-influenced extremes in tidal residuals

We look for this interesting issue by developing extremal indices for three areas: first the Bohai Sea and Yellow Sea, second the East China Sea and third the South China Sea. We also develop an extremal index for the whole area.

For each area an extremal index based on the regional average and one based on the regional maxima is developed. The extremal indices are calculated using the values of TC-influenced events over the annual largest 10 events at each site of the four regions. The period of analysis is 1975—1997 when most stations have observational data.

None of the two indices calculated for tidal residual in the three regions and whole area show significant trends. Thus there is no correspondence between increases in global temperature, which shows a significant trend, and the size of the extremes. Thus the result of Grinsted et al. (2013) for the Atlantic coasts in relation to the trends does not apply to the Chinese coasts.

The correlation of detrended global temperature time series (T_{GLOB}) with the index of regional average (EI_{REG_AVG}), which is closer to the index used by Grinstead et al. (2013) than the regional maxima (EI_{REG_MAX}), is not statistically significant. The linear regression, $EI_{REG\_AVG \, or \, REG\_MAX} = a \, T_{GLOB} + b$, was performed where a is the regression coefficient and b the regression constant. The index of regional maxima at the South China Sea and for the whole region shows statistically significant correlation ($r = 0.44$ and 0.43 respectively), with a regression coefficient of 1.00 ± 0.91 m C$^{\circ -1}$ and 1.45 ± 1.3 m C$^{\circ -1}$ respectively (Figure 8). The two other areas do not show significant correlations either at the extremal index of regional average or the regional maxima.

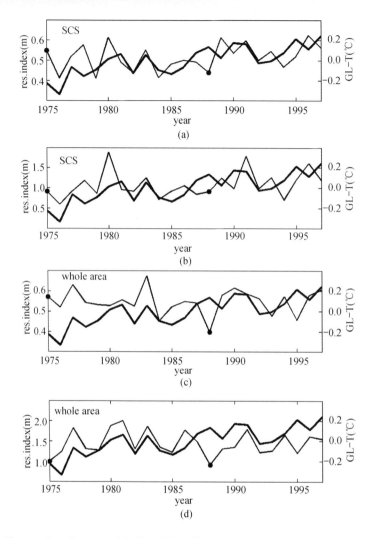

Figure 8 Time series of extremal indices (blue lines for regional average and red for regional maxima) against global mean temperature anomaly (black lines) in the South China Sea (a, b) and the whole area of study (c, d) over 1975—1997. Black dots indicate the values of index in the strong La Niña years. Note that all the time series are not detrended in the plots

The regression coefficients are 0.26 ± 0.19 and 0.26 ± 0.25 m $C^{°-1}$ for the index of regional average in the South China Sea and whole area, and 1.13 ± 1.02 and 1.72 ± 1.09 m $C^{°-1}$ for the index of regional maxima respectively.

6   Conclusion and discussion

The spatial distribution and the long-term changes of sea level and tidal residual extremes in the Chinese seas have been mapped. The sea level maxima are dominated by the tidal amplitudes combined with the effect of tropical cyclones. The tidal residual maxima are dominated by the presence of tropical cyclones. The 50-year return levels of sea level and tidal residual have also been estimated using variable numbers of extreme values. The stability of the estimation depends on whether the extremes used for the estimation come solely from tropical cyclones or by local strong storms.

Long-term trends were found for the 99.9th percentile of sea level at 12 sites. The average trend is 6.0 mm yr^{-1}, with a range of 2.0~14.1 mm yr^{-1}. The trends are mainly driven by changes in the median sea level. However at three stations of Shijiusuo, Lianyungang and Xiamen they are additionally caused by changes in the tidal amplitudes. No significant trends were found in the 99.9th of tidal residual because of the disturbing of interannual variability.

Significant interannual variability was found in the sea level extremes. Part of it is caused by variations in tropical cyclones. At the northern tide gauges the intreannual variability is more dominated by changes in the median values. However, in the South China Sea the variability is mainly dominated by the 18.6-year nodal cycle. The nodal modulation of O_1 can explain 37%~75% of variability. The interannual variability of tidal residual is predominantly caused by the tropical cyclones.

The ENSO seems to be an indicator of sea level at moderate-to-high percentiles, but not for extremes. It is also found that the ENSO regulates the number of tropical cyclones that reach the Chinese coasts and in particular the coasts of the South China Sea.

Global mean atmospheric temperature plays a role in the determination of the interannual variability of tidal residual extremes caused by tropical cyclones but not in the trends. This influence is restricted to the South China Sea and is not evident in the northern regions of the area of study. It also becomes more evident when the two La Niña events contained in the records are excluded from the analysis.

The extreme events are primarily caused by tropical cyclones. Projections for the future require skills in assessing the strengthening or weakening of tropical cyclones in the area, changes in their paths as well as the modification of the tidal signal.

Notes

This paper is shortened and simplified from the paper published in *Journal of*

Geophysical Research：Oceans. This means that some information you are interested in might not be fully described here. For full text of the paper and the references therein，please access the link below：

Feng，X.，and Tsimplis，M. N. 2014. Sea level extremes at the coasts of China. *J. Geophys. Res. Oceans*，119，1593—1608. ［doi：10.1002/2013JC009607］

References

Cai，F.，Su，X.，Liu，J.，Li，B.，and Lei，G. 2009. Coastal erosion in China under the condition of global climate change and measures for its prevention. *Progress in Natural Science*，19(4)，415-426.

Cartwright，N.，Li，L. and Nielsen，P. 2004. Response of the salt-freshwater interface in a coastal aquifer to a wave-induced groundwater pulse：field observations and modelling. *Advances in Water Resources*，27(3)，297-303.

Chan，J. C. L. 2006. Comment on "Changes in Tropical Cyclone Number，Duration，and Intensity in a Warming Environment". *Science*，311，1713.

Chan，J. C. L.，and Liu，K. S. 2004. Global warming and Western North Pacific typhoon activity from an observational perspective. *Journal of Climate*，17，4590-4602.

Coles，S. 2001. An introduction to statistical modeling of extreme values. London：Springer.

Ding，X.，Zheng，D.，Chen，Y.，Chao，J.，and Li，Z. 2001. Sea level change in Hong Kong from tide gauge measurements of 1954-1999. *Journal of Geodesy*，74(10)：683-689.

Doong，D. J.，Hsu，T. W.，Wu，L. C.，and Kao，C. C. 2009. Sea level rise at East Asia coasts based on tide gauge analysis. *Proceedings of the Nineteenth International Offshore and Polar Engineering Conference*(ISOPE 2009)：513-517.

Du，Y.，Yang，L.，and Xie，S. P. 2011. Tropical Indian Ocean Influence on Northwest Pacific Tropical Cyclones in Summer following Strong El Niño. *Journal of climate*，24：315-322.

Egbert，G. D.，Ray，R. D.，and Bills，B. G. 2004. Numerical modeling of the global semidiurnal tide in the present day and in the last glacial maximum. *Journal of Geophysical Research*，109：C03003. ［doi：DOI：10.1029/2003JC001973］

Emanuel，K. 2005. Increasing destructiveness of tropical cyclones over the past 30 years. Nature，436，686-688.

Fan，D.，and Li，C. 2006. Complexities of China's coast in response to climate change. *Advances in Climate Change Research*，2(Suppl 1)：54-58.

Fan，D.，Guo，Y.，Wang，P.，and Shi，J. Z. 2006. Cross-shore variations in morphodynamic processes of an open-coast mudflat in the Changjiang Delta，China：with an emphasis on storm impacts. *Continental Shelf Research*，26(4)，517-538.

Frank，W. M. 1977. The structure and energetics of the tropical cyclone I. Storm structure. *Monthly Weather Review*，105(9)，1119-1135.

Gratiot，N.，Anthony，E. J.，Gardel，A.，Gaucherel，C.，Proisy，C.，and Wells，J. T. 2008. Significant contribution of the 18.6 year tidal cycle to regional coastal changes. *Nature Geoscience*，1(3)，169-172.

Gray, W. M. 1984. Atlantic seasonal hurricane frequency: Part I: El Niño and 30-mb quasi-biennial oscillation influences. *Monthly Weather Review*, 112, 1649-1668.

Green, J. A. M. 2010. Ocean tides and resonance. *Ocean Dynamics*, 60(5), 1243-1253.

Grinsted, A., Moore, J. C., and Jevrejeva, S. 2013. Projected Atlantic hurricane surge threat from rising temperatures. *Proceedings of the National Academy of Sciences*, 110(14), 5369-5373.

Haigh, I., Nicholls, R., and Wells, N. 2010. Assessing changes in extreme sea levels: application to the English Channel, 1900—2006. *Continental Shelf Research*, 30(9), 1042-1055.

Hallegatte, S., Green, C., Nicholls, R. J., and Corfee-Morlot, J. 2013. Future flood losses in major coastal cities. *Nature Climate Change*, 3, 802-806.

Han, G., and Huang, W. 2008. Pacific decadal oscillation and sea level variability in the Bohai, Yellow, and East China seas. *Journal of Physical Oceanography*, 38(12), 2772-2783.

Jay, D. A. 2009. Evolution of tidal amplitudes in the eastern Pacific Ocean. *Geophysical Research Letters*, 36(4), L04603.

Kim, H. M., Webster, P. J., and Curry, J. A. 2011. Modulation of North Pacific Tropical Cyclone Activity by Three Phases of ENSO. *Journal of climate*, 24, 1839-1849.

Knutson, T. R., McBride, J. L., Chan, J., Emanuel, K., Holland, G., Landsea, C., Held, I., 2010. Tropical cyclones and climate change. *Nature Geoscience*, 3(3), 157-163.

Kuleshov, Y., and de Hoedt, G. 2003. Tropical cyclone activity in the Southern Hemisphere. *Bulletin of the Australian Meteorological and Oceanographic Society*, 16, 135-137.

Kuleshov, Y., Qi, L., Fawcett, R., and Jones, D. 2008. On tropical cyclone activity in the Southern Hemisphere: Trends and the ENSO connection. *Geophysical Research Letters*, 35, L14S08.

Kuleshov, Y., Fawcett, R., Qi, L., Trewin, B., Jones, D., McBride, J., and Ramsay, H. 2010. Trends in tropical cyclones in the South Indian Ocean and the South Pacific Ocean. *Journal of Geophysical Research: Atmospheres* (1984—2012), 115, D01101. [doi:10.1029/2009JD012372]

Lander, M. 1994. An exploratory analysis of the relationship between tropical storm formation in the Western North Pacific and ENSO. *Monthly Weather Review*, 122, 636-651.

Landsea, C. W., Harper, B. A., Hoarau, K., and Knaff, J. A. 2006. Can we detect trends in extreme tropical cyclones. *Science*, 313, 452-454.

Lau, M. A. 2006. Adaptation to sea-level rise in the People's Republic of China. *Assessing the institutional dimension of alternative organisational frameworks* (No. FNU-94).

Li, C., Fan, D., Deng, B., and Korotaev, V. 2004. The coasts of China and issues of sea level rise. *Journal of Coastal Research*, SI 43, 36-49.

Mackey, B. P., and Krishnamurti, T. N. 2001. Ensemble forecast of a typhoon flood event. *Weather and Forecasting*, 16(4), 399-415.

Marcos, M., Tsimplis, M. N., and Shaw, A. G. 2009. Sea level extremes in southern Europe. *Journal of Geophysical Research*, 114, C01007.

Marcos, M., Tsimplis, M. N., Calafat, F. M. 2012. Inter-annual and decadal sea level variations in the north-western Pacific marginal seas. *Progress in Oceanography*, 105, 4-21.

Menéndez, M., and Woodworth, P. L. 2010. Changes in extreme high water levels based on a quasi-global tide-gauge data set. *Journal of Geophysical Research*, 115, C10011.

Moon, I., Oh, I., Murty, T., and Youn, Y. 2003. Causes of the unusual coastal flooding generated by Typhoon Winnie on the west coast of Korea. *Natural Hazards*, 29, 485-500.

Müller, M., Arbic, B. K., and Mitrovica, J. X. 2011. Secular trends in ocean tides: observations and model results. *Journal of Geophysical Research*, 116, C05013.

Murakami, H., Wang, Y., Yoshimura, H., Mizuta, R., Sugi, M., Shindo, E., and Kitoh, A. 2012. Future changes in tropical cyclone activity projected by the new high-resolution MRI-AGCM. *Journal of Climate*, 25(9), 3237-3260.

Palutikof, J. P., Brabson, B. B., Lister, D. H., and Adcock, S. T. 1999. A review of methods to calculate extreme wind speeds. *Meteorological Applications*, 6(2), 119-132.

Pickering, M. D., Wells, N. C., Horsburgh, K. J., and Green, J. A. M. 2012. The impact of future sea-level rise on the European Shelf tides. *Continental Shelf Research*, 35, 1-15.

Pugh, D. T. 1996. *Tides, surges and mean sea-level (reprinted with corrections)*. Chichester: John Wiley and Sons Ltd.

Shaw, A. G. P., and Tsimplis, M. N. 2010. The 18.6 yr nodal modulation in the tides of southern European coasts. *Continental Shelf Research*, 30(2), 138-151.

Smith, R. L. 1989. Extreme value analysis of environmental time series: an application to trend detection in ground-level ozone. *Statistical Science*, 4(4), 367-377.

Song, D., Wang, X., Zhu, X., and Bao, X. 2013. Modeling studies of the far-field effects of tidal flat reclamation on tidal dynamics in the East China Seas. *Estuarine, Coastal and Shelf Science*, 133, 147-160.

State Oceanic Administration (SOA) 2013a. China Ocean Disasters Bulletin in 2012. Beijing, China. (in Chinese)

State Oceanic Administration (SOA). 2013b. Report of Sea Level Rise at Chinese Coast in 2012. Beijing, China. (in Chinese)

Torres, R. R., and Tsimplis, M. N. 2011. Tides and long-term modulations in the Caribbean Sea. *Journal of Geophysical Research*, 116, C10022.

Torres, R. R., and Tsimplis, M. N. 2012. Seasonal sea level cycle in the Caribbean Sea. *Journal of Geophysical Research*, 117, (C7), C07011.

Trenberth, K. E., and Fasullo, J. 2007. Water and energy budgets of hurricanes and implications for climate change. *Journal of Geophysical Research*, 112, D23107.

Trenberth, K. E., Davis, C. A., and Fasullo, J. 2007. Water and energy budgets of hurricanes: Case studies of Ivan and Katrina. *Journal of Geophysical Research*, 112, D23106.

Tsimplis, M. N., and Shaw, A. G. P. 2010. Seasonal sea level extremes in the Mediterranean Sea and at the Atlantic European coasts. *Natural Hazards and Earth System Sciences*, 10 (7), 1457-1475.

Tsimplis, M. N., and Blackman, D. 1997. Extreme sea-level distribution and return periods in the Aegean and Ionian Seas. *Estuarine, Coastal and Shelf Science*, 44(1), 79-89.

Wang, X. H., Qiao, F., Lu, J., Gong, F. 2011. The turbidity maxima of the northern Jiangsu shoal-water in the Yellow Sea, China. *Estuarine, Coastal and Shelf Science*, 93 (3), 202-211.

Webster, P. J., Curry, J. A., Liu, J., and Holland, G. J. 2005. Changes in tropical cyclone number, duration and intensity in a warming environment. *Science*, 309, 1844-1846.

Webster, P. J., Curry, J. A., Liu, J., and Holland, G. J. 2006. Response to comment on "Changes in tropical cyclone number, duration, and intensity in a warming environment". *Science*, 311, 1713.

Woodworth, P. L., and Blackman, D. L. 2004. Evidence for systematic changes in extreme high waters since the mid-1970s. *Journal of Climate*, 17(6), 1190-1197.

Wu, C. C., Yen, T. H., Kuo, Y. H., and Wang, W. 2002. Rainfall simulation associated with Typhoon Herb (1996) near Taiwan — Part I: the topographic effect. *Weather and Forecasting*, 17(5), 1001-1015.

Wu, L., and Wang, B. 2004. Assessing Impacts of global warming on tropical cyclone tracks. *Journal of climate*, 17(8), 1686-1698.

Yanagi, T., and Akaki, T. 1994. Sea level variation in the Eastern Asia. *Journal of Oceanography*, 50(6), 643-651.

Yang, S. L., Friedrichs, C. T., Shi, Z., Ding, P. X., Zhu, J., and Zhao, Q. Y. 2003. Morphological response of tidal marshes, flats and channels of the outer Yangtze River mouth to a major storm. *Estuaries*, 26(6), 1416-1425.

Yin, B., Xu, Z., Huang, Y., and Lin, X. 2009. Simulating a typhoon storm surge in the East Sea of China using a coupled model. *Progress in Natural Science*, 19(1), 65-71.

Zhang, W. Z., Shi, F., Hong, H. S., Shang, S. P., and Kirby, J. T. 2010. Tide-surge Interaction Intensified by the Taiwan Strait. *Journal of Geophysical Research*, 115, C06012.

Zhang, W., Yan, Y., Zheng, J., Li, L., Dong, X., and Cai, H. 2009. Temporal and spatial variability of annual extreme water level in the Pearl River Delta region, China. *Global and Planetary Change*, 69(1), 35-47.

Zhou, X., Zheng, J., Doong, D. J., and Demirbilek, Z. 2013. Sea level rise along the East Asia and Chinese coasts and its role on the morphodynamic response of the Yangtze River Estuary. *Ocean Engineering*, 71, 40-50.

Influence of Varying Shape and Depth on the Generation of Tidal Bores

Chao-feng Tong   Jian Shi   Yi-xin Yan

(State Key Laboratory of Hydrology-Water Resources and Hydraulic Engineering, Hohai University, Nanjing, 210098, China College of Harbor, Coastal and Offshore Engineering, Hohai University, Nanjing, 210098, China)

Abstract: Understanding the formation of tidal bores is of great importance to the changing morphology of estuaries. This study investigates how the slope of tidal bores front changes by influence of varying shape and depth in estuaries. A new analytical solution of the slope was derived from the 1D shallow water equation and two numerical models were developed based on the Upwind and Superbee schemes to simulate the propagation of tidal waves. Six cases were utilized to investigate the influences of decreasing width and depth on the generation of tidal bores. Analytical results suggest that the initial depth is considered to have more significant influence on the generation of tidal bore than the initial width. Compared with the analytical results, Scheme 2, which is based on Superbee scheme, is found to be superior to the other scheme and its results show a good agreement with the new analytical solution. Both analytical and numerical results show that the decreasing of width and depth can promote the generation of tidal bores. In contrast, tidal bores may weaken or even not form due to the energy dissipation bottom friction induced.

Key words: Tidal bores; Tidal wave slope; Upwind scheme; Superbee scheme

1　Introduction

A tidal wave is one of the main hydrodynamic conditions that can determine the shape and topography of estuaries. The study of tidal wave propagation is of great importance for navigation, flood control, and industrial and agricultural production. Tidal waves approaching estuarine regions can be influenced by a number of factors: bottom friction, wave conditions, depth and width variation, and freshwater runoff. During flood tides, the fronts of tidal waves become steeper and tidal bores form when abrupt fronts emerge (Dolgopolova, 2013). Tidal bores have occurred in more than 400 estuaries all over the world (Donnelly and Chanson, 2005), such as the Severn River in England, the Seine River in France, the Amazon River in Brazil and the Hooghly River in India, among which the tidal bore in the Qiantang River in China is the strongest (Chanson, 2012).

Tidal bores are positive surges that propagate upstream with discontinuity in water depth and velocity (Lubin et al., 2010). There are two types of tidal bores: undular bores and breaking bores (Wolanski et al., 2004). The formation of tidal bores can induce some intense turbulent mixing resulting in bed erosion, upstream sediment advection and upstream transfer of saline water (Koch and Chanson, 2005). On the other hand, the tidal bores are geophysical wonders and can be easily affected by human interventions. Many tidal bores in the world have disappeared or have been weakened due to the construction of water projects and reclamation in estuaries. Therefore, the study of tidal bores becomes extremely important for efficiently decreasing their damages and protecting the natural landscape.

To date, very few field surveys have been conducted pertaining to tidal bores (Lubin et al., 2010). As the tidal bores can be regarded as moving hydraulic jumps, many researchers used laboratory experiments to study the tidal bore and have brought some new insights to the understanding of tidal bores (Treske, 1994; Chanson and Montes, 1995; Chanson, 2005; Huang et al., 2013). However, most of these studies failed to present the complex flow structure of the tidal bore due to limited observations. Recently, with improved observations, a few studies have attempted to investigate the turbulence characteristics of the tidal bore (Koch and Chanson, 2009; Zhu et al., 2012). Numerical simulation based on the Navier-Stokes equations is the other important way to study this issue. Tidal bores can be mathematically simplified as strong discontinuous flows, so the shock-capturing method should be employed to simulate tidal bores well (Madsen et al., 2005; Pan et al., 2007). The last two decades have witnessed the development of shock-capturing schemes (Toro, 2001). Some of the well-known shock-capturing schemes including the Lax-Wendroff scheme, higher-order total variation diminishing (TVD) schemes, and the Monotonic Upstream-centered Schemes for Conservation Laws (MUSCL) have been applied in the previous studies of tidal bores (Su et al., 2001; Pan et al., 2003; Lu et al., 2009). Nevertheless, the processes of tidal bores are far from being fully understood (Chanson, 2009).

The remainder of this paper is organized as follows. First, the new analytical solution is derived from the 1D shallow water equation and the numerical implementations of the two models are summarized. Then, experimental conditions of numerical cases are described. Finally, the influence of width, depth, and bottom on the generation of tidal bore are discussed and concluded.

2 The analytical solution and description of the numerical models

The equations governing the dynamics of tidal waves can be written as:

$$B\frac{\partial \eta}{\partial t}+\frac{\partial}{\partial x}[B(h+\eta)u]=0 \tag{1}$$

$$\frac{\partial u}{\partial t}+u\frac{\partial u}{\partial x}=-g\frac{\partial \eta}{\partial x} \tag{2}$$

where $B=B(x)$ is the width of the river in the x-direction, $\eta=\eta(x)$ is the surface elevation, and $h=h(x)$ is the water depth (measured from the still water level). Friction losses are assumed to be negligible here.

Tidal bores are often regarded as a tidal wave with an abrupt front. Therefore, the slope of the tidal bore front is the subject of focus. When the water level rises during flood tide, the tidal wave front becomes steeper until it is perpendicular to the still water. That is, a tidal bore can be generated when its front slope becomes infinite. In this section, the formula of the slope is initially derived from Eq. (1). Then, Eq. (1) is discretized using the Upwind and Superbee schemes.

2.1 Analytical Method

The following three hypotheses proposed by Gurtin (1975) are adopted.

(1) $u(x)$ and $\eta(x)$ are continuous functions;

(2) $u(x)$ and $\eta(x)$ have the first and second derivatives and only have discontinuity points of the first kind.

(3) $u(x, t)=\eta(x, t)=0, 0\leqslant t\leqslant t(x)$, here $t(x)$ is the arrival time of tidal waves at the point x.

Let $f^{-}(x)=\lim\limits_{t\to t(x)^{-}}f(x, t)$, then the third hypothesis can be rewritten as $u^{-}=\eta^{-}=0$. Based on this, the Eq. (1) can now be expressed as:

$$\eta_{t}^{-}=-hu_{x}^{-}\quad u_{t}^{-}=-g\eta_{x}^{-} \tag{3}$$

As the u^{-} and η^{-} are uncorrelated with t, then

$$\frac{\mathrm{d}u^{-}}{\mathrm{d}t}=0, \frac{\mathrm{d}\eta^{-}}{\mathrm{d}t}=0 \tag{4}$$

Assuming that $C = \dfrac{\mathrm{d}x}{\mathrm{d}t}$ is the velocity in the x-direction, therefore:

$$Cu_x^- = -u_t^-, \quad C\eta_x^- = -\eta_t^- \tag{5}$$

Using Eqs. (2) and (4), the velocity C can be expressed as:

$$C = \sqrt{gh} \tag{6}$$

The slope of the tidal wave front is denoted as a ($a = \eta_x^-$). The schematic diagram of a is shown in Fig.1. Using Eqs. (2) and (4), the solution is:

$$u_t^- = -ga \quad u_x^- = ga/C \tag{7}$$

Taking the derivative of Eq. (1) with respect to x and Eq. (2) with respect to t:

$$C^2 u_{xx}^- - u_{tt}^- + 2g\left[\frac{C}{2B}B_x + \frac{g}{C}h_x\right]a + \frac{3g^2}{C}a^2 = 0 \tag{8}$$

The derivative of u_x^- and u_t^- with respect to x can be expressed as:

$$\frac{\mathrm{d}}{\mathrm{d}x}(u_x^-) = u_{xx}^- + \frac{1}{C}u_{xt}^-, \quad \frac{\mathrm{d}}{\mathrm{d}x}(u_t^-) = u_{xt}^- + \frac{1}{C}u_{tt}^- \tag{9}$$

Plugging Eq. (9) into Eq. (8), a differential equation we can be obtained with respect to a.

$$\frac{\mathrm{d}a}{\mathrm{d}x} + \left(\frac{B_x}{2B} + \frac{3}{4}\frac{1}{h}h_x\right)a + \frac{3}{2h}a^2 = 0 \tag{10}$$

The solution is:

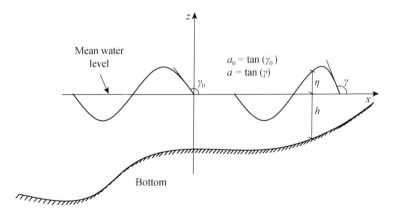

Fig.1　Schematic diagram of wave front slope

$$a = \frac{B_0^{\frac{1}{2}} h_0^{\frac{3}{4}}}{B^{\frac{1}{2}}(x)h(x)^{\frac{3}{4}}} \left(\frac{1}{a_0} + \frac{3}{2} B_0^{\frac{1}{2}} h_0^{\frac{3}{4}} \int_0^x B^{-\frac{1}{2}}(x) h^{-\frac{7}{4}}(x) \mathrm{d}x \right)^{-1} \tag{11}$$

where B_0, h_0 are the river width and depth at the incident boundary of tidal waves. a_0 is the initial slope of the incident tidal waves. The solution is very similar to the solution derive by Du (1989) which is

$$a = \frac{B_0 h_0^{\frac{3}{4}}}{B(x)h(x)^{\frac{3}{4}}} \left(\frac{1}{a_0} + \frac{3}{2} B_0 h_0^{\frac{3}{4}} \int_0^x B^{-1}(x) h^{-\frac{7}{4}}(x) \mathrm{d}x \right)^{-1} \tag{12}$$

However, the two formulas have different exponents of B_0 and $B(x)$. The reason is that $B_x \eta_t$ is omitted in the derivative of Eq. (1) with respect to x by Du (1989).

2.2 The Upwind scheme (Scheme 1)

The Upwind scheme is suitable for solving partial differential equations, which exist discontinuities in the solutions (Brio and Wu, 1988). Eqs. (1) and (2) can be discretized as:

$$\eta_k^{n+1} = \eta_k^n - \frac{\Delta t}{B_k \Delta x} \left[B_{k+1}(h_{k+1} + \eta_{k+1}^n)u_{k+1}^n - B_k(h_k + \eta_k^n)u_k^n \right] \tag{13}$$

$$u_k^{n+1} = u_k^n - \Delta t \left[g(\eta_{k+1}^n - \eta_k^n) + u_k^n(u_{k+1}^n - u_k^n) \right] / \Delta x \text{ for } u_k^n < 0 \tag{14}$$

$$u_k^{n+1} = u_k^n - \Delta t \left[g(\eta_{k+1}^n - \eta_k^n) + u_k^n(u_k^n - u_{k-1}^n) \right] / \Delta x \text{ for } u_k^n > 0 \tag{15}$$

2.3 The Superbee scheme (Scheme 2)

The Superbee scheme is the most compressive TVD differencing scheme and is very good for sharp profiles (Jasak et al., 1999). So a combined Superbee scheme and Upwind scheme was applied to discretize Eqs. (1) and (2). Using the product rule of differentiation, the convective term of the momentum equation can be reformulated as:

$$u \frac{\partial u}{\partial x} = \frac{\partial uu}{\partial x} - u \frac{\partial u}{\partial x} \tag{16}$$

The first term on the right-hand side of Eq. (16) can be expressed as:

$$-\Delta t \frac{\partial(uu)}{\partial x} = C_w u_w - C_e u_e \tag{17}$$

where

$$C_w = u_{k-1}^n \Delta t / \Delta x, \ C_e = u_k^n \Delta t / \Delta x \qquad (18)$$

Splitting the u into positive and negative components:

$$u^+ = 0.5(u + |u|), \ u^- = 0.5(u - |u|) \qquad (19)$$

Eq. (17) can be rewritten in the form:

$$-\Delta t \frac{\partial(uu)}{\partial x} = C_w^+ u_w^+ + C_w^- u_w^- - C_e^+ u_e^+ - C_e^- u_e^- \qquad (20)$$

The face values of u described by Fringer et al. (2005) are employed:

$$\begin{aligned}
u_w^+ &= u_{k-1}^n + 0.5\psi(r_{k-1}^+)(1 - C_w^+)(u_k^n - u_{k-1}^n) \\
u_w^- &= u_k^n - 0.5\psi(r_{k-1}^-)(1 + C_w^-)(u_k^n - u_{k-1}^n) \\
u_e^+ &= u_k^n + 0.5\psi(r_k^+)(1 - C_e^+)(u_{k+1}^n - u_k^n) \\
u_e^- &= u_{k+1}^n - 0.5\psi(r_k^-)(1 + C_e^-)(u_{k+1}^n - u_k^n)
\end{aligned} \qquad (21)$$

where the r and $\psi(r)$ are given by

$$r_k^+ = \frac{u_k^n - u_{k-1}^n}{u_{k+1}^n - u_k^n}, \ r_k^- = \frac{u_{k+2}^n - u_{k+1}^n}{u_{k+1}^n - u_k^n} \qquad (22)$$

$$\psi(r) = \max[0, \min(2r, 1), \min(r, 2)] \qquad (23)$$

3 Description of Numerical Experiments

3.1 Development of tidal bores in estuaries with different widths and depths

To illustrate the influences of river width and depth on the development of tidal bores, six cases are described in this section. A complete summary of the experimental conditions is provided in Table 1. In the six cases, the grid size, time step, the length of basin, and boundary condition are all the same. The grid size is $\Delta x = 10$ m, the length of basin is 100 km, and the time step is 0.5 s. Shapes of width $B(x)$ are shown in Fig.2. At the western boundary, a linear sinusoidal wave is generated and the surface elevation is:

$$\eta_{west}(t) = A\sin(\omega t), \ (\omega = \frac{2\pi}{T}) \qquad (24)$$

where $A = 2.0$ m, and $T = 12$ h. Bottom friction is ignored in the simulations. The initial velocity and the free surface elevation above the still water level are set to be zero as the initial conditions.

Table 1 Summary of experimental conditions

Case	$B(x)$	$h(x)$
1	B_0	h_0
2	$B(x) = B_0 - k_B x$	h_0
3	$B(x) = B_0 e^{-\alpha x} \, (\alpha > 0)$	h_0
4	B_0	$h(x) = h_0 - k_h x$
5	B_0	$h(x) = h_0 e^{-\beta x} \, (\beta > 0)$
6	$B(x) = B_0 e^{-\alpha x}$	$h(x) = h_0 e^{-\beta x} \, (\beta > 0)$

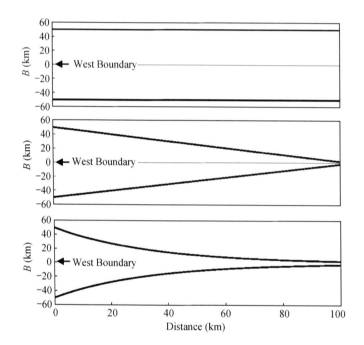

Fig. 2 Shapes of estuaries in (a) Cases 1, 4 and 5; (b) Case 2; (c) Cases 3 and 6

3. 2 Influence of bottom friction on the generation of tidal bores

At the time of the tidal bore's arrival, the depth is very shallow compared to the bottom width.

Hence, bottom friction plays an important role in the generation of tidal bores, especially with complex bathymetry and sand bars (Wolanski et al., 2004).

In the following case, the effect of bottom friction on the generation of tidal bores was investigated. Plugging the formula of bottom friction into Eq. (2), it can be expressed as:

$$\frac{\partial u}{\partial t} + u\frac{\partial u}{\partial x} = -g\frac{\partial \eta}{\partial x} - f_b u, \quad (f_b = \frac{g|u|}{C^2 D}) \tag{25}$$

where f_b is the drag coefficient, $C = \frac{1}{n}R^{\frac{1}{6}}$ is the Chezy coefficient. n and R are Manning's coefficient and wetted perimeter. The experimental conditions are consistent with Case 1 except that bottom friction was included. Scheme 2 is employed in the simulation. The Manning's coefficient n varies in the range of $0 \leqslant n \leqslant 0.04$.

4 Results and discussion

Using the experimental condition presented in Table 1, the formulas of a in the six cases can be derived from Eq. (11), respectively

$$a_1 = \left(\frac{1}{a_0} + \frac{3}{2}h_0^{-1}x\right)^{-1} \tag{26}$$

$$a_2 = \left(\frac{B_0}{B_0 - kx}\right)^{\frac{1}{2}} \left(\frac{1}{a_0} + 3B_0^{\frac{1}{2}}(kh_0)^{-1}(\sqrt{B_0} - \sqrt{B_0 - kx})\right)^{-1} \tag{27}$$

$$a_3 = e^{\frac{\alpha x}{2}}\left[\left(\frac{1}{a_0} + \frac{3}{\alpha h_0}(e^{\frac{\alpha x}{2}} - 1)\right)\right]^{-1} \tag{28}$$

$$a_4 = \left(\frac{h_0}{h_0 - kx}\right)^{\frac{3}{4}} \left\{\frac{1}{a_0} + \frac{2h_0^{\frac{3}{4}}}{k}\left[(h_0 - kx)^{-\frac{3}{4}} - h_0^{-\frac{3}{4}}\right]\right\}^{-1} \tag{29}$$

$$a_5 = e^{\frac{3}{4}\beta x}\left[\frac{1}{a_0} + \frac{6}{7\beta h_0}(e^{\frac{7}{4}\beta x} - 1)\right]^{-1} \tag{30}$$

$$a_6 = e^{(\frac{1}{2}\alpha + \frac{3}{4}\beta)x}\left[\frac{1}{a_0} + \frac{6}{(2\alpha + 7\beta)h_0}(e^{(\frac{1}{2}\alpha + \frac{7}{4}\beta)x} - 1)\right]^{-1} \tag{31}$$

here a_1 to a_6 are the slopes in Case 1 to Case 6. $B(x)$ and $h(x)$ are the river width and depth in the x-direction, and B_0 ($B_0 = 100$ km) and h_0 ($h_0 = 4$ m) are the river width and depth along the west boundary. Most of the alluvial estuaries have the similar trumpet shapes in the world (Savenije, 2005), the width and depth of river may gradually decrease in the upstream direction. Therefore, the propagations of tidal waves in ideal estuaries, where the width and depth reduces in the upstream direction as linear and exponential functions, were simulated in Case 2 to Case 6. In Case 2 and Case 4, the width and depth linearly decrease in the x-direction with gradients of k_B ($k_B = 0.96$) and k_h ($k_h = 2.0 \times 10^{-5}$). In Case 3 and Cases 5 to 6, the width and depth exponentially decrease in the x-direction with parameters of α ($\alpha = 3.0 \times 10^{-5}$) and β ($\beta = 7.0 \times 10^{-6}$).

Case 1 has been studied by various researchers, such as Gurtin (1975) and Du (1989). The analytical solution of Case 1 is consistent with their previous works. As the depth $B(x)$ is constant and propagation of tidal waves in the y-direction is ignored in this case, the value of a_1 depends only on a_0 and h_0. It can also be noticed from Eqs. (26) to Eq. (31) that only a_3 is related to B_0, while all the slopes in the six cases are effected by h_0. Therefore, the initial depth h_0 plays a more significant role in the generation of tidal bores than initial width B_0.

When the slope becomes infinite, the tidal bore forms. Therefore, the initial sites of tidal bores, which are defined as the distance between the west boundary and the point where the tidal bore generates, can be derived from Eqs. (26) to (31).

$$x_{b1} = -\frac{2h_0}{3a_0} \tag{32}$$

$$x_{b2} = \left[B_0 - \left(\frac{kh_0}{3a_0\sqrt{B_0}} + \sqrt{B_0} \right)^2 \right]/k \tag{33}$$

$$x_{b3} = \frac{2}{\alpha}\ln\left(1 - \frac{\alpha h_0}{3a_0}\right) \tag{34}$$

$$x_{b4} = \frac{1}{k}\left[h_0 - \left(h_0^{-\frac{3}{4}} - \frac{k}{2a_0 h_0^{\frac{3}{4}}} \right)^{\frac{3}{4}} \right] \tag{35}$$

$$x_{b5} = \frac{4}{7}\beta\ln\left(1 - \frac{7h_0}{6a_0}\beta\right) \tag{36}$$

$$x_{b6} = \frac{1}{\frac{1}{2}\alpha + \frac{7}{4}\beta}\ln\left[1 - \frac{1}{6}\frac{h_0}{a_0}(2\alpha + 7\beta) \right] \tag{37}$$

where x_{b1} to x_{b6} are the initial sites in Case 1 to Case 6.

In Case 1, the tidal bore generates at $x_{b1} = 57.5$ km. The initial site of tidal bores is related to the river depth and the initial slope of the tidal wave at the west boundary. The river depth can impact the generation of tidal bores although it is constant in this case. With the decrease of the river depth, a shorter distance is needed for the generation of tidal bores. The reason is that the difference between tidal wave velocity of wave crest and that of wave front is larger when the depth decreases. As a result, the tidal bores can form over a relatively shorter distance. In the other cases, from Case 2 to Case 6, the distances between the west boundary and the initial sites of tidal bore are 49.5 km, 41.4 km, 44.6 km, 42.2 km and 34.6 km, respectively. It can be concluded that decreasing in both of river width and depth can promote the generation of tidal bores.

Mean variation (MV), which is defined by Eq. (38), can be employed to estimate the stability of a series of data. That the MV is large indicates that the group is more variable and less stable (Table 2). The other statistical index that is used is the root-mean-square error ($RMSE$), which is expressed in Eq. (39) (Tables 3 and 4).

$$MV = \sum_{i=1}^{N} \frac{|a(x_{i+1}) - a(x_i)|}{N} \tag{38}$$

$$RMSE = \left[\frac{1}{N} \sum_{i=1}^{N} (a(x_i) - a_A(x_i))^2 \right]^{\frac{1}{2}} \tag{39}$$

where $a(x_i)$ is the slope of tidal waves calculated by numerical methods at x_i and $a_A(x_i)$ is the slope obtained from analytical methods at x_i.

Table 2   Mean variation (MV) of Scheme 1 and Scheme 2

	Case 1 ($\times 10^{-6}$)	Case 2 ($\times 10^{-6}$)	Case 3 ($\times 10^{-6}$)	Case 4 ($\times 10^{-6}$)	Case 5 ($\times 10^{-6}$)	Case 6 ($\times 10^{-6}$)
Scheme 1	3.93	3.76	4.08	4.73	5.06	5.05
Scheme 2	1.16	1.40	1.70	1.38	1.44	1.93

Table 3   Root-mean-square error ($RMSE$) compared to Du (1989) With different numerical schemes

	Case 1	Case 2	Case 3	Case 4	Case 5	Case 6
Scheme 1	1.8e-4	2.6e-3	1.7e-1	9.6e-5	1.0e-4	3.3e-3
Scheme 2	1.2e-4	1.3e-3	7.0e-3	5.5e-5	5.8e-3	2.1e-3

Table 4   Root-mean-square error ($RMSE$) compared to Eq. (11) with different numerical schemes

	Case 1	Case 2	Case 3	Case 4	Case 5	Case 6
Scheme 1	1.8e-4	6.1e-5	3.1e-3	9.6e-5	1.0e-4	1.9e-3
Scheme 2	1.2e-4	4.9e-5	5.2e-5	5.5e-5	5.8e-5	5.0e-5

Fig.3 to Fig.8 show the comparisons between analytical and numerical slopes of tidal wave fronts and it should be noted that Scheme 2 is superior to Scheme 1. For example, in Fig.3, the two Schemes have almost the same quality in the interval

$-2 \times 10^{-4} \leqslant a \leqslant 0$. However, there is a great difference between the results of Scheme 1 and analytical solution when the slope is steeper than -2×10^{-4}. Table 2 presents the MV of Scheme 1 and Scheme 2 in the six cases. Note that the MV of Scheme 1 is larger than that of Scheme 2, which indicates the Scheme 1 is less stable than Scheme 2. Supporting evidence can also be found in Fig. 3 to Fig. 8. The curves of Scheme 1 are non-smooth and have spurious oscillations. In contrast, Scheme 2 performs well. It can simulate a steeper front and suppress spurious oscillations.

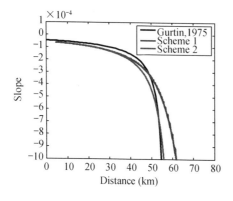

Fig. 3 Comparisons between analytical and numerical slopes of tidal wave fronts in Case 1

Fig. 4 Comparisons between analytical and numerical slopes of tidal wave fronts in Case 2

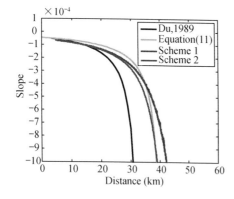

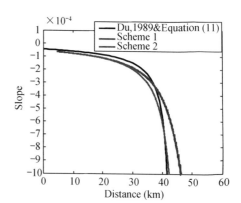

Fig. 5 Comparisons between analytical and numerical slopes of tidal wave fronts in Case 3

Fig. 6 Comparisons between analytical and numerical slopes of tidal wave fronts in Case 4

In Cases 2, 3 and 6, the formulas of a proposed in this study differ from the formulas in Du (1989). The results show that there is a good agreement between the results of Eq. (11) and Scheme 2, especially for their consistency at the initial site of tidal bores. However, the formula derived by Du (1989) underestimates the

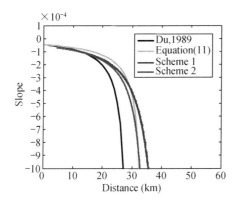

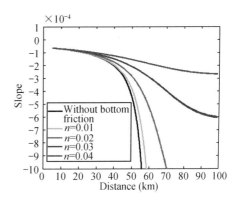

Fig. 7 Comparisons between analytical and numerical slopes of tidal wave fronts in Case 5

Fig. 8 Comparisons between analytical and numerical slopes of tidal wave fronts in Case 6

slope. This underestimation is due to the omittance of $B_x \eta_t$ in the derivation of the slope a. As $B_x \eta_t < 0$ at the tidal wave front in this case, this omittance amplifies the impact of the river width on the generation of tidal bores.

To investigate how the bottom friction impacts the generation of tidal bores, four cases with $n = 0.01, 0.02, 0.03, 0.04$ were conducted and the results are shown in Fig. 9. It can be seen that bottom friction has a drastic impact on the value of a. When the $n \leqslant 0.02$, the bottom can restrain the generation of tidal bores and a larger distance is needed between the west boundary and the initial site of tidal

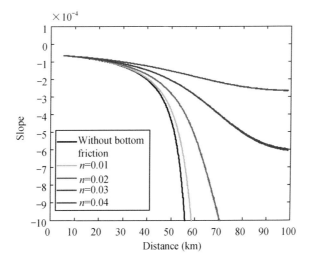

Fig. 9 Comparisons of slopes of tidal wave fronts with different Manning's coefficient

bores. As the slope a cannot continuously decrease when $n \geqslant 0.03$, it can be concluded that tidal bore may not occur with large bottom friction. This may be due to the energy dissipation induced by bottom friction. With such extra energy dissipation, the wave amplitude may decrease during the propagation. Hence the difference between wave velocity of crest and that of wave front becomes less compared to the case without bottom friction. In fact, tidal bores are generated as results of the transfer of kinetic energy to potential energy. Less velocity difference between crest and front means less possibility for the generation of tidal bores.

5　Conclusions

A new analytical solution was derived from 1D shallow water equation to study the slope of a tidal wave front. Six cases were utilized to investigate the influence of decreasing width and depth on the generation of tidal bores. Based on the analytical solutions of a in the six cases, the initial depth h_0 is considered to have more significant influence on the generation of tidal bore than the initial width B_0. Two numerical 1D models based on the Upwind scheme and the Superbee scheme were developed to simulate the propagation of tidal waves. Results suggest that Scheme 1 overestimates the slope and fails to remove spurious oscillation. The other model, based on the Superbee scheme, however, performs well and shows a good agreement with the analytical solution of Eq. (11).

Bottom friction plays an important role in the generation of tidal bores because of the energy dissipation it induces. Hence, the role of bottom friction to the value of a is simulated in this study. With increasing bottom friction, the tidal bore may weaken or even disappear due to the extra energy dissipation.

Acknowledgements

This research is supported by the National Natural Science Foundation of China (Grant no. 51339005) and the Innovation Training Programs of Jiangsu Province for graduate students (2013B26114).

References

Brio, M., Wu, C. C. 1988. An upwind differencing scheme for the equations of ideal magneto hydrodynamics. *Journal of Computational Physics*. 75(2), 400-422. [Doi: 10.1016/0021-9991(88)90120-9]

Chanson, H., Montes, J. S. 1995. Characteristics of undular hydraulic jumps: Experimental apparatus and flow patterns. *Journal of hydraulic engineering*, 121(2), 129-144. [Doi: 10.1061/ (ASCE)0733-9429(1995)121: 2(129)]

Chanson, H. 2005. Physical modelling of the flow field in an undular tidal bore. *Journal of Hydraulic Research*, 43(3), 234-244. [Doi: 10.1080/00221680509500118]

Chanson, H. 2009. Current knowledge in hydraulic jumps and related phenomena. A survey of experimental results. *European Journal of Mechanics-B/Fluids*, 28(2), 191-210. [Doi: 10.1016/j. euromechflu.2008.06.004]

Chanson, H. 2012. Tidal bores, aegir, eagre, mascaret, pororoca: Theory and observations. Singapore: World Scientific.

Dolgopolova EN (2013) The conditions for tidal bore formation and its effect on the transport of saline water at river mouths. Water Resources 40 (1), 16-30. [Doi: 10.1134/ S0097807813010028]

Donnelly, C., Chanson, H. 2005. Environmental impact of undular tidal bores in tropical rivers. *Environmental Fluid Mechanics*, 5(5): 481-494. [Doi: 10.1007/s10652-005-0711-0]

Du, Y. 1989. On generation of bores in sloping and narrowing estuaries of arbitrary shape. *Journal of Ocean University of Qingdao*, 19(3): 28-33. (In Chinese)

Fringer, O. B., Armfield, S. W., Street, R. L. 2005. Reducing numerical diffusion in interfacial gravity wave simulations. *International journal for numerical methods in fluids*, 49(3), 301-329. [Doi: 10.1002/fld.993]

Gurtin, M. E. 1975. On the breaking of waves on a sloping beach of arbitrary shape. *Quarterly of Applied Mathematics*, 1, 187-189.

Huang, J. Pan, C. H., Kuang, C. P., Zeng, J., Chen, G. 2013. Experimental hydrodynamic study of the Qiantang River tidal bore. *Journal of Hydrodynamics*, Ser. B, 25(3), 481-490. [Doi: 10.1016/S1001-6058(11)60387-X]

Jasak, H., Weller, H. G., Gosman, A. D. 1999. High resolution NVD differencing scheme for arbitrarily unstructured meshes. *International journal for numerical methods in fluids*, 31(2), 431-449. [Doi: 10.1002/(SICI)1097-0363(19990930)31: 2<431::AID-FLD884>3.3.CO; 2-K]

Koch, C., Chanson, H. 2005. An experimental study of tidal bores and positive surges: hydrodynamics and turbulence of the bore front. Queensland: The University of Queensland.

Koch, C., Chanson, H. 2009. Turbulence measurements in positive surges and bores. *Journal of Hydraulic Research*, 47(1), 29-40. [Doi: 10.3826/jhr.2009.2954]

Lu, C., Qiu, J., Wang, R. 2009. Weighted essential non-oscillatory schemes for tidal bore on unstructured meshes. *International Journal for Numerical Methods in Fluids*, 59(6), 611-630. [Doi: 10.1002/fld.1838]

Lubin, P., Glockner, S., Chanson, H. 2010. Numerical simulation of a weak breaking tidal bore. *Mechanics Research Communications*, 37(1), 119-121. [Doi: 10.1016/j.mechrescom.2009. 09.008]

Madsen, P.A., Simonsen, H.J., Pan, C.H. 2005. Numerical simulation of tidal bores and hydraulic jumps. *Coastal Engineering*, 52(5), 409-433. [Doi: 10.1016/j.coastaleng.2004.12.007]

Pan, C., Lin, B., Mao, X. 2003. New development in the numerical simulation of the tidal bore. *Proceedings of the International Conference on Estuaries and Coasts*. Hangzhou: Zhejiang University Press.

Pan, C. H., Lin, B. Y., Mao, X. Z. 2007. Case study: Numerical modeling of the tidal bore on the Qiantang River, China. *Journal of Hydraulic Engineering*, 133(2), 130-138. [Doi: 10. 1061/(ASCE)0733-9429(2007)133: 2(130)]

Savenije, H. H. 2005. Salinity and tides in alluvial estuaries. Amsterdam: Elsevier.

Su, M. D., Xu, X., Zhu, J. L., Hon, Y. C. 2001. Numerical simulation of tidal bore in Hangzhou Gulf and Qiantangjiang. *International journal for numerical methods in fluids*, 36(2): 205-247. [Doi: 10.1002/fld.129]

Treske, A. 1994. Undular bores (favre-waves) in open channels-experimental studies. *Journal of Hydraulic Research*, 32(3), 355-370. [Doi: 10.1080/00221689409498738]

Toro, E. F. 2001. *Shock-Capturing Methods for Free-Surface Shallow Flows*. New York: John Wiley.

Wolanski, E., Williams, D., Spagnol, S., Chanson, H. 2004. Undular tidal bore dynamics in the Daly Estuary, Northern Australia. *Estuarine, Coastal and Shelf Science*, 60(4), 629-636. [Doi:10.1016/j.ecss.2004.03.001]

Zhu, X. H., Zhang, C., Wu, Q., Kaneko, A., Fan, X., Li, B. 2012. Measuring discharge in a river with tidal bores by use of the coastal acoustic tomography system. *Estuarine, Coastal and Shelf Science*, 104, 54-65. [Doi: 10.1016/j.ecss.2012.03.022]

An Experimental Study of Impact Loading on Deck of Shore-connecting Jetties Exposed to Oblique Waves and Current

Yan-qiu Meng[1]　　Guo-ping Chen[1]　　Shi-chang Yan[2]　　Chao-feng Tong[3]

（1. Key Laboratory of Coastal Disaster and Defence, Ministry of Education, Hohai University, Xikang Road 1, Gulou District, Nanjing, 210098 Jiangsu, China; 2. College of Harbour, Coastal and Offshore Engineering, Hohai University, Xikang Road 1, Gulou District, Nanjing, 210098 Jiangsu, China; 3. State Key Laboratory of Hydrology-Water Resources and Hydraulic Engineering, Hohai University, Xikang Road 1, Gulou District, Nanjing, 210098 Jiangsu, China）

Abstract: Impact pressure from waves is an important factor to be considered in the design of coastal structures. In this paper, the phenomenon of waves acting on deck of a shore-connecting jetty on a slope exposed to oblique waves and in the presence of current was examined based on laboratory experiments. The impact pressures were measured on a 1: 50 scale model of a jetty head with down-standing beams and berthing members. The dependency of the impact pressure on the incident wave angle and the current velocity were examined. It is shown that the impact pressure is sensitive to the wave angle and the current velocity. A computational model for impact load on deck of shore-connecting jetties exposed to oblique waves and current was developed.

Key words: Wave; current; impact pressure; shore-connecting jetty on a slope

1　Introduction

Recently a number of ocean structures like jetties, bridges and coastal platforms experienced extensive deck damages under the large wave action. It shows that wave-in-deck uplift loads are very critical in the overall design of the superstructures in storm-prone areas (44 highway bridges were destroyed by Hurricane Katrina[1]).

In most cases, the damage was caused by high impact pressure and loads when large wave crests slammed onto the deck because of the improper selection of deck elevation. Therefore, it is necessary to assess the typical environmental forces at the location before designing such structures. Accurate prediction of wave slamming force on deck of ocean structures is of considerable importance in the structural design.

Several researches have addressed the problem of pure wave slamming on superstructures of jetties and similar ocean structures. In some investigations, based on momentum and energy considerations, the forces were typically modeled as the rate of change of momentum of water due to waves hitting the element. Some researchers carried out physical model tests to investigate the vertical wave load on deck of jetties and proposed prediction models for design purposes (Zhou et al.[2-4]; Ren and Wang[5-6]; Meng et al.[7]; Douglass et al.[8]; Cuomo et al.[9-10]; Chen et al.[11]). Their main finding regarding the vertical wave load is that the load is affected by the clearance of deck (the vertical distance between the deck and the still water level) and can be expressed as a function of the deck clearance.

The researches mentioned above are based on model tests in wave field only. However, coastal structures are often exposed to combined wind, waves and current actions. When waves propagate toward a structure in current field, the wave properties, the diffraction pattern and the resultant loading onto ocean structures can be significantly different from the wave-only case. Assessing the behavior of coastal structure under wave-current action is of considerable importance for guidance used in design.

Studies of wave-current interactions have been addressed in many documents. Based on the principle of conservation of wave action flux, Li[12] investigated wave transformations during oblique waves travel in steady uniform current. In his study, the investigated range of the angle between wave and current is $5° < \alpha < 85°$ and $95° < \alpha < 175°$. Variations of wave height will influence wave impact on ocean structure. Investigations of wave-current forces on ocean structures could be classified into two categories, which are wave and current actions on structures with small size (such as piles and other cylinder-like structure) and on structures with large size (for example, jetties, bridges and platforms). For a large ocean structure, such as jetties and platforms, numerical models based on the perturbation-based potential theory in the frequency domain were proposed (Jin and Meng[13]). Some other researchers proposed numerical solutions which are based on directly solving the problem in time domain (Skourup et al.[14]; Wang et al[15]).

However, there is limited information in the literature for wave-current induced slamming load onto deck of jetties. In this article, the impact pressure on deck under oblique waves and in steady uniform current was examined based on laboratory experiments. The dependency of the impact force on the incident wave angle and the current velocity were analyzed.

2 Experimental setup

The wave tests were conducted in the 50 m long, 17.5 m wide, 1.5 m deep wave tank at Nanjing Hydraulic Research Institute, China. Irregular waves were generated by a wave maker at one end of the tank. In order to mitigate wave reflection on boundaries, a mild slope was laid at the other end of the tank and wave absorbers were laid on the two sides of the tank. Pumps were arranged in the wave tank to generate steady current with different velocities in various directions inducted by the current inducting wall, see Fig. 1(b).

The test model was designed as undistorted model with scale 1 : 50 to the prototype structure jetty of Harbor Beilun according to the Froude law. In order to make the environmental conditions around the test section closer to the real field and keep the test section from the influence of waves and current at the two ends of jetty model, the length of the model was 10 m and the 0.32 m long part in the middle was used as the test section. The organic glass model is 1.116 m wide with two kinds of berthing members in front of the model jetty head, see Fig. 1(a). Four force transducers and ten pressure gauges were fitted in the deck, the remaining three pressure gauges were fitted in the down-standing longitudinal beams. Load measurements were recorded at a sampling frequency of 125 Hz. The duration for each wave set was 5~9 min and the wave numbers were 120. Each group of tests was repeated 3 times so that the reliability of the measured data could be guaranteed. The average value was adopted.

Water depth at the jetty model was $d = 0.4$ m. The slope of bottom in test is 1 : 2. The test covered a range of wave conditions (JONSWAP Spectra $\gamma = 3.3$, model scale: significant incident wave height $H_s = 0.045$ m, 0.065 m, 0.085 m, mean incident wave period $T_m = 1.0$ s, 1.38 s, 1.54 s; prototype scale: significant incident wave height $H_{s\_f} = 2.25$ m, 3.25 m, 4.25 m, mean incident wave period $T_{m\_f} = 7.071$ s, 9.758 s, 10.889s). The wave incident angles were $\beta = 0°$, 15°, 30°, 45°, 60°. The angle between the wave and current α was used to distinguish two conditions, oblique wave propagating in a following current ($\alpha < 90°$) and oblique wave propagating in an opposing current ($\alpha > 90°$). The above two angles follow the relationship $\beta = |90° - \alpha|$. The angle $90° - \alpha$ less than zero denotes the cases that the oblique waves travel against the current. The current velocities (model scale) selected were $U = 0$ m/s, 0.14 m/s, 0.21 m/s, 0.28 m/s, 0.35 m/s. Four different clearances (model scale) Δh were tested: $\Delta h = 2.5$ cm, 5.5 cm, 7.5 cm, 11.5 cm, achieved by raising the deck. The experimental setup and a sketch of the tested configuration were shown in Fig.1～ Fig.3.

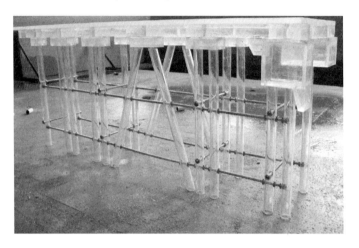

(a) Overall view of the jetty model

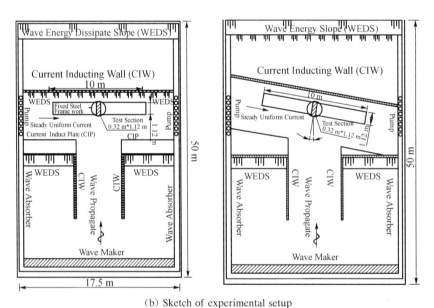

(b) Sketch of experimental setup

Fig.1 Experiment setup

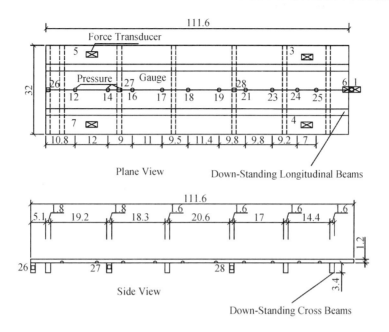

Fig. 2　Pressure transducers and force transducers layout on test
deck model

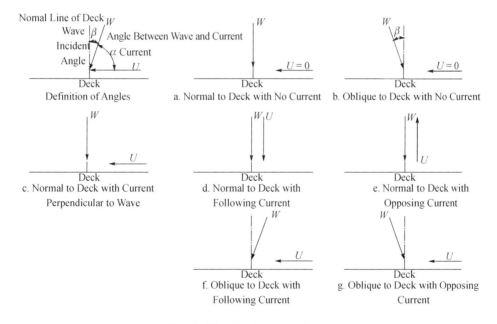

Fig. 3　Sketch of test conditions

The wave incident angle β（the angle between the wave propagation direction and the normal line of jetty）was changed by turning the model. Seven cases were tested as follows: case a: wave normal to deck without current; case b: wave oblique to deck without current; case c: wave normal to deck with the following current; case d: wave normal to deck with the opposing current; case e: wave normal to deck with current perpendicular to wave, case f: wave oblique to deck with the following current; case g: wave oblique to deck with the opposing current, see Fig. 3.

Velocity of the steady uniform current in test was controlled by the pumps; the direction was determined through the inducting wall, see Fig. 1(b). The current was generated in advance, the wave was generated after the velocity and the direction of the current at the test section became steady.

3 Results and Discussion

The recorded impact pressure data from experiment are analyzed. The maximum pressure of the total 13 pressure measurements (the statistical pressure $p_{1/3}$ is applied here) is used.

3.1 Effect of the wave incident angle on the impact pressure

Factor K_1 is plotted against the wave incident angle β in Fig. 4. Here we define factor $K_1 = p_{\beta, 0} / p_{0, 0}$, it is the ratio of the impact pressure $p_{\beta, 0}$ induced by oblique wave with the incident angle β to the impact pressure $p_{0, 0}$ obtained from normal incident wave, without current. Although Fig. 5 shows some scatter, we still could

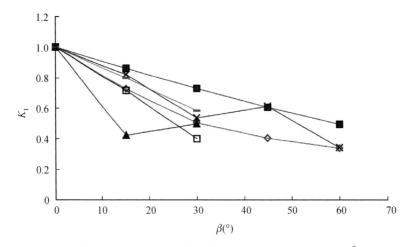

Fig. 4　Variation of K_1 with the wave incident angle β

see an influence of decreasing K_1 with increasing incident angle β, particularly when $0° < \beta < 45°$. It indicates that the normal wave gives the maximum impact pressure. The impact pressure decreases by about 60% at $\beta = 60°$ with respect to that from normal wave attack ($\beta = 0°$). This reduction can be attributed to the fact that the component of wave perpendicular to the structure reduces under oblique attack. Due to the small random behaviour of wave impact pressure to deck of shore-connecting jetties, there is some scatter present in the data sets. Fig. 4 shows all available data points pertaining to different wave conditions and deck clearances. When all the effects are incorporated into one figure, some scatter can be shown in results. It is noted that too less data are available to give a satisfying explanation for the scatter.

3.2 Combined effect of oblique wave and current on the impact pressure

Fig. 5 shows the variation of the factor K_2 against the angle $90° - \alpha$, for fixed current magnitude U = 0.21 m/s and U = 0.35 m/s.

Factor $K_2 = p_{90°-\alpha, U}/p_{0°, 0}$ was used to reveal the combined effect of the current and the oblique wave on the impact pressure, where $p_{0°, 0}$ denotes the impact pressure from wave normal to deck, without current; $p_{90°-\alpha, U}$ is the impact pressure of oblique wave travels at an angle α to the direction of current. From these figures, although there are some scatters, it still reveals that, (1) With waves propagating on a favorable current ($0° < 90° - \alpha < 90°$), the values of K_2 decrease rapidly as $90° - \alpha$ increase from $0°$ to $15°$, then the values slightly decrease as $90° - \alpha$ increases from $15°$ to $45°$, as shown in Fig. 5. (2) With wave propagating on an adverse current ($-90° < 90° - \alpha < 0°$), the values of K_2 increase as $90° - \alpha$ decreases from $0°$ to $-15°$, then decrease as $90° - \alpha$ decreases from $-15°$ to $-45°$, as shown in Fig. 5.

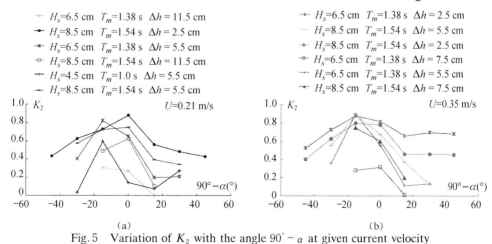

Fig. 5 Variation of K_2 with the angle $90° - \alpha$ at given current velocity

The influence of current on wave impact pressure is not so straightforward. It might be interpreted as follows: When a wave encounters a uniform current, they interact so that wave height changes in a wave-current field. Zhou et al. [2] showed, for fixed clearance, the wave impact pressure on deck is related to wave height. As a result, the wave impact was significantly affected by current.

Li[12] has investigated wave transformations for the case with current flowing at an angle to the direction of wave propagation. Wave refraction presents a more complicated behavior. He described the phenomena as follows: When waves travel with current, the refracted wave height initially decreases up to the angle $90° - \alpha = 30°$. Outside of this range the refraction effect due to current become pronounced, which leads to the refracted wave height increases with an increase in $90° - \alpha$. With the increase of the current velocity, the effects become more evident. Based on the above analysis of the wave height variations, it can be observed that the changes of impact pressures follow the similar trends, though there were slightly inconsistencies. It should be noted that the impact pressure variation is due to not only the wave refraction through current, but also the oblique incident wave attack. In the present tests, the transitional phenomenon takes place at $90° - \alpha = 15°$, which could be attributed to the combined effect of wave and current. From the above analysis, for $90° - \alpha$ larger than $15°$, the effect of oblique incident wave results in a decrease in impact pressure with increasing incident wave angle ($\beta = |90° - \alpha|$), while the refraction effect may lead to an increase in impact pressure with $90° - \alpha$ increasing. The effect of oblique incident wave is found to be more dominant for $15° < 90° - \alpha < 30°$. The resulting pattern is that for $15° < 90° - \alpha < 30°$, K_2 decreases fairly slowly with $90° - \alpha$ increasing, wheareas, for $90° - \alpha$ larger than $30°$ it slightly increases with an increase in $90° - \alpha$.

Li[12] also showed for the case when the current is in opposite direction, an opposite trend was detected. The refracted wave height increases with increasing angle up to $|90° - \alpha| = 15°$. A further increase of the angle $|90° - \alpha|$ shows a decrease in the refracted wave height values. The same influence is found for the impact pressure, as shown in Fig.5.

3.3　Effect of the current velocity on the impact pressure

Figs.6~7, respectively, show the variation of factor K_3 due to the varying relative current velocity U/C (the ratio between the current velocity U and the wave celerity C) for different $90° - \alpha$. Five current velocities were used: $U = 0$ m/s, $U = 0.14$ m/s, $U = 0.21$ m/s, $U = 0.28$ m/s, and $U = 0.35$ m/s. The celerity velocity can be expressed from the following equation as $C = \sqrt{(g/k)\tanh(kd)}$, with wave

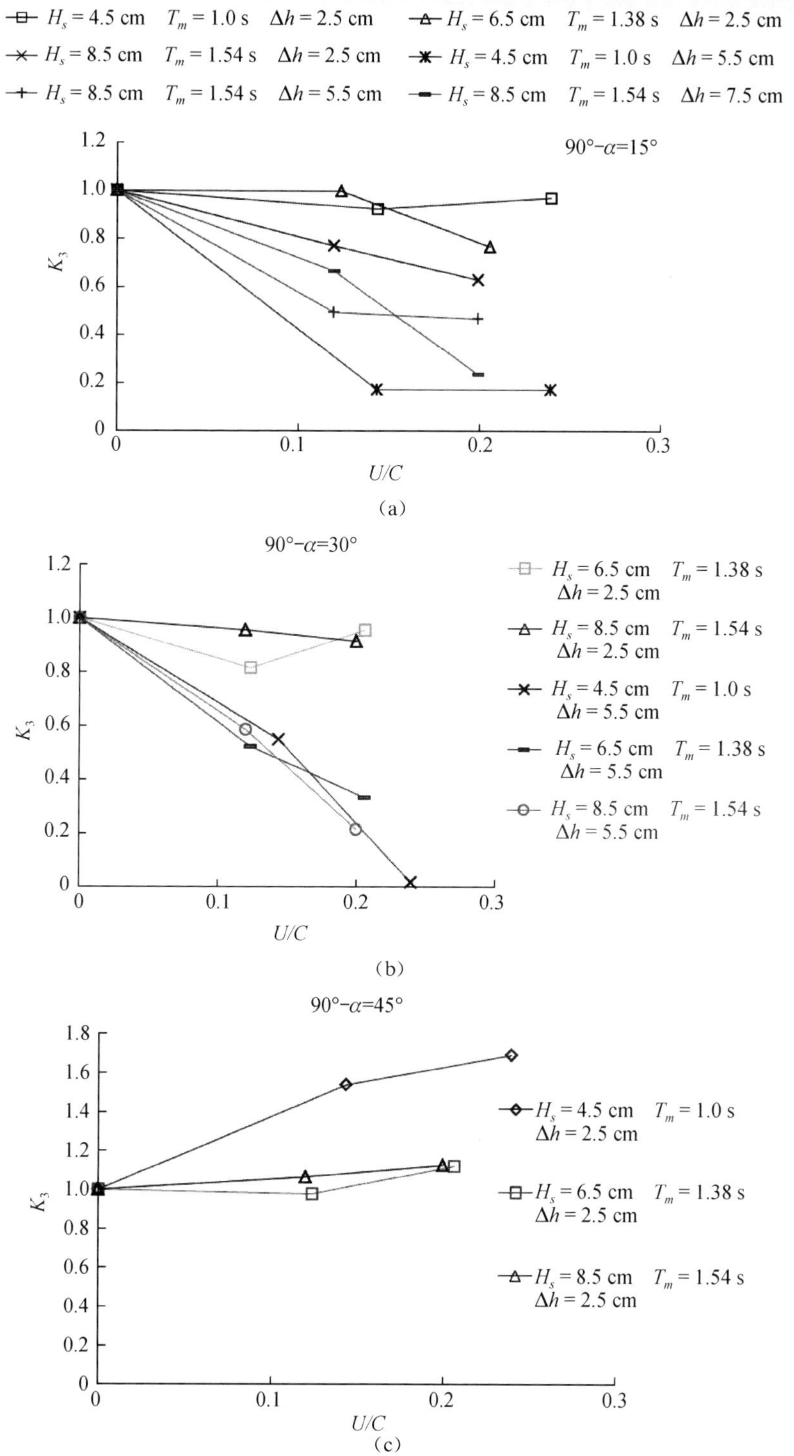

Fig. 6   Variation of K_3 with the relative current velocity U/C when wave propagates on a favorable current

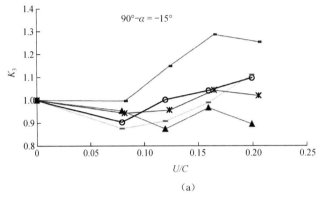

(a)

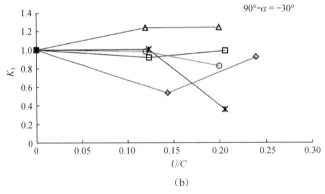

(b)

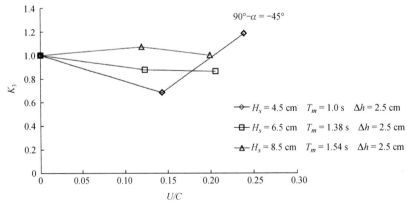

(c)

Fig. 7   Variation of K_3 with the relative current velocity U/C when wave propagates on an adverse current

number $k = \dfrac{2\pi}{L}$ and d is water depth, L is wave lengh for $T = T_m$. Three different wave celerities in model scale were applied: $C = 1.4625$ m/s, 1.7 m/s, 1.755 m/s. Factor $K_3 = p_{\beta, U} / p_{\beta, 0}$ reflects the influence of the current speed, where $p_{\beta, U}$ denotes the impact pressure from oblique wave (with incident angle β) along with currents; $p_{\beta, 0}$ denotes the impact pressure induced by the same wave when taking away current, 0 denotes no current. Fig. 6 shows that for waves travelling with the current ($90° - \alpha > 0°$), the variations of K_3 with the relative current velocity present differnt trends for differnt $90° - \alpha$. Factor K_3 decreases with the increasing presence of current for $90° - \alpha = 15°$. When $90° - \alpha = 30°$, as the current is strengthened, the descent of K_3 slows down, and in some cases K_3 goes up at large relative current velocity. A significant increase in K_3 occurs when $90° - \alpha = 45°$.

The results of change of K_3 for wave propagating on an adverse current are shown in Fig. 7. Factor K_3 was shown increasing with the increasing current velocity for $90° - \alpha = -15°$. When $90° - \alpha = -30°$, as the current is strengthened, the increase of K_3 is insignificant with respect to the scatter of the data. As $90° - \alpha$ equals to $-45°$, the increases of K_3 slow down and as a result K_3 decreases.

The observations mentioned above are due to the intense refraction of the oblique wave in the current which has great influnence on the wave height and hence affects the impact pressure.

4 Prediction

With the information from the previous sections, multiple regression analysis was carried out on the data sets. First the influence of incident wave angle β on K is checked. The combination of cosine function and power function is fitted through the data points in Fig. 4. Those tests at which the incident wave angle has been varied, are used to determine the power value and coefficient. The influence of the current velocity and the angle between wave and current has to be taken into account. From Fig. 5 to Fig. 7, it shows that K is dependent on the relative current velocity U/C and the angle $90° - \alpha$. Combined with the above stated this leads to the following assumption: The assumed hyperbolic tangent function describing K in dependence on the relative current velocity U/C and the angle $90° - \alpha$ is used to fit the data from experiments. A non-linear regression is applied to the data, using least square method. Some of the coefficient values in Eq. (1) are not the results directly obtained by regression analysis; they are based on the results of manual fitting to the plotted data. Adjustment was made to yield smooth variation of the coefficient values with respect to the relative deck clearance $\Delta h/H_s$. When large scatter is present, average trend might be drawn by using regression method. However, for design or safety assessment of structure, it is advised not to follow the average trend, but to include the uncertainty of the prediction. In this study, we apply the upper envelope to random wave test results. Eventually, Eq. (1) for prediction is obtained:

$$K = \left(1 - 0.1 \times \tanh\left(\frac{U}{C} \times \frac{90 - \alpha}{2\pi}\right)\right)\left(\left(1 + \cos^2\left(\frac{\pi\beta}{180}\right)\right)/2\right)^3 \qquad (1)$$

This computation method is a way intended to solve actual design problems of wave impact on deck of shore-connecting jetties exposed to oblique waves and current. Comparisons between the measured and the predicted results were carried out to evaluate their validity. It can be seen from Fig. 8 that the prediction formula

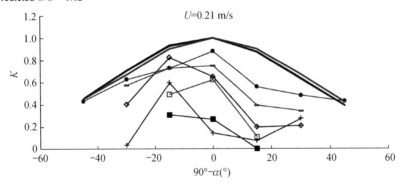

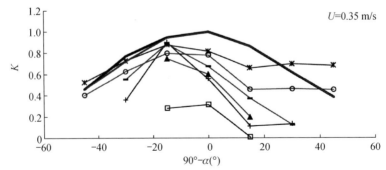

Fig. 8   Comparison of the measured and predicted factor K

in Eq. (1) approximately represents the upper envelope to random wave test results. The agreement between the formula and the laboratory data is therefore not perfect. A reason for this can be that the relative deck clearance $\Delta h/H_s$ does have some influence on the value of K; however, it is not clear what the exact influence is . This derived formula is a simple method to correct results from head-on waves attack without current presence to oblique wave attack with current presence. In computation method for calculating impact pressure on deck from head-on waves without current presence, the influence of the relative deck clearance has been taken into account[12]. In engineering practice, the difference between measured and predicted correction factor K may be disregarded for the purpose that one needs simple and quick design methods. So we simplify relevant processes and propose a conservative assumption for formula about correction factor K. Eq. (1) is useful and recommended when assessing the wave impact pressure at $\Delta h/H_s$ around $0.3 \sim 0.4$ (note that scatter around prediction significantly reduces in this area) and wave impact on deck of shore-connecting jetty exposed to oblique wave and current for which limited information is available in literature. From the practicing engineers' viewpoint, it is suggested to effectively employ the prediction formulas for the purpose of preliminary design only. Further investigation through hydraulic model tests are necessary for achieving more reliable information.

The best way to resist impact pressure is to include design prevention of dangerous conditions by estimating the impact pressure on deck. The deck must have its clearance optimized. In the design of deck against wave impact pressure, it should be done properly. If the deck is unavoidably designed to have a dangerous deck clearance, it should be designed to resist such impact pressure.

5　Conclusions

In this study, the model tests were conducted to investigate the impact pressure on deck of shore-connecting jetty on a slope in oblique waves with the presence of a current.

The following conclusions can be drawn from the experiment results:

(1) The impact pressure has a significant dependence on the wave angles. It shows that the maximum pressure occurs at normal wave incidence.

(2) With waves propagating on a favorable current ($0° < 90° - \alpha < 90°$), the impact pressure decreases rapidly as $90° - \alpha$ increases from $0°$ to $15°$, then the values slightly decrease as $90° - \alpha$ increases from $15°$ to $45°$. With wave propagating on an adverse current ($-90° < 90° - \alpha < 0°$), the values of K_2 increase as $90° - \alpha$ decreases

from $0°$ to $-15°$, then K_2 decreases as $90° - \alpha$ decreases from $-15°$ to $-45°$.

(3) Changing the current velocity affects the wave impact pressure. With the increase of the current velocity, the effects become more evident.

(4) Empirical formula is presented for the calculation of correction factor which is used to correct wave impact pressure on deck from head-on waves attack without current presence to oblique wave attack with current presence.

Acknowledgments

Supports by University of Hohai, Nanjing Hydraulic Research Institute, Ministry of Transport of the People's Republic of China are gratefully acknowledged. Research data used in this analysis were supported by "the Fundamental Research Funds for the Central Universities" (No. 2009B10614). Research is also supported by the National Key Techonology R & D Program (No. 2012BAB03B00), and the National Natural Science Foundation of China (Grant no. 51339005).

References

Chen, Q., Wang, L., & Zhao, H. 2009. Hydrodynamic investigation of coastal bridge collapse during Hurricane Katrina. *Journal of Hydraulic Engineering*, 135(3), 175-186.

Zhou, Y. R., Chen, G. P., Huang, H. L., et al. 2003. Uplift pressure of waves on a horizontal plate. *China Ocean Engineering*, 17(3), 355-368.

Zhou, Y. R., Chen, G. P., Huang, H. L., et al. 2004. Experimental study on uplift forces of waves on a horizontal plate of wharf on a slope. *Journal of Hydrodynamics*, 19(5), 687-694.

Zhou, Y. R., Chen, G. P., Wang, D. T. 2005. Calculation methods of uplift forces of waves on a horizontal plate of wharf on a slope. *Journal of Hydrodynamics*, 19(5), 73-78.

Ren, B., & Wang, Y. X. 2005. Laboratory study of random wave slamming on a piled wharf with different shore connecting structures. *Coastal Engineering*, 52(5), 463-471.

Ren, B., & Wang, Y. 2003. Experimental study of irregular wave impact on structures in the splash zone. *Ocean Engineering*, 30(18), 2363-2377.

Meng, Y.Q., Chen, G.P. & Yan, S.C. 2010. Wave-in-deck uplift force on detached high-piled wharf. *Journal of PLA University of Science and Technology (Natural Science Edition)*. 11(1), 72-78.

Douglass, S. L., Chen, Q., Olsen, J. M., Edge, B. L., & Brown, D. 2006. *Wave forces on bridge decks*. Mobile, Ala: Coastal Transportation Engineering Research and Education Center, Univ. of South Alabama.

Cuomo, G., Tirindelli, M., & Allsop, W. 2007. Wave-in-deck loads on exposed jetties. *Coastal Engineering*, 54(9), 657-679.

Cuomo, G., Shimosako, K. I., & Takahashi, S. 2009. Wave-in-deck loads on coastal bridges and the role of air. *Coastal Engineering*, 56(8), 793-809.

Chen, G. P. , Meng, Y. Q. , & Yan, S. C. 2010. Experimental Investigation of Irregular Wave Uplift Force on Deck of Exposed High-Pile Jetties. *China Ocean Engineering*, 24(1), 67-78.

Li, Y. C. , Teng, B. 2002. *Wave-Current Interaction in Wave Action on Maritime Structure*. Li, Y.C. , Teng B. ed. Beijing: China Ocean Press.

Jin, J. , & Meng, B. 2011. Computation of wave loads on the superstructures of coastal highway bridges. *Ocean Engineering*, 38(17), 2185-2200.

Skourup, J. , Cheung, K. F. , Bingham, H. B. , & Büchmann, B. 2000. Loads on a 3D body due to second-order waves and a current. *Ocean Engineering*, 27(7), 707-727.

Wang, Y. X. , Ren, X. ZH. , Dong, P. , Wang, G. Y. 2011. Three-dimensional numerical simulation of wave interaction with perforated quasi-ellipse caisson. *Water Science and Engineering*, 4 (1), 46-60.